ＩＫ

2026版

431金融学综合
金融学 **10** 讲
上册 货币银行学

武玄宇 主编

中国教育出版传媒集团

高等教育出版社·北京

图书在版编目（ＣＩＰ）数据

金融学 10 讲. 上册, 货币银行学 / 武玄宇主编. --
北京: 高等教育出版社, 2024.6 (2025.4重印)
ISBN 978-7-04-062331-4

Ⅰ. ①金… Ⅱ. ①武… Ⅲ. ①货币银行学 – 研究生 –
入学考试 – 自学参考资料 Ⅳ. ①F8

中国国家版本馆 CIP 数据核字（2024）第 109725 号

金融学 10 讲 上册 货币银行学
JINRONGXUE 10 JIANG SHANGCE HUOBI YINHANGXUE

策划编辑 王 蓉	责任编辑 王 蓉	封面设计 贺雅馨		版式设计 马 云
责任绘图 邓 超	责任校对 张 薇	责任印制 高 峰		

出版发行	高等教育出版社	网 址	http://www.hep.edu.cn
社 址	北京市西城区德外大街 4 号		http://www.hep.com.cn
邮政编码	100120	网上订购	http://www.hepmall.com.cn
印 刷	廊坊十环印刷有限公司		http://www.hepmall.com
开 本	787mm×1092mm 1/16		http://www.hepmall.cn
本册印张	23.75		
本册字数	550 千字	版 次	2024 年 6 月第 1 版
购书热线	010-58581118	印 次	2025 年 4 月第 4 次印刷
咨询电话	400-810-0598	总 定 价	120.00 元

2026 版修订说明

时光荏苒,自 2023 年《金融学 10 讲》(以下简称《10 讲》)第一版完成以来,转眼已走过三个年头。三年时间里,承蒙大家的支持与厚爱,本书累计销售已超万册,在金融学专业考研这个极其细分的领域取得了小小的成绩。我深知,每一次点击购买的背后都是一份信任与期待,也是我不能辜负之重,激励着我必须精益求精。因此,在 2026 版《10 讲》中,我们对书中相关内容进行了进一步的完善。

2026 版《10 讲》的修订主要包括三个方面:

首先,在适配书目上,本书新增了黄达老师和张杰老师所著的《金融学(第六版)》以及彭兴韵老师所著的《金融学原理(第七版)》作为参考教材。

目前,《10 讲》适合报考院校指定复习用书是以下参考书目的同学:黄达《金融学》所有版本、米什金《货币金融学》所有版本、易纲《货币银行学》、李健《金融学》(第三版、第四版)、蒋先玲《货币金融学》、郭红玉《现代货币银行学》、胡庆康《现代货币银行学教程》、彭兴韵《金融学原理(第七版)》、姜波克《国际金融学(第五版)》、奚君羊《国际金融学(第三版)》、张亦春《金融市场学》等一系列宏观金融学教材。

其次,在内容上,结合参考教材、真题、全球经济金融发展情况以及近一年来各位老师和同学提出的宝贵意见,本书做了三方面的更新:一是对部分知识点进行了增删和完善(共新增 10个知识点,完善 47 个知识点,详见下表);二是对数据进行了更新,尽可能使用 2024 年的最新数据,以期帮助同学们更好地了解经济金融领域的变化趋势;三是对习题进行了补充,在原有590 道题目的基础上,新增了 239 道 2025 年最新真题,希望能帮助同学们更好地把握金融学专业考研的命题方向。

最后,在版式上,进一步优化了排版、图形和表格等,希望能给同学们提供更加良好的阅读体验。

这一版仍难免存在一些问题或错误,亦恳请各位老师和同学不吝赐教,大家的宝贵意见是我们不断成长进步的活水源泉。

武玄宇

2025 年 3 月

《金融学 10 讲》2026 版主要更新内容

第一讲 货币、信用与 金融	【完善】货币起源探究 【完善】金本位制 【完善】中国的货币分层 【数据更新】我国 M0、M1 和 M2 【新增】专栏二　人民币国际化 【新增】专栏三　金融支持实体和五篇大文章
第二讲 金融市场与 金融中介	【完善】金融市场的定义 【完善】金融市场的聚敛功能 【完善】金融市场的配置功能 【完善】同业拆借市场的含义 【完善】国库券市场的特点 【数据更新】我国股票市场和债券市场情况 【完善】债券、普通股和优先股的比较 【完善】场内交易、证券交易所和交易制度 【完善】衍生工具市场的功能 【新增】我国场内的期权产品 【数据更新】我国金融业资产规模 【新增】交易型开放式指数基金 【完善】间接融资（商业银行）存在的必要性 【完善】资产证券化
第三讲 利率	【新增】公定利率 【完善】我国利率传导和调控框架 【数据更新】我国主要利率品种 【完善】IS–LM 模型的意义 【完善】利率的黄金法则和中性利率 【数据更新】利率的风险结构 【完善】流动性溢价理论 【完善】LPR 改革的内容
第四讲 商业银行	【完善】金融创新的原因 【完善】利率敏感性缺口和久期缺口 【新增】银行利率风险的种类 【完善】逆向选择 【完善】存款保险制度的消极影响 【完善】普通准备金 【完善】系统重要性金融机构
第五讲 中央银行	【数据更新】中国人民银行资产负债表 【完善】中国人民银行资产结构变迁
第六讲 货币需求和 货币供给	【完善】流动性偏好理论 【完善】持久性收入理论 【完善】双层次货币创造机制案例

续表

第七讲 通货膨胀和 通货紧缩	【新增】PPI 与 CPI 的联系 【完善】时间不一致性
第八讲 货币政策	【完善】货币政策最终目标的内容 【完善】货币供应量的中介目标特性 【完善】货币政策中介目标的含义 【完善】社会融资规模的统计范围 【完善】社会融资规模与 M2 的区别 【数据更新】社会融资规模 【完善】中长期利率的中介目标特性 【完善】我国中介目标由数量型向价格型的转变 【完善】我国当前的法定准备金框架 【完善】我国公开市场操作的招标方式 【完善】我国公开市场操作工具的历史演变 【完善】我国当前的公开市场操作 【完善】我国的利率走廊调控 【完善】专栏二　中国人民银行创新的货币政策工具 【完善】专栏三　结构性货币政策工具 【完善】专栏五　健全现代货币政策框架
第九讲 国际收支	【新增】离岸人民币 【新增】托宾税的含义、优势和弊端 【新增】第三代货币危机理论 【数据更新】我国的国际收支平衡表分析
第十讲 汇率	【完善】买入汇率、卖出汇率和中间汇率 【数据更新】中国银行外汇牌价 【完善】购买力平价理论的优势和劣势

2025 版修订说明

在本书 2024 版的修订中,我们新增和完善了部分内容。从 2024 年各高校的命题情况来看,这些更新也基本达到了预期的效果,例如,2024 版更新的金融加速器、结构性货币政策工具、现代货币政策框架、利率的黄金法则等,很多学校对此都有考查。这带给了我很大的动力,要继续与时俱进,做好本书 2025 版的修订工作,以期能前瞻性地涵盖更多考点。

这次修订主要包括以下三个方面:

首先,在参考资料上,本书新增了李健老师的《金融学(第四版)》作为参考教材。

其次,在内容上,结合参考教材、真题以及近一年来各位老师和同学提出的宝贵建议,本书做了三方面的更新:一是对部分知识点进行了增删和完善(共新增 21 个知识点,完善 64 个知识点,详见下表);二是对数据进行了更新,尽可能使用 2023 年最新的数据,以帮助同学们更好地了解当前情况;三是对书中的真题进行了更新,新增了大量 2024 年的最新真题。

最后,在版式上,我们进一步优化了排版、图形和表格等,希望能给同学们提供更佳的阅读体验。

此外,今年我们还特别整理了详细版的宏观金融学思维导图框架,作为单独的一册随《金融学 10 讲》附赠,相信能够提高同学们对本书以及整个宏观金融学的学习效率。

当然,这一版仍难免存在一些问题或错误,恳请各位老师和同学不吝赐教,大家的宝贵意见是我们不断成长进步的活水源泉。

武玄宇

2024 年 3 月

《金融学 10 讲》2025 版主要更新内容

第一讲 货币、信用与 金融	【完善】货币起源探究 【新增】兑现纸币和不兑现纸币 【完善】电子货币 【完善】格雷欣法则 【完善】布雷顿森林体系 【完善】牙买加体系 【完善】货币分层的原因 【完善】货币供给的流动性 【数据更新】我国 M0、M1 和 M2 【新增】央行数字货币和私人数字货币的比较 【新增】我国的数字人民币钱包 【新增】金融的功能
第二讲 金融市场与 金融中介	【完善】金融市场的调节功能 【完善】金融市场的反映功能 【完善】回购协议的含义和功能 【数据更新】我国股票市场和债券市场情况 【新增】专栏一　我国多层次资本市场建设和注册制改革 【完善】金融衍生工具的特征 【新增】契约型衍生工具和证券型衍生工具 【完善】远期合约的收益 【完善】我国金融监管架构的变迁 【完善】存款类金融机构和非存款类金融机构 【完善】投资基金的含义和特点 【新增】养老基金和养老三支柱 【完善】其他金融中介 【新增】直接融资的优势 【完善】间接融资（商业银行）存在的必要性
第三讲 利率	【数据更新】我国主要利率品种 【完善】古典利率决定理论的逻辑 【完善】利率的黄金法则 【完善】影响利率的其他变量 【完善】利率期限结构的经验法则 【完善】远期利率 【完善】预期理论对经验法则的解释 【完善】消费对利率的敏感性 【完善】投资对利率的敏感性

续表

第四讲 商业银行	【完善】银行经营的"三性"原则 【新增】混业经营的模式 【新增】金融创新 【新增】硅谷银行相关案例 【新增】补偿余额下实际贷款成本的计算 【完善】操作风险 【完善】商业银行的信用中介职能 【新增】我国的金融监管实践 【数据更新】我国商业银行常见资产信用风险权重 【新增】国内系统重要性金融机构及监管要求 【新增】系统重要性银行监管的恢复与处置计划
第五讲 中央银行	【完善】中央银行的产生原因 【完善】中央银行票据 【数据更新】中国人民银行资产负债表 【数据更新】中国人民银行资产结构变迁
第六讲 货币需求和 货币供给	【新增】流动性偏好理论的政策含义 【新增】持久性收入理论的政策含义 【新增】货币化率与货币超额之谜的解释
第七讲 通货膨胀和 通货紧缩	【完善】附加预期菲利普斯曲线的运动 【完善】通货膨胀的收入再分配效应 【完善】通货紧缩的定义、产生原因和治理 【完善】通货紧缩的影响 【新增】专栏一　资产负债表衰退理论
第八讲 货币政策	【完善】我国实行多重目标制的原因 【完善】美国货币政策最终目标 【完善】货币政策中介目标的含义 【数据更新】社会融资规模 【完善】社会融资规模的优势 【完善】我国中介目标由数量型向价格型的转变 【完善】货币政策操作目标 【完善】货币政策间接信用控制 【数据更新】美联储 FOMC 声明和利率走廊 【数据更新】我国结构性货币政策工具的使用情况 【完善】我国货币政策结构性工具种类和效果
第九讲 国际收支	【完善】初次收入和二次收入账户 【完善】资本外逃 【完善】国际投资头寸表的含义 【完善】国际投资头寸表与国际收支平衡表的比较 【完善】国际收支平衡表的记账规则 【完善】贸易账户的经济意义 【完善】经常账户的经济意义 【完善】国际资金流动的基本知识

续表

第九讲 **国际收支**	【数据更新】我国的国际收支平衡表分析 【完善】我国资本金融账户开放的原因 【新增】国际收支失衡的影响 【完善】国际收支失衡的含义 【完善】对马歇尔—勒纳条件的理解 【完善】吸收论对国际收支失衡原因的解释 【完善】货币论的方程推导 【完善】外汇缓冲政策的基础知识 【完善】普通提款权 【完善】特别提款权 【完善】中国人民银行的汇率管理工具 【完善】美元化 【完善】BP 曲线的基础知识 【完善】二元悖论
第十讲 **汇率**	【完善】黄金输送点 【完善】相对购买力平价下名义汇率的推导 【新增】远期溢价之谜

2024 版修订说明

歌德在其著作《浮士德》中写道:"理论是灰色的,而生命之树常青。"全球的经济金融实践在不断向前发展,每年的研究生考试命题也都会让我们看到更多的可能性。因而,为了保持本书的生命力,期望它能够在同学们备考金融硕士的过程中发挥更大的作用,2023 年年初,笔者对书中部分内容进行了修订,主要包括以下三个方面。

首先,在参考教材方面,本书新增了郭红玉教授等人编著的《现代货币银行学》和奚君羊教授编著的《国际金融学(第三版)》作为参考教材。论其原因,以《现代货币银行学》为例,不仅因为它是对外经济贸易大学 2023 年新增的参考教材,还因为它是一本时间上很新的金融学教材(成书于 2021 年 3 月,距今只有一年多的时间)。其实我们在每年的课程里都会补充很多新的金融理论和实践,那么在这些补充的内容中,哪些适合固定下来、写入教材、作为基础知识让同学们掌握,我想郭红玉教授的这本教材给我提供了很多的指导。

其次,在具体内容方面,结合参考教材、真题以及近一年来各位老师和同学提出的宝贵意见,本书做了三方面的更新:第一,对部分知识点进行了增删和完善(共新增 47 个知识点,完善 48 个知识点,详见下表)。诚然我们无法达到完美,但修订的过程也是笔者试图一步步走向相对完美的探索。第二,对书中的数据进行了更新,尽量使用 2022 年以及 2023 年最新的数据,以便让同学们更好地了解当下的情况。第三,对知识点后面的练习题进行了更新,一是新增了各学校最新的真题,二是增加了真题所覆盖的院校数量(如浙江大学、山东大学、重庆大学、暨南大学、西南财经大学、中央民族大学等等),希望能够帮助到更多学校的同学。从整体篇幅来看,2024 版图书由之前的 339 页增加到 380 页。

最后,在排版格式方面,2024 版图书对图形、表格等做了进一步美化,以期能给同学们带来更好的阅读体验。

当然,这一版也难免会存在这样或那样的问题甚至错误,亦恳请各位老师和同学不吝赐教,大家的宝贵意见是本书以及笔者自己不断成长的活水源泉。

武玄宇

2023 年 3 月

《金融学10讲》2024版主要更新内容

第一讲 货币、信用与金融	【新增】纸币的优势 【完善】存款货币 【完善】货币制度的目的 【完善】国际货币制度的含义 【新增】国际货币制度的安排 【完善】中国的货币分层 【数据更新】中国的M0、M1、M2 【完善】我国的数字人民币
第二讲 金融市场与 金融中介	【完善】金融市场的配置功能 【完善】我国股票市场反映功能的弱化 【完善】国库券的招标方式 【数据更新】我国股票市场和债券市场情况 【新增】债券契约 【完善】债券的种类 【新增】国债和地方债的介绍 【完善】债券、普通股和优先股的比较 【完善】证券交易所 【完善】衍生工具的价格发现功能 【新增】互换合约的主要功能 【完善】投资银行的业务 【完善】保险公司 【完善】间接融资（商业银行）存在的必要性 【数据更新】我国银行与资本市场的比较
第三讲 利率	【完善】我国的利率传导和调控框架 【数据更新】我国主要利率品种 【完善】年率、月率、日率 【完善】储蓄和利率的关系 【完善】凯恩斯利率决定理论的背景 【新增】*IS*曲线方程推导及相关分析 【新增】投资陷阱 【新增】*LM*曲线方程推导及相关分析 【新增】*IS–LM*模型评估财政货币政策效力 【新增】利率的黄金法则 【完善】货币供给对利率影响 【完善】利率发挥作用的条件 【新增】财政赤字货币化 【新增】内嵌期权 【完善】我国的利率并轨

续表

第四讲 商业银行	【新增】金融控股公司的问题和监管 【完善】存款性负债的介绍 【新增】对活期存款的补充分析 【新增】我国商业银行的二级准备 【新增】影子银行的多种定义 【完善】影子银行对货币供给的影响 【新增】我国商业银行资产业务的创新 【完善】利率敏感性缺口和久期缺口的应用 【新增】商业银行信用风险的产生原因 【完善】商业银行操作风险 【完善】商业银行信用中介职能 【完善】商业银行调节经济职能
	【完善】存款保险制度的积极影响 【新增】商业银行的预期损失和非预期损失 【新增】对"大而不能倒"问题的实证研究 【新增】我国《商业银行流动性风险管理办法（试行）》对流动性指标的要求 【新增】专栏三　DD 模型 【新增】我国银行常见资产类别的风险权重
第五讲 中央银行	【新增】美联储的组织架构和决策机制 【数据更新】中国人民银行资产负债表 【数据更新】中国人民银行资产结构的变迁 【完善】中国人民银行资产负债表分析
第六讲 货币需求和 货币供给	【新增】货币需求对利率的敏感性对财政货币政策效力的影响 【新增】专栏一　货币供给理论补充 【新增】专栏二　现代货币理论（MMT）
第七讲 通货膨胀和 通货紧缩	【完善】对通货膨胀定义的解释 【完善】理性预期的含义 【新增】蒙代尔—托宾效应 【新增】菲利普斯曲线的扁平化 【完善】通货膨胀惯性 【完善】货币政策规则性和透明度的作用 【新增】日本通货紧缩的治理 【完善】债务—通缩循环

续表

第八讲 货币政策	【新增】美联储货币政策目标的调整 【完善】社会融资的优势 【新增】利率作为中介目标的相关性 【新增】利率作为中介目标的抗干扰性 【数据更新】社会融资规模 【新增】美联储贴现窗口改革 【新增】中国人民银行的宏观审慎政策实践 【完善】普惠金融 【新增】永久性准备金调节和临时性准备金调节 【新增】中国人民银行国库现金管理 【新增】各国利率走廊实践 【新增】利率走廊的作用机制 【新增】美联储如何实施加息 【新增】外部融资溢价和金融加速器机制 【新增】泰勒规则的发展 【新增】专栏三　结构性货币政策工具 【新增】专栏五　现代货币政策框架
第九讲 国际收支	【新增】国际投资头寸表的含义及相关分析 【完善】国际收支平衡表的记账规则 【完善】经常账户的经济意义 【完善】国际资金流动的分类 【完善】我国资本金融账户的开放 【完善】自主性交易 【新增】弹性论下贬值对贸易条件的影响 【完善】吸收论下贬值的产出效应和吸收效应 【新增】乘数论 【完善】二元悖论
第十讲 汇率	【完善】买入汇率和卖出汇率的案例介绍 【完善】现钞和现汇的比较 【完善】人民币汇率中间价的形成机制 【完善】劳动生产率—产业结构机制

2023 版前言

笔者长年从事金融学考研的教学工作,授课期间阅读了较多的参考教材,发现国外教材通俗易懂,然而其并非具备考试所要求的规范表述,同时也未考虑我国的经济发展情况;国内教材表述严谨,也更贴合我国国情,但是不易理解,且相较于应试而言覆盖范围太广。

本书尝试解决上述问题,希望做到以下几点:第一,尽量完整涵盖 431 金融学综合考查的知识点;第二,尽量把复杂的问题简单化,易于理解;第三,就考试可能考查的问题,提供规范、简练的表述,易于背诵;第四,适当做一些热点前沿的补充,把理论与当前实践相结合。

本书是在笔者课上讲义的基础上整理而成,分为上下两册,上册为货币银行学部分(第一讲至第八讲),下册为国际金融学部分(第九讲和第十讲)。由于能力所限,本书难免存在纰漏,还望读者不吝指教。

武玄宇

2022 年 4 月

目　录

（上册　货币银行学）

第一讲　货币、信用与金融

【考情分析】

　　本讲的重点内容为货币职能、货币制度和货币分层。近年来,各高校对数字货币的考查也明显增多。从题型上来看,本内容的考查以选择题和名词解释为主,也偶有简答题。

【知识框架】

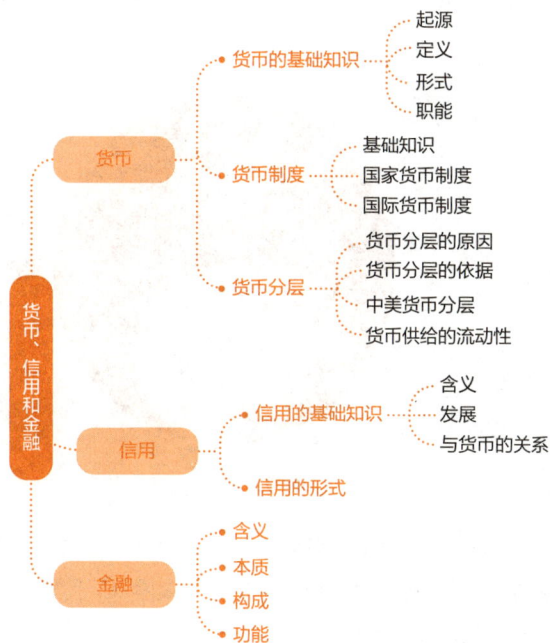

<h1 style="text-align:center">第一节　货　币</h1>

在日常生活中,我们几乎每天都会接触货币,并将其俗称为"钱"。经济学中的货币是否可以理解为我们通常所说的"钱"呢? 这应当视情况而定,以下为两个具体场景:

> **场景1**:"埃隆·马斯克很有钱,有4 200亿美元"。从经济学的角度来看,这里的"钱"指的不是货币,而是"财富"。**财富是指用于价值贮藏的各项资产之和**,财富的概念等同于**资产**而不等同于货币,它比货币的范围要大。如图1-1所示,资产既包括货币(如现金、存款),也包括非货币资产(如债券、股票、房地产等)。马斯克的资产以股票为主,所以特斯拉股票价格的涨跌会很大程度上决定马斯克能否成为世界首富。

图1-1　资产的构成

> **场景2**:"我一个月的收入大概是5 000元钱"。工资一般会打到银行卡上形成存款,在现代货币分层下,存款是属于货币的。也就是在这个场景里,"钱"指的就是货币。

当然,我们平时接触到的都是具体的场景,现在我们需要从这些具体的场景中提炼出一些共性的、抽象的内容。从具体到抽象的过程,也是从实践到理论的过程。

一、货币的基础知识

(一)货币的起源　★★

1. 货币起源及相关学说

人类社会的历史或许可以追溯到百万年前,货币却是在几千年前才产生的,也即并非

"与生俱来"的。货币产生于**交换关系**，是商品交换发展的产物[①]。而说到交换，首先是商品与商品之间的直接交换——物物交换，之后发展为通过媒介的交换，货币就在交换过程充当**媒介**。对此，亚里士多德提出了"交换媒介说"，中国古代的管子提出了"先王铸币说"，司马迁提出了"市场交易说"。

2. 货币起源探究

那么，交换为什么需要媒介？商品与商品直接交换只需要一次便能完成，而通过媒介的交换则需要两次才能完成——先将商品换为媒介（卖），再将媒介换为新的商品（买）。这种做法是否有些舍近求远？

对此，马克思从政治经济学的角度进行了论证[②]。他认为价值是凝结在商品中无差别的人类劳动，只有在交换关系中才能得到表现。在原始公社阶段，生产力低下，交换是偶然的，这个时候的价值形式是简单的、偶然的。随着私有制和社会分工的出现，交换的种类增加、交换规模扩大，出现了扩大的价值形式。此时，物物直接交换的局限性便暴露出来，它存在"双重巧合难题"[③]——买卖双方必须互为供求。其难度可想而知，中间存在巨大的交易成本[③]。这时，媒介的交换优势便显现出来：将买卖环节分开，交易双方不再需要互为供求。马克思就将用来表示所有商品价值的媒介称为"**一般等价物**"，用一般等价物表示的商品价值为一般价值形式。

> **》 举例**：马克思将双重巧合难题形象地表述为"光脚的理发师寻找长发的鞋匠"。光脚－需求，鞋匠－供给；理发师－供给，长发－需求；买卖双方要互为供求。① 在没有货币的情况下，当理发师需要一双鞋时，他只能去找鞋匠并给鞋匠剪头发。此时一个长发的裁缝来了，理发师会说："抱歉请回，我暂时不需要衣服，请去找一个需要衣服的理发师。"② 在有货币的情况下，买卖过程分割开来，理发师当然可以给裁缝剪头发，得到货币后再去买鞋。这样一来，搜寻成本大大下降[④]。

这就回答了我们刚开始提出的问题：如果整个社会有 n 种商品，任意两种商品都要直接交换，则会产生 $C_n^2 = \frac{1}{2}n(n-1)$ 种关系。而在货币经济下，选定其中 1 种作为媒介，只有 $(n-1)$ 种交换关系。因为前者包含 n 的平方项，所以当 n 增加时两者差距会越来越大。时至今日，全球商品种类不计其数，货币对整个交易系统的简化也是巨大的。站到更高的维度

---

① 因为交换可以使双方都能变得更好（经济学中称之为"帕累托改进"，即在不使其他任何人境况变坏的情况下，使一部分人的情况变得更好），交换本身是有助于提高社会福利的，所以人们总是会思考如何完成更高效地完成交换。

② 金融学考试主要考查西方经济学的观点，所以本书对政治经济学不作过多阐述。

③ 交易成本（Transaction Cost）指在交易过程中所耗费的成本，包括时间和金钱。这里主要是指搜寻交易对手所花费的时间。

④ 货币破解"双重巧合难题"的核心在于其将一个难以实现的概率拆解成两个容易实现的概率。笔者在课程里曾举过一个谈恋爱的例子，也供各位读者参考：首先，这个世界是否有你喜欢的男孩或者女孩？大概率是有的。其次，这个世界是否有喜欢你的男孩或者女孩？肯定也有。有你喜欢的、也有喜欢你的，这两件事同时发生的概率并不低，但如果现在要求他（她）必须是同一个人，那难度就会陡然上升。遇到这样一个人，显然需要更多的运气。"双重巧合难题"的"难"正是难在这个限定条件上：你必须在你喜欢的人里找到喜欢你的人。

来看,不仅是货币的出现,任何经济制度的演进,都与**降低交易成本**密切相关。

▷▷▷ **真题链接**

（2021—中国人民大学）物物直接交换具有极大的局限性,必然让位于通过媒介的间接交换。用来表示所有物品价值的媒介被马克思称为（　　）。

A. 货币商品　　　　　　　　　B. 一般等价物

C. 简单价值形式　　　　　　　D. 一般价值形式

【答案】B

（二）货币的定义 ★★

1. 政治经济学观点

根据政治经济学的观点,货币是从商品中分离出来的固定充当**一般等价物**的商品。"固定充当一般等价物"就是固定地用自己的价值去衡量其他商品的价值,这就是货币的"价值尺度"职能。从货币职能的角度来看,马克思认为货币就是价值尺度与流通手段的统一。

2. 西方经济学观点

根据西方经济学的观点,货币是在商品支付和债务清偿中被普遍接受的任何东西。也就是说,货币不拘泥于任何具体的形式,无论贝壳牲畜、无论金银铜铁、无论纸或电磁信号,只要在支付中被普遍接受的东西就可以被称为货币,强调**普遍接受性**。从实践的角度来看,我们用什么支付,什么就是货币:用现金支付,现金就是货币;用存款支付,存款也是货币。

3. 凯恩斯观点

在诸多的西方经济学观点中广为流行的是凯恩斯的观点,他认为货币最富有**流动性**（Liquidity）:因为货币在交换中会经常使用,所以会在各交易主体之间频繁流动。当然,我们现在提到的流动性,其含义是更广泛的,包括**资产的流动性**（Market Liquidity）和**负债的流动性**（Funding Liquidity）。资产的流动性是指资产变成现实的购买力而不受损失的能力,通俗来讲就是资产的**变现能力**,变现能力越强,流动性就越强。负债的流动性是指商业银行或其他金融机构以合理的成本迅速筹集现金的能力。

（三）货币的形式 ★★

1. 历史上的货币形式

最初,充当货币的是各种各样的实物,如中国最早的货币是贝,波斯、古印度用过牲畜作为货币,埃塞俄比亚用过盐作为货币。之后比较发达的国家都先后走上用**金属充当货币**的道路。铜贝是我国最早的金属货币。

2. 金银成为货币主要形式的原因

金银能够更好地发挥货币职能、降低交易成本,金银成为货币主要形式是市场主体选择的结果。而这背后的原因又在于金银本身的性质更好,主要包括以下四个方面:

（1）**价值高**（比较稀缺）。可以用少量的金银作为媒介进行更大规模的交易,进行大额交易时不需要太多的金银,金银作为媒介的大额交易成本更低。

（2）**易分割**（熔点也比较低）,金银作为媒介的小额交易成本更低。

（3）**易储藏**（金银是"惰"性金属,几乎不跟其他任何元素发生化学反应）,**储藏成本**更低。

（4）**易携带**,便于进行远途的交易,金银作为媒介的跨区域的交易成本更低。

因为这四个性质的存在,所以马克思说"金银天然不是货币,但货币天然是金银"。

3. 纸币代替金银充当货币

（1）纸币的发展过程

纸币经历了兑现纸币和不兑现纸币的发展过程。早在 10 世纪的北宋年间,我国就出现了纸制货币"交子"[①],西方国家也于 17 世纪出现了纸制货币"**银行券**（Banknote）",这些都是兑现纸币。**兑现纸币**是以金属货币作为发行准备,可随时兑换为等值的金属货币。它也称**代用货币**,代替金属货币流通。20 世纪 30 年代的世界经济大危机后,各国政府逐步放弃了兑现纸币,转为完全不兑现的纸币。当我们现在再说到纸币的时候,一般默认的都是**不兑现纸币**,发行者没有将其兑现为金属或其他实物的义务。

（2）纸币的优势

相较于金属货币而言,纸币的优势在于:① **降低交易成本**,包括媒介交易的成本[②]、贮藏的成本,甚至也节约了币材——使用金属充当货币是对金属资源的一种浪费,而用纸充当货币则机会成本更低;② **货币发行更具弹性**,发行数量不必受到币材数量的约束,进而更便于政府的宏观调控,减少发生通货紧缩的风险。

（3）纸币可以充当货币的原因

在纸币充当货币的过程中,有一个问题不能忽略:与金属货币不同,纸币本身的价值远小于其对商品的**购买力**（Purchasing Power）[③]。一张 100 元的纸币可以购买价值 100 元的商品,但这张纸本身的价值显然远小于 100 元（否则也不会有不法分子即使面临刑事责任仍要制造假币）。因为纸币的价值相对于购买力来说实在太小以致可以忽略不计,所以一般认为纸币没有价值,只是**价值符号**,即作为符号代表一定数量的价值。

纸币本身没有价值,那为什么还能够代替金属货币呢?根据西方经济学家对货币的定义可知,充当货币的条件之一是**普遍接受性**,条件之二是**币值稳定性**。因为币值不稳定会危害普遍接受性,毕竟谁也不愿意接受马上就要贬值的货币。也就是说,本身是否有价值并不是我们首要考虑的问题,是否被信任才是,只要它被普遍接受并且保持币值稳定就可以充当货币。

纸币的普遍接受性和币值稳定性分析如下:

① **普遍接受性**。纸币背后有**政府的信用**作为支撑,是政府通过法律形式强制实施的。比如《中华人民共和国中国人民银行法》第十六条就规定:"中华人民共和国的法定货币是人民币。以人民币支付中华人民共和国境内的一切公共和私人的债务,任何单位和个人不得拒收。"中国人民银行公告〔2018〕第 10 号文件又进一步强调,人民币现金在中国是法定货币,拒收现金是违法行为。

② **币值稳定性**。纸币币值的稳定主要依赖于中央银行的货币政策调控,大多数国家的

---

① 交子是人类最早发明并使用的纸币。公元 1024 年 1 月,北宋决定在益州（今四川成都）设立交子务,交子务的设立距今已有整整 1 000 年的历史。

② 比如交子的出现就是为了降低铜铁携带的成本。当时四川地区主要流通铁钱,而据《宋史》记载,四川所铸铁钱一贯重达 25 斤 8 两,买一匹罗就要付 130 斤重的铁钱。

③ 货币购买力的精确定义是物价水平的倒数（$1/P$）,分子 1 表示单位货币,分母 P 表示加权的物价指数,两者相除意味着单位货币能买到的商品数量。当物价指数上升 25% 时,货币购买力下降 20%。

货币政策调控的首要目标就是保持物价稳定。所以在纸币本位制下,中央银行的责任是更大的,并且严格意义上来讲,货币政策也是从各国摆脱金本位制后才开始的。

　　》　**对比分析**:黄金的普遍接受性和币值稳定性。首先,普遍接受性。因为黄金本身就有价值,所以是被普遍接受的。黄金的价值来自其无与伦比的华丽光泽,来自其穿透岁月尘埃的璀璨光芒,也即观赏价值。其次,币值稳定性。黄金有**自动蓄水池机制**。

　　》　**自动蓄水池机制**
　　　　① **前提**:黄金可以自由铸造(将商品黄金铸造成货币黄金)、自由熔化(将货币黄金熔化成商品黄金),并且有足够大的贮藏量。
　　　　② **情境设定**:在金本位制下,黄金有两种形态:一种是商品黄金(如金项链),一种是货币黄金(金币)。因为都是黄金,所以等量的两种黄金价值几乎一样。为了简化分析,我们不考虑铸造、熔化的成本以及加工费用。
　　　　假设刚开始时,两种黄金价格相等,1 g 金币(货币黄金)能够买到 1 g 金项链(商品黄金)。此时某种外生冲击使得市场上金币数量增加,那么市场上的商品价格(比如猪肉价格)会上升,而商品黄金也是商品,所以它的价格也会随之上升。这个时候,1 g 金币已经买不到 1 g 金项链了,只能买到 0.9 g 金项链,便出现了**套利**(Arbitrage)空间。
　　　　套利者可以进行两个操作:首先,借 1 g 金币熔化,加工成 1 g 金项链;然后,把 1 g 金项链分成两部分,其中 0.9 g 在市场上换回 1 g 金币,还掉开始借的 1 g 金币,剩下的 0.1 g 则是利润。整个过程符合无风险套利的条件:零投资(初始投资是借来的)、零风险、正收益(0.1 g 金项链)。套利操作使得大量的货币黄金被熔化,黄金的数量减少,币值回升。
　　　　③ **影响**:货币黄金多了,会被市场自动熔化为商品黄金,退出流通;货币黄金少了,市场又会自动地用商品黄金进行铸造,进入流通,就保证了货币黄金数量的稳定,从而使币值保持稳定。

4. 存款货币成为更普遍的结算方式

　　随着银行体系的建立,存款成为更普遍的结算方式,签支票[①]、刷银行卡、第三方支付(如微信支付、支付宝等)等背后都是一笔笔存款的转移[②]。
　　相较于纸币而言,存款货币的优势在于:① 降低交易成本,包括媒介交易(尤其是大额交易)的成本、贮藏的成本,也节约了币材本身;② 提高货币发行的效率,存款货币是现代双层次货币创造机制的重要组成部分,具体可参照货币需求与货币供给章节。
　　因为存款货币在支付的过程往往需要使用电子信息技术,所以也被称为"**电子货币**"。

---

　　① 支票是在银行拥有交易账户的存款人签发的、要求银行付款给某人的支付命令,与支票对应的就是支票存款或活期存款。当然,若支票的签发人在对应的银行账户里没有足够的存款,那么这就是一张"空头支票"。
　　② 从货币职能的角度来看,一般认为纸币可发挥全部货币职能,而存款货币只发挥交易媒介和贮藏手段职能,不发挥价值尺度职能。

具体来看,电子货币是指通过计算机网络,以传输电子信息的方式进行存储和支付的货币。电子货币的使用要借助一定的介质,根据载体不同,可以分为"卡基"电子货币和"数基"电子货币。"卡基"电子货币的载体包括借记卡、贷记卡(信用卡)、储值卡等;"数基"电子货币则不需要特定的物理介质,而完全依赖数字技术,通过计算机、手机及相关的软件等实现存储和支付。

除此之外,电子信息技术的发展还催生了更多的货币形态,比如使得**数字货币**也成为可能。对数字货币的详细分析可以参照本讲专栏一。

▷ ▷ ▷ **真题链接**

1.(2024—北京交通大学)(判断题)在现代货币制度中,纸币发行与贵金属挂钩,使货币发行的弹性较小。( )

2.(2025—中国人民大学)(判断题)北宋的交子是不可兑换货币,是世界上最早的纸币。( )

3.(2020—中国人民大学)世界历史上较发达的民族都先后走上用( )充当货币的道路。

A. 盐   B. 贝壳

C. 牲畜   D. 金属

4.(2021—清华大学)在纸币本位制下,容易产生通货膨胀危机,其根本原因是( )。

A. 纸币本身没有价值   B. 政府货币政策失误

C. 纸币违背了纸币流通的规律   D. 失去了金币的自动调节作用

5.(2022—中国人民大学)中国人民银行发布公告称不得拒收现金,因为( )。

A. 现金是法定货币   B. 为了保护现金使用

C. 现金有匿名性   D. 现金流动性强

6.(2024—中国人民大学)货币是一般等价物,马克思认为"一种商品变成货币,首先是作为( )的统一"。

A. 价值尺度和流通手段   B. 流通手段和支付手段

C. 流通手段和储藏价值   D. 价值尺度和支付手段

【答案】1. ×;2. ×;3. D;4. A;5. A;6. A

(四)货币的职能 ★★★

货币职能是指货币在经济中发挥的作用,不同经济学家对货币职能的表述略有不同。按照当下通说观点,主要包括**交易媒介**、**价值尺度**和**贮藏手段**。

1. 交易媒介

交易媒介(Medium of Exchange)指货币在商品的流通交易中充当交换媒介,具体又包括流通手段和支付手段[①]。**流通手段**(Means of Circulation)强调一手交钱一手交货,货币充

———————

① 有教材上将"交易媒介"仅等同于"流通手段",与"支付手段"并列。

当商品流通过程的媒介；**支付手段**（Means of Payment）则是赊买赊卖，货币作为独立的环节，对之前的交换进行补足。二者的区别在于商品购买与货币支付之间是否有**时间间隔**。

　　》》**举例**：我们可能经常在网络平台上打车，到达目的地之后车费可以立刻支付，也可以过两天再支付。如果立刻支付，则货币发挥流通手段职能；如果过两天再支付，则货币发挥支付手段职能。

一些常见的货币发挥支付手段的应用场景包括**大宗交易**、**国家财政（如税收）**、**债务清偿（如银行贷款）**、**工资及劳动报酬**等。

2. 价值尺度

价值尺度（Measure of Values）也称**记账单位**（Unit of Account），指货币可以赋予交易对象以价格形态、给商品标价。如同用公斤来称重、用米来测距一样，我们用货币来衡量商品的价值。

如果用货币来衡量商品的价值，则货币本身要有单位，比如人民币的单位是"元"，商品的价值都是用多少"元"来表示。美元、欧元、日元、英镑等也都是各自经济体的货币单位。所以**货币单位是货币发挥价值尺度职能的必要条件**。

3. 贮藏手段

贮藏手段（Store of Values）指货币可以充当积累和保存价值的手段。因为货币是交易的媒介，拿着媒介可以买到任何商品，那能否只持有媒介不购买商品，或者不立刻购买商品而是等以后再买呢？当然可以，这就是货币发挥积累财富、保存财富的职能，货币代表着对未来商品、未来效用的索取权。

从居民资产配置的角度来看，货币是资产组合中的一种资产。与其他资产（比如债券、股票、房地产等）相比，货币的优势在于最强的**流动性**，可以直接用于购买和支付；缺陷则在于最低的回报率，较少的利息收入。

▷▷▷ 真题链接

1.（2024—中国人民大学）（判断题）在发达的商品经济中，大宗交易是货币的支付手段职能起作用的主要场景。（　　）

2.（2019—中国人民大学）企业在纳税时支付税收，体现的是货币的（　　）职能。

　　A. 流通手段　　　　　　　　　B. 价值尺度

　　C. 支付手段　　　　　　　　　D. 贮藏手段

3.（2020—中国人民大学）货币的各种职能都是根据现实的货币形成总结得出的。其中，货币单位就是（　　）的必要条件。

　　A. 价值尺度　　　　　　　　　B. 流通手段

　　C. 支付手段　　　　　　　　　D. 贮藏手段

4.（2021—重庆大学）关于对货币主要职能的说法不正确的是（　　）。

　　A. 赋予交易对象以价格形态　　B. 购买和支付手段

　　C. 积累和保存价值的手段　　　D. 一般等价物

5.（2023—中央财经大学）以下说法不正确的是（　　）。

A. 货币作为交换手段时,人们关注货币本身的价值

B. 货币作为计价标准时,为商品和劳务的交换标价

C. 货币作为支付手段时,可以用来结清债权债务关系

D. 货币是流动性最高的资产

6.（2024—中央财经大学）下列关于货币职能,说法错误的是（　　）。

A. 货币的职能主要是交换媒介和资产职能

B. 交换媒介职能可以降低成本,提高效率

C. 支付手段职能通过一手交钱一手交货作为商品流通的媒介

D. 在资产职能中,货币可以作为保存财富和资产增值的手段

7.（2025—中国人民大学）张三用 1 万元现金偿还了他欠李四的债务,这体现了货币的（　　）职能。

A. 流通手段　　　　　　　　B. 支付手段

C. 价值尺度　　　　　　　　D. 价值贮存

8.（2022—湖南大学,2023—山东大学,2025—中国石油大学（北京））请简述货币的定义和职能。

【答案】1. √;2. C;3. A;4. D;5. A;6. C;7. B;8. 略

二、货币制度

（一）货币制度的基础知识　★★★

1. 什么是货币制度

我们经常听到"制度"一词,它意味着规范和准则,因此货币制度应当是关于货币的规范和准则。那么谁有资格制定货币的规范呢？自然是政府。所以货币制度就是**政府**对一系列货币问题的安排,在我国就体现为国务院发布的《中华人民共和国人民币管理条例》。

2. 制定货币制度的目的

（1）一般来说,政府通过制定货币制度来稳定货币体系,进而更好地保证货币职能的发挥,促进经济发展。

（2）但是在某些特殊情况下（比如没落王朝的非常时期）,也通过操纵货币制度、制造劣币搜刮国民财富。

（3）无论何时,货币主权都是政府保持对国家控制力的重要方面。

》**举例**：从我国历史上来看,西汉曾经两次允许私人自由铸造货币,都出现了朝廷对国家控制力的大幅削弱,在汉景帝时期甚至因此爆发了七国之乱。所以货币不仅是经济的、更是政治的,政府可以通过控制货币来控制国家的实际资源。

（4）国家货币制度也是国际货币制度的基础,是国与国之间相互联系的纽带,有利于加强国际贸易和国际金融合作。

3. 货币制度安排

具体来看,货币制度安排主要包括五个方面:币材、货币单位、货币的法偿能力、货币的铸造发行和流通程序、发行准备制度。

（1）**币材**。币材就是选定铸造货币的材料,如铜、银、金等。在金属本位制下,币材的选择是一国货币制度的核心,但是在纸币本位制下其意义较为淡化。

（2）**货币单位**。在金属本位制下,货币单位通常为重量单位,如两、盎司等。在纸币本位制下,美国的"美元"、欧元区的"欧元"、俄罗斯的"卢布"等,也均为货币单位,同时也是这些经济体的货币名称。我国则稍有不同,我国的货币名称为"人民币",货币单位为"元"。

（3）**货币的法偿能力**。货币的法偿能力是指法律赋予该货币的偿付能力,包括无限法偿和有限法偿。**无限法偿**是指法律赋予该货币无限的偿付能力,无论用该种货币支付的规模多大、性质如何,交易对手都不能拒绝接受。**有限法偿**则是指使用该货币支付的规模存在阈值,在阈值之内,对方不得拒绝接受。但如果超过了这个阈值,对方可以拒绝接受。

一般来说,在金属本位制下,主币[①]具有无限法偿能力、辅币具有有限法偿能力。在纸币本位制下,我国人民币的主币（"元"）和辅币（"角""分"）都具有无限法偿能力。

> ≫ **举例**:当我们吃完一顿大餐,然后把一堆1角硬币倒到桌子上时,餐馆老板是不能拒绝接受而要求我们改用1元或10元来支付的。而当我们想到谁更有可能使用1角钱来支付时便会明白,这种设计更多是对社会弱势群体的保护。
> ≫ **存款的法偿能力**:存款不具有任何的法偿资格,也即我们可以拒绝别人的转账,要求对方改用现金支付,法律一般是支持的。这里大家不妨思考一个问题:已知充当货币的条件是普遍接受性,如果存款货币没有法偿资格,那么它的普遍接受性从何而来呢?

（4）**货币的铸造发行和流通程序**。从古至今,货币的铸造发行通常由政府垄断,但个别时期也出现过允许私人自由铸造的情况。

如果由政府垄断,则往往会产生**铸币税**（Seigniorage）收益。① 在金属本位制下,铸币税收入 = 铸币面值 – 铸币成本。若政府发行劣质铸币,发行成本小于其标示的面值,则铸币税收入为正,可借此敛财。② 在纸币本位制下,铸币税收入 = 纸币面值（或购买力）– 纸币发行成本[②]。因为纸币的发行成本相较于其面值而言太小、可以忽略不计,所以也约等于纸币面值。如果一国货币成为**世界货币**（比如美元）,在国际上发挥计价、结算、贮藏的货币职能,则也会征收**国际铸币税收益**:用没有价值的货币换取国外有价值的实际资源,这是货币国际化的直接收益。

---

① 主币（Standard Money）也称本位币,是国家承认的、标准的、基本的通货。辅币（Fractional Money）则是小于一个标准货币单位的通货。如人民币的主币为"元",辅币为"角"（1/10元）、"分"（1/100元）;美元的主币为"美元",辅币为美分（1/100美元）。

② 在现代双层次货币创造机制下,发行货币的主体是中央银行和商业银行,中央银行的收入直接归属于政府。所以也有观点认为,此时,铸币税收入 = 中央银行资产方利息收入 – 负债方利息支出。

在铸币制造方面,资本主义经济产生后,出现了自由铸造制度,即允许私人部门自由铸造、自由熔化。其好处是可以通过铸造、熔化实现套利,来保证铸币(货币黄金)价值与其所包含的金属(商品黄金)价值一致。商品黄金也可以作为后备,发挥自动蓄水池机制,保证货币黄金数量和币值的稳定。但需要注意的是,"自由"不是"私自",私自铸造货币是被禁止的,需要把法定的货币金属送到国家铸币厂,按照统一的标准进行铸造。

在我国历史上,从清末至1935年国民政府法币改革以前,银圆实行的就是自由铸造、自由熔化这一制度。1935年法币改革后,国民党政府垄断了货币发行权,开始禁止自由铸造,随之而来的是恶性的通货膨胀(以下简称"通胀")[①]。

(5)发行准备制度。货币的发行往往需要发行准备,其目的在于增强市场对该货币的信心。发行准备主要包括两类:现金准备和票券准备。现金准备又包括黄金和外汇,金本位制下银行券的发行就以黄金作为发行准备,有多少黄金发行多少银行券;我国香港地区则以美元外汇作为发行准备,有多少美元发行多少港币,采取货币局制度[②]。票券准备则主要指国债,目前很多国家(比如美国、日本等)都是以国债作为发行准备,中央银行通过购入国债的方式发行货币。

▷▷▷ **真题链接**

1.(2019—中国人民大学)下列关于从清末到国民政府的法币改革期间我国的货币制度,描述错误的是(　　)。

A. 公众可以将货币材料送到铸币厂铸造货币

B. 公众可以根据货币制度要求的含金量私自铸造货币

C. 此期间的货币制度具有蓄水池作用

D. 货币价值与实际价值大致相同

2.(2021—中国人民大学)现代信用货币制度是由哪些要素构成?你认为当今世界各国建立货币制度的主要目的是什么?

【答案】1. B;2. 略

(二)国家货币制度 ★★★★

1. 发展阶段

从西方国家的情况来看,国家货币制度的发展大致经历了两个阶段(如图1-2所示)。第一个阶段,从银本位制到金银复本位制再到金本位制,是一个白银地位不断下降、黄金地位不断上升的过程。第二个阶段,从金本位制下的金币本位制到金块本位制,再到金汇兑本位制,最后到纸币本位制,是一个黄金地位不断下降、纸币地位不断上升的过程。

---

① 在本书中,出于增加读者阅读体验和便于读者学习的目的,除个别专业术语外,会常用"通胀"来表示"通货膨胀"。

② 关于货币局制度,可参考国际金融相关章节。

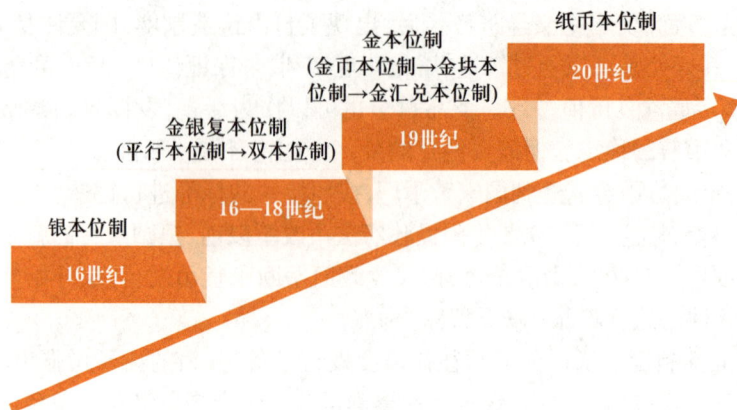

图 1-2　货币制度的发展阶段

2. 银本位制

银本位制在 16 世纪以后开始盛行,其基本特征为:以白银作为本位币币材,银币具有无限法偿能力,银币可以自由铸造、自由熔化、与银行券自由兑换、自由输出入国境。

3. 金银复本位制

金银复本位制是指金、银两种铸币同时作为本位币的货币制度,流行于 16—18 世纪,其基本特征为:金银两种金属同时作为法定币材,都有无限法偿能力,金银之间可以自由兑换。因为金的价值高于银,所以一般情况下,大额批发交易用黄金、小额零售交易用白银。

金银复本位制又包括平行本位制和双本位制,两者的区别在于政府是否限制黄金和白银的比价。

（1）平行本位制

平行本位制是指同样的商品可以用黄金标价,也可以用白银标价,二者平行,政府不限制黄金和白银的比价。但由于黄金和白银的比价无时无刻不在发生变动,所以会带来较高的**菜单成本**[①]（Menu Cost）。菜单成本的增加源于黄金和白银比价的变动,所以政府想了一个主意:固定黄金和白银的比价,于是双本位制便出现了。

（2）双本位制

在双本位制下,政府会限制黄金和白银的比价。因而金银就存在两个比价:政府确定的**官价**（也称"名义价值"）以及金银本身的**市场价**（也称"实际价值",可以理解为金银作为商品的比价）。官价较为僵硬,而市场价则更为灵活。比如本国因为对外贸易顺差出现了大量的白银流入,进而银的市场价下跌[②],但是官价的调整可能是滞后的、缓慢的,仍然维持在

---

① 菜单成本是宏观经济学的概念。狭义上指因为价格调整,所以厂商需要重新印刷菜单所产生的成本。广义上指价格调整所带来的一切成本,如需要跟消费者沟通使其接受,甚至可能会破坏一些长期合同关系等。新凯恩斯学派用菜单成本来说明价格变动是有成本的,因而厂商不会频繁调整价格,价格在短期内具有粘性。在宏观经济研究的动态随机一般均衡（DSGE）模型中,通常使用卡尔沃定价（Calvo, 1983）来描述这一现象。这里因为同时使用金银两种平行价格,所以会有更频繁的价格调整,带来更高的菜单成本。

② 顺差和逆差是国际金融中讨论的概念。对于贸易账户而言,顺差意味着出口大于进口,逆差则反之。此处顺差意味着本国出口较多,把商品卖到国外、赚回货币流入国内,而外国的进口商可能用白银支付,导致本国白银数量增加。根据供求和价格的关系可知,白银供给增加会使得其价格下跌。

原来的水平。两者变动不一致,所以结果是官价往往不等于市场价,**格雷欣法则**[1]便出现了。

>> **格雷欣法则**

① **背景**:金银复本位制下的双本位制。

② **含义**:**劣币驱逐良币**。劣币是指官价高于市场价的货币,良币则是指官价低于市场价的货币[2]。劣币将良币从流通领域中驱逐出去,劣币发挥交易媒介和贮藏手段职能,良币则只发挥贮藏手段职能。

③ **举例**:假设市场均衡价格为 1 金 =10 银,但政府强制令 1 金 =5 银,哪种金属将充斥流通领域呢? 这个问题的关键是判断出劣币和良币。首先观察银:以金标价,官价 1 银 =1/5 金,市场价 1 银 =1/10 金,1/5(官价)>1/10(市场价),则银为劣币;再来观察金:以银标价,官价 1 金 =5 银,市场价 1 金 =10 银,5(官价)<10(市场价),则金为良币。所以银(劣币)驱逐金(良币),银将充斥流通领域,发挥交易媒介职能。

④ **原因**:承接上面的例子,类似于自动蓄水池机制,这里也存在一个**套利机会**。所有套利的核心都是**低买高卖**。在官方市场上,黄金是被低估的,因而人们可以把 1 单位货币黄金熔化成 1 单位的商品黄金,再按照市场价换为 10 单位的商品白银(直接以物易物,或者也可以输出国外进行转换),最后将 10 单位商品白银再铸造成 10 单位货币白银。经此操作,1 单位的货币黄金就转化成了 10 单位的货币白银。人们都知道 1 金真正的价值是 10 银,所以没有人会甘心真的按照 5 银的价格将金支付出去。从买方的角度来看,所有商品交易都会用银来支付,金是不会出现在流通领域的。

这就是劣币驱逐良币的格雷欣法则,西汉贾谊早就注意到这一现象,并将其描述为"奸钱日繁,正钱正亡"[3]。"劣币驱逐良币"也与商业银行章节的**逆向选择**问题相呼应。

4. 金本位制

因为金银同时作为本位币暴露出的问题,所以到了 19 世纪,金银复本位制又向单一的金本位制过渡:以黄金作为唯一的本位币币材[4]。而在金本位制下,又包括金币本位制、金块本位制和金汇兑本位制。

(1)金币本位制(也称"金铸币本位制")

金币本位制的特点是"四个自由",黄金可以自由铸造、自由熔化、自由兑换、自由输出入

---

[1] 格雷欣(1518—1579),英国银行家、财政家。

[2] 此处注意:良币和劣币取决于官价和市场价的对比关系,而并非金属本身价值的高低。比如金虽然价值更高,但仍可能是劣币。

[3] 借用北岛《回答》中的一句话"卑鄙是卑鄙者的通行证,高尚是高尚者的墓志铭",也就是说,卑鄙者横行无阻,而高尚者长埋地下。

[4] 为什么金银复本位制最终走向了金本位制而未走向银本位制? 原因在于,19 世纪,白银产量激增使得其价值大幅下跌。并且,一方面,在大额交易中需要携带并支付很多的银、成本较高,不利于发挥交易媒介职能;另一方面,白银价值的频繁波动也使其难以很好地发挥价值尺度职能。

国境。自由铸造是将商品黄金铸造成货币黄金,自由熔化是将货币黄金熔化成商品黄金,自由兑换是银行券可以自由兑换为黄金,自由输出入国境则是黄金可以在国与国之间自由流动。

（2）金块本位制（也称"生金本位制"）

在金块本位制下,四个自由均不存在,其特点为只有银行券达到一定数量才能够兑换黄金。如英国于 1925 年规定,银行券规模达到 1 700 英镑才能兑换金块。

（3）金汇兑本位制（也称"虚金本位制"）

在金汇兑本位制下,政府只规定银行券的含金量,但银行券在国内不能兑换黄金,需要首先将本国的银行券换成外汇(外国的银行券),然后拿着外汇去外国换黄金[①]。

可以发现,从金币本位制到金块本位制再到金汇兑本位制,银行券兑换黄金越来越困难,其原因在于黄金的充足性面临越来越严重的问题。因为经济是在不断发展的,**经济的发展**一方面意味着更多的商品被生产出来,需要更多的货币去充当交易媒介,发挥**交易媒介**职能;另一方面意味着人们的收入也在增加,需要更多的货币发挥**贮藏手段**职能。也就是说,人们对发挥交易媒介和贮藏手段职能的货币需求都在不断增加。而黄金的产量却是一定的、黄金的发行缺乏弹性,所以必然难以满足日益增长的对货币的需求[②]。反观银行券,它作为纸做的货币,几乎没有币材的约束,并且相较黄金也更便于携带和贮藏。所以政府想了一个办法:通过限制银行券可兑换性的方式来抑制人们对黄金的需求。在布雷顿森林体系解体后,完全不兑现的纸币彻底代替了金属货币,黄金彻底退出了充当货币的历史舞台。

▷▷▷ **真题链接**

1.（2014—清华大学）金银官方比价为 1：14,市场比价为 1：15,哪种货币会充斥市场?（　　）

A. 银　　　　　　　　　　B. 金

C. 银和金同时　　　　　　D. 都不是

2.（2018—中国人民大学,2023—中国人民大学）"奸钱日繁,正钱日亡"描述的是（　　）。

A. 格雷欣法则　　　　　　B. 恶性通货膨胀

C. 特里芬难题　　　　　　D. 米德冲突

3.（2024—中国人民大学）关于格雷欣法则,以下不正确的是（　　）。

A. 在金银复本位制度下,金币与银币之间有法定兑换比例,金币和银币的市场比价波动会引起金币和银币实际价值和名义价值的背离

B. 实际价值高于名义价值的"良币"会被贮藏而退出流通,而实际价值低于

[①]　这里的"外国"有特指的国家:从 1922 年热那亚会议到第二次世界大战前主要包括英国、法国和美国,因为当时的英国、法国仍实行金块本位制,而美国实行金币本位制,所以仍可以在这些国家兑换黄金;尤以英国为主,英国通过出口积累了大量的黄金储备;从 1944 年到 1971 年,在布雷顿森林体系下则是指美国。

[②]　根据 2022 年诺贝尔经济学奖得主伯南克等人的研究(<The Gold Standard, Deflation, and Financial Crisis in the Great Depression: An Internatinonal Comparison>,NBER working paper 1990),金本位制下存在通货紧缩倾向。这篇文章通过使用 24 个国家的样本数据,验证了越早放弃(或从未采用)金本位制的国家,就越早摆脱(或避免)通货紧缩的压力,越快地从大萧条中复苏。

名义价值的"劣币"会充斥市场

C. 当金币和银币的法定兑换比率不变,而银币由于开采成本下降而更易得时,人们会更多地贮藏银币,导致金币充斥市场

D. 格雷欣法则说明即使存在法定官价,市场机制也会发生作用

4.(2024—上海大学)双本位制下容易引发"劣币驱逐良币"现象,被驱逐的"良币"主要行使哪种货币职能?(   )

A 价值尺度   B. 支付手段

C. 流通手段   D. 价值贮藏

5.(2020—南开大学,2024—东北财经大学,2025—中央民族大学)名词解释:格雷欣法则。

6.(2025—中国社会科学院大学)名词解释:金本位制。

7.(2025—对外经济贸易大学)名词解释:金汇兑本位制。

8.(2025—重庆大学)简述金币本位制、金块本位制、金汇兑本位制的异同。

9.(2025—对外经济贸易大学,2019—复旦大学)简述格雷欣法则的主要内容,并列举经济生活中的例子(至少2点)。

【答案】1. A;2. A;3. C;4. D;5. 略;6. 略;7. 略;8. 略;9. 略

（三）国际货币制度[①] ★★★★

1. 什么是国际货币制度

当货币制度的问题超越国界时,就产生了国际货币制度。国际货币制度也称国际货币体系,是指支配各国货币关系的规则以及各国间进行交易支付时所依据的安排和惯例。迄今为止,国际货币制度经历了从国际金本位制(约1880年)到布雷顿森林体系(1944年)再到牙买加体系(1976年)的演变。

2. 国际货币制度安排

（1）确定国际本位货币,即使用何种货币作为国际支付货币,哪些资产可以用作国际储备资产。

（2）汇率制度安排,即各国应采用何种汇率制度,是固定汇率制还是浮动汇率制。

（3）国际收支调节方式的选择,即当国际收支不平衡时,各国政府应采取什么方法进行纠正、国与国之间的政策又应如何协调等。

3. 国际金本位制度

国际金本位制度是以黄金作为国际本位货币的制度,其特点是各国货币之间的汇率由各自的含金量之比决定,黄金可以在各国间自由输出入。1816年,英国率先实行金本位制度;19世纪70年代以后,欧美各国相继仿效。许多国家的货币制度逐渐统一,金本位制由国内制度演变为国际制度。

4. 布雷顿森林体系

（1）背景

两次世界大战后的1944年,44个国家在美国的布雷顿森林城召开了会议,建立了布雷

---

① 关于国际货币制度,这里只进行简单阐述,详细内容可参考国际金融学中国际货币体系部分。

顿森林体系（Bretton Woods Monetary System）[1]。在当时的布雷顿森林会议上出现了两个提案：英国的**凯恩斯计划**与美国的**怀特计划**。凯恩斯计划提出建立超主权货币班柯（Bancor）作为全球本位货币，怀特计划则支持美元成为全球本位货币。尽管有著名经济学家凯恩斯的保驾护航，尽管超主权货币的设计本身也更合理，仍然敌不过以美国利益作为后盾的美元：1945 年，美国的国民生产总值占全部资本主义国家的 60%，黄金储备占 75%，最终怀特计划胜出。这也印证了之前的观点：货币不仅是经济的，更是政治的。

（2）核心

布雷顿森林体系的核心是双挂钩：美元与黄金挂钩，35 美元兑换 1 盎司黄金；各国货币与美元挂钩，实行**可调整的钉住汇率制**（Adjustable Peg System）。

首先，美国以外的其他国家也通过立法的方式规定本国货币的含金量。其次，各国再根据本国货币含金量与美元含金量的对比关系确定兑美元的均衡汇率。该含金量（也即均衡汇率）不得随便变更，但也并非绝对不能变更，如变动超过 10%，则需得到国际货币基金组织（International Monetary Fund, IMF）的批准[2]（体现"可调整的"）；最后，在均衡汇率的基础上，各国中央银行应保证市场汇率在均衡汇率 ±1% 的幅度内波动。如超过规定的上下限，则有义务进行干预（体现"钉住汇率制"）。

各国货币可以换美元，美元可以换黄金，因而布雷顿森林体系仍然是金汇兑本位制。而根据前面的分析可知，任何与黄金挂钩的货币制度都无法长久稳定。布雷顿森林体系也同样面临这一问题，这一问题被称为**"特里芬两难"**，由耶鲁大学教授特里芬提出。

> 》　**特里芬两难（Triffin Dilemma）**
> ① 含义：信心与清偿力的矛盾。
> ② 原因：因为美元是全球本位币，国际贸易是以美元作为清偿货币的，所以随着国际贸易规模的扩张，对美元的需求会增加。如果美元供给不随之增加（即美国保持国际收支顺差[3]），就会存在全球**清偿力不足**的问题[4]，国际贸易便无法进行；如果美元供给随之增加（即美国保持国际收支逆差），那么由于黄金数量是一定的，数量增加的美元和数量不变的黄金必然无法保持固定的兑换比例，美元**兑换黄金**的信心又会受损。因而陷入两难境地。

5. 牙买加体系（也称"后布雷顿森林体系"）

（1）牙买加体系的特点

由于特里芬两难的存在，布雷顿森林体系于 1971 年解体[5]，取而代之的是牙买加体系。

---

① 严格来说，布雷顿森林体系包括两部分："布雷顿森林货币体系"和"关税与贸易总协定"，这里介绍的"布雷顿森林体系"其实是其中的"布雷顿森林货币体系"。

② 布雷顿森林会议还通过了《国际货币基金组织协定》，成立国际货币基金组织以维护国际货币体系运行。

③ 美国保持顺差意味着其出口量更大，出口赚回货币，美元流入本国，国际市场上的美元减少；对应地，美国保持逆差则意味着进口量更大，进口需要支付货币，美元流出本国，国际市场上的美元增加。

④ "清偿"一词一般针对债务而言，所以清偿力不足主要针对逆差国而言：逆差国如果没有美元，就无法清偿因进口而产生的债务。

⑤ 标志是 1971 年 8 月 15 日，美国总统尼克松宣布停止美元兑换黄金。

牙买加体系的三大特点为黄金非货币化、国际储备多元化、汇率制度多样化。黄金非货币化意味着黄金与货币脱钩,彻底退出了充当货币的历史舞台;国际储备多元化意味着更多的货币可以充当国际储备并用于国际清偿:如马克、日元、英镑、人民币;汇率制度多样化则表现为:出现了以浮动汇率为主、钉住汇率并存的混合体系,各国可灵活选择适合本国的汇率制度。

（2）牙买加体系下的美元霸权

需要注意的是:布雷顿森林体系的解体只是意味着美元对黄金的崩溃,并不意味着对其他国家货币的崩溃。事实上,因为美国强大的政治、经济、军事力量,以及国际货币体系表现出的捍卫当前主导货币的强大惯性,美元作为全球本位币的地位没有发生根本动摇,仍是国际市场上最主要的流通、计价结算和储备工具,美元霸权仍然存在。并且在布雷顿森体系解体后,由于不再受到兑换黄金的约束,美联储可以更加肆无忌惮地发行美元,它在危机时期采取的量化宽松政策使得大量美元流入国际市场、流入新兴市场国家,造成了全球的资产价格泡沫。当美国经济好转、美联储转而采取紧缩政策时,又带来了这些国家的资产价格泡沫的破裂和经济衰退。可以看到,20 世纪 80 年代拉美国家债务危机、20 世纪 90 年代东南亚国家货币危机、2014—2016 年新兴市场国家货币危机,背后都是美国财政或货币政策调整带来的美元周期[1]。并且伴随着泡沫的形成和破裂,国际游资通过低点进、高点出的操作将这些国家居民的实际财富也洗劫一空。

2008 年金融危机之后,改革当前国际货币体系的呼声越来越高。联合国授权建立的"斯蒂格利茨委员会"指出,牙买加体系存在三大缺陷:通货紧缩倾向、不平等性和不稳定性。而这些缺陷的根源则源于美元作为美国国内主权货币与作为国际本位货币的矛盾。所以当前国际货币体系的改革方向为以超主权货币代替主权货币。

▷ ▷ ▷ **真题链接**

1.（2013—清华大学）布雷顿森林体系下的汇率制度属于（　　　　）。

A. 浮动汇率制　　　　　　　　　B. 可调整的浮动汇率制

C. 联合浮动汇率制　　　　　　　D. 可调整的固定汇率制

2.（2023—中国人民大学）下列关于布雷顿森林体系以下说法错误的是（　　　　）。

A. 国际条约下的多边安排　　　　B. 双挂钩

C. 规定各国含金量固定不变　　　D. 因特里芬难题而崩溃

3.（2023—中央财经大学）以下关于国际货币制度的说法,不正确的是（　　　　）。

A. 国际金本制下各国汇率由货币含金量决定

B. 特别提款权的创立主要是为了缓解黄金储备的不足

C. 牙买加体系下,各国实行固定汇率制

D. 布雷顿森林体系下,各国实行固定汇率制度

4.（2024—中央财经大学）（多选题）下列关于牙买加体系,说法正确的是
（　　　　）。

---

[1]　关于美国财政或货币政策的外部性,美国财政部前部长康纳利有一句话"美元是我们的货币,却是你们的麻烦"。

　　A. 黄金与各国货币完全脱钩　　　B. 以浮动汇率制为主导

　　C. 以信用货币为本位　　　　　　D. 各国可自主决定汇率制度

　　E. 黄金已不再是各国货币汇率的参照物

　　5.（2025—中央财经大学）布雷顿森林体系是以（　　　　）为中心的固定汇率体系。

　　A. 黄金　　　　　　　　　　　　B. 美元

　　C. 英镑　　　　　　　　　　　　D. 特别提款权

　　6.（2022—西南财经大学）简述特里芬难题。

　　7.（2024—山东大学）简述国际货币体系的发展历程。

　　8.（2024—中央民族大学）简述布雷顿森林体系的内容及其瓦解的根源。

　　【答案】1. D；2. C；3. C；4. ABCDE；5. B；6. 略；7. 略；8. 略

三、货币分层

（一）货币分层的原因

　　通过上面的分析可知，在现代信用货币制度下，虽然货币本身并没有价值，即无法直接给人们带来效用，但它作为符号代表着一定数量的价值。从微观角度来看，拥有的货币数量越多，可以消费的商品数量也就越多；从宏观角度来看，货币往往是实体经济的领先指标。当货币量增加时，意味着整个社会对于商品的总需求增加，进而可能带动产出、就业以及物价水平的上升，影响社会福利。因为货币对实体经济的影响巨大，所以需要对其进行更加精确的计量。同时，因为不同种类的货币对实体经济的影响也不尽相同，所以有必要对货币进行分层统计。货币分层是中央银行主导的，其目的在于对货币进行更好的监测和调控。

（二）货币分层的依据　★★

　　货币分层的标准是流动性[①]。流动性最强的资产划到 M0 中，比如现金；流动性稍弱的划到（M1－M0）中，比如活期存款；流动性比较弱的划到（M2－M1）中，比如定期存款；流动性更弱的就不算货币了，比如债券、股票、房地产等。

　　M0、M1、M2 的关系如图 1-3 所示。其中，M0 被称为"**通货**"（Currency in Circulation），M1 被称为"**货币**"（Money）或者"**狭义货币**"（Narrow Money），M2 被称为"**广义货币**"（Broad Money），（M2－M1）被称为"**准货币**"（Quasi-Money）。

　　因为流动性不同，所以货币的用途也不同。我们更多地使用现金和活期存款（支票、银行卡、第三方支付等）进行支付，更多地以定期存款实现财富的保值增值。从货币职能的角度来看，流动性强的 M1 主要发挥**交易媒介职**能；流动性稍弱的（M2－M1）主要发挥**贮藏手段职能**[②]。

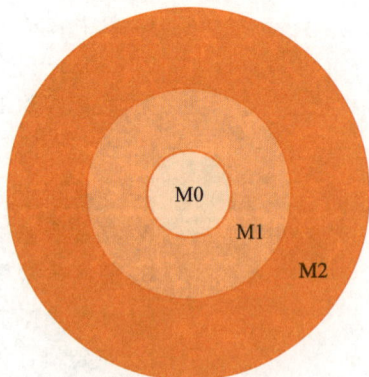

图 1-3　M0、M1、M2 的关系

---

① 也即"资产的变现能力"。

② 有时还将 M1 称为**现实流通的货币**或**现实的购买力**，（M2－M1）称为**现实不流通的货币**或**潜在的购买力**。

（三）中美货币分层 ★★★★

1. 中国的货币分层

M0= 流通于银行体系以外的现金（含数字人民币）。

M1=M0+ 单位活期存款 + 个人活期存款 + 非银行支付机构客户备付金[1]。

M2=M1+ 准货币，准货币包括单位定期存款、个人定期存款、其他存款（非银金融机构[2]在银行的存款、证券公司客户保证金存款、信托存款）以及非存款类金融机构持有的货币市场基金[3]。

2024 年 12 月末，我国的 M0 余额为 12.82 万亿元，同比增长 13%；M1 余额为 67.10 万亿元，同比下降 1.4%；M2 余额为 313.53 万亿元，同比增长 7.3%。

2. 美国的货币分层

M1= 通货 + 商业银行活期存款 + 自动转账账户（ATS）存款 + 附息支票账户（NOW）存款。

M2=M1+ 小额定期存款 + 储蓄存款 + 隔日回购 + 隔夜欧洲美元 + 货币市场基金 + MMDA 存款[4]。

3. 中美货币分层对比

（1）中国有 M0，美国没有 M0

我国将 M0 现金单独列出来，意味着在我国现金的流动性是独一档的。在美国，因为征信体系较为发达，支票支付的便利性与现金相当，所以并没有将现金单独列出。

（2）中国的居民活期存款算作准货币，美国算作 M1

我国的 M1 中仅统计单位活期存款，不统计个人活期存款。在我国，个人活期存款和个人定期存款统称为储蓄存款，之前都是以存折的形式体现的，不能开支票、不能作为交易媒介，流动性较弱，所以放在准货币中。当然，现在我国已经不发放存折了，取而代之的是银行卡。银行卡存款的流动性较强、可以直接用于支付，应当算作 M1，但是目前还未将其纳入 M1 的统计范围之内。

（四）货币供给的流动性 ★★

如图 1-4 所示，我国 M1 与 M2 的增长率在某些年份较为相近，但在某些年份也有非常明显的差距[5]。经济学家把 **M1/M2** 定义为**货币供给的流动性**，当该指标上升时，一般意味着企业将更多地定期存款转化为活期存款以准备采购、扩大生产，也即投资信心增强，经济趋

---

[1] 2024 年 12 月，中国人民银行调整了 M1 的统计口径，将个人活期存款和非银行支付机构客户备付金（比如客户放到微信支付、支付宝里的资金）也纳入 M1 的范围。在此之前，我国的 M1 只统计单位活期存款，其中"单位"与"个人"相对应，主要包括两类主体：非金融企业和机关团体（如政府、学校、医院）。统计口径调整的原因在于技术的进步和支付工具的创新使得个人活期存款和非银行支付机构客户备付金也可以非常便利地用于支付，相较于之前，具有更强的流动性。

[2] 非银金融机构即非银行类金融机构，包括券商、基金机构、信托机构等，需要统计这些金融机构存入银行的存款；而信托存款则是指信托机构自己吸收的存款，两者并不同。

[3] 非存款类金融机构持有的货币市场基金是 2018 年统计进来的，典型的货币市场基金是余额宝中的资金。

[4] 隔日回购、隔夜欧洲美元、货币市场基金、MMDA 存款等会在之后的章节展开介绍。

[5] 我们可能会听到"剪刀差"的说法，比如 M1 增速与 M2 增速的剪刀差，M2 增速与社会融资规模增速的剪刀差，CPI 与 PPI 的剪刀差；等等。剪刀差是指本来增速相近的两个指标，走势却出现了背离，一个增速快、一个增速慢，呈剪刀状。

热[①]；反之亦反。

>> **案例**：2023年，我国M2的同比增速为9.7%，但反映物价变动的CPI的同比增速却只有0.2%。按理说，高的货币增长率会带来旺盛的商品需求，进而带来更高的价格，但为什么M2与CPI的增长却出现了显著的背离呢？如果注意到M2增长的结构，便不难解释这一点：反映现实购买力的M1的同比增速只有1.3%，M2的增长更多是由居民储蓄存款以及企业定期存款增长所贡献的。这体现的是一种预防性的需求，在疫情冲击、房地产市场拐点、美国"小院高墙"政策等多种因素叠加下，居民的收入、企业的盈利受损，人们对未来的预期也较为悲观，实体经济的消费、投资需求并不旺盛，低的CPI增速也就很正常。所以对于M2数据，我们不仅要关注它的总量，也要关注它的结构，当M1/M2下降时，经济趋冷。

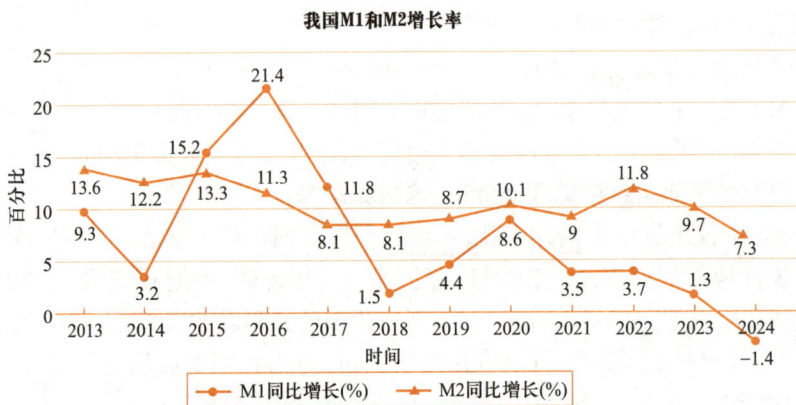

图1-4　我国2013—2023年M1和M2的同比增长率

数据来源：中国人民银行。

▷ ▷ ▷ **真题链接**

1.（2023—对外经济贸易大学）（判断题）M1/M2的值趋于增大时意味着经济景气指数上升，货币流通速度加快。（　　　）

2.（2024—上海大学）（判断题）在中国，居民储蓄存款属于广义货币中的准货币部分。（　　　）

3.（2020—中央财经大学）某非金融企业将其10万元活期存款转为5年期定期存款，其行为对中国货币层次的影响是（　　　）。

---

① 从我国实际情况来看，对M1/M2指标影响最大的是房地产销售。当房地产销售火热时，居民的储蓄存款（QM）会更多转化为房地产企业的活期存款（M1），M1上升，M2不变，M1/M2上升。而房地产全产业链可以占到我国GDP的28%，房地产销售的增长会带动房地产及相关投资和居民相关消费的增长，经济趋热。

A. M1 减少，M2 不变　　　　　　　B. M1 减少，M2 增加

C. M0 减少，M2 不变　　　　　　　D. M0 减少，(M2−M1) 减少

4.（2021—中央财经大学）居民储蓄存款投资于货币基金，M1、M2 的变化（　　）。

A. 使 M1 降低　　　　　　　　　　B. 使 M2 降低

C. 使 M2 不变　　　　　　　　　　D. 使 M1/M2 的比例发生变动

5.（2022—中央财经大学）在国际货币清算组织定义的货币层次中，仅反映居民未来和潜在购买力的是（　　）。

A. 狭义货币　　　　　　　　　　　B. 广义货币

C. 准货币　　　　　　　　　　　　D. 流动性总量

6.（2024—中央财经大学）企业将 10 万元现金以活期存款形式存入商业银行，会造成什么影响？（　　）

A. M1 增加，M2 不变　　　　　　　B. M1 增加，M2 增加

C. M1 不变，M2 不变　　　　　　　D. M1 不变，M2 增加

7.（2025—清华大学）以下哪种情况最可能使 M1 下降？（　　）

A. 清华大学买理财产品　　　　　　B. 清华大学给教职工发工资

C. 清华大学向企业支付货款　　　　D. 清华大学给实验室提供科研经费

8.（2025—武汉理工大学，2025—上海对外经贸大学）论述货币层次划分的依据和意义。

【答案】1. √；2. √；3. A；4. C；5. C；6. C；7. A；8. 略

专栏一　数字货币

（一）私人数字货币★★

1. 比特币

（1）比特币的产生及特点

比特币（Bitcoin）是软件开发师中本聪 2009 年基于**区块链技术**创设的一种加密电子货币[1]，其特点为不受单一实体机构（如中央银行）控制，具有**去中心化**的特征，允许一方直接对另一方进行点对点的支付，而无须经过任何金融机构。用户们利用算力校验以生成新的比特币，这个过程被称为"**挖矿**"。

（2）比特币不能充当货币

以比特币为代表的私人数字货币并不是金融学理论中的货币，原因如下：

① 其不满足充当货币的两个条件：普遍接受性和币值稳定性。

---

[1]　源于中本聪在 2008 年发表的一篇文章 *Bitcoin：A Peer-to-Peer Electronic Cash System.*

第一，**普遍接受性**。与黄金不同,比特币是利用算法产生的一串代码,不具有价值;与纸币不同,比特币背后也没有国家信用支撑,不具有法偿性;从技术上来说,所有虚拟货币的产生方式、交易模式、储存方式等都不具备独特性,因此比特币具有很强的可替代性。

第二，**币值稳定性**。与黄金不同,比特币没有价值,所以没有自动蓄水池机制;与纸币不同,其缺乏中央银行的政策调控,上限数量(2 100 万)和达到上限的时间(2140年)也已被技术固定;从现实情况来看,容易被过度炒作,导致价格波动过大。

② 从货币职能的发挥来看。比特币在一定程度上可以发挥交易媒介职能,如特斯拉接受比特币作为车辆支付的手段,但因其不满足普遍接受性,所以应用场景必定受限。同时,因其不具有币值稳定性,所以也无法很好发挥价值尺度和贮藏手段职能。

综上所述,比特币本身不能充当货币,只是一种虚拟商品或虚拟资产。但其中隐含的某些技术可以降低电子交易的处理成本,这些技术可能会有利于构建未来电子支付体系。

（3）我国对比特币的态度

目前,世界各国对待比特币的态度各异。从我国的情况来看,2013 年 12 月,中国人民银行等部门确认比特币不具备法偿性与强制性等货币属性,但普通民众在自担风险的前提下拥有交易的自由。2021 年 5 月,国务院金融稳定发展委员会强调打击比特币挖矿和交易行为,坚决防范个体风险向社会领域传递。国内的比特币交易平台也已经关停。

我国打击比特币交易的原因包括:第一,比特币本身没有价值,是投机性的风险资产[1],并且价格波动极大。诸多散户参与其中会形成风险外溢的问题,酝酿金融风险。人类历史上第一次有记载的金融泡沫是 1637 年的郁金香事件[2],成为荷兰金融和经济的转折点。所以金融风险的问题不容小觑,习近平总书记也曾说"金融安全是国家安全的重要组成部分"。第二,因其具有匿名性,所以比特币容易成为**非法交易**的载体;第三,比特币削弱了我国跨境资本流动管制的效力;第四,比特币的生产——"挖矿"是对电力资源的极大浪费。

2. 其他私人数字货币

2019 年 2 月,美国最大的投资银行摩根大通宣布创建自己的加密支付货币"JPM硬币",是全球首款由银行支持的数字货币。同年 6 月,全球最大社交平台之一"脸书"（Facebook）发布白皮书,声称推出数字货币 Libra。与比特币不同,Libra 的发行机制实际上是中心化的,由 Libra 协会负责,锚定一篮子货币,包括美元、英镑、欧元等,并且有100% 的储备资产（包括短期国债和银行存款等安全资产）作为发行准备。2021 年年初 Libra 改名为 Diem,并且不再锚定一篮子货币,只锚定美元。2025 年 1 月,美国总统特朗普也推出了个人加密货币,引发了市场对其滥用总统权力的质疑。

---

[1] 关于比特币究竟是风险资产还是避险资产存在争论。避险资产的逻辑在于其供给存在上限,类似于黄金。但是从比特币与黄金、美元等传统避险资产收益率之间的负相关关系,以及与全球金融市场动荡程度 VIX 指数的负相关关系来看,更多人认为它是风险资产。

[2] 郁金香事件发生在荷兰阿姆斯特丹交易所,许多人因为高价购买郁金香血本无归,甚至跳河自杀。从此,荷兰的金融业迅速萎靡,经济也开始走下坡路。

（二）央行数字货币 ★★★★

1. 央行数字货币的含义

央行数字货币（Central Bank Digital Currency, CBDC）也称数字法币，是央行发行的主权货币的数字形式。其与私人数字货币（如比特币）的比较可参照表1-1。具体到我国，中国人民银行于2014年正式启动数字人民币（Digital Currency/Electronic Payment, DC/EP）的研究，当前已经处于使用阶段。我国是第一个试点央行数字货币的国家，也是目前唯一一个进入实际使用阶段的国家。

扫码回复
"央行数字货币"
听讲解

表 1-1 央行数字货币和私人数字货币的比较

角度	央行数字货币	私人数字货币（以比特币为例）
信用背书	政府	无
法偿能力	无限法偿	无
普遍接受性	有	无
币值稳定性	强	弱
发行机制	中心化	去中心化
发行数量	无限	2 100 万个上限
流通机制（匿名性）	可控匿名	完全匿名
流通范围	境内	全球

2. 货币之花模型

2018年，国际清算银行（Bank for International Settlements, BIS）提出了**货币之花模型**（如图1-5所示）从四个方面对货币进行了分类与定义：

（1）**发行人**（是中央银行还是私人部门）。如果是央行发行的就在对应的椭圆里，比如"CB数字代币"，其实就是央行发行的数字货币。其中我们最熟悉的是现金，自然也是央行发行的；如果非央行发行的就在椭圆外，比如私人数字代币，比特币、Libra 均为此类。

（2）**货币形式**（是否是数字形式）。如果是数字形式就在对应的椭圆里，比如CB数字代币、私人数字代币等，包括传统的银行存款其实也是数字形式；如果非数字形式就在对应的椭圆外，比如现金，就是传统的纸币、硬币等形式。

（3）**可获取性**（广泛或受限）。主要是针对**零售部门**（居民和非金融企业）而言的。如果零售部门可获取、可使用，则在对应的椭圆里，比如现金、银行存款、CB结算账户（通用）、CB数字代币（通用）等；如果仅限于**批发部门**（商业银行体系内部）获取和使用，则在椭圆外，比如CB储备金账户①、CB数字代币（批发）、私人数字代币（批发）等。

---

① 储备金账户即为后面经常用到的准备金账户，是商业银行在中央银行处开立的，仅限于银行体系内部使用。

（4）**实现技术（基于代币还是基于账户）**。其区别在于支付是否需要账户，匿名性如何？如果是基于账户的，那么自然就得开户、在支付的时候需要验证身份，没有隐私可言；如果是基于代币的，那么就不用开户、在支付的时候只需要依据区块链的加密技术，验证币本身即可，就可以保证匿名性。在这个椭圆里面的是基于代币，即没有账户的。比如传统的现金，它的支付就不需要账户，可以保证匿名性，私人数字货币基本都是这种代币形式的。在椭圆外面的，即需要账户的。比如银行存款，以及基于账户发行的央行数字货币。

中间"花蕊"处，"中央银行发行"和"数字形式"两个椭圆交汇处（名字中带"CB"的）表示央行数字货币的几种形式，也即按照应用场景以及实现技术的分类。具体到我国的数字人民币，在应用场景上强调零售端，定位是对零售支付市场的补充；在实现技术上兼具代币和账户两种。

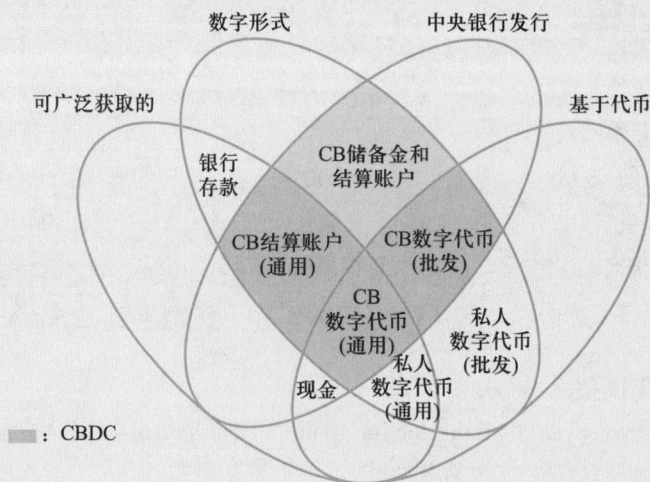

图 1-5 BIS 货币之花模型

注：CB 代表中央银行，CBDC 代表中央银行数字货币。

3. 我国的数字人民币

根据中国人民银行的定义，数字人民币是指"中国人民银行发行，指定运营机构参与运营并向公众兑换，以广义账户体系为基础，支持银行账户松耦合功能，与纸钞和硬币等价，并具有价值特征和法偿性的可控匿名的支付工具"。这个定义很长，中国人民银行花了很大篇幅去描述它的特征，其实从本质上来讲，数字人民币就是人民币的数字化形态，是跟纸币、硬币一样的支付工具；纸币、硬币能买什么，数字人民币也能买什么。

（1）从技术角度来看，数字人民币主要借鉴了**分布式记账技术**（区块链，通过密码学的方式保证数据在不同节点完全同步）和**非对称加密技术**（用一对私钥和公钥进行加密和解密，进而进行支付）。

（2）从经济学角度来看，数字人民币对应的是 M0 的范畴，不是 M1 和 M2。因为M1 和 M2 里的存款货币已经实现电子化，支付效率已经很高了，再去做替代反而是对

资源的浪费。既然对应 M0,那么数字人民币同样拥有 M0 的基本特征:

第一,**无限法偿**。

第二,**匿名实时**。匿名并非完全匿名,完全匿名从来都不在各国央行的考虑范围之内,而是可控匿名,即小额匿名、大额依法可溯。小额强调隐私保护,大额强调可追踪,主要考虑反洗钱、反恐和反逃税的需要。从具体设计来看,我国有四类数字钱包账户(如表 1-2 所示),从第一类钱包到第四类钱包,要求越来越宽松,其中第四类钱包只需要手机号就能开,同时额度也越来越小。实时是指将数字人民币转入银行卡可以实时到账。

表 1-2　数字钱包账户

钱包类型		一类钱包	二类钱包	三类钱包	四类钱包
办理要求		手机号 有效身份证件 本人银行账户 运营机构现场面签	手机号 有效身份证件 本人银行账户	手机号 有效身份证件	手机号
交易限制	余额上限	无	50 万元	2 万元	1 万元
	单笔支付限额		5 万元	5 000 元	2 000 元
	日累计支付限额		10 万元	1 万元	5 000 元
	年累计支付限额		无	无	5 万元

数字人民币采用**账户松耦合设计**,近场通信技术(Near Field Communication, NFC)。只要手机上有数字钱包,不需要联网,甚至不需要手机有电,两个手机碰一碰,就能实现转账功能。这两点特征就为央行数字货币提供了很多应用场景:比如在没有网络连接、强调隐私保护、没有支付账户等情况下,数字人民币可以便利交易。如果还附带其他新功能,比如智能合约(Smart Contract)[1],那么其应用场景可能更加广泛。

第三,不支付利息。

第四,采用中央银行和商业银行**双层运营体系**。类似于传统的现金发行过程:中央银行先把数字货币兑换给商业银行,再由商业银行兑换给公众。类似于纸币、硬币可以装在口袋、钱包里,数字货币也会放到专门存储数字信号的设备里,称之为**数字钱包**,由商业银行负责运营。类似于从 ATM 机中取出现金,我们可以将自己银行账户中的存款提取为数字货币,存入数字钱包。当然,也可以没有银行账户,而是在跟他人的收付中收到数字货币,也存入数字钱包。在支付时,如果是联网状态,只要输入对方的数字钱包识别编号,或者扫对方的二维码,即可实现转款;如果是在不联网状态下,那么可以通过"碰一碰"功能进行转款。

---

① 智能合约是区块链技术的重要应用,它是一段写在区块链上的代码,一旦触发前置条件(就是合约中的条款),代码就会自动执行,可以解决交易中的互信问题并降低信用风险。

▷▷▷ **真题链接**

1.（2021—清华大学）根据中国人民银行关于数字人民币的设计理念和技术架构,中国人民银行的数字人民币属于(　　)。

　A. M0　　　　　　　　　　　B. M1

　C. M2　　　　　　　　　　　D. 全不对

2.（2023—上海财经大学）关于数字人民币,下列论述中不正确的是(　　)。

　A. 数字人民币借鉴了区块链技术

　B. 使用数字人民币需要绑定银行账户

　C. 发行数字人民币意味着增加基础货币

　D. 全球央行数字货币中,目前只有中国的数字人民币进入实际使用阶段

3.（2023—对外经济贸易大学）以下哪项是中国人民银行发行的央行数字货币的性质?(　　)

　A. 足值货币　　　　　　　　B. 有限法偿

　C. 存款货币　　　　　　　　D. 无限法偿

4.（2021—南开大学）名词解释:数字货币。

5.（2020—北京交通大学）比特币是货币吗?请结合货币与货币制度的定义进行分析。

6.（2022—湖南大学）比特币等虚拟货币与我国目前试点发行的数字人民币有何本质上的区别?

【答案】1. A;2. B;3. D;4. 略;5. 略;6. 略

专栏二　人民币国际化①

　　2023年10月,中央金融工作会议首次提出"加快建设**金融强国**"的目标,将金融工作上升到更高的战略高度。2024年1月,习近平总书记在省部级主要领导干部推动金融高质量发展专题研讨班开班式上,进一步深刻阐述了金融强国的丰富内涵。他强调,金融强国应当基于强大的经济基础,具有领先世界的经济实力、科技实力和综合国力,同时具备一系列关键核心金融要素,包括强大的货币、强大的中央银行、强大的金融机构、强大的国际金融中心、强大的金融监管、强大的金融人才队伍(以下简称"六个强大")。在六个强大中排名第一位的就是"强大的货币",也即人民币国际化。

(一)人民币国际化的含义和现状★★★

1. 含义

　　货币的国际化就是货币超越本国国界去国际上发挥职能。对应地,人民币的国际

---

① 因为本专栏使用了较多后续章节的内容,所以建议读者在第一遍学习时先跳过本专栏,等学完本书所有基础内容之后再返回阅读。

化就是人民币超越中国国界,去国际上发挥交易媒介、价值尺度、贮藏手段等职能[1]。人民币在国际市场作为流通、计价结算和储备工具被广泛接受,在国际贸易、国际金融交易以及官方外汇储备中占有显著比例[2]。

2. 现状

2024年末,根据环球银行金融电讯协会(SWIFT)的数据,人民币在全球支付中占比为3.75%,为第4大全球支付货币;根据国际清算银行(BIS)的数据,人民币的国际债务证券存量为2 195亿美元,占全球国际债务比重为2.2%,排名第7;根据国际货币基金组织(IMF)的官方外汇储备构成(COFER)数据,全球主要央行持有的人民币储备规模为2 452亿美元,占比2.14%,在主要储备货币中排名第7。

(二)人民币国际化的影响★★

1. 积极影响

(1)提升我国国际地位。首先,象征意义。人民币国际化成为继国内生产总值与对外贸易指标之后,表征我国大国地位的另一标志。国际交易都用人民币、全世界都说汉语、中国人无论走到全球哪个地方都能得到应有的尊重,就从侧面证明了我们中华民族的伟大复兴。其次,实际意义。人民币国际化有助于提升我国的国际影响力和发言权。美国前国务卿基辛格曾说:"谁控制了粮食,谁就控制了人。谁控制了石油,谁就控制了国家。谁控制了货币,谁就控制了世界。"

(2)货币流出,获取国际铸币税收益。国际化意味着国际交易都使用本国货币,那么第一步,货币需要从本国流出。如果货币的流出是通过经常账户逆差(也即购买国外商品)的方式来实现,那么就能获取国际铸币税收益——用没有价值的本国货币去换取有价值的国外实际资源。

(3)货币回流,降低本币的融资成本。当本国货币走出国门之后,一般不会被外国投资者全部以现金的形式持有,而还会返过来购买本国的债券和股票(也即"货币回流")。这就会增加对本国债券和股票的需求,提高本国债券和股票的价格、降低利率、节约融资成本[3]。

(4)降低我国对外贸易和对外投资中的汇率风险和交易成本,进而促进对外贸易和对外投资的发展。以人民币作为计价结算货币,因为不涉及到货币的转换,所以会极大降低甚至完全消除我国进出口企业的汇率风险。进一步地,也会降低企业的汇兑成本和套期保值成本。从我国情况来看,汇兑成本大约为交易金额的1.25%,而套期保值成本大约为交易金额的2.5%—5%,这笔钱就能帮进出口企业切实地节省下来。

---

① 交易媒介就是国际贸易都使用人民币来媒介,价值尺度是国际贸易都以人民币计价,贮藏手段则是国外的私人部门会购买人民币资产、国外的政府部门也会持有人民币储备等。

② 关于何为"显著比例",其实没有明确标准。美元在全球计价结算、国际借贷、国际储备中的比重可以达到40%—60%。即便无法达到美元的程度,至少也应与我国对外贸易规模占全球比重或国内生产总值占全球比重相当,也即达到10%以上。而从下文数据来看,人民币的各项指标离10%尚有一定差距,仍有较大进步空间。

③ 比如我国政府持有的美元储备还会返过去买美国的国债,使得美国国债利率下降、节约美国政府的利息成本。一般认为,境外投资者的购买压低了美债收益率约50BP—60BP,因此节约的利息成本可达每年千亿美元以上。

2. 消极影响

（1）增加货币政策调控的难度。首先，货币需求将更难预测，因为此时还需要考虑外国投资者对本国货币的需求，货币需求函数中会包含更多、更复杂的变量（如国外的收入、国外的价格、国外的利率等）。而当货币需求更难预测时，中央银行也就难以确定合适的货币供给的增速，此时中央银行需要被迫放弃数量型调控、转向价格型调控。其次，货币国际化通常要求本国增加资本金融账户的开放程度。因为在资本金融账户存在严格管制的情况下，货币回流会出现问题：国外主体持有人民币，但是无法在中国投资以获得回报，则势必会极大削弱其持有人民币的热情。而根据"三元悖论"可知，资本流动会约束一国货币政策效力。[1]

（2）增加金融体系脆弱性。如前所述，人民币国际化要求我们增加资本金融账户的开放程度，而大规模的跨境资金流动会冲击本国的资产价格（金融稳定）和内部均衡。

（三）人民币国际化的有利条件、不利阻碍和配套措施★★

1. 有利条件

（1）2024年，我国货物贸易进出口总额43.9万亿元，占全球比重14.5%，连续12年保持全球第1，也是140余个国家和地区的最大贸易伙伴。庞大的对外贸易规模就对**贸易人民币**形了有力支撑[2]。

（2）2024年，我国国内生产总值135万亿元，占全球比重22.3%，排名第2，并且保持了5%的中高速增长。工业增加值40.5万亿元，占全球比重将近30%，排名第1。巨大的经济体量和强大的制造业生产能力为**投融资人民币**提供了良好背书。

（3）除此之外，金融市场的开放、基础设施的完善（如人民币跨境支付系统、清算行制度、多边央行数字货币桥等）、地缘政治的新变化等也为人民币国际化提供了新机会。

2. 不利阻碍

近年来，人民币的国际地位有一定程度的提升，但与我国的贸易体量、经济体量相比仍有很大差距，人民币的国际化进程尚存阻碍。

（1）我国外贸发展方式主要以价取胜、以量取胜，缺乏非价格的竞争力和产品定价权，缺乏链头企业。20世纪80年代以来，物流、通讯技术的进步催生了新一轮的全球化浪潮：从产品间分工到产品内分工，也即产业链的全球化，每个零部件的生产都会放到全球最有效率的地方来进行。整条产业链横跨很多国家，而各个节点之间为了方便核算，都会使用统一的货币。那由谁来主导全球产业链的分布进而是货币的使用呢？自然是掌握关键技术的链头企业。链头企业的缺乏使得我国企业在国际市场上议价能力较弱，难以让对手方企业接受人民币作为计价结算货币。

---

[1]　比如中央银行决定加息以对抗通货膨胀，但是加息也会吸引资本流入，进而使得本国利率又下降，就在很大程度上抵消了中央银行加息政策的效力。

[2]　这里的逻辑在于，对外贸易规模越大、本国企业在国际市场的影响力也就越大，而本国企业当然更愿意使用本币结算以降低汇率风险。

（2）我国金融开放度仍然较低,对外存在相当程度的资本管制。比如根据国际货币基金组织的审查意见,我国在岸市场投资、操作程序复杂,需要经过很多通道才能完成,这就提高了交易成本、降低了投资收益。

（3）我国金融市场发育程度不足。包括资本市场深度不够,难以承载因资本金融账户开放而带来的资金的大进大出;金融工具种类不够丰富,缺乏安全资产(如国债)和优质资产(如高质量的上市公司),缺乏外汇市场的金融衍生工具等。

（4）监管机构的监管能力以及相关的法律法规有待进一步完善。

3. 配套措施

如何破除阻碍,进一步推动人民币国际化的进程?

对贸易人民币而言,应着重培育新质生产力,推动科技创新与产业升级。培育更多具有全球竞争力的链主企业,让进出口产品更多地以人民币来计价结算,扩大人民币在跨境贸易中的适用范围和规模。

对投融资人民币而言,一方面,应继续推动多层次资本市场建设,增加人民币安全资产和优质资产供给,丰富风险对冲工具,更好满足全球投资者人民币资产配置和风险管理需求;另一方面,在风险可控的前提下,进一步推动金融市场高水平的对外开放。同时,支持离岸市场发展,强化香港作为全球离岸人民币枢纽的地位,提升新加坡、伦敦等其他离岸人民币市场功能,优化离岸人民币清算、结算和交易机制。

最后,还应持续深化中央银行货币金融合作,推进双边本币互换和本币结算合作[①]。

（四）总结★

从历史经验来看,由于**网络效应**等原因,国际货币体系表现出捍卫当前主导货币的强大惯性。前两次的重大变革都经历了战争:19世纪,普法战争后,英镑取代荷兰盾成为主导货币;20世纪,两次世界大战后,美元取代英镑成为国际本位币。事实上,早在第一次世界大战之前,美国的经济体量和贸易体量就已经超越英国,但是美元的国际地位仍远不及英镑,美国的对外贸易仍需依赖英镑计价结算,海外发行的美元债也面临较高的风险溢价。最终,战争的爆发彻底重塑了国际货币格局,促成了布雷顿森林体系的建立。

从二战后欧元、日元等货币挑战美元的历史经验来看,改变现有国际货币次序是非常困难的。因此,我们也应正确认识这一现实,理性看待人民币国际化进程。在短期内超越美元难以实现,可以采取"渐进式"策略,推动人民币按照周边化、区域化、国际化的路径发展,目标是让人民币在全球货币体系中取得与美元、欧元同等的国际地位,成为多元国际货币体系中的重要一极。

---

① 根据《国际金融研究》2024年1月的论文,《"去美元化"背景下的人民币贸易计价研究》,作者通过构建基于厂商利润最大化的计价货币选择模型并进行实证,发现双边互换协议对人民币的贸易计价功能有显著的促进作用。并且互换的规模越大,作用效果就越显著。

▷▷▷ **真题链接**

1.（2025—中国人民大学）（判断题）根据 SWIFT 统计，人民币在国际贸易使用中占比世界前三。（　　）

2.（2025—南京大学）简述人民币国际化的内涵和作用。

3.（2025—上海外国语大学）央行在《2024 年人民币国际化报告》中提到"人民币在跨境交易中被更广泛地使用，人民币国际地位和全球影响力进一步提升"。下一步要"更加注重提高人民币国际化的质量和水平，进一步完善人民币跨境使用基础性制度安排"。请分析人民币国际化当前面临的机遇和挑战有哪些？

【答案】1. ×；2. 略；3. 略

第二节　信　用

一、信用的基础知识

（一）信用的含义　★

说到"信用"一词，我们一定不陌生，它是一种道德规范，商鞅变法立木为信，表示"说到做到"。在金融学里，信用被定义为"以偿还为条件的单方面的价值转移"，也即**借贷**，借钱是要凭信用的。

（二）信用的发展　★★

（1）同货币一样，信用也是一个古老的经济范畴。公元前 18 世纪，古巴比伦的《汉谟拉比法典》中就有对债务问题的具体规定：贷谷的利息达本金的 1/3，贷银则达 1/5。公元前 300 年，中国古代孟尝君放债的故事也颇为有名。

（2）资本主义社会出现之前，借贷的明显特征是利率水平高：月息 3 分即为公道，所以通常以**"高利贷"**来概括。高利贷是一种盘剥，往往让我们想到《白毛女》中的黄世仁，但是它也在促进农业再生产、促进商业发展中起到了一定的积极作用。

（3）资本主义兴起之后，资本家需要货币资本扩大经营规模，这种情况下，极高的利率水平显然会成为阻碍，所以他们展开了维护本阶级利益的斗争：斗争的关键并非反对借贷关系，而是使利率降低到产业资本所能获得的利润率之下，让产业资本家和借贷资本家共同分享生产的利润。

（4）自此之后，高利贷就逐渐丧失了垄断地位，但并未消失。在很多国家、很多地区仍然存在，包括我国当前的一部分**民间借贷**也具有高利贷的特点[①]。

---

① 根据 2015 年最高人民法院的最新规定，借贷双方约定的年利率在 24% 以内法院予以支持，24% 到 36% 为中间地带，超过 36% 的部分无效。也即我国当前高利贷的界定标准为 36%，与前述"月息 3 分"相同。

（三）信用与货币的关系 ★

两者的相同之处在于均以私有制为前提：私有制下存在交换，因而产生了货币；私有制下存在借贷，因而产生了信用。

然而这两者之间却不能导出谁是谁的前提条件：借贷可以以货币的形式来开展，比如孟尝君的"出息钱于薛[①]"；也可以以实物的形式来开展，比如《汉谟拉比法典》中的"贷谷"。同样，人们持有货币也不一定要借贷，比如在货币发挥流通手段职能时，"一手交钱、一手交货"，也没有借贷关系的产生[②]。

二、信用的形式

在现代经济中，根据借贷的**主体不同**，信用可以分为以下几种形式：

（一）商业信用 ★★

1. 含义

商业信用指在商品交易中由于延期付款或预收货款所形成的企业间的借贷关系，我们日常所说的**"赊销"**即为商业信用的体现。

2. 商业信用仍是货币信用

这里需要注意的是，商业信用看似是以商品的形式提供信用（即实物信用），但实则不然，商业信用仍然是货币信用。因为债务到期后，下游企业并非偿还上游企业商品，而是要偿还货币，此时货币发挥支付手段职能。

3. 商业信用的作用与局限性

商业信用的作用在于润滑商品的生产和流通，局限性在于三个方面：（1）方向单一，一般只能由上游企业向下游企业提供；（2）规模较小，仅以产业资本为度；（3）期限较短，通常为1年以内。

（二）银行信用 ★★

1. 含义

银行信用指银行或其他金融机构以货币形态参与的借贷活动，主要包括存贷款以及银行券等。

2. 银行信用是现代经济中占主导地位的信用形式

银行信用的产生**晚于**商业信用，是在商业信用的基础之上形成的，但因为能够突破商业信用的局限性，即它不局限于上下游关系、不局限于产业资本规模、不局限于短期，所以成为现代经济中最基本、占主导地位的信用形式。

（三）政府信用 ★

含义

政府信用也称国家信用，指政府作为债务人参与的借贷活动，主要包括中央政府债券、地方政府债券和政府担保债券三种形式。

其中中央政府债券又称**国债**，根据期限不同可以分为国库券（短期，1年以内，Treasury Bills）、国库票据（中期，1年到10年，Treasury Notes）和长期国债（长期，10年以上，Treasury

---

① "薛"是孟尝君的封地，他在此地做货币借贷。

② 这里的货币指的是实物货币或金属货币而非纸币，因为纸币本身表征的就是信用，是政府或中央银行打的一张欠条。

Bonds）。地方政府债券是由地方政府发行的债券，也被称为市政债券。政府担保债券则是指政府作为担保人而其他主体发行的债券。

>> **举例**：在美国，联邦国民抵押贷款协会（Fannie Mae，又称房利美）和联邦住房抵押贷款公司（Freddie Mae，又称房地美）发行的债券就是政府担保债券。房利美和房地美是美国住房抵押贷款的巨头，在2007年次贷危机爆发时，抵押贷款剧烈缩水，资产贬值使得"两房"无力清偿债务，此时由美国的中央政府代为清偿。在我国，铁道债券（中国国家铁路集团发行）和中央汇金债券（中央汇金公司发行）[①] 则是政府担保债券。

（四）消费信用 ★

1. 含义

消费信用指工商企业、银行和其他金融机构提供给消费者，用于**消费支出**的借贷，主要包括分期付款、消费贷款等，比如住房抵押贷款[②]、汽车贷款、信用卡贷款，也包括互联网平台推出的花呗、白条、现金贷等。

2. 影响

消费信用是一把双刃剑。从居民个人的角度来看，它一方面有助于消费者优化财富的跨期配置，借助未来的收入平滑当前的消费；另一方面，也可能使得消费者过度透支，寅吃卯粮，背上沉重的债务负担。从整个社会的角度来看，它一方面可以促进消费，扩大市场的有效需求；另一方面，也可能造成虚假繁荣，推动物价水平的上升。

（五）国际信用

国际信用指在跨国的借贷活动中各国相互之间提供的信用，表现为资金在国与国之间的流动。

▷▷▷ **真题链接**

1.（2020—北京交通大学）（判断题）信用是一种特殊的价值运动形式，是以偿还和付息为条件的双方面的价值转移。（　　）

2.（2019—中国人民大学）下列关于消费信用，说法错误的是（　　）。

A. 可由商业信用、银行信用、国际信用结合起来实现

B. 若扩张超出社会供给的能力，可能造成虚假繁荣

C. 在经济生活中主要用于满足不动产和耐用消费品的需求

D. 一定程度上会促进经济增长和科技的发展应用

3.（2021—中国人民大学）（　　）可以润滑整个生产流通过程，并且一直广泛地存在于商品推销和国际贸易领域中。

A. 商业信用　　　　　　　　　　B. 银行信用

---

① 关于中央汇金公司的介绍，可参照商业银行章节。

② 因为住房拥有消费品和资本品双重属性，所以住房抵押贷款是否属于消费贷款存在争议。

C. 国家信用　　　　　　　　　　D. 消费信用

4.（2021—重庆大学）国家信用的主要工具是（　　）。

A. 政府贷款　　　　　　　　　　B. 国库发行的债券

C. 货币发行　　　　　　　　　　D. 银行券

5.（2025—上海财经大学）分期付款属于（　　）。

A. 商业信用　　　　　　　　　　B. 银行信用

C. 消费信用　　　　　　　　　　D. 政府信用

6.（2022—中央民族大学，2024—中国海洋大学）名词解释：国家信用。

7.（2024—中央财经大学，2024—武汉大学，2025—华中师范大学）名词解释：商业信用。

8.（2025—浙江大学）简述商业信用和银行信用的特点以及二者之间的相互关系。

【答案】1. ×；2. A；3. A；4. B；5. C；6. 略；7. 略；8. 略

第三节　金　　融

一、金融的含义

金融（Finance）顾名思义就是资金融通。除此之外，还存在另一种说法：金融是货币范畴和信用范畴的结合。

这两种说法是类似的。首先，"资金"对应"货币"。以货币的形式进行融通，而不是实物的形式，不是《汉谟拉比法典》里的"贷谷"。也就是说，金融一定是跟货币息息相关的。其次，"融通"对应"信用"。资金是以何种方式融通的？根据信用的定义：第一，以偿还为条件，表明不是无偿的、不可以拿钱不还，这是它与财政的重要区别；第二，单方面的价值转移，表明不是双方的价值交换，不是"一手交钱、一手交货"，这是它与贸易（也即商品交易）的重要区别。

二、金融的本质　★

因为涉及信用，所以金融本质上研究的是**跨期**的资源配置问题，在时间轴上配置经济价值。而在跨期配置的过程中，一定还会涉及另一个问题：**不确定性（风险）**。虽然"以偿还为条件"，但是我们并不知道明天的钱和意外哪个先来临。也就是说，金融问题的研究通常会涉及两个维度：时间和风险。

三、金融的构成

从外延来看，现代金融体系有五个构成要素：货币、金融市场、金融中介、金融工具、金融制度和调控机制。这五个要素并非相互独立,而是紧密联系的。

四、金融的功能

根据莫顿和博迪提出的金融功能[1]框架,金融体系的核心功能可归纳为以下六项:第一,资本集中和股份分割;第二,在时间和空间上转移资源;第三,提供信息、价格发现;第四,解决激励问题,完善公司治理;第五,风险管理;第六,支付清算。其中,第一点在金融市场的功能中被称为"聚敛",第二、三、四、五点被称为"配置"。

▷ ▷ ▷ **真题链接**

（2024—天津大学）简述金融体系的作用。

【答案】略

┌───┐

专栏三　金融支持实体和五篇大文章[2]

（一）金融发展与经济发展的关系★★★

1. 经济发展决定金融发展

（1）金融产生于经济活动,是经济发展的产物。商品经济下存在交换,进而提出了对媒介的需求——货币;商品经济下也存在调剂资金余缺的需求,进而出现了信用。货币范畴和信用范畴的结合就是金融。

（2）经济规模决定金融规模。一般来说,一国货币量以及金融资产的规模都会随该国经济总量的增长而水涨船高。

（3）经济结构决定金融结构。以我国为例,当前我国经济正在经历从高速增长向高质量发展的转变,从要素驱动向创新驱动的转变,从房地产、基建、重工业向战略性新兴产业、现代服务业的转变。对应地,为了更好支持相关产业的发展,金融结构也应当从间接融资为主转向增加直接融资的比重。

2. 金融发展推动经济发展

（1）金融是国之重器,是国民经济的血脉,是国家核心竞争力的重要组成部分。金融在经济中发挥着重要的作用,比如资本集中和股份分割、在时间和空间上优化资源配置等。

（2）反过来,金融总量（尤其货币总量）失控会导致社会总供求失衡;金融业的过度创新和经营问题导致金融危机爆发时,也会对实体经济产生负的外部性。

└───┘

---

[1]　关于莫顿和博迪的理论,在金融监管部分亦有介绍。

[2]　因为本专栏使用了较多后续章节的内容,所以建议读者在第一遍学习时先跳过该专栏,等学完本书所有基础内容之后再返回阅读。

（二）金融支持实体的重点是做好五篇大文章★★★★★

2023年10月召开的中央金融工作会议提出要做好科技金融、绿色金融、普惠金融、养老金融、数字金融五篇大文章,为金融服务实体经济高质量发展指明了方向。

1. 科技金融

科技金融是指通过金融政策和制度安排以及产品和服务创新,支持科技企业的全生命周期发展,实现科技创新与金融资本的深度融合。

科技与金融存在相互促进的作用。一方面,科技金融是实现科技强国的重要途径。通过金融体系,把储蓄转化成科技领域的投资,引导资金更多流向战略性新兴产业、未来产业以及传统产业的技术改造,进而加快技术研发、科技成果转化和产业化进程,培育新质生产力;另一方面,以科技金融为着力点,金融行业也能实现自身的深化和高质量发展。

2. 绿色金融

绿色金融与科技金融类似,都属产业金融的范畴,其核心在于金融体系更多支持绿色经济的发展[1]。具体来看,根据中国人民银行的定义,绿色金融是指为支持环境改善、应对气候变化和资源节约高效利用的经济活动,即对节能环保、清洁能源、绿色交通、绿色建筑等领域的项目投融资、项目运营、风险管理等提供的金融服务。

绿色金融的功能体现为第一,充分发挥资源配置作用,引导资源更多流向绿色低碳领域;第二,做好气候变化的相关风险管理[2];第三,在碳中和约束下促进碳的价格发现,推动建立完善碳排放权交易市场。

如何做好绿色金融? 应着力于构建五大支柱:第一,持续健全绿色金融标准体系,为绿色金融的规范发展提供准确依据。第二,完善环境信息披露,降低信息不对称,防止出现"洗绿"、"漂绿"等行为;第三,完善政策激励约束体系。综合运用多种政策工具,如结构性货币政策工具、差异化的监管政策工具等,实现激励相容;第四,完善绿色金融的产品和市场体系,如绿色贷款、绿色债券、ESG投资基金、碳排放权交易市场等;第五,加强各部门之间的协调以及国际合作。

> ≫ **绿色贷款**是指银行在贷款过程中,将符合环境标准作为贷款的重要考核条件。2024年末,我国绿色贷款余额达到36.6万亿元,同比增长21.7%。**绿色债券**是指专门为环境项目筹集资金的债券。2024年末,我国绿色债券存量2.1万亿元。**ESG投资基金**是以ESG评级较高的公司作为投资标的的一类基金。其中ESG是联合国于2004年首先提出的概念,其内涵为环境保护(Environmental, E)、社会责任(Social Responsibility, S)、公司治理(Governance),关注公司非财务方面的信息,

---

① 碳金融和转型金融具有类似的含义。
② 根据央行绿色金融网络(Network for Greening the Financial System, NGFS)的分类,气候风险包括物理风险和转型风险。物理风险如极端天气(干旱、洪涝等)发生频率增加所带来的严重经济损失,转型风险则指经济体系为应对气候变化而进行调整带来的风险。

体现可持续发展的理念。2024年末,我国ESG基金的规模约6537亿元。

3. 普惠金融

根据世界银行的定义,普惠金融(Financial Inclusion)是指立足机会平等要求和商业可持续原则,以有效和可负担的方式使金融服务普遍惠及所有群体,尤其是弱势群体。普惠金融是金融体系支持共同富裕的重要手段。

金融活动通常是以账户为载体的,所以普惠金融程度的核心测量要素也为**账户**。当更多的居民和企业在金融机构开设账户,也就意味着更多的人在享受金融服务,金融的普惠程度就是提高的。

普惠金融缘于**金融排斥**。金融排斥起初是指因银行关闭分支机构而影响了公众对银行服务的可获取性,现在则是指因为受到各种因素影响,大量人口被排斥在正规金融服务的门槛之外。据世界银行估计,目前全球有超过14亿的成年人得不到任何正规的金融服务。由此提出了对普惠金融的需求:在金融机构成本可负担的前提下,通过不断创新(尤其使用技术手段),保证金融排斥的对象逐步获得其需要的金融服务。

4. 养老金融

养老金融(Pension Finance)是指以积累养老资产为手段,以提高养老消费的数量和质量为目的的全部金融活动。

具体来看,养老金融包括养老金金融、产业养老金融和个人养老金融。其中养老金金融包括公共养老金、企业年金和职业年金、个人商业养老金[①]。产业养老金融主要满足养老产业的投融资需求,个人养老金融是围绕个人提供的养老金融服务,包括储蓄、贷款、理财、信托等。

> 》 **银行住房反向抵押贷款**(也称"逆按揭"或"以房养老贷款")是个人养老金融产品的重要创新。它是指借款人将房产抵押给银行,银行按约定条件定期(如每月)向借款人支付资金,借款人则继续保留房屋居住权直至去世或房产处置。

5. 数字金融

与前面四篇大文章不同,科技金融、绿色金融、普惠金融、养老金融是指金融支持相关产业的发展,而数字金融则指金融行业自身的数字化改造。如果说科技金融、绿色金融、普惠金融、养老金融是发展的目标,那么数字金融就是实现这些目标的重要工具。具体来看,数字金融指数字技术驱动的金融创新,旨在运用现代数字科技成果改造或创新金融产品、经营模式、业务流程等,推动金融发展提质增效。

这些现代数字科技成果包括人工智能(Artificial Intelligence, AI)、大数据(Big Data)、云计算(Cloud Computing)、区块链(Blockchain)等,目前在金融领域已有广泛的应用,包括线上支付、智能客服、智能投顾、大数据风控、信贷流程数字化、供应链金融等。

---

① 关于养老金金融的详细论述,参照本书第二讲金融市场和金融中介部分

▷ ▷ ▷ **真题链接**

1.（2025—中国人民大学）我国金融助力实体经济发展的重点是做好五篇大文章,下列哪个不属于五篇大文章?（　　）

A. 绿色金融　　　　　　　　　B. 养老金融

C. 消费金融　　　　　　　　　D. 科技金融

2.（2025—南开大学）名词解释:科创金融。

3.（2025—南京大学）简述金融支持实体经济发展的五篇大文章。

【答案】1. C; 2. 略; 3. 略

第二讲　金融市场与金融中介

【考情分析】

本讲的重点内容包括金融市场的功能、金融市场的分类、直接融资和间接融资的比较。从题型上来看，本讲内容的考查以选择题和名词解释为主，简答题也偶有考查。

【知识框架】

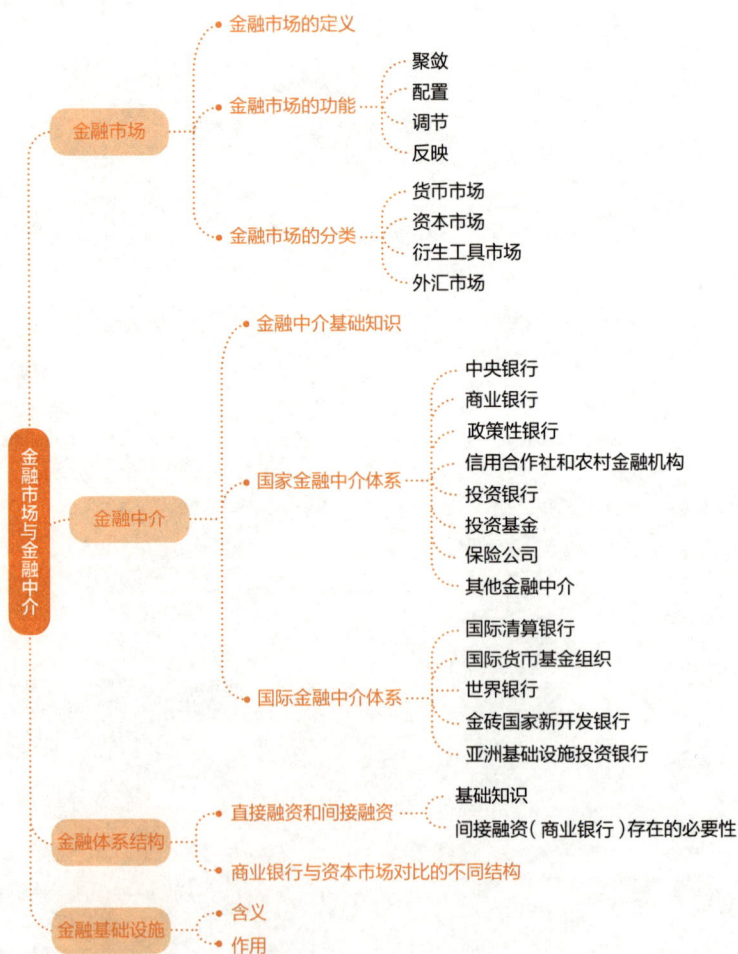

第一节　金融市场

　　市场是提供资源流动和资源配置的场所。按照交易的产品类别划分,市场可以分为两大类:一类是提供**产品**的市场,进行商品和服务的交易;另一类是提供**生产要素**的市场,进行劳动力和资本的交易。金融市场(Financial Market)属于后者,专门提供资金(货币)。

一、金融市场的定义

　　金融市场是以**金融资产**为交易对象而形成的供求关系及其机制的总和。

（一）金融市场以金融资产为交易对象　★ ★

　　交易标的不同是金融市场与产品市场的重要区别。产品市场,如菜市场,交易的是蔬菜(如茄子、土豆、西红柿);金融市场交易的则是金融资产,如债券、股票、金融衍生品等。

> **金融资产**

　　1. 含义:金融资产(Financial Assets)是代表**未来收益**[1]**要求权**的凭证,也称金融工具(Financial Instruments)或证券(Securities)。"资产"的名字可能会引起误会,这是站在购买方的角度来说的,对于发行方来说其实是"负债"(Liabilities)。比如地方政府为了扩大当地的基础设施建设规模,选择发行债券来募集资金。对于购买地方债的投资者来说,这张债券是"资产",代表着获得未来本金和利息收入的权利;但是对于发行地方债的地方政府来说,这张债券却是"负债",代表着支付未来本金和利息的义务。

　　2. 特征:金融资产的特征可概括为"三性":收益性、风险性和流动性。**收益性**,代表未来的收益;**风险性**,收益来自未来,故存在不确定性;**流动性**,与非金融资产相比,其流动性较强,变现成本较低[2]。

（二）交易双方以金融资产为纽带形成供求关系（买卖关系）　★

　　如图 2-1 所示,通过买卖金融资产,资金(货币)可以实现从盈余方向短缺方的转移[3]。分部门来看,宏观经济学一般将经济分为四个部门:居民部门、企业部门、政府部门、国外部门[4]。其中,居民部门是资金净盈余方,有净储蓄;企业部门和政府部门则是资金净短缺方,有净投资。

---

　　① 这里的"收益"就是"货币收益",持有金融资产相当于持有了未来的货币,或称"现金流(一笔一笔的现金)"。
　　② 广义上来讲,货币(现金和存款)其实也属于金融资产。
　　③ 货币收入大于支出的经济主体称为资金盈余(surplus)方,货币支出大于收入的经济主体称为资金短缺方或资金赤字(deficit)方。
　　④ 自从金融加速器模型(Bernake, Gertler, Gilchrist, 1998)提出后,前沿的宏观经济学研究还经常考虑第五个部门:金融部门。

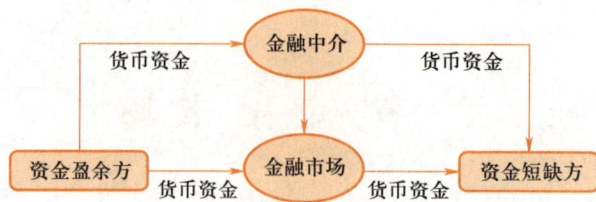

图 2-1　资金融通的过程

这里需要注意的是,**金融资产**①的买方(需求)其实是**货币资金**的提供者(供给),金融资产的卖方(供给)其实是货币资金的募集者(需求),两者成**镜像关系**。

>> **举例**:同样考虑地方债的例子。从金融资产的角度来看,居民购买债券,是需求方;地方政府发行债券,是供给方。而从货币资金的角度来看,居民用什么来购买债券? 存款,所以这背后其实是一笔货币资金的转移,是居民把自己银行账户上的一笔存款划给了政府,变成了政府的存款。从更深层次的角度看,我们知道,金融资产代表未来货币的索取权,所以这笔交易的本质是居民用现在的货币去购买未来的货币,而政府则把未来的货币转换为现在的、立刻就能使用的货币。交易双方借助债券这种工具实现的,是现在的钱跟未来的钱之间的转换。

(三)金融市场的价格形成机制

供求决定价格,价格反作用于供求,市场通过价格这只"看不见的手"来实现出清。如何给一个金融资产进行估值? 直观来讲,金融资产既然被定义为"未来收益"的要求权,那么其价值自然取决于未来的收益,未来收益越高,资产价值就越高。因为收益来自未来,站在当前的时点上看存在不确定性,所以在定价时还应考虑获取该收益所承担的风险大小,风险越大,资产价值越低②。这就是**资产定价**(Assest Pricing)经典模型:**现金流贴现模型**(Discounted Cash Flow,DCF)的核心思想③。

▷▷▷ **真题链接**

(2025—中国社会科学院大学)简述金融工具的特点。

【答案】略

---

① 此处金融资产默认剔除了货币资产。

② 这里暗含的假定是投资者是风险厌恶型的投资者,即讨厌风险,这符合一般的情况。其实考研也是一样,学校命题风格波动越大、命题情况越不确定,对于同学们的吸引力可能会越低,可能会"劝退"很多同学。

③ DCF 模型:$P_0 = \sum_{t=1}^{\infty} \dfrac{CF_t}{(1+y)^t}$。$P_0$ 表示资产在 $t=0$ 期价格,CF_t 为第 t 期现金流入,y 为经过风险调整的贴现率。

二、金融市场的功能

我们为什么需要金融市场,金融市场在经济发展中发挥着什么样的作用?

(一)聚敛　★★★

聚敛是金融市场最基础的功能,它也称"资金蓄水池",是指金融市场可以把储蓄转换成投资[①]。其中储蓄代表结余、表征资金的供给,而投资则表征对资金的需求,供求双方可以通过金融市场来实现对接。通过买卖金融资产,居民部门的净储蓄得以向企业部门和政府部门流动,用于支持企业部门和政府部门的净投资。投资的扩大则会带来更多的产出、国民财富和社会福利[②]。

在转化的过程中,金融市场还起到一种聚沙成塔、规模转换的作用。企业的研发以及规模化生产往往需要大量的资金投入。而金融市场就可以把闲散的资金集聚起来,支持企业大规模投资。

> ≫　**举例**:英国著名经济学家希克斯曾说"工业革命不得不等待金融革命"。蒸汽技术在工业革命前半个世纪就出现了,但是只有在通过金融市场获取大量的资金支持时,才能够实现产业化,才能够广泛地应用于工业生产和交通运输,化石能源才能够真正代替有机能源成为世界级的生产力。

(二)配置　★★★

1. 金融市场能够提高资源配置效率

投资者在做资产配置的时候,会尽量把资金给到优质的行业和企业以期获得最理想的回报。投资者的这种筛选机制就使得资金向优质的企业聚集,而当优质企业占有更多生产资源时,整个社会的生产效率自然会提高:在给定生产要素数量的情况下,带来更多的产出。

当然,金融市场提高资源配置效率的前提就是市场确实有分辨好企业和坏企业的能力,金融资产能够精准定价(价格发现功能)[③]。

2. 财富的再分配

金融市场资产价格的波动会影响居民的财富分配。

> ≫　**举例**:在新冠疫情中,由于货币条件极度宽松,主要经济体的资产价格

---

① 需要明确宏观经济学中的储蓄 = 收入 – 消费。在收入给定的情况下,没有消费完的部分都叫作储蓄。无论是存银行、买基金、买股票,都算储蓄,比日常生活中所说的"储蓄存款"范围更大。宏观经济学中的投资指的是企业对实物资产的投资,而不是居民对债券、股票这种金融资产的投资。金融资产的投资实际上是"储蓄"的概念。

② 根据生产函数 Y=AF(K,L),固定资产投资可以带来更多的资本积累(K),研发投资可以带来更多的技术进步(A)。

③ 结合公司金融的知识可知,资产价格的另一面就是公司的资本成本。因而,若资产定价准确,则公司的资本成本准确、项目选择(如 NPV 的计算)准确。反过来,若价格高估,则资本成本低估,企业可能会错误地上一些较差项目(over-investment);若价格低估,则资本成本高估,企业可能错误地放弃一些较好的项目(under-investment);这显然不利于价值的创造。也就是金融市场的资产定价影响到了公司在产品市场上的项目选择和价值创造。

都呈现出上涨的趋势。以美国为例：2020年，美国的道琼斯工业指数上涨超过60%，标准普尔指数和全国房价指数上涨约10%，都达到7年以来的最快涨幅。伴随着股票和房地产价格的快速上涨，自然是有股票、有房产的人（更多是富人）赚钱；没股票、没房产的人（更多是普通人）没赚到钱，结果可能造成贫富差距的扩大。很多实证都表明，由于货币政策宽松带来的资产价格（尤其是股票和房地产价格）上涨恶化了居民的财富分配[①]。

3. 风险的再分配

参与金融市场交易会影响交易者所承担的风险。

≫　**举例**：想象一家从事跨境电商业务的企业，它把玩具卖到美国赚回美元，赚回的美元不能在我国境内流通，所以企业需要将其换成人民币。而美元兑人民币的汇率是在不停波动的，出口企业自然希望美元升值（人民币贬值），这样同样的美元就能换更多的人民币。但是谁能确定美元就一定会升值呢？如果美元贬值，则企业的利润会被反向抹杀掉。汇率的波动对这家外贸企业来说总归是风险，如果不想承担这个风险，就可以参与金融市场的交易，比如跟银行签订一个远期卖美元的协议[②]，将未来的汇率提前锁定。这其实就是**套期保值**，该例子说明交易主体的风险敞口会因为金融资产的交易而改变。

≫　**注意**：虽然从局部来看，风险得到了分散、转移；但是从整体来看，风险并没有消除。比如2015年风靡一时的P2P网贷，打着"全新互联网金融模式"的旗号，平台违规给投资者提供**刚性兑付**，保证投资者的资金可以得到清偿，其目的在于更好地吸收资金、做大规模。但是平台从事的贷款项目本身是有风险的，这个风险不会因为平台给投资者的承诺就消失，刚性兑付的承诺只是重新分配了风险，让风险淤积在平台内部——当项目出问题导致资金无法归还时，由平台承担损失。而平台自己根本没有多少资本金，风控能力也很薄弱，所以覆灭是迟早的事情，投资者也因此受到波及。类似地，我国之前诸多的理财产品也存在同样的问题。2018年4月，中国人民银行等部门联合下发《关于规范金融机构资产管理业务的指导意见》，明确资产管理业务不得承诺保本保收益，即打破刚性兑付。这个例子都体现出金融市场上风险的转移并不意味着风险的消除。

（三）调节　★

金融市场可以调节实体经济。首先，金融市场本身有调节经济的作用。比如当股票市场表现低迷时，一方面，居民财富受损，进而影响实体经济的消费；另一方面，企业的股票发

---

① 最近的一些有影响力的研究如2023年发表在JF上的《Monetary Policy and Inequality》，2022年发表在《国际金融研究》上的《货币宽松、资产价格与分配效应——基于美国1984—2019年数据的实证研究》

② 远期协议是金融衍生工具的一种，会在金融衍生工具部分进行介绍。

行也会受阻,进而影响实体的投资。其次,政府和中央银行也可以通过金融市场来调节经济。除了货币政策之外,金融市场为货币政策、财政政策、产业政策的实施创造了条件,具有宏观调控传导功能。

（四）反映 ★

与调节功能相对应,金融市场可以反映实体经济的运行情况。有种说法叫"股市是国民经济的晴雨表",是说股市能够告诉我们国民经济是晴还是雨,是繁荣还是衰退。GDP 的数字都可能说谎,但股市永远真诚。具体来看,如果股票指数持续上涨,那么实体经济的表现往往也不错。这是因为当经济繁荣时,企业的经营状况往往也较为良好、销售收入和利润较高、能够回馈给投资者的现金流较多,根据资产定价的 DCF 模型,股票估值自然也很高。

> **注意**:金融市场对实体经济的反映并不总是正向的,我们也能看到很多相反的例子。2018 年 2 月,美国经济数据披露:失业率创历史新低、新增非农就业人数创新高,但随之而来的却是股价的下跌,标普、道琼斯、纳斯达克三大股票指数都出现了 7% ～ 8% 的深度下跌。2020 年,因为受到新冠疫情的冲击,全球经济严重衰退,但主要经济体,包括我国的股票价格却出现了大幅上涨。读者可以思考为什么会出现这种情况? 什么因素会干扰股票市场反映功能的实现?

> 我国股票市场的反映功能较为弱化,很多研究表明上证指数与 GDP 增速之间的相关关系并不显著。2000 年以来,我国 GDP 增速大幅高于其他主要经济体的 GDP 增速,但股票市场的回报率在主要经济体中几乎垫底,这意味着投资者很难通过持有股票的方式分享中国经济发展成果。从存量定价的角度来看,低回报可能源于低的上市公司资产质量,而这可能与制度因素有关,包括上市制度、退市制度、上市公司运行过程中的机制建设等。目前来看,如何平衡投融资两端,如何为投资者带来更加理想的回报,如何提高资本市场的人民性、践行金融为民的理念,是我国股票市场亟待解决的问题。

▷ ▷ ▷ **真题链接**

（2024—华中科技大学,2025—东北财经大学）简述金融市场的功能。
【答案】略

三、金融市场的分类

如表 2-1 所示,金融市场按照交易工具的期限不同,可以分为货币市场和资本市场;按照成交后的交割时间不同,可以分为现货市场和期货市场;按照发行或流通属性不同,可以分为一级市场和二级市场。

表2-1　金融市场的分类

分类标准	具体类别
按交易工具的期限	货币市场（一年以内）
	资本市场（一年以上）
按成交后的交割时间	现货市场
	期货市场
按发行或流通属性	一级市场
	二级市场

（一）货币市场　★★★★

1. 含义

货币市场（Money Market）是指融资期限在 **1 年以内** 的金融市场。

2. 特点

（1）期限短、流动性强、风险小。因为流动性比较强，所以在货币市场上交易的金融工具具有一定的货币属性，该市场也因而得名"货币市场"。

（2）批发性市场。货币市场的交易规模较大，以机构投资者（如商业银行）为主，所以也称"**银行间市场**"，普通投资者只能通过购买货币市场基金或金融机构理财产品等方式间接参与。

（3）一般无固定的交易场所，而是通过计算机网络进行。

3. 货币市场的子市场

按照其交易的金融工具不同，货币市场包括以下五个子市场：

（1）同业拆借市场

① **含义**：金融机构同业间进行短期资金拆借的市场，代表性金融机构是**商业银行**[①]。

② **产生原因**：该市场的产生的原因是中央银行对商业银行的法定存款准备金[②]要求。

> **存款准备金**
>
> 　　类似于居民和工商企业会在商业银行开立存款账户，商业银行也会在中央银行开立存款账户，名字叫"存款准备金账户"，里面的存款被称为"存款准备金"。存款准备金包括两部分：底层部分是法定存款准备金，是中央银行强制规定、商业银行必须按时足额缴纳的；超出部分则是超额存款准备金，是商业银行自愿持有、可以自由支配的一笔资金。
>
> 　　比如中央银行给商业银行 A "布置"的法定准备金"作业"是 1 000 万元，商业银行 A 可能超额完成，在存款准备金账户里放了 1 200 万元（多出来的 200 万元就是超额存款准备金）；当然，商业银行 A 也可能完不成，账户上只放了 800 万元（也可以说超额存款准备金是负的 200 万元）。
>
> 　　首先，"完不成作业"自然有惩罚，从**准备金短缺方**的商业银行角度来

---

① 当然，除了商业银行之外，政策性银行、证券公司、保险公司、基金公司等金融机构也都能参与同业拆借。

② 法定存款准备金是一个重要的概念，在商业银行、货币政策等章节还会进行介绍。

看,中央银行会借给商业银行准备金,但是会有比较高的借款利率,并且商业银行还会背上流动性管理不当的"污名",影响其声誉(Stain Effect);"超额完成作业"也没什么奖励,从**准备金盈余方**的商业银行角度来看,中央银行对于超额存款准备金只会支付很低的利息[1]。

如图 2-2 所示,这两个利率之间存在缺口。面对这个缺口,商业银行们陷入了沉思:我们能不能绕开中央银行,直接进行交易?这样似乎对双方都有利:准备金盈余的银行可以扩大收益,大小为同业拆借利率高于超额准备金利率的部分(i^*-i_2);准备金短缺的银行也可以节约成本,大小为中央银行借款利率超出同业拆借利率的部分(i_1-i^*),于是同业拆借市场便这样形成了。这个市场上拆借的资金是商业银行的**超额存款准备金**:准备金盈余的银行把超额准备金拆出,准备金短缺的银行把超额准备金借入。并且拆借利率应当位于中央银行借款利率和超额准备金利率之间的某个位置,距离上限更近还是距离下限更近则取决于市场上超额准备金的供求情况。

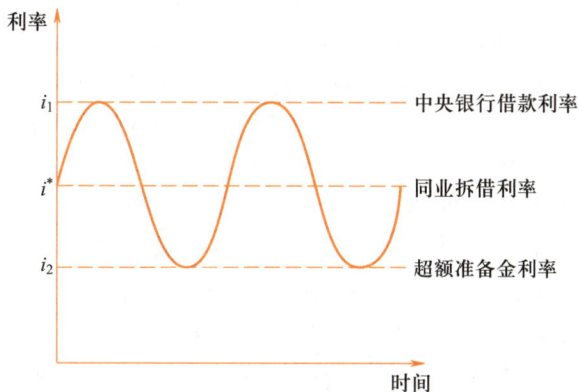

图 2-2　同业拆借市场的形成

③ **特点**:同业拆借基本上是**信用拆借**,金融机构以其信誉参与资金拆借活动,不需要任何抵押。

④ **功能**:第一,为商业银行提供了准备金管理的场所,提高其资金收益(盈余方)、降低融资成本(短缺方);第二,是**货币市场基准利率**[2]生成的场所;第三,是中央银行进行货币政策调控的场所[3]。

---

[1]　因为法定和超额存款准备金实际上是商业银行放到中央银行账户上的存款,所以正如商业银行会为其吸收的存款支付利息,中央银行也会为其吸收的法定和超额存款准备金支付利息。以我国为例,我国法定存款准备金利率是1.62%,超额存款准备金利率是 0.35%。

[2]　基准利率是多种利率并存条件下起决定性作用的利率水平,详细可参考利率章节。

[3]　这句话可能会引起误会,让大家觉得中央银行也会跟商业银行一样参与同业拆借。其实中央银行并不直接参与同业拆借,而是通过货币政策工具影响商业银行体系的超额准备金数量,进而间接地影响同业拆借利率,具体的机制可以参考货币政策章节。

⑤ 各国的同业拆借市场

中国：1996 年成立全国统一的同业拆借市场，目前是我国规模最大的货币市场，采取自主双边询价、双边清算的**场外交易**方式。2007 年开始运行**上海银行间同业拆借利率**（Shanghai Interbank Offered Rate, SHIBOR），由 18 家报价行组成，每个交易日全国银行间同业拆借中心[①] 根据各报价行的报价，剔除最高、最低各 2 家报价，对其余报价取算术平均数得到各个期限品种的 SHIBOR，品种包括隔夜（Overnight）、1 周、2 周、1 个月、3 个月、6 个月、9 个月、12 个月。

美国：我们经常听到的**联邦基金市场**（Federal Funds Market）即为美国的同业拆借市场，并且是**隔夜**拆借市场。在该市场上形成的**联邦基金利率**（Federal Funds Rate）是美国中央银行（美联储）最关注的利率，反映了它的货币政策立场。所谓"加息（降息）"，就是美联储调高（调低）了联邦基金利率的目标，并且通过货币政策操作来实现这一目标。

（2）回购协议市场

① 含义：通过回购协议进行短期资金融通的市场。

> **≫　回购协议**（Repurchase Agreement, Repos）
>
> **含义**：回购协议指证券持有人（A）在卖出一定数量证券的同时，与证券买入方（B）签订协议，双方约定在将来某一日期由证券的出售方（A）按约定的价格再将其出售的证券如数赎回。所以"回购"其实就是"购回"，在业界，回购协议就被称为"**卖出回购**"：即期卖出证券借入资金，远期购回证券偿还资金。不难看出，回购协议虽然表面上是证券买卖，但实质上是以证券为质押品的**质押贷款**[②]。
>
> **类型**：根据回购期间证券的所有权是否转移可以分为**质押式和买断式**两种。若所有权不转移、仍然归属于 A，则为质押式回购；若所有权转移给 B，则为买断式回购[③]。在买断式回购下，因为回购期间 B 可以自由支配证券，比如可以以该证券作为抵押再次进行回购，甚至先卖出、到期后再重新买入，只要在到期日能够归还给 A 即可，所以可以在利率上予以优惠。
>
> **≫　逆回购协议**
>
> 逆回购协议与回购协议相对应，是指证券买入方（B）在获得证券的同时，与证券的卖出方（A）签订协议，双方约定在将来某一日期由证券的卖出方（A）按约定的价格再将其购入的证券如数买回。业界称逆回购协议为"**买入返售**"：即期买入证券借出资金、远期返售证券收回资金。

扫码回复
"回购协议市场"
听讲解

[①]　全国银行间同业拆借中心是中国人民银行的直属单位，因其总部在上海，所以该利率名为"'上海'银行间同业拆借利率"。

[②]　严格意义上来说，回购协议应当是以证券为"质押品"的**质押贷款**。抵押主要针对不动产而言（如住房抵押贷款），而质押则主要针对动产而言（如股权质押融资、证券质押贷款等）。

[③]　在实际操作中，若为质押式回购，则债券并不从 A 的账户转到 B 的账户，而是在 A 的账户内被直接冻结，回购期间双方均不得动用债券；若为买断式回购，则债券从 A 的账户转到 B 的账户，在回购期间 B 可以自由支配该债券。

可以看到,回购和逆回购是同一笔交易的两个方面:站在 A 的角度来看,A 为回购方、A 进行的交易为回购交易,在融入资金[1];站在 B 的角度来看,B 为逆回购方、B 进行的交易为逆回购交易,在融出资金。

② **功能:**第一,商业银行等金融机构以及非金融企业可利用回购协议市场管理流动性。

≫ **注意:**虽然回购市场的交易主体仍为商业银行、仍属于银行间市场,但非金融企业甚至个人也可以参与(这点与同业拆借市场不同)[2],且他们通常作为逆回购方出现,也即融出资金的一方。

第二,中央银行可以利用回购市场进行货币政策操作。回购和逆回购是各国中央银行货币政策操作中非常重要的交易方式,其中逆回购也是中国人民银行使用最频繁的交易品种。读者可以思考:中国人民银行进行的逆回购交易是在向市场投放流动性还是回收流动性?

③ 同业拆借市场与回购协议市场的异同(见表 2-2)。

表 2-2   同业拆借市场与回购协议市场的异同

市场类型		同业拆借市场	回购协议市场
相同点		期限短、流动性强、风险低	
不同点	交易对手	非金融企业、个人不能参与	非金融企业、个人可以参与
	信用交易	信用交易	存在质押

(3)国库券(Treasury Bills)市场

① **含义:**期限在 1 年以内的国债市场,通常为 1 个月、3 个月、6 个月。

在美国,3 个月和 6 个月的国库券每周发行一次。而我国只在 1994 年、1996 年分别发行过三次,因为没有采用连续发行的方式,所以未形成有规模的交易市场。

② **特点:**第一,因为国库券是中央政府发行的,用以支持自身的短期资金周转,所以背后是中央政府的信用,几乎没有违约风险,再加上期限也很短,所以往往被当作无风险的投资工具;第二,参与主体广泛,几乎所有金融机构(包括中央银行)、大量非金融企业,甚至个人等都会参与;第三,因为拥有最广泛的交易主体,所以人们总能很容易地找到交易对手,流动性在货币市场中最高。

③ **发行招标:**国库券通过拍卖的方式发行,拍卖的标的既可以是价格,也可以是收益率,以价格更为常见。而谈到拍卖,自然涉及招标,对应的,有两种招标方式:**荷兰式招标**和

---

① 对于融入或融出资金,我们关注的是即期的情况,而非远期的情况。就好像我们从银行贷款,虽然远期也要偿还,但是我们仍然称之为"融入资金",而非"融出资金"。

② 非金融企业主要通过银行账户进行操作,个人则主要通过股票账户进行操作。

美国式招标 [1]。荷兰式招标又称**单一价格招标**，"单一"是指所有中标者都按照统一的价格获得国库券（并且这个统一的价格是最低的买入价格，即能获得最高的收益率）；美国式招标又称作**多种价格招标**，"多种"是指中标者按照各自的申报价格获得国库券。报价最高者优先获得相应的数量，若有剩余，则由报价次高者获得，以此类推，直到所有国库券售完为止。在这个过程中，每个购买者支付的价格并不相同。

④ 收益率的计算：国库券收益率的计算也是一个受到关注的问题，包括两类：

年折扣率（Annual Percentage Rate，APR），也称**债券等价收益率**，是《华尔街日报》的国库券报价中采用的计算方法。公式如下：

$$Y_1(\text{APR}) = \frac{F-P}{P} \times \frac{365}{T}$$

其中 Y_1 表示年折扣率，F 表示面值，P 表示买入价格，T 表示将来存续的时间。

> » **举例**：投资者以 95 元的价格（P）买入了面值为 100 元（F）、182 天后到期（T）的国库券，则（100−95）/95=5.26% 就是投资者这 182 天的收益率，除以 182 转换成每天的收益率再乘以 365，就可以转换成 1 年的收益率，得到年折扣率为 10.54%。

真实年收益率（Effective Annual Rate，EAR）。公式如下：

$$Y_2(\text{EAR}) = \left(1 + \frac{F-P}{P}\right)^{\frac{365}{T}} - 1$$

其中 Y_2 表示真实年收益率，F 表示面值，P 表示买入价格，T 表示将来存续的时间。

> » **举例**：投资者以 95 元的价格（P）买入了面值为 100 元（F）、182 天后到期（T）的国库券，则（100−95）/95=5.26% 就是投资者这 182 天的收益率，以上计算跟年折扣率相同。不同的是，182 天（半年）后国库券到期，投资者用收回的本金和利息可以再买 182 天（半年）的国库券，整个凑成一年，下半年和上半年收益率相同。所以一年下来，1 美元能投资于两轮国库券，投资两轮之后变成：（1+5.26%）（1+5.26%）≈（1+5.26%）$^{\frac{365}{182}}$=1.108 0，减去投入的 1 美元本金，利息为 0.108 0，收益率为 10.80%，这就是投资者在真实的投资场景中能够获得的"真实"年收益率。

从计算的结果来看，EAR 和 APR 虽然相近，但不完全相同，并且**前者总会更大**一些，这是因为 EAR 的计算考虑了复利，也就是利息继续生利息的过程 [2]。

---

[1] 根据报价方式不同，招标还可分为英国式招标和荷兰式招标，英国式招标的报价由低到高、依次递增，这也是最常见的一种招标方式；荷兰式招标的报价则由高到低，从非常高的价格开始，高价时没有人竞价，之后由高到低递减，直到有竞买人愿意接受为止。

[2] 熟悉公司金融的同学会更清楚，APR 采用年内单利的计息方式，EAR 采用年内复利的计息方式。

（4）票据市场

交易票据的市场被称为"票据市场"，包括商业票据市场、银行承兑汇票市场、中央银行票据市场。作为货币市场上历史最悠久的工具，它可以追溯到 19 世纪初，由美国的纺织厂、铁路、烟草公司等实体企业首先开始发行。

① 商业票据

A. 含义

商业票据是由企业开具的，无担保、可流通、期限短的债务性工具。"无担保"是指通常没有第三方担保，仅靠企业自身的信用发行，所以只有信誉卓越的大公司才有资格发行商业票据；"可流通"是指票据的持有者可以拿着票据去找银行或者其他工商企业，流通出去换成货币。

B. 分类

a. 按照出票人的不同，商业票据可以分为**本票**和**汇票**，两者的区别在于**签发主体不同**。本票是支付承诺书，由债务人签发，承诺自己在见票时无条件支付[①]；汇票是支付命令书，由债权人签发，必须要经过债务人承认，承认自己确实欠这笔钱才能生效，承认的过程叫作**"承兑"**，如商业承兑汇票、银行承兑汇票。无论本票或汇票，其期限均不超过 1 年。

b. 按照票据签发背后是否有真实交易，商业票据可分为**真实票据**和**融通票据**。真实票据就是票据签发背后有真实的商品交易，它是商品交易延期付款时签发的一种证明债权债务关系的凭证，是商业信用的体现。

> ≫ **举例**：A 企业是 B 企业的上游企业，B 企业从 A 企业处购买原材料，但是资金周转不开，所以先给 A 企业开出一张商业票据，票据到期之后再支付款项，这便是票据签发背后存在真实交易背景。

对应地，融通票据就是没有真实交易背景，票据的发行单纯以融资为目的，并不与特定的商品交易相对应[②]。美国的商业票据以融通票据为主，我国则以真实票据为主，同时也有融通票据，如短期融资券[③]。

② 银行承兑汇票

如果企业自身的信用不够，那么可以借助信用等级更高的银行来发行票据。票据到期时，由银行代替企业承担第一性的付款责任，这就是银行承兑汇票。当然，在欧美国家，很多银行承兑汇票本身就是商业银行自己发行的，与实体企业无关。

③ 票据的背书和贴现

下面我们就"可流通"的性质进行进一步展开：A 企业拿着 B 企业的票据，但票据毕竟不是现金和存款，不具有普遍接受性，不能直接用于支付，那么当 A 企业需要支付的时候，它可以把票据转让出去以获取货币资金。方式就是在票据背面签上自己的名字，这一行为

[①] 我国只允许银行签发本票，称为银行本票。

[②] 真实票据同时列明付款人和收款人，所以也叫"双名票据"；而融通票据只列明付款人，所以叫"单名票据"。

[③] 经常跟短期融资券一起提的是"中期票据"，虽然名字也叫票据，但因为时间较长，通常是 3—5 年。所以严格意义上来讲，中期票据不属于这里讨论的货币市场工具。

称为"**背书**"（endorsement），表示承担连带责任。如果转让给银行，那就被称为"**贴现**"。

>> **贴现**（discount）

含义：贴现是指票据持有人将未到期的票据转让给银行，银行按票面金额扣除贴现利息后将余额支付给票据持有人的行为。

特点："利息先付"，在融资的时候就将利息进行扣除。

计算公式：贴现额＝票据面额－票据面额×贴现天数×月贴现率/30（或年贴现率/365）。其中，贴现天数为票据的**未到期天数**而非持有天数，贴现率（discount rate）为贴现的利率。

类似地，**转贴现**是指票据在银行之间进行贴现，**再贴现**是指中央银行给商业银行办理的贴现业务。

（5）大额可转让定期存单市场（Negotiable Certificates of Deposits，NCDs）

NCDs 是商业银行发行的一种金融产品，其详细介绍可参照商业银行章节。

▷▷▷ **真题链接**

1.（2025—对外经济贸易大学）（判断题）荷兰式拍卖下，所有投资者的买入价都是统一的。（　　）

2.（2024—清华大学）下列哪项是货币市场工具的特征？（　　）

A. 流动性折价　　　　　　　　B. 流动性溢价

C. 期限长　　　　　　　　　　D. 具有市场流动性

3.（2021—中国人民大学）我国银行间拆借市场利率的简写是（　　）。

A. Libor　　　　　　　　　　B. Shibor

C. Hibor　　　　　　　　　　D. Euribor

4.（2022—中国人民大学）我国货币市场规模最大，也是中国人民银行进行公开市场操作的主要场所是（　　）。

A. 大额可转让存单市场　　　　B. 国库券市场

C. 银行间同业拆借市场　　　　D. 回购市场

5.（2020—中央财经大学）以下关于回购协议的表述正确的是（　　）。

A. 就一项交易而言，回购与逆回购不会同时发生

B. 质押式回购在回购期内证券的所有权不会发生变化

C. 回购协议是短期信用拆借

D. 回购利率取决于证券本身的年利率

6.（2024—上海财经大学）同业拆借利率一般（　　）同期限的回购利率。

A. 低于　　　　　　　　　　　B. 等于

C. 高于　　　　　　　　　　　D. 以上都不对

7.（2025—中国人民大学）以下关于商业票据的表述不正确的是（　　）。

A. 主要包括本票和汇票　　　　B. 主要产生于赊购

C. 可作为中长期的支付工具　　　D. 通常具有方向性

8.（2024—上海财经大学）商业银行将已贴现未到期的票据转让给其他商业银行的业务为（　　）。

A. 再贴现　　　　　　　　　　B. 贴现

C. 转贴现　　　　　　　　　　D. 反贴现

9.（2025—中国人民大学）以下不属于货币市场的是（　　）。

A. 短期国债市场　　　　　　　B. 外汇市场

C. 银行间拆借市场　　　　　　D. 回购市场

10.（2024—华中科技大学，2025—同济大学，2025—南京理工大学）名词解释：同业拆借市场。

11.（2024—中国社会科学院大学）名词解释：Shibor。

12.（2024—武汉大学，2024—中国海洋大学）名词解释：回购协议市场。

13.（2021—中央财经大学）名词解释：逆回购协议。

14.（2020—南开大学，2024—中央民族大学）名词解释：质押式回购。

15.（2025—中国社会科学院大学）简述债券回购交易市场的功能。

16.（2025—东北财经大学）简述货币市场的含义及其构成。

【答案】1. √；2. D；3. B；4. C；5. B；6. C；7. C；8. C；9. B；10. 略；11. 略；12. 略；13. 略；14. 略；15. 略；16. 略

（二）资本市场（Capital Market）★★★★

资本市场是以期限在 1 年以上的金融工具为媒介进行长期资金融通的市场，包括长期贷款市场、股票市场和长期债券市场，其中后两者是我们本讲的重点。

1. 股票市场

股票市场是对股票进行公开交易的市场，包括股票的发行和转让。2024 年末，我国 A 股[①]上市公司数量 5 383 家，股票总市值约 93.95 万亿元，居世界第二。

（1）股票的含义

股票是投资者向公司提供资本的权益（Equity）合同，是公司的所有权凭证。也就是说，股票是一份合同、一个凭证，表征着持有人（股东）出钱了、享有这个公司的所有权，进而拥有以下权益：

（2）股东拥有的权益

① **剩余索取权**（Residual Claims）。这里的"剩余"是相对于债权人[②]而言的。在**持续经营**的状态下，如果公司在清偿完到期的债务本息后还剩下利润，那么股东享有剩余利润的索取权；在**破产清算**的状态下，如果公司在清偿完所有债务后还剩下资产，那么股东享有剩余资产的索取权。

---

① 英文字母 A 没有实际意义，只是用来区分人民币普通股票和人民币特种股票。人民币普通股票被称为 A 股，以人民币标明面值，并用人民币认购和买卖；人民币特种股票被称为 B 股，以人民币标明面值，但用外币认购和买卖。

② 这里的债权人应作广义的理解，除了一般意义上的债权人之外，还包括公司的供应商、员工、政府等，他们相较于股东都有更优先的索取权。

② **剩余控制权**。这里的"剩余"是相对于管理层而言的,公司日常的经营活动是由管理层决策的,剩余的才由股东控制。虽然名字叫"剩余",但其实是更重大的经营决策,比如管理层人员的更换等。

③ **优先认股权**。当公司增发新股时可以按照原有比例优先认购,从而保证自己的所有权不被稀释。

（3）普通股和优先股

将剩余索取权和剩余控制权进行分层并组合,可以设计成两类不同的股票:普通股和优先股。第一,**普通股**（Common Stock）,享有"最终"的剩余索取权,以及剩余控制权。如无特指,则股票一般说的就是普通股;第二,**优先股**（Preferred Stock）,享有的剩余索取权在普通股股东之前[①],但是通常没有剩余控制权,也即没有投票权。并且优先股的股息也是固定的,一般不参与公司的利润分配,所以很多人称优先股为**"名股实债"**。

2. 长期债券市场

长期债券市场是对长期债券进行交易的市场,包括长期债券的发行和转让。因为这里讨论的是资本市场工具,所以"长期"界定为 1 年以上。

> 　我国债券市场是分割的,按照交易场所来分,包括银行间债券市场（主体）、交易所市场和商业银行柜台市场三部分。2024 年末,我国债券市场托管余额 177 万亿元,居世界第二。其中银行间债券市场 155.8 万亿元,交易所市场 21.2 万亿元,商业银行柜台 0.2 万亿元。

（1）债券的含义

债券是债权人向发行者（债务人）提供资金的债权债务**合同**,该合同载明了发行者在指定日期支付利息,并在到期日偿还本金的承诺。因为未来的收益（包括本金和利息）在债券发行时就固定下来了,所以债券也称**"固定收益证券"**[②]。

（2）债券契约

为了保护投资者的利益,在债券发行时,债权人和债务人之间需要达成一个法律协议,即债券契约。债券契约包含了与债券有关的各项条款,比如:

① **债券的基本要素:**包括发行者（直接载到债券的票面上）、**面值**（一般为 100 元或 1 000 元）、**偿还期限**、**票面利率**（每年支付的利息占债券面值的比例）、**计息频率**等。这些要素是在债券刚发行的时候就确定下来的,之后不再发生变动,每天变动的是债券的市场利率（到期收益率[③]）和市场价格。

② **担保条件:**是否为该债券提供抵押或者质押。

③ **保护性条款:**保护债权人利益,更好地保证债务清偿。它既可以是消极条款,规定企业不可以做什么,比如限制公司的股利支付、限制公司资产的抵押和出售等;也可以是积极条款,规定企业应该做什么,比如将营运资本维持在某一最低水平、定期给债权人提供财务

---

① 但是仍位于债权人之后,毕竟优先股也是股票。

② 固定收益证券的精确定义是能够提供固定现金流或者根据固定公式计算现金流的证券。

③ 关于到期收益率的详细分析,参照利率章节。

报表等。

④ **可赎回条款**：如果债券都在到期日当天进行偿付的话，那么可能会给公司带来较大的现金流压力，所以在实践中往往会在到期日前提前清偿一部分，于是就约定了可赎回条款：发行人有权在到期日前的某个特定时期，以特定的赎回价格将部分债券赎回。有可赎回条款的债券叫**可赎回债券**。

⑤ **可卖回条款**：与可赎回条款相似，但是将权利赋予债权人：债权人有权在到期日前的特定时期，以特定的价格卖回债券。

⑥ **可转换条款**：债权人可将持有的债券按固定的比例转换为普通股。

（3）债券的种类

① **根据发行主体不同，债券可以分为政府债券和公司债券**。政府债券又包括**中央政府债券**（国债、主权债）和**地方政府债券**（地方债）[①]。

在我国，国债又分为记账式国债和储蓄国债。其中记账式国债绝大部分是在银行间市场发行和交易，通过中央国债登记结算公司（中债登）招标发行；储蓄国债则通过商业银行柜台发行，分为凭证式国债和电子式国债，主要满足个人投资者的投资需求。

地方债分为一般债券和专项债券，分别对应国外的一般责任债券和收益债券。一般债券是为没有收益的公益性项目发行的，以一般公共预算收入还本付息；专项债券则是为有一定收益的公益性项目发行的，以项目的专项收入或者政府性基金还本付息。在我国，地方债的发行需要由国务院批准，地方政府不能自主发行，债券的还本付息也都由财政部代办。

② **根据支付利息的方式不同，债券可以分为固定利息债券、浮动利息债券和零息债券**。固定利息债券每年定期支付利息，且票面利率固定；浮动利息债券的票面利率则并不固定，而是在某一基准利率（如 LIBOR、SHIBOR、国债利率等）的基础上加利差形成，基准利率随市场不断变动，带动票面利率和利息支付也发生变动；零息债券则票面利率为 0，期间内不支付利息，只于到期日按面值一次性支付本息。国库券就是典型的零息债券。

（4）债券、普通股和优先股的比较（见表 2-3）

表 2-3　债券、普通股和优先股的比较

区别	债券	优先股	普通股
存续期	一般有明确的期限[②]，到期日必须偿还本金，期间可能还要支付利息。如果无法履行责任就需要进行债务重组甚至破产	永久，无须偿还本金（股票一经认购便不能退股），也不会给公司带来破产压力	
求偿顺序	债券 > 优先股 > 普通股		

① 国债由于有中央政府的信用担保，通常被视为无风险资产，其价格波动主要反映利率水平的变化，所以也被称为**"利率债"**。公司债则存在违约风险，其价格波动会受到公司信用风险和信用风险溢价的影响，所以也被称为**"信用债"**。

② 但也有例外，如永续债券永久存在、到期期限无穷大，不用偿还本金，但是每期需要支付利息。

续表

区别	债券	优先股	普通股
风险和必要回报	债券＜优先股＜普通股		
控制权	一般没有（除非某些限制性条款的规定）	一般没有（在无法清偿优先股股利时可能有）	拥有剩余控制权
税收	债务利息税前支付，作为成本可以抵扣公司所得税	优先股股利和普通股股利均为税后支付，无法抵扣公司所得税	

3. 资本市场术语

（1）一级市场（Primary Market）

一级市场是证券的发行市场（Issuance Market），主要进行新公司发行股票、老公司增资补充发行股票、政府及工商企业发行债券等操作，通过发行证券募集资金进行实物资产的投资等操作。我们经常听到的**首次公开发行**（Initial Public Offering, IPO）和**增发新股**（Seasoned Equity Offering, SEO）都属于一级市场的范畴，"打新股"也是投资者在一级市场的操作。

① 发行方式：公募和私募

证券的发行可以分为公募和私募两种方式。公募发行是指发行人**公开**面向**不特定投资者发行证券募集资金**。其特点为必须通过发行审查或核准，发行人必须遵守信息公开的原则。私募发行是指发行人直接向**特定**的投资者销售证券，故又称"定向募集发行"。

> 》　跟公募相比，私募的特点为：第一，采用直接发行方式，手续简单、发行速度更快；第二，不需要进行严格的信息披露，也无严格的发行资格规定；第三，投资者数量有限，且所发行证券不能公开上市流通[1]；第四，因为不能上市流通，流动性较差，所以发行人一般要向投资者提供更优厚的条件作为补偿。

② 发行方式：直接发行和间接发行

证券的发行也可以分为直接发行和间接发行两种方式，两者的区别在于是否需要金融机构（一般为投资银行）协助。直接发行不需要协助，间接发行则需要协助，叫作**承销**（Underwriting）。

承销方式又包括两种：**代销**（Best-Effort Underwriting）和**包销**（Firm Underwriting）。代销就是投资银行代企业销售，尽力而为，发行失败的**风险仍由发行企业来承担**；包销跟代销相对应，就是包在投资银行身上，投资银行不是尽力而为，而是一定办到。由投资银行买入股票[2]，发行过程中的风险由投资银行来承担。因而包销对于发行企业而言，风险是更低的、速度是更快的，但费用会更高。一般来讲，公募需要采取间接发行的方式，而私募则采取直接发行的方式。

---

[1]　有的证券暂时不能公开流通，存在"限售期"，通常是 3 年；有的证券则永远不能公开流通，只能私下转让。

[2]　投资银行可以立即买入全部股票，也可以先进行销售，销售不出去的部分再由投资银行买入，后者被称为"余额包销"。

（2）二级市场（Secondary Market）

二级市场是对已发行的证券进行交易的市场。

① 二级市场的作用

提供流动性。当股东想转让股票或者债券持有人想将未到期的债券提前变现时，可以在二级市场上寻找买主[①]。事实上，如果没有二级市场，许多长期融资将难以完成。比如股票是永续的，投资者认购之后不能要求公司再把其认购的资金返还回来，而只能陷入漫长地对股息的等待中，这必然会打击投资者购买股票的积极性。对于企业来说，就会使得股票发行受阻，长期融资愈发困难。

价格发现。股价是对公司经营情况的反映，如果股价长期低迷，董事会可能需要换掉总经理。如果董事会不换总经理，则股东大会可能会换掉董事会（**代理权之争**）；其他投资者也可以通过二级市场大量买入、获取控制权后，换掉董事会（**并购**，门口的野蛮人），之后通过改善经营让股价提升，自己也可从股价的提高中获利。所以随着价格发现功能而来的是优化控制权的配置，倒逼公司改善经营。

② 场内交易、证券交易所和交易制度

场内交易。场内交易是指在证券交易所内进行的有组织的交易，其特点是**标准化程度高**。除了价格以外其他的因素都是交易所统一规定的，比如交易品种、交易时间等。

证券交易所。它是由证券管理部门批准，为证券集中交易提供固定场所和服务的正式组织。从定义来看，其不仅为交易双方提供集中、公开交易的场所和设施，还为投资者提供多种服务，比如披露证券的成交价格和数量、披露证券发行企业的财务信息[②]等。同时，相关部门还会制定各种制度以及实施持续监督来对证券交易进行规范，防止操纵市场、内幕交易等行为发生。

> ≫ **证券交易所的组织形式包括会员制和公司制。**会员制证券交易所是不以营利为目的的事业法人，只有取得会员资格的经纪人和交易商才能进入证券交易所参加交易[③]。我国 1990 年成立的**上海证券交易所（上交所）**和**深圳证券交易所（深交所）**都是会员制的组织形式，世界最早的证券交易所——**荷兰阿姆斯特丹证券交易所（1602 年）**[④]也采用会员制的组织形式。公司制证券交易所则是以营利为目的的公司法人。我国 2021 年新成立的**北京证券交易所（北交所）**是公司制的组织形式，采用有限责任公司的形式，但仍然实行会员管理制度。

[①] 通过二级市场，金融市场发挥着"续短为长"的功能。每个投资者持有的期限可能都是很短的，但是不同投资者之间的接力会使得企业获得长期的融资，进而可以进行长期的研发投资和固定资产投资。

[②] 上市公司的财务报表都能在证券交易所的网站上找到，不同的股票代码对应不同的证券交易所（如 0 开头表示深圳证券交易所主板市场股票，3 开头表示深圳证券交易所创业板股票，600 开头表示上海证券交易所主板市场股票，688 开头表示上海证券交易所科创板市场股票等）。

[③] 经纪人和交易商的区别在于，经纪人从事的是代客买卖业务，收入来自佣金；交易商则本身就会进行证券买卖，收入来自买卖价。

[④] 1997 年，阿姆斯特丹证券交易所与布鲁塞尔证券交易所、巴黎证券交易所等合并，成立了泛欧交易所，采用公司制。

交易制度。根据**价格决定**的特点,交易制度可以分为**做市商交易制度**和**竞价交易制度**。

做市商交易制度也称"**报价驱动**"(Quote-Driven),市场价格是由做市商(Market Maker)的报价来驱动的。做市商同时报出买入价和卖出价,需要买卖的投资者就跟做市商进行交易,中间的买卖价差(Bid-Ask Spread)构成了做市商的利润。

竞价交易制度也称"**委托驱动**"(Order-Driven)。不存在这样一个做市商,而是买卖双方直接交易:他们将委托 [1] 通过经纪商送到交易所,由交易所进行撮合。交易所撮合的方式又有两种,**按照交易在时间上是否连续**,分为间断竞价(集合竞价)和连续竞价。**集合竞价**是指交易所对一段时间内 [2] 接收的买卖委托**一次性集中撮合**,其特点为:第一,根据最大成交量原则确定一个**统一的成交价格**;第二,所有委托价在成交价之上的买进委托,以及委托价在成交价之下的卖出委托,都按照唯一的成交价成交。对应地,连续竞价是指对买卖委托**逐笔连续撮合**。成交价确定的原则是"价格优先,时间优先"。

> 做市商交易制度和竞价交易制度的比较

通过上述分析可知,两者的区别在于中介机构是否参与交易。

做市商交易制度的**优势**在于:第一,有利于提高市场流动性,因为至少有做市商作为交易对手;第二,有助于稳定市场供求,防止价格出现过度波动。做市商有责任去遏制市场投机。第三,也有助于价格发现,做市商在报价的时候会充分考虑市场参与者信息。

其**缺陷**在于:第一,做市商权限大、掌握信息多,存在操控市场的风险;第二,交易不透明,市场其他参与者没有太多的交易信息;第三,监管成本较高。

综上所述,在市场供求稳定、流动性充足的市场,一般使用竞价交易来提高交易的透明度,降低交易成本和监管成本;对应地,在市场供求波动大、流动性不足的市场,一般使用做市商交易来增加流动性,比如科创板市场和新三板市场。

从我国情况来看,主板市场和创业板市场采用竞价交易制度,科创板和北交所则采用混合交易制度,既竞价交易、同时又有做市商交易。

③ 场外交易

含义:场外交易是在证券交易所外进行的交易。因为这种交易刚开始是在投资银行的柜台上进行的,所以也称"**柜台交易**"(Over The Counter,OTC)。

特点:标准化程度低;没有固定的交易场所,交易通过信息网络进行;交易对象主要是没有在交易所登记上市的证券;交易可以通过做市商或经纪人进行,也可以由客户直接进行。

场外交易的优劣

优点:相较于场内交易而言,场外交易门槛更低、受到的管制更少、更灵活,所以近十几年来发展速度非常快,逐渐成为交易所强有力的竞争对手。

---

① 具体的委托方式有限价委托、市价委托等,可参照投资学内容,这里不再详细介绍。

② 目前我国上交所、深交所、北交所集合竞价时间均为开盘 9:15—9:25,尾盘 14:57—15:00。

缺点：缺乏统一的组织、信息不通。为此，美国于 1939 年建立了全国证券商交易协会（National Association of Securities Dealers, NASD）的自律组织，受权在证券交易委员会的监督下管理场外交易市场的证券交易商。1971 年，该组织启用一套电子报价系统，称为"全国证券商交易协会自动报价系统"（**纳斯达克**，NASDAQ），之后改为小写的 Nasdaq，目前已成为继纽约证券交易所之后的全球第二大证券市场。纳斯达克市场跟其他场外交易市场最大的区别在于有一套挂牌标准，这一点跟证券交易所市场一样[①]。

▷ ▷ ▷ **真题链接**

1.（2020—中国人民大学）（　　）从技术上帮助市场参与者打破地域限制，由于对信息公开程度的要求和对公司质量的要求低，近十几年中发展速度非常快，成为交易所强有力的竞争对手。

  A. 批发市场　　　　　　　　　B. 零售市场

  C. 无形市场　　　　　　　　　D. 场外交易市场

2.（2021—中央财经大学，2024—中央财经大学）下列（　　）不属于资本市场的功能。

  A. 筹资融资平台　　　　　　　B. 促进企业并购重组

  C. 产业结构升级　　　　　　　D. 商业银行进行流动性管理的场所

3.（2023—中国人民大学）我国成立的第一个公司制证券交易所是（　　）。

  A. 上交所　　　　　　　　　　B. 深交所

  C. 港交所　　　　　　　　　　D. 北交所

4.（2024—中央财经大学）下列不属于债券类金融资产的是（　　）。

  A. 票据　　　　　　　　　　　B. 定期存单

  C. 债券　　　　　　　　　　　D. 优先股

5.（2024—北京交通大学）下列哪项不是企业的融资手段？（　　）

  A. 向银行借款　　　　　　　　B. 发行企业债券

  C. 发行股票　　　　　　　　　D. 购买其他公司股票

6.（2024—华中科技大学）名词解释：包销。

7.（2024—中南财经政法大学）名词解释：做市商制度。

8.（2016—复旦大学）分析做市商报价驱动机制和指令驱动交易机制的差异。

9.（2024—首都经济贸易大学，2025—武汉大学）简述资本市场一级市场和二级市场的区别与联系。

10.（2024—西南财经大学）简述货币市场和资本市场的定义及所包含的金融工具。

11.（2024—中国社会科学院，2024—北京师范大学，2024—四川大学）简述普通股的特点以及债务融资和股权融资的优劣比较。

【答案】1. D；2. D；3. D；4. D；5. D；6. 略；7. 略；8. 略；9. 略；10. 略；11. 略

[①] 我们常说的"上市"就是在证券交易所挂牌，拥有在该交易所发行股票的资格。

（三）衍生工具市场 ★★★

1. 含义

衍生工具是指在一定的原生工具之上衍生出来的金融工具。比如国债是原生工具，在国债的基础之上衍生出来的国债期货就是衍生工具；股票是原生工具，在股票的基础之上衍生出来的股票期权就是衍生工具。

2. 特征

（1）**跨期性**。衍生工具是交易双方站在现在的时点上，对未来进行的约定。

（2）**联动性**。其价值依赖于原生金融工具，与原生金融工具的价格具有联动性。比如当国债价格上涨时，国债期货价格也会上涨；当股票价格上涨时，**看涨期权**价格上涨、**看跌期权价格下跌**[①]。

（3）**杠杆性和高风险性**。衍生工具一般采用保证金交易，并且保证金比率较低，通常不超过 10%。所以衍生工具的杠杆率高，进而风险高。

> **保证金交易**也称**信用交易**，是指证券买方或卖方通过交付一定数额的保证金，得到经纪人的信用而进行的证券买卖，保证金比率 = 保证金 / 买卖证券总市值。

> **举例**：假设保证金比率为 10%，则意味着投资者出资 1 000 元的本金（保证金）可以购买的证券市值为 1 000/10%=10 000 元（借入 9 000 元债务）。当证券价格上涨 10% 时，总资产变为 10 000 ×（1+10%）=11 000 元，债务价值仍是 9 000 元[②]，则归属于投资者的钱变成了 2 000 元，盈利 1 000 元，回报率为 100%；而当证券价格下跌 10% 时，总资产变为 10 000 ×（1-10%）=9 000 元，债务价值 9 000 元仍然不变，归属于投资者的钱就变成了 0，亏损 1 000 元，回报率为 -100%。可以看到，在 10% 的保证金比率下，资产的损益会被放大 10 倍，体现出高风险性[③]。

（4）**短期性**。衍生工具的存续期往往较短，一般不超过 1 年。

3. 功能

（1）**套期保值**。这是衍生工具市场最主要的功能，也是其产生最主要的原因。在前述金融市场功能中，其对应的是风险的再分配。

> **举例**：我国每年从美国进口约 3 000 万吨的大豆。2025 年，特朗普再次就任美国总统，中美贸易摩擦进一步加剧：美国对进口的中国产品继续加征关税，我国也采取相应的反制措施，对从美国进口的大豆等产品加征关税。关税的增加会推高大豆进口价格，并加剧其价格波动。在此背景

---

① 具体可参照投资学相关章节。

② 出于简化，这里不考虑债务的利息。

③ "10% 的保证金比率"也是我们平时所说的"10 倍杠杆"，这是因为杠杆率 = 资产 / 资本金，而保证金比率 = 保证金（资本金）/ 证券市值（资产），两者互为倒数关系。

下,以大豆为原材料的企业,例如大豆加工企业,可以通过做多大豆远期合约或者期货合约的方式来提前锁定大豆价格,从而降低生产过程中的风险。同时,这一操作相较于直接提前购买大豆而言,还节约了贮藏成本和资金成本。

(2)价格发现。衍生工具市场可以辅助原生品市场的定价,提高原生品市场的定价效率。因为它反映了标的资产未来价格的预期,而这种预期自然能为原生品的定价提供重要参考[1]。再加上衍生工具市场的交易成本低、流动性强、市场集中,所以其本身的定价效率也往往较高。

(3)投机套利。因为衍生工具的杠杆率高,可以用少量资本金控制大量资产,所以其受到投机者所青睐。比如,对冲基金(Hedge Fund)就经常使用期权、期货等衍生工具进行投机。

4. 分类

衍生工具在形式上同样表现为合约(Contract),合约上载明了双方的权利和义务。较为流行的衍生工具合约包括远期、期货、期权和互换四种类型,其他更为复杂的合约都是以此为基础演化而来的。

> 以上四种类型的衍生工具都是以规范合约的形式存在,称为"契约型衍生工具"。与其对应的是"证券型衍生工具",比如权证、可转债、资产支持证券(ABS)等,这些衍生工具都以证券的形式存在,但同时也隐含着一定的权利。

(1)远期(Forwards)合约

① **含义**:远期合约是相对最简单的一种金融衍生工具,合约双方约定在未来某一日期按照现在约定的条件(包括交割价格、交割地点、交割方式等)买卖一定数量的标的。理解远期合约的关键在于"**现在**约定的条件",尤其是**交割价格**(Delivery Price):通过远期合约的签订,现在就把未来的交易价格提前锁定。我们把未来买入标的资产的一方称为**多头方**(Long Position)、卖出标的资产的一方称为**空头方**(Short Position)[2]。

② **收益**:把有合约与没有合约的情况相比较,就能得到合约带来的收益[3]。

按照这个逻辑,对于多头方来说,到期日当天,在没有合约的情况下,其需要以市场价格买入标的资产,支付市场价格(-市场价格)[4];而在有合约的情况下,则其可以以合约价格买入标的资产,支付合约价格(-交割价格);两者作差,可得合约带来的收益为[-交割

---

① 关于衍生工具的"联动性"特征,可以从两个方向进行理解:一方面,原生工具的价格波动会影响衍生工具的价格;另一方面,衍生工具的价格变化反过来也会影响原生工具的价格。也即存在双向的影响机制。

② "多"就是多了一笔资产,所以表示买入;"空"就是少了一笔资产,把资产卖没了,两手空空,所以表示卖出。

③ 注意这里的收益不一定为正,可能存在负收益,即亏损的情况。

④ 因为是对外支付,现金流出,所以这里取负号。这里的市场价格具体指的是在合约到期当天标的资产的市场价格。

价格（合约价格）–（– 市场价格）]，整理得［市场价格 – 交割价格（合约价格）][1]，如图 2-3 所示。

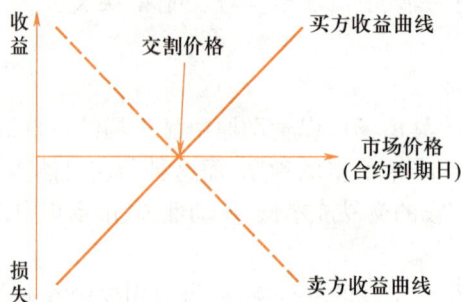

图 2-3　远期合约的收益/损失

同样的分析方法，对于空头方来说，到期日当天，在没有合约的情况，会以市场价格卖出标的资产，获得市场价格；而在有合约的情况下，则可以以合约价格卖出，获得合约价格；两者作差，可得合约带来的收益为［交割价格（合约价格）– 市场价格］。

其中，交割价格是双方约定好、固定下来的，而市场价格则是不断波动的，甚至不到交割当天市场价格都是不确定的。当市场价格上升，超出交割价格时，多头方获益；反之，当市场价格下跌，低于交割价格时，空头方获益。整体来看，多头方和空头方损益相加为 0，也即远期合约双方实际上是**零和博弈**。

③ **类型**：远期合约主要包括**远期利率协议**（Forward Rate Agreements，FRA）、**远期外汇合约**（Forwarde Exchange Contracts）等，其中远期外汇合约在之后的国际金融章节还会进行阐述。

（2）期货（Futures）合约

① **含义**：期货合约是合约双方同意在未来某一日期按照现在约定的条件（包括价格、交割地点、交割方式等）买卖一定标准数量标的的**标准化协议**。合约中规定的价格就是**期货价格**（Future Price），与远期合约中的交割价格相似。

② **期货合约和远期合约的区别**（见表 2-4）

表 2-4　期货合约和远期合约的区别

区别	期货合约	远期合约
交易场所	场内交易	场外交易
标准化程度	标准化合约，流动性强	非标准化合约，灵活性强，但流动性弱
违约风险	场内交易，交易双方各自与交易所结算，所以无须担心对方违约，违约风险几乎为零	场外交易，双方都存在违约的风险。当出现了不利于自己的价格变动时，可能会毁约

[1]　还有一种理解方式：在到期日，多头方以约定价格买入，以市场价格卖出，所以其收益为［市场价格（卖出价）– 交割价格（买入价）］。当然，他也可以选择不卖出，但无论卖出与否，理论上来讲总归是赚了这么多钱。空头方则反过来。

续表

区别	期货合约	远期合约
保证金要求	有	取决于双方的约定
结算	因为保证金的要求，所以每天都会进行结算，叫盯市（marking to market），产生的浮盈和浮亏记到保证金账户中	到期的时候才进行交割清算，其间不进行结算
交割	一般不进行实物交割，而是在交割日之前采取对冲交易进行平仓，实物交割的期货合约不到2%	大多会通过实物交割的方式来履行

③ **分类**：期货合约的交易标的主要有两大类：**商品期货**和**金融期货**，金融期货又包括**股指期货**、**国债期货**（也称利率期货）、**货币期货**（也称外汇期货）。

》　**举例**：以我国为例，我国目前有五家期货交易所，其中郑州商品交易所、大连商品交易所、上海期货交易所和广州期货交易所为商品期货交易所，郑州商品交易所和大连商品交易所主要交易农产品期货，比如玉米、豆粕、强麦、硬麦、棉花、白糖等；上海期货交易所主要交易工业品期货，比如铜、铝、黄金等；广州期货交易所则涵盖科技、绿色、金融、环保等新兴的产业，交易品种有碳排放权、电力、中证商品指数、工业硅等。金融期货都是在中国金融期货交易所（简称中金所）内进行交易的，包括股指期货和国债期货，股指期货目前有四个品种：沪深300、上证50、中证500、中证1 000。国债期货也有四个品种：2年期、5年期、10年期和30年期。货币期货还没有推出。

（3）期权（Option）合约

① **含义**：期权也称选择权，是指买方有权在未来约定的时间按约定的价格买入或卖出一定数量标的的合约。双方约定的价格被称为"**执行价格**"（Strike Price）。期权的买方（多头方）只有权利，没有义务，买方可以根据自身的需要放弃执行合约。而想要获得这份权利，需要先支付费用，即**期权费**（Option Premium），如果最后期权结算的收入没有超过期权费的支出，那么买方一样会亏损[1]。

② **分类**：按照买方拥有的权利不同，期权分为看涨期权和看跌期权（见表2-5）。

看涨期权：如果赋予买方的是按照约定价格"购买"资产的权利，那就是看涨期权。根据定义可知，看涨期权多头方的收益为 $\max\{S_T-X, 0\}-C$[2]；空头方的收益为 $C-\max\{S_T-X, 0\}$。其中 S_T 表示标的资产的市场价格，X 表示约定的执行价格，C 为期权费。分段函数表明了这样一种权利：当 $S_T-X>0$（$S_T>X$）时，以约定的价格 X 买入（然后以市场价格 S_T 卖出）有利可图，期权被执行，总收益为 S_T-X；当 $S_T-X\leq0$（$S_T\leq X$）时，以约定的价格买入（然后以

---

① 注意期权费和执行价格是不同的，期权费是针对期权本身而言的，而执行价格则是针对标的资产而言的。

② 注意这里的收益指的是剔除了成本（期权费）之后的净利润，并非总收益，后面空头方也是如此。

市场价格卖出)则并不划算,期权被放弃,总收益为0。当然,不论执行与否,期权费都是要付的,所以最后剔除固定的期权费得到净收益,如图2-4(a)所示。

表2-5　期权的分类

分类标准	具体类别
期权买方拥有的权利	看涨期权
	看跌期权
期权买方执行期权的时限	欧式期权
	美式期权
	百慕大式期权

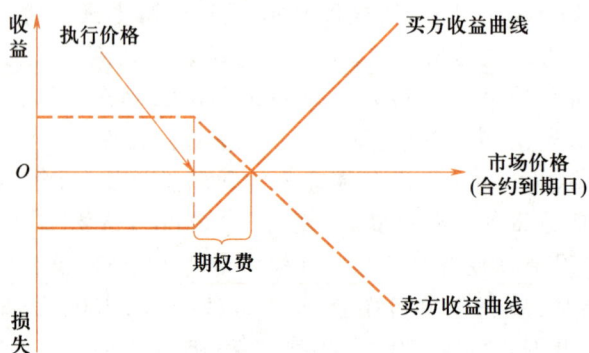

(a)看涨期权多空双方收益

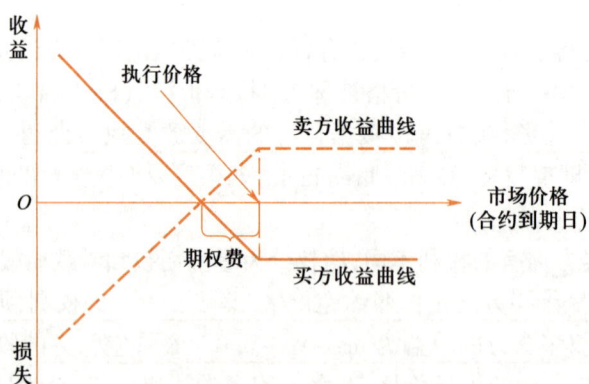

(b)看跌期权多空双方收益

图2-4

看跌期权：如果赋予买方的是按约定价格"出售"资产的权利[1]，那就是看跌期权。当然，也可以不卖出看跌期权。对应的，看跌期权多头的收益为 $\max\{X-S_T,0\}-P$；空头的收益为 $P-\max\{X-S_T,0\}$。其中 S_T 表示市场价格，X 表示约定的执行价格，P 为期权费。对该公式的分析与看涨期权类似，读者可自行展开，如图 2-4（b）所示。

按照买方执行期权的时限不同，分为欧式期权、美式期权和百慕大式期权。

欧式期权：只能在期权**到期日当天**选择行权或者不行权。

美式期权：在期权**到期日前的任何时间**都可以行权。

百慕大式期权：正如百慕大群岛混合了美英文化一样，百慕大式期权也介于欧式期权和美式期权之间，它可以在**到期日前规定的一系列时间**内行权。

按照交易标的不同，分为商品期权和金融期权。

>> **举例**：我国目前场内的金融期权品种包括股指期权（如沪深 300 股指期权、上证 50 股指期权等，在中国金融期货交易所交易，采用现金交割）、ETF 期权[2]（沪深 300ETF 期权、上证 50ETF 期权等，在相应的证券交易所交易，采用实物交割），商品期权品种包括农产品期权、能源化工期权等。

③ 期权与期货的区别：

权利和义务的对称性不同。期货对于买卖双方来讲，权利和义务是对等的；但期权对于买方来说是只有权利，对于卖方来说则只有义务。

因为权利和义务的对称性不同，所以交易双方承担的盈亏风险不同。

因为权利义务的对称性不同，所以保证金情况不同。期货买卖双方都需要缴纳保证金；而期权即便在交易所内交易，其买方也不需要缴纳保证金。因为设置保证金的目的就是防止违约，而对于期权的买方来讲无所谓违约，它本来就只享有权利。

期货是场内交易，合约是标准化的；而期权则不仅有交易所市场，还有规模庞大的场外市场，其合约既可以是标准化的，也可以是非标准化的。

（4）互换（Swap）合约

① 含义：两个或两个以上当事人按照商定条件，在约定的时间内交换一系列现金流的合约，包括利率互换、货币互换等。

② 主要功能：

降低融资成本。互换存在的基础是**比较优势原理**：特定融资者在特定市场上具有比较优势，比如可以以更低的利率获取融资等，那么通过互换便可以降低双方的融资成本。

规避风险。比如从事对外贸易的企业或跨国公司的资产和负债也往往以多种货币计价，其可以通过互换来规避汇率风险。商业银行也可以通过互换实现久期平衡[3]，降低利率风险。

---

① 买方怎么成了出售资产的一方？因为中间有一层嵌套，这里的买方指的是期权的买方、权利的买方，而这份权利既可以是买入底层资产，也可以是卖出底层资产。这也是期权与期货的不同之处：当我们说期货的多头方时，指的就是未来**买入标的资产**的一方；但当我们说期权的多头方时，指的是**买入权利**的一方，至于是买入还是卖出标的资产，要看这份权利是怎么约定的。

② 关于 ETF 的介绍，参照下文投资基金部分。

③ 详细阐述可参照商业银行章节。

▷▷▷ **真题链接**

1.（2024—中国人民大学）（判断题）互换合约实质上可分解为一系列远期合约。（　　）

2.（2025—华东理工大学）（判断题）金融期权是指它的持有者有权在规定期限内按双方约定的价格购买或出售一定数量的某种金融资产的合约。（　　）

3.（2025—华东理工大学）（判断题）交易所交易的是非标准化的期权合约，场外交易的则是标准化的期权合约。（　　）

4.（2022—中央财经大学，2024—中央财经大学）衍生品的基本特征不包括（　　）。

    A. 杠杆效应　　　　　　　　　　B. 高风险

    C. 跨期交易　　　　　　　　　　D. 存续期长

5.（2025—上海财经大学）以下是标准化金融合约的是（　　）。

    A. 期权　　　　　　　　　　　　B. 期货

    C. 远期　　　　　　　　　　　　D. 互换

6.（2020—中国人民大学）在衍生金融产品的四种基本合约类型中，合约签订双方权利关系明显不同于其他三种的是（　　）。

    A. 远期　　　　　　　　　　　　B. 期货

    C. 期权　　　　　　　　　　　　D. 互换

7.（2020—复旦大学）看跌期权空头的最大损失是（　　）。

    A. 看跌期权价格　　　　　　　　B. 股价减去看跌期权价格

    C. 执行价格　　　　　　　　　　D. 执行价格减去看跌期权价格

8.（2021—上海财经大学）下列关于远期和期货市场的说法中，错误的是（　　）。

    A. 期货市场由可识别的政府机构进行监管

    B. 期货协议有严格的格式，规定了交割方式、货物数量和交割日期

    C. 期货市场交易者都需要缴纳保证金

    D. 结算所不能保证交易完成

9.（2024—天津大学）名词解释：远期合约。

10.（2024—中央民族大学）名词解释：套期保值。

11.（2024—武汉大学）说明期货交易和远期交易的区别。

【答案】1. √；2. √；3. ×；4. D；5. B；6. C；7. D；8. D；9. 略；10. 略；11. 略

（四）外汇市场 ★

1. 含义

外汇市场是指交易外汇（各国货币）的市场，参与者包括商业银行、中央银行、外汇经纪人、进出口企业、个人等，<u>商业银行是外汇市场的交易主体</u>。

2. 我国的外汇市场

1994 年,我国建立了全国统一的外汇市场。外汇市场包括两个层次:一是客户与商业银行之间的零售市场,又称**银行结售汇市场**;二是商业银行之间买卖外汇的同业市场(中国人民银行也会参与同业市场的外汇交易),又称**银行间外汇市场**。

(1)银行结售汇市场

1994 年,我国进行了外汇体制改革,取消了外汇的留成与上缴,改为银行结售汇制度。在结售汇制度下,外汇指定银行根据中国人民银行公布的基准汇率,在规定的幅度内制定挂牌汇率,办理对企业和个人的结售汇。其中**结汇**是指企业和个人将外汇结给银行,换成本币;**售汇**则反过来,是企业和个人用本币从银行处买入外汇。

在结售汇市场上,银行有时买入外汇多,有时卖出外汇多,持有的外汇数量可能会频繁变化。当银行持有外汇过多或不足时,会在银行间外汇市场上再进行交易。

(2)银行间外汇市场

我国银行间外汇市场的正式名称为中国外汇交易中心暨全国银行间同业拆借中心(以下简称“中国外汇交易中心”),成立于 1994 年,总部设在上海,备份中心建在北京。中国外汇交易中心采用电子竞价交易系统进行交易,会员通过现场或远程交易终端自主报价,交易系统按“价格优先、时间优先”撮合成交。2005 年,中国外汇交易中心又引入做市商制度以提高交易的活跃度。

专栏　我国多层次资本市场建设和注册制改革

(一)多层次资本市场

1. 含义

广义的多层次资本市场指资本市场上投资者和融资者的多元化、金融工具的多样化、交易场所的多维化等。比如融资者既包括大企业,也包括中小企业;既包括国有企业,也包括民营企业;既包括传统行业,也包括新兴产业等。投资者既包括机构,也包括散户,机构又包括私募、公募、险资等。金融工具既包括普通股,也包括优先股;既包括普通债,也包括可转债、次级债、资产证券化工具、不动产信托投资工具等。交易场所既包括场内,也包括场外。

狭义的多层次资本市场则主要指**股票市场融资者**的多层次性,强调股票市场为不同行业、不同成长阶段的企业提供机会均等、差异定位的融资服务。

2. 我国股票市场的层次

目前,我国形成了由**主板**(1990 年,上交所、深交所)、**创业板**(2009 年,深交所)、**科创板**(2019 年,上交所)、**北交所**(2021 年)构成的场内市场,以及由**新三板**(中关村代办股份转让系统,2006 年)、**四板**(区域性股权交易市场,2012 年)和**柜台交易**构成的场外市场。其中,场内市场各板块的定位、上市标准、交易制度、交易门槛等如表 2-6 所示。

表2-6 我国场内市场板块

类型	主板	创业板	科创板	北交所
审核主体	上交所、深交所	深交所	上交所	北交所
板块定位	突出大盘蓝筹特色,服务于成熟期大型企业	服务于成长型创新创业企业	突出"硬科技"特色	服务于创新型中小企业
上市标准①	【至少符合一项标准】: (一)最近三年净利润均为正,且累计≥1.5亿元,最近一年净利润≥6 000万元,最近三年经营活动产生的现金流量净额累计≥1亿元或营业收入累计≥10亿元; (二)预期市值≥50亿元,且最近一年净利润为正,最近一年营业收入≥6亿元,最近三年经营活动现金流量净额累计≥1.5亿元; (三)预期市值≥80亿元,且最近一年净利润为正,最近一年营业收入≥8亿元	【至少符合一项标准】: (一)最近两年净利润均为正且累计≥5 000万元; (二)预期市值≥10亿元,最近一年净利润为正且营业收入≥1亿元; (三)预期市值≥50亿元,最近一年营业收入≥3亿元	【至少符合一项标准】: (一)预期市值≥10亿元,最近两年净利润均为正且累计≥5 000万元,或最近一年净利润为正且营业收入≥1亿元; (二)预期市值≥15亿元,最近一年营业收入≥2亿元,且最近三年研发投入占营业收入比重≥15%; (三)预期市值≥20亿元,最近一年营业收入≥3亿元,且最近三年经营活动产生的现金流量净额累计≥1亿元; (四)预期市值≥30亿元,最近一年营业收入≥3亿元; (五)预期市值≥40亿元,且具备明显的技术或产品优势	【至少符合一项标准】: (一)预期市值≥2亿元,最近两年净利润均≥1 500万元且加权平均ROE≥8%,或最近一年净利润≥2 500万元,且加权ROE≥8%; (二)预期市值≥4亿元,最近两年营业收入累计≥2亿元,且最近一年营业收入增长率≥30%,最近一年经营活动产生的现金流量净额为正; (三)预期市值≥8亿元,最近一年营业收入≥2亿元,且最近两年研发投入合计占营业收入合计≥8%; (四)预期市值≥15亿元,最近两年研发投入合计≥5 000万元
交易制度	上市后前5个交易日均不设涨跌幅限制,但实施临时停牌机制②。自上市后第6个交易日起,日涨跌幅限制分别为10%、20%、20%、30%			
交易门槛	对投资者资产、投资经验等不作限制	个人投资者前20个交易日日均资产≥10万元且参与证券交易24个月以上	个人投资者前20个交易日日均资产≥50万元且参与证券交易24个月以上	

① 这里并未包含红筹企业和表决权差异企业上市条件。

② 当盘中成交价格较开盘价首次上涨或下跌达到或超过30%和60%时,盘中临时停牌10分钟。目的是稳定市场情绪,减少投资者的非理性交易和股价的过度波动。

（二）注册制改革

1. 我国情况

我国的**股票发行**在 2000 年之前实行审批制，2000 年之后实行**核准制**。2019 年推出科创板，并首先试点**注册制**。2020 年，又在创业板进行了注册制改革。2021 年，新成立的北交所也实行注册制。2023 年，主板也推出了注册制，意味着我们已经实现了全市场的注册制。

2. 注册制与核准制的比较

（1）上市标准

在核准制下，首先，监管机构会进行**实质判断**。即便满足上市的财务要求，证券监督管理委员会（以下简称"证监会"）也会进行其他维度的审核，比如企业是否有发展前景、是否有投资价值等。其次，以盈利指标为核心，上市的财务要求往往较高。比如主板的两套上市规则"净利润＋营业收入＋股本"和"净利润＋现金流＋股本"，两套规则里的净利润都要求最近 3 个会计年度为正，并且累计超过 3 000 万元，所以主要服务于成熟期并且规模较大的蓝筹企业。

在注册制下，首先，只进行**形式审核**，而不进行实质判断。形式审核以**信息披露**为核心，只审核企业的信息披露是否真实、完整、有效。其次，上市的财务要求更加包容。第一，净利润不再是核心，会全面观测企业财务指标。如表 2-6 所示，以预期市值为核心，在达到预期市值的基础上，制定多套标准（净利润、营业收入、现金流、研发投入等），至少满足一项标准即可。第二，对**红筹企业**[①]以及**表决权差异企业**[②]上市更加包容。所以整体来看，注册制对成长性较强、规模相对较小的企业包容性更强。

（2）上市定价

在核准制下，证监会对新股发行定价实施严格的窗口指导，2014 年之后的标准是 23 倍市盈率，即发行价格不能超过盈利的 23 倍。但是在注册制下，并无市盈率的限制，更多采用市场化的询价机制。

（3）监管重心

核准制在事前通过设置高的门槛来实现监管。注册制则主要是在事中和事后，即出问题之后及时纠正。

整体来看，注册制的重点在于理顺市场和政府的关系，让市场机制在资源配置中发挥更加积极的作用。

3. 意义

（1）从资本市场和实体经济的角度来看：通过制度创新（增加发行制度的包容性），推动建立**多层次资本市场**，进而增强我国资本市场服务实体经济的能力，促进"**科技—产业—金融**"的良性循环，加快建设**现代化产业体系**。

（2）从投资者角度来看：根据流量定价（供求）的观点，上市公司扩容对股价是利

---

① 红筹企业是指注册地在境外，但是主要经营活动在境内的企业，我国很多互联网企业都是这种情况。

② 表决权差异即同股不同权（AB 股），在我国也称为"特别投票人"制度，详细可参考公司金融相关章节。

空的：股票供给增加,价格会下跌；但是根据存量定价(现金流折现)的观点,如果能够完善配套措施,及时优胜劣汰,提高上市公司的质量,那么对股价就是利好的。

（3）从金融中介角度来看：给创投平台、私募基金和券商创造了更多的盈利机会。创投平台、私募基金能够更容易地通过二级市场退出,解决非上市股权流动性的问题。券商则利好投资银行类业务。根据测算,主板注册制的推行可能会为券商板块带来100亿元以上的增量收入,尤其是龙头券商股。

4. 配套措施

在2023年的中央金融工作会议上,习近平总书记提出"推动股票发行注册制走深走实",而"走深走实"的核心就是完善配套措施,不能一放了之。

（1）对融资者(上市公司)

① **事前**：严把"入口关"。注册制不意味着不审,相反,对于某些领域的审核甚至会更加严格,比如信息披露,必须对信息披露的真实性、完整性、有效性严格把关,从源头提升上市公司质量。

> 　**何为信息披露的有效性？** 根据证监会发布的《首次公开发行股票注册管理办法》第三十九条规定,企业拟上市的板块不同,重点披露的信息也不同。比如准备在主板上市的,要重点披露业务模式的成熟度、经营的稳定性和行业地位；准备在创业板上市的,要充分披露企业的创新、创造、创意特征；准备在科创板上市的,要充分披露科研水平、科研人员、科研资金的投入以及募集到的资金重点投向哪些科技创新领域等。

② **事中**：完善**法制措施**,严惩虚假信息披露、内幕交易等违法行为,增加企业违法成本,创造资本市场良好生态。

③ **事后**：完善常态化**退市机制**,有进有退,吐故纳新,保证上市公司质量。

> 　**我国的强制退市标准：** 2022年,我国新推出的强制退市标准包括四类。第一,交易类(比如若连续20个交易日收盘价低于1元,则会被强制退市)；第二,财务类(比如若净利润为负且营业收入低于1亿元,第一年标示 *ST,第二年退市)；第三,规范类(比如信息披露存在问题,没有及时信息披露)；第四,重大违法类(比如欺诈发行、财务造假等)。虽较之前的标准更严格,但仍然存在一些问题,比如重大违法类：财务造假,一是要求连续两年,只造假一年可以不退市；二是累计金额不低于5亿元,低于5亿元也不用退市,无论造假多少年；再比如财务类,净利润一直为负也没关系,只要营业收入大于1亿元即可。所以2022年退市新规出台后,一些 *ST* 股票甚至出现了大幅上涨。对此,一方面可以进一步严格退市标准,另一方面可以将定量标准与定性标准相结合,赋予交易所必要的自由裁量权,提高标准的可执行性。

（2）对投资者

加强对中小投资者的保护，维护资本市场的公平性。注册制下，监管机构不再进行实质判断，退市制度也更加严格，所以投资者面临的风险必然增加。再加上我国散户投资者占比高且其风险识别能力弱，也会加剧这一问题。因此，可以采取以下措施：

①　进行投资者适当性管理。通过设置一定的门槛，比如资产要求、投资经验要求等，让投资者实际的风险承担与其风险承受能力相匹配。

②　加强投资者教育，让投资者掌握更多的金融知识、法律知识等。

③　完善代表人诉讼制度[①]**和赔偿基金制度**[②]，保障投资者合法权益。

> ≫　代表人诉讼制度在我国已有判例，第一次是在2021年11月，广州市中级人民法院判处康美药业实际控制人马兴田等高管赔偿52 037名投资者共24.59亿元。

（3）对中介机构（券商）

压实中介机构责任。在核准制下，券商只需要考虑合规的问题，最终能否上市主要取决于证监会，由证监会来为上市公司提供信用背书。在注册制下，证监会不再提供背书，而是由中介机构对发行人的证券质量进行隐性担保[③]，中介机构成为真正的"看门人"，因而对其保荐、定价、承销等专业水平提出更高的要求。

▷ ▷ ▷ **真题链接**

1.（2024—对外经济贸易大学）我国股票发行注册制最早于2019年7月在（　　）开始实施。

　　A. 深交所　　　　　　　　　B. 北交所

　　C. 科创板　　　　　　　　　D. 新三板

2.（2025—复旦大学）（填空题）A股市场注册制改革的核心是（　　　）。

3.（2025—华东师范大学）名词解释：IPO注册制。

4.（2024—中山大学）背景材料为全面注册制改革，试回答以下问题：

（1）全面注册制改革对企业有什么影响？

（2）有人认为改革加大了个人投资者投资的难度，却对基金投资利好，你如何理解这种观点？

（3）全面注册制改革需要完善哪些配套措施？

---

①　即美国的"**集体诉讼**"，特点是"默示加入，明示退出"。一个中小投资者如果没有明确提出反对意见，那么默认为同意，由代理人统一一帮忙打官司、要求赔偿，投资者只需搭便车即可。

②　如果有罚没款项，要把其中一部用于补偿中小投资者。因为很多违法退市是大股东和管理层沆瀣一气而为之，中小投资者并不知情，还要承担罚款或退市的损失，这是不合理的。

③　出问题后市场会指责券商，"当时为什么要让这家公司上市？你是否也承担连带责任？"可能出现信任危机。

（4）为扬长避短,还需要在全面注册制监管方面做哪些工作?

5.(2025—南京理工大学)比较股票上市发行的核准制与注册制。

【答案】1. C; 2. 信息披露(或让市场机制资源配置中发挥更积极的作用);

3. 略; 4. 略; 5. 略

第二节　金融中介

一、金融中介基础知识

（一）金融中介的含义

金融中介也称**金融机构**。我们经常听到"中介"一词,它是买卖双方的媒介,可以提高市场交易的效率。对应地,金融中介就是金融资产买卖双方的媒介,可以提高金融市场运行的效率。广义的金融中介包括任何从事金融活动的组织,它们以一定量的自有资金为营运资本,通过吸收存款、发行证券、接受他人财产委托等形式形成资金来源,而后通过贷款、投资等形式运营资金,并从中获得收益。而狭义的金融中介则专指以商业银行为代表的**信用中介**,以自身信用参与资金融通活动。

（二）与非金融企业的比较　★

金融中介也属于企业范畴,但与非金融企业相比,具有以下异同:

1. 相同点

一般来讲,金融中介的经营目标往往也是**利润最大化**[①]。

2. 不同点

（1）经营对象是货币资金,并非一般商品劳务。

（2）资产负债表中金融资产占比高,实物资产占比低。

（3）杠杆率高,用少量的资本金支持大规模的资产。

（4）伴随着高杠杆而来的是高风险。

（5）伴随着高风险而来的是更严格的监管。

二、国家金融中介体系

金融中介(广义角度)的分类如表2–7所示。根据经营目标不同,金融机构可以分为商业性金融机构和政策性金融机构;根据能否吸收存款,金融机构可以分为存款类金融机构和非存款类金融机构。

---

① 市场化的金融中介的经营目标是利润最大化,非市场化的金融中介(如中央银行、政策性银行等)的经营目标就不是利润最大化,前者属于多数。

表 2-7　金融中介（广义角度）的分类

分类标准	具体类别
金融机构的经营目标	商业性金融机构
	政策性金融机构
金融机构能否吸收存款	存款类金融机构
	非存款类金融机构

（一）中央银行　★

中央银行也称货币当局，多数国家只有 1 家，如我国的中国人民银行。个别国家，如美国，设有 12 家联邦储备银行，都起到中央银行的作用。对中央银行的详细分析将在本书第五讲展开。

> **补充：我国金融监管架构的变迁**
>
> （1）1984—1992 年，由中国人民银行实施集中监管。
>
> （2）1992—2016 年，"一行三会"分业监管体制逐渐确立并强化。1992 年，中国证券业监督管理委员会（简称"证监会"）成立，专门负责资本市场和证券业的监管。1998 年，中国保险业监督管理委员会（简称"保监会"）成立，专门负责保险市场和保险业的监管。2003 年，中国银行业监督管理委员会（简称"银监会"）成立，负责银行业、信托业、资产管理公司等的监管。2003—2016 年，"一行三会"的监管架构继续巩固和强化。
>
> （3）2017—2022 年，从"一行三会"到"一委一行两会"。2017 年，组建成立国务院金融稳定发展委员会（简称"金融委"），负责统筹协调金融稳定和改革发展。2018 年，原银监会和原保监会合并为中国银行保险监督管理委员会（简称"银保监会"），证监会则继续保留，由此形成了"一委一行两会"的监管架构。
>
> （4）2023 年至今，从"一委一行两会"到"两委一行一总局一会"。2023 年，中共中央、国务院又印发了《党和国家机构改革方案》，将国务院金融稳定发展委员会升级为**中央金融委员会和中央金融工作委员会**，合称"两委"。其中中央金融委员会负责金融业的顶层设计、统筹协调，研究审议金融领域的重大政策、重大问题等；中央金融工作委员会则负责统一领导金融系统的党建工作。与此同时，将原银保监会升级为**国家金融监督管理总局**，统一负责除证券业之外的金融监管。至此，我国形成了"两委一行一总局一会"的监管架构。

（二）商业银行　★★

商业银行也称存款货币银行，主要经营存贷款以及转账结算业务，因其机构数量多、业务渗透面广、资产总额比重高，所以始终处于其他金融机构不能替代的重要地位。以我国为例，2024 年三季度末，我国金融业总资产 489.2 万亿元，其中银行业 436.4 万亿元，占比 90%

以上。对商业银行的分析将在本书第四讲详细展开。

> 　**补充**：存款类金融机构（也称"存款性公司"）是以吸收存款为主要资金来源、发放贷款为主要资金运用的金融机构。其范围比商业银行大，除了商业银行外，还包括中央银行[1]、专业银行（西方国家的储蓄银行、开发银行等）、信用合作社、财务公司[2]等。非存款类金融机构（也称"其他金融性公司"）则不以吸收存款为主要资金来源，比如证券公司、保险公司、信托投资公司、金融租赁公司等。

（三）政策性银行　★

政策性银行一般是由政府设立，以贯彻国家产业政策、区域发展政策等为目标的非营利性金融机构。

我国于1994年成立的**国家开发银行**、**中国农业发展银行**和**中国进出口银行**三大政策性银行，均贯彻不与商业性金融机构竞争、自主经营、保本微利的基本原则。其**资金来源**包括原有资本金划出、财政拨付、发行金融债券、中央银行再贷款等[3]；**资金运用**为向国家基础设施、基础产业及支柱产业的政策性项目提供贷款（国家开发银行），支持农业和农村经济发展（中国农业发展银行）以及执行国家外贸政策（中国进出口银行）。2015年，国家开发银行被重新定位为**开发性金融机构**，截至2015年底，其海外贷款余额为3 750亿美元，超过世界银行，成为全球最大的开发性金融机构。

（四）信用合作社和农村金融机构　★

信用合作社是一种互助合作性的金融组织，既有城市信用合作社，也有农村信用合作社，规模一般都不大。其**资金来源**为合作社成员缴纳的股金和吸收的存款，**资金运用**则主要为向其成员发放贷款。在我国，城市商业银行就是在城市信用合作社的基础上组建的，农村合作银行和农村商业银行则是在农村信用合作社的基础上组建的。

就**农村金融机构**而言，我国主要还有村镇银行和小额贷款公司。其中**小额贷款公司**较为特殊，其业务特点为：第一，只贷不存，公司主要依靠股本发放贷款，不得吸收存款；第二，利率放开，可自由浮动，但不能超过法定利率额4倍；第三，有特定的服务对象，主要服务于"三农"，"三农"贷款不得低于总贷款的70%；第四，业务区域受限制，只能服务于所在的行政区域，不能跨区；第五，投资者应为自然人。

（五）投资银行　★★

投资银行虽然名为"银行"，但是其主营业务与商业银行相去甚远。它是专门针对工商企业办理有关投资业务（或证券业务）的银行，在英国被称为"**商人银行**"，在中国和日本称为"**证券公司**"或"**券商**"。其资金来源为发行股票和债券，**主要业务**有代理证券发行（承

---

① 根据国际货币基金组织（IMF）以及中国人民银行的分类，存款性公司分为中央银行和其他存款性公司，即把中央银行单独列出。

② 关于财务公司是否属于存款类金融机构，国内外情况不同。在国外，财务公司的资金来源主要是发售债券，不属于存款类金融机构；而在我国，其资金来源主要是吸收集团内部存款，属于存款类金融机构。

③ 中国农业发展银行还能够定向吸收存款。

销）、代理证券买卖（经纪）、证券资产管理（为投资者提供资产管理服务）、证券自营（运用自有资金获得投资收益）、证券投资咨询、证券抵押贷款（融资融券）、公司并购等。1995 年，中国建设银行与美国摩根士丹利公司等五家金融机构合资组建了中国第一家中外合资投资银行——中国国际金融有限公司（简称"中金公司"）。

（六）投资基金 ★★

1. 含义

投资基金是一种通过发行基金券（股份或收益凭证）将投资者分散的资金集中起来，由专业管理人员分散投资于股票、债券或其他金融资产，并将投资收益分配给基金持有者的投资形式。投资基金在不同国家的称谓也有所不同，在美国称为"投资公司"或"共同基金"，在中国和日本称为"证券投资基金"或"证券投资信托基金"。

2. 特点

（1）集合理财，专业管理，利益共享，风险共担。

（2）组合投资，分散非系统性风险。

（3）监管严格，信息透明，公募基金尤甚。

（4）独立托管，基金财产的保管由独立于基金公司的第三方托管机构（通常是商业银行）负责，安全性高。

3. 分类

（1）根据组织形式的不同，投资基金可以分为契约型基金和公司型基金（见表 2-8）。

契约型基金是通过信托契约组织起来的基金，委托人是基金管理公司，受托人是基金保管公司（通常为银行或信托公司），受益人是投资者。公司型基金则是通过发行股票的形式筹集资金，投资者通过购买基金公司的股票成为股东，获取收益的索取权。我国目前的基金都是契约型的。

（2）根据运作期间是否可自由申购和赎回，投资基金可以分为开放式基金和封闭式基金。

开放式基金可以自由申购和赎回，因而价格透明度更高。封闭式基金在封闭期内则不允许申购和赎回，只能在二级市场上买卖基金份额。

（3）根据投资标的不同，投资基金可以分为股票基金、债券基金、货币市场基金、期货期权基金、基金中的基金（Fund of Funds, FOF）[①]以及混合基金。

>> **交易型开放式指数基金**（Exchange-Traded Fund, ETF）是一种在证券交易所交易的开放式基金。它通过跟踪特定指数（如沪深 300 指数、中证科技 50 指数、中债国债指数、布伦特原油指数等），实现与指数相似的投资收益。其特点为风险分散、透明度高、管理费用较低等。2024 年，中国 ETF 基金规模大幅增加，达到 3.7 万亿元。

（4）根据发行方式的不同，投资基金可以分为公募基金和私募基金。

公募基金以公开发行的方式，向不特定投资者募集资金；而私募基金则是以非公开的方式，向特定的投资者定向募集资金。

---

① FOF 是专门投资于其他基金的基金，可以实现更充分的分散化。

》　**对冲基金**（Hedge Fund）就是典型的私募基金，其最大的特点是广泛运用期权、期货等衍生工具，在债券市场、股票市场和外汇市场上进行投机活动。从投资策略上看，对冲基金又可以分为**宏观基金**与**相对价值基金**两类。宏观基金主要利用各国宏观经济的不稳定性进行套利，比如索罗斯的量子基金；相对价值基金则是通过买空、卖空的操作对证券的相对价格进行投资。因为相对价格差异一般较小，所以需要使用高杠杆才能获得超额收益，比如美国的长期资本管理公司（LTCM）。

》　**风险投资基金**（Venture Capital, VC）其实也是私募基金，主要投资于未上市但有优秀增长前景的公司股权[①]。

》　**养老基金**（Pension Fund）是一种用于支付退休后收入的基金，也是社会保障体系的一部分。养老基金通过发行股份或收益凭证，募集社会上的养老保险资金，委托专业机构进行投资以实现保值增值。目前，国际上普遍采用的养老金制度为**养老三支柱**模式：第一支柱为由政府主导建立的公共养老金；第二支柱为企业和员工共同缴费的职业养老金，包括企业年金和职业年金；第三支柱为居民个人自愿购买、由商业机构提供的个人养老金。其中第一支柱为公共养老金、第二支柱和第三支柱则为私人养老金。目前，从全球范围来看，私人养老金规模在逐渐扩大，公共养老基金的规模则相对减少。美国是全球养老基金规模最大的国家，2023年末，美国养老基金规模将近40万亿美元，占全球比重约50%。

表 2–8　基金的分类

分类标准	具体类别
不同的组织形式	公司型基金
	契约型基金
运作期间是否可自由申购或赎回	开放式基金
	封闭式基金
不同的投资标的	股票基金
	债券基金
	货币市场基金
	期货期权基金
	基金中的基金（FOF）
	混合基金
基金发行是否公开	公募基金
	私募基金

---

①　根据项目的成熟度和盈利情况，未上市创业公司的融资方式一般包括天使投资（AI）、风险投资（VC）和私募基金（PE）三种类型，对应 A、B、C、D 等融资轮次。

（七）保险公司 ★

1. 含义

保险公司是专门经营保险或再保险业务的金融机构。保险是建立在"**大数定律**"[①]基础上的一种**风险分担**机制，保险公司通过销售保单将保险费集中起来、建立保险基金，以此来补偿被保险人因自然灾害或意外事故所造成的损失。

其根据业务范围可分为两类：**财产保险**和**人身保险**，前者以财产及其相关利益作为保险标的，后者则以被保险人的寿命、健康和安全作为保险标的。由于保险公司的保费收入经常远超其当期的保费支出，因而往往会聚集起大量的货币资金进行证券投资。这些货币资金比银行存款更稳定，是金融体系**长期资本**的重要来源。

2. 我国保险业的发展

在我国，1988 年前，保险业由**中国人民保险公司**独家经营。之后，保险市场主体逐步增加，例如中国人寿保险公司、中国太平洋保险公司、中国平安保险公司等。2024 年，我国的**保险深度（保费收入/GDP）** 为 4.32%，**保险密度（人均保费）** 为 4 053 元/人，相较于发达国家尚有差距。

（八）其他金融中介 ★

（1）**信托投资公司**：接受他人委托，代为管理、经营经济事务。

（2）**财务公司**：由企业集团组建，为集团内部成员提供金融服务。

（3）**金融资产管理公司**：政府出资组建的专门收购、管理和处置原国有独资商业银行不良资产的非银行金融机构。

（4）**金融租赁公司**：专门为承租人提供融资租赁的公司，以商品交易为基础将融资与融物相结合。

（5）**理财子公司**等。

▷ ▷ ▷ **真题链接**

1.（2025—中国人民大学）（判断题）信用中介包括商业银行、信用合作社等。
（　　）

2.（2024—对外经济贸易大学）2023 年 3 月，我国进行了一系列金融监管改革，成立了（　　）。

　A. 中央金融工作委员会　　　　　B. 中国人民银行

　C. 金融管理局　　　　　　　　　D. 国家金融稳定委员会

3.（2025—对外经济贸易大学）负责除证券业外的业务监管的机构是（　　）。

　A. 中国人民银行　　　　　　　　B. 中央金融工作委员会

　C. 国家金融监督管理总局　　　　D. 中央金融委员会

---

① 大数定律研究随机变量和的极限行为，是指当随机事件（投保人出现风险事件）大量重复出现（投保人数足够多）时，往往会呈现出几乎必然的规律（风险发生的频率近似等于其概率，保险公司可以此来计算期望支出和保费）。详细可参照概率论或保险精算的知识。

4.（2021—中央财经大学）下列属于存款类金融机构的是（　　）。

  A. 中央银行   B. 金融资产管理公司

  C. 信托公司   D. 小额贷款公司

5.（2024—中央财经大学）下列不属于其他金融性公司的是（　　）。

  A. 证券公司   B. 保险公司

  C. 证券投资基金公司   D. 商业银行

6.（2020—中国人民大学）（　　）的主要任务是执行国家产业政策和外贸政策，为扩大机电产品和成套设备等资本性货物出口提供政策性金融支持。

  A. 国家开发银行   B. 中投公司

  C. 农业发展银行   D. 中国进出口银行

7.（2022—重庆大学）下面哪个银行在性质上与其他银行存在差异？（　　）

  A. 中国工商银行   B. 招商银行

  C. 中国农业发展银行   D. 北京银行

8.（2024—上海财经大学）瑞幸咖啡赴美 IPO，其保荐机构瑞信公司在其中的业务有（　　）。

  A. 证券投资   B. 资产证券化

  C. 证券私募   D. 证券承销

9.（2023—中国人民大学）目前，养老基金规模最大的国家是（　　）。

  A. 英国   B. 美国

  C. 日本   D. 中国

10.（2024—中国人民大学）（判断题）近年来全球养老基金的趋势是私人规模缩小，公共规模扩大。（　　）

11.（2025—北京师范大学）名词解释：交易型开放式指数基金。

12.（2021—中国人民大学）名词解释：宏观基金。

13.（2024—四川大学）名词解释：金融租赁公司。

14.（2025—同济大学）比较开放式基金和封闭式基金的区别。

【答案】1. √；2. A；3. C；4. A；5. D；6. D；7. C；8. D；9. B；10. ×；11. 略；12. 略；13. 略；14. 略

三、国际金融中介体系

（一）国际清算银行（Bank for International Settlements，BIS）★

1. 发展历史

BIS 由英国、法国、美国、德国、意大利、日本、比利时七国于 **1930 年创立**，我国于 1996 年正式加入，是现行历史最悠久的国际金融机构，总部设在**瑞士巴塞尔**。

2. 主要业务

其初建的目的是处理第一次世界大战后德国赔款的支付以及德国的国际清算问题，当前的主要职能是促进各国中央银行的合作，接受委托或作为代理人办理国际清算业务等，因而也被称为"央行的央行"，著名的《**巴塞尔协议**》便出自该机构。

（二）国际货币基金组织（International Monetary Fund, IMF） ★

1. 发展历史

国际货币基金组织于布雷顿森林会议后的 **1945 年成立**，总部设在**美国华盛顿**。我国是 IMF 的创始成员之一，1980 年又重新恢复代表权，目前为第三大股东，仅次于美国和日本。

2. 主要业务

其宗旨是促进国际货币合作；促进国际贸易的扩大和平衡发展；促进汇率稳定；协助各成员克服国际收支困难等。其资金来源主要是各成员认缴的份额[①]、借入资金和出售黄金。

（三）世界银行（World Bank, WB） ★

1. 发展历史

世界银行又称国际复兴开发银行，于 **1944 年**布雷顿森林会议期间宣布建立，总部设在**美国华盛顿**。我国是 WB 的创始成员之一，1980 年又重新恢复合法席位，目前为第三大股东，仅次于美国和日本。世界银行有两个附属机构：国际开发协会和国际金融公司，三者统称世界银行集团。

2. 主要业务

其资金来源主要是各成员缴纳的股金、借入资金、出让债权和经营利润。主要业务活动是向发展中成员提供长期的生产性贷款以及技术援助，贷款条件一般比国际资金市场上的贷款条件优惠。

（四）金砖国家新开发银行（New Development Bank, NDB, 简称"金砖银行"） ★

2014 年，金砖国家（BRICS），包括巴西、俄罗斯、印度、中国、南非领导人发表《福塔莱萨宣言》，宣布建立金砖银行。初始资金为 1 000 亿美元，由 5 个创始成员国平均出资，总部设在**中国上海**。其主要职能是为金砖国家和其他发展中国家的基础设施及可持续发展项目筹集资金。

（五）亚洲基础设施投资银行（Asian Infrastructure Investment Bank, AIIB, 简称"亚投行"） ★

2015 年 12 月 25 日，亚投行正式成立，法定资本为 1 000 亿美元，中国出资 50%，为最大股东，总部设在**中国北京**，主要职能为支持亚洲地区的基础设施建设。这是全球首个由我国倡议设立的多边金融机构，在国际经济治理体系改革中具有里程碑意义。

▷ ▷ ▷ 真题链接

1.（2023—中国人民大学）（判断题）世界银行主要向发展中成员提供长期优惠贷款，是全球最大的开发性金融机构。（   ）

2.（2024—上海大学）（判断题）IMF 是专门对发展中国家提供赠款和长期优惠贷款的国际金融机构。（   ）

3.（2021—中国人民大学）（   ）的宗旨是避免成员国竞争性的货币贬值，协助各成员克服国际收支困难。

A. 国际清算银行

---

① IMF 的份额可以参照国际金融学中国际收支章节。

B. 国际货币基金组织

C. 世界银行

D. 金砖国家新开发银行

4.（2022—中国人民大学）中国不是以下四个国际组织中哪个的创始成员国？
（　　）

A. 世界银行　　　　　　　　　B. 国际货币基金组织

C. 国际清算银行　　　　　　　D. 金砖国家新开发银行

5.（2023—中国人民大学）（　　）由多国发起建立的为发展中国家提供基础设施建设和开发的机构,总部设在上海。

A. 世界银行　　　　　　　　　B. 非洲开发银行

C. 亚洲基础设施投资银行　　　D. 金砖国家新开发银行

6.（2025—首都经济贸易大学）简述金融中介及其分类。

【答案】1. ×;2. ×;3. B;4. C;5. D;6. 略

第三节　金融体系结构

一、直接融资和间接融资

（一）基础知识　★★

1. 含义

直接融资是指资金供求双方通过金融工具**直接**形成债权债务关系或所有权关系的融资形式。其工具包括债券、股票、商业票据等。

间接融资则是指资金供求双方不构成直接的债权债务关系,而是分别与**金融中介**发生债权债务关系,通过金融中介**间接**实现资金融通。其工具包括银行存贷款、保险、基金等。

2. 区别

直接融资和间接融资的区别并不在于资金供求双方之间是否有金融中介,事实上,债券股票的发行和流通也需要证券公司作为中介,证券公司也属于广义的金融中介[①]。二者真正的区别在于金融中介的性质和作用:是否是**信用中介**,即以自己的信用参与交易,同时扮演债权人和债务人的双重角色。在存贷款融资中,商业银行同时充当债权人（贷款）和债务人（存款）;在债券股票融资中,证券公司则只是充当信息中介[②]。

≫　相较于间接融资,**直接融资的优势**主要在于:(1) 资金供求双方之间

[①] 有人认为"直接融资和间接融资的区别在于是否存在金融中介",如果将这里的"金融中介"理解成狭义的以商业银行为代表的"信用中介",则也是正确的。

[②] 当我们判断一种融资形式是直接融资还是间接融资时,只需分辨其中有几对债权债务关系。贷款人与银行,存款人与银行,有两对债权债务关系,故为间接融资;投资者与企业（股票/债券）,只有一对债权债务关系,故为直接融资。

的联系更加紧密,有助于加快资金融通的速度;(2)如果是公开发行,则市场化程度更高,完善的信息披露要求提高了证券定价的效率和资金配置的效率;(3)没有中间环节,投资收益更高、融资成本更低。如此看来,似乎直接融资更加有利,那为什么还会有间接融资呢?

(二)间接融资(商业银行)存在的必要性 ★★★★

1. 信息不对称和交易成本

借贷双方之间往往存在信息不对称(Asymmetric Information),借入资金的一方具有信息优势,并且可能利用信息优势使自己受益而使对方受损,存在逆向选择和道德风险问题[1]。因此贷出资金的一方也需要搜集并处理更多的信息,来确认借款人的还款能力和还款意愿,保证贷款资金的安全性,包括合同签订前的尽职调查、贷款额度、期限和利率的确定、贷款合同的拟定、合同签订后对贷款人进行持续监督等。每个环节都会产生**成本**,而银行就可以凭借其**专业化分工**和**规模经济**[2] **优势**降低交易成本。发展到今天,银行已经拥有一整套高度成熟的贷款营销、调研、审批、贷后管理的工作流程。

> ≫　**补充**:从制度经济学的角度来看,根据**科斯的企业理论**[3]:企业与市场是两种相互替代的资源配置方式。因为交易成本的存在,所以在某些情况下,企业内部的资源配置优于市场,这是企业存在的理由。而金融中介就是金融市场的企业组织,所以同理,部分交易在金融中介内部完成有利于提高金融市场的资源配置效率。

20世纪后半叶,随着资本市场的发展,发达国家的交易成本和信息不对称程度明显下降,依此推断,个人投资者直接参与市场的比例应当增加。但是从实际数据来看,这一比例却是下降的。所以信息不对称和交易成本似乎不能完全解释间接融资(或商业银行)存在的理由。

2. 风险共担和风险管理

即便不存在信息不对称,借入资金的一方仍然有违约的可能性,出借者可能不希望承担过高的风险。而商业银行可以进行风险共担和风险管理,包括四个方面:(1)银行贷款给更多的行业、更多的企业,因而可以获得分散化的好处,降低非系统性风险;(2)银行有更完善的风险管理系统,可以更精准地识别风险;(3)当贷款出现损失时,银行首先以自己的资本金吸收损失,来保证存款的清偿,实现风险共担;(4)即便当资本金不足而破产清算时,存款

---

[1]　关于信息不对称、逆向选择和道德风险的详细论述,可参照商业银行章节。

[2]　规模经济是指随着交易规模的扩大,分摊在单位交易上的平均成本会降低(主要原因在于固定成本被摊薄)。比如开发一套大数据智能风控系统可以更精准地识别风险、降低坏账率并且节约人力成本,但是需要上亿元的资金投入。这对于贷款规模较小的个人投资者来说显然成本过高,但是对于贷款规模更大的银行来说,分摊到每一笔贷款上的成本可能微乎其微(比如国有四大行的贷款规模均在20万亿元以上),新技术的采用变得划算,交易成本因此下降、社会福利因此提高。

[3]　这部分的表述来自科斯的代表作《企业的本质》。科斯(1910—2013),1991年诺贝尔经济学奖获得者。

保险公司也能在很大程度上保证存款的安全[①]。

3. 提供流动性（货币创造）

商业银行系统创造出的债务工具"存款"具有普遍接受性，可以充当货币作为交易媒介，这一点是一般企业的债务或权益工具无法做到的。根据戴蒙德－迪布维格模型（DD 模型）[②]，银行的作用在于期限转换：负债方通过活期存款、提供流动性来满足人们不确定的提现需求；同时，所有人不会同时来提现，中间会形成沉淀余额，银行以其支持资产方长期的资产投放。通过这一设计，银行可以实现消费者期望效用的最大化[③]。这是银行存在的另一重要原因。

▷▷▷ **真题链接**

1.（2024—北京交通大学）（判断题）金融中介机构的业务的主要功能为生产借款人的有关信息。（　　　）

2.（2017—中国人民大学）理论上，交易成本和信息不对称下降使个人持股比例（　　　），金融机构持股比例（　　　）。

A. 上升，上升　　　　　　　　B. 上升，下降

C. 下降，上升　　　　　　　　D. 下降，下降

3.（2021—中央财经大学）下列关于直接融资和间接融资的说法正确的是（　　　）。

A. 间接融资无须通过金融机构　　B. 直接融资无须通过金融机构

C. 间接融资需要间接证券　　　　D. 只有股票、债券是直接融资

4.（2023—对外经济贸易大学）如何从信息不对称的角度理解金融机构的作用？

5.（2025—北京师范大学）简述直接融资和间接融资的特征。

6.（2024—中央财经大学）简述间接融资的优点及其局限性。

7.（2024—中国海洋大学）为什么商业票据筹资的成本比银行贷款筹资的成本更低？

【答案】1. √；2. B；3. C；4. 略；5. 略；6. 略；7. 略

二、商业银行与资本市场对比的不同结构

（一）"市场主导"和"银行主导"　★★

从企业外部融资的角度来看，各国都以银行贷款为主而以发行债券、股票为辅，商业银行压倒性地胜过资本市场（见表 2-9）。但是从资本市场的**相对重要性**来看，各国并不相同：从**银行资产 /GDP 与股票市值 /GDP** 的数据可以看到（见表 2-10），美国、英国的金融体系

---

① 同为间接融资工具，保险跟银行是类似的，但基金比较特殊：它只有分散化的保护，而没有基金公司本身资本金的保护。当基金投资的债券、股票出现损失时，该损失由投资者承担而非基金公司承担。

② DD 模型的详细分析参照商业银行章节专栏三。

③ 根据 DD 模型的分析，直接融资（二级市场）也可以提供流动性，提高消费者效用。但因为信息是不完全的，所以不存在阿罗－德布鲁市场，效用的提高不如银行的情况。

为"**市场主导型**",德国、法国、日本则为"**银行主导型**"。我国的金融体系从静态来看,银行占绝对优势;从动态来看,资本市场占比则逐渐上升(见表2-11)。

表2-9 1970—1994年德国、日本、法国、英国、美国企业净资金来源 单位:%

净资金来源	德国	日本	法国	英国	美国
内部资金	78.9	69.9	60.6	93.3	96.1
银行贷款	11.9	26.7	40.6	14.6	11.1
债券融资	−1.0	4.0	1.3	4.2	15.4
股票融资	0.1	3.5	6	−4.6	−7.6
商业信用	−1.2	−5.0	−2.8	−0.9	−2.4
资本转移	8.7	—	1.9	1.7	—
其他	1.4	1.0	−6.5	0.0	−4.4

表2-10 银行与资本市场的国际比较(1993年)

国家	GDP(10亿美元)(1)	银行资产(10亿美元)(2)	(2)/(1)(%)	股票市值(10亿美元)(3)	(3)/(1)(%)
美国	6301	3319	53	5136	82
英国	824	2131	259	1152	140
日本	4242	6374	150	2999	71
法国	1261	1904	151	457	36
德国	1924	2919	152	464	24

数据来源:Allen,Gale.Comparative Financial System:A Survey,Mimeo,2001:72.

表2-11 我国银行与资本市场的比较

资本来源	1995年 余额(万亿元)	1995年 与GDP之比(%)	2007年 余额(万亿元)	2007年 与GDP之比(%)	2024年 余额(万亿元)	2024年 与GDP之比(%)
贷款	5.9	95.4	27.1	100.5	255.7	189.4
股票	0.4	5.7	32.4	120.1	94.0	69.6

数据来源:中国人民银行、中国证券监督管理委员会。

(二)不同结构的形成 ★

从各国金融体系发展的情况来看,对资本市场的管制力度、民众对集权的恐惧等因素都会对金融结构产生影响。实际上,在不同金融体制形成之初,政府并没有精心设计,不同金融结构的形成往往具有偶然性。但是在发展到一定阶段之后,经过更多的理论研究和优劣比较,政府往往会有所倾向,比如在党的二十大报告中就明确提出"健全资本市场功能,提高直接融资比重"。

（三）商业银行与资本市场的相互渗透 ★★★

当前,商业银行与资本市场呈现出相互渗透的发展趋势,**资产证券化**便是两者的关键联结点,华尔街有句话"如果有稳定的现金流,那就将它证券化"。

>> **资产证券化（Securitization）**

1. 含义:把流动性不足,但有未来现金流流入的资产（如银行的住房抵押贷款、消费贷款等）经过重组形成资产池,并以此为基础发行证券。证券的本金和利息收入就来自底层资产所产生的现金流。

2. 分类:根据底层资产不同可分为**资产支持证券**（Assest Backed Securities, ABS）和**住房抵押贷款支持证券**（Mortgage-Backed Securitization, MBS）[①]。

3. 影响:对于资本市场来说,拓宽了可以投资的品种;对于银行来说,盘活了贷款存量,把贷款打包成证券销售出去之后能够立刻收回现金。对应的,银行的利润来源从传统的存贷利差向证券化过程中的管理费转变,经营模式从重资产向轻资产转变。

4. 我国情况:我国的信贷资产证券化试点从 2005 年正式启动,随着 2007 年次贷危机的爆发而暂停,2012 年重新启动,并且改审批制为备案制,发行总额迅速增加。2024 年末,我国资产证券化产品的存量约为 3.82 万亿元。

▷▷▷ **真题链接**

1.（2024—北京交通大学）（判断题）对于企业而言,直接融资比间接融资重要数倍。（　　　）

2.（2019—中国人民大学）以英国、美国为代表的金融体系属于市场主导型,以日本、德国为代表的属于银行主导型,形成不同金融体系格局的可能原因不包括（　　　）。

A. 人为、制度政策选择是很重要的因素

B. 既有偶然因素也有必然因素

C. 反集权统治可能是其中部分原因

D. 是根据比较优势理论下作出的制度选择

3.（2024—中国人民大学）以下关于金融体系结构,说法正确的是（　　　）。

A. 美国和德国都是银行主导型　　　B. 英国和法国都是市场主导型

---

① 　两者不是并列关系,MBS 是 ABS 的子品种,因为规模最大,所以单独列示。

C. 中国和德国都是银行主导型　　D. 法国和日本是市场主导型

4.（2025—中国人民大学）下列说法错误的是（　　）。

A. 中国和德国是银行主导型,英国和美国是市场主导型

B. 市场主导型比银行主导型更能促进经济发展

C. 不同金融体系格局的形成受到人为因素的显著影响

D. 我国虽然为银行主导型,但近年来金融市场也有快速发展

5.（2025—中国人民大学）下列关于资产证券化的说法正确的是（　　）。

A. 将资产分成各种证券进行出售

B. 以资产未来的现金流入作为发行依据

C. 资产证券化降低了整个系统的风险

D. 资产证券化降低了银行的资本充足率

6.（2019—南开大学,2021—中国人民大学,2024—上海大学）名词解释:资产证券化。

7.（2019—对外经济贸易大学）简述资产证券化对商业银行的作用。

【答案】1. ×;2. D;3. C;4. B;5. B;6. 略;7. 略

第四节　金融基础设施

一、含义　★

在狭义上,金融基础设施（Financial Infrastrutures）主要是指以中央银行为主体的**支付清算系统**;在广义上,金融基础设施则还包括确保金融市场有效运行的法律程序、会计与审计体系、信用评级、监管框架以及相应的金融标准与交易规则等。在我国,**征信系统**也已成为重要的金融基础设施。

》 支付清算系统介绍

支付清算系统是一个国家或地区对交易者之间的债权债务关系进行清偿的系统。它是由提供支付服务的中介机构、管理资金转移的规则、实现支付指令传递及资金清算的技术手段共同组成的。

目前,全球主要的支付清算系统包括**全球同业银行金融电讯协会（SWIFT）、美联储纽约清算所银行同业支付系统（CHIPS）**等,前者负责信息的传递,后者负责资金的清算。

我国也有自己的人民币跨境支付系统（CIPS）,于2015年上线,一期主要采用全额实时结算方式,二期采用更节约、占用资金更少的混合结算方式。常见清算系统介绍如表2-12所示。

表 2-12　常用清算系统介绍

清算系统	特点	优势	缺陷
全额实时结算系统	对每笔支付业务的发生额立刻、全部进行结算	支付效率高、时间短,有利于支付风险的控制	支付过程中被占用的资金较多
净额批量清算系统	累计多笔支付业务的发生额之后,对应收应付的净余额进行结算	占用的清算资金少	应付方容易发生透支,给收款方造成结算风险
大额资金转账系统	单笔交易金额巨大,但交易笔数少,对安全性以及付款时间的紧迫性要求高。全额实时结算一般采用大额资金转账系统	资金在途时间短、入账速度快	处理资金的成本高、收费高
小额定时结算系统（零售支付系统）	交易笔数多,但单笔交易金额较小,如 ATM 机业务、POS 机业务等,对时间要求也不紧迫。净额批量结算一般采用小额定时结算系统	成本低,收取的费用较低	速度较慢

二、作用

与实体经济中的基础设施一样,金融基础设施能够为金融体系的有效运行提供便利。同时,高效的支付清算系统还有利于规避金融风险、提高货币政策传导的效率等。

▷▷▷ **真题链接**

1.（2025—中国人民大学）下列不属于（狭义）金融基础设施的是（　　）。

A. 支付系统　　　　　　　　B. 证券交易所

C. 会计准则　　　　　　　　D. 票据交换所

2.（2016—中国人民大学）占用客户清算资金少,但应付方容易透支,给收款方造成结算风险的是（　　）。

A. 全额实时结算系统　　　　B. 净额批量清算系统

C. 大额资金转账系统　　　　D. 零售支付系统

3.（2021—重庆大学）支付清算系统是一个国家或地区对交易者之间的债权债务关系进行清偿的系统。关于支付清算系统清算方式,以下说法不准确的是（　　）。

A. 全额实时结算无须逐笔直接进行结算

B. 净额批量清算形成据以结算的净借记余额或净贷记余额

C. 全额实时结算多采用的是大额资金转账系统

D. 净额批量清算多采用的是小额定时结算系统

4.（2024—北京交通大学）（判断题）中央银行的支付清算服务主要是为各银

行之间应收应付款项通过中央银行进行资金划转提供便利,对于货币政策的制定和执行并不产生作用。( )

5. (2022—华东理工大学)名词解释:支付清算系统。

6. (2024—浙江大学)什么是金融基础设施? 举例说明金融基础设施在我国的作用。

【答案】1. C;2. B;3. A;4. ×;5. 略;6. 略

第三讲 利 率

【考情分析】

本讲的重点内容包括利率决定理论、影响利率的一般因素、利率的风险结构和期限结构、利率对经济的影响。从题型上来看，本讲内容的考查以选择题、名词解释、简答题、论述题为主。

【知识框架】

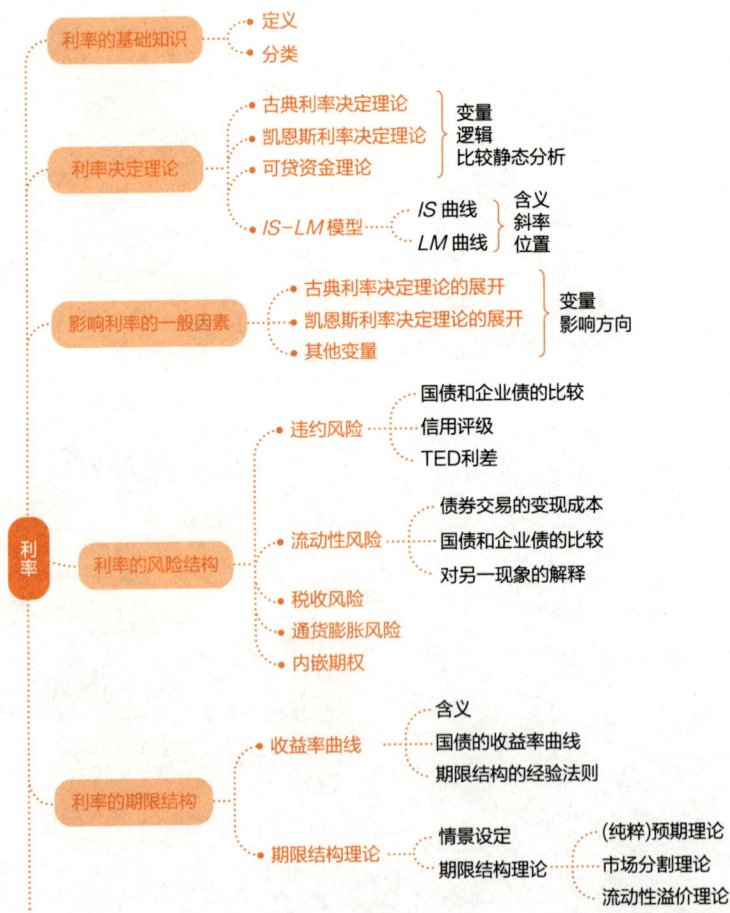

```
                                          ┌─ 居民的收入分配
                              微观层面 ┄┄┄┤
                                          └─ 企业的经营管理和投资决策

                                          ┌─ 产品市场
                                          ├─ 货币市场
  利率对经济的影响 ┄┄┄┄┄                    ├─ 金融市场
                              宏观层面 ┄┄┄┤
                                          ├─ 国际资金流动
                                          ├─ 产出的分配
                                          └─ 资源配置效率
```

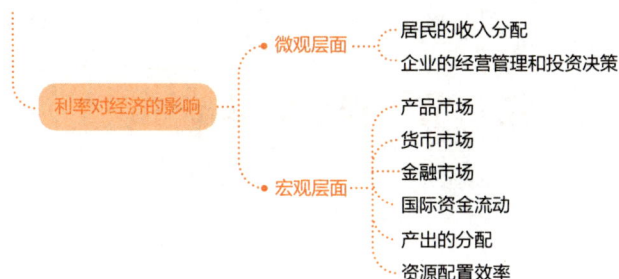

　　货币是有时间价值的（Time Value of Money），现在持有的货币比将来持有的等额货币具有更高的价值，这是因为把现在的货币用于投资能够产生收益，而利率就是对收益大小的衡量。当然，除了涵盖货币的时间价值之外，利率还包括对风险的补偿：利率 = 无风险利率（货币的时间价值）+ 风险溢价（Risk Premium）。这两点恰好对应金融的两个本质特征："跨期"和"不确定性"，所以利率是金融体系的核心变量，连接着现在和未来。古人云"一寸光阴一寸金"，而利率就从量化的角度清晰地告诉我们：一寸光阴到底几寸金？

第一节　利率的基础知识

一、利率的定义

（一）利率的简单定义　★

利率产生于借贷关系，指借贷期满所形成的利息额与本金额的比率，即利息／本金。

>> **举例**：小五花了 100 元（本金）买了一张一年期的企业债，发行人承诺到期后会支付小五 103 元，那么利息为 3 元（超出本金的部分），利率为 3%（3 元／100 元，利息／本金）。

但是现实情况会更复杂：比如债券的计息时间可能会更长、不止一年，每年都有利息支付；债券可能不是平价发行，而是折价发行的（如国库券），折价的部分也构成收益。在这些情况下，就没办法按照利息／本金的方式去直接计算利率。我们需要引进更一般、更精确的计量方法：**到期收益率**。

（二）利率的精确定义：到期收益率　★★★

1. 定义

到期收益率是指使债务工具未来收益的现值等于当前价格的贴现率。

2. 公式

$$P=\frac{C}{1+y}+\frac{C}{(1+y)^2}+\cdots+\frac{C}{(1+y)^n}+\frac{B}{(1+y)^n} \tag{3-1}$$

未来收益包括每期的利息（C）以及最后偿还的本金（B），当前价格为 P，y 就是到期收益率。如果投资者以 P 的价格买入债券并且**持有至到期**，那么 y 就是它每期能够获得的收益率[①]。

特殊地，令 $n=1$（考虑 1 期），可得 $P=\dfrac{B+C}{1+y}$；再令 $P=B$（以面值购买），可得 $y=\dfrac{C}{B}$，即利率等于利息／本金，这就得到了利率的简单定义。

3. 与资产价格的关系

在式（3-1）中，如果给定未来的现金流入 B、C 以及当前的购买价格 P，就能够求解出该资产的到期收益率 y。同样，给定未来的现金流入 B、C 以及**投资者要求的到期收益率 y**，也能够计算出资产价格 P，这与前述的现金流贴现（DCF）模型一致。并且也能看到，因为到期收益率 y 出现在分母上，所以资产价格 P 和其呈反相关关系：到期收益率上升，证券价格下跌。这背后的经济学逻辑是：到期收益率上升意味着投资者要求的回报率上升，在未来现金流 B 和 C 给定的情况下，只能给以更高的折价，让买入价更便宜，从而提供更高的收益

---

① 这里暗含着一个假定：投资期间获得的利息仍可以 y 的利率进行再投资，即再投资利率保持不变。

率。如果一项资产顽固地不折价,那么投资者就不会去购买,而会转而购买其他收益率更为合理的投资品种,结果是对这种证券的需求下降,价格也会自动下降。

▷ ▷ ▷ **真题链接**

1.(2017—中国人民大学)使债务现金流折现值等于当前市场价格的利率是(   )。

A. 票面利率　　　　　　　　　B. 当期收益率

C. 到期收益率　　　　　　　　D. 年收益率

2.(2019—中央财经大学)面值为 100 元的 5 年期债券,票面利率为 5%,按年支付利息,发行价为 95 元,已流通了 4 年;投资者以 98 元购入,持有 1 年到期并获本息支付,其到期收益率最接近于(   )。

A. 10.5%　　　B. 7.1%　　　C. 5.0%　　　D. 2.0%

3.(2022—中央财经大学)债券持有人对债券要求的报酬率一般被称为(   )。

A. 股息率　　　　　　　　　　B. 面值

C. 期限　　　　　　　　　　　D. 到期收益率

【答案】1. C;2. B;3. D

二、利率的分类

以上所说的"利率"是一个抽象的概念,是整个利率体系的统称。现实生活中的利率都是以某种具体形式存在的,并且数量繁多,所以我们需要对利率进行分类。

(一)官定利率和市场利率 ★

1. 基本概念

利率根据**是否由市场决定**可分为官定利率和市场利率。官定利率是指由政府或者中央银行控制的利率,市场利率则是指由市场自发决定的利率①。

2. 我国的官定利率和市场利率

我国的官定利率主要是**货币政策工具利率**,包括公开市场操作(7 天逆回购)利率、法定以及超额存款准备金利率、再贷款(再贴现)利率等。除此之外,我国的货币市场利率、债券市场利率、存贷款市场利率等都是市场化的。所以整体来看,我国的利率市场化程度是比较高的②。

(二)基准利率和一般利率 ★★★

1. 基本概念

利率根据**在利率体系中的地位**可分为基准利率和一般利率。**基准利率**是整个利率体系

---

① 在官定利率和市场利率之间,还存在公定利率,它是指由非政府的金融行业自律性组织(如银行同业协会)制定的利率。这种利率对所有会员银行具有约束力,会员银行必须按照这一利率标准执行。

② 关于我国的利率市场化,详细可参照本讲专栏一。

的基础和标准,是多种利率并存条件下起决定性作用的利率。其他金融资产的利率是在基准利率的基础、标准之上形成的,并且会随基准利率的变动而变动。**一般利率**则与基准利率相对应,在利率体系中处于一般的位置。

 » 基准利率通常是无风险或低风险的利率品种,主要反映货币的时间价值。实践中,一般利率会在基准利率的基础上再加上对应的风险溢价。

2. 我国及美国的基准利率

我国的基准利率较多,货币市场基准利率是**上海银行间同业拆借利率(SHIBOR)**以及存款类金融机构**以利率债为质押的7天回购利率(DR007)**;债券市场基准利率为**国债利率**以及贷款市场基准利率为**贷款市场报价利率(Loan Prime Rate,LPR)**[①]。

美国的基准利率则是**联邦基金利率**[②],如前所述,它是美国的隔夜拆借利率。

 » **补充:我国的利率体系**

我国的利率传导和调控框架如图3-1所示,我国主要利率品种如表3-1所示。

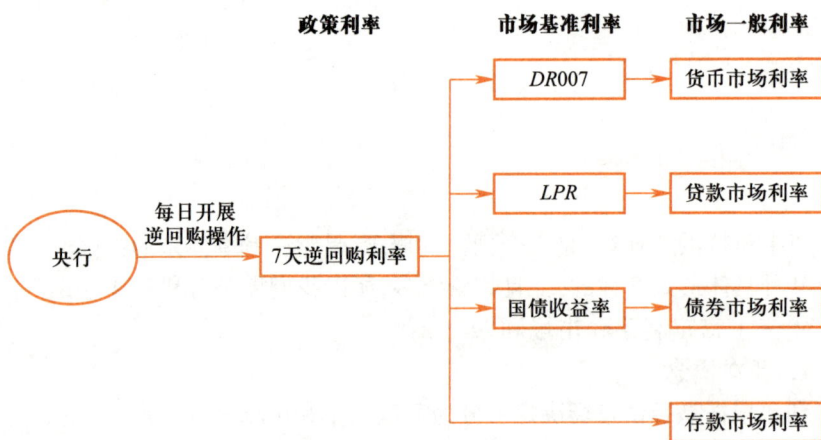

图3-1 我国的利率传导和调控框架

表3-1 我国主要利率品种

利率品种	目前利率水平 (截至2024年末)	简介
公开市场操作(OMO)利率	7天 1.5%	短期逆回购操作利率,中国人民银行投放短期资金的利率
中期借贷便利(MLF)利率	1年期 2.0%	中国人民银行投放中期资金的利率

---

① 关于LPR的详细介绍,可参照本章专栏二。
② 也有观点认为基准利率应当是通过市场化机制形成的无风险利率,美国的基准利率为国债利率。

续表

利率品种	目前利率水平（截至 2024 年末）	简介
常备借贷便利（SLF）利率	隔夜 2.35%	中国人民银行在利率走廊上限向金融机构按需提供流动性的利率
超额存款准备金利率	0.35%	中国人民银行对金融机构超额存款准备金支付的利率，是利率走廊的下限
上海银行间同业拆借利率（SHIBOR）	隔夜 1.45%，7 天期 1.97%	由信用等级较高的银行自主报出的同业拆借利率的算术平均数
存款类金融机构以利率债为质押的 7 天回购利率（DR007）	1.98%	银行间存款类金融机构以利率债为质押的 7 天回购利率
贷款市场报价利率（LPR）	1 年期 3.45% 5 年期以上 4.2%	报价行按自身对最优质客户执行的贷款利率报价的算术平均数
国债收益率	10 年期约 2.59%	通过市场交易形成的债券市场利率参考指标
国有大行存款利率	活期 0.1% 1 年期 1.1%	存款市场利率参考指标

▷ ▷ ▷ **真题链接**

1.（2020—中国人民大学）在多种利率并存的条件下起决定作用的利率是（　　），即这种利率发生变动，其他利率也会相应变动。

A. 基准利率　　　　　　　　　B. 实际利率

C. 名义利率　　　　　　　　　D. 自然利率

2.（2021—中央财经大学）我国充当货币市场基准利率的是（　　）。

A. Shibor　　　　　　　　　　B. Libor

C. 联邦基金利率　　　　　　　D. Fibor

3.（2023—中央财经大学）我国货币市场基准利率是（　　）。

A. 同业拆借利率　　　　　　　B. 国债利率

C. 再贴现利率　　　　　　　　D. 银行贷款利率

4.（2023—复旦大学）当前中国金融机构贷款利率定价主要参考的基准利率是（　　）。

A. 公开市场操作利率　　　　　B. 常备借贷便利利率

C. 贷款基准利率　　　　　　　　D. 贷款市场报价利率

5.（2025—中国人民大学）下列哪一个不是我国目前的市场基准利率（　　　）。

A. LPR　　　　　　　　　　　　B. 存款基准利率

C. 国债收益率　　　　　　　　　D. DR007

6.（2025—中央财经大学，2025—首都经济贸易大学）名词解释：基准利率。

【答案】1. A；2. A；3. A；4. D；5. B；6. 略

（三）名义利率和实际利率 ★★

1. 基本概念

利率根据**是否经过通货膨胀调整**可分为名义利率和实际利率。名义利率是包含通货膨胀的利率，实际利率则是剔除通货膨胀后的利率。

2. 名义利率和实际利率的关系

我们看到的几乎所有金融资产的收益率都是名义利率[1]，但是资金的借贷双方却更关注实际利率。因为名义利率描述的是**货币生货币的速度**，而实际利率剔除了通货膨胀（即物价变动因素的干扰），描述的是**商品生商品的速度**。

> **举例**：如图 3-2 所示，假设一年期存款的名义利率为 2%，那么 $t=0$ 期的 100 元在 $t=1$ 期能变成 102 元。同期的通货膨胀率是 4%，意味着一篮子商品的价格从 $t=0$ 期的 100 元上升到 $t=1$ 期的 104 元。则 $t=0$ 期能购买的商品数量为 100/100=1，$t=1$ 期能购买的商品数量为 $102/104 \approx 0.98$，所以实际利率为（0.98−1）/1=−2%。

	$t=0$		$t=1$
货币数量	100	名义利率(2%)	102
一篮子商品价格	100	通货膨胀率(4%)	104
货币购买	1	实际利率(−2%)	0.98

图 3-2　名义利率和实际利率

本例中，名义利率是 2%，实际利率却是 −2%。在这种情况下，储户并不愿意把钱存到银行。因为钱本身并不重要，重要的是它能购买商品，真正能给居民带来效用的是对商品的消费。所以在居民的消费、储蓄决策和企业的投资决策中，实际利率比名义利率更重要。

看得到的名义利率和看不到、但对经济影响更大的实际利率之间是什么关系呢？经济学家欧文·费雪于 1896 年提出了费雪效应来阐述这一关系。

> **费雪效应（Fisher Effect）**
> **（1）内容**：费雪效应描述名义利率和实际利率的关系，**名义利率≈实际**

---

[1]　也有特殊情况，如通货膨胀保护证券（Treasury Inflation Protected Securities，TIPS）是以实际利率报价的。

利率＋预期的通货膨胀率。并且费雪认为实际利率是稳定的,名义利率和预期通胀率之间存在一一对应的关系。

（2）推导: 假设一种资产的实际利率是 r_t,当期的货币价格是 P_t,下期的货币价格是 P_{t+1},现在需要求解其名义利率 i_t。根据定义,实际利率 r_t 意味着 t 期放弃 1 单位的商品投入该资产,在 $t+1$ 期能获得 $(1+r_t)$ 单位的商品。以货币来计价,当期放弃 P_t 单位的货币投入该资产,在 $t+1$ 期能获得的货币数量是 $(1+r_t)P_{t+1}$。所以这种资产的名义利率为 $i_t = \dfrac{(1+r_t)P_{t+1} - P_t}{P_t}$,整理可得 $1+i_t = (1+r_t)(1+E\pi_{t+1})$[①],化简得 $i_t \approx r_t + E\pi_{t+1}$[②],即名义利率 ≈ 实际利率 ＋ 预期的通胀率。

▷ ▷ ▷ 真题链接

1.（2025—对外经济贸易大学）（判断题）在费雪方程式中,当名义利率为 0 时,通货膨胀率越低,实际利率越高。（　　）

2.（2014—清华大学）债券的票面利率是 3.5%,到期收益率是 7.25%,同期通货膨胀率是 3.5%,那么债券的实际收益率是（　　）。

A. 3.5%　　　　　　　　　　B. 3.75%

C. 3.72%　　　　　　　　　　D. 3.62%

3.（2022—复旦大学）实际利率为 3%,通膨为 6%,则名义利率近似等于（　　）。

A. 6%　　　　　　　　　　　B. 8%

C. 9%　　　　　　　　　　　D. 12%

4.（2025—中央财经大学）根据费雪效应,名义利率 3%、实际利率 2%,则预期的通货膨胀率为（　　）。

A. 1%　　　　　　　　　　　B. 5%

C. 6%　　　　　　　　　　　D. 1.5%

5.（2025—清华大学）关于名义利率和实际利率,下列说法正确的是（　　）。

A. 名义利率一定大于实际利率

B. 实际利率不可能为负

C. 名义利率与实际利率一定同向变动

D. 政策决策更应该考虑实际利率

【答案】1. √; 2. D; 3. C; 4. A; 5. D

---

① $\dfrac{P_{t+1}}{P_t} = \dfrac{P_{t+1} - P_t + P_t}{P_t} = 1 + \dfrac{P_{t+1} - P_t}{P_t} = 1 + E\pi_{t+1}$,物价水平变动率即为通货膨胀,站在第 t 期的时点上显然不知道 $t+1$ 期的通货膨胀率,所以前面加符号 E 表示预期（expected）的通货膨胀率。

② 这里认为交叉项 $r_t \times E\pi_{t+1}$ 很小,所以将其略去,即忽略利息贬值的部分。但是当 r_t 或者 $E\pi_{t+1}$ 较大时,误差也会较大,所以有时候需要使用更精确的计算公式: $1+i_t = (1+r_t)(1+E\pi_{t+1})$。

（四）固定利率和浮动利率　★

1. 基本概念

利率根据**借贷期间是否可以变动**分为固定利率和浮动利率。固定利率在借贷期间是固定的；浮动利率在借贷期间是变动、可调整的。

> ≫ **举例**：浮动利率通常会参照基准利率进行调整。比如，我国的住房抵押贷款利率通常以5年期LPR为基准，每年调整一次。当5年期LPR下降时，存量房贷的利率也会随之下降。

2. 两种利率的适用方式

期限较短的借贷通常采用固定利率来降低调整成本，避免频繁调整；期限较长的借贷则通常采用浮动利率来降低风险。

> ≫ **举例**：20世纪70年代全球范围内出现了严重的通货膨胀，货币的购买力急剧下降，实行固定利率的债权人（尤其是长期借款的债权人）的利益极大受损。

▷▷▷ **真题链接**

（2018—中央财经大学）关于利率类型的阐述正确的是（　　　）。

A. 我国商业银行公布的存贷款利率都是名义利率

B. 长期利率都是浮动利率，短期利率都是固定利率

C. 市场利率都是浮动利率，官定利率都是固定利率

D. 基准利率是在短期借贷活动中产生的实际利率

【答案】A

（五）年率、月率、日率　★

1. 基本概念

利率根据**期限单位不同**可分为年率、月率、日率。年率是以年为单位计算利息，月率是以月为单位计算利息，日率则是以日为单位计算利息。它们之间的换算关系是：日率×30=月率；月率×12=年率（考虑单利的情况）。

2. 我国传统的习惯

不论是年率、月率、日率，我们都用"**厘**"作单位，但含义不同。年息1厘为1%，1万元1年的利息为100元；月息1厘为0.1%，1万元1月的利息为10元；日息1厘为0.01%，1万元1日的利息为1元。除了"厘"之外，民间也常用"**分**"作为利率的单位，分是厘的10倍，月息3分为3%，1万元1月的利息为300元。

▷▷▷ **真题链接**

（2020—中国人民大学）中国传统的习惯，不论是年率、月率、日拆利率都用

"厘"作单位。那么1万元贷款不计复利,月息5厘的意思是(　　)。

　　A. 1年利息500元

　　B. 1个月利息50元,1年600元

　　C. 1个月利息500元

　　D. 每日利息50元,1年360天利息1800元

【答案】B

第二节　利率决定理论

利率决定理论的核心是分析两个问题:第一,哪些变量决定了均衡的利率水平? 第二,为什么这些变量能够决定均衡的利率水平? 背后的逻辑是什么?

一、古典利率决定理论 ★★★

(一)背景

古典利率决定理论由古典学派的经济学家提出,因为这个理论中决定利率的因素都是实际因素,决定的利率也是实际利率,所以也称**实际利率决定理论**[①]。

(二)理论内容

1. 变量

古典利率决定理论认为**产品市场的储蓄和投资决定了均衡的实际利率**。

2. 逻辑

(1)储蓄表征资金供给,与利率呈正相关关系。根据西尼尔(节欲论)、庞巴维克(时差利息论)等古典经济学家的观点,能够用于放贷的资金源于储蓄。而储蓄意味着人们要牺牲现在的消费来换取未来的消费,但是由于**人性不耐**,人们更喜欢即时消费[②],所以需要给"等待"或者"延期消费"提供补偿,这种补偿就是利息。

由此得到:利息是即期消费的机会成本,是远期消费(也就是即期不消费,进行储蓄)的报酬。如果居民希望立刻消费,现在挣的钱现在就全部花掉,那么就会损失掉储蓄所带来的利息收入;但如果能够克制住当前的消费欲望,挣的钱不全部花完,而是进行储蓄,那么将会获得这笔利息收入。利率越高,这笔利息收入就越高,人们自然越有激励进行储蓄[③]。

(2)投资表征资金需求,与利率呈负相关关系。企业投资需要先融资,而无论通过哪种方式融资都要支付利息,所以利率就构成了企业投资需要负担的资本成本。利率越高,支

---

　　① 在凯恩斯学派出现之前的经济学流派统称古典学派,它们有着共同的前提假定:**价格充分弹性**。在这个前提假定下,可以得到推论:货币只影响价格,而不影响任何实际变量,因而货币不重要、无须考虑,只需考虑实际因素。

　　② 相较于延迟满足,及时行乐会使大脑释放更多的多巴胺。这种"不耐"是刻在人类基因里的:在上亿年的进化过程中,大多时候食物都处于稀缺的状态,所以在得到食物后要赶紧吃才能存活下来,基因才能得以延续。

　　③ 根据前面的分析,对储蓄有直接影响的利率应为实际利率。

付的利息就越多,企业投资所负担的资本成本就越重,项目变得越来越不赚钱,投资自然会减少。

(3)**储蓄等于投资,供给等于需求,此时产品市场出清①,决定了均衡的实际利率。**

3. 数学公式和图形

(1)从数学公式上来看,如果简化为线性模型,则为: $S(r)=\overline{S}+ar, a>0; I(r)=\overline{I}-br, b>0; S(r)=I(r)$ 得到均衡的利率 r^*。

(2)从图形上来看(见图3-3),横轴表示储蓄和投资,纵轴表示利率。储蓄曲线斜率为正,投资曲线斜率为负,两者交点为均衡的利率水平。

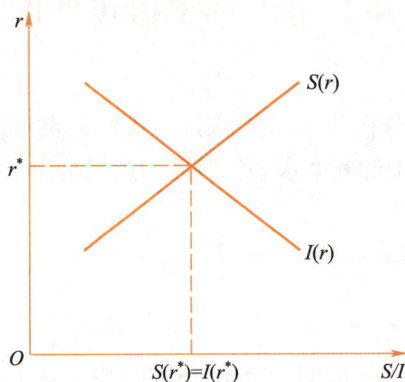

图3-3 古典利率决定理论图示

▷▷▷ **真题链接**

1.(2018—中央财经大学)与古典利率决定理论的观点相吻合的是( )。

A. 货币需求增加会引起利率上升 B. 利息是剩余价值的一部分

C. 利率不会高于平均利润率 D. 边际储蓄倾向提高会引起利率下降

2.(2025—中国人民大学)(判断题)古典利率决定理论认为,货币因素对实际利率没有任何影响。( )

【答案】1. D;2. √

二、凯恩斯利率决定理论 ★★★★

(一)背景

凯恩斯对古典利率决定理论提出了质疑,他认为储蓄未必会得到利息:如果以现金的形式持有储蓄资产,那么即便延期消费也不会获得任何利息。只有把手中的现金转换成债券持有,也就是牺牲这笔货币的流动性时,才会获得利息。由此凯恩斯提出推论:利息并不是

---

① 古典利率决定理论考虑的是无货币经济,所谓"资金",都是以"商品"形式体现的:储蓄表征资金供给,也就是表征商品的供给;投资表征资金需求,也就是表征商品的需求;供给等于需求,表示产品市场的出清。更多讨论可参照宏观经济学的内容。

延期消费的报酬,而是放弃流动性(便利性)的报酬。

(二)理论内容

1. 变量

凯恩斯理论认为**货币市场的货币需求和货币供给决定了均衡的名义利率**。

2. 逻辑

(1)**货币需求包括交易性、预防性和投机性三部分,与利率呈负相关关系**[1]。其中,交易性货币需求(交易动机)产生于收入和支出的不同步性,预防性货币需求(谨慎动机)产生于支出的不确定性,这两部分取决于人们的收入水平。投机性货币需求(投机动机)则产生于投资者在有息债券和无息货币之间的资产配置,与利率呈负相关关系。

(2)**货币供给是中央银行完全控制的外生变量,与利率无关**[2]。

(3)**货币需求等于货币供给时,货币市场出清,决定了均衡的名义利率**[3]。

3. 数学公式和图形

(1)从数学公式上来看,如果简化为线性模型,则为:$M_d(i) = \bar{M}_d - ci, c>0$;$M_s = \bar{M}_s$;$M_d(i) = M_s$ 解出均衡的利率 i^*。

(2)从图形上来看(见图3-4),横轴表示货币需求和货币供给[4],纵轴表示利率。**货币需求曲线斜率为负,货币供给曲线垂直,两者交点为均衡的利率水平**。

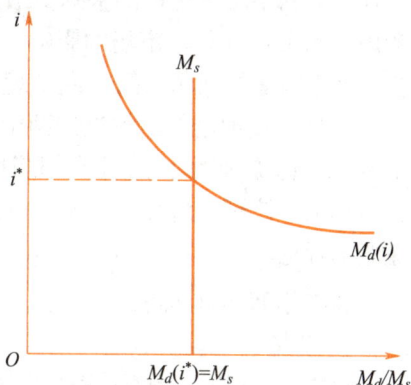

图 3-4 凯恩斯利率决定理论图示

》 **古典利率决定理论和凯恩斯利率决定理论的比较**(见表3-2)

表3-2 古典利率决定理论和凯恩斯利率决定理论的比较

不同点	古典利率决定理论	凯恩斯利率决定理论
出发角度	从产品市场出发,消费、储蓄、投资都是产品市场变量	从货币市场出发,货币需求、货币供给都是货币市场变量
决定的利率	实际利率	名义利率
分析方法	流量分析法,储蓄、投资是流量	存量分析法,货币需求、货币供给是存量[5]

[1] 关于凯恩斯货币需求理论的详细分析,可参照货币需求和货币供给章节。

[2] 经济学模型中有内生变量和外生变量。外生变量是"生于模型以外",直接由模型外部给定的变量,如该模型中的货币供给;内生变量则"生于模型以内",需要放到模型中进行求解的变量,如该模型中的利率。当然,关于货币供给外生这一点,只是凯恩斯个人的观点,未必符合现实情况。

[3] 直观来想,在货币市场的框架下,以货币为计量单位,利率表征的是货币生货币的速度,即名义利率;而在产品市场的框架下,可以认为不存在货币,利率表征的是商品生商品的速度,即实际利率。

[4] 也有实际货币需求和实际货币供给一说,经过价格水平的调整,但是对最后的结论没有影响。

[5] 存量是一个时点的累计值,流量是一段时间内的发生值,流量相加得到存量,存量相减得到流量。

▷ ▷ ▷ **真题链接**

（2025—山东大学）简述凯恩斯的利率决定理论。
【答案】略

三、可贷资金理论 ★★

（一）**背景**

可贷资金理论也称**新古典利率决定理论**。两位**新剑桥学派**的经济学家罗宾逊和俄林希望在古典利率决定理论的基础上纳入货币市场因素，也即把前面两个理论捏合到一起，综合考虑产品市场和货币市场的影响。但是前面两个理论是有区别的，所以在捏合的过程中也会存在**不匹配**的问题：第一，两个理论决定的利率不同；第二，流量和存量不能直接相加。

可贷资金理论如何解决这两个问题呢？首先，决定的利率不同。该理论假定**价格水平不变**，则通货膨胀率和预期通货膨胀率为零，名义利率等于实际利率；其次，流量和存量不能直接相加。该理论将存量取差分得到流量，流量和流量就可以相加，所以可贷资金理论也是**流量**的理论。

（二）**理论内容**

1. **变量**

可贷资金理论认为**可贷资金市场的可贷资金需求和可贷资金供给决定了均衡的利率水平**。

2. **逻辑**

（1）**可贷资金需求包括投资和新增货币需求**，$L_d(i) = I(i) + \Delta M_d(i)$。其中，投资与利率负相关；新增货币需求是通过窖藏[①]减去反窖藏得到的，也与利率负相关关系，所以**可贷资金需求整体与利率呈负相关**关系。

（2）**可贷资金供给包括储蓄和新增货币供给**[②]，$L_s(i) = S(i) + \Delta M_s$。其中，储蓄与利率成正相关关系；新增货币供给与利率无关，所以**可贷资金供给整体与利率成正相关**关系。

（3）**可贷资金需求等于可贷资金供给** $L_d(i) = L_s(i)$，**可贷资金市场出清决定均衡的利率水平** i。

3. **图形**

从图形上来看（见图3-5），横轴表示可贷资金的

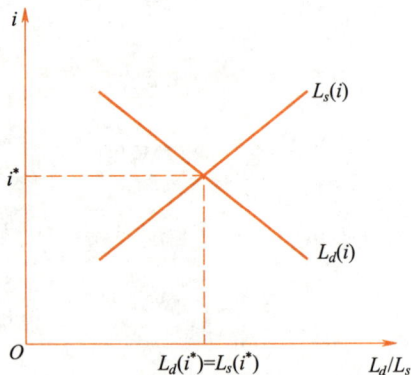

图3-5 可贷资金理论图示

---

① 窖藏（Hoarding）和反窖藏（Dishoarding）是可贷资金理论提出的概念。窖藏是以货币形式持有的储蓄，拿到可贷资金之后以货币的形式保存起来了，该部分窖藏规模与利率成反相关关系；反窖藏则是把上一期的货币拿出来放到可贷资金市场上去贷出，所以表征可贷资金的供给，与利率成正相关关系。窖藏减去反窖藏得到净的新增货币需求，与利率成反相关关系。

② 外资流入也形成本国可贷资金的供给。

需求和供给,纵轴表示利率。可贷资金需求曲线斜率为负,可贷资金供给曲线斜率为正,两者交点为均衡的利率水平。

4. 缺陷

可贷资金理论虽然综合考虑了产品市场和货币市场的因素,但是只能保证产品市场和货币市场总和的均衡,并不能保证各自的均衡[①]。从数学角度来看,$I(i) + \Delta M_d(i) = L_d(i) = L_s(i) = S(i) + \Delta M_s$ 这个等式显然无法推出 $I=S$、$\Delta M_d = \Delta M_s$ 两个等式。所以可贷资金理论形成的均衡仍然是**局部均衡**,而这一问题被之后的 *IS-LM* 模型解决了。

▷ ▷ ▷ **真题链接**

1.(2025—对外经济贸易大学)(判断题)可贷资金理论认为,均衡利率主要由储蓄和投资等长期因素决定。(　　)

2.(2024—中央财经大学)下列关于可贷资金理论,说法错误的是(　　)。

A. 分析实际因素对利率决定的影响

B. 认为完全忽视货币因素是不对的

C. 考虑了商品市场的均衡

D. 利用可贷资金流量供求对比分析利率

3.(2025—上海财经大学)根据利率决定理论,利率由(　　)决定。

A. 储蓄与投资　　　　　　　　B. 可贷资金供求

C. 货币需求与货币供给　　　　D. 以上都正确

4.(2023—中央民族大学)简述可贷资金理论的主要内容。

5.(2025—安徽大学)简述凯恩斯的利率决定理论和可贷资金理论的区别。

【答案】1. ✕;2. A;3. D;4. 略;5. 略

四、*IS-LM* 模型　★★★★

IS-LM 模型是由汉森、希克斯、莫迪利亚尼等经济学家在凯恩斯理论的基础上提出的。从图形上来看,其横轴为收入,纵轴为利率(见图3-6)。

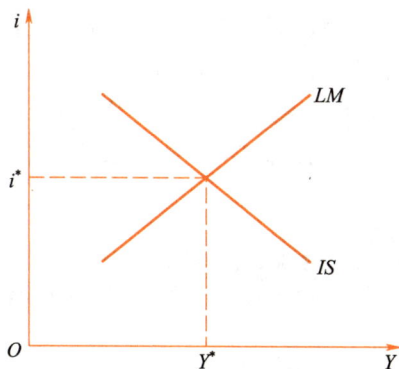

图3-6　*IS-LM* 模型图示

[①]　也有说法认为可贷资金理论以产品市场均衡为基础,在此之上又嫁接了货币供求的影响。

（一）IS 曲线

1. 含义

I 表示投资、S 表示储蓄,投资等于储蓄,IS 曲线上的点表示产品市场均衡。

2. 方程

产品市场均衡意味着对产品的供给等于产品的需求,因而 IS 曲线方程为:

$$Y=E=C(Y)+I(i)+G \tag{3-2}$$

其中,Y 表示总收入和总产出(总供给);E 表示总支出(总需求),在封闭经济[①]下包括居民部门的消费 C,企业部门的投资 I,政府部门的政府购买 G。式 3-2 暗含着一个假定:经济中存在大量的闲置资源和生产能力,因而供给侧——产品的生产不存在约束,均衡产出完全由需求侧决定。

消费与收入正相关[②],其公式为:

$$C=\bar{C}+aY \quad \bar{C}>0,0<a<1 \tag{3-3}$$

总消费 C 包括两部分:第一,自主性消费 $\bar{C}$,表示消费中与收入无关的部分,它是维持基本生存所必需的;第二,与收入呈正相关的部分 aY,a 表示**边际消费倾向**(Marginal Propensity to Consume,MPC),当收入增加 1 个单位时,消费会增加 a 个单位。

投资与利率负相关,其公式为:

$$I=\bar{I}-di, \quad d>0 \tag{3-4}$$

其中,$\bar{I}$ 表示自主性投资,i 表示利率[③],d 表示投资对利率的敏感性,当利率上升 1 个单位时,投资下降 d 个单位。

政府购买直接由外生给定,其公式为:

$$G=\bar{G} \tag{3-5}$$

其中,$\bar{G}$ 表示自主性政府购买。

将式(3-3)、(3-4)、(3-5)代入式(3-2)可得

$$Y=\bar{C}+aY+\bar{I}-di+\bar{G} \tag{3-6}$$

IS 曲线横轴为 Y,纵轴为 i,因而进一步整理得

$$i=\frac{-(1-a)Y}{d}+\frac{\bar{C}+\bar{I}+\bar{G}}{d} \tag{3-7}$$

3. 斜率

根据式(3-7),IS 曲线的斜率为负[④]。其背后的经济学逻辑在于:投资和利率呈负相关,利率上升会使得投资减少,进而带动总需求和产出下降。

并且从(3-7)式来看,影响 IS 曲线斜率大小的因素包括**边际消费倾向(a)**和**投资对利率的敏感性(d)**。一般认为边际消费倾向比较稳定,所以主要考虑投资对利率的敏感性。

[①]　封闭经济不考虑国外部门的进出口贸易,是一个三部门模型,在金融市场和金融中介章节已有介绍。

[②]　实际上消费和可支配收入正相关,可支配收入等于总收入减去税收加上转移支付。这里出于简化,不考虑税收和转移支付,因而总收入就是可支配收入。

[③]　应该是投资与实际利率(r)呈负相关,但是 IS-LM 模型有一个前提假定:价格水平不变,因而名义利率(i)和实际利率(r)相等。

[④]　已知 $d>0$,$0<a<1$,则 $1-a>0$,$\frac{-(1-a)}{d}<0$。

从数学公式来看,d 越大,IS 曲线越平坦。背后的经济学逻辑在于:投资对利率的敏感性越高,意味着利率下降一点点,投资会上升越多,进而总需求和产出也会上升越多,IS 曲线平坦。反过来,如果投资对利率不敏感,则 IS 曲线较为陡峭。极端情况下,投资对利率完全不敏感时,IS 曲线**垂直**。这种现象被称为"**投资陷阱**",一般发生在经济衰退、企业家信心不足时。因为对前景的悲观预期,所以无论利率水平如何下降,投资也不会回升。此时对于政策调控而言,提振信心更为重要。

4. 位置

根据式(3-7),影响 IS 曲线位置的因素主要为**自主性支出**,包括**自主性消费($\overline{C}$)**、**投资($\overline{I}$)**、**政府购买($\overline{G}$)**。如果考虑国外部门,则还包括**自主性净出口($\overline{NX}$)**。当自主性支出上升时,IS 曲线右移,在给定 LM 曲线的情况下,利率和产出上升。

> ≫ **举例**:政府提出"适度超前开展基础设施建设",增加基础设施投资的规模,政府购买增加,IS 曲线会右移,会刺激产出,同时利率也会上升。

(二)LM 曲线

1. 定义

L 表示流动性需求即货币需求,M 表示货币供给,货币需求等于货币供给,LM 曲线上的点表示货币市场均衡。

2. 方程

货币市场均衡意味着货币供给等于货币需求,因而 LM 曲线方程为:

$$\frac{M_s}{P}=\frac{M_d}{P}(Y,i) \tag{3-8}$$

其中,货币需求与收入正相关,与利率反相关,有:

$$\frac{M_d}{P}=kY-hi \quad k,\ h>0 \tag{3-9}$$

货币供给是中央银行完全控制的外生变量,与利率无关。

$$\frac{M_s}{P}=\frac{\overline{M}_s}{P} \tag{3-10}$$

将式(3-9)、(3-10)代入式(3-8)可得:

$$\frac{\overline{M}_s}{P}=kY-hi \tag{3-11}$$

LM 曲线的横轴为 Y,纵轴为 i,因而进一步整理得

$$i=\frac{k}{h}Y-\frac{1}{h}\frac{\overline{M}_s}{P} \tag{3-12}$$

3. 斜率

根据式(3-12),LM 曲线的斜率为**正**。其背后的经济学逻辑在于:当收入水平上升时,货币需求增加,利率也需要随之上升以抑制货币需求,一增一减使得货币需求重新恢复到原

来的水平。在货币供给给定的情况下,货币市场仍然保持供求均衡。

并且从式(3-12)来看,影响 *LM* 曲线斜率大小的因素包括**货币需求对收入的敏感性**(**k**)和**货币需求对利率的敏感性**(**h**)。一般认为,货币需求对收入的敏感性比较稳定,所以主要考虑货币需求对利率的敏感性。从数学公式来看,h 越大,*LM* 曲线越平坦。其背后的经济学逻辑在于:货币需求对利率的敏感性越高,意味着利率上升一点点,货币需求会下降很多,进而需要收入也上升很多来进行弥补,*LM* 曲线平坦。如果货币需求对利率极度敏感(*LM* 曲线水平),则称为**流动性陷阱**,一般发生在经济衰退、利率水平很低时。

4. 位置

根据式(3-12),影响 *LM* 曲线位置的因素主要为**实际货币供给**。当实际货币供给上升时,*LM* 曲线右移。在给定 *IS* 曲线的情况下,利率下降,产出上升。

> **举例**:中央银行采取宽松的货币政策,扩张货币使得实际货币供给上升,*LM* 曲线会右移[①],会刺激产出,也会使利率下降。

(三)*IS-LM* 模型的意义

1. 利率决定

在利率的框架下,*IS-LM* 模型是一个利率决定理论,两条曲线的交点决定了均衡的利率水平。并且跟可贷资金理论相比,因为该交点既在 *IS* 曲线上(产品市场均衡),又在 *LM* 曲线上(货币市场均衡),所以可以同时保证产品市场和货币市场各自实现均衡,是一般均衡模型。

2. 产出决定

IS-LM 模型的意义已经超越了利率决定理论,因为它在决定利率的同时还决定了**产出**(GDP)。而产出可以表征国民财富,是度量居民福利的主要指标,所以在宏观经济分析中有非常重要的地位。该模型也因而可以用来分析短期的经济波动以及评估政策效力。

> **举例**:*IS-LM* 模型可以用来评估**财政货币政策的效力**,即财政政策($\overline{G}$)、货币政策$\left(\dfrac{\overline{M}_s}{P}\right)$,调整对产出的影响大小。比如投资对利率的敏感性($d$)越高,则 *IS* 曲线越平坦,此时货币政策效力增强,而财政政策效力趋弱;货币需求对利率的敏感性(h)越高,则 *LM* 曲线越平坦,此时货币政策效力趋弱,而财政政策效力增强[②]。极端情况下,如经济衰退,出现投资陷阱和流动性陷阱时,货币政策效力极大受损而财政政策效力较强,因而在政策选择上可以更倾向于财政政策。这可以部分解释为什么在新冠疫情后,欧美国家普遍采取了刺激性的财政政策来修复经济。

[①] 中央银行扩张货币对 *LM* 曲线的影响:在短期,价格水平不变,名义货币供给上升带动实际货币供给上升,*LM* 曲线右移;在长期,价格水平逐渐上升,实际货币供给下降,*LM* 曲线左移。最终,价格水平与名义货币供给等比例上升,实际货币供给不变,*LM* 曲线移回原来的位置。

[②] 详细分析可参照货币需求和货币供给章节。

▷▷▷ **真题链接**

1.（2024—上海大学）（判断题）凯恩斯认为,若存在投资缺乏弹性或流动性陷阱的情况,则旨在拉动经济增长的扩张性货币政策无效。（　　）

2.（2019—中央财经大学）以下关于利率决定理论的表述中,正确的是（　　）。

A. 投资是利率的减函数

B. 凯恩斯的流动性偏好理论在分析长期利率趋势时更具有说服力

C. *IS—LM* 模型认为利率水平是由货币市场供求均衡决定的

D. 可贷资金理论是一种存量分析法

3.（2024—清华大学）如果一个国家采用积极的财政政策和紧缩的货币政策,那么最可能会造成什么结果?（　　）

A. 名义利率下降 　　　　　　　B. 实际利率下降

C. 名义利率上升 　　　　　　　D. 实际利率上升

4.（2021—中央财经大学）简述可贷资金理论和 *IS—LM* 模型对利率决定因素的相同点和不同点。

【答案】1. √; 2. A; 3. C; 4. 略

第三节　影响利率的一般因素

将利率决定理论展开,可以得到实践上影响利率的一般因素。

一、古典利率决定理论的展开　★★

古典利率决定理论的展开如图 3–7 所示。

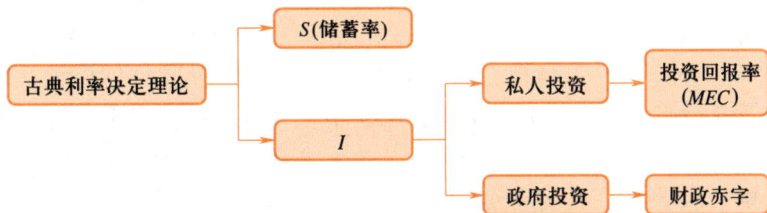

图 3–7　古典利率决定理论的展开

（一）变量

如图 3–7 所示,根据古典利率决定理论,利率是由储蓄和投资决定的,那储蓄和投资又是由哪些更深层次的变量决定的呢? 影响储蓄的因素是**储蓄率**[①];投资则包括私人投资和政

[①] 储蓄率 = 储蓄 / 收入,与之对应的是消费倾向 = 消费 / 收入,两者相加等于1。储蓄率背后还有更深层次的驱动因素,比如根据包含消费的资本资产定价模型（C–CAPM）,储蓄率主要受到人性不耐的程度以及预防性储蓄的影响。

府投资,私人投资是逐利的,考虑**投资回报率**①。政府投资则更多考虑社会福利,而非项目本身的利润,反映政府投资情况的是**财政赤字**。

(二)影响方向

1. 储蓄率(负相关)

从**图形**上来看(见图3-8),储蓄率的上升会使得储蓄曲线右移(从 S 到 S'),结果是利率水平下降(从 r^* 到 r')。其**经济学逻辑**在于:在其他条件不变的情况下,储蓄率越高意味着储蓄越多,也即资金的供给越充足,相应地资金的价格(利率)应当越低。从**现实交易**来看:储蓄的一部分会用于购买债券,所以储蓄率越高、储蓄越多意味着对债券的需求上升,继而债券价格上升,利率下降。

2. 投资回报率(正相关)

从**图形**上来看(见图3-9),投资回报率的上升会使得投资曲线右移(从 I 到 I'),利率水平上升(从 r^* 到 r')。背后的**经济学逻辑**在于:投资回报率越高会带来越多的私人投资,这意味着资金需求更旺盛,相应地资金的价格(利率)也会越高。从**现实交易**来看:当投资回报率上升、投资增加时,企业发行债券进行融资的需求自然也会增加,所以债券的供给上升,债券价格下降,利率上升。

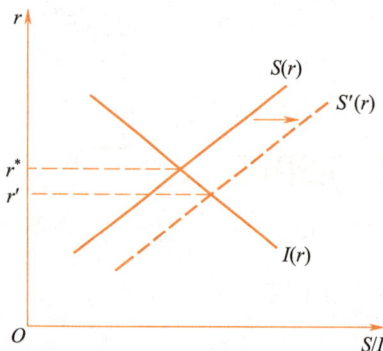

图 3-8 储蓄曲线右移利率下降

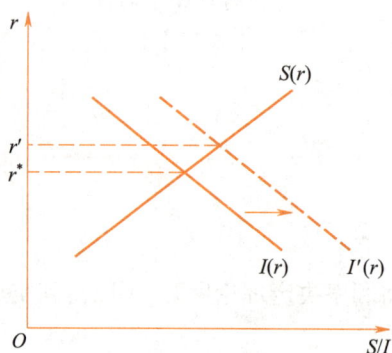

图 3-9 投资曲线右移利率上升

» **利率的黄金法则**(Golden Rule of Interest):从宏观角度来看,经济体平均的投资回报率大致等于其经济增长率,因而利率也应当与经济增长率成正相关关系。具体地,利率的黄金法则是指,一国的(实际)中性利率应当等于该国的(实际)潜在产出增长率②。其中**中性利率**(也称**自然利率**)是指与潜在产出(及充分就业、物价稳定)相对应的利率水平。利率黄金法则的推导需要较为苛刻的条件,比如市场完全竞争、没有外部性、规模报酬不变、技术进步为劳动增强型等,并不符合现实情况。并且实际上,除了潜

① 这里的投资回报率是指企业进行实物投资、从事生产性项目的回报率,也称利润率、资本边际效率(Marginal Efficiency of Capital, MEC),包括公司金融中的内部收益率(Internal Rate of Return, IRR)也是相同的意思。

② 潜在产出是指一国在劳动力、资本、技术等各种资源得到充分利用时所能实现的产出,它是实际产出的长期趋势项,在实践中一般通过滤波等方法得到。利率黄金法则的推导需要用到宏观经济学的索罗模型(Solow, 1956)和资本的黄金律水平(Phelps, 1966),这里不详细阐述。其经济学直觉在于:GDP 增长率约等于资本的边际回报率,而利率则正是资本(投资)的边际成本。根据等边际原则,当边际成本等于边际收益时,社会福利达到最优。

在产出增长率外,储蓄率、人口结构等因素也会对中性利率产生影响。在实证研究中,通常采用劳巴赫—威廉姆斯模型(Laubach-Williams)对中性利率进行估计。根据该模型的估计,我国的中性利率约为1%左右,小于5%的潜在产出增长率。

在货币政策调控中,中性利率是一个重要的参考指标,也是判断货币政策松紧的重要依据,具体地:当真实利率高于中性利率时,货币政策是紧缩的;而当真实利率低于中性利率时,货币政策是扩张的。

3. 财政赤字(正相关)

从**图形**上来看(见图3-9),财政赤字的上升会使得投资曲线右移,利率水平上升。背后的**经济学逻辑**在于:财政赤字越多意味着政府投资越多,此时资金需求越旺盛,相应地资金的价格(利率)应当上升。从**现实交易**来看:财政赤字上升、投资增加,政府发行国债、地方债进行融资的需求自然也会增加,所以债券的供给上升,债券价格下降,利率上升。

二、凯恩斯利率决定理论的展开 ★★★★

(一)变量

如图3-10所示,根据凯恩斯利率决定理论,利率是由货币需求和货币供给决定的,货币需求又是由**收入**和**价格**决定的。

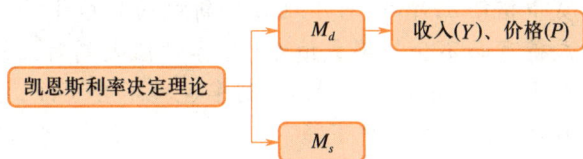

图 3-10 凯恩斯利率决定理论的展开

(二)影响方向

从图3-11(a)和图3-11(b)来看,收入和价格上升使得货币需求曲线右移(从M_d到M_d'),利率上升(从i^*到i');货币供给上升则使得货币供给曲线右移(从M_s到M_s'),利率下降(从i^*到i')。

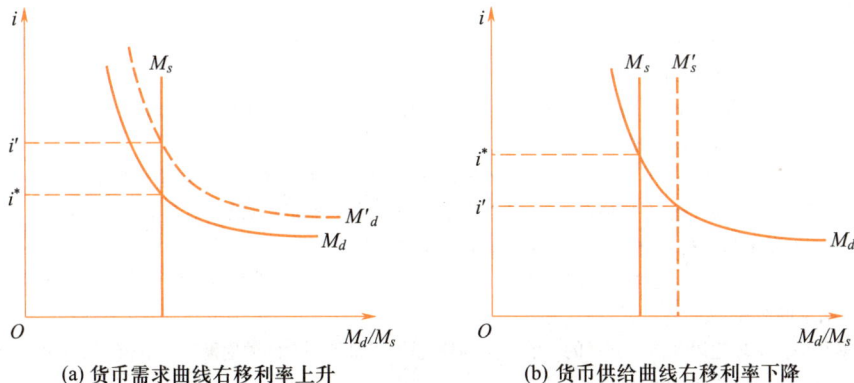

(a) 货币需求曲线右移利率上升

(b) 货币供给曲线右移利率下降

图 3-11

（三）货币供给对利率的影响

1. 支付利息的是债券而不是货币，那为什么货币供给的上升会导致债券利率的下降？

（1）假设

凯恩斯假定市场上只有两种金融资产：货币和债券[①]。整个财富市场是均衡的，对于财富的需求恒等于财富的供给：$M_d + B_d = W_d \equiv W_s = M_s + B_s$，那么此时 $M_d = M_s$ 就意味着 $B_d = B_s$[②]。如果货币市场是均衡的，那么债券市场必然也是均衡的，所以分析货币市场也就等于分析债券市场，它们是对称的。

（2）传导机制

当货币供给上升时，总财富的供给上升，原有的财富市场均衡被打破，总财富的需求也需要随之上升从而继续保持平衡。而财富需求的上升很难完全通过货币需求的上升来满足，人们会希望把一部分新增的货币转换成债券，引起债券需求的上升[③]，进而使得债券价格上升、利率下降，这就是其中隐含的传导机制。

2. 货币供给上升未必总能使利率下降，而可能出现"流动性陷阱"的情况

> **流动性陷阱**

（1）含义：当利率水平很低时，货币供给的上升不会导致利率的进一步下降，货币需求的利率弹性无穷大（图 3-11（a）M_d 水平段）。

（2）原因：当利率很低（比如接近 0%）时，人们预期利率没有进一步下降的空间，也就是债券价格没有进一步上升的空间（债券估值很高）。所以当货币供给上升时，对于这部分新增的货币供给，投资者会全部以货币的形式持有而不会转换成债券（债券估值太高时投资者不敢入场）。债券需求不上升，价格就不会上升，利率也就不会下降，也就是说，货币供给的上升不会使得利率水平下降。

（3）背景：因为流动性陷阱的前提是利率很低，而利率又是顺周期变量[④]，所以利率很低对应的是经济衰退。流动性陷阱发生的背景通常是经济衰退，比如 1933 年经济大危机、2008 年全球金融危机等。

3. 即便不存在流动性陷阱，货币供给的上升导致利率下降也只是短期的

从长期来看，其完整的传导机制如图 3-12 所示。

[①] 虽然市场上有很多金融资产，但是凯恩斯将除货币之外的其他金融资产都用债券来代表了，它们有着共同的特征：支付利息，并且利率往往还是同向波动的。

[②] 这符合微观经济学中的瓦尔拉斯法则：对于经济体中任何一个特定的市场而言，如果所有的其他市场都是均衡的，那么这个特定的市场也必然是均衡的。

[③] 这是一种一般均衡的分析思路，也是整个传导机制的关键，如果感到费解可以想想现实中的例子：比如一个月发了 5 000 元工资，打到银行卡上形成存款，意味着供给侧的货币供给和财富供给上升了 5 000 元。考虑需求侧，这 5 000 元会全部以存款的形式持有吗？未必，如果之前有买理财或者买基金的习惯，那总要把这笔工资的一部分也买成理财或者基金，从而更好地平衡自己资产篮子的收益、风险和流动性，而不会全部以存款的形式持有，所以货币供给的上升会引起债券需求的上升。

[④] 根据利率决定理论以及影响利率的一般因素，很容易可以得到利率的顺周期性：当经济周期性繁荣时，利率水平上升；反之，当经济周期性衰退时，利率水平下降。

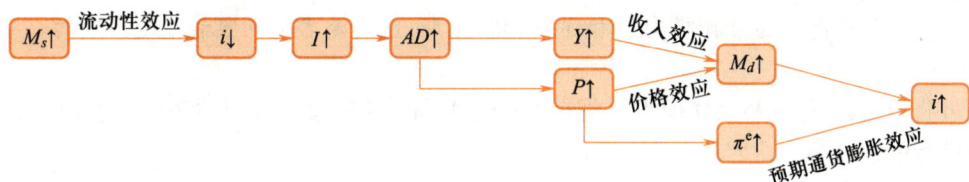

图3-12 货币供给对利率的影响

扩张货币首先使得利率水平下降,进而促进投资和总需求,拉动产出和价格[1],这又会带动货币需求进而是利率的上升。除此之外,价格水平的上升还会带来通货膨胀预期的上升,也拉动利率上升[2]。所以整体来看,给定一个货币冲击,名义利率的走势如图3-13所示:它首先通过流动性效应使得利率下降,又通过收入效应、价格效应和预期通胀效应使得利率水平上升。

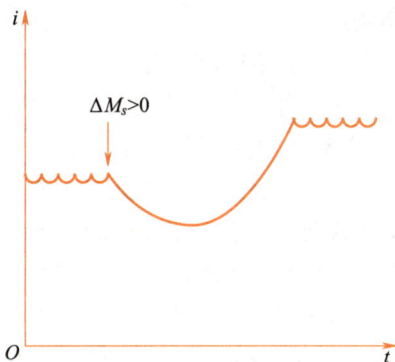

图3-13 名义利率对货币冲击的反应

≫ 这里需要注意两个问题:

(1)**先后顺序**:流动性效应快于收入效应,收入效应快于价格效应。首先,流动性效应最快,因为货币市场调整的速度快于产品市场,资产组合和金融资产的价格可以调整得很快,但企业投资做项目、生产产品则相对较慢。其次,收入效应快于价格效应,因为有**短期价格粘性**。至于预期通货膨胀效应,其快慢取决于人们预期形成的方式,如果是适应性预期[3],当通货膨胀率上升后人们才提高自己的通货膨胀预期,那么预期通货膨胀效应将是最慢的;如果是理性预期,当看到货币增发后,不需要等通货膨胀真的到来,人们会立刻调高自己的通货膨胀预期,那么预期通货膨胀效应将会很快。如果预期通货膨胀效应快于流动性效应,那么甚至不会看到利率水平的下降。

(2)**当货币冲击完全被消化时,最终利率的变化情况**:费雪效应可以将名义利率拆解成实际利率加预期通货膨胀率。通常认为在**中长期有货币中性**[4],也即货币供给的上升不会影响实际利率,但是会带来物价水平的上升、

---

[1] 此处需要用到 AD-AS 模型,可参照通货膨胀章节。

[2] 实际上是前面讲到的费雪效应。

[3] 关于适应性预期和理性预期的展开,可参照通货膨胀章节。

[4] 货币中性是指货币量的变动不影响任何实际变量,只影响价格,详细论述可参照货币需求和货币供给章节。

更高的通货膨胀率①和通货膨胀预期,也就是名义利率最终是上升的。

可贷资金理论和 *IS-LM* 模型是把前两个模型捏合到一起,所用的变量没有改变,所以不再进行单独分析。

▷▷▷ 真题链接

1.(2023—中国人民大学)(判断题)当陷入流动性陷阱时,货币供给对于利率的弹性无限大。(　　)

2.(2021—上海财经大学)下列关于流动性偏好理论的说法中,错误的是(　　)。

A. 一个货币需求理论

B. 一个利率决定理论

C. 必然会得出流动性陷阱的结论

D. 解释了货币数量与收入、利率之间的关系

3.(2025—同济大学)流动性陷阱指的是(　　)

A. 人们预期未来利率会上涨,因此愿意持有货币而非债券

B. 人们预期未来利率会下跌,因此愿意持有债券而非货币

C. 人们预期未来利率会上涨,因此愿意持有债券而非货币

D. 人们预期未来利率会下跌,因此愿意持有货币而非债券

4.(2020—南开大学,2021—华东理工大学,2024—对外经济贸易大学,2024—北京师范大学,2024—上海外国语大学,2024—首都经济贸易大学,2025—厦门大学,2025—华东师范大学)名词解释:流动性陷阱。

5.(2022—西南财经大学)中央银行增加货币供给量一定会使利率降低吗?

6.(2022—首都经济贸易大学)用流动性偏好理论解释,为什么经济扩张时利率上升,经济衰退时利率下降? 画图解释。

7.(2025—北京航空航天大学)根据利率决定理论分析政府增发国债对利率的影响。

【答案】1. ×;2. C;3. A;4. 略;5. 略;6. 略;7. 略

三、其他变量　★★

除了以上因素之外,还有其他变量也会影响利率。

（一）预期通货膨胀率

根据费雪效应可知,在给定实际利率的情况下,名义利率与预期通货膨胀率之间存在一一对应的关系,预期通货膨胀率越高,名义利率也越高。

---

① 严格来讲,一次性的货币供给上升只会带来一次性的价格上升,而不会导致持续的价格上升(也即通货膨胀)。所以这里更好的说法是货币供给增速的上升,比如每年增速从 10% 提高到 12%,则通货膨胀率和通货膨胀预期也会上调 2%。

（二）对于名义利率本身的预期

如果大部分市场主体预期未来利率水平会上升,比如美联储的议息会议公告提高了加息的终点,那么对应期限的利率(如 2 年期美国国债利率)会立刻上升,并不需要等到未来,这背后就是**预期的自我实现机制**。

>> **预期的自我实现机制**

1. 逻辑分析

（1）首先考虑**需求方**——购买债券的投资者。对于投资者而言,如果预期利率上升,那么他会选择立刻买入还是推迟买入? 答案是推迟买入。因为利率上升意味着债券价格下跌,没有人愿意买入价格马上就要下跌的债券,所以对债券的需求会下降。

（2）再来考虑**供给方**——发行债券的企业。对于发行债券进行融资的企业而言,如果预期利率上升,那么他会选择立刻发行还是推迟发行? 答案是立刻发行。因为立刻发行可以锁定更低的融资成本,所以债券的供给会上升。

（3）需求下降、供给上升共同导致债券的价格下跌,利率上升。也就是利率会立刻调整到人们的预期水平,不需要等到未来,这就是预期的自我实现机制。

2. 更多例子

预期的自我实现机制其实很常见。比如市场普遍预期股价会涨,那么股价会立刻上涨到市场预期的水平,背后不需要基本面的支撑;市场普遍预期汇率会升值,那么汇率会立刻升值到市场预期的水平,背后也不需要基本面的支撑。所以当分析资产价格波动的时候,**预期**是重中之重,毕竟归根结底,金融资产代表的是未来的现金流,而未来只能靠预期。

（三）国外利率水平

在全球一体化的今天,如果一国的资本金融账户有一定的开放程度,也即允许资本的自由流动,那么国外利率变动可能也会影响本国的利率水平。

>> **举例**:美联储加息意味着在美国投资的回报率上升,资金会从新兴市场国家流向美国。这些资金之前是用于购买新兴市场国家金融资产的,所以对新兴市场国家的金融资产需求下降、价格下降、利率上升。这样一来,美国利率水平的提高就也带动了新兴市场国家利率水平的提高。

（四）政府管制

如果政府对利率进行管制,那么自然也会对利率形成直接的影响。

▷ ▷ ▷ **真题链接**

（2025—武汉理工大学）简述影响利率水平的因素。

【答案】略

第四节 利率的风险结构

利率决定理论和影响利率的一般因素是利率的总量分析,是各个利率走势中同步的部分。除了同步的部分之外,各类利率走势也会出现分化,这就是结构分析。

如图 3-14 所示,横轴是时间,纵轴是到期收益率,选取的债券种类为国债以及信用评级分别为 AAA 和 AA 的企业债。纵向来看,评级会影响债券的收益率,评级反映的是债券的风险,风险越高,收益率越高;横向来看,到期时间会影响债券的收益率,期限越长、收益率越高。也就是说,影响利率分化的因素有两类:风险因素和期限因素,分别对应风险结构和期限结构。

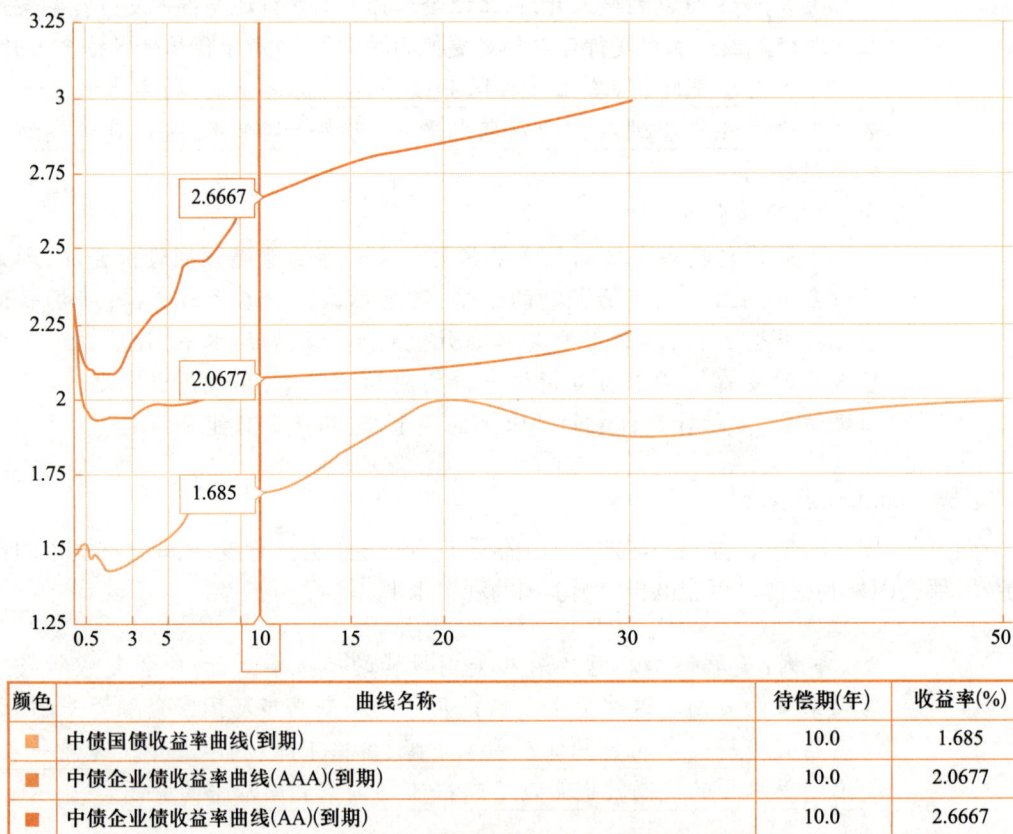

颜色	曲线名称	待偿期(年)	收益率(%)
■	中债国债收益率曲线(到期)	10.0	1.685
■	中债企业债收益率曲线(AAA)(到期)	10.0	2.0677
■	中债企业债收益率曲线(AA)(到期)	10.0	2.6667

图 3-14 风险因素和期限因素对利率的影响

数据来源:Wind 金融终端。

风险结构是指具有相同到期期限的债券,因为风险不同导致的利率差异。比如 10 年期的国债和 10 年期的企业债,国债利率约为 1.7%,评级 AAA 的企业债利率约为 2.1%,高于国债利率,这意味着企业的融资成本更高——同样发行 1 亿元的债券,企业每年要比政府多支付 40 万元的利息。站在企业的角度来讲,肯定是不愿意的,于是它也把自己的发行利率定到了 1.7%,结果可想而知:无人问津。需求下降会带动企业债价格下降、利率上升,一直上升到市场觉得合理的 2.1% 为止。为什么企业债的利率就必须比国债高呢?我们经常说"高风险、高收益","富贵险中求",也就是更高的收益是对风险的补偿。下面对利率的风险结构展开分析。

一、违约风险

违约风险也称信用风险,指债务人无法按时足额偿还本息给债权人带来损失的可能性。

(一)国债和企业债的比较 ★★

国债背后是中央政府的信用,以政府的税收作为后盾。即便税收不足以偿还债务本息,也可以通过发行货币的方式来进行支付,称为"**债务货币化**"。但是企业债背后只是企业的信用,以企业的收入作为支撑,当企业的经营出现困难时,债务的清偿便会出现问题。所以企业债更高的利率中包含着对信用风险的补偿,即**信用风险溢价**。

当然,企业之间也存在异质性。一般来讲,中小民营企业的违约风险高于大型国有企业,因为前者资本金规模更小、缺乏固定资产作为抵押、缺乏政府担保、续营能力也更弱。更高的违约率是导致中小民营企业融资难、融资贵的重要原因。

> ≫ **债务货币化也称财政赤字货币化**,狭义上是指中央银行在一级市场购买国债,为政府提供融资;广义上则还包括中央银行在二级市场购买国债,为政府提供融资。正常情况下,购买国债的是居民和企业,此时居民和企业的存款会转为政府的存款,政府再以此为基础进行支出。此时从整个社会来看,只是存款结构即货币结构发生变动、货币总量不变。但是在赤字货币化的情况下,购买国债的是中央银行,而根据双层次货币创造机制[①],无论中央银行在一级市场还是二级市场购买国债,均会使得货币供应量上升。财政赤字引起货币量上升,因而被称为"赤字的货币化"。

(二)信用评级 ★★

因为信用风险的大小对于债券利率的高低至关重要,并且也很难清楚地判断,所以需要专业的中介机构对债券进行信用评级。

一般来讲,**信用评级**是债券发行所必备的条件。从我国的情况来看,国内外债券评级处于分割的状态。去国际市场上发美元债,需要全球三大评级机构:**标准普尔(标普)、穆迪、惠誉国际**至少一家的评级。当标普评级 **BB 及以下**、穆迪评级 **Ba 及以下**时,该债券就被称为"**垃圾债**",也被称为"**投机级或高收益债券**"。在国内市场上发行人民币债券,根据监管规定也需要评级,评级机构如大公国际、上海新世纪、东方金城等。因为国内评级分数显著高于国外,有 81% 的企业都能评到 AA 及以上,所以我国垃圾债的界定标准并非评级 BB 及以下,而是收益率超过 8% 的债券。

---

① 详细内容可参照货币需求和货币供给章节。

当信用评级下调时，意味着信用风险上升，则债券的到期收益率也会上升，价格下降[①]。

（三）TED 利差　★★★

1. 含义

TED 利差指三个月期欧洲美元的同业拆借利率（LIBOR）减去三个月期美国国库券利率的差值。

2. 应用

TED 利差是衡量市场情绪的重要指标。当经济衰退或者金融危机爆发时，TED 利差会**扩大**。因为 LIBOR 是把钱借给银行获得的收益，美国国库券则是把钱借给美国政府获得的收益。在金融危机爆发时，市场显然更相信美国政府，因为即便是大银行如雷曼、贝尔斯登等也存在倒闭的可能性。所以出于**避险**的需求，资金会大量地从银行间市场涌出、流入国债市场。银行间市场资金紧缺，LIBOR 上升；国债市场资金充裕、价格上升、利率下降；TED 利差扩大。

二、流动性风险

流动性风险是指债券在必要时难以迅速转换成现金而给债权人带来损失的可能性。如前所述，流动性是指资产的变现能力，资产的变现能力越弱，流动性风险就越大。

（一）债券交易的变现成本　★★

在债券交易中，变现成本包括三个方面：**交易佣金**、**买卖价差**和**市场冲击**。

（1）交易佣金是支付给经纪商的手续费。

（2）买卖价差（Bid-ask Spread）是做市商（中间商）报出的买入价和卖出价之差。

> 》**举例**：做市商[②]对一支债券报出的买入价为 90 元、卖出价为 92 元，这意味着做市商愿意以 90 元的价格买入该债券、92 元的价格卖出该债券。对于投资者来说则反过来：以 92 元的价格买入，以 90 元的价格卖出。可以发现，中间 2 元的买卖价差是做市商的利润，是投资者的变现成本。

（3）市场冲击取决于市场规模或市场深度，市场规模越大，流动性越强，因为投资者可以更容易地找到交易对手。

（二）国债和企业债的比较　★

具体来看，企业债的买卖价差和市场冲击都比国债要高。首先，企业债的交易更不活跃，所以做市商会设定更高的买卖价差[③]；其次，单个企业债的交易规模远小于国债。在我

---

① 也可以从债券供求的角度来分析，当信用风险上升时，该债券的吸引力下降，人们会转而购买其他债券。该债券的需求下降会使其价格下降，利率上升。

② 做市商是专门从事金融资产买卖、维护市场交易活跃度的证券交易商，在第二讲金融市场和金融中介中曾有过阐述。

③ 做市商设定买卖价差的依据是市场交易的活跃度。如果市场交易不活跃，那么做市商本身会面临更高的风险：可能会形成大量的库存，进而当债券价格下跌时蒙受较大的损失。因而做市商会提高买卖价差来覆盖掉自身风险。在实证研究中，买卖价差通常用作债券（或股票）流动性的代理指标。

国,大部分企业债都是持有至到期,所以更难找到交易对手,变现时也会承担更高的折价。所以企业债的变现成本更高,流动性更弱,需要在收益率中提供对流动性风险的补偿。

（三）对另一现象的解释 ★★

除此之外,流动性风险还能解释另一个现象:为何我国同期限的国债利率**高于**银行存款利率? 政府的信用显然不比银行低,所以不能用信用风险来解释,而应该用流动性风险解释:国债的流动性弱于银行存款,所以需要提供流动性溢价。

三、税收风险

（一）税前和税后收益率 ★★

在考虑税收的情况下,存在税前和税后收益率的差别:$y_a=y_b(1-t)$。其中,y_b 表示资产的税前收益率、y_a 表示资产的税后收益率、t 表示税率。投资者显然更关心税后收益率 y_a,因为它才是真正获得的收益率,税收的部分是要交给政府的。所以在给定相同的税后收益率 y_a 的情况下,有税收优惠的债券可以提供**更低**的税前收益率 y_b。

（二）对现象的解释 ★★

这可以解释一个现象:在美国,州和地方政府债券的安全性和流动性都比联邦政府债券弱,这意味着前者的信用风险和流动性风险都更高,利率也应该更高,但实际情况却是前者的利率往往**更低**。这是因为在美国,州和地方政府债券的利息收入可以免联邦所得税,而享有税收优惠的债券可以提供更低的税前收益率。

四、通货膨胀风险

（一）通货膨胀保护证券 ★★

在美国,财政部还会发行通货膨胀保护证券(Treasury Inflation Protected Securities,TIPS)。TIPS **以实际利率报**价来保护投资者不受通货膨胀的影响。这一点是通过**调整面值**来实现的:其面值同物价指数挂钩,当物价指数上升时,面值也会随之上升,进而向投资者支付更多的本金和利息。

（二）盈亏平衡通货膨胀率 ★★

10 年期的国债和 10 年期的 TIPS 之间的利差是市场非常关注的指标,被称为"**盈亏平衡通货膨胀率**"(Break-Even Inflation Rate),可以测度市场的通货膨胀预期[①]。

其理论依据在于**费雪效应**:名义利率(国债利率)减去实际利率(TIPS 利率)可以得到通货膨胀预期。如果通货膨胀预期上升,那么投资者会更多地购买 TIPS 来对抗通货膨胀。此时,对 TIPS 的需求上升、价格上升、利率下跌,与国债的利差自然会扩大,与通货膨胀预期的变动相吻合。同时,该通货膨胀预期是通过大量市场交易形成的,所以较为可靠。

（三）通货膨胀风险的影响 ★★

其实严格意义上来说,这两种债券的利差并不完全等于通货膨胀预期。因为通货膨胀

---

① 当然,其测度的是长期(10 年期)的通货膨胀预期。

也是一种风险,物价水平的变动会带来国债实际利率的波动[1]。但是在通货膨胀变动的过程中,TIPS 的实际利率却一直保持稳定,那么就可以帮投资者规避掉通货膨胀风险。所以对于风险厌恶的投资者来说,会对国债要求额外的**通货膨胀风险溢价**,国债利率与同期限的 TIPS 利率之差应为预期通货膨胀率**加上通货膨胀风险溢价**。

五、内嵌期权

债券契约中某些特定条款也会影响利率,我们也可将其纳入风险结构的分析。在判断这些条款对利率的影响时,关键是观察该条款将权利赋予了谁。如果赋予发行企业,比如**可赎回债券**,则其利率会**高于**普通债券,更高的利率里包含着企业支付的期权费;如果赋予投资者,比如**可卖回债券**、**可转换债券**,则其利率会**低于**普通债券,因为里面扣除了期权费。

▷▷▷ **真题链接**

1.(2013—对外经济贸易大学)美国地方政府发行的市政债券的利率低于联邦政府债券,其原因可能是(　　)。

A. 违约风险因素　　　　　　　　B. 流动性差异因素

C. 税收差异因素　　　　　　　　D. 市场需求因素

2.(2019—中国人民大学)我国国债利率长期高于银行存款利率,是因为有(　　)。

A. 流动性风险　　　　　　　　　B. 市场风险

C. 信用风险　　　　　　　　　　D. 操作风险

3.(2020—中央财经大学)下列关于利率风险结构的分析,说法正确的是(　　)。

A. 违约风险的高低与违约概率负相关

B. 对于同一信用级别的金融工具,其利率与流动性风险同向变化

C. 美国地方政府债券比美国国债应支付更高的利率

D. 通货膨胀严重时期,降低名义利率有利于降低预期的通货膨胀损失

4.(2023—中国人民大学)以下哪项是衡量流动性的指标?(　　)

A. 买卖价差　　　　　　　　　　B. 风险溢价

C. 信用评级　　　　　　　　　　D. 转换价格

5.(2024—中国人民大学)关于市场利率,以下说法不正确的是(　　)。

A. 市场利率包括无风险利率和风险溢价

B. 风险溢价与违约风险、流动性风险、通货膨胀风险呈正相关

C. 市场利率的形成符合金融学中高风险对应高收益的特点

D. 扩张的货币政策手段会影响风险溢价,最终影响利率

---

[1]　不要忘了我们前面名义利率和实际利率的分析,投资者更关注实际利率(及其波动),因为能给人带来效用的是对商品的消费而不是货币本身。

6.（2021—首都经济贸易大学，2025—华中师范大学）名词解释：利率风险结构。

7.（2021—南开大学，2021—西南财经大学，2024—中南财经政法大学）利差正成为固收投资中重要的一部分，请简述利差的决定性因素。

【答案】1. C；2. A；3. B；4. A；5. D；6. 略；7. 略

第五节　利率的期限结构

除了风险因素外，期限因素也会影响利率。具有相同风险结构（违约风险、流动性风险等）的同种债券，因为到期期限不同导致的利率差异被称为"利率的期限结构"。

一、收益率曲线

（一）含义　★★

利率期限结构的图形描述就是收益率曲线。收益率曲线以到期时间为横轴、**到期收益率**为纵轴，展示期限不同的同类债券收益率和到期时间之间的关系。如图 3-15 所示，收益率曲线可能呈现出各种形状：向上倾斜（长期利率高于短期利率[①]）、向下倾斜（长期利率低于短期利率）、水平状（长期利率等于短期利率）、波动状等。

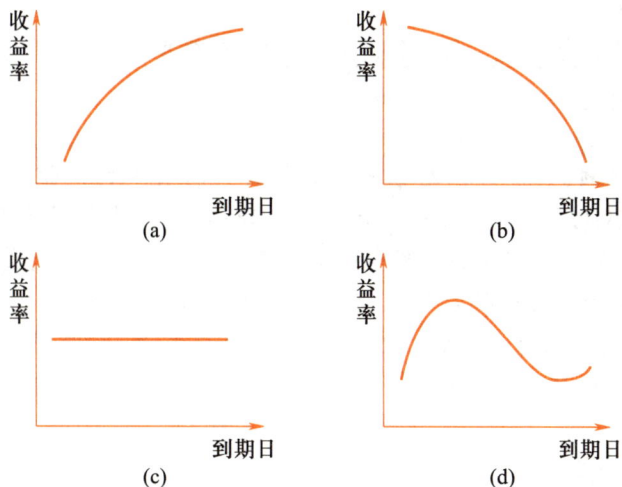

图 3-15　各种形状的收益率曲线

（二）国债的收益率曲线　★★★

市场上有很多的收益率曲线，其中最重要的是国债的收益率曲线。其原因在于：第一，国债收益率曲线是整个债券市场的**基准利率**，企业债

扫码回复
"国债收益率曲线"
听讲解

---

① 这里的"长期利率"具体指"长期债券的到期收益率"，"短期利率"指"短期债券的到期收益率"，因为到期收益率都是年化的利率（标准化为 1 年），所以长期利率和短期利率也是可比的。

利率会在同期限国债利率的基础之上加一定的百分点形成。第二,在国债收益率曲线中,暗含着一个非常重要的变量——期限溢价。

>> **期限溢价(Term Spread)**
1. **含义**:10 年期国债收益率减去 3 个月期国库券的收益率。
2. **应用**:重要的**前瞻性指标**。当期限溢价很高时(从图形上来看,收益率曲线向上倾斜并且比较陡峭),意味着未来出现经济衰退的可能性**较小**;反之,如果期限溢价很低甚至为负(从图形上来看,收益率曲线较为平坦甚至倒挂),意味着经济未来很可能会走向**衰退**。比如在美国,如果利差倒挂持续 2 个月以上,那么美国经济大概率会在 1 年半后会陷入衰退,1989 年、2000 年、2006 年均出现了这种情况。
3. **原因**:利率是顺周期变量,预期未来利率高也就意味着预期未来经济形势好。

(三)期限结构的经验法则　★★★★
经济学家通过观察现实世界中的收益率曲线数据,总结出三条经验法则。

(1)各期限债券的收益率往往**同向波动**,如果短期债券利率上升,那么长期债券利率往往也会上升[1]。

(2)当短期利率较低时,收益率曲线更有可能向上倾斜;当短期利率较高[2]时,收益率曲线更有可能向下倾斜。

(3)虽然收益率曲线可能呈现出各种形状,但其往往是**向上倾斜**的,也就是长期债券的利率往往高于短期债券。

>> **举例**:我们应该对第一条和第三条有直观的认识。同向波动:当一年期存款利率提高时,三年期、五年期存款的利率往往也会相应提高。向上倾斜:存款期限越长、利率越高。而关于第二条,正是美国 2022—2023 年出现的情况,伴随着美联储激进加息,与联邦基金利率相关性更强的短期利率迅速上升,达到 20 多年以来的最高水平,长期利率跟不上节奏,致使收益率曲线向下倾斜。

二、期限结构理论

(一)情景设定
经济学家为了解释以上经验法则,提出了期限结构理论,这里从一个具体的例子出发进行介绍。

---

[1]　也即从动态的视角来看,曲线往往会发生整体的平移。
[2]　这里的 "高" 和 "低" 并非针对长期利率,而是针对短期利率的历史值而言的,看当前的短期利率处在历史上什么水平。

1. 情景假设

假设市场上有两类投资者：一类是短期投资者，投资一年，在 $t=1$ 期需要用这笔钱，另一类是长期投资者，投资两年，在 $t=2$ 期需要用这笔钱；**两种债券**：一种是一年期（滚动发行，每年都有），另一种是两年期。

首先考虑**短期投资者**，因为存在两种债券，所以他有**两种投资方式**：第一种，买一年期债券，在 $t=1$ 期把本息收回；第二种：买两年期债券，在 $t=1$ 期提前卖掉。再来考虑**长期投资者**，他同样有两种投资方式：第一种，买一年期债券，滚动买两年；第二种，买两年期债券，在 $t=2$ 期将本息收回。

我们考虑每类投资者两种投资方式的投资收益率。在计算收益率之前，需要先厘清几个基本概念。

> **到期收益率**（Yield to Maturity, YTM）

（1）**含义**：使得债券未来现金流流入等于当前价格的收益率。

（2）**公式**：假设 1 年期债券的到期收益率是 y_1，则有 $P_0 = \dfrac{C}{1+y_1} + \dfrac{B}{1+y_1}$。

2 年期债券的到期收益率是 y_2，则有 $P_0 = \dfrac{C}{1+y_2} + \dfrac{C}{(1+y_2)^2} + \dfrac{B}{(1+y_2)^2}$。注意 y_2 是**年化**的收益率，即两年中每年的收益率都是 y_2，并非两年一共的收益率是 y_2。

> **持有期收益率**（Holding Period Return, HPR）

（1）**含义**：持有期间的收益率，等于利息收入加上证券价格的变动之和，与买入价格的比率。

（2）**公式**：假设持有 1 年，则持有期收益率 $HPR = \dfrac{P_1 - P_0 + C}{P_0}$，其中 P_0 表示债券的买入价格，P_1 表示债券的卖出价格，C 表示期间收到的利息。$\dfrac{C}{P_0}$ 又称为**当期收益率**（收益中来自利息收入的部分），$\dfrac{P_1 - P_0}{P_0}$ 又称为**资本利得率**（收益中来自证券价格变动的部分）。如果债券的存续期也恰好为 1 年，则 $P_1 = B$，因为持有至到期，所以此时持有期收益率等于到期收益率。

> **短期利率**

（1）**含义**：任意两期之间的利率水平，可以理解为发生在两期之间的一年期债券的利率。

（2）**短期利率和到期收益率的区别**：如图 3-16 所示，短期利率只涵盖一年，只能针对**一年期债券**而言。比如第一年的短期利率是 r_1，那么意味着站到今天的时点上来看，一年期债券的利率是 r_1，第二年的短期利率是 r_2，意味着站到明年的时点上来看，新的一年期债券利率是 r_2。

到期收益率虽然也是年化的利率，但是可以涵盖多年，可以针对**长期债券**而言。比如两年期债券的到期收益率是 y_2，意味着两年内每一年的回报率都是 y_2，两年的复合回报率为 $(1+y_2)^2 - 1$。

$$y_2[(1+y_2)^2-1]$$

$t=0$　　　　　　$t=1$　　　　　　$t=2$

$r_1(y_1)$　　　　　　r_2

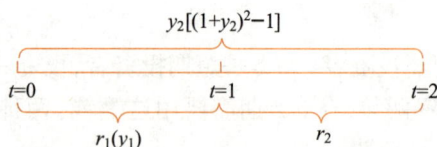

图 3-16　短期利率和到期收益率

特殊地,对一年期债券而言,其到期收益率 y_1 等于短期利率 r_1。

>> **即期利率**

含义:即期利率是零息债券的到期收益率。当然,付息债券也可以通过"解鞋带法"(bootstrap)转化为零息债券得到即期利率,但是并非这里要讨论的。

>> **远期利率**

(1) **含义**:存在于两个即期利率之间,连接两个即期利率的盈亏平衡[1]利率,如第 n 年的远期利率 $f_n=\dfrac{(1+y_n)^n}{(1+y_{n-1})^{n-1}}-1$。

(2) **与短期利率的区别**:远期利率类似于短期利率,都是针对某一期、某一年而言的。但是两者也存在区别:远期利率是通过数学公式计算出来的,而短期利率是真实存在的。因为即期利率已知(各期限债券的到期收益率是实时报价的),所以未来的远期利率也就可以算出来;而未来的短期利率却是未知的。这就是期限结构理论的另一个作用:用已知但无用的远期利率推断有用但未知的短期利率。

2. 投资收益的计算

(1) 短期投资者

首先看短期投资者两种投资方式在 $t=1$ 期的收益率,为了使分析更加简便,假设债券是**零息债券**。

① 投资于一年期债券。收益率为到期收益率 y_1(等于短期利率 r_1),在债券发行时即已确定。

② 投资于两年期债券一年。因为并未持有至到期,所以收益率并不是到期收益率,而是更一般的持有期收益率: $HPR=\dfrac{P_1-P_0+C}{P_0}$,零息债券 $C=0$,只需要考虑资本利得的部分 $\dfrac{P_1-P_0}{P_0}$。

接下来需要求解 P_1 和 P_0。其中 P_0 表示两年期债券在 $t=0$ 期的价格(投资者的买入价),根据资产定价公式(到期收益率公式),为 $P_0=\dfrac{B}{(1+y_2)^2}$。P_1 表示两年期债券在 $t=1$ 期的

---

[1]　关于如何理解"盈亏平衡",可以考虑两种投资方式:第一种,先买 $n-1$ 年期的债券,复合回报率是 $(1+y_{n-1})^{n-1}$,最后再单独投资 1 年,回报率是 $(1+f_n)$;第二种,买 n 年期债券,复合回报率是 $(1+y_n)^n$。那么中间这一年的利率 f_n 是多少,两种投资方式收益率能够相同? 按照这个思路,就可以得到远期利率 f_n 的表达式。

价格（投资者的卖出价），$P_1=\dfrac{B}{1+E(r_2)}$。这里的贴现率使用 $E(r_2)$，这是因为站在 $t=1$ 期的时点上来看，未来一年的**到期收益率**就是**短期利率 $E(r_2)$**。将 P_0 和 P_1 代入持有期收益率的公式，整理可得 $HPR=(1+y_2)^2/[1+E(r_2)]-1$。

从以上两个收益率公式可以看到：短期投资者投资于短期债券无风险，投资于长期债券有风险。因为后者的收益率公式中存在**期望**，期望的背后就是不确定性：第二年的短期利率是不确定的，这会给投资者带来风险[①]。

（2）长期投资者

再来看长期投资者的投资收益率。跟短期投资者不同，我们将时间节点截至 $t=2$ 期。

① 投资于两年期债券。每年的收益率均为 y_2，两年复合收益率为 $(1+y_2)^2-1$；

② 连续投资于一年期债券两年。第一年收益率为确定的 y_1（等于 r_1），第二年收益率则为不确定的 $E(r_2)$，两年复合收益率为 $(1+y_1)(1+E(r_2))-1$。

从以上两个收益率公式同样可以看到：长期投资者投资于长期债券无风险，投资于短期债券有风险，因为后者的收益率公式中存在期望，第二年的短期利率无法确定。

两类投资者两种方式的投资收益率如表 3-3 所示。

表 3-3　两类投资者两种方式的投资收益率

投资者类型	短期债券	长期债券
短期投资者（$t=1$）	y_1	$(1+y_2)^2/(1+E(r_2))-1$
长期投资者（$t=2$）	$(1+y_1)(1+E(r_2))-1$	$(1+y_2)^2-1$

（二）期限结构理论 ★★★★★

风险是客观存在的，但是投资者对风险的态度却是主观的。根据投资者的**风险偏好不同**期限结构理论可以分为三类。

1.（纯粹）预期理论

（1）前提假定

投资者**风险中性**，在投资中只在乎收益率，不在乎风险。结果是不同期限的债券可以**完全替代**，资金在各期限债券市场之间**完全流动**。

（2）结论

① 长期利率等于期限内预期短期利率的平均值

以短期投资者为例，因为其只在意收益率、不在意风险，所以均衡情况下，两种方式的投资收益率相等：$r_1=(1+y_2)^2/(1+E(r_2))-1$，整理得 $(1+y_2)^2=(1+r_1)(1+E(r_2))$，将几何平均转换成更简易的算术平均[②]：$y_2\approx\dfrac{r_1+E(r_2)}{2}$。进一步将期限延长至 n 期可得：$(1+y_n)^n=$

---

① 通过公式也能看到中间的逻辑：因为第二年的短期利率不确定，所以债券的卖出价格不确定，即持有期收益率不确定。

② 只保留一次项，略去高阶小量；后面 $(1+y_n)^n$ 的展开需要用到泰勒规则，同样只保留一次项，略去高阶小量。

$$\prod_{j=1,2,\cdots,n}(1+E(r_j)),\text{转化成算术平均：} y_n \approx \frac{\sum_{j=1}^{n}E(r_j)}{n}。$$

② 远期利率等于预期的短期利率

以短期投资者为例，均衡情况下，两种方式投资收益率相等：$r_1=(1+y_2)^2/(1+E(r_2))-1$，整理得$(1+y_2)^2/(1+r_1)=1+E(r_2)$，再根据远期收益率的定义$(1+f_2)=(1+y_2)^2/(1+y_1)$，不难得到$f_2=E(r_2)$。

> ≫ **注意两个问题**：第一，以上推导是以短期投资者为例，长期投资者也能得到同样的结论，大家可自行推导。第二，以上分析考虑的是**均衡状态**，如果处于非均衡状态，两种投资方式的收益率不相同又会怎样？假设短期投资者购买长期债券的期望收益更高：$(1+y_2)^2/(1+E(r_2))-1>r_1$，那么投资者会更多购买长期债券、更少购买短期债券，进而使得长期债券需求上升、价格上升、利率y_2下降；短期债券需求下降、价格下降、利率r_1上升。等式左侧下降，右侧上升，直到相等为止，所以**经济会自动向均衡状态收敛**。

（3）对经验法则的解释

① 各期限债券收益率同向波动（可以解释）

以两期为例：从**数学公式**上来看，$y_2 \approx \frac{r_1+E(r_2)}{2}$。$y_2$中包含$r_1$，所以当$r_1$上升时，$y_2$也会上升。从**现实交易**来看，如果短期利率提高，那么资金会更多购买短期债券，对长期债券的需求下降、价格下降，长期利率也会上升。

② 当短期利率低时，向上倾斜；当短期利率高时，向下倾斜（可以解释）

以两期为例：因为利率具有**均值回归**（mean reverting）的特征，所以当短期利率r_1较低时，人们觉得不应该这么低，预期未来的短期利率$E(r_2)$会有所回升（$E(r_2)>r_1$），这会带动长期利率y_2上升，高于当前的短期利率r_1；反过来，当短期利率r_1较高时，人们又觉得太高了，应扼守中庸之道，预期未来的短期利率$E(r_2)$会下降（$E(r_2)<r_1$），带动长期利率y_2下降，低于当前的短期利率r_1。

> ≫ **补充**：也因为利率具有均值回归的特征，所以预期理论还能解释另一事实：**短期利率的波动性大于长期利率**。从数学角度来看，$y_n \approx \frac{\sum_{j=1}^{n}E(r_j)}{n}$，假设短期利率的方差为$\sigma^2$，并且服从独立同分布，那么长期利率的方差为$\frac{\sigma^2}{n}$ [1]，只有短期利率的$\frac{1}{n}$。

③ 收益率曲线往往向上倾斜（不能解释）

以两期为例：从**数学公式**上来看，向上倾斜意味着长期利率y_2大于短期利率r_1，代入

---

[1] 这里使用概率论中方差的计算公式$D\left(\dfrac{X}{n}\right)=\dfrac{1}{n^2}D(X)$。

$y_2 \approx \dfrac{r_1 + E(r_2)}{2}$ 等价于 $E(r_2) > r_1$。往往向上倾斜意味着人们往往预期利率会上升,这显然是不符合现实的。从一个长的时间轴来看,利率上升和下降的概率基本相同,$P\{E(r_2) > r_1\} \approx 50\%$,没有理由预期利率往往是上升的。

2. 市场分割理论

（1）前提假定

投资者**极度风险厌恶**,在投资时只关注风险。结果是不同期限的债券**完全不可以替代**,资金在长短期市场**完全不流动**:短期投资者只买短期债券,长期投资者只买长期债券,跨期限的投资要承担风险,所以给再高的收益率也不做。

> 》　**举例**:市场分割理论的观点在现实中有一定的合理之处。比如吸收活期存款的商业银行可能只购买短期的债券,从而防止期限错配带来的流动性风险;吸收长期资金的寿险公司可能只购买长期的债券,从而防止久期错配带来的利率风险。

（2）结论

从**数学公式**上来看,在预期理论中,我们假定短期(长期)投资者同时投资于短期和长期债券,两种方式收益率相同,来构建短期利率和长期利率的等式。但是在市场分割理论中,短期(长期)投资者只购买短期(长期)债券,不购买长期(短期)债券,两种方式的收益率无法比较,故无法构建短期利率和长期利率的等式,因而有如下结论:

① **长短期利率在各自的市场上形成**、**完全分割**。

② **远期利率与预期的短期利率也完全分割**。

（3）对经验法则的解释

因为长短期利率在各自的市场上形成、完全分割,所以无法解释利率的同向波动,也无法解释短期利率低时收益率曲线向上倾斜、短期利率高时收益率曲线向下倾斜,但是能够解释收益率曲线往往向上倾斜:只需要简单假定**短期投资者居多**,那么对于短期债券的需求高、价格高、利率低;对于长期债券的需求低、价格低、利率高。而短期投资者居多这一点也是符合现实情况的。

3. 流动性溢价理论（优先聚集地理论）

（1）前提假定

流动性溢价理论是之前两个理论的折中。它假定人是**风险厌恶**的,但又不是极度风险厌恶的。不同期限债券**不可以完全替代**,但也并非完全不可替代:如果收益率足够补偿风险、回报足够诱人,也能相互替代。资金在长短期市场**不完全流动**。

（2）结论

① **长期利率等于期限内预期短期利率的平均值加上流动性溢价**

以短期投资者为例,短期投资者投资于长期债券是有风险的[1],所以会要求一个更高的

---

[1]　这里的风险也称为"期限风险"或"流动性风险"。但是与风险结构中的流动性风险有所不同,风险结构中的流动性风险强调因变现成本给投资者带来的损失(国债和企业债都需要提前变现,比较两者变现成本的高低),这里则强调因期限错配、被迫提前变现给投资者带来的损失(短期债券不需要提前变现,长期债券需要提前变现,后者存在成本)。

收益率补偿。因而均衡情况下,投资于长期债券的收益率更高:$(1+y_2)^2/(1+E(r_2))-1>r_1$。

整理得:$(1+y_2)^2>(1+r_1)(1+E(r_2))$

将不等式转化为等式:$(1+y_2)^2=(1+r_1)(1+E(r_2))+x_2(x_2>0)$

整理得:$y_2\approx\dfrac{r_1+E(r_2)}{2}+\dfrac{x_2}{2}$

令 $\dfrac{x_2}{2}=LP_2$,可得:$y_2\approx\dfrac{r_1+E(r_2)}{2}+LP_2$

将期限延长可得:$y_n\approx\dfrac{\sum_{j=1}^{n}E(r_j)}{n}+LP_n(LP_n>0)$

也就是说,长期利率等于预期短期利率的平均值加上正的流动性溢价,并且通常情况下,流动性溢价也会随着债券到期期限 n 的增加而上升。

② 远期利率等于预期短期利率加上流动性溢价

短期投资者投资于长期债券要求更高的收益率:$(1+y_2)^2/(1+E(r_2))-1>r_1$。

整理得:$(1+y_2)^2>(1+r_1)(1+E(r_2))$

根据远期利率的定义:$1+f_2>1+E(r_2)$

将不等式转化为等式:$f_2=E(r_2)+LP_2(LP_2>0)$

>> **流动性溢价的影响因素**:以上推导是以短期投资者为例,那长期投资者是不是会得到相同的结论呢?结论相似,但不相同。与短期投资者不同的是,长期投资者投资于短期债券需要承担额外风险,因而短期利率会更高,流动性溢价为负[①]。通过这里的分析我们能够看到:流动性溢价是正是负、是大是小,取决于投资者的**期限偏好**。一般假设短期投资者居多,所以流动性溢价为正。但是随着人口老龄化的到来,寿险基金、企业年金等长期投资者增多,流动性溢价会呈现出降低的趋势,收益率曲线也会趋于平坦。

(3)对经验法则的解释

跟预期理论相同的是,流动性溢价理论也能够解释前两条经验法则,并且解释方法也完全相同。然而跟预期理论不同的是,流动性溢价理论还能够解释第三条经验法则。

以两期为例,收益率曲线向上倾斜意味着 $y_2>y_1$,

根据流动性溢价理论:$y_2\approx\dfrac{r_1+E(r_2)}{2}+LP_2$,

前式等价于 $E(r_2)+2LP_2>r_1$

因为 $P\{E(r_2)>r_1\}=50\%$,所以 $P\{E(r_2)+2LP_2>r_1\}>50\%$ 成立,也即 $P\{y_2>y_1\}>50\%$ 成立。

---

① 以上分析同样可以通过数学推导来证明。

直观来看,因为长期利率相较于短期利率多一个正的流动性溢价,并且该流动性溢价还随着期限的提高而上升,所以收益率曲线往往向上倾斜。

各理论对经验法则的解释力如表 3-4 所示。

表 3-4 三种理论对经验法则的解释力

三种理论	同向波动	短低上,短高下	向上倾斜
预期理论	√	√	×
市场分割理论	×	×	√
流动性溢价理论	√	√	√

>> **辨析:期限结构理论的另一种分类方法**

期限结构理论也可以分为预期理论和市场分割理论两类,其中预期理论又分为纯粹预期理论、流动性理论和偏好理论。这种分类方法的逻辑是:只要长期利率的形成中包含未来短期利率预期的因素,就算作预期理论。如果只有预期,那么就是纯粹预期理论;如果还掺杂其他因素,比如期限偏好(会带来流动性溢价),那么就是流动性理论和偏好理论。偏好理论相较于流动性理论而言,更强调偏好的影响。所以从纯粹预期理论到流动性理论再到偏好理论,预期的影响越来越弱、偏好的影响越来越强。最后到市场分割理论,偏好的影响已经成为绝对的了(见图 3-17)。

纯粹预期理论 ➤ 流动性理论 ➤ 偏好理论 ➤ 市场分割理论

图 3-17 从左到右,预期的影响越来越弱,期限偏好的影响越来越强

▷▷▷ **真题链接**

1. (2024—北京交通大学)(判断题)如果当前的短期利率较低,则收益率曲线向右上方倾斜。(　　)

2. (2024—中国人民大学)(判断题)根据利率期限结构理论中的纯粹预期理论,典型收益率曲线形状应当为右上方倾斜。(　　)

3. (2025—华东理工大学)(判断题)收益率曲线描述了债券期限和不同期限债券收益率之间的关系,收益率曲线的形状一般有斜率为正、水平、倒挂或驼峰形。(　　)

4. (2020—复旦大学)债券到期收益率随期限增加而下降,那么利率期限的形状是(　　)。

A. 倾斜向上　　　　　　　　B. 倾斜向下

C. 水平　　　　　　　　　　D. 驼峰状

5. (2025—华东理工大学)向下倾斜的利率期限结构表示(　　)。

A. 长期利率小于短期利率　　B. 长期利率等于短期利率

C. 长期利率大于短期利率　　D. 中期利率大于长期利率和短期利率

6. (2025—上海财经大学)中央银行卖出长期国债、买入短期国债的目的是

（　　）

A. 使收益率曲线更为陡峭 　　B. 使收益率曲线更为平坦

C. 投放基础货币 　　D. 以上说法都不对

7.（2020—中国人民大学）根据纯预期理论，若当前 1 年期利率为 4%，2 年期利率为 6%，1 年后的 1 年期利率预计最接近（　　）。

A. 6% 　　B. 7%

C. 8% 　　D. 9%

8.（2021—清华大学）下列关于利率期限结构理论，错误的选项是（　　）。

A. 根据预期理论，远期利率等于预期未来短期利率

B. 根据预期理论，收益率曲线右上方倾斜，预期未来短期利率下降

C. 根据流动性溢价理论，远期利率等于预期未来短期利率加上流动性溢价

D. 根据流动性溢价理论，收益率曲线右上方倾斜可能是因为流动性溢价增加

9.（2023—中央财经大学）关于利率期限结构理论，说法正确的是（　　）。

A. 预期理论认为不同期限的债券完全可替代

B. 市场分割理论可以解释不同期限的债券利率随时间变化一起波动

C. 期限选择和流动性升水理论认为投资者是风险中性的

D. 市场分割理论假设不同期限的债券之间存在不完全的替代性

10.（2024—清华大学）以下说法正确的是（　　）。

A. 根据期望理论，收益率曲线斜率为正是因为预期短期利率小于当前短期利率

B. 定期绘制收益率曲线，是采用交易日至发行日大于三个月的国债

C. 按照流动性偏好理论，收益率曲线一般向下倾斜

D. 要得到收益率曲线不仅可以通过国债计算，还可以利用利率衍生品的价格推算

11.（2024—对外经济贸易大学）根据期限结构当中的市场分割理论，以下假设正确的是（　　）。

A. 不同到期期限的债券根本无法相互替代

B. 不同到期期限的债券无法完全相互替代

C. 不同到期期限的债券可以相互替代

D. 不同到期期限的债券之间没有任何关系

12.（2025—中央财经大学）以下哪个理论能同时解释关于收益率曲线形状的三点经验事实（　　）。

A. 预期理论 　　B. 市场分割理论

C. 风险溢价理论 　　D. 期限选择与流动性升水理论

13.（2023—首都经济贸易大学）名词解释：收益率曲线。

14.（2024—北京师范大学，2024—厦门大学，2025—南开大学）名词解释：利率期限结构。

15.（2024—中南财经政法大学）名词解释：即期利率。

16.（2021—西南财经大学）根据利率期限结构的流动性溢价理论，预期未来三年内 1 年期利率分别为 3%、4%、5%，已知 3 年期的流动性溢价为 0.3%，请问 3

年期利率是多少?

17.(2023—对外经济贸易大学)根据利率期限结构理论,已知未来五年的 1 年期利率分别为 3%、4%、5%、5%、5%,流动性升水为 0%、0.25%、0.5%、1%、1.2%,画出收益率曲线。

18.(2025—中国社会科学院大学)当前 1 年期收益率为 2.5%,2 年期为 2.7%,以单利的形式计息,请根据利率的期限结构预期假说求 1 年后的 1 年期收益率并和当前的 1 年期收益率比较。

19.(2021—首都经济贸易大学)用流动性溢价理论解释下以下三个事实:

(1)不同期限结构的债券总是随着时间一起波动。

(2)如果短期利率较低,收益率曲线更趋于向上倾斜;如果短期利率高,则收益率曲线更趋于向下倾斜。

(3)收益率曲线几乎总是向上倾斜。

20.(2024—西南财经大学)简述利率期限结构中的市场分割理论的假设以及它的内容和缺陷。

21.(2025—浙江工商大学)分析当预期未来短期利率下降时,收益率曲线的斜率会如何变化。

【答 案】1. $\sqrt{}$;2. ×;3. $\sqrt{}$;4. B;5. A;6. A;7. C;8. B;9. A;10. D;11. A;12. D;13. 略;14. 略;15. 略;16. 4.3%;

17.(1)根据流动性溢价理论,长期利率等于期限内预期短期利率平均值加流动性溢价,因此

2 年期的利率 $y_2=\dfrac{3\%+4\%}{2}+0.25\%=3.75\%$

3 年期的利率 $y_3=\dfrac{3\%+4\%+5\%}{3}+0.5\%=4.5\%$

4 年期的利率 $y_4=\dfrac{3\%+4\%+5\%+5\%}{4}+1\%=5.25\%$

5 年期的利率 $y_5=\dfrac{3\%+4\%+5\%+5\%+5\%}{5}+1.2\%=5.60\%$

(2)收益率曲线图形如下:

收益率曲线

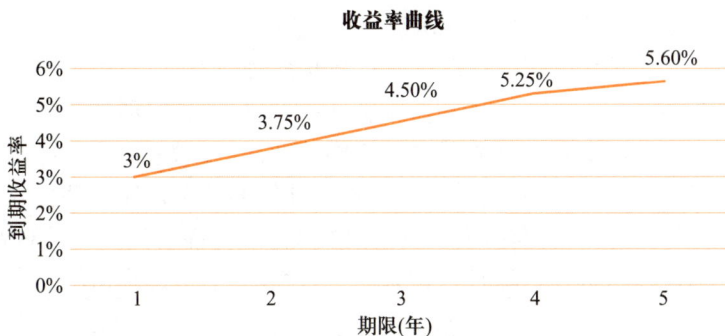

18. 假设 1 年后的 1 年期利率为 r_2,则根据预期理论,有 $1+2.5\%+r_2=1+2.7\%\times2$(单利),可得 $r_2=2.9\%$,高于当前的 1 年期收益率。

19. 略；
20. 略；
21. 略

第六节　利率对经济的影响

一、微观层面

从微观角度看,利率影响居民的收入在消费与储蓄之间的分配以及企业的经营管理和投资决策。

（一）居民的收入分配　★★

1. 古典利率决定理论的分析

根据古典利率决定理论,利率是即期消费的机会成本,是储蓄的报酬。所以当利率上升的时候,人们会减少当期消费而增加储蓄。但是从现实情况来看,这种相关关系未必一定成立。

> 》　**举例**：你的父母准备在将来若干年的时间里攒够 100 万元作为养老资金,按照 3% 的存款利率来算,一个月要存 5 000 元,这是刚性的,剩下的收入才能用于消费。现在存款利率上升,同样 100 万元的目标,一个月可能只需要存 4 800 元,多出了 200 元用于消费。也就是说,伴随着存款利率的提高,可用于消费的收入是上升的。这个例子反映的就是"**预防性储蓄**",储蓄的目的是要预防住房、医疗、养老、教育等支出,存在刚性。这样,当利率上升的时候,人们不会减少消费,反而可能增加消费。

2. 利率变动的替代效应和收入效应

实际上,根据微观经济学的观点,利率变动对消费的影响包括替代效应和收入效应。**替代效应**是指利率上升时,储蓄的回报率上升,所以人们用回报率更高的储蓄去代替当期消费,消费**减少**; **收入效应**也称**财富效应**,是指利率上升时,利息收入增加,人们会把多出来的利息收入拿出一部分用于当期的消费,消费**增加**[①]。

利率变动对消费的影响存在正反两个方面,那么两者孰强孰弱呢?**理论**上,替代效应强于收入效应,也就是利率上升,消费减少,中央银行加息对消费起到紧缩的影响。但是从**实际情况**看,在不同国家、不同阶段会有不同的结论。比如,中国人民银行之前数次降息并没有带来消费的显著增加,可能就是因为预防性储蓄的存在使得替代效应并未显著地强于收入效应。如果更深入地探究,消费对利率的敏感性可能会受到居民对未来就业、收入和物价的预期、居民部门的杠杆率、社保体系的完善程度、消费信贷市场的发育程度等诸多因素的影响。

---

① 类似地,我们也可以分析利率变动对储蓄的替代效应和收入效应。

（二）企业的经营管理和投资决策 ★★★★

1. 利率对投资规模和投资结构的影响

利率是企业投资所负担的资本成本，所以利率的上升会增加企业的财务费用、**抑制投资**。需要注意的是，因为不同类型的投资对利率的敏感性不同，所以利率变动还会影响**投资结构**。

> ≫ **举例**：（1）利率水平的上升会更多冲击私人投资，更少冲击政府（包括部分国有企业）投资。因为前者是以利润最大化为目标的，在项目选择的过程中会更多考虑融资成本。（2）利率水平的上升会更多冲击资本密集型企业投资，更少冲击劳动密集型企业投资。因为前者杠杆率（债务水平）普遍较高，进而在利率水平上升时会更大程度上增加利息支出。（3）利率水平的上升会更多冲击长期固定资产投资，更少冲击短期的存货投资。因为前者对应长期债务，会更大程度上增加利息支出。

2. 投资对利率的敏感性[①]

类似于消费对利率的敏感性，投资对利率的敏感性也会受到一些因素的影响，包括**（1）微观主体是否是理性经济人，按照市场化机制运行**。企业是否以利润最大化为目标，是否存在财务软约束[②]。**（2）利率是否按照市场化机制形成，以确保其在合理的区间范围之内**。通过行政管制的方式压低或抬高利率则会降低投资对利率的敏感性，比如压低利率会使得市场存在超额的贷款需求，此时相较于利率本身的高低而言，更重要的是资金的可得性。**（3）企业对未来收入、盈利的预期**。如果预期悲观，企业判断项目投资无法带来满意的现金流和回报率，那么即便利率下降也很难刺激投资[③]。**（4）企业部门的杠杆率情况**。若企业部门的杠杆率已经过高，缺乏进一步借债、加杠杆的空间，则也会降低投资对利率的敏感性。

二、宏观层面 ★★

从宏观角度看，利率的变动会对产品市场、货币市场、金融市场、国际资金流动、产出的分配、资源配置效率产生影响。

（1）**产品市场**：利率的变动会影响消费、投资，进而影响总需求、产出和价格。
（2）**货币市场**：利率的变动会影响货币需求和货币供给[④]。
（3）**金融市场**：利率的变动会影响债券、股票价格以及汇率的波动。

> ≫ **举例**：过去 10 年，我国 A 股市场大概发生了两轮系统性的估值扩张，一轮是 2014—2015 年，另一轮是 2019—2020 年，两轮都发生在利率中枢的下行期。

---

① 有的教材上讲"利率发挥作用的条件"，其实就是在说"如何提高消费和投资对利率的敏感性"。
② "财务软约束"就是财务方面的指标（如收入、成本、盈利）对企业约束较弱，更多出现在一些国有企业。
③ 这就是前述的"投资陷阱"。
④ 关于利率对货币需求和货币供给的影响，可参考货币需求和货币供给章节。

（4）**国际资金流动**：利率变动会影响资本跨境套利（Carry-Trade）的行为[①]。

（5）**产出的分配**：利率作为资本的收益，会影响按劳分配和按资分配的比例。

（6）**资源配置效率**：利率水平的适当提高会使得一些没有竞争力的企业退出市场，保留竞争力强的企业，促进资金向有竞争力的企业流动，进而提高资源配置的效率。从这个角度来看，利率的非市场化，即政府强制压低存贷款利率可能会导致资金过度向一些增长性不强、市场竞争力较弱的国有企业配置，形成资金黑洞甚至**僵尸企业**，不利于资源配置效率的提高和经济的长期增长。

▷▷▷　**真题链接**

1.（2024—对外经济贸易大学）（判断题）利率变动对储蓄的替代效应大于收入效应时，利率升高时会导致储蓄下降。（　　）

2.（2024—中央财经大学）利率发挥作用的条件不包括（　　）。

A. 利率品种的多样性　　　　　　B. 市场化的利率决定机制

C. 合理的利率弹性　　　　　　　D. 独立决策的市场主体

3.（2017—中国人民大学）请说明利率的影响因素，并阐述利率变化对投资规模和投资结构的影响。

4.（2015—中央财经大学，2022—中央财经大学）简述利率发挥作用的条件。

5.（2024—西南财经大学）请简述利率下降对企业投资行为、消费者消费行为以及储蓄行为的影响。

6.（2025—南开大学）请分析政府如何通过调控利率控制固定资产投资。

7.（2025—华东师范大学）简述利率变动对宏观经济的影响。

【答案】1. ×；2. A；3. 略；4. 略；5. 略；6. 略；7. 略

专栏一　利率市场化

（一）含义 ★

利率市场化是指利率形成机制的市场化，即利率应当由市场供求决定、由市场化的机构来确定，而不是由政府和中央银行直接控制。

（二）进程 ★

1. 我国的利率市场化主要在三个市场展开

（1）**货币市场**：同业拆借利率、回购利率、票据利率等的市场化在 1996 年就基本完成了。2007 年，我国推出了上海银行间同业拆借利率（SHIBOR），也是完全市场化的利率。

（2）**债券市场**：国债利率、企业债利率等的市场化在 1999 年也已经基本完成。

（3）**存贷款市场**：21 世纪以来，我国的利率市场化主要在存贷款市场展开。

2. 我国对存贷款利率的管制 ★

长期以来，我国通过管制存贷款**基准利率**和**波动幅度**的方式对存贷款利率进行管制。

[①] 详细可参考汇率章节。

就波动幅度而言,2004 年,我国开启了"贷款利率管下限,存款利率管上限"的模式,之后逐步放大波动幅度;2013 年 7 月,完全放开了贷款利率下限;2015 年 10 月,完全放开了存款利率上限。也即目前只剩对存贷款基准利率的管制,未来利率市场化改革的方向就是取消基准利率。

2019 年,中国人民银行行长易纲表示,"目前中国仍然存在利率'双轨制'""货币市场利率是完全由市场决定的""在存贷款方面仍然有基准利率""最佳策略是让两个轨道的利率逐渐统一,这就是我们要做的市场化改革"。也就是说,取消基准利率管制是从**"利率并轨"**的角度出发的,让管制利率与市场利率并轨。在该思想的指导下,2019 年我国进行了 LPR 改革,以更加市场化的 LPR 代替贷款基准利率;2021 年和 2022 年又进行了存款利率的市场化改革,存款利率参考以 10 年期国债收益率为代表的债券市场利率和以 1 年期 LPR 为代表的贷款市场利率而形成,淡化存款基准利率的影响。

(三)原因(积极影响)　★★

1. 理论支持

(1)根据**福利经济学第一定理**,在一定条件下,任何竞争性市场均衡都是帕累托最优的[①]。所以利率市场化改革有助于更好地发挥市场在资源配置中的作用,促进经济的长期发展和社会福利的提高。

(2)根据爱德华·肖和麦金农的**金融抑制和金融深化理论**,以利率管制为代表的金融抑制会对经济产生负外部性,阻碍实体经济的发展;而金融深化则会对经济产生正外部性,促进实体经济的发展。

2. 现实依据

在利率管制的情况下,政府通常会压低存贷款利率。利率的压低在特定阶段下会加速一个国家的资本积累,从而促进经济增长,但同时也会造成很多的**市场扭曲**。

(1)相当于用居民部门的净储蓄(存款利率低)补贴企业部门的净投资(贷款利率低),这是不公平的,并且不利于激励储蓄,可能会导致出现"负储蓄、负投资、负就业、负产出"的情况。

(2)催生正规和非正规二元金融体系,增加风险。一方面,存款利率被压低,居民不愿意把钱存到银行,又缺乏好的资产配置方式,出现了"资金供给的堰塞湖";另一方面,贷款利率被压低,筛选出来的是风险最低的国有企业,资金给大型国有企业多配、超配,给中小民营企业少配、不配,存在结构性的融资难、融资贵问题,出现了"资金需求的堰塞湖"。当正规金融体系无法满足居民和企业的投融资需求时,他们可能更多诉诸非正规金融体系。非正规金融体系往往经营不透明、游离于监管之外,所以会导致大量的隐匿风险。

(3)贷款利率被压低,会出现超额的贷款需求以及随之而来的信贷配给,进而导致寻租和腐败。

(4)"双轨制"的存在也造成了货币市场利率和存贷款利率的分割,降低了货币政策的传导效率,中央银行通过调控货币市场利率的货币政策作用很难传导到存贷款市场。

---

① 帕累托最优是指不存在帕累托改进的状态。帕累托改进是指在不使其他人境况变坏的前提下,使得一部分人的境况变得更好。

（四）消极影响　★★

1. 增加金融体系运行的风险

从美国、日本等国家的利率市场化经验来看,随着利率市场化进程的加快,银行倒闭的情况也明显变多,尤其是自身定价能力不足、利率风险控制不足的银行。同时,利率市场化往往也会加剧银行之间的竞争,可能会出现银行竞相提高存款利率("存款大战")的情况,这也会增加金融体系的脆弱性。

2. 增加货币政策的调控难度

之前政府对存贷款利率进行直接的管制,现在则通过调控货币市场利率实现间接管理,那么势必会面临传导机制是否通畅、传导效果是否良好的问题。

为了解决这些问题,政府应该在放开利率管制的同时完善配套措施。

（五）配套措施　★★

（1）培育市场化的基准利率体系。一方面帮助商业银行存贷款利率定价,另一方面提高货币政策传导效率。

（2）发展利率风险管理工具,如利率远期、利率期货（国债期货）、利率互换等,给商业银行以及其他市场主体提供充足的利率风险管理工具,管理好利率市场化所带来的利率波动的风险。

（3）推动货币政策框架由数量型向价格型转变,完善利率走廊调控[①]。

（4）建立完善的存款保险制度,防止银行微观层面的破产演化为系统性的金融风险[②]。

▷▷▷ 真题链接

1.（2024—中国海洋大学）名词解释:利率市场化。

2.（2015—首都经济贸易大学）简述我国利率市场化的进程,并分析现阶段我国利率市场化的条件。

3.（2025—中南财经政法大学）简述利率市场化对商业银行资产负债管理的影响。

【参考答案】1. 略;2. 略;3. 略

专栏二　LPR 改革

（一）含义　★★

LPR 指**贷款市场报价利率**（Loan Prime Rate）,是各报价行根据本行对最优质客户的贷款利率进行报价,并在此基础上计算出的算术平均数。它是贷款市场的基准利率,各金融机构应主要参考 LPR 进行贷款定价。

---

① 详细可参考货币政策章节。
② 详细可参考商业银行章节。

（二）改革前存在的问题 ★

LPR 产生于 2013 年,目的是逐步代替原有的贷款基准利率,在贷款定价中发挥基准作用。但是改革前的 LPR 存在很多问题,并没有在贷款利率的形成中发挥太大作用,这些问题包括:

（1）LPR 本身参照的就是央行的贷款基准利率,贷款基准利率不调整,LPR 也不调整,并不会随着货币市场利率的变动而变动,也即政策属性强、市场属性弱。

（2）10 家报价行全都是全国性银行,在报价方面和实际的使用方面,中小银行参与度较低。

（3）LPR 只有 1 年期的报价,没有长期限的报价,也就是说,只能为 1 年的短期贷款定价提供基准。

（三）改革的内容 ★★

2019 年,我国对 LPR 进行了改革,改革的主要内容包括:

（1）LPR 的报价方式按照中期借贷便利（MLF）利率加点形成,MLF 利率由央行市场化招标形成,增加了 LPR 的市场属性。2024 年,MLF 利率的中期政策利率属性逐步淡化,LPR 报价转向更多参考短期政策利率（公开市场操作 7 天逆回购利率）。

（2）新引入 8 家中小报价行,包括城市商业银行、农村商业银行、外资银行和民营银行。

（3）引入 5 年期以上的期限品种,指导中长期贷款的定价。

（四）改革的意义 ★★

1. 推动了贷款利率的市场化改革

通过新增贷款利率盯住 LPR,LPR 盯住 MLF 利率,MLF 利率由央行市场化招标形成的设计,提高了 LPR 定价的市场化程度,淡化了贷款基准利率的影响。贷款利率的市场化改革能够为解决中国当前存在的货币市场利率（市场化利率）和存贷款基准利率并存的"双轨制"问题起到推动作用,推动了贷款利率市场化的进程。

2. 提高了利率传导效率

通过构造新的利率传导路径（MLF 利率→LPR→贷款利率）,疏通了货币政策的传导,提高了政策利率向贷款利率的传导效率。从中间目标来看,提高了利率目标的可控性,为货币政策调控由数量型向价格型转变创造了空间;从调控工具来看,增强了 MLF 利率作为中期政策利率的影响。

3. 推动降低实体经济融资成本

改革前,1 年期贷款基准利率为 4.35%;改革后,1 年期 LPR 逐渐下降为 3.1%,也即贷款市场的基准利率下降了 1.25%。除此之外,这次改革还强调商业银行不得设置贷款利率的隐性下限。这就有助于贷款利率的下降,进而降低实体经济融资成本。

（五）改革后仍然存在的问题 ★

1. 将 LPR 与 MLF 利率绑定可能存在问题

（1）我国 MLF 最长期限只有 1 年期,对于 5 年期以上 LPR 的定价缺乏指导意义。

（2）从银行负债结构来看,包括 MLF 在内的整个中央银行借款占比在 5% 以下,所以 MLF 利率对银行整体负债成本影响很小。根据成本加成定价,向 LPR 的传导效力有限。

2. 压缩银行利润,增加银行运行风险

（1）贷款利率的下降并没有伴随着存款利率的下降,银行净息差下降、利润受损。

（2）贷款利率锚定 LPR,LPR 锚定 MLF 利率；而存款利率仍然锚定存款基准利率,可能加剧银行面临的利率风险（基差风险）。

3. LPR 只是基准利率,并非每个企业实际的贷款利率、更非中小企业贷款的实际利率

中小企业融资贵更多是指高的风险成本和业务成本,基准利率的下降对缓解中企业融资费的问题作用有限,并且其实际上是以压缩银行利润为代价来推动实体经济融资成本的下降,难以持续。

▷▷▷ **真题链接**

1.（2024—中国人民大学）LPR 报价是在公开市场操作利率的基础上加点形成的,这里的公开市场操作利率具体指（　　）。

A. MLF 利率　　　　　　　　　B. SLF 利率

C. TMLF 利率　　　　　　　　D. PSL 利率

2.（2021—清华大学）关于 LPR 利率,以下说法正确的是（　　）。

A. 传达了央行利率调控信号　　B. 反映了市场无风险贷款利率水平

C. 代表了银行平均边际资金成本　D. 以上说法均错误

3.（2025—北京师范大学）名词解释:LPR。

4.（2022—上海财经大学）2019 年 8 月 17 日,中国人民银行发布公告"为深化利率市场化改革,提高利率传导效率,推动降低实体经济融资成本,中国人民银行决定改善贷款市场报价利率（LPR）形成机制",央行启动贷款市场报价利率（LPR）改革,贷款端"利率并轨"工作正式完成。

（1）央行为何对 LPR 定价机制进行改革？

（2）LPR 定价机制改革的主要内容是什么？

（3）LPR 定价机制改革的成效如何？

5.（2024—首都经济贸易大学）简述 LPR 改革的影响和意义。

【答案】1. A；2. A；3. 略；4. 略；5. 略

第四讲　商业银行

【考情分析】

本讲的重点内容包括商业银行的业务、管理、风险和监管。从题型上来看,选择题、名词解释、简答题、论述题、计算题均考查较多。

【知识框架】

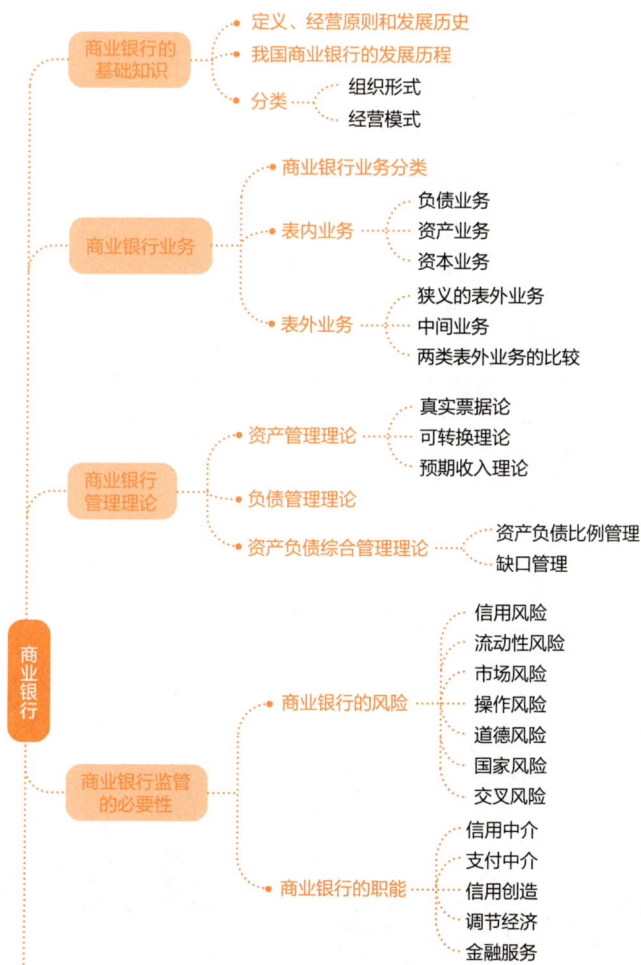

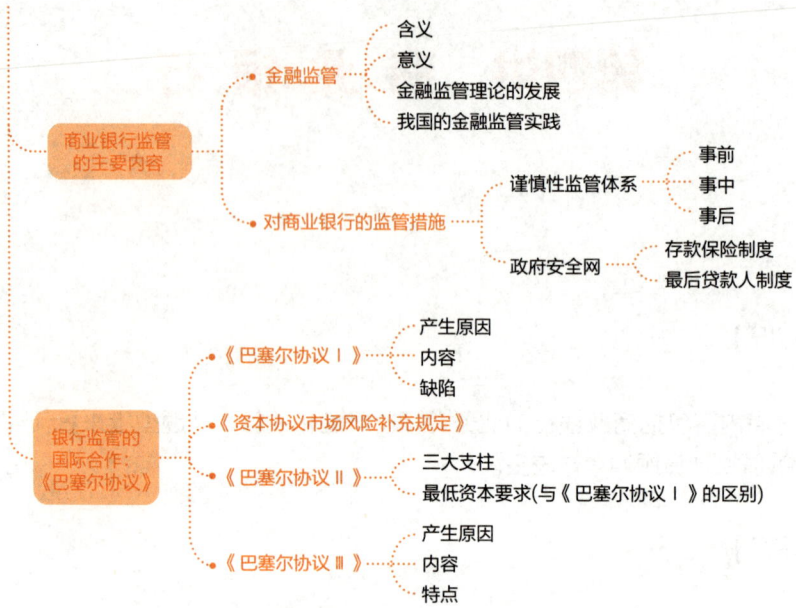

第一节　商业银行的基础知识

一、商业银行的定义、经营原则和发展历史

（一）定义　★

商业银行是以利润最大化为目标,通过多种金融负债筹集资金,以多种金融资产为经营对象,通过负债进行信用创造,提供多功能综合性金融服务的金融企业。

（二）经营原则　★★

"以利润最大化为目标"说明商业银行是以营利为目的的。一般来讲,商业银行的经营遵循"三性"原则:安全性、流动性、盈利性[①]。

1."三性"的含义

（1）**安全性**。狭义上,安全性主要指银行应保证自身资产质量的安全,减少贷款和投资带来的信用风险;广义上,安全性则指银行在经营过程中应尽量防范各种风险,包括但不限于信用风险、流动性风险、市场风险等。相较于一般的工商企业,商业银行有更低的资本金比率、更高的经营风险、更强的外部性,所以安全性是其重要的经营原则。

（2）**流动性**。流动性是指银行能够随时满足客户的提现需求以及合理的贷款需求。我们知道,流动性包括**资产的流动性**和**负债的流动性**[②],所以为了保证流动性,银行可以从资产端和负债端两个方面入手:在资产端,保有一定比例的现金资产;在负债端,拓宽自身的融资渠道并提高融资能力。

（3）**盈利性**。盈利性是指银行会追求利润的最大化,它是银行改善经营、优化服务的关键动力。

2."三性"之间是对立统一的

（1）**统一性**。比如,安全性与流动性往往是正相关的,流动性强的资产的风险较小;更完善的风险管理、更少的坏账也意味着更多的利润、更强的盈利性;如盈利性越强,意味着银行有更多的利润留存和资本积累,安全性也会更高。

（2）**对立性**。比如,资产的安全性和流动性越强,信用风险和流动性风险越低,盈利性往往越弱;反之亦反。

整体来看,商业银行要在保证安全性的前提下,通过灵活调整流动性,来提高盈利性。盈利性是商业银行最终的、最重要的目标。

（三）发展历史　★

从历史上来看,1580 年,在意大利建立的**威尼斯银行**成为最早出现的近代银行,也是历史上首个以"银行"为名的信用机构。1694 年,在英国政府的支持下,由私人创办的**英格兰**

---

① 根据《中华人民共和国商业银行法》,我国商业银行的经营原则为"安全性、流动性、**效益性**"。

② 在第一讲货币中已进行介绍。

135 《

银行是最早出现的股份制银行,它的建立标志着现代新型银行制度的诞生。1845 年,中国出现第一家新式银行:由英国人开设的**丽如银行**。1897 年,中国出现第一家自办银行——**中国通商银行**。

▷▷▷ **真题链接**

1.(2019—中国人民大学)商业银行经营的原则是(　　)。
A. 盈利性、流动性、安全性　　　　B. 盈利性、期限性、安全性
C. 流动性、期限性、风险性　　　　D. 风险性、期限性、盈利性

2.(2020—中国人民大学)中国自办的第一家银行是 1897 年成立的(　　)。
A. 交通银行　　　　　　　　　　B. 户部银行
C. 中国通商银行　　　　　　　　D. 中国农民银行

3.(2024—中央财经大学)商业银行的业务经营原则不包括(　　)。
A. 安全性　　　　　　　　　　　B. 流动性
C. 盈利性　　　　　　　　　　　D. 信用性

4.(2025—中央财经大学)(多选题)商业银行的经营原则包括(　　)。
A. 收益性　　　　　　　　　　　B. 流动性
C. 安全性　　　　　　　　　　　D. 盈利性
E. 普惠性

5.(2024—对外经济贸易大学)(判断题)商业银行的经营原则主要是安全性、流动性和效益性。(　　)

6.(2023—华中科技大学,2024—广东外语外贸大学,2024—兰州大学,2025—中国石油大学(北京))简述商业银行的经营原则以及它们之间的关系。

【答案】1. A;2. C;3. D;4. BCD;5. √;6. 略

二、我国商业银行的发展历程

(一)国家专业银行阶段

1979—1984 年,四家专业银行——中国工商银行、中国建设银行、中国农业银行、中国银行陆续成立。成立之初,四家专业银行的业务有所分工,但之后渐渐重叠。分离的目的在于定向落实产业政策,包括定向支持农业发展(中国农业银行)、支持工商业发展(中国工商银行)、支持基础设施建设(中国建设银行)以及支持我国的对外贸易和对外投融资(中国银行)。

(二)国有独资商业银行阶段　★

1993 年,中共十四届三中全会通过了《中共中央关于建立社会主义市场经济体制若干问题的决定》。在这次会议精神的指导下,1994 年,三家政策性银行:国家开发银行、中国进出口银行、中国农业发展银行成立,把政策性业务从原有的专业银行业务中剥离出来,原有的专业银行变为国有独资商业银行。1995 年,《中华人民共和国商业银行法》颁布,对商业

银行的经营进行了规范。

（三）国家控股股份制商业银行阶段

2003 年,为了提高银行体系的运行效率和稳健性,国有银行陆续进行了改革。改革分四步走:首先,核销已损失的资本金;其次,剥离不良贷款,专门成立**资产管理公司**来承接和处置不良贷款;再次,成立**中央汇金投资有限责任公司**①,代表政府继续注资四大行;最后,引入战略投资者,并在香港 H 股市场和境内 A 股市场公开发行上市。经过股份制改革后,国有独资商业银行就变成了国家控股的股份制商业银行,公司治理机制的优化极大促进了我国商业银行的发展。随着中国经济的快速增长,根据英国《银行家》杂志发布的"2022 年全球银行业 1000 强",按照一级资本、总资产等指标排序,中国银行、中国农业银行、中国工商银行、中国建设银行四大行均名列前四位。

（四）现阶段的银行体系　★★

发展到现在,我国已经形成了**多层次的银行体系**,包括国有"六大行"②、全国性股份制商业银行(以下简称"股份制银行")、城市商业银行(以下简称"城商行")、农村商业银行(以下简称"农商行")、其他农村金融机构(如村镇银行)、民营银行以及外资银行等。2019 年银行业和保险业监督管理工作会议提出,"加快建立多层次、广覆盖、差异化金融体系"。

▷▷▷ 真题链接

1.(2021—上海财经大学)关于我国银行系统的现状,以下说法错误的是( )。

A. 我国商业银行都有国有资本成分,不存在纯粹的民营银行

B. 由几个大银行和一些中小银行构成

C. 不同的银行经营收入差距非常大

D. 存在倒闭或因为经营不善而被国家接管的银行

2.(2021—中国人民大学)2019 年 2 月,随着( )银行加入国有商业银行序列,从此"五大行"转变成为"六大行"。

A. 中信银行　　　　　　　　B. 交通银行

C. 光大银行　　　　　　　　D. 中国邮政储蓄银行

3.(2023—中国人民大学)( )是我国专门用外汇投资的国有独资公司。

A. 中国银行　　　　　　　　B. 中金公司

C. 中央汇金公司　　　　　　D. 中投公司

【答案】1. A;2. D;3. D

---

① 中央汇金投资有限责任公司(以下简称汇金公司)成立于 2003 年,根据国家授权,对国有重点金融企业进行股权投资。汇金公司于 2007 年作为全资子公司并入中国投资有限责任公司(以下简称中投公司)。对内,中投公司作为控股银行的股东,履行出资人责任,实现国家资本的保值增值;对外,中投公司作为国家主权基金,从事外汇投资的运作。

② 2006 年,中国交通银行加入国有商业银行序列,与"四大行"一起称为"五大行";2019 年,中国邮政储蓄银行加入,与"五大行"一起称为"六大行"。

三、商业银行的分类

（一）组织形式 ★

根据**组织形式**不同,商业银行可以分为**总分行制**、**单一银行制**和**集团银行制**。

1. 总分行制与单一银行制

（1）含义

总分行制下银行可以跨地域设立分支机构,单一银行制下则不允许。

（2）中国与美国的情况

① 美国在很长的一段时间内都实行单一银行制,1927 年的《麦克法登法案》以及 1956 年的《道格拉斯修正案》严格限制商业银行跨州设立分支机构,但是之后两个文件已经被废除。

② 中国实行总分行制,商业银行存在总行→一级分行（省行）→二级分行（市行）→一级支行（区县行）→二级支行（储蓄所）的五级结构[①],分支机构不具有法人资格。

2. 集团银行制

（1）含义

集团银行制又包括银行控股公司制和连锁银行制。在银行控股公司制下,由某一集团 A 设立一家控股公司,然后再由该公司控制和收购几家银行 B、C、D;在连锁银行制下,名义上并不存在一家控股公司,银行 B、C、D 在法律上是独立的,但实际上仍然是由同一集团 A 所控制。

（2）作用

集团银行制是规避单一制管制的主要措施,通过控制多个地区的银行 B、C、D,集团 A 实际上突破了不能跨州设立分支机构的管制。

（二）经营模式 ★★

根据**经营模式**不同,商业银行可以分为**分业经营（职能分工型）商业银行**和**混业经营（综合型、全能型）商业银行**。

1. 含义

分业经营下,法律限定金融机构必须分门别类（银行、证券、保险、信托等）,各司其职。对应地,商业银行只能从事银行业务:吸收存款、发放贷款,而不能从事证券业务和保险业务。混业经营下,法律则并无限制,商业银行可以同时经营证券业务、保险业务等。需要注意的是,分业经营是政府监管的产物,并非市场自发形成的。

2. 混业经营的模式

混业经营有两种基本模式:(1) 在一家银行内同时开展存贷款、证券、保险、信托等业务;(2) 以**金融控股公司**的形式把分别独立经营某种业务的公司链接在一起。

>> **金融控股公司（以下简称"金控公司"）**

（1）含义:在同一控制权下,完全或主要在银行、证券、保险至少两个

---

① 也存在特殊情况,比如我国不允许一些地方性商业银行在外地设立分支机构。

不同的金融行业提供大规模服务的金融公司[①]。我国金控公司发展迅速,规模较大的金融机构基本都是这种形式,中信集团、平安集团、光大集团等几乎具有全金融牌照[②]。

（2）**优势**：一方面有利于满足各类企业和消费者对多元化金融服务的需求,另一方面也有助于金融企业通过协同效应实现规模经济和范围经济,提升服务经济高质量发展的能力。

（3）**问题**：容易导致风险积累,增加金融体系脆弱性。具体来看：**第一,缺少整体的资本约束**,中间存在资本重复使用、交叉持有的问题；**第二,风险隔离机制缺失**,加剧了风险的横向传染性；**第三,部分企业控制关系复杂**,风险隐蔽性强；**第四,部分企业不当干预金融机构经营**（尤其是实体企业控制的金控公司）,利用关联交易隐蔽地输送利益,损害金融机构和投资者的权益。

（4）**监管**：我国长期以来实施的分业监管体制难以覆盖对金控公司的监管。为此,中国人民银行在 2020 年专门发布了《金融控股公司监督管理试行办法》。针对上述问题,确立了以下监管原则：**第一,宏观审慎管理**,将金融控股集团视为一个整体实施监管（并表监管）；对并表范围内的公司治理结构、整体资本和杠杆水平、关联交易、整体风险敞口等方面进行全面持续管控,有效识别、计量、监测和控制金控集团总体的风险状况。**第二,穿透监管**。准确识别实际控制人和最终受益人,穿透核查资金来源。**第三,协调监管**。中国人民银行对金融控股公司整体实施监管,证监会、国家金融监管总局则对金融控股公司所控股的金融机构实施监管,各部门之间加强监管合作和信息共享。

3. 中国与美国的情况

（1）**从美国的情况来看**,1929—1933 年,美国出现了经济危机,很多经济学家将危机爆发的原因归咎于银行的混业经营：因为大量从事股票业务,所以受到股价下跌的影响,银行破产,投融资市场瘫痪,进而造成了实体经济的萧条。所以 1933 年,美国通过了《**格拉斯 - 斯蒂格尔法案**》,规定商业银行不得从事证券业务,标志着美国进入分业经营时代。1999 年,美国又通过了《**金融服务现代化法案**》,允许银行、证券、保险业务相互渗透,标志着美国重新进入混业经营时代。金融危机后的 2010 年,美国通过了《**多德 - 弗兰克华尔街改革和消费者保护法**》（以下简称《**多德 - 弗兰克法案**》）,其核心条款"**沃尔克规则**"禁止银行机构使用自有资金投资盈利,又对银行的业务范围提出了新的限制,促使银行回归传统信贷中介功能。

（2）**从中国的情况来看**,1995 年以前我国实行混业经营,但是银行内部控制能力不足,

---

① 《金融控股公司监督管理试行办法》对金融控股公司的定义为"依法设立,控股或实际控制两个或两个以上不同类型金融机构,自身仅开展股权投资管理、不直接从事商业性经营活动的有限责任公司或股份有限公司"。

② 在我国,开展金融业务需要国家金融监督管理总局发放的金融牌照,包括银行、证券、保险、基金、信托、租赁、期货、基金子公司、基金销售、第三方支付、小额贷款、典当 12 种牌照。

不存在任何的防火墙机制,所以大量存款流入股票市场,造成了股市的大幅震荡,银行也积累了大量的坏账。于是1995年颁布的《中华人民共和国商业银行法》(以下简称《商业银行法》)规定我国实施严格的分业经营。

从当前的情况来看,随着金融机构内部控制制度的逐渐完善,法律法规的日益健全,资本市场的发展压缩了银行的利润空间,金融业的开放使国内金融机构更多面临国际综合性金融机构的竞争,我国分业经营的管制也在逐渐放松。比如,商业银行可以进行代理证券、代理保险、金融衍生品交易、资产证券化等业务,可以在银行间市场进行债券承销,可以建立持有多金融牌照的金融控股公司等。

4. 分业和混业的比较

可以看到,分业和混业从本质上来讲是风险和效率的权衡。分业的优势在于降低系统性风险,防止风险在各金融子业之间交叉传染;混业的优势则在于提高效率,通过规模经济、范围经济来降低成本,包括节约信息生产的成本:企业发行债券和申请贷款可以共享财务信息,不用进行重复的尽职调查;节约渠道成本:证券、保险的销售可以依托银行网点,银行也可以向其证券、保险客户发放信用卡,进行交叉销售。

▷▷▷ **真题链接**

1.(2018—中国人民大学)《多德－弗兰克法案》建立了一个新的金融监管架,将不可避免地对未来长时间美国金融市场、金融监管体系、危机处理路径等的重塑产生影响。其中核心条款"沃尔克规则"的内容是(　　　)。

　A. 禁止银行从事证券投资交易　　B. 禁止银行使用自营资金从事投机交易
　C. 禁止银行从事资产证券化活动　D. 禁止银行从事金融衍生品交易活动

2.(2018—中国人民大学)随着我国商业银行逐渐综合化经营,目前商业银行不通过设立子公司的方式予以直接开展的业务是(　　　)。

　A. 债券承销　　　　　　　　　B. 代客从事股权交易
　C. 为企业IPO　　　　　　　　 D. 对实体企业股权投资

3.(2024—中国人民大学)(判断题)美国是代理行制度最发达的国家,它也是总分行制度的典型国家之一。(　　　)

4.(2024—中国人民大学)(判断题)沃尔克规则禁止银行使用自有资金投资盈利,促使商业银行回归传统信贷中介功能。(　　　)

5.(2025—同济大学)名词解释:集团银行制。

6.(2025—中国石油大学(北京))论述商业银行分业经营的含义以及优缺点。随着金融行业的发展,我国部分金融机构出现混业经营的趋势,请谈一下你对该问题的看法。

【答案】1. B;2. A;3. ×;4. √;5. 略;6. 略

第二节　商业银行业务

一、商业银行业务分类　★

根据是否在**资产负债表**中体现,商业银行的业务可以分为**表内业务**和**表外业务**。表内业务指在资产负债表中,资产、负债或所有者权益科目予以列示的业务;表外业务则不出现在资产负债表中,不通过资产负债科目列示的业务。

表内业务又包括资本(所有者权益)业务、负债业务和资产业务三部分(如表4-1所示)。其中资产业务表示资金的运用,负债和资本业务则表示资金的来源。资金来源恒等于资金运用(资金当然不会凭空消失),所以资产规模应恒等于负债规模加资本规模。

通过该恒等关系,我们也能得到商业银行运行的逻辑:与一般工商企业相似,首先,股东要出一定的资本金建立银行。其次,银行通过发行债务来获取更多的资金。最后,债务和资本形成总的资金池,银行从资金池中拿出资金购买资产,只要资产的收益大于负债的成本就能赚取利润。

表 4-1　商业银行简化的资产负债表

资产	负债
一级准备	存款性负债
二级准备	借款性负债
贷款	**资本**

二、表内业务

(一)负债业务　★★★★★

负债业务是指形成**资金来源**的业务,包括存款性负债和借款性负债。对于商业银行而言,负债决定资产,能吸收多少存款决定了能发放多少贷款,进而决定了能获取多少利润,所以商业银行业绩考核的第一项往往就是拉存款,业内也一度有"存款立行"的理念。

1. 存款性负债

存款性负债是指商业银行吸收的各种存款,因其是"因为吸收存款而形成的对储户的负债",所以被称为"存款性负债"。它是最能体现商业银行"**特许经营**"价值的负债业务,因为只有商业银行才被允许吸收公众存款。同时,它也是银行最主要的负债来源,一般占总负债的 70% 左右。

(1)活期存款

活期存款也称支票存款,储户可以随时支取,主要用于支付结算。由于支付频繁,银行提供服务要付出较高的费用,所以一般不支付利息或只支付较低的利息[1]。虽然活期存款存取频繁,但存取过程中会形成一笔相对稳定的**沉淀余额**,银行可以此沉淀余额支持贷款的发放。

> ≫　**补充**:因为活期存款利率很低,所以它在负债端占比的大小就成为影响银行整体存款利率、进而影响负债成本高低的重要因素。从客户的角度来看,持有活期存款的目的是进行日常结算。对应地,如果商业银行想提高活期存款的占比,就需要为客户提供有效的服务,所以活期存款的本质就是通过提供良好的日常服务所换取的廉价负债。比如一些大型商业银行网点密集、自身产品线齐全,于是很多企业会把结算账户开立在该行,从而使得其活期存款占比较高;再比如,一些零售业务有特色的商业银行,其个人客户基础良好,这些个人客户也会开立大量的结算账户,从而使得其活期存款占比也较高。

（2）定期存款

定期存款是在确定的到期期限后才可以提取的存款,主要用于价值贮藏。由于期限较长,并且一般不能提前支取[2],所以银行会支付更高的利息。

（3）储蓄存款

储蓄存款是针对**居民个人**储蓄货币的需求而开办的存款,包括活期储蓄存款和定期储蓄存款[3]。有的国家设置有专门的储蓄银行来吸收储蓄存款,在我国则允许一般的商业银行经营储蓄存款业务。

传统上,储蓄存款以存折的形式体现。活期储蓄存款可以随时存取现金,每年结算一次利息,但不能直接签发支票进行支付。定期储蓄存款则由存款人同银行约定存款期限,到期凭存单支取本息,包括零存整取、整存零取、整存整取等形式。目前,我们国家已经取消了储蓄存款存折,一律使用**银行卡**。银行卡本质上就是银行账户的塑料卡片载体,分为**借记卡**和**贷记卡（信用卡）**,其中借记卡也叫储蓄卡,可以记载活期储蓄存款和定期储蓄存款,活期储蓄存款既可以在商户受理终端（POS 机）上直接支付,也可以从 ATM 机里提取现金。

（4）Q 条例与创新的存款工具:ATS、NOW、MMDA、NCDs

① Q 条例

1933 年经济大危机后,美国推出了《格拉斯 – 斯蒂格尔法案》,除了规定商业银行不得经营投资银行业务之外,还对商业银行进行了其他限制,其中最著名的当属 Q 条例。Q 条例规定商业银行不得为其活期存款支付利息,对定期存款的利息支付存在上限。Q 条例推出的目的是防止银行高息揽储,维护市场竞争秩序。但银行自然不愿意接受这种限制,它们会想方设法地进行**金融创新**来规避行政管制。谁能规避行政管制,谁就能给客户提供更高的

---

[1]　我国活期存款的基准利率为 0.3%,部分银行的利率在此基础上略有上浮,但依然很低。

[2]　我国定期存款可以提前支取,但是会按照同期活期存款利率重新计息。

[3]　活期存款和定期存款是按照存款的期限来划分的,储蓄存款则是按照存款的客户群体（居民）来划分的。

利率,谁就能更好地吸收存款、把规模做大。

② 创新的存款工具

a. 自动转移支付服务(Automatic Transfer Service,ATS)

ATS 产生于 20 世纪 70 年代,银行为客户开设两个账户,一个是支票账户,不付息;另一个则是储蓄账户,付息。支票账户上的余额永远是 1 美元,需要支付的时候储蓄账户上的存款会自动转到支票账户上用于支付,不需要支付的时候存款就在储蓄账户上生息。银行通过这种设计来变相地为活期存款支付利息。

b. 可转让支付命令(Negotiable Order of Withdrawal,NOW)

NOW 产生于 20 世纪 70 年代,银行为客户开设"可转让支付命令账户",名为储蓄账户,可以支付利息;但跟一般储蓄账户不同的是,该账户可以开出支票进行支付,只不过名字不叫支票,而叫"可转让支付命令"。

c. 货币市场存款账户(Money Market Deposit Account,MMDA)

20 世纪 70 年代,美国出现了**货币市场共同基金**(Money Market Mutual Fund,MMMF),它也从居民处获取资金,并且投资于货币市场工具如国库券、票据等。MMMF 的流动性只比活期存款稍弱(可以签发支票,但有 500 美元的额度限制),但收益率却比定期存款还要高(因为基金获取的是投资利润,并不是存款利息,所以不受上限的管制)。所以 MMMF 的出现自然抢走了银行的很多生意,居民把存款取出用于购买货币市场基金,出现了大规模存款"搬家"的情况[①]。生意被抢走了,银行肯定也坐不住,它们表示自己也要做这个产品,于是 MMDA 便出现了。它是银行内部的 MMMF:居民把钱存到 MMDA 账户中,由银行来投资货币市场工具,同时该账户也可以签发支票[②]。

d. 大额可转让定期存单(Negotiable Certificate of Deposits,NCDs)

NCDs 于 1961 年由**花旗银行**首先推出,将它的名字进行分解即可以得到该产品的特点:第一,大额——面值大,10 万美元起购,我国是 20 万元;第二,可转让——存在二级市场,不可提前支取,但能在二级市场转让;第三,定期存单——实际上是银行的定期存款;第四,因为面值更大,所以利率比普通的定期存款更高。

》 **补充:金融创新**

含义:狭义上,金融创新主要指金融业务的创新,包括金融工具的创新、金融服务的创新等。广义上,金融创新指发生在金融领域的一切创新活动,除业务创新外,还有制度创新、组织结构创新等。

原因:金融创新的根本原因在于经济发展的客观要求,以创新来顺应经济发展的趋势。直接原因则有三个:第一,规避风险的创新。比如

---

① 我国典型的货币市场基金(简称"货基")就是余额宝,我们可以用余额宝的例子来理解货币市场基金的流动性和收益率的问题。但是与美国不同的是,我国货币市场基金的发展并没有导致大规模的存款"搬家"。因为我国货币市场尚不够发达,可投资的品种较少,所以货币市场基金仍然将大部分资金以协议存款的形式存到银行,只是抬高了银行的存款成本。

② 根据美国银行当时的规定,MMDA 的存款人每月转账支付的次数不能超过 6 次,若要提现须提前 7 天通知银行,所以其流动性稍弱于 ATS 和 NOW 账户。因此在美国的货币分层里,将 ATS 存款和 NOW 存款放到 M1 中,而将 MMDA 存款放到准货币中(可对照第一讲货币分层的知识)。

资产证券化,帮助银行规避流动性风险;衍生品市场,帮助交易者规避债券、股票、外汇价格波动的风险;浮动利率的债权债务,帮助交易者规避利率波动的风险。**第二,规避行政管制的创新。**比如上文中的 ATS、NOW、MMDA、NCDs,都是为了规避 Q 条例的管制。再比如影子银行,其本质也是商业银行为了规避管制而进行的监管套利[①]。**第三,技术驱动的创新,也即金融科技。**全球金融科技的发展经历了三个阶段:首先,20世纪 80 年代的金融信息化后,各个金融机构开始设立专门的 IT 部门,开发的产品比如银行卡、POS 机、ATM 机等。其次,2000—2015 年的互联网金融,包括传统金融业务的互联网化,开始出现了手机银行、移动支付甚至纯的互联网银行(没有实体的经营网点),也包括全新金融业态的出现:P2P、众筹等。最后,2015 年至今,金融与科技更加深度地融合,将前沿数字技术,如人工智能(Artificial Intelligence)、大数据(Big Data)、云计算(Cloud Computing)、区块链(Blockchain)等应用于众多的金融场景,推动金融发展提质增效。

(5) 表内理财产品

2004 年以来,我国商业银行开始发行理财产品。根据是否在资产负债表中体现,理财产品可分为表内理财产品和表外理财产品。表内理财产品通常以**结构性存款**科目反映在**交易性金融负债**项下,由**商业银行**承担风险;表外理财产品则以备忘、备查类形式反映在资产负债表外,由**投资者**自负盈亏。表外理财产品具有一定的存款替代特征,理财产品的大量发售使得银行出现"存款搬家"的现象。

> ➤ **结构性存款:**又称收益增值产品。商业银行对储户存入的资金进行结构化处理:一部分作为普通存款,另一部分用于投资金融衍生品。因为其收益率不仅取决于存款利率,还取决于所投资的资产价格的变动,所以相较于普通存款而言,它的期望收益和风险均更高。根据我国监管规则:结构性存款应当纳入商业银行表内核算,按照存款管理,纳入存款准备金和存款保险保费的缴纳范围;商业银行发行结构性存款应当具有相应的衍生品交易业务资格。

2. 借款性负债

借款性负债也称"非存款负债",是指商业银行主动通过金融市场或直接向中央银行借入的资金。近年来,借款性负债在银行负债总额中所占比重不断提高,其具体形式如下:

(1) 同业市场融资

同业市场融资方式包括同业拆借、回购、发行同业存单等。当商业银行存在融资需求时,一般首先诉诸同业市场,因为其成本更低、也更方便。

> ➤ **注意:同业拆入**是从其他金融机构处借钱,形成负债;**同业拆出**则是

[①] 关于影子银行的详细分析,可以参照本讲专栏一。

把钱借给其他金融机构,形成资产。**正回购**是从其他金融机构(或工商企业、个人)处借钱,形成负债;**逆回购**则是把钱借给其他金融机构,形成资产。

(2) 从中央银行借款

从中央银行借款的方式包括**再贷款**、**再贴现**等。公众没钱(存款)了可以找商业银行申请贷款,若持有票据则还可以申请贴现。商业银行没钱(存款准备金)了可以找中央银行申请再贷款,有票据的可以申请再贴现,如图 4-1 所示。

中央银行 → 再贷款、再贴现 → 商业银行 → 贷款、贴现 → 公众

图 4-1　贷款 / 贴现和再贷款 / 再贴现

(3) 发行金融债

发行金融债是指在资本市场上发行债券进行融资。某些债券,比如**永续债**、**次级债**还可以充当监管资本,满足资本充足率的监管要求。

(4) 国际金融市场融资

国际金融市场融资是指在国际市场上通过办理存款、发行债券等方式获取资金。这种融资方式扩充了商业银行的资金来源,但也增加了其面临的风险:负债方以外币计价、资产方以本币计价,当本外币汇率发生变动时,银行利润受到冲击。更严重的是,外债以外币结算,需要用外汇储备来偿还,如果本国的外汇储备不足可能会出现债务危机,进而引发经济危机。

▷ ▷ ▷ **真题链接**

1.(2013—上海财经大学)以下不属于商业银行负债创新的是(　　)。

A. NOW 账户　　　　　　　　　B. ATS 账户

C. CDs 账户　　　　　　　　　 D. 票据便利发行

2.(2013—清华大学)商业银行面临存款准备金短缺时,首先会选择哪种方式来解决?(　　)

A. 从其他银行借贷　　　　　　　B. 从中央银行借贷

C. 收回贷款　　　　　　　　　　D. 卖出证券

E. 注入资本金

3.(2020—中央财经大学)属于商业银行负债业务的是(　　)。

A. 存放同业　　　　　　　　　　B. 持有政策性金融债券

C. 库存现金　　　　　　　　　　D. 发行大额可转让定期存单

4.(2023—中国人民大学)(判断题)结构性存款是普通存款的基础上,嵌入金融衍生工具,其风险收益特征有别于普通存款和理财产品。(　　)

5.(2018—南开大学)名词解释:(商业银行)负债业务。

6.(2024—中山大学)名词解释:金融创新。

【答案】1. D;2. A;3. D;4. √;5. 略;6. 略

（二）资产业务 ★★★★

资产业务是商业银行将负债业务所筹集的资金加以运用的业务,是银行获取收益的主要途径。根据流动性从高到低,资产可以分为一级准备、二级准备和贷款。

1. 一级准备 ★★

一级准备也称**现金资产**,包括库存现金、存放中央银行的准备金、同业资产、在途资金等,是银行流动性最强的资产,随时准备满足银行的各种流动性需求（如存款客户的提现需求、贷款客户的贷款需求等）。

（1）**库存现金**是银行业务库中保留的纸币和硬币,主要为了应付客户的提现需求。

（2）**存放中央银行的准备金**包括**法定存款准备金**和**超额存款准备金**两部分。

（3）**同业资产**包括同业拆出、逆回购以及同业存款等。

（4）**在途资金**是指支票已经到银行了,但是中间的结算需要时间,资金还没划过来、还在途中。

> **辨析:**
>
> ① "**超额准备金**"与"**超额存款准备金**":"超额准备金"并不等于"超额存款准备金"。除了可以以**存款**[①]的形式体现外,超额准备金还可以**现金**的形式体现,即超额准备金 = 超额存款准备金 + 银行库存现金。
>
> ② "**法定准备金**"与"**法定存款准备金**":一般认为两者相等,因为根据中国人民银行的规定,商业银行的法定准备金必须以其在中央银行账户上存款的形式体现。
>
> ③ 在以上两点的基础上,我们可以得到**准备金的拆分方法**:
>
> 准备金 = 法定准备金 + 超额准备金
>
> （将超额准备金展开）= 法定存款准备金 + 超额存款准备金 + 库存现金
>
> （将存款准备金合并）= 存款准备金 + 库存现金

2. 二级准备

二级准备是商业银行购买的证券资产,比如债券、股票等,可以使银行在获取收益的同时保持较高的流动性。因为我国实施分业经营,不允许商业银行从事股票业务,所以我国商业银行的二级准备以债券为主,包括国债、中央银行票据、金融债、企业债、ABS 等,占总资产的比重约 20%。

> **我国情况**:一般来说,我国银行以交易为目的持有的债券占比不高,大部分是**持有至到期**的债券。一方面是因为银行体量庞大,哪怕是中小银行在债券市场上也能形成较大的体量,而国内债券市场上很多产品的流动性并不好,所以难以承受银行的频繁交易。另一方面则是因为根据会计准则的规定,以持有至到期为目的的债券以**摊余成本**计量,而以交易为目的持有的债券则以**公允价值**计量,其价格波动会计入当期损益,进而影响营业

---

① 注意这里的存款指的不是商业银行吸收的存款,而是商业银行放在中央银行账户中的存款。

收入和利润的稳定性。除此之外,在实践中还经常存在以下情况:企业向银行申请贷款,但银行由于没有合意的贷款额度而无法满足其贷款需求,此时它可能建议企业发行一笔债券,然后由银行买入并持有至到期。这样,银行对这家企业的债权就会计入债券投资科目而非贷款科目,进而也不占用贷款的额度,但整个业务在本质上和贷款毫无区别。

3. 贷款 ★★★

贷款是指商业银行将吸收的资金按一定的利率贷放给客户并约定还款期限的信用活动。它是银行**最重要**的资产业务,可以理解为银行的"主营业务",一般占到整个资产总额的一半以上。企业和个人在需要资金用于生产或消费时,会向银行申请贷款;与此同时,银行也会主动上门向一些优质的客户进行贷款营销。

根据客户群体不同,银行的贷款一般分为**对公贷款和个人贷款**。其中,票据贴现也会计入对公贷款进行管理,因为其本质上是以票据为质押获得的一笔贷款。

》 **贷款的五级分类** ★★★★

因为贷款质量直接关系到银行的安全性和盈利能力,所以各国的监管当局一般会制定一套统一的**信贷资产质量分类标准**,我国目前实行的就是五级分类法(见表4-2)。

表4-2 信贷资产质量分类标准——五级分类法

贷款分类		含义
正常		借款人能够履行合同,没有足够理由怀疑贷款本息不能按时足额偿还
关注		尽管借款人目前有能力偿还贷款本息,但存在一些可能对偿还产生**不利影响的因素**
不良贷款	次级	借款人的还款能力出现明显问题,完全依靠其**正常营业收**入无法足额偿还贷款本息,即使执行担保,也可能会造成一定损失
不良贷款	可疑	借款人无法足额偿还贷款本息,即使执行**担保**,也肯定要造成较大损失
不良贷款	损失	在采取**所有可能的措施**或一切必要的法律程序之后,本息仍然无法收回,或只能收回极少部分

其中,次级贷款、可疑贷款、损失贷款统称为**不良贷款**,不良贷款/总贷款称为不良贷款率(以下简称"不良率")。部分银行出于美化报表、逃避监管的目的,喜欢用"关注类贷款"来隐匿不良贷款:它们会尽可能把贷款划到关注类而非次级类。为此,2019年,中国银保监会发布了《商业银行金融资产风险分类暂行办法(征求意见稿)》,明确了五级分类的硬性标准:**逾期天数**。如果贷款(也包括债券)发生逾期,则最少计入关注类,逾期90天、270天、360天分别最少计入次级、可疑、损失类,以此来减少银行

监管套利的情况。

≫ **银行筛选借款人的 6C 原则（见表 4-3）★★**

表 4-3　银行筛选借款人的 6C 原则

指标	含义
资本（Capital）	资本金规模越大,银行越有可能提供贷款
偿债能力（Capacity）	偿债能力越强,银行越有可能提供贷款。其衡量指标包括资产负债率、利息倍数、现金流利息保障倍数等
品质（Character）	个人品质越好,银行越有可能提供贷款
抵押和担保（Collateral）	抵押和担保越充足,银行越有可能提供贷款
环境（Condition）	企业的经营环境和个人的就业环境越好,银行越有可能提供贷款
连续性（Continuity）	企业持续经营能力越强,银行越有可能提供贷款

≫ **我国商业银行资产业务的创新**

发展到今天,我国商业银行的资产业务也有了更多的创新,比如**投贷联动业务**,将信贷投放与股权投资相结合,其中信贷投放主要由商业银行来完成,股权投资则由商业银行集团内部的子公司或者外部的风险投资、产业投资基金等来完成。再比如**委外投资业务**,商业银行将自营资金或理财资金委托给外部管理人(如基金公司的资产管理计划、券商的资产管理计划、信托计划、保险计划等)进行投资。在贷款业务方面,也有**银团贷款**(**辛迪加贷款**),由一家或数家银行牵头、多家银行与非银金融机构参加,共同组成银行集团,采用统一的贷款协议、向同一借款人提供贷款,如**应收账款质押贷款**、**并购贷款**等。

▷▷▷ **真题链接**

1.（2019—中央财经大学）商业银行为保持支付能力而保留的流动性最高的资产是(　　)。

　　A. 短期贷款　　　　　　　　　B. 中期债券

　　C. 商业票据　　　　　　　　　D. 储备资产

2.（2024—中国人民大学）根据我国的贷款质量五级分类,下列不属于不良贷款的是(　　)。

　　A. 次级　　　　　　　　　　　B. 可疑

　　C. 损失　　　　　　　　　　　D. 关注

3.（2024—对外经济贸易大学）商业银行的不良贷款包括(　　)。

　　A. 正常和关注　　　　　　　　B. 关注、次级、可疑

　　C. 正常、次级、可疑　　　　　D. 次级、可疑、损失

4.（2025—中国人民大学）（判断题）我国商业银行的贷款管理采取五级分

类。（　　）

5.（2017—对外经济贸易大学,2017—中国人民大学）名词解释:贷款五级分类法。

6.（2024—中央财经大学,2024—厦门大学）名词解释:超额准备金。

7.（2024—首都经济贸易大学）名词解释:（商业银行）二级准备。

【答案】1. D;2. D;3. D;4. √;5. 略;6. 略;7. 略

（三）资本业务　★

同一般工商企业相同,资本金是商业银行存在的先决条件,表征着银行的所有权归属。同时,充足的资本金还能稳定储户和债权人信心。银行把钱贷给企业是存在风险的,那么当风险确实发生、企业还不起钱的时候,损失应当由谁承担? 因为银行是信用中介,所以应当由银行来承担,银行用自己的资本金来吸收损失。从银行的资产负债表来看,资产方资产的减值首先对应的是负债方资本金的减少,债务价值是稳定的。也就是说,资本金是一道防火墙,资本金越充足,储户就会越放心地把钱存到银行。反过来,资本金短缺则更有可能会出现"城门失火、殃及池鱼"的情况,储户会越没有信心,越不敢把钱存到银行[1]。

但是需要注意的是:我们平常所说的"资本"多为"会计资本",主要指所有者权益;而在商业银行这里,则经常指**经济资本**或**监管资本**,不仅包括所有者权益,还包含一些债务资本。对于资本的详细分析,在后面的监管部分再进行展开。

三、表外业务

广义的表外业务是指商业银行从事的,按照通行的会计准则不列入资产负债表内,不影响当期资产负债总额,但影响银行当期利润、改变银行资产报酬率的业务。广义的表外业务又包括狭义的表外业务和中间业务两类。

（一）狭义的表外业务　★★

1. 含义

狭义的表外业务(也称"创新的表外业务"或"或有业务")是指未列入资产负债表,但同表内资产和负债业务关系密切,并在一定条件下会转变为表内资产或负债业务的经营活动。

2. 种类

（1）贸易融通

贸易融通包括**银行承兑业务**、**商业信用证业务**等。商业信用证是银行应客户的要求,是开立给销货单位的一种保证付款的凭证。在商业信用证业务中,银行承担第一性的付款责任。

（2）承诺保证

承诺保证包括贷款承诺、贷款销售、备用信用证等。

① **贷款承诺**又包括三种形式。一是**信贷额度**,在确定的额度之内,商业银行根据企业的贷款需求进行贷款,是一种银行和老客户之间建立的非正式的协议;二是**循环贷款承诺**,是商业银行和客户之间签订的正式协议,协议约定好了贷款的规模、期限和利率。在协议期限内,客户如果有需要可以随时执行;三是**票据发行便利**（Note Insurance Facility, NIF）,

---

[1]　对该问题的分析也可以从代理问题（Agency Problem）的角度出发,具体分析可参照公司金融相关章节。

也是银行和客户之间签订的正式协议,协议约定在一定期限内(通常是 3 ~ 7 年),客户可以在一定额度内发行票据,如果票据未全部卖出,则未卖出的部分由商业银行按之前约定的价格全部买入。

② **贷款销售**是指商业银行把贷款直接销售或者通过证券化的方式将贷款转让给第三方。

③ **备用信用证**和商业信用证的区别在于:商业信用证下,商业银行具有第一性的付款责任;备用信用证下,企业具有第一性的付款责任,商业银行具有第二性的付款责任,也即为企业提供担保。如果企业付不起钱,商业银行再承担连带责任。

(3)金融衍生品业务

金融衍生品业务包括**远期**、**期货**、**期权**等。

3. 总结

可以发现,以上业务在当期都是不进入资产负债表的,将来在兑现的时候才可能进入资产负债表。比如贷款承诺,在承诺时并不影响银行的资产负债表,只有在真正需要贷款时,才可能使得银行资产方对相应企业的贷款增加、负债方存款增加,影响资产负债表。

(二)中间业务　★★

1. 含义

中间业务(也称"传统的表外业务")是指商业银行不需要运用自己的资金,只是代理客户承办支付和其他委托事项,并据以收取手续费的业务,也称"**无风险业务**"。

2. 种类

(1)汇兑结算。

(2)信托委托。

(3)信息咨询。

(4)银行卡业务,包括借记卡和信用卡。

(5)租赁。

> **≫　补充说明**
>
> 部分业务的划分是存在争议的。比如,对于**贸易融通业务**,有的将其列为狭义的表外业务,有的将其列为中间业务;对于**贷款销售业务**,有的将其列为狭义的表外业务,有的将其列为表内业务;对于**租赁业务**,有的将其列为中间业务,有的将其列为表内业务。

(三)两类表外业务的比较(见表4-4)　★★

表4-4　两类表外业务的比较

对比角度	狭义的表外业务	中间业务
是否有可能入表	√	×
银行是否承担风险	√	×
是否需要资本金	√	×
中央银行的监管力度	监管更严格,适用审批制	适用备案制

注:"√"表示是,"×"表示否。

▷▷▷ 真题链接

1.（2018—上海财经大学）下列哪个不是表外业务?（　　）

A. 贷款承诺　　　　　　　　　B. 备用信用证

C. 票据发行便利　　　　　　　D. 理财业务

2.（2018—复旦大学）下列业务中可能会使银行负债增加的是（　　）。

A. 托收业务　　　　　　　　　B. 基金产品销售

C. 备用信用证　　　　　　　　D. 并购咨询

3.（2023—中央财经大学）以下属于商业银行表外业务的是（　　）。

A. 发放贷款　　　　　　　　　B. 提供支付结算

C. 发行债券　　　　　　　　　D. 吸收存款

4. 以下属于商业银行创新的表外业务的是（　　）。

A. 支付结算类　　　　　　　　B. 投资银行类

C. 代理类　　　　　　　　　　D. 银行卡类

5.（2021—南开大学）名词解释:商业银行表外业务。

6.（2025—上海外国语大学）名词解释:中间业务。

7.（2025—同济大学）名词解释:备用信用证。

8.（2019—西南财经大学）简述贷款承诺的含义和好处。

9.（2023—浙江大学）商业银行(狭义)表外业务和中间业务是什么? 有什么区别? 分别列举至少三种表外业务与中间业务。

10.（2025—西南财经大学）简述商业银行表外业务的含义,并举例说明。

11.（2025—华东师范大学）简述商业银行中间业务的类型。

12.（2025—北京林业大学）简述商业银行经营的业务。

【答案】1. D;2. C;3. B;4. B;5. 略;6. 略;7. 略;8. 略;9. 略;10. 略;11. 略;12. 略

专栏一　影子银行

（一）含义　★★★

影子银行是指经营银行**信用中介**业务但游离于监管之外的机构和产品[①]。根据《国务院办公厅关于加强影子银行监管有关问题的通知》的规定,我国影子银行可分为三类(如表4-5所示)。

扫码回复
"影子银行"
听讲解

---

① 关于影子银行还有其他定义,认可度比较高的如"非银机构从事的在中央银行信用支持和监管之外的无存款保险保障的投融资活动"(Macaulay,2007)。"影子银行有两层内涵,一是非银行金融机构通过开展信用转换业务形成的传统影子银行,二是商业银行在货币创造过程中利用会计手段创造出的银行影子"(孙国峰,2015)。

表 4-5　我国影子银行分类

金融牌照	监管	举例
不持有	完全无监管	新型网络金融公司（P2P）
不持有	监管不足	融资性担保公司、小贷公司
持有	监管不足或规避监管	银行部分表外理财业务

一直以来,我国的影子银行体系都是由商业银行主导的,所以也称"银行影子",属于表 4-5 中的第三类。

（二）产生原因　★★

其本质上是银行体系为规避监管而进行的金融创新,是银行的**监管套利**活动。比如,"银信合作模式"（如图 4-2 所示）,就是银行利用信托通道进行的贷款投放。

图 4-2　银信合作模式

1. 负债端（资金来源）

居民和企业对理财产品的投资的原因是居民财富的快速增长以及缺乏良好的资产配置渠道。

2. 中介机构

在我国现行的分业监管体制下,各金融行业的监管标准不统一、监管协调力度弱导致银行存在监管套利的空间,银行借助信托、券商、基金等非银金融机构将信贷资产转移。

3. 资产端（资金配置）

资本市场发育不足,直接融资体系薄弱,所以各行各业（包括房地产企业、地方政府融资平台等）对银行信贷存在严重依赖。

（三）影响　★★★

1. 积极影响（"银行"）

"影子银行"充当信用中介,把居民的储蓄（理财产品）转换成企业（地方政府融资平台、房地产企业等）的投资,对正规金融体系起到了补充的作用:一方面满足了居民财富管理的需求,另一方面满足了企业的融资需求,支持了实体经济的发展。

2. 消极影响（"影子"）

（1）不透明,影子银行游离于监管之外,监管空白容易导致风险的积累,增加金融体系脆弱性。随着影子银行规模的扩大,监管失控就会引发系统性的金融风险,进而危及实体经济的稳定。以 2008 年金融危机为例:影子银行的快速发展导致美国银行系统变得越发脆弱,最终导致危机(Ferrante,2018)。它的关键隐患在于期限错配与缺乏存款保险的保障,使其存在挤兑的可能性[1]。当出现挤兑时,影子银行就会集中抛售资产(比如 ABS、股票等),导致资产价格暴跌,进而对其他金融中介的资产负债表也产生负面影响,最终导致系统性风险爆发(Gertler & Kiyotaki,2015)。

（2）降低货币政策传导效率,降低 M2 作为中介目标的可测性、可控性、相关性[2]。**① 可测性**:模糊了 M2 的定义,理财产品从流动性的角度来看跟存款相似,因而 M2 的统计口径都需要调整;**② 可控性**:根据基础货币乘数法,$Ms=Bm$,中央银行对基础货币有比较强的控制力,因而货币供给的可控性取决于货币乘数是否稳定。实证表明,货币乘数与银行非保本理财余额占 M2 的比重呈显著的正相关关系,也即理财规模增加、货币乘数会上升,其传导机制主要是通过超额准备金率和现金漏损率产生作用;**③ 相关性**:实证表明,M2 与 GDP 以及 CPI 的移动相关系数跟银行表外理财产品余额占 M2 的比重呈显著的负相关关系,即理财产品规模越大,相关性越弱。其逻辑比较直观,比如,中央银行采用紧缩的货币政策会使得 M2 增速下降,但是影子银行规模可能在扩张,企业仍然可以通过表外的影子银行来获取贷款,拉动投资,进而带动总需求、产出和价格发生变化,就在一定程度上抵销了货币政策的传导效力。

▷▷▷ **真题链接**

1.（2020—中央财经大学）若利用我国社会融资规模的统计数据测算商业银行影子银行业务规模,下列口径中较接近的是(　　　)。

A. 人民币贷款 + 外币贷款

B. 委托贷款 + 信托贷款 + 未贴现银行承兑汇票

C. 境内股票融资 + 债权融资

D. 地方政府专项债

2.（2013—南开大学,2015—对外经济贸易大学,2016—中国人民大学,2018—对外经济贸易大学）名词解释:影子银行。

【答案】1. B;2. 略

专栏二　理财产品和资管新规

（一）我国资产管理业务的发展

资产管理业务是金融机构(如银行、券商等)作为受托人,向客户募集资金或者接

---

[1] 这里的挤兑是以提高估值折扣(haircut)的方式来实现的,估值折扣是指从作为抵押品的资产市场价值中扣除的百分比。当估值折扣上升,相同市场价值的资产只能融入更少的资金。

[2] 关于可测性、可控性、相关性的含义参照货币政策章节。

受特定客户的财产委托,为委托人的利益,用委托人的资金进行投资的业务。近年来,我国金融机构资产管理业务快速发展,规模不断攀升,逐步迈向大资管时代,截至2017年底,总规模已达百万亿元。资产管理业务在满足居民财富管理需求、增强金融机构盈利能力、支持实体经济发展等方面发挥着重要的作用。与此同时,我国资管行业的发展也存在很多问题,这里以商业银行表外理财产品为例进行分析。

（二）表外理财产品的刚性兑付　★★★

1. 含义

刚性兑付(简称"刚兑")是指理财产品到期后,无论盈亏,发售机构都必须给投资者兑付本金和利息。

2. 原因

（1）满足了投资者对确定性回报的需求,可以有效吸引客户、做大规模。

（2）表内的存款业务是保本保息的,由银行承担风险,因而需要接受监管机构严厉的监管。表外的资产管理业务则一般由投资者自负盈亏、自担风险,因而监管机构对其监管力度较弱。刚性兑付实际上是将表外的资产管理业务做成了表内的存款业务,即**"表外业务表内化"**(也称**"表内业务表外化"**,两者意思相同),同时却逃避表内业务更为严格的监管。

3. 影响

（1）将原本有风险的理财产品进行了"无风险化"处理,同时仍然提供较高的回报率。这就**抬高**了市场的无风险利率,扭曲了风险和收益的关系。

（2）没有降低投资过程中的风险总量,只是调整了风险分配结构:底层资产产生的亏损不是由客户承担的,而是由银行承担的。这就使得风险淤积在金融体系内部,增加了金融体系的脆弱性。

（三）非标准化债权资产　★

1. 含义

在我国,债权资产可以被分为两大类:标准化债权资产和非标准化债权资产(以下简称"非标资产")。非标资产一般指不在银行间市场及证券交易所市场交易的债权资产,包括信贷资产、信托贷款、委托贷款等。

2. 特点

因为债权是非标准化的,所以存在信息不透明、**流动性差**的问题,无法形成公允估值、也无法提前转让。并且非标资产经常投向于回收期较长的基础设施项目、房地产项目等,这就加剧了它所面临的流动性的问题。

3. 与影子银行的关系

商业银行在表外发行理财产品募集资金,然后通过信托贷款、委托贷款的方式进行投资。对于负债方来说,因为要为理财产品提供刚性兑付,所以非标资产相当于表内的存款;对于资产方来说,因为投资于期限长、流动性差的非标准化债权,所以非标资产相当于表内的贷款。也就是说,表外理财产品加非标资产的组合与表内存款加贷款的组合相似,商业银行相当于经营信用中介业务,承担信用风险和流动性风险,但却游离于监管之外,没有资本金的保护,也没有其他监管要求的限制。

（四）资管新规 ★★

2018年4月,为了规范资产管理业务的发展,央行等部门联合发布了**《关于规范金融机构资产管理业务的指导意见》**(以下简称"**资管新规**")。资管新规的推出有助于化解影子银行风险。

（1）**负债端限制刚性兑付**。资管新规首次明确了刚性兑付的认定标准,并且实施资管产品**净值化管理**(类似于开放式基金,让资管产品的净值每日波动),收益、风险透明,就无法再进行刚性兑付。

（2）**资产端限制非标资产业务**。资管新规首次明确界定了"标"和"非标"的认定标准,并且要求理财产品投资于非标资产不能存在期限错配的情况。

（3）**中介机构限制通道业务和多层嵌套**。

▷▷▷ **真题链接**

1.（2021—中国人民大学）银行理财信托产品打破刚兑后,下列说法正确的是（　　）。

A. 或提升社会无风险利率和无风险资产收益

B. 提高投资者和金融机构的道德风险

C. 可以落实"卖方尽责,买方自负"的原则

D. 导致商业银行存款流失和资本市场资金流失

2.（2022—中国人民大学）(判断题)理财产品的刚性兑付,提高了无风险利率,增加了投资者与金融机构的道德风险。（　　）

【答案】1. C;2. √

第三节　商业银行管理理论

正如上一节所介绍的,现代商业银行经营的业务种类繁多,那么如何进行管理能够更好地平衡安全性、流动性,增加盈利性呢? 这是商业银行管理理论要解决的问题。它经历了从单一的**资产管理理论**到**负债管理理论**,再到**资产负债综合管理理论**的发展(见图4–3)。

一、资产管理理论

资产管理理论是指导商业银行进行资产配置的理论,也是最传统的管理思路。

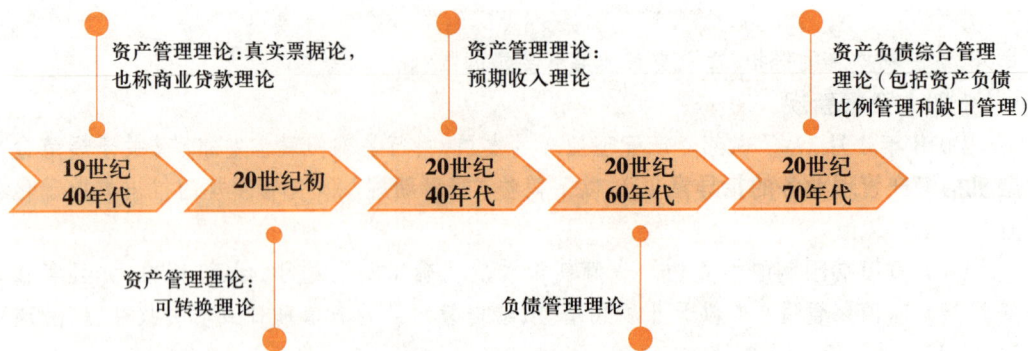

图 4-3　商业银行管理理论的发展

（一）真实票据论（商业贷款理论，亚当·斯密，19 世纪 40 年代）★

1. 内容

银行只能为具有真实交易背景的票据融资①，即发放短期自偿性贷款。"自偿性"指贷款需要有**真实票据**作为质押，那么当票据到期后会形成资金来自动偿还贷款。

2. 特点

（1）在短期内保证流动性，可以随时满足存款客户的提现需求。

（2）通过自偿性来保证安全性，当借款企业无法偿还贷款的时候，由于有真实的票据作质押，所以银行可以获得对票据背后货物的索取权，可以将这笔货物卖出来清偿贷款。

（3）一定程度上忽略了盈利性。

3. 当前体现：银行的**贴现**业务。

（二）可转换理论（莫尔顿，1918）★

1. 内容

银行的资金不一定非要购买真实票据，还可以将一部分配置到一些可转换、变现能力比较强的金融资产上（比如债券、股票）。显然，这个理论的提出是以金融市场的发展为前提的。

2. 特点

可转换理论同样看重安全性和流动性，但是其安全性和流动性弱于真实票据论。因为金融资产价格的波动性高于一般商品，尤其当市场情绪不稳定、投资者都在抛售证券的时候，而波动性更大也就意味着银行蒙受损失的可能性更高。

3. 当前体现：银行的**二级准备**。

（三）预期收入理论（普鲁诺克，1949）★

1. 内容

贷款发放的标准在于借款人的预期收入，如果借款人的预期收入足够，那么贷款就是有保障的。

> ≫　**举例：**银行能否给居民发放 30 年的住房抵押贷款？在以往的理论中是不允许的，但预期收入理论则可以，如果月供为 1 万元，则只要贷款人的月收入超过 2 万元，这笔贷款就可以发放。银行只需要确保估值折扣合理

---

① 回顾票据的分类，真实票据是指票据签发背后有真实的货物交易，与融通性票据相对应。

即可,在我国通常为 1/2。

2. 特点

（1）**优势**：① 从**银行自身**的角度来看,扩大了资产配置范围、增强了盈利性,同时也巩固了银行在整个金融体系中的地位；② 从**经济发展**的角度来看,它促使银行更多地发放中长期贷款,比如企业长期的固定资产贷款、居民长期的住房抵押贷款等,从而更好地支持实体经济发展。

（2）**缺陷**：增加了银行的**风险**：① **信用风险**,借款人未来的实际收入与银行的预期之间可能会存在偏差；② **流动性风险**,银行吸收短期的资金配置到长期的资产上,期限错配必然导致流动性风险。

3. 当前体现：银行的长期贷款以及信用贷款。

▷ ▷ ▷ **真题链接**

（2024—对外经济贸易大学）请阐述商业银行的商业贷款理论、可转换理论和预期收入理论的主要内容。

【答案】略

二、负债管理理论（20 世纪 60 年代）

（一）负债管理理论的提出 ★

以上三个资产管理理论有一个共同的前提假定,都认为银行的负债端是外生的、不可控的,存不存、存多少、存多长时间都是由储户决定的,银行是被动的。银行能够控制的只是资产端,因而其着力点应该在于优化其资产端的管理。

直到 20 世纪 60 年代,随着金融市场的发展和金融工具的创新,银行逐步意识到负债端也是可控的。同时,经济的周期性繁荣引发的旺盛贷款需求,以及通货膨胀攀升对存款的冲击也促使银行改革自己的负债端,从而更好地吸收资金,负债管理理论便逐渐形成。

（二）负债管理理论的内容 ★

1. 负债购买法

负债购买法强调通过借入资金的方式来保持银行的流动性[1],具体体现为**借款性负债**,比如同业拆入、回购等。

2. 负债创新法

负债创新法注重在负债端进行金融创新,比如 CDs、NOW、ATS、**理财产品**等,即通过创新债务工具来吸引资金。

3. 负债销售法

负债销售法更加注重**市场营销**和客户关系管理,出现了"银行营销"和"客户经理制"等模式。

---

[1] 也因此有了"负债流动性"的概念。

（三）负债管理理论的影响 ★

从美国的情况来看,负债管理理论的提出使得美国银行体系的资产负债表出现了巨大的变动:在负债方,借款性负债占比从 1960 年的 2% 上升到 2009 年的 47%,而之前占比最高的支票存款从 61% 下降到 6%;在资产方,流动性弱的贷款占比从 46% 上升到 61%。

负债管理理论拓宽了银行的资金来源,但也存在缺陷:第一,提高了银行的融资成本;第二,增加了银行面临的流动性风险和交叉风险,不利于稳健经营。

▷ ▷ ▷ **真题链接**

（2025—山东大学）简述商业银行负债管理理论的意义以及应该注意的问题。
【答案】略

三、资产负债综合管理理论（20 世纪 70 年代）

20 世纪 70 年代,统筹考虑资产端和负债端的资产负债综合管理理论开始出现,包括资产负债比例管理和缺口管理。

（一）资产负债比例管理

资产负债比例管理是指对一系列资产端和负债端的指标进行管理,如**存贷比**指标、**资本充足率**指标等。

（二）缺口管理 ★★★★

缺口管理是指分析市场利率波动对银行利润的影响,包括利率敏感性缺口和久期缺口[①]。

扫码回复
"缺口管理"
听讲解

1. 利率敏感性缺口

（1）含义

利率敏感性缺口等于利率敏感性资产减去利率敏感性负债[②]。

利率敏感性资产是指收益率对市场利率敏感、能够随着市场利率的变动而变动的资产。具体来看,利率敏感性资产包括在一定时期（1 个月或 3 个月）以内到期（短期）或重新确定利率（浮息）的资产;对应地,利率敏感性负债则包括在一定时期以内到期（短期）或重新确定利率（浮息）的负债。

（2）正负缺口

如果利率敏感性资产大于利率敏感性负债,则为**正缺口**,反之则为**负缺口**。

（3）应用

当市场利率变动时,利率敏感性资产的回报率也会随之变动,所以有:

$$△收入 = 利率敏感性资产 × △利率 \tag{4-1}$$

对应地,利率敏感性负债的成本也会跟着上升,所以有:

$$△成本 = 利率敏感性负债 × △利率 \tag{4-2}$$

两者之差就是利润的变动,可得:

[①] 有的教材上称"利率敏感性缺口"为"利率重定价缺口"或"缺口管理",称"久期缺口"为"久期管理"。

[②] 有的教材上还会介绍缺口率,缺口率 =（利率敏感性资产 / 利率敏感性负债）× 100%。

$$\triangle 利润 = \triangle 收入 - \triangle 成本$$
$$=（利率敏感性资产 - 利率敏感性负债）\times \triangle 利率$$
$$= 利率敏感性缺口 \times \triangle 利率 \tag{4-3}$$

① 对于采取**进取型策略**的银行来说,如果预期未来市场利率会上升（$\triangle$利率 >0）,那么它会将利率敏感性缺口调成正以提高自身利润;② 而对于采取**防御性策略**的银行来说,它会把利率敏感性缺口调为零,从而尽可能免疫利率风险。

2. 久期缺口（持续期缺口,久期管理）

相较于利率敏感性缺口而言,久期缺口考虑了货币的时间价值,考察银行资产和负债（进而是权益）的**市场价值**对利率变动的敏感性[①]。

（1）久期的引入

久期（Duration）是以现金流计算的债券平均到期时间[②],债券价格变动跟久期的关系是:

$$\frac{\Delta P}{P} = -\frac{D}{1+y}\Delta y \tag{4-4}$$

其中,P 表示债券价格,$\frac{\Delta P}{P}$ 表示债券价格的百分比变动,D 表示债券久期,y 表示市场利率（债券的到期收益率）。可以看到,当利率上升时,债券价格下跌。并且久期越长的债券,价格下跌的幅度越大。

（2）久期缺口的推导

根据会计第一恒等式:

$$A=B+E \tag{4-5}$$

其中,A 表示资产,B 表示负债,E 表示所有者权益。

式（4-5）两侧同时取差分并整理得:

$$\Delta E = \Delta A - \Delta B \tag{4-6}$$

将资产方整体视作债券资产,根据式（4-4）可得:

$$\frac{\Delta A}{A} = -\frac{D_A}{1+y}\Delta y \tag{4-7}$$

将负债方整体也视作债券资产,根据式（4-4）可得:

$$\frac{\Delta B}{B} = -\frac{D_B}{1+y}\Delta y \tag{4-8}$$

将式（4-7）、式（4-8）代入式（4-6）式得:

$$\Delta E = \Delta A - \Delta B = -\left(A \times D_A \times \frac{\Delta y}{1+y} - B \times D_B \times \frac{\Delta y}{1+y} \right) \tag{4-9}$$

整理得:

---

① 利率敏感性缺口分析市场利率变动对利润的影响,是一种流量的思想;而久期缺口则分析市场利率变动对银行净值（权益）的影响,是一种存量的思想。

② 麦考利久期的数学定义如下:$D=\sum\limits_{t=1}^{n} tW_t$,其中 $W_t = \dfrac{CF_t/(1+y)^t}{\sum\limits_{t=1}^{n} CF_t/(1+y)^t}$。$t$ 为现金流支付时间,CF_t 为第 t 期的现金支付,n 为证券到期时间,y 为利率。从公式上来看,它是将未来的现金流进行加权平均,权重是各期现金流的现值占总现值的比重。

$$\Delta E = \frac{A \times \Delta y}{1+y} \times \left(D_A - \frac{B}{A} \times D_B \right)$$

$$\approx -A \times \Delta y \times \left(D_A - \frac{B}{A} \times D_B \right)^{①} \tag{4-10}$$

我们称 $\left(D_A - \dfrac{B}{A} \times D_B \right)$ 为久期缺口。

（3）**应用**：根据式（4-10）不难看出，① 对于采取**进取型策略的银行**来说，如果预期市场利率上升，它会把久期缺口调成**负值**：让资产贬值的幅度小于负债贬值的幅度，从而让权益升值。② 对于采取**防御性策略的银行**来说，它会把久期缺口调为零以尽可能免疫利率风险。

≫　**举例**：2023 年 3 月，资产规模 2 100 亿美元、全美排名第 16 位的硅谷银行宣布破产，成为美国历史上第二大破产银行。硅谷银行破产的重要原因在于利率风险管理的失败，激进的资产配置策略使其存在严重的**久期错配**。具体来看，它在资产方买入大量长期债券，久期较长；负债方则主要是吸收的各种存款，久期较短；久期缺口为正且较大。在美联储陡峭加息、利率快速上升的背景下，硅谷银行出现了 150 亿美元的巨大浮亏，而其资本金规模仅为 137 亿美元。如果硅谷银行之前能通过一些衍生品交易（比如利率互换）调整久期缺口、降低风险，那么或许就能避免破产的结局。

▷▷▷ **真题链接**

1.（2021—中国人民大学）在银行利率风险衡量方式中，（　　）着重考察商业银行资产和负债的市场价值对利率变动的敏感性。

A. 净息差分析　　　　　　　B. 缺口分析

C. 久期分析　　　　　　　　D. 净值分析

2.（2025—南开大学）名词解释：利率重定价缺口。

3.（2011—对外经济贸易大学）以下是某商业银行的资产负债表（表 4-6）。

表 4-6　某商业银行的资产负债表　　　　　（单位：亿元）

资产	金额	负债	金额
短期资产	800	短期负债	1 200
长期资产	1 000	长期负债	640
其中：浮动利率资产	200	所有者权益	160
合计	2 000	合计	2 000

请根据该行的资产负债表：

（1）计算该行的缺口率。

---

① 这里认为（1+y）比较小，将其约去。其实严格意义上来说，这里应为修正久期而非麦考利久期。

（2）如果利率处于上升通道,你对该行的资产负债管理有何具体建议？请说明理由。

4.（2023—西南财经大学）某银行的资产负债表（表4–7）如下：

表4–7　某银行的资产负债表　　　　　　（单位：亿元）

资产	金额	负债和权益	金额
利率敏感性资产	135	利率敏感性负债	30
固定资产	65	长期负债	145
		资本	25

（1）利率敏感性缺口是多少？

（2）若利率上升0.5%,银行利润怎么变化？

（3）资产久期4年,负债久期3年,当利率下降2%,问银行净值变化多少？

5.（2025—西南财经大学）假定某银行的资产负债表（表4–8）如下：

表4–8　某银行的资产负债表　　　　　　（单位：亿元）

资产		负债	
准备金	100	浮动利率存单	200
浮动利率贷款	100	短期存单	200
短期贷款	200	长期存单	200
长期贷款	300	股权资本	100

（1）计算该银行的利率敏感性资产、利率敏感性负债及利率敏感性缺口？

（2）使用敏感性缺口分析法分析当利率上升2%时,银行利润的变动幅度是多少？

6.（2014—西南财经大学）利用久期分析和利率敏感性缺口分析银行应该如何消除利率波动的风险。

7.（2021—中央财经大学）简述商业银行经营管理理论的发展历程及各个历程的特点。

8.（2023—首都经济贸易大学）简述商业银行缺口分析和久期分析的区别。

9.（2024—武汉大学）简述商业银行的利率敏感性缺口。

【答案】1. C；2. 略；

3.（1）缺口率 = 利率敏感性资产 / 利率敏感性负债 =1 000/1 200=83%<1。（2）略。

4.（1）利率敏感性缺口 = 利率敏感性资产 – 利率敏感性负债 =135–30= 105 亿元。

（2）△利润 = 利率敏感性缺口 × △利率 =105×0.5%=0.525 亿元。即利率上升 0.5%，银行利润增加 0.525 亿元。

（3）银行净值变动 =- 资产 × △利率 × 久期缺口，其中久期缺口 = 资产久期 - 资产负债率 × 负债久期 =4-（175/200）×3=1.375，代入上式得银行净值变动 =-200×（-2%）×1.375=5.5 亿元。即利率下降 2%，银行净值增加 5.5 亿元。

5.（1）利率敏感性资产 = 浮动利率贷款 + 短期贷款 =100+200=300 亿元。

利率敏感性负债 = 浮动利率存单 + 短期存单 =200+200=400 亿元。

利率敏感性缺口 = 利率敏感性资产 - 利率敏感性负债 =300-400=-100 亿元。

（2）△利润 = 利率敏感性缺口 × △利率 =-100×2%=-2 亿元。即利率上升 2%，银行利润增减少 2 亿元。

6. 略；7. 略；8. 略；9. 略

第四节　商业银行监管的必要性

各国监管机构都会对商业银行进行严厉的监管，主要是出于以下两点原因：第一，商业银行面临很高的风险；第二，商业银行很重要，在经济中发挥着非常重要的职能。

一、商业银行的风险

（一）信用风险　★★

1. 含义

信用风险指债务人不能按时足额归还债务给银行带来损失的可能性。**坏账**（或**不良贷款**）就是对信用风险的反映。银行的坏账率（或不良贷款率）上升，意味着银行有更多的信用风险暴露。

2. 产生原因

（1）债务人在其生产、生活过程中面临不确定性。

（2）商业银行作为信用中介，并没有将贷款的信用风险转嫁给存款，而是以自有的资本金来承担。贷款风险高、利率高；存款风险低、利率低；中间的存贷利差就是对银行承担信用风险的补偿，银行本身经营的就是风险套利的业务。

3. 管理措施

虽然真实世界充满不确定性且信用风险不可避免，但是银行可以通过一些措施降低其发生的概率。

（1）甄别和监督

甄别主要针对贷款合同签订**之前**，考察借款人是否有还款的能力和意愿。监督则主要针对贷款合同签订**之后**，考察借款人是否出现滥用贷款的情况。甄别和监督的核心在于生产更多的信息，减少信息不对称。而这个过程是存在成本的，这个成本可以解释**贷款的专业化**，比如当地的银行更喜欢向当地的企业发放贷款；也可以解释为什么银行喜欢与企业和个人建立**长期的客户联系**,这些做法都是为了降低信息搜集成本[①]。

（2）抵押品和补偿余额

银行通常会为贷款要求抵押品（如房屋、汽车、机器设备等）作为第二还款来源,当借款人无力清偿贷款时,银行可以将抵押品变卖来降低自己的损失（担保同理）。

补偿余额是抵押品的一种特殊形式:银行要求得到贷款的企业必须将获取贷款的一定额度再存到该银行账户上,这个额度就是补偿余额。除了充当抵押之外,补偿余额还有一个额外的作用:因为要求企业在该银行开户,所以银行也可以通过监测企业账户的资金变动来提前判断企业的运行情况。

> **补充：实际贷款成本的计算**
>
> 存在补偿余额的情况下,因为有一部分贷款本金无法使用,所以企业实际的贷款成本会更高,其计算公式如下:实际贷款成本 = 贷款利息 / 实际能使用的本金 = （贷款本金 × 贷款利率）/[贷款本金 × （1- 补偿余额比例）] = 贷款利率 /（1- 补偿余额比例）。
>
> 补偿余额以存款的形式存放到银行,如果考虑银行为这部分存款支付的利息,则实际的贷款成本 = （贷款本金 × 贷款利率 - 贷款本金 × 补偿余额比例 × 存款利率）[②]/[贷款本金 × （1- 补偿余额比例）] = （贷款利率 - 补偿余额比例 × 存款利率）/（1- 补偿余额比例）。

（3）信贷配给

详见本节道德风险部分。

▷▷▷ **真题链接**

1.（2019—复旦大学）下列不属于银行信用风险管理措施的是（　　　）。

A. 建立长期客户关系　　　　　B. 抵押品

C. 补偿余额　　　　　　　　　D. 购买利率衍生品

2.（2022—中国人民大学）商业银行不良债权的出现是（　　　）。

A. 取决于市场　　　　　　　　B. 由商业银行决定

C. 由客户行为决定　　　　　　D. 是不可避免的

3.（2018—上海财经大学）某公司从银行借款 100 万元,年利率为 8%,银行要求维持 20% 的补偿性余额,那么该公司实际承担的贷款成本为（　　　）。

A. 6.67%　　　　　　　　　　B. 8%

C. 10%　　　　　　　　　　　D. 11.67%

4.（2022—复旦大学）C 公司向银行借款 900 万元,年利率为 7%,期限 1 年,到期还本付息,银行要求按借款余额的 20% 保持补偿性余额（银行按 2% 支付利

[①] 其实还可以解释间接融资（商业银行）存在的理由……在第二讲中进行过介绍。

[②] 这里采用的处理方式是存款获得的利息从贷款支付的利息中进行扣除。

息),该借款的年化成本约为(　　　)。

　　A. 6.60%　　　　　　　　　　B. 7.00%

　　C. 8.25%　　　　　　　　　　D. 10.10%

　　5.（2025—天津大学）名词解释:信用风险。

　　6.（2025—中南财经政法大学）名词解释:补偿性余额。

　　7.（2022—西南财经大学）商业银行发生信用风险的原因和解决办法

　　8.（2024—西南财经大学）在对企业放贷时,为什么商业银行更偏向于抵押贷款?

　　【答案】1. D;2. D;3. C;4. C;5. 略;6. 略;7. 略;8. 略

（二）流动性风险 ★★★

1. 含义

流动性风险指因无力满足客户的提现需求或正当的贷款需求给银行带来损失的可能性。

2. 产生原因

（1）直接原因:流动性风险源于**期限错配**。负债方存款平均期限短、先到期;资产方贷款平均期限长、后到期,并且作为非标准化的债权不易变现。这样当存款到期时,贷款还没有到期,没有转化为现金资产,自然无法满足客户的提现需求。

（2）根本原因:期限错配又是由银行的业务性质决定的,商业银行经营的就是**期限套利**的业务。因为收益率曲线往往是向上倾斜的,所以银行只有把短端作为负债端的成本、把长端作为资产端的收益,"短融长放"才能赚取期限利差。

3. 表现

银行存在的基础就是储户**不会同时提现**:虽然存款的期限更短,但储户交错开去提现,中间会形成一笔**沉淀余额**,银行可以以这笔沉淀余额来支持长期的贷款投放。反过来,当大量储户同时要求提现时,银行可能会破产,这就是"**挤兑**",挤兑是流动性风险的体现。对于挤兑的模型分析,可参照本讲专栏三。

> 　　**举例**:在硅谷银行的倒闭中,挤兑扮演着非常重要的角色。因为收到了硅谷银行亏损的坏消息,所以储户纷纷要求提现,想将存款转移到更安全的大银行。仅 2023 年 3 月 8 日一天,就有 420 亿美元的提现申请;3 月 9 日,又有将近 1 000 亿美元的提现申请。而硅谷银行的现金资产一共才 150 亿美元,显然是不够的,硅谷银行最终在挤兑中倒闭。并且跟以往的挤兑相比[1],本次挤兑的单日提款率大大提高,彰显出"**数字挤兑**"的威力。在数字化时代,一方面,信息的传播更迅速;另一方面,提现的速度也更快,无须去网点排队、直接在手机银行上操作即可（"一键挤兑"）。这就使得存款的稳定性大大下降,银行面临更高的流动性风险管理难度。

---

[1]　比如 2008 年遭遇挤兑的华盛顿互惠银行,或者再往前 1984 年遭遇挤兑的伊利诺斯银行。

▷▷▷ **真题链接**

1.（2022—上海财经大学）考虑到银行的负债,银行日常经营中主要面临哪种类型的风险?（　　）

A. 信用风险　　　　　　　　　　B. 利率风险

C. 市场风险　　　　　　　　　　D. 流动性风险

2.（2025—上海财经大学）硅谷银行倒闭是由（　　）导致的。

A. 信用风险　　　　　　　　　　B. 利率风险

C. 流动性风险　　　　　　　　　D. 利率风险和流动性风险

3.（2024—北京交通大学）分析影响商业银行流动性风险的主要因素。

【答案】1. D;2. D;3. 略

（三）市场风险　★

市场风险是指<u>基础金融变量,如利率、汇率、股价的变动给银行带来损失的可能性</u>①。

≫　**补充**:银行面临的利率风险主要包括四种:第一,缺口风险(也称重定价风险)。因银行资产负债两端的利率敏感性差异而导致的;第二,收益率曲线风险。银行通过"短融长放"进行期限套利,因而收益率曲线形状的变化(如平坦化或陡峭化)也会影响银行的利差和利润;第三,基准风险。银行的资产和负债定价可能基于不同的基准,基准利率变动不同步同样会给银行带来利率风险;第四,期权性风险。资产负债业务中隐含的期权特性也可能在利率变动时给银行带来损失。比如利率下降时贷款人选择提前还款,收回的贷款银行只能以下降后更低的利率贷出,因而蒙受损失。

▷▷▷ **真题链接**

（2025—复旦大学）(填空题)银行账簿利率风险指利率水平期限结构等不利变动导致银行账簿经济价值和企业收益遭受损失的风险主要包括缺口风险、（　　）和期权性风险。

【答案】基准风险

（四）操作风险　★

操作风险是指由于<u>操作程序、系统、人员的不完备或失效或某些外部事件给银行带来损失的可能性</u>,**包括法律风险**,但不包括**声誉风险和策略风险**。

具体来看,操作风险主要包括:(1)内部欺诈。机构内部人员参与的诈骗、盗用资产等违反法律以及公司规章制度的行为;(2)外部欺诈;(3)由灾难性事件或其他事件引起的有

---

① 其实还可以解释间接融资(商业银行)存在的理由……在第二讲中进行过介绍。

形资产的损失;(4)软硬件错误导致的经营中断和系统出错;(5)涉及执行、交割以及交易过程管理的风险事件;(6)客户、产品以及商业行为引起的风险事件;(7)劳务雇用合同以及工作状况带来的风险事件。

▷▷▷ **真题链接**

1.(2023—复旦大学)下列哪项不属于《巴塞尔协议Ⅱ》规定的操作风险?(　　)

A. 外部欺诈　　　　　　　　　B. 灾难性事件引致的实物资产的损坏

C. 舆情处理不当导致的声誉损失　D. 系统出错

2.(2023—中国人民大学)下列事件不属于操作风险的是(　　)。

A. 操作员违规操作,涉嫌欺诈

B. 发生自然灾害或不可抗因素导致交易未能完成

C. 公司高管内幕交易被证监会处罚

D. 董事长度假时意外身亡

【答案】1. C;2. C[①]

(五)道德风险　★★★

1. 含义

道德风险是指因银行和贷款人之间存在信息不对称而给银行带来损失的可能性。

2. 信息不对称

(1)**含义**:交易双方对所交易的产品具有不完全和不对称的信息,它会造成市场失灵,降低资源配置效率。

》 **举例**:二手车市场的交易双方之间存在信息不对称。一般来说,"买的不如卖的精",卖方会拥有更多的信息。现在假设市场上有三辆车:A车值5万元、B车值10万元、C车值15万元。卖方的宣传肯定都很好,都标价15万元。买方也无法分辨每辆车的质量,他只知道车的价值分布[②]。

Round1:假设买方是风险中性的,那么他愿意支付期望值10万元去买车。这个时候,真正价值15万元的C车不会卖出,能够卖出的只有价值5万元的A车和价值10万元的B车。

Round2:买方也会考虑到这点,所以会重新出价7.5万元。这个时候,价值10万元的B车也会退出市场,只剩下A车。

Round3:买方又会考虑到这点,A车的最终报价为5万元,成交后,市场达

---

① 根据2023年黄达《金融学(第五版)》教材,此题可选C。但根据2024年黄达《金融学(第六版)》,四个选项严格上说都属于操作风险,现此题无正确答案。

② 这个例子源自阿克洛夫的柠檬市场理论。我们可以对照自己在网络平台上的购物经历:平台上可能既有真货也有假货,产品鱼龙混杂。商家很清楚自家商品的质量,并且为了卖出更高的价格都会极力地进行粉饰,而消费者却难以分辨,只知道这些商品应该是真假并存的。

到均衡。这样便出现了"坏车驱逐好车"的情况：只有坏车能达成交易，市场效率大大下降。

（2）影响：逆向选择和道德风险

事前的信息不对称会导致逆向选择，**事后**的信息不对称会导致道德风险。

① 含义

逆向选择（也称隐藏信息）：市场交易的某一方如果能够利用多于另一方的信息使自己受益而使对方受损，就会倾向于与对方签订协议进行交易。

道德风险（也称隐藏行动）：交易双方在协议签订后，其中一方利用多于另一方的信息，采取使自己受益而使对方受损的行动。

> **举例**：逆向选择和道德风险的问题常见于信贷市场、保险市场、婚姻市场和劳动力市场[1]，这里主要关注**信贷市场**。
>
> **逆向选择**：贷款者（如企业）比银行更了解自身的经营情况。企业来申请贷款，银行在基准利率的基础上上浮2%作为信用风险的补偿。若企业非常安全可靠，则其可能不愿意承担2%的溢价而会另寻他法进行融资；若企业欣然同意，那么有可能意味着2%的溢价不足以充分反映这笔借款的风险，企业实际的经营风险会更高。也即给定贷款利率的情况下，风险更高的企业更倾向于与银行签订贷款合同，选出的企业是逆向的。
>
> **道德风险**：企业在申请贷款时承诺进行低风险的投资。但是在拿到贷款后，因为企业的行为是不可观测的、银行很难对它进行完全的监督，所以企业很有可能改作高风险、高收益的投资，甚至直接去赌博。因为企业是**有限责任的**[2]，在赌博中赚的钱算自己的、亏的钱则算银行的。

② 影响

可以看到，逆向选择和道德风险会加剧银行面临的信用风险。这种信用风险的增加不能通过提高利率的方法来覆盖（因为这只会造成更严重的逆向选择和道德风险），而需要通过其他方式，如**信贷配给**来缓解。

③ 缓解

信贷配给是指尽管借款人愿意支付给定甚至更高的利率，银行可能仍会拒绝提供贷款。在实际操作中，银行往往会制定一个**低于**信贷市场供求均衡的贷款利率，从而制造出一个超额的贷款需求（如图4-4所示，i_0为贷款市场均衡利率，i_1为银行设定的实际贷款利率）；然后再结合非利率条件，比如贷款者的个人特征信息，

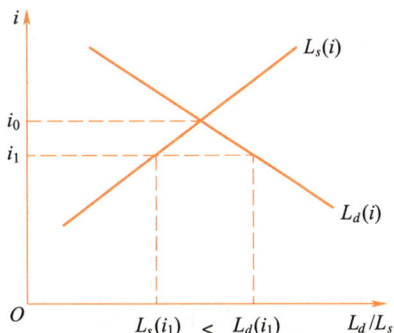

图4-4 信贷配给

---

[1] 其实我们更常接触的逆向选择和道德风险来自自助餐市场。

[2] 公司制企业是有限责任的，债务清偿以其出资额为限，具体可参照公司金融相关章节。

来筛选贷款人。筛选的目的是将中间这部分可能存在逆向选择和道德风险问题的贷款需求者驱逐出市场，从而实现自身的利润最大化。

▷ ▷ ▷ **真题链接**

1.（2013—对外经济贸易大学）尽管借款人愿支付合同利率甚至更高利率，贷款人可能仍会拒绝提供贷款，这种现象为（　　）。

A. 强迫交易　　　　　　　　　B. 战略选择

C. 信贷配给　　　　　　　　　D. 共谋行为

2.（2023—对外经济贸易大学）（判断题）信贷可得性理论认为信贷市场的利率一般高于信贷市场供求相等的均衡利率。（　　）

3.（2024—上海大学）名词解释：信贷配给。

4.（2021—西南财经大学）什么是信贷配给？信贷配给的作用和具体方式？

5.（2023—暨南大学，2025—暨南大学）什么是信息不对称？简述信息不对称在信贷市场中的体现？

6.（2024—南京大学）试简述逆向选择和道德风险。

【答案】1. C；2. ×；3. 略；4. 略；5. 略；6. 略

（六）国家风险 ★

1. 含义

银行在跨境借贷中额外承担的风险，与借款人所在国的经济、社会和政治环境有关。

2. 具体体现

主权债务危机会带来国家风险。本国银行给外国政府发放贷款，借出的是外汇，清偿也要用外汇。但外国政府可能因为外汇储备不足而无法清偿债务（如20世纪80年代拉美国家债务危机），本国银行也因而蒙受损失。

转移风险也是国家风险的表现形式之一。本国银行给外国企业发放贷款，借出的是外汇，清偿也要用外汇。但由于对方国家存在资本金融账户管制[①]，不允许外汇汇出，所以即便外国企业有还钱的意愿、也有还钱的能力，但无法换成外汇汇出，本国银行也会承受损失。

≫ **举例**：2022年俄乌冲突爆发后，欧美国家采取了很多措施对俄罗斯进行制裁。其中之一就是切断俄罗斯对外支付的 SWIFT 系统，这就使得俄罗斯对外的债务清偿出现问题。截至2021年第三季度，欧美银行在俄罗斯的债权敞口约为1 215亿美元，这些银行因此面临国家风险。

（七）交叉风险 ★

1. 含义

交叉风险是指资产负债表之间的高度关联性给商业银行带来损失的可能性。

---

① 资本金融账户管制是管制跨境的资本流动，具体可参考国际金融学中国际收支章节。

2. 银行资产负债表之间的关联性

银行资产负债表之间的关联性主要体现为"**同业业务**"，同业业务占比高就会带来风险在银行之间的横向传染性。

>> **举例**：A银行同业负债在总负债中占比很高，那么当A银行的资产端出现问题、无法清偿债务的时候，就会把问题传染给同业机构（too connect to fail）。尤其当A银行规模很大、是系统重要性机构时冲击力会更强（too big to fail），可能产生多米诺骨牌效应。

二、商业银行的职能

（一）信用中介（最基础的职能）★★

商业银行作为资金供求双方的中介，以自身信用参与交易活动，把存款转化为贷款，把储蓄转化为投资。具体来看，作为信用中介的商业银行主要解决以下三个问题：

1. 规模转换

企业投资项目时需要大额的资金，但单个居民能提供的储蓄只是小额的，存在**规模错配**的问题。此时，商业银行可以将小额的存款聚集起来，用以发放大额的贷款、支持大规模的投资，发挥规模转换的作用。

2. 风险转换

企业投资风险较高，但居民可能不想承担这么高的风险，希望确定性更强地回报，存在**风险错配**的问题。此时，商业银行可以买入高风险的金融产品——贷款，同时以自身信用为担保，向社会提供低风险的金融产品——存款，满足社会对低风险资产的需求，发挥风险转换的作用。在这个过程中，由商业银行承担信用风险，同时赚取风险溢价。

3. 期限转换

企业投资需要长期的资金，而居民因为面临各种不确定性的支出，可能无法承诺长期的资金投入，存在**期限错配**的问题。此时，商业银行可以买入流动性弱的金融产品——贷款，同时通过自身的流动性管理，向社会提供流动性强的金融产品——存款，发挥期限转换的作用。在这个过程中，由商业银行承担流动性风险，同时赚取期限溢价[①]。

整体来看，商业银行信用中介职能的发挥一方面**提高了资金融通的效率**。如果把居民和企业比作一个个小的水池，水在水池之间的流动可能存在阻碍（规模错配、风险错配、期限错配），那么金融中介就是联结这些水池的水利工程，其作用在于促进水在水池之间的流动。另一方面，也起到了**风险缓释**的作用。从整个社会的角度来看，总会有一定比例的企业因为经营失败而出现违约，如果违约带来的损失能够被银行的资本和盈利合理吸收，那么就能保证经济体系整体的稳定[②]。

（二）支付中介（最原始的职能）★

1. 商业银行的历史

虽然现代商业银行的主营业务是存贷款信用中介，但是其最原始的业务却是支付。居

[①]　这也是DD模型所认为的商业银行存在的理由。关于DD模型的详细阐述，参照本讲专栏三。

[②]　从这个角度来看，银行业类似于保险业。

民和企业把钱存到银行,由银行代为保管并进行支付。慢慢地,银行家发现:旧的存款被取出,但新的存款马上又会存入,在整个支付的过程中始终有一笔**沉淀余额**是留存在银行系统内部的。那为什么不把这笔资金盘活呢? 比如通过放贷来获取收益。由此,信用中介的职能便出现了。

2. 商业银行是整个资金体系的枢纽

商业银行在为客户办理与货币收付有关的结算服务时,就发挥了支付中介的职能。诸多支付方式也都离不开银行的参与:POS 机刷卡、银行转账自不必说;第三方支付,如微信支付、支付宝等,也是通过银行账户进行的,第三方支付只是提供接入的端口;即便是用现金支付,看似不依托于任何账户,却也离不开银行,因为公众手持的现金还是从银行中提取出来的。

(三)信用创造(最独特的职能) ★★

信用创造也称"货币创造"或"存款创造"。整个货币供应量主要包括两部分:现金和存款。现金是由中央银行创造的,存款是由商业银行创造的[①]。存款是货币量的主体,在经济中发挥着交易媒介、贮藏手段等职能。正因商业银行可以创造存款货币,所以其也被称为**"存款货币银行"**。

(四)调节经济

银行的贷款规模能够影响实体经济总量,而贷款结构能够影响产业结构。

> 　**举例**:如果监管机构要求银行收紧对房地产领域的贷款,那么必然会对房地产企业的融资、进而是投资造成较大的影响;如果监管机构要求银行增加对绿色产业,如清洁能源、节能环保等领域的贷款,那么也会对绿色产业的融资、进而是投资造成较大的影响。

> 　**容易忽略的一点是**:银行在发放贷款、调节经济的同时,还能起到**优化资源配置**的作用。银行在贷款业务中会对借款人进行筛选以保证贷款的安全性。如果贷款到期,企业能够正常清偿,那么就意味着这笔资金的使用效率是比较高的,它带来的产出能够覆盖贷款本息。也就是说,银行通过筛选借款人的方式将资金这种稀缺资源进行了合理配置。

(五)金融服务

商业银行还可以通过各种表内外业务为居民和企业提供金融服务。

▷ ▷ ▷ **真题链接**

　　1.(2014—清华大学)商业银行最基本的职能是(　　　)。

　　A. 信用中介　　　　　　　　B. 存款创造

　　C. 金融服务　　　　　　　　D. 支付中介

　　2.(2018—中国人民大学)商业银行被称为"存款货币银行",主要是基于它

---

①　这里为什么说银行是"创造"存款货币,而非"吸收"存款货币。因为存款本来就是银行创造出来的一种金融工具,储户只是购买这种金融工具而已。详细分析可参照货币需求与货币供给章节。

的（　　）职能。

    A. 支付中介   B. 信用中介

    C. 信用创造   D. 金融服务

    3.（2020—中国人民大学）关于商业银行在经济生活中发挥的作用，以下说法不准确的是（　　）。

    A. 充当企业之间的信用中介和支付中介

    B. 特别适合为开发大型项目筹集短期、小额资金

    C. 为存款客户提供流动性保险

    D. 创造信用流通工具

    4.（2024—上海财经大学）非银行机构不具备的银行职能是（　　）。

    A. 信用中介   B. 创造货币

    C. 支付中介   D. 金融服务

    5.（2025—对外经济贸易大学）（判断题）商业银行通过"金融中介化"过程，即通过"借短贷长"进行期限的转换，来满足资金供求双方的需求。（　　）

    6.（2025—重庆大学）简述商业银行的性质和职能。

    【答案】1. A；2. C；3. B；4. B；5. √；6. 略

第五节　商业银行监管的主要内容

一、金融监管

（一）含义 ★★

金融监管即金融监督和金融管理，有狭义和广义之分。

（1）**狭义的金融监管**是指政府通过特定机构（如中央银行、国家金融监督管理总局、证监会等）依法对金融业（包括金融机构及其在金融市场上的业务活动）进行的某种限制或规定。

（2）**广义的金融监管**则还包括金融机构的**内部控制**、同业自律组织的监管等。

（二）意义 ★

金融监管可以纠正由**垄断**、**外部性**和**信息不对称**造成的**金融市场失灵**[①]，实现金融市场的**稳定性**、**效率性**与**公平性**。

（三）金融监管理论的发展 ★

1. 20 世纪 30 年代庇古的公共利益论

该理论认为应当从**维护公共利益**的角度出发，对金融机构进行监管。这是因为从1929-1933 年经济大危机的情况来看，混业经营和监管缺失造成了金融体系的崩溃，而金融体系又具有很强的外部性，金融危机会对公共利益形成损害。

---

① 垄断、外部性、信息不对称是微观经济学的概念，具体可参照微观经济学相关的教材，这里不再进行展开。

2. 20 世纪 70 年代爱德华·肖和麦金农的金融抑制和金融深化理论

该理论认为政府对金融体系的过度干预阻碍了金融体系的发展,造成**金融抑制**[①],这又阻碍了实体经济的发展。因此,该理论主张全面放松金融监管,进行金融深化,从而恢复金融体系的效率,进而促进实体经济的发展。

3. 20 世纪 90 年代默顿和博迪的功能监管理论

该理论认为金融监管的核心应当是功能监管而非机构监管[②],无论什么金融机构,只要经营相同的业务,就应该置于相同的监管规则之下。这是因为金融体系的功能相对于金融机构本身而言更具有稳定性、连续性和一致性。

4. 2009 年宏观审慎监管理论

该理论认为应当从宏观整体角度对金融体系提出新的监管要求,即进行**宏观审慎监管**。这是因为 2008 年金融危机暴露出原有监管框架存在问题:传统的微观审慎监管只能保证个体机构的稳健,并不能保证金融体系整体的稳定。

（四）我国的金融监管实践　★★★★

在 2023 年 10 月举行的中央金融工作会议上,习近平总书记指出"切实提高金融监管有效性,依法将所有金融活动全部纳入监管,全面强化**机构监管**、**行为监管**、**功能监管**、**穿透式监管**、**持续监管**"。"五大监管"是我国金融监管未来的发展方向。

1. 机构监管和功能监管

（1）含义: 根据监管对象的划分不同,一国的监管体制可以分为机构监管和功能监管。

① **机构监管**是按照机构的类别划分监管对象,根据机构所注册的类型,由不同的监管部门对不同的金融机构进行监管。机构监管适用于**分业经营**,因为分业经营的特点是一家金融机构只能从事某一类的金融业务,所以只需要由一个对应的监管部门监管即可,监管门槛相对较低、易于实施。

② **功能监管**则是按照功能（或经营的业务性质）来划分监管对象。无论何种金融机构,只要经营相同的业务,就应该置于相同的监管规则之下。功能监管更适用于**混业经营**,既可以减少监管空白、重复监管和监管套利等问题,也有利于创造公平竞争的市场环境。但问题在于实施门槛较高,监管机构需要对金融机构经营的业务性质进行精准地判断。

> ▶ **举例:** 美国的金融监管体制是机构监管加功能监管,也称"**伞式监管**"。首先,在金融机构层面上有一个监管主体;然后,根据经营的业务种类,由不同的监管机构进行监管。比如,对于商业银行来说,在机构监管方面,会受到货币监理署（OCC）、联邦存款保险公司（FDIC）、美国联邦储蓄系统（FRS）的监管;如果商业银行参与证券市场交易,在功能监管方面,会受到证券交易委员会（SEC）、商品期货交易委员会（CFTC）的监管,即与投资银行从事证券业务采用相同的监管标准。

---

① 金融抑制的表现包括管制利率、高估汇率、限制商业银行的业务范围等。
② 关于机构监管和功能监管的详细论述,可参照下文内容。

（2）我国情况

自 2003 年银监会从中国人民银行分离出来之后,我国便形成了"一行三会"的分业监管格局。长期以来,我国实施的都是机构监管[①]。而这种监管方式已经滞后于国际实践以及国内金融市场的发展,暴露出诸多弊端。对应地,我国进行了两方面的调整:第一,加大机构间监管协调和统一的力度。具体体现为:2017 年成立国务院金融稳定发展委员会,在国务院层面加强监管协调;2023 年又升级为中央金融委员会和中央金融工作委员会,在中央层面加强监管协调;2018 年将银监会和保监会合并为银保监会,以加强监管统一;2023 年又将银保监会合并,并组建国家金融监督管理总局,统一负责除证券业之外的金融监管。第二,在原有机构监管的基础之上,更加强调功能监管。具体体现如 2018 年推出的《资管新规》,只要开展资产管理业务,那么无论银行、券商、基金、互联网平台,都应该置于相同的监管规则之下。

2. 行为监管

（1）含义:对金融机构的经营行为进行监管,包括信息披露要求、禁止欺诈误导、保护个人金融信息、反对不正当竞争、打击操纵市场和内幕交易行为等,其核心在于**保护金融消费者的权益**。

（2）意义:减少信息不对称,进而实现稳定性和公平性。**①　稳定性**。充分的信息披露使得投资者和监管者都能更好地识别金融机构的商业模式、金融产品的结构特征中可能隐藏的风险,从而有助于提高金融体系的稳定性。实践表明,审慎监管与行为监管相分离的**"双峰监管"**模式,有助于降低金融危机发生的概率。**②　公平性**。金融消费者往往是信息劣势的一方,在"买者自负"的原则下,会被置于更大的风险敞口之中。各国要求各金融机构进行充分的信息披露,能够保证消费者的公平交易,增强市场信心,维护市场的稳定运行。

>> **举例:**在金融危机之前,各国普遍侧重于审慎监管,即维护金融机构的稳健经营,但是对行为监管重视不够,这也是导致危机爆发的重要原因之一。因为预期房地产价格会上涨,所以银行通过各种营销手段,诱导大量没有还款能力的消费者买房、申请贷款,之后房地产泡沫破裂引发了危机。如果当时没有这些诱导,那么次级贷款的规模或许也就不会如此之大。

危机爆发后,二十国集团（G20）、世界银行、国际清算银行等纷纷强调相对独立的行为监管的重要性,欧美各国也陆续将其诉诸实践:美国于 2010 年出台了《多德－弗兰克法案》,宣布创建消费者金融保护局来加强对金融消费者的权益保护;英国于 2013 年出台了新《金融服务法》,采取双峰监管模式,一个峰是**审慎监管局**（PRA, Prudential Regulation Authority）,属于英格兰银行。英格兰银行有三大委员会:货币政策委员会负责货币政策,金融政策委员会负责宏观审慎监管,审慎监管委员会负责微观审慎监管,后两个共同组成审慎监管局。另一个峰则是金融**行为监管局**（FCA, Financial Conduct Authority）,它是一个独立的公共机构,对财政

---

①　根据实施监管主体的多少,一国的监管体制也可以分为**单一监管体制**和**多头监管体制**。单一监管体制就是由一家监管机构对金融业实施全面的监管,权力较为集中,所以又称"集中监管体制"。对应地,多头监管体制就是由多个监管机构分别实施监管。我国实行的就是典型的多头监管体制。

部和议会负责,通过实施行为监管来保护金融消费者的权益。双峰模式也是我国金融监管未来的发展方向。

（3）**我国情况**:虽然"一行两会"内部都设有金融消费者权益保护部门,但重审慎监管、轻行为监管的局面长期存在。随着我国金融创新的增加、产品复杂度的提高,金融产品的供求双方之间存在更加严重的信息不对称。再加上我国金融消费者普遍存在对政府隐性担保的预期,也会放大非理性投资行为,增加金融体系的脆弱性。所以在2023年的金融监管体制改革中,我国将金融消费者权益保护的职责统一划入国家金融监督管理总局,进一步强调行为监管的重要性。

3. 穿透式监管

（1）**含义**:监管者穿透识别每一项投融资活动中资金的最终投向以及最终来源,进而鉴别所投底层资产是否符合国家政策导向、投资人资质是否符合监管要求等。

（2）**意义**:金融创新使得金融产品的结构越来越复杂,中间可能存在通道业务、多层嵌套等情况,而穿透式监管则有助于更清楚地识别风险,减少监管套利行为,提高监管效率。

▷ ▷ ▷ **真题链接**

1.（2023—中央财经大学）关于功能监管和机构监管的说法,以下错误的是（　　）。

A. 功能监管比机构监管更容易解决重复监管的问题

B. 机构监管比功能监管更容易避免监管真空

C. 监管模式的演进趋势是由机构监管逐渐发展为功能监管

D. 功能监管对监管当局的监管实施门槛要求较高

2.（2024—中国人民大学）关于国家金融监督管理总局说法不正确的是（　　）。

A. 负责证券业以外的一切金融业监管

B. 负责银行业、保险业、金融控股公司的科技监管

C. 负责对金融业进行机构监管、功能监管、行为监管、穿透式监管、持续监管

D. 包含支付、清算、征信、反洗钱等一系列稽查体系

3.（2025—南京大学）名词解释:金融监管。

4.（2024—中央民族大学,2025—中央民族大学）名词解释:功能监管。

5.（2023—中南财经政法大学）简述常见的金融监管理论。

【答案】1. B;2. D;3. 略;4. 略;5. 略

二、对商业银行的监管措施

政府对商业银行的监管主要由两部分组成:谨慎性监管体系与政府安全网。

（一）谨慎性监管体系（预防性监管）　★★★

1. 事前:市场准入

商业银行必须遵循**牌照经营**,牌照的获取需要严格审批,审批标准包括最低注册资本

金、完善的公司治理和内控制度等。

2. 事中：业务范围及审计检查

（1）业务范围

商业银行应按照许可的经营范围从事金融活动，不得越界。

（2）经营过程的审计检查

审计检察包括现场检查和非现场检查。**现场检查**由监管人员亲临现场，主要检查银行账目，看其资产持有情况等是否符合有关规定。**非现场检查**则由商业银行报送报表，监管人员进行审计。欧美国家采用的审计标准通常为"**骆驼评级系统（CAMELS）[1]**"，包括资本充足性（Capital Adequacy）、资产质量（Asset Quality）、经营管理水平（Management）、盈利水平（Earnings）、流动性（Liquidity）、市场风险敏感度（Sensitivity of Market Risk）。

3. 事后：对问题金融机构的处置

对问题金融机构的处置方法包括购买、兼并、担保、破产清算等。

（二）政府安全网　★★★★

1. 存款保险制度

（1）基础知识

1933 年经济大危机时，存款保险制度首先出现在**美国**，之后在各国推广。存款保险制度是指政府设立的一种旨在保护存款人利益的**保险制度**。在该制度下，存款类金融机构依照其吸收存款的数额和规定的保费费率向存款保险机构投保，当存款机构发生支付危机或破产清算时，由存款保险机构进行赔付，确保存款人利益得到一定程度的补偿。

（2）积极影响

① 保护存款人的利益；② 降低存款人挤兑的可能性，进而防止风险传染，维护本国银行体系的稳定。为此，存款保险制度也被列为**金融监管的三条防线**之一。③ 调和了存款的安全性和银行经营的市场化之间的矛盾。存款作为货币，应当具有安全性以保证其被普遍接受；而商业银行作为市场化的金融机构，又应当优胜劣汰以提高运行效率。存款保险制度在一定程度上将银行和存款进行分离：银行可以走，但是存款要留下。

> ≫　**补充**：金融监管的三道防线为预防性风险管理、存款保险制度和最后贷款人。

（3）消极影响

① 与一般的保险公司相同，存款保险公司同样面临逆向选择和道德风险的问题，尤其是**道德风险**[2]。在存款保险制度下，存款人知道即便银行破产，存款也会由保险公司来赔付，自己不会遭受损失。所以即便银行经营出现问题，存款人也没有激励提取存款以进行约束，

---

① 在我国，银保监会通常使用"腕骨评级系统（CARPALS）"，即资本充足性（Capital Adequacy）、资产质量（Assest Quality）、大额风险集中度（Risk Concentration）、拨备覆盖率（Provisioning Coverage）、附属机构（Affiliated Institutions）、流动性（Liquidity）、案件防控（Swindle Prevention Control）。

② 因为在很多国家，政府都规定所有存款类金融机构必须强制投保，所以实际上并不存在逆向选择的问题（经营状况不佳的银行更倾向于投保）。存款保险公司面临的挑战主要是道德风险——越保越险。

甚至会因为更高的利率而将存款从经营稳健的银行转移到风险更高的银行。存款人的这一行为会对银行形成逆向激励,促使银行**高息揽储**、**高息放贷**,从事高风险的业务,若从中盈利则由股东、管理层和储户分享收益,若因此破产则由存款保险公司来承担损失。

> 也因为道德风险的问题,所以存款保险的赔付往往会限定种类和上限。种类如同业存款不予赔付;上限如 10 万美元(美国),2008 年金融危机之后调整到 25 万美元。

② 商业银行风险承担的增加又会增加**金融系统的脆弱性**。根据世界银行的研究,对于制度环境薄弱的国家,存款保险制度的引入不仅没有提高银行体系的稳健性,反而降低了银行体系的稳定性、提高了危机发生的概率。

(4)我国的存款保险制度

① 我国存款保险制度的设计

我国于 2015 年 5 月 1 日正式实施《**存款保险条例**》,所有存款类金融机构全部办理了投保手续,并于 2019 年在包商银行案中首次理赔。根据《存款保险条例》,我国对单个存款账户的赔付上限为 **50 万元**,能够覆盖 99.6% 的存款账户,46% 的存款金额。

2019 年 5 月 24 日,中国人民银行出资设立了存款保险基金管理有限责任公司,注册资本为 100 亿元,成为我国履行存款保险职能的主体。

② 我国推出存款保险制度的必要性

从我国国情来看,利率市场化改革的持续推进、中小银行占比的迅速上升等,会提高商业银行经营风险和破产的可能性;显性存款保险制度优于隐形担保(我国之前一直存在隐性担保,通过中国人民银行的金融稳定再贷款以及各级政府来实施救助),因为前者按照**市场机制**运行。存款保险公司按照市场化的方式运行会生产更多的信息,提前介入银行的经营管理,能够在一定程度上降低道德风险。银行业的发展较好,也为当时推出存款保险制度提供了保障。

2. 最后贷款人制度

(1)含义

最后贷款人(Lender of Last Resort, LOLR)是中央银行的一项职责,是指在银行体系的流动性遭遇较大负面冲击时,由中央银行向银行体系提供**最终的流动性支持**,方式包括再贷款、再贴现以及公开市场操作(如公开市场买入、逆回购等)[①]。

(2)作用

① 通过支持陷入流动性困难的商业银行及其他金融机构,防止流动性问题蔓延,以免造成系统性金融风险。

② 进行货币政策调控,中央银行的再贷款、再贴现以及公开市场操作还会影响货币供给和利率,进而影响实体经济。

> **举例**:在硅谷银行风险处置的过程中,政府安全网发挥了非常重要的作用。

---

① 详细可参考中央银行章节和货币政策章节。

首先,美国联邦存款保险公司(FDIC)按照"五一机制"接管硅谷银行①,并宣布为硅谷银行的所有存款提供**全额保障**。虽然全额救助会存在道德风险的问题,但是当市场处于恐慌状态时,稳定信心、防止系统性风险肯定是放在首位的②。与此同时,还要尽量采取措施来降低道德风险,比如,时任美财政部长耶伦强调本轮救助只救储户,不救银行的股东和一般债权人。再比如,事后追责、追赃挽损等。

其次,美联储作为最后贷款人,一方面,通过**公开市场操作**的方式投放了约 3 000 亿美元的流动性资产。另一方面,创设新的**再贷款工具:银行定期融资计划**(Bank Term Funding Program, BTFP),允许银行以国债、MBS等为抵押向美联储申请贷款。BTFP与传统再贷款的区别在于,传统再贷款是市值抵押,而BTFP是面值抵押。这样在美联储加息、国债价格下跌的情况下,银行能够获取的融资数量将不受影响。或者也可理解为:银行将国债以面值的价格暂时卖给美联储,这样就可以避免像硅谷银行一样,按市值出售国债从而出现损失的情况。

迅速且强有力的应对措施稳定了市场信心,防止了风险进一步蔓延,维护了金融体系的稳定。

▷▷▷ 真题链接

1.(2021—中国人民大学)存款保险制度最早是哪国创立的?(　　)

A. 英国　　　　　　　　　　B. 日本

C. 德国　　　　　　　　　　D. 美国

2.(2019—中国人民大学,2020—南开大学,2023—北京师范大学)名词解释:存款保险制度。

3.(2017—中山大学)名词解释:骆驼评级(CAMELS rating)。

4.(2025—南京理工大学,2025—同济大学)名词解释:存款保险制度。

5.(2019—中央财经大学,2022—暨南大学,2024—武汉大学)简述存款保险制度的主要内容及利弊。

6.(2024—西南财经大学)(1)什么是存款保险制度?政府安全网除了有存款保险制度还有什么形式?(2)存款保险制度总是好的吗?你怎么认为?

【答案】1. D;2. 略;3. 略;4. 略;5. 略;6. 略

---

①　周五宣布接管并成立过桥银行,周一重新开业。

②　FDIC刚开始仍然维持25万美元的赔付额度,但之后发现恐慌仍在蔓延,其他中小银行仍然存在挤兑、中小银行股票仍在持续下跌,于是就改成了全额保障。此举立刻稳定了市场信心,反映市场恐慌程度的VIX指数迅速下降。

专栏三　DD 模型[①]

（一）模型设定

模型包含 $t=0,1,2$ 三个时期。仅存在一种消费品，既可以用来消费，也可以用来投资。$t=0$ 期，每个消费者均有 1 单位的消费品禀赋，之后不再获得新的禀赋。

两类消费者。 一类是短期消费者，效用来自 $t=1$ 期的消费 $u(c_1)$；另一类是长期消费者，效用来自 $t=2$ 期的消费 $u(c_2)$，消费者的主观贴现因子为 1[②]。属于哪种类型是消费者的私人信息，并且他们在 $t=0$ 期也不知道自己会是哪种类型，也即不知道自己在 $t=1$ 期会不会有消费需求，这是偶然的，只知道自己是短期消费者的概率为 λ，并且到 $t=1$ 期才知道。

$$U(c_1,c_2)=\begin{cases} u(c_1),\text{概率为 }\lambda \\ u(c_2),\text{概率为（}1-\lambda\text{）} \end{cases} \tag{4-11}$$

两类资产。 因为消费者获得禀赋的时间跟消费的时间并不相同，所以需要借助资产来实现资源的跨期配置。一类是短期资产，$t=1$ 期到期（且滚动存在），没有回报，只是单纯地把消费品储藏到下一期；另一类是长期资产，$t=2$ 期到期，可以带来 $R(R>1)$ 单位的消费品，**不能提前变现**[③]，即无法将其用于 $t=1$ 期的消费，只能用于 $t=2$ 期的消费。

（二）方程构造和求解

这里分三种情况展开分析：自给自足、市场交易、银行。

1. 自给自足情况下的配置

消费者的目标是效用最大化，其效用方程为：

$$EU=\lambda u(c_1)+(1-\lambda)u(c_2) \tag{4-12}$$

在自给自足的情况下，消费者完全靠自己 0 时刻投资所带来的回报来支撑其 1 时刻或 2 时刻的消费。因为 $t=0$ 期，消费者也无法确定自己在哪一期消费，所以他可能选择长短期资产都配一些。假设他在短期资产中配置的比例为 θ，则有消费的约束条件

$$\text{s. t.}\begin{cases} c_1=\theta \\ c_2=\theta+(1-\theta)R \end{cases} \tag{4-13}$$

注意 c_2 不只是 $(1-\theta)R$，因为若事后证明其是长期消费者，则短期资产 θ 可以再滚动投资一期，仍然是 2 时刻可供消费的资源。

将式（4-13）代入式（4-11）可得：

$$EU(\theta)=\lambda u(\theta)+(1-\lambda)u[(\theta+(1-\theta)R)] \tag{4-14}$$

对 θ 求一阶条件，并令其等于 0，可得最优的 θ，假设为 θ^A。将其代入消费者期望效用函数，可得这种情况下效用是 $EU(\theta^A)$。

[①]　参照 Diamond, Dybvig. Bank Runs, Deposit Insurance, and Liquidity [J]. Journal of Political Economy, 1983. 本书所阐释的 DD 模型在原论文基础之上进行了适当简化。Ben S.Bernanke、Douglas W.Diamond 和 Philip H.Dybvig 因其在银行和金融危机领域的研究贡献而获得 2022 年诺贝尔经济学奖。

[②]　主观贴现因子就是将未来消费效用折现到当前所用的折现系数，这里出于简化，令其为 1。

[③]　现实情况是可以提前变现但会承担折价，这里做了简化处理，不影响最后的结论。

2. 市场交易情况下的配置

在自给自足的情况下,因为 0 时刻无法确定自己的类型,所以短期消费者总是会错误地配置一些长期资产,而长期消费者则会错误地配置一些短期资产,这会导致他们消费水平的下降。那么很容易想到:如果让两类消费者相互交易,他们的效用可能都会得到提升。

因为在 1 时刻消费者才了解自己的类型,所以市场交易也是发生在 1 时刻:短期消费者将他的长期资产卖给长期消费者,来换取长期消费者手中的短期资产。假设以消费品表示的长期资产 1 时刻的价格为 p(短期资产 1 时刻的价格为 1),那么两类消费者的消费资源变为:

$$\begin{cases} c_1=\theta+(1-\theta)p \\ c_2=\left(1-\theta+\dfrac{\theta}{p}\right)R \end{cases} \tag{4-15}$$

c_1 中的 $(1-\theta)p$ 表示短期消费者将长期资产卖出获得的消费品,c_2 中的 $\dfrac{\theta}{p}$ 表示长期消费者将短期资产卖出能够换得的长期资产。

可以看到,求解关键是确定长期资产价格 p,可以用反证法来证明 **$p=1$**。假设 $p>1$,那么在 0 时刻没有人愿意持有短期资产而会都持有长期资产,然后在 1 时刻卖出获得更多的消费品。既然没有人持有短期资产,那么在 1 时刻长期资产将无法出售(因为他要换成短期资产用于消费),p 会跌至 0,与 $p>1$ 矛盾;若 $p<1$,则在 0 时刻没有人愿意持有长期资产,长期消费者会选择在 1 时刻才购买长期资产。因为没有人持有长期资产,所以在 1 时刻短期资产将无法出售,p 会上升到 R,与 $p<1$ 矛盾。所以 1 时刻长期资产价格 $p=1$。

将 $p=1$ 代入式(4-15)可得:

$$\begin{cases} c_1=1 \\ c_2=R \end{cases} \tag{4-16}$$

代入式(4-12)可得:

$$EU^M=\lambda u(1)+(1-\lambda)u(R) \tag{4-17}$$

对比式(4-16)和式(4-13),不难看出,在存在市场交易的情况下,两期的消费均更大,那么消费者的期望效用自然也会更大,即 $EU^M>EU^A$,所以**市场交易优于自给自足的情况**。

3. 银行下的配置

从微观层面来看,消费者在哪期消费具有不确定性。但是从宏观层面来看,将所有消费者加总起来则没有不确定性。根据**大数定律**,每个人有 λ 的概率是短期消费者,那么当人数很多时,总人口中就会有 λ 比例的短期消费者。

这个时候就可以由银行进行组织,银行将禀赋全部收上来,然后统一进行配置。银行向储户提供这样一份存款合约:对于银行收到的每单位 0 时刻存款,储户有权在 1 时

刻提款 c_1^B，或者在 2 时刻提款 c_2^B，但不能两者兼有。注意这是一个**活期存款**合约，因为储户在 0 时刻并不确定自己的类型，所以无法在事先约定期限，银行也就允许其随时支取。为了尽可能地争取储户，银行会愿意给储户提供尽可能高的 0 期期望效用[①]。

假设银行在 0 时刻从 N 个储户[②]那里吸收了存款，并且将其中 θ 比例投入到短期资产中，剩下 $(1-\theta)$ 投入到长期资产中。大数定律的存在使得银行可以精确地控制比例：它知道有 λ 比例的短期消费者，所以会预留 $\lambda N c_1$ 来满足短期消费者需求[③]；剩下的资金用于长期投资以提高回报，满足长期消费者的需求。

$$\begin{cases} \lambda N c_1 = \theta N \\ (1-\lambda) N c_2 = (1-\theta) N R \end{cases} \qquad (4\text{-}18)$$

将 N 消去，并整理，可得

$$\begin{cases} c_1 = \dfrac{\theta}{\lambda} \\ c_2 = \dfrac{(1-\theta)}{(1-\lambda)} R \end{cases} \qquad (4\text{-}19)$$

代入式（4-12）可得

$$EU^B = \lambda u\left(\dfrac{\theta}{\lambda}\right) + (1-\lambda) u\left(\dfrac{(1-\theta)}{(1-\lambda)} R\right) \qquad (4\text{-}20)$$

比较式（4-19）和式（4-16）两个约束条件，可以发现当 $\theta = \lambda$ 时，两者一致，也即式（4-16）其实是式（4-19）的一种特殊情况。当 θ 变动时，c_1 和 c_2 可以有更多的组合，也因而可能达到更高的效用[④]：

$$EU^B \geqslant EU^M \qquad (4\text{-}21)$$

因为期望效用更高，所以消费者在 0 时刻确实愿意参与银行合约。

将式（4-20）对 θ 求一阶条件可得：

$$\dot{u}(c_1) = R\dot{u}(c_2) \qquad (4\text{-}22)$$

因为 $R>1$，所以有 $\dot{u}(c_1) > \dot{u}(c_2)$。$u(.)$ 边际递减，所以有 $c_1 < c_2$。长期消费者在 2 时刻能获得更多的消费，所以他也没有激励伪装成短期消费者，在 1 时刻从银行提款。

这样银行提供的最优存款合约 (c_1^B, c_2^B) 与最优资产组合 $(\theta^B, 1-\theta^B)$ 构成了一个均衡，银行帮助消费者达到了更高的效用。

虽然银行这一机制安排看上去不错，但它还存在一个内生的脆弱性——**挤兑**。如果所有储户（不仅包括短期消费者，还包括长期消费者）都在 1 时刻提现，那么因为长

[①]　这里还假设银行是完全竞争的，净利润为 0。

[②]　N 足够大，以使得大数定律生效。

[③]　这里大家可能会感到费解，为什么不是直接预留 λN？λN 的意思是为每个短期消费者留 1 单位的消费。这是因为通过银行的合理配置，短期消费者也可从中获益，获得更多的消费 c_1，具体多少需要通过模型求解，但大概率是大于 1 的。

[④]　该效用等于存在中央计划者（Central Planner）的效用，也即最大效用。

期资产很难提前变现,所以银行将无法履行存款合同,这会导致银行破产。此时,等到时刻 2 再提款的储户将什么也得不到,所以如果一个长期消费者认为其他所有人都会在 1 时刻提款,那么他的最优选择也是在 1 时刻提款,并且要尽可能抢到别人前面,因为先到先得①。

也就是在银行这一制度安排下,存在两个**纳什均衡**②:

（1）**正常均衡**,长期消费者认为其他长期消费者不会去挤兑,那么他也不会去挤兑,安安静静等到 2 时刻再提款,此时可以达到最优的资源配置。

（2）**挤兑均衡**,长期消费者认为别的长期消费者会在 1 时刻提前提款,那么为了保证自己不受损失,他也会在 1 时刻提款。此时即便健康经营的银行也会破产、贷款收回、长期的生产投资终止。哪种均衡会出现取决于长期消费者的预期（背后又是一些随机事件）,预期具有自我实现机制。

存款保险制度的引入可以保证长期消费者即便在银行出现问题时也能获得相应的支付,此时他就没有激励在 1 时刻进行挤兑,**好的均衡会成为唯一的纳什均衡**。

（三）结论

1. 银行存在的意义是什么?

银行可以在短期消费者和长期消费者之间进行**风险分担**,提高资源配置效率,实现最优配置（消费者期望效用最大）。

银行的作用是**期限转换**,负债方通过开设活期存款、提供流动性来满足人们不确定的消费需求;同时,所有人不会同时来提现,中间会形成沉淀余额,银行以其支持资产方长期的资产投放。问题是,如果真的所有人来同时提现呢? 这就是第二个问题。

2. 银行面临什么风险?

在银行这一制度安排下存在**多重均衡**（Multiple Equilibria）,挤兑就是其中一种。"活期存款 + 长期投资"的组合使银行具有内生的脆弱性,银行存在的意义和银行的脆弱性是一枚硬币的两面:如果不做长期投资,就无法实现优化配置,则其存在无意义;如果做长期投资,又必然面临挤兑的风险,存在"至尊宝的紧箍咒"问题。那么应该如何破解呢?

3. 如何降低银行面临的风险?

存款保险制度可以减少挤兑,提升银行系统的稳定性。

▷▷▷ **真题链接**

1.（2023—清华大学）银行挤兑在什么时候最有可能发生?（　　　）

（1）银行出现资产坏账

（2）银行资产负债表健康

---

① 这里用到前面的假定:属于哪种类型是消费者的私人信息,银行无从得知,也无法拒绝。

② 纳什均衡是博弈论的概念,指在给定其他人策略的条件下,没有参与者有激励单独改变策略。

（3）银行流动性危机引起人们恐慌

A.（1）　　　　　　　　　B.（1）（3）

C.（3）　　　　　　　　　D.（1）（2）（3）

2.（2023—上海财经大学）因对银行和金融危机的研究，而与伯南克共同获得 2022 年诺贝尔经济学奖的两位学者是（　　）。

A. 阿兰·布林德、道格拉斯·戴蒙德

B. 道松拉斯·戴蒙德、菲利普·迪布维格

C. 菲利普·迪布维格、奥利弗·布兰查德

D. 奥利弗·布兰查德、道格拉斯·戴蒙德

【答案】1. B；2. B

第六节　银行监管的国际合作：《巴塞尔协议》

《巴塞尔协议》是**国际清算银行**下属的巴塞尔银行监管委员会于 1988 年首先提出的，到今天已经经历了 30 多年，从只有少数国家签署的、仅仅覆盖信用风险的简单协议，发展成为全球主要国家都参与的、多层次的国际监管标准。

一、《巴塞尔协议Ⅰ》

《巴塞尔协议Ⅰ》的全称为《关于统一国际银行资本计算和资本标准的协议》，产生于 1988 年。

（一）产生原因 ★

（1）20 世纪 70 年代金融全球化进程加速，各大银行纷纷在国外设立分支机构，跨境经营已经成为常态，并出现了严重的**监管套利**现象，因而需要建立一套国际通用的监管标准。

> **监管套利**是指被监管的金融机构利用监管制度之间的**差异性**来获利。如果某国的金融监管过于严格，则该国的金融机构会被其他监管宽松的国家所吸引，将业务活动转往他国，导致本国的金融监管失效。**监管竞争是**指各国监管者之间为了吸引金融资源而进行的**放松管制**的竞争。

（2）20 世纪 70 年代全球金融创新步伐加快，尤其是银行的**表外业务**发展迅速。之前的监管强调资产负债表监管，也即表内监管，无法覆盖表外的风险暴露。

（3）20 世纪 80 年代的**拉美债务危机**让银行家看到了主权债务也存在风险。

（二）内容 ★★★

1. **资本充足率**（Capital Adequacy Ratio，CAR）

《巴塞尔协议Ⅰ》要求资本充足率[①] 大于等于 8%，核心资本充足率大于等于 4%，且核心

---

① 资本充足率 = 资本 / 信用风险加权资产。

<u>资本大于附属资本。</u>

　　≫　**监管逻辑**:信用风险是由资产(比如贷款)带来的,用资本金来吸收,因而资本与资产的比例可以表示该银行的资本对资产方损失的吸收程度,在实际的损失未达到该程度之前,存款人和一般债权人都是安全的。

2. 资本[①]

(1)定义:商业银行用于吸收**非预期损失**(Unexpected Loss, UL)的资金。非预期损失是指超出**预期损失**(Expected Loss, EL)的损失(如图4-5所示)。

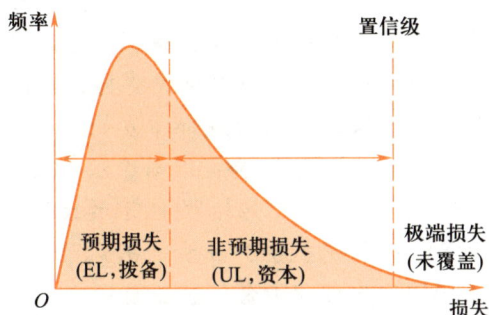

图4-5　预期损失和非预期损失

　　≫　**预期损失和非预期损失**

　　① **含义**:银行可以根据现有的数据测算出信用风险的**概率分布**,这个分布的期望值就是预期损失,一般用拨备来覆盖;超出预期损失的部分(比如取两个标准差)就是非预期损失,用资本金来覆盖;如果损失继续扩大(超出了两个标准差,也即超出了资本金的数量),那么就是极端损失,银行难以进行日常管理,极端损失的出现可能会使得银行破产。

　　② **拨备**:吸收预期损失的资金为**贷款损失准备**(也称"拨备")。贷款损失准备有时也称准备金[②],包括普通准备金(按贷款余额的一定比例提取)、专项准备金(对各类贷款按不同比例提取)、特别准备金(对特殊种类的贷款提取)。<u>根据我国原银保监会的要求,**贷款拨备率**(拨备/贷款,也称拨贷比)应为1.5% ~ 2.5%;**拨备覆盖率**(拨备/不良贷款)应为120% ~ 150%。</u>

　　(2)分类:根据资本吸收损失能力的强弱,其可以分为**核心资本**和**附属资本**。

　　① **核心资本**(也称**一级资本**)吸收损失能力更强,包括**股本**(普通股股本、非赎回非累计优先股股本)和**公开储备**(股本公积、盈余公积、未分配利润、一般风险准备)。

---

　　①　此处讨论的资本为"经济资本"。
　　②　这里的准备金不同于法定准备金和超额准备金。法定准备金和超额准备金是准备应付客户的提现需求(尤其是超额准备金),这里的准备金则是准备应对不良贷款,其本质是资产减值损失。

　　>> **非赎回非累计优先股**：非赎回是指优先股不能提前赎回，非累计是指优先股的股利不能累计。显然，满足这两个性质的优先股，吸收损失的能力更强。

　　>> **股本公积**：会计记账时每一股股票的账面价值通常是 1 元，但是企业发行股票的价格往往不是 1 元，而会更高，比如每股卖 10 元，那么多出的 9 元乘以发行的股数就被计入股本公积。

　　>> **盈余公积**：包括法定盈余公积和任意盈余公积，都是从企业每年的净利润中提取出来的。根据《中华人民共和国公司法》的规定，企业在实现盈利之后不能把全部利润都当作股利发放，而是要先提取一定数量的盈余公积（要求是 10%，达到注册资本的 50% 之后可以不再提取），这就是法定盈余公积，目的是防止企业通过发放股利的方式来过度分配利润。在提取完法定盈余公积后，公司也可以根据需要再自行提任意盈余公积。

　　>> **一般风险准备**：根据我国财政部印发的《金融企业财务规则——实施指南》，对金融企业而言，除了要提取盈余公积之外，还要再提取一般风险准备。跟盈余公积一样，它也是按照 10% 的比例从净利润中提取出来的。

　　>> **未分配利润**：提取完盈余公积和一般风险准备之后，净利润中剩下的部分叫**未分配利润**，是可以由金融企业自由支配的。未分配利润和盈余公积统称为**留存收益**。

　　② **附属资本**（也称二级资本）吸收损失能力更弱，包括非公开储备、资产重估储备、长期次级债、混合资本工具、普通准备金。

　　　　>> **非公开储备**：不在资产负债表上列示的、非公开的，但是根据某些国家（如日本）的会计准则允许存在的一部分储备。

　　　　>> **资产重估储备**：包括证券重估和物业重估。证券重估是指证券价格的重新估计，当银行持有的证券资产价格变动时，价格变动的一定比例计入资本；物业重估是指房地产价格的重新估计，当银行持有的房地产价格变动时，价格变动的一定比例也计入资本。

　　　　>> **长期次级债**：长期是存续期在五年以上，次级是指该债券的求偿权位于一般债权人之后，但位于股东之前。

　　　　>> **混合资本工具**：既有债权性质，又有股权性质的金融工具，比如**可赎回可累计的优先股**、**可转换优先股**、**可转债**等。

　　　　>> **普通准备金**：贷款损失准备的一部分，按贷款余额的一定比例在净利润之前提取的 [1]。

---

　　[1] 一般风险准备和普通准备金的区分，前者是按照固定比例从净利润中提取出来的，用于吸收非预期损失；后者则是按照贷款余额的一定比例在净利润之前提取出来的（是成本费用的一部分，类似于固定资产的折旧、无形资产的摊销），用于吸收预期损失，不应算作资本。但是在实际操作中，根据监管规定，超额贷款损失准备是能够计入资本金的。

3. 信用风险加权资产（Risk Weighted Assets）

信用风险加权资产包括**表内信用风险加权资产**和**表外信用风险等额**两部分,计算公式如下:

信用风险加权资产 = 表内信用风险加权资产 + 表外信用风险等额

= ∑表内资产×信用风险权重 +∑表外或有资产×信用风险转换系数×信用风险权重

（1）表内资产的信用风险权重

《巴塞尔协议Ⅰ》使用信用风险权重对资产进行区分。

》　**举例**:购买100万元的国债和100万元的企业债,同样形成100万元的资产,但是给银行带来的信用风险是不同的,造成非预期损失的大小是不同的,所以对资本金的需求也不应该相同。

《巴塞尔协议Ⅰ》中各资产的信用风险权重如表4-9所示。可以发现:私人部门的信用风险权重更高,非经济合作与发展组织（OECD）国家的信用风险权重更高,这是符合直觉的。

表4-9　《巴塞尔协议Ⅰ》中各资产的信用风险权重

权重	资产类型
0%	库存现金以及在本国中央银行的存款 以本币发放的对本国中央政府和中央银行的债权 对 OECD 国家中央政府和中央银行债权
20%	在途资金 对多边开发银行的债权 对在 OECD 国家以内注册的银行的债权 对在 OECD 国家以外注册的银行1年以内的债权 对非本国的 OECD 国家公共部门实体的债权
50%	住房抵押贷款
100%	对私人部门债权 对在 OECD 国家以外注册的银行1年以上的债权 对 OECD 以外国家中央政府的债权（以本币发放的除外） 不动产和其他投资 厂房、设备和其他固定资产

》　**我国情况**:根据国家金融监督管理总局2023年新颁布的《商业银行资本管理办法》,我国商业银行常见资产类别的信用风险权重如表4-10所示。

表 4-10　我国商业银行常见资产类别的信用风险权重

项目	权重
无风险资产（现金、黄金、我国主权级债权）	0%
对我国公共部门实体的债权	
一般债券	10%
专项债券	20%
对我国其他商业银行的债权（不包括次级债权）	
原始期限 3 个月以内	20%
原始期限 3 个月以上	25%
对一般企业的债权	
投资级企业	75%
中小企业	85%
小微企业	75%
其他一般企业	100%
对个人的债权	
信用卡贷款	45%
住房抵押贷款	
还款不实质依赖于房地产所产生的现金流，依据贷款价值比[①]不同	40% ~ 75%
还款实质依赖于房地产所产生的现金流，依据贷款价值比不同	50% ~ 105%
其他个人贷款	100%
股权	
对金融机构的股权投资（未扣除部分）	250%
被动持有的对工商企业的股权投资	400%
因政策性原因并经国务院特别批准的对工商企业的股权投资	400%
对工商企业的其他股权投资	1 250%

（2）表外或有资产的信用风险转换系数（Credit Risk Conversion Factor）

除了表内资产之外，《巴塞尔协议 I》还兼顾了表外或有资产，规定表外或有资产首先通

---

① 贷款价值比（Loan to Value, LTV）= 贷款金额 / 房地产价值。

过信用风险转换系数转换至表内,再按照表内相应权重进行加权得到**信用风险等额**,即:**表外信用风险等额 = 表外业务规模 × 表外信用风险转换系数 × 相应的表内信用风险权重**。

(三)缺陷 ★

(1)风险覆盖范围不全,主要覆盖信用风险和国家风险。

(2)资本金要求的风险敏感性差,导致银行产生资本套利。

> **举例:**《巴塞尔协议 I》把所有的私人公司类客户都放入 100% 的级别内,也就是相同的贷款规模需要相同的资本金,这显然是不合理的。因为**不同评级**的公司,其信用风险也是不同的,所以不应该计提相同的资本金。如果资本金要求相同,那么银行在其中就存在比较大的灵活运作的空间,进而隐匿风险。

(3)主观成分过大,部分资本金对损失的吸收能力弱。

> **举例:**比如非公开储备、资产重估储备等。当银行出现损失时,这些储备几乎没有对损失的吸收能力。

(4)由于不是强制实施,所以国际上的监管套利仍然存在。

二、《资本协议市场风险补充规定》

(一)产生原因

金融市场的发展、分业经营的放松,使得商业银行越来越多地开展自己的**交易业务**,也因而承担了更多的**市场风险**,1995 年巴林银行的倒闭更是凸显出市场风险的破坏力。但《巴塞尔协议 I》并未将市场风险纳入监管的范围之内,所以巴塞尔银行监管委员会于 1996 年制定了《资本协议市场风险补充规定》,希望弥补这一漏洞。

(二)内容 ★

1. 纳入市场风险

由此开始将银行的资产区分为**银行账户类资产**(Banking Book)和**交易账户类资产**(Trading Book)。

2. 市场风险资本的计算:标准法

$$MRC_t^{STD} = \sum_{j=1}^{5} MRC_t^j = MRC_t^{IR} + MRC_t^{EQ} + MRC_t^{FX} + MRC_t^{CO} + MRC_t^{OP}$$

MRC_t^{IR}、MRC_t^{EQ}、MRC_t^{FX}、MRC_t^{CO}、MRC_t^{OP} 分别表示利率风险资本、股权风险资本、外汇风险资本、商品风险资本、期权风险资本。

三、《巴塞尔协议 II》

《**巴塞尔协议 II**》的全称是《**统一资本计算和资本标准的国际协议:修订框架**》,产生于

2004年,其主要内容为三大支柱。

（一）三大支柱 ★★★

（1）第一支柱——**最低资本要求**。

（2）第二支柱——**监管部门监督检查**。通过外部监管来弥补银行内控的不足,确保银行有合理的战略以及内部评估程序,可以正确地判断风险。除此之外,监管还应覆盖第一支柱未涉及的风险,比如银行账簿利率风险、流动性风险、贷款集中度风险等。

（3）第三支柱——**市场纪律**。强化信息披露,对资本结构、资本充足率、风险评估和管理过程、应用范围四个方面提出了定性和定量的信息披露要求,引入更多的市场约束。

（二）最低资本要求（与《巴塞尔协议Ⅰ》的区别） ★★★

1. 计算公式

资本 /[信用风险加权资产 +12.5（ 操作风险资本 + 市场风险资本 ）] ≥ 8%,核心资本占总资本的比例大于等于 50%。相较于《巴塞尔协议Ⅰ》,《巴塞尔协议Ⅱ》增加了资本金对操作风险和市场风险的覆盖。

> »　对上式稍作整理可得:[资本 −（操作风险资本 + 市场风险资本 ）]/ 信用风险加权资产 ≥ 8%,即总的资本金要首先满足操作风险和市场风险的需要,剩下的还要能覆盖信用风险。

2. 资本

增设**短期次级债**为三级资本,用于**覆盖市场风险**。

3. 信用风险加权资产

（1）信用风险权重的估计方法发生转变

在《巴塞尔协议Ⅰ》中,信用风险权重的估计使用**标准法**,即由外部的监管机构直接给定统一的标准,但是其问题在于固定的权重对信用风险的描述是粗线条的,导致了资本金要求对风险的敏感性差。20世纪90年代之后,得益于计算机的广泛应用,全球银行业的**风险计量技术**突飞猛进,比如 J.P.Morgan 于 1994 年推出了以 VaR 为基础的市场风险计量模型 Riskmetrics,1997 年又推出了信用风险的计量模型 Creditmetrics 等。所以《巴塞尔协议Ⅱ》决定创新信用风险权重的计量方法,鼓励银行实行**内部评级法**进行信用风险权重的评估,让银行在内部对资产进行评级并评估信用风险权重。

> »　**在险价值**（Value at Risk, VaR）是一种用标准的统计技术估计金融风险的方法。该方法在正常的市场环境下,给定**时间区间和置信度**,预计某种资产或资产组合的**最大损失**。其**优势**为适用于复杂的投资组合,可以用来说明投资的杠杆作用和分散化的效果,并且表述简单。**局限性**则在于是"一定置信度"内的最大损失,不能排除高于该损失的可能性。

（2）内部评级法下,信用风险权重的四个驱动变量（见表4–11）

表 4-11 信用风险权重的四个驱动变量

变量名	含义
违约概率 (Probability of Default, PD)	客户未来一年违约的可能性,取决于借款人的**信用评级**
违约敞口 (Exposure At Default, EAD)	违约发生时预期的**贷款余额**
违约损失率 (Loss Given Default, LGD)	预期未收回的贷款余额中损失的比率,取决于债项的**优先级**以及**抵押品**的情况
期限 (Maturity, M)	贷款剩余的期限,因为以上分析的是一年的情况,所以还需要经过期限的调整

内部评级法又分为初级内部评级法和高级内部评级法,初级内部评级法下四个指标仅 PD 由银行自主确定,高级内部评级法则均可以由银行自主评估。

(3)预期损失和非预期损失的计算

$EL = PD \times EAD \times LGD$;

$UL = F(PD, EAD, LGD, M)$

$$K = \frac{\left[LGD \times N\left(\frac{G(PD)}{\sqrt{1-R}} + \sqrt{\frac{R}{1-R}} \times G(0.999) \right) - PD \times LGD \right] \times \left[1 + (M - 2.5) \times b \right]}{1 - 1.5 \times b}$$

其中,K 为资本需求;PD 为违约概率;LGD 为违约损失率;R 为相关性,是关于 PD 的函数,可由 PD 计算得到;M 为期限;b 为期限调整系数;$N(X)$ 为标准正态分布函数;$G(X)$ 为标准正态分布函数的反函数。

▷ ▷ ▷ **真题链接**

1.(2024—中央财经大学)组织签署《巴塞尔协议》的国际金融机构是( )。

A. 国际货币基金组织   B. 世界银行

C. 国际清算银行   D. 亚洲开发银行

2.(2023—清华大学)根据新的《巴塞尔协议》,商业银行风险加权资产不包括( )。

A. 信用风险加权资产   B. 市场风险加权资产

C. 操作风险加权资产   D. 流动性风险加权资产

3.(2024—复旦大学)(填空题)已知某银行的准备金、证券和贷款资产的风险权重分别为 0、20% 和 100%。现该银行将 20 个单位的贷款证券化并购回、作为资产持有(表 4-12),则银行的资本充足率变动为( )。

表 4-12 某商业银行的资产负债表 （单位：亿元）

资产	负债和资本
准备金 20	存款 92
证券 0	
贷款 80	资本 8

4.（2023—首都经济贸易大学）名词解释：资本充足率。

5.（2020—上海财经大学）某商业银行核心资本是 70 亿元，附属资本是 30 亿元，市场风险的资本要求是 10 亿元，操作风险的资本要求是 20 亿元，商业银行的资产负债表数据如下（见表 4-13）：

表 4-13 某商业银行的资产负债表

项目名称	金额 / 亿元	风险系数	转换系数
现金	20	0	
政府债券	200	0	
消费贷款	100	10%	
金融证券	100	50%	
企业贷款	700	100%	
备用信用证	100	20%	100%
贷款承诺	200	100%	50%
商业信用证	100	100%	20%

（1）计算表内加权风险总资产和表外加权风险总资产。

（2）计算该商业银行的核心资本充足率和总资产充足率。

（3）该商业银行的资本充足率满足《巴塞尔协议》的规定吗？请说明理由。

【答案】1. C；2. D；3. 增加 2.5%；4. 略；

5.（1）表内加权风险总资产 =0+0+100×10%+100×50%+700×100%=760（亿元）表外加权风险总资产 =100×20%×100%+200×100%×50%+100×100%×20%=140（亿元）

（2）

$$核心资本充足率 = \frac{核心资本 - 核心资本扣除项}{风险加权资产 + 12.5 \times 市场风险资本 + 12.5 \times 操作风险资本}$$

$$= \frac{70}{760+140+12.5 \times 10+12.5 \times 20} = 5.49\%$$

$$总资本充足率 = \frac{总资本 - 总资本扣除项}{风险加权资产 + 12.5 \times 市场风险资本 + 12.5 \times 操作风险资本}$$

$$= \frac{70+30}{760+140+12.5 \times 10+12.5 \times 20} = 7.84\%$$

（3）《巴塞尔协议》要求总资本充足率不低于8%,核心资本充足率大于等于4%,所以总资本充足率不满足巴塞尔协议规定,而核心资本充足率则满足。

四、《巴塞尔协议Ⅲ》

《巴塞尔协议Ⅲ》包括巴塞尔银行监督委员会发布的《**更具稳健性的银行和银行体系全球监管框架**》和《**流动性风险计量标准及监管的国际框架**》,产生于2010年。之后巴塞尔银行监督委员会又经过七年的研究和博弈,于2017年推出了《**巴塞尔Ⅲ:后危机改革的最终方案**》,标志着金融危机后监管制度的改革最终尘埃落定。

（一）《巴塞尔协议Ⅲ》产生原因 ★★

金融危机是监管制度的试金石,2008年的金融危机让监管层意识到《巴塞尔协议Ⅱ》存在许多问题,《巴塞尔协议Ⅲ》便是对这些问题的纠正。具体来看,这些问题包括:

1. 风险覆盖范围不全

没有充分考虑流动性风险和一些新型风险(如交叉风险、交易对手方风险等),而金融危机显示出这些风险也具有很强的破坏力,应该予以充分重视。

2. 资本工具对损失的吸收能力弱

最典型的就是三级资本,当金融危机爆发、银行出现问题的时候,三级资本对损失没有任何的吸收能力。

3. 内部评级法下,资本充足率监管存在顺周期效应

（1）**原因**:内部评级法下,信用风险权重由四个变量驱动。其中,违约概率(PD)和违约损失率(LGD)具有很强的周期性。具体来看,当经济繁荣时,企业经营情况良好,并且抵押资产价值较高,所以银行会下调对PD和LGD的估计,进而使得信用风险权重下降。在给定资本充足率要求的情况下,这会导致单位资本能够支持更多的资产;在给定资本金数量的情况下,银行可以进一步扩大贷款投放规模。可以发现,当经济周期性繁荣时,资本充足率监管反而是**放松**的。反过来,当经济周期性衰退时,资本充足率监管是**收紧**的,这就是资本充足率监管的**顺周期性**(如图4-6所示),也称"**正反馈**"机制[①]。

经济繁荣（衰退） → 信用风险权重指标 PD/LGD下降(上升) → 信用风险权重 下降(上升) → 资本金给定 → 贷款投放上升（下降）

图4-6 资本充足率监管的顺周期性

（2）**影响**:贷款投放的顺周期性增加了金融体系风险,放大了实体经济的波动性。

---

① "正反馈"和"负反馈"源自工程系统的概念,一个工程系统中有正反馈环和负反馈环,负反馈环可以促进系统稳定,正反馈环会放大系统波动。

4. 对于"大而不能倒"的银行,资本充足率监管未能充分反映其风险

(1)"大而不能倒"(too big to fail)的原因在于强的**外部性**。如若倒闭,会对它所有的交易对手都形成很强的负面冲击,由此带来的风险传染可能会引发**系统性的金融风险**。

(2)"大而不能倒"的影响在于增加了金融机构的**道德风险**。金融机构知道自己出问题之后会得到政府救助,因而有动机从事高风险、高收益的业务,若从中盈利则由股东和管理层分享收益,若因此亏损则由政府来承担损失。

> ≫　**实证研究**:根据 Altunbas et al.(2017)[1] 和 Varotto et al.(2018)[2] 的研究,系统性风险与金融机构规模存在显著的**正相关关系**。其原因在于大型银行在经济金融体系内有较高的不可替代性,在危机期间往往能优先得到政府救助,因而会更容易出现**道德风险**,增加自身的风险承担,从而加剧系统性风险。

5. 适度的资本充足率并不是防范风险的唯一途径

> ≫　**举例**:雷曼兄弟(Lehman Brothers)2007 年的资本充足率曾达到 11%,在危机发生时却仍然迅速破产,其原因在于:第一,资本金以债务资本为主,对损失吸收能力弱;第二,而流动性的问题很难通过资本充足率来覆盖,需要对流动性风险进行单独管控。

(二)《巴塞尔协议Ⅲ》的内容　★★★★★

1. 提高资本标准,强调资本对损失的吸收能力

(1)**最低资本要求**:核心一级资本充足率 4.5%(我国为 5%),一级资本充足率 6%,总资本充足率 8%。

(2)**资本**

① **一级资本**:续营情况下吸收损失的资本,又分为核心一级资本和其他一级资本。

核心一级资本:普通股[3]。

其他一级资本:包括非赎回非累积优先股、永续债。

② **二级资本**:破产清算情况下吸收损失的资本。

简化二级资本,只有一套二级资本合格标准,其他子类别将被取消。在我国,二级资本主要包括二级资本债(即长期次级债)和超额贷款损失准备。

> ≫　截至 2024 年年末,我国商业银行**二级资本债**规模达 3.5 万亿元。其核心条款如下:

---

① 参见 Altunbas, Manganelli, Marques. Realized Bank Risk During the Great Recession[J]. Journal of Financial Intermediation, 2017.

② 参见 Varotto, S, Zhao L. Systemic Risk and Bank Size[J]. Journal of International Money and Finance, 2018.

③ 《巴塞尔协议Ⅲ》中的普通股相当于《巴塞尔协议Ⅰ》和《巴塞尔协议Ⅱ》中的普通股股本加上公开储备。

第一,次级条款:求偿权在普通债权人之后。

第二,减记条款:当触发事件发生时,银行有权在无需获得债券持有人同意的情况下,对二级资本债本金进行全额减记,当债券本金被减记后不可再被恢复。

第三,提前赎回条款:我国基本上都是"5+5"年,即原始发行期限是10年,在第5年年末经过国家金融监督管理总局的批准可以赎回。

③ **三级资本被取消**,从而保证用于抵补市场风险的资本质量等同于抵补信用风险和操作风险的资本质量。

除了最低资本要求外,《巴塞尔协议Ⅲ》还提出建立宏观审慎监管框架。

2. 建立宏观审慎监管框架

(1)宏观审慎监管

宏观审慎监管的概念于1979年由国际清算银行的前身"**库克委员会**"首次提出,在2008年金融危机之后被各国监管层重视。宏观审慎监管是指这样一种监管方式:它以**防范系统性风险**为目标,采用**宏观、逆周期、跨市场**的视角,实行**自上而下**的衡量方法,着力于减缓金融体系的顺周期性和风险传染性对金融稳定和实体经济造成的冲击。

≫ **补充:微观审慎监管的缺陷**

在2008年金融危机之前,监管强调微观审慎,也就是保持个体机构的稳健,即存在**合成谬误**[1]问题。但是,个体稳健并不等于整体稳健。

首先,从**时间轴**上看,经济金融体系存在很多正反馈环,使得系统呈现出非常明显的**顺周期性**。比如资本充足率监管的顺周期性[2]:经济形势好的时候,资产质量较高,信用风险权重下降,银行可以增加贷款投放。这种行为从个体银行的角度来看是没有问题的,它的资本金仍然是符合监管要求的。但是从银行整体的角度来看就是有问题的:每个银行都多投放一些贷款,整个银行体系就多投放了很多贷款,进而导致信贷驱动型的资产价格泡沫和经济过热。

其次,从**空间轴**上看,相关联的机构和市场间的风险传染会导致系统性破坏,也就是前面所述的"交叉风险"。不只是银行业,2008年金融危机之前的**资产证券化产品**还把诸多非银金融机构也都绑定在一起,比如银行在 ABS、MBS 的基础上开发出 CDS、CDO、CLN[3] 等工具,使得投资银行、保险公司等也一起承担风险,加剧了风险的传染性。

最后,时间轴上金融规则的顺周期性和空间轴上风险的横向传染性,

---

① 合成谬误(Fallacy of Composition)是由经济学家萨缪尔森首先提出,它是指这样一种**谬误**:对局部说来是正确的,则对总体而言也必然是正确的。典型的合成谬误如囚徒困境:从局部来看,囚徒选择"背叛"是最优的;但是从整体来看,由"背叛"所形成的均衡却是更差的。

② 除此之外,还包括信用评级的顺周期性、由投资者"追涨杀跌"的羊群效应导致的顺周期性等。

③ CDS(Credit Default Swaps),即为债务违约互换;CDO(Collateralized Debt Obligation),即为担保债务凭证;CLN(Credit Linked Notes, CLN),即为信用联结票据。

容易引发系统性风险,所以应该从宏观审慎的角度对银行提出新的监管要求。

（2）《巴塞尔协议Ⅲ》中的宏观审慎监管内容

① 留存资本缓冲（2.5%）。以普通股的形式体现,其监管逻辑为:希望银行在经济繁荣时期多计提资本,以应对经济衰退时对于资本的损耗。

② 缓解资本充足率监管的顺周期性问题

逆周期资本缓冲（0%～2.5%）根据信贷/GDP偏离趋势值提取,以普通股的形式体现。其监管含逻辑为:如果信贷相较于GDP投放过多,那么应该再额外增加一些资本要求来约束信贷的投放。具体增加多少,自主权在各国的监管机构。

杠杆率 = 一级资本 / 表内外风险暴露[①]**≥ 3%（我国的要求≥ 4%）**

与资本充足率不同的是,杠杆率的分母"表内外风险暴露"并不经过信用风险权重的调整:只要某项表内资产或者表外或有资产有风险,就全部按照100%的权重算到分母中来。这可以避免由信用风险权重的周期性所带来的资本充足率监管的周期性。

改革信用风险权重的计量方法。信用风险权重的计量方法包括**标准法**和**内部评级法**。标准法的问题在于资本金要求对风险的敏感性差,内部评级法的问题则在于存在顺周期性,并且银行也总是倾向于低估信用风险。针对这种情况,2017年《巴塞尔Ⅲ:后危机改革的最终方案》规定:首先,对于标准法,增加了风险权重的档次。比如之前公司类客户的风险暴露全都是100%,现在增加了75%和85%两个档次;其次,对于内部评级法,设置各风险参数的底线。比如公司类客户风险暴露的违约概率不得低于5BP,无抵押情况下的违约损失率不得低于25%,有抵押情况下根据抵押品的情况不得少于10%或者15%。最后,设置了风险加权资产整体的底线（Back-Stop）,不得低于标准法的72.5%。

③ 缓解风险的横向传染性问题

a. 系统重要性金融机构大而不能倒

根据中国人民银行2020年12月发布的《系统重要性银行评估办法》,系统重要性金融机构是指业务规模较大、业务复杂度较高、与其他金融机构关联性较强、在金融体系中提供难以替代的关键服务,一旦发生重大风险事件而无法持续经营,可能对金融体系和实体经济产生较大冲击的金融机构。

巴塞尔银行监督委员会在2011年开始对**全球系统重要性金融机构**（Global Systemically Important Financial Institutions, G-SIFIs）进行划分,一共分为4个大组,分别设置1%、1.5%、2%和2.5%四档额外资本要求,并且全部以**普通股**的形式计提[②]。在特定条件下,最具系统重要性的银行在满足2.5%的最高附加资本要求之后,还需要再额外满足1%的附加资本要求[③]。除了附加资本要求之外,还有附加杠杆率的要求,是附加资本要求的50%[④]。

---

① 注意这里杠杆率的定义与公司金融所指不同,公司金融中的杠杆率是资产/资本,这里则是资本/资产。

② 可以发现,在《巴塞尔协议Ⅲ》中非常强调普通股股本。根据巴塞尔银行监督委员会的说法"使用普通股是最简便、最有效的抵御风险损失的方法"。

③ 目前尚无额外计提3.5%的银行,最高的摩根大通是2.5%。

④ 比如附加资本要求是1%,那么附加杠杆率要求就是0.5%,以3%为基础,实际的杠杆率需达到3.5%以上。

2011 年,全球一共有 28 家 G-SIFI,**中国银行**成为新兴市场国家唯一入选的银行。之后 2013 年到 2015 年,**中国工商银行**、**中国农业银行**和**中国建设银行**也先后入选,2023 年,交通银行入选。其中中国银行和中国工商银行为 1.5% 的额外资本要求,中国农业银行、中国建设银行和交通银行为 1% 的额外资本要求。2013 年,**中国平安保险集团**被选入全球系统重要性保险机构。

> 》　**补充**:除了全球系统重要性银行之外,我国也有国内系统重要性银行。根据中国人民银行和原银保监会在 2021 年推出的《系统重要性银行附加监管规定(试行办法)》,国内系统重要性银行也被分为 4 个大组,分别计提 0.25%、0.5%、0.75%、1% 的额外资本要求。对于最具系统重要性的银行,在 1% 的基础之上,还要再额外计提 0.5% 的附加资本要求[①]。同样地,附加杠杆率要求也是附加资本要求的 50%[②]。2023 年,我国系统重要性银行的分组如表 4-14 所示。

表 4-14　我国系统重要性银行的分组

第一组 (0.25%)	第二组 (0.5%)	第三组 (0.75%)	第四组 (1%)	第五组
中国光大银行 中国民生银行 平安银行 华夏银行 宁波银行 江苏银行 广发银行 南京银行 北京银行	中信银行 浦发银行 中国邮政储蓄银行	交通银行 招商银行 兴业银行	中国工商银行 中国银行 中国建设银行 中国农业银行	暂无银行进入

b. 恢复与处置计划(Recovery and Resolution Plans, RRPs)

2015 年,巴塞尔银行监督委员会又明确提出系统重要性银行的**恢复与处置计划**,也称"生前遗嘱"。它是指金融机构(尤其系统重要性金融机构)应事先拟定方案,在发生重大风险时,如何快速恢复以及如何有序处置。RRPs 一方面减少了风险的横向传染性,维护金融体系的稳定;另一方面以"内部纾困(bail-in)"来代替"外部援助(bail-out)",减少了道德风险,保证公平性。

RRPs 的一个关键指标就是**总损失吸收能力**(Total Loss-absorbing Capacity, TLAC)**要求**。总损失吸收能力是指系统重要性银行在进入**处置程序**时[③],能够通过减记或转股的方式吸收损失的各类资本或债务工具的总和。具体来看,这些工具包括普通股、优先股、永续债、超额贷款损失准备、长期次级债、TLAC **工具(短期次级债)** 等。在我国,允许**存款保险**

[①]　如果既是国内,又是国际,则取更高者,因为两个要求都要满足。

[②]　当然,我们国家基础的杠杆率要求更高(4%),高于巴塞尔协议的 3%。

[③]　这里的关键是"处置程序",已经不指望银行能存活了,只希望"走"得更体面一点,尽量减少倒闭的负外部性。

基金也计入 TLAC,因为存款保险也是银行在处置阶段时有清偿能力的一笔资金。根据我国的监管要求,2025 年 1 月 1 日,我国全球系统重要性银行[①] 的 TLAC **资本充足率**(TLAC/ 信用风险加权资产)应达到 16%,TLAC **杠杆率**(TLAC/ 表内外风险暴露)应达到 6%。

④ **针对流动性风险和期限错配提出的要求**

a. **流动性覆盖比率**(Liquidity Coverage Ratio, LCR)**= 优质流动资产 / 未来 30 日现金净支出**(≥ 100%)

其中优质流动资产是指在**压力状况下**[②],能够通过出售或抵(质)押的方式,在基本无损失的情况下迅速变现的资产,包括库存现金、在压力情况下可以提取的存款准备金以及高质量、变现无障碍的债券等。未来 30 日现金净支出为压力状况下未来 30 日内预期现金流出量减去现金流入量,要求现金流入量最高不得超过流出量的 75%。

其**监管含义**为优质流动资产必须要能完全应付银行未来 30 日内的现金净支出,保证在**短期**不发生流动性风险,提高商业银行应对短期流动性风险的能力。

> **补充:压力测试**(Stress Testing)。压力测试是指通过测算银行在遇到极端不利情况下可能发生的损失,分析损失对银行盈利能力和资本金带来的影响,进而对单家银行和银行体系的脆弱性做出评估,并采取必要措施。它是一种以定量分析为主的风险分析方法,又包括敏感性测试和情景测试等,其意义在于增强前瞻性的风险捕捉能力,对银行进行定期的体检。

b. **净稳定融资比率**(Net Stable Funding Rate, NSFR)**= 可用稳定资金 / 业务所需的稳定资金**(≥ 100%)

其中,可用稳定资金是指一年内能够保证的权益类和负债类资金来源,考虑**负债端**的资金来源;业务所需的稳定资金则是指银行开展资产业务所需的稳定资金,考虑**资产端**的资金运用。

其**监管含义**为银行负债端可用的稳定资金必须要大于资产端开展资产业务所需的稳定资金,银行长期资金的运用必须有充足的长期资金来源作为支撑,不能依赖短期融资。这可以减少期限错配,提高**中长期**抗风险能力。

> **我国情况**:根据我国原银保监会于 2018 年修订的《商业银行流动性风险管理办法(试行)》,流动性覆盖比率和净稳定融资比率仅适用于资产规模在 2 000 亿元以上的大银行,对于资产规模在 2 000 亿元以下的中小银行来说,其对应的监管指标为:**一是优质流动资产充足率**(优质流动资产 / 未来 30 日内现金净流出)≥ 100%,与流动性覆盖比率相似,只是在计算上进行了大幅简化;**二是流动性匹配率**(加权资金来源 / 加权资金运用)≥ 100%,与净稳定融资比率相似。

---

① 目前 TLAC 监管只是针对全球系统重要性银行。

② 压力状况如零售存款流失、信用评级下调使得银行的批发融资能力下降等,后同。

（三）《巴塞尔协议Ⅲ》的特点 ★

（1）关注点从银行的资产方扩展到整个资产负债表，比如流动性风险的监管指标就强调资产端和负债端的期限匹配。

（2）关注点从单一银行的稳健性扩展到整个金融体系的稳定性，比如为了减少风险传染性对金融系统的破坏，对系统重要性金融机构提出附加资本要求。

（3）关注点从金融体系的稳健性扩展到金融体系与实体经济之间的内在关联，比如为了缓解顺周期性对实体经济的冲击，提出了杠杆率、逆周期资本缓冲等逆周期指标的监管。

▷ ▷ ▷ **真题链接**

1.（2024—对外经济贸易大学）（判断题）衡量商业银行的变现能力的唯一指标就是流动性覆盖率。（　　）

2.（2020—中国人民大学）《巴塞尔协议Ⅲ》着眼于进一步提高商业银行应对冲击的能力和缓解资本监管的顺周期性质，其中不包括（　　）。

A. 提出逆周期资本要求

B. 计算风险加权资产时增加市场风险和操作风险

C. 加强对系统重要性金融机构监管

D. 引入杠杆率和新流动性监管标准

3.（2020—中央财经大学）基于宏观审慎监管的空间维度，对金融风险尤其关注的是（　　）。

A. 所依附资产的资本充足状况　　B. 金融体系各组成之间的风险传染性

C. 金融风险的周期性　　　　　　D. 股票市场场内交易的投机性

4.（2023—中央财经大学）以下关于《巴塞尔协议》的监管的说法，不正确的是（　　）。

A.《巴塞尔协议Ⅱ》构建了宏观审慎监管框架

B. 宏观审慎监管比微观审慎监管更加关注风险的传染

C. 宏观审慎监管以系统性风险为主要目标

D.《巴塞尔协议Ⅲ》采取逆周期操作方式调节

5.（2024—中国人民大学）以下哪个不属于宏观审慎政策？（　　）

A. 最低资本充足率　　　　　　　B. 逆周期资本缓冲

C. 留存资本缓冲　　　　　　　　D. 系统重要性银行附加资本要求

6.（2020—中央财经大学）（多选）《巴塞尔协议Ⅲ》较之前版本进行修订主要体现在（　　）。

A. 除考虑信用风险还应考虑市场风险和操作风险

B. 更加强资本吸收损失的能力

C. 引入杠杆率监管要求

D. 关注压力情形下的流动性管理

E. 构建微观审慎监管框架

7.（2025—中南财经政法大学）名词解释：宏观审慎政策。

8.（2022—南开大学）《巴塞尔协议Ⅲ》提出宏观审慎与微观审慎相结合,谈谈你对宏观审慎的理解。

9.（2022—四川大学）为什么说金融安全是微观金融安全与宏观金融安全的结合?

10.（2022—兰州大学）为了增强商业银行应对风险的能力,《巴塞尔协议Ⅲ》作出了哪些新的改变?

11.（2025—中国社会科学院大学）简述商业银行的核心一级资本的结构。

【答案】1.×;2.B;3.B;4.A;5.A;6.BCD;7.略;8.略;9.略;10.略;11.略

第五讲 中央银行

【考情分析】

本讲的重点内容为中央银行的职能和业务。从题型上来看，本讲内容的考查以选择题为主，名词解释和简答题也偶有考查。

【知识框架】

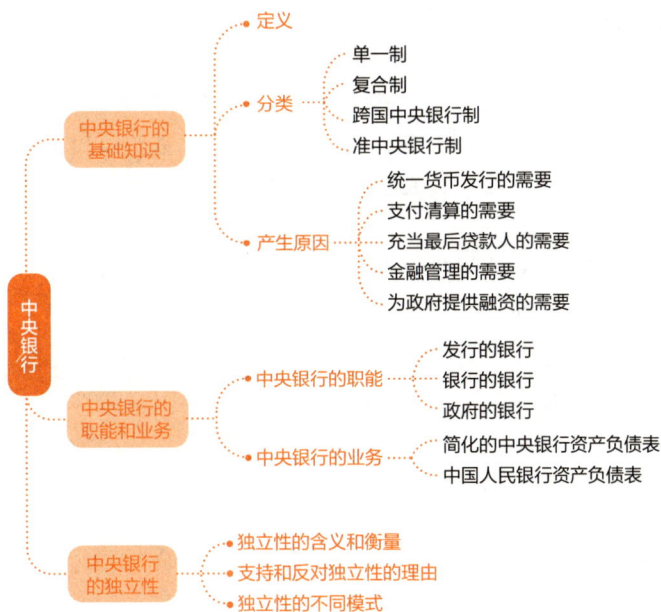

第一节　中央银行的基础知识

一、中央银行的定义　★

中央银行是一国政府赋予其制定和执行货币政策、进行宏观调控的非营利性金融机构。与商业银行不同，中央银行更类似于**政府机关**，它不以营利为目的，并且也不经营普通的商业银行业务。

> 》**我国情况**：我国的中央银行是**中国人民银行**，于 1948 年 12 月 1 日成立，并正式发行第一套人民币。根据《中华人民共和国中国人民银行法》的规定，中国人民银行隶属于国务院，是国务院的组成部门。

▷ ▷ ▷ **真题链接**

1.（2023—中国人民大学）（判断题）人民币是从 1949 年 10 月开始由中国人民银行发行的不兑换银行券，这标志着中华人民共和国货币制度的建立。（　　　）

2.（2025—中国人民大学）（判断题）人民币的发行时间在中华人民共和国成立之前。（　　　）

3.（2019—中央财经大学）中央银行在经济活动属性和功能上属于（　　　）。

A. 政府部门　　　　　　　　　　B. 存款性公司

C. 准公司　　　　　　　　　　　D. 其他金融机构

【答案】1. ×；2. √；3. A

二、中央银行的分类　★

根据**组织形式的不同**，中央银行制度可分为单一制、复合制、跨国中央银行制和准中央银行制。

（一）单一制

1. 含义

单一制是指中央银行的交易对手单一地限制在政府和金融机构的范围之内，一般不经营对非金融企业和个人的业务。单一制是一种纯粹的中央银行制度。

2. 种类

单一制又可以分为**一元式**和**二元式**。一元式是指全国只有一家统一的中央银行，比如我国的中国人民银行。二元式是指存在中央和地方两级中央银行机构，地方机构具有一定的独立性。这种制度设计一般出现在联邦制的国家，比如美国。

≫　**美联储的组织架构和决策机制**。美国的中央银行是**美国联邦储备系统**(以下简称"美联储"),成立于 1913 年。它由位于华盛顿的联邦储备局和分布在美国各地区的 12 家地方联邦储备银行共同组成,是典型的二元式中央银行。其中,联邦储备局是联邦政府机构,也是美联储的最高领导部门,负责监督 12 家联邦储备银行(以下简称"联储银行")以及指导美联储的所有业务和关键职能。联邦储备局有 7 名执行委员,其中两人分别担任美联储的主席和副主席。12 家联储银行则不属于美国联邦政府的非营利性私营组织,商业银行也可以成为联储银行的股东。联储银行负责监管所在区域的金融机构,发挥最后贷款人职能,提供支付系统服务等。就货币政策而言,**联邦公开市场委员会**(Federal Open Market Committee,FOMC)是美联储货币政策的最高决策机构,包含来自联邦储备局的 7 名执行委员和来自地方联储银行的 5 名主席,共计 12 名成员。FOMC 每年召开 8 次公开市场会议,决定联邦基金利率的升降。

(二)复合制

复合制是相对于单一制而言的,它是指由一家大银行同时扮演商业银行和中央银行的角色,既经营对政府和金融机构的业务,也经营对非金融企业和个人的业务。

≫　**举例**:复合制主要存在于苏联和东欧国家,我国 1984 年以前也采用复合制,这种中央银行制度是与计划经济体制相适应的。

(三)跨国中央银行制

含义:跨国中央银行制是由参加货币联盟的所有成员国联合组成的中央银行制度。

≫　**举例**:欧洲中央银行体系就是典型的跨国中央银行制度,它由两部分组成:一是欧洲中央银行本身,设在德国的法兰克福;二是欧元区成员国各自的中央银行。两者之间的关系为:前者具备法人地位,是决策机构,负责欧元的发行和货币政策的制定;后者不具备法人地位,是执行机构,也不具有独立性。

(四)准中央银行制

含义:在准中央银行制下,没有完整意义上的中央银行,而是由几家金融机构共同发挥中央银行的职能。

≫　**举例:我国香港地区**就采用准中央银行制,港币的发行由汇丰银行、渣打银行和中国银行负责,货币政策调控、金融监管、支付体系的管理则是由香港金融管理局负责。除了中国香港外,**新加坡、斐济、马尔代夫**等经济体也都实行准中央银行制。

▷▷▷ **真题链接**

1.（2016—中央财经大学）下列实行准中央银行制的国家是（　　）。

A. 马尔代夫　　　　　　　B. 美国

C. 法国　　　　　　　　　D. 印度

2.（2023—中国人民大学）关于欧洲中央银行说法错误的是（　　）。

A. 是典型的跨国中央银行

B. 由欧洲中央银行与欧元区各成员国中央银行组成

C. 欧洲中央银行制定统一的货币政策,成员国中央银行是执行机构

D. 目的是维护欧洲货币币值稳定和金融稳定

【答案】1. A；2. D

三、中央银行的产生原因　★★

从世界范围内来看,最早全面行使中央银行职能的是**英格兰银行**。1844 年,英国政府颁布银行法,规定英格兰银行垄断全国银行券的发行权。之后英格兰银行又逐渐获得了其他职能,如组织参与全国的票据清算工作、充当最后贷款人等,一步一步地成为更加完整的中央银行。从英格兰银行的发展历史来看,中央银行的产生**晚于**商业银行,是在商业银行的基础之上建立起来的[①]。

（一）统一货币发行的需要

1. 银行券的流通

在金块本位制、金汇兑本位制下,因为黄金很稀缺,所以在市场上流通的、用于媒介交易的并不是黄金,而是**银行券**。银行券产生于 17 世纪,是在**商业票据**的基础之上形成的,当工商企业拿着票据从银行处办理贴现业务时,银行往往不直接给企业黄金,而是给黄金的兑换券——银行券[②]。

2. 银行券的分散发行存在问题

在银行业发展初期,很多银行都在同时发行自己的银行券,这会带来以下两个问题:

（1）从货币的角度来看,银行券不具备普遍接受性

银行券承载着银行的信用,其流通同样也会受限于银行的信用,往往受到地域范围的限制。但是贸易的范围是更广泛的,上下游企业经常是跨地区的。这样一来,不具备普遍接受性的银行券势必无法很好地发挥货币职能,阻碍贸易的发展,所以还需要一种更加统一的通货。

（2）从金融体系稳定的角度来看,银行券过度发行容易导致危机

因为银行券是可以兑换黄金的,所以银行券的发行需要有充足的黄金作为**发行准备**。但是很多银行在黄金储备不足的情况下超发滥发银行券（因为只要把资产负债表规模扩

[①]　这里容易引起误会,实际上中央银行产生的模式包括两种：一是在商业银行的基础上改制而成的,比如英格兰银行和法兰西银行；二是直接组建成立的,比如美联储和中国人民银行。

[②]　在之前货币章节,我们称银行券为"代用货币",即代替黄金使用的货币。

大,就能有更多的利润),银行券的过度发行就造成了信任危机和挤兑危机,危害到整个金融体系的稳定。

这两个问题的存在,使得需要有一家大银行来统一全国银行券的发行。

3. 统一银行券的发行

英国在 1844 年银行法通过之后,英格兰银行就垄断了银行券的发行权,结束了之前英国 279 家银行同时发行银行券的局面,进而对英国的贸易发展以及银行体系稳定起到了很大的促进作用。所以美国著名经济学家萨缪尔森说"人类迄今为止有三大发明:火、轮子和中央银行"。

（二）支付清算的需要

随着银行的逐渐增多以及经营业务的逐渐多元化,彼此之间的债权债务关系变得错综复杂。如果分别结算,会很繁琐并且中间还存在风险。所以需要建立一个统一的、公正的支付清算系统来提高支付清算的效率。

（三）充当最后贷款人的需要

当一家商业银行的流动性出现问题时,可以从其他商业银行处拆借资金。当整个商业银行体系的流动性都出现问题、无从拆借时,则需要有一家金融机构提供最终的流动性支持来保证金融体系的稳定,防止商业银行因支付能力不足而破产。

（四）金融管理的需要

金融管理又包括两方面:一是实施金融监管来降低金融风险,二是实施货币政策来稳定物价和产出。

（五）为政府提供融资的需要

政府也需要一家银行为其提供稳定的资金来源,比如英格兰银行成立之初的重要职责就是为英国政府提供融资,帮助它建立一支强大的皇家海军。

▷ ▷ ▷ **真题链接**

1. （2017—中国人民大学）最早全面发挥中央银行职能的是(　　　)。

　A. 英格兰银行　　　　　　　　　B. 法国银行

　C. 瑞典银行　　　　　　　　　　D. 普鲁士银行

2. （2024—中国人民大学）从历史来看,以下(　　　)不是由商业银行发展为中央银行的。

　A. 英格兰银行　　　　　　　　　B. 法兰西银行

　C. 普鲁士银行　　　　　　　　　D. 美国联邦储备银行

3. （2018—中央财经大学）中央银行的产生与商业银行有哪些联系?

【答案】1. A;2. D;3. 略

第二节　中央银行的职能和业务

一、中央银行的职能

（一）发行的银行：发行货币的银行　★★★

1. 含义

中央银行垄断一国的货币发行权，成为全国唯一合法的货币发行机构。垄断货币发行是中央银行最基本、最重要的标志。这里的"货币"，在金本位制下指的是**银行券**；在纸币本位制下指的是**现金**（包括纸币、硬币[①]、**央行数字货币**），也可以理解为**基础货币**[②]。

2. 我国现金发行流程

中国人民银行设置有**发行基金保管库**（以下简称"发行库"），里面是已经印制好但尚未进入流通领域的人民币现金。当商业银行需要现金来满足客户的提现需求时，其会从存款准备金账户中提现，转换成**商业银行业务库**中的库存现金，然后再支付给客户（如图 5-1 所示）。也就是说，现金发行的过程本质上是商业银行把存款准备金提现的过程。从商业银行资产负债表来看，其资产方存款准备金减少，库存现金增加。

中国人民银行	商业银行	市场
发行库	业务库	人民币现金存量(M0)

货币
发行

图 5-1　我国的现金发行过程

从中国人民银行的角度来看，**货币发行**指的是现金从中国人民银行发行库到商业银行业务库的过程，包括商业银行持有的现金以及居民和非金融企业持有的现金。而只有居民和非金融企业持有的现金（市场上的人民币现金存量）才算作货币分层中的 M0。所以从统计数据上来看，货币发行的规模**大于 M0**。

（二）银行的银行：为银行提供服务的银行　★★★

1. 集中存款准备金（存款业务）

商业银行在中央银行都开立有存款准备金账户，存款准备金账户里的资金就是存款准备金，包括法定存款准备金和超额存款准备金两部分。

2. 充当最后贷款人（贷款业务）

最后贷款人制度在商业银行章节已有论述，它最能够体现中央银行"银行的银行"职

[①]　也有少数国家，比如美国，其硬币是由财政部发行的，作为财政收入的一部分。

[②]　关于基础货币的详细论述，参照中央银行的负债业务的相关内容。

能,也确立了中央银行在整个金融体系中的核心和主导地位。

3. 组织参与全国清算(表外业务)

金融机构之间的支付清算可以通过准备金账户进行轧差、转账、增减其在准备金账户的存款金额来完成。除此之外,一国的支付清算系统往往也是由中央银行主导建立的。

(三)政府的银行:为政府提供服务的银行　★★

1. 代理国库(经理国库)

国家财政收支一般不另设机构,而交由中央银行代理。

>> **举例**:我国财政部在中国人民银行就设立有**国库账户**,由中国人民银行下设的**国库局**负责管理。

2. 代理国债发行

>> **举例**:在我国,中国人民银行国库局下设的国债管理处,专门负责代理国务院财政部门向金融机构发行、兑付国债和地方债。

3. 为政府融通资金

在中央银行成立之初,为政府融资是它的一项重要职能。但现在,为了防止中央银行沦为弥补财政赤字的工具,进而危害到货币稳定和经济发展,各国法律一般不允许中央银行直接为政府提供融资。

>> **举例**:《中华人民共和国中国人民银行法》规定"中国人民银行不得对政府财政透支,不得直接认购、包销国债和其他政府债券",也即不允许在一级市场上购买国债。如果是货币政策调控的需要,那么中央银行可以在二级市场上交易国债。虽然从为政府提供融资的角度来看,从一级市场购买或从二级市场购买并无区别,只要中央银行持有国债资产就是对政府提供的融资。但是不同之处在于,财政部门在债券市场上发行债券必须采取市场化招标的方式,利率由市场供求决定。根据《中华人民共和国预算法》可知,国债利息支出由税收支付,也即市场化的利率水平能够对国家债务规模产生较强的约束力。

4. 替政府管理国际储备

>> **举例**:在我国,国际储备出现在中国人民银行的资产方,由中国人民银行委托国家外汇管理局和中投公司来进行对外投资。

除此之外,作为政府的银行,中央银行还负责**制定和执行货币政策**、**实施金融监管**、**代表政府参加国际金融会议**等。

▷▷▷ **真题链接**

1.（2013—上海财经大学）下列（　　）最能体现中央银行是"银行的银行"。

A. 发行货币　　　　　　　　　B. 最后贷款人

C. 代理国库　　　　　　　　　D. 集中存款准备金

2.（2020—中国人民大学）（　　）原则的提出确立了中央银行在整个金融体系中的核心地位和主导地位。

A. 垄断通货发行　　　　　　　B. 集中存款准备

C. 最后贷款人　　　　　　　　D. 制定和实施货币政策

3.（2021—中央财经大学）以下不是中央银行的职能的是（　　）。

A. 政府的银行　　　　　　　　B. 银行的银行

C. 发行的银行　　　　　　　　D. 人民的银行

4.（2024—上海大学）集中保管商业银行的存款准备金属于中央银行的（　　）职能。

A. 最后贷款人　　　　　　　　B. 政府的银行

C. 发行的银行　　　　　　　　D. 银行的银行

5.（2025—清华大学）以下哪个不是中央银行职能（　　）。

A. 发行货币　　　　　　　　　B. 监管金融市场

C. 制定货币政策　　　　　　　D. 吸收居民存款

6.（2025—中国人民大学）中央银行代理发行国债体现了其（　　）职能。

A. 发行的银行　　　　　　　　B. 政府的银行

C. 银行的银行　　　　　　　　D. 宏观调控

7.（2021—中国人民大学）名词解释：最后贷款人。

8.（2023—中央财经大学，2024—中国社会科学院，2024—华中科技大学，2024—武汉大学，2025—北京林业大学）简述中央银行的职能。

9.（2025—厦门大学，2025—武汉大学）简述中央银行怎样发挥"银行的银行"的职能。

【答案】1. B；2. C；3. D；4. D；5. D；6. B；7. 略；8. 略；9. 略

二、中央银行的业务

（一）简化的中央银行资产负债表（见表 5–1）★★★★★

表 5–1　简化的中央银行资产负债表

资产	负债
国外资产	基础货币
国内资产	财政存款
	中央银行票据

1. 资产业务

（1）国外资产

国外资产包括货币性黄金、外汇储备、在 IMF 储备头寸以及特别提款权（Special Drawing Rights, SDR），这些也是国际金融中讨论的重点。

（2）国内资产

国内资产包括对本国政府的债权和对本国金融机构的债权。其中，对本国政府的债权主要是通过购买国债和地方债来实现的；对本国金融机构的债权则是通过再贷款、再贴现以及购买金融债来实现的。

2. 负债业务

（1）基础货币（Base Money）

① 含义：基础货币又称高能货币（High-Power Money），是整个货币供应量的基础，和整个货币供应量之间存在倍数关系。

$$M_s = B \times m$$

其中，M_s 表示货币供应量，B 表示基础货币，m 表示**货币乘数**。

因为货币乘数通常大于 1，也即一单位基础货币的增加能带来超过一单位货币供应量的增加，所以它是"高能"的。

② 组成结构：基础货币包括**流通于银行体系以外的现金**和**商业银行的准备金**两部分。

（2）政府存款

政府存款是指政府部门在中央银行的存款，中央银行在其中发挥代理国库的职能。

（3）中央银行票据（以下简称"**央票**"）：中央银行向商业银行发行的短期债务凭证，实质是**中央银行债券**。之所以叫"中央银行票据"，是为了突出其**短期性**的特点，通常在 **1 年以内**。中央银行发行票据的目的不是筹集资金，而是进行货币政策调控[1]。

3. 补充分析：影响基础货币的因素

（1）公式推导

基础货币是中央银行的负债。我们可以从中央银行的资产负债表出发，分析影响基础货币的因素。

根据会计学第一恒等式：

$$资产 = 负债 + 所有者权益 \qquad (5-1)$$

出于简化，不考虑中央银行的所有者权益，则有：

$$资产 \approx 负债 \qquad (5-2)$$

将资产方和负债方分别展开可得：

$$国外资产 + 国内资产 \approx 基础货币 + 财政存款 + 央票 \qquad (5-3)$$

整理可得：

$$基础货币 \approx 国外资产 + 国内资产 - 财政存款 - 央票 \qquad (5-4)$$

这样就得到了影响基础货币的因素，包括国外资产、国内资产、财政存款和央票。

（2）变量变动对基础货币的影响方向

① 资产方：国外资产（正相关）

---

[1]　详细可参照货币政策章节。

a. **通过资产负债表**[1] **判断**：资产方国外资产增加，要保证资产负债表两侧仍然平衡，负债方基础货币也要相应增加[2]。

b. **背后的现实交易**：中央银行从商业银行手中买入外汇，同时把买外汇的钱（本币）打到商业银行的存款准备金账户上。这就使得商业银行的**存款准备金**增加，存款准备金是基础货币的一部分，所以基础货币也是增加的。

② **资产方：国内资产（正相关）**

a. **通过资产负债表判断**：资产方国内资产增加，要保证资产负债表两侧仍然平衡，负债方基础货币也要相应增加。

b. **背后的现实交易**：中央银行从商业银行手中买入国债（或提供再贷款），并且把买债券（或再贷款）的钱打到商业银行的存款准备金账户上。这就使得商业银行的存款准备金增加，进而基础货币增加。

③ **负债方：财政存款（负相关）**

a. **通过资产负债表判断**：负债方财政存款增加，要保证资产负债表两侧仍然平衡，同在负债方的基础货币需求减少。

b. **背后的现实交易**：以**税收上缴**形成的财政存款为例，税收的上缴分两步走：第一步，政府委托商业银行替自己收税，这个过程使得居民和企业在商业银行的存款变成了政府在商业银行的存款[3]。第二步，因为**代理国库**的是中央银行，所以商业银行还需要把它替政府收的钱上缴到中央银行。这个过程中，中央银行会从商业银行的存款准备金账户上划走一笔钱，存款准备金减少带动基础货币减少。

④ **负债方：央票（负相关）**

a. **通过资产负债表判断**：发行央票会使得负债方央票的存量增加，要保证资产负债表两侧仍然平衡，同在负债方的基础货币需要减少；反过来，央票到期，基础货币则会增加。

b. **背后的现实交易**：中央银行发行央票，商业银行花钱购买央票，所以中央银行会从商业银行账户上划走一笔存款准备金，存款准备金减少，基础货币减少；反过来，央票到期，央行还钱，会给商业银行再打一笔存款准备金，存款准备金和基础货币就是增加的。

（3）中央银行对基础货币的控制

① **中央银行能够控制基础货币总量**

虽然影响基础货币的主体有很多，比如居民和企业的对外贸易和投资会影响国外资产（进而影响基础货币，后同）；商业银行的再贷款需求会影响国内资产；财政部门的资金收支会影响财政存款等。但是一般认为中央银行仍然能够控制基础货币的总量，这主要通过它的**货币政策调控**来实现。

≫　**举例**：如果中央银行认为当前市场上基础货币过多，可以通过公开市

---

[1]　上述的公式推导就是依据资产负债表来展开的，所以通过数学公式前的正负号来判断相关关系与通过资产负债表两侧恒等来判断的逻辑是相同的。

[2]　这里需要假定其他科目不变，下同。

[3]　该过程不在中央银行的账户上进行，因为中央银行一般是单一制的，不经营对非金融企业和个人的业务。

场卖出证券、正回购、发行央票[1]或者收紧再贷款、再贴现等方式去收缩基础货币的数量。反过来，如果中央银行认为当前基础货币过少，也可以进行反向的操作。总之，中央银行可以把基础货币控制到其合意的水平。

② 中央银行不能控制基础货币结构

基础货币结构指的是基础货币中现金和准备金的比例。这是由居民和企业决定的，而中央银行不能控制基础货币结构。中央银行只是把资金给到商业银行，刚开始全部以存款准备金的形式体现，之后居民、企业有提现需求，才出现了现金。所以如果居民、企业提现多，那么现金占比就高，反之现金占比就低。这是中央银行无法控制的。

》》 **举例**：我国春节前后、西方国家圣诞节前后，因为零售交易规模的扩大，所以市场上流通的现金数量会达到一年的峰值（零售交易更多使用现金支付）。相应地，现金和准备金的比例也会上升，基础货币结构就会发生变动。

（二）中国人民银行资产负债表　★★★

中国人民银行会按月披露其资产负债表，这里以其2024年12月的资产负债表为例进行分析（见表5–2）。

表5–2　2024年12月中国人民银行资产负债表　　单位：亿元[2]

资产		负债	
国外资产	233 256.54	储备货币	368 040.14
外汇	219 918.95	货币发行	133 302.35
货币黄金	4 284.69	金融性公司存款	210 586.2
其他国外资产	9 052.9	其他存款性公司存款	210 586.2
对政府债权	28 781.48	其他金融性公司存款	
其中：中央政府	28 781.48	非金融机构存款	24 151.59
对其他存款性公司债权	156 430.27	不计入储备货币的金融性公司存款	6 112.51
对其他金融性公司债权	6 709.92	发行债券	1 570.9
对非金融性部门债权		国外负债	3 106.89
其他资产	15 335.1	政府存款	44 997.2
		自有资金	219.75
		其他负债	16 465.92
总资产	440 513.31	总负债	440 513.31

数据来源：中国人民银行。

---

[1]　在公开市场买入卖出证券、正逆回购和发行回笼央票均属于中央银行的**公开市场操作**，属于中央银行的货币政策工具，详细内容可参考货币政策章节。

[2]　中国人民银行的资产负债表采用历史成本记账，所以账面数字反映的是具体交易时期的交易额，后续不会根据汇率和资产价格变动进行调整。

1. 资产业务

（1）基本科目

① 国外资产

国外资产包括外汇、货币黄金、其他国外资产三部分。其他国外资产主要包括在 IMF 的储备头寸以及特别提款权两项。其中，外汇是主体，占到国外资产的 95%。

② 国内资产

国内资产包括对政府债权和对金融机构的债权。其中，对政府的债权全部都是对中央政府的债权，也即只购买了国债[①]；对金融机构的债权则包括对其他存款性公司债权和对其他金融性公司的债权[②]。对非金融性部门的债权为 0，说明中国人民银行是**单一制**的，基本不经营对非金融企业和居民的业务。

（2）中国人民银行资产结构的变迁

① 国外资产

从规模上来看，2024 年 12 月，中国人民银行资产方占比**最高**的是国外资产（或者外汇），占到总资产的 53%。而在 1993 年之后，这一比例实际上经历了两个阶段的变动（如图 5-2 所示）。

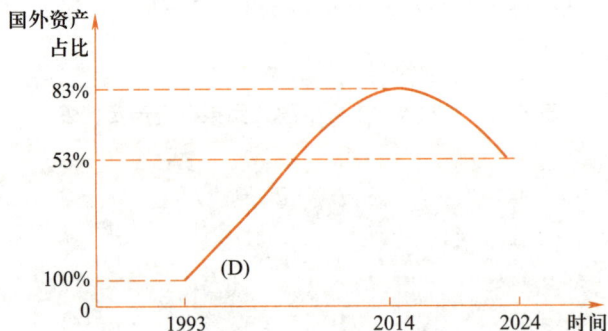

图 5-2　中国人民银行国外资产占总资产的比例

a. 阶段一（1993—2014 年）： 1993 年，中国人民银行持有的国外资产占总资产的比例只有 10%。在经历了 1994 年汇率改革、2001 年加入 WTO 之后，国外资产占比才开始大幅上升。上升的原因在于中国逐步进入"**双顺差**"时代，经常账户和资本金融账户的双顺差使得外汇占款大幅上升[③]，中国人民银行的国外资产规模越来越高，2014 年达到 27 万亿元（3.99 万亿美元），占到总资产的 83%。

---

①　中国人民银行持有的国债资产是 1998 年和 2007 年购买特别国债形成的，其规模稳定。事实上，它在 2002 年之后就不再进行对国债的买卖操作。

②　在第二讲金融市场和金融中介中，我们曾经介绍过，"其他存款性公司"是除中央银行以外的存款类金融机构；"其他金融性公司"则是非存款类金融机构，该项目里包括给券商、信托等非存款性公司提供的再贷款。

③　经常账户顺差主要指贸易顺差。具体来看，出口商将赚来的外汇结给商业银行，换成人民币存款；商业银行再将外汇结给中国人民银行，换成存款准备金，这样就形成了中国人民银行的外汇储备。资本金融账户顺差则主要指资本流入。具体来看，外资企业把带来的外汇结给商业银行，换成人民币存款。商业银行再将外汇结给中国人民银行，换成存款准备金。这样也能形成中国人民银行的外汇储备。关于"双顺差"的详细阐述，可参照国际收支章节。

b. **阶段二（2015 年至今）**：2015 年开始，我国国际收支进入**新常态**。经常账户顺差趋于合理,资本金融账户由顺转逆,之后又变为双向波动。到 2016 年底,资本大量流出带动外汇储备规模大幅缩小,从将近 4 万亿美元的高点下降到 3 万亿美元。这一下降就带动国外资产占比也逐年下降,目前为 53%。

c. 总结来看,国外资产占比经历了**先上升、后下降**的过程,其背后的驱动力在于我国的**国际收支情况**：从基本平衡到经常账户和资本金融账户的双顺差,再到基本平衡。

② **国内资产——对其他存款性公司的债权**

从规模上来看,2024 年 12 月,对其他存款性公司的债权占总资产的比重为 36%,仅次于国外资产。并且与国外资产相对应,1993 年之后,对其他存款性公司的债权占总资产的比例也经历了两个阶段的变动（如图 5-3 所示）。

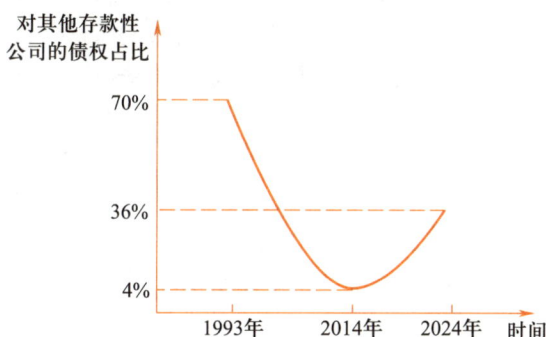

图 5-3　中国人民银行对其他存款性公司债权占总资产的比例

a. **阶段一（1993—2014 年）**：1993 年,中国人民银行对其他存款性公司的债权占到总资产的 70%,之后由于双顺差下国外资产的挤压,占比持续下降,一直降到 2014 年的 4%。

b. **阶段二（2015 年至今）**：2015 年,我国的国际收支从双顺差到趋于平衡,对应地,中国人民银行的国外资产规模也从快速扩大到基本稳定,甚至出现了一定程度的下降。在这种情况下,基础货币的投放就出现了问题,那么应该如何继续满足经济增长对基础货币的需求呢[①]？美国、日本的经验是通过公开市场买入国债的方式来进行基础货币投放,但是我国国债市场发育程度不足,规模较小,所以这一方式并不适合我国国情。于是,中国人民银行在 2014 年前后密集推出了很多**创新的货币政策工具**,尤其是类再贷款工具,如**中期借贷便利**（Medium-Term Lending Facility, MLF）、**抵押补充贷款**（Pledged Supplementary Lending, PSL）等,目前已成为我国基础货币投放的主要方式。而类再贷款工具的使用自然会形成对本国金融机构的债权,使得该项目占比上升。

c. 总结来看,对其他存款性公司的债权占总资产的比例经历了**先下降、后上升**的过程,其背后的驱动力在于我国**国际收支情况的变迁**以及**中国人民银行创新的货币政策工具**。

2. **负债业务**

中国人民银行的负债业务包括储备货币、发行债券等基本科目。

---

① 经济增长需要更多的货币用于媒介交易,而货币的创造又需要以基础货币作为支撑,具体可参照货币需求和货币供给章节。

① 储备货币

需要注意的是,在中国人民银行的资产负债表中,"储备货币"就是"基础货币"的概念,而非国际储备。从**总量**上看,储备货币的规模是占到总负债规模的85%,是负债方的绝对主体。从**结构**上看,我国的储备货币包括三部分:货币发行、其他存款性公司的存款、非金融机构存款。

a. 货币发行

如前所述,这里的货币发行并非流通于银行体系以外的现金,而是所有现金:既包括**流通于银行体系以外的现金**,又包括银行的**库存现金**。

> **≫ 辨析:基础货币的拆分方式**
>
> 基础货币构成:基础货币＝流通于银行体系以外的现金＋
> 商业银行准备金　　　　　　　　　(5-5)
> 商业银行准备金构成:商业银行准备金＝法定准备金＋超额准备金
> ＝法定存款准备金＋
> 超额存款准备金＋
> 银行库存现金　　　　　　　　　(5-6)
> 联立式(5-5)、式(5-6)并整理,可得完整的基础货币拆分方式:
>
> **基础货币＝流通于银行体系以外的现金＋银行库存现金＋**
>
> 货币发行
>
> **法定存款准备金＋超额存款准备金**
>
> **存款准备金(其他存款性公司的存款)** 　　　(5-7)

b. 其他存款性公司的存款即存款类金融机构的存款准备金

> ≫ 注意非存款类金融机构(如证券公司)也会在中央银行处开设存款账户并进行交易,但是这部分存款账户里的存款并**不被统计**到基础货币中,因为它并不直接参与货币创造。

c. 非金融机构存款指的是第三方支付机构的客户备付金存款

与商业银行类似,第三方支付机构在支付的过程中也会产生沉淀余额,称之为**备付金**。2019年,出于防控风险的目的,中国人民银行要求第三方支付机构将备付金全部上缴,由此形成了客户备付金存款或非金融机构存款。

② 发行债券

中国人民银行从2003年开始发行央票,其背景同样是国际收支的双顺差:双顺差使得银行体系的流动性过剩,中国人民银行为了冲销掉多余的流动性,就采取了定向发行央票的方法。2014年之后,随着我国双顺差时代的结束,如何回收流动性的问题变成如何投放流动性的问题,央票作为一种回收流动性的工具自然也就逐渐淡出。

2018年,中国人民银行逐步建立了在香港发行人民币央票的常态机制,目的是完善离岸人民币收益率曲线,促进离岸人民币市场的发展,推动人民币国际化。这使得央票的发行规模又出现了一定程度的扩大。2019 年,中国人民银行推出新型货币政策工具:**央票互换工具**(Central Bank Bills Swap,CBS),来支持商业银行永续债市场的发展。

▷▷▷ **真题链接**

1.(2025—中国人民大学)(判断题)中央银行资产业务扩张的能力不受其负债规模的限制。(　　)

2.(2024—中央财经大学)下列不属于中央银行负债业务的是(　　)。

A. 货币发行　　　　　　　　　　B. 存款业务

C. 贴现及放款　　　　　　　　　D. 中央银行债券

3.(2025—中国人民大学)(　　)不是中央银行资产负债表的资产端科目。

A. 货币发行　　　　　　　　　　B. 外汇占款

C. 对其他存款性公司债权　　　　D. 政府债券和财政借款

4.(2025—上海财经大学)股票增持再贷款应该统计在中央银行资产端(　　)科目中。

A. 对其他存款性公司债权　　　　B. 对其他非存款金性公司债权

C. 政府债权　　　　　　　　　　D. 外汇

5.(2025—上海财经大学)根据我国中央银行的资产负债表,资产中占比最高的科目是(　　)。

A. 黄金　　　　　　　　　　　　B. 外汇

C. 政府存款　　　　　　　　　　D. 对其他存款公司债权

6.(2025—同济大学)基础货币等于(　　)。

A. 通货加上法定准备金　　　　　B. 通货加上超额准备金

C. 法定准备金加上超额准备金　　D. 通货加上准备金

7.(2018—中央财经大学)中央银行资产负债业务对基础货币的影响是(　　)。

A. 其他存款性公司存款增加,基础货币减少

B. 国外资产减少,基础货币增加

C. 对政府债券增加,基础货币增加

D. 再贷款减少,基础货币增加

8.(2021—对外经济贸易大学)张先生用他在中国建设银行的个人存款购买了 10 万元人民币的储蓄国债,财政部在中国人民银行的存款因此增加。这时央行资产负债表的影响是(　　)。

A. 资产规模缩小　　　　　　　　B. 建设银行超额准备金增加

C. 负债规模扩大　　　　　　　　D. 建设银行超额准备金减少

9.(2021—复旦大学)中央银行公开市场业务往往通过购买国债和发行央票来调节基础货币的供给,购买国债和发行央票对基础货币的影响分别是(　　)。

A. 下降,上升　　　　　　　　　B. 上升,下降

C. 上升,上升　　　　　　　　　D. 下降,下降

10.（2022—复旦大学）在其他条件不变的情况下,美联储卖出国债回收流动性,资产负债表规模收缩,而中国人民银行卖出（发行）央行票据回收流动性,资产负债表规模（　　）。

　　A. 收缩　　　　　　　　　　　　B. 扩张

　　C. 不变　　　　　　　　　　　　D. 不能够确定

11.（2022—中央财经大学）以下做法中会引起基础货币增加的是（　　）。

　　A. 增加对金融机构的资产　　　　B. 中央银行外储减少

　　C. 发行央行债券　　　　　　　　D. 央行自有资本的增加

12.（2024—上海财经大学）如果居民从第三方支付机构转账到银行账户,那么中央银行的资产负债表（　　）。

　　A 资产负债规模不变　　　　　　　B. 资产负债规模扩张

　　C. 资产负债规模收缩　　　　　　　D. 以上都不对

13.（2025—中央财经大学,2025—中央民族大学,2025—中国石油大学）名词解释:基础货币。

14.（2024—华中科技大学）名词解释:中央银行票据。

15.（2023—东北财经大学,2025—华东师范大学）基础货币是什么？中央银行如何投放基础货币？

16.（2025—东北财经大学）分析中央银行在外汇市场买入美元对准备金和基础货币产生的影响以及如何消除这种影响。

17.（2025—兰州大学）结合中央银行的职能,说明其对应的主要资产负债科目。

【答案】1.　√；2. C；3. A；4. A；5. B；6. D；7. C；8. D；9. B；10. C；11. A；12. A；13. 略；14. 略；15. 略；16. 略；17. 略

第三节　中央银行的独立性

一、独立性的含义和衡量　★

（一）含义

根据 IMF 的定义,中央银行的独立性是指中央银行在公布通货膨胀率、利率、汇率目标以及运用货币政策工具调控货币供应量、利率以实现货币政策目标时不受政府干预,在处理与政府的矛盾时采用公开透明的程序,中央银行和政府在资金和管理上是独立的。

从定义中可以看到,独立性主要体现在中央银行与**政府**的关系上。

（二）衡量

中央银行的独立性可以用与政府的隶属关系、人事关系、资金关系以及法律赋予中央银行权力的大小来衡量。

二、支持和反对独立性的理由　★★

（一）支持独立性的理由

（1）**政府往往短视**，进而带来更高的福利成本。

① **政治经济周期**（Political Business Cycle）。

政治经济周期是由政治驱动的经济周期，政府在选举之前会采取一系列刺激的政策来降低失业率，争取选票；在选举结束后又会采取紧缩的政策来治理因为先前扩张而带来的高通货膨胀率。这种操作会放大经济波动，进而带来福利成本。

② **经济波动的福利成本**。

消费者一般是**风险厌恶**的，相较于波动的消费而言，更喜欢确定的消费。消费又是由收入决定的，所以消费者喜欢确定的收入，而不是波动的收入[1]。收入的波动会带来消费的波动，降低消费者的效用，带来福利成本。根据美国经济学家**卢卡斯**的测算，1983 年美国经济波动的福利成本是 8.5 美元 / 人。

③ **中央银行独立性的影响**。

如果由政府控制中央银行、控制货币发行，那么政治经济周期的存在就会放大经济的波动性，进而增加居民的福利成本。反过来，如果中央银行能够保持独立性，注重长期目标，保持经济的稳定，则有助于社会福利的提高。

> ≫ **举例**：美联储前主席伯南克在他的著作《行动的勇气：金融危机及其余波回忆录》中写道"美联储是一个具有政治独立性的中央银行，为了国家的长远利益而作出政治上不受欢迎的决策，是它存在的一个理由"。

（2）**货币政策调控的专业性**，政府可能缺乏相关的专业技能。

（3）**防止地方政府的干预**。

（二）反对独立性的理由

（1）**金融系统隶属于整个经济系统**，既然政府需要统筹整个经济系统，就应该有权力调动金融系统。

（2）**货币政策需要和其他宏观政策（如财政政策）配合**才能达到更好的调控效果，而这一配合在政府主导的框架下能更高效地完成。

（3）**在特殊时期**（比如战争和自然灾害时期），中央银行必须完全服从政府的命令[2]。

---

[1]　这可以部分解释为什么在市场波动增加的情况下，公务员的工作或事业单位的工作往往会更受青睐。

[2]　除非中央银行组织起自己的武装力量。

三、独立性的不同模式　★

（一）三种独立性模式

从中央银行独立性的强弱来看,主要有三种模式:第一,独立性较强的中央银行,如美联储、欧洲中央银行;第二,独立性一般的中央银行,如英格兰银行、日本中央银行;第三,独立性较弱的中央银行,一般为发展中国家的中央银行。

（二）中国人民银行的独立性

从我国的情况来看,根据《中华人民共和国中国人民银行法》的规定,"中国人民银行在国务院领导下依法独立执行货币政策,履行职责,开展业务,不受地方政府、各级政府部门、社会团体和个人的干涉""中国人民银行就年度货币供应量、利率、汇率和国务院规定的其他重要事项作出的决定,报国务院批准后执行"。也就是说,中国人民银行对地方政府、社会团体和个人是完全独立的,但是需要接受国务院的领导。

▷ ▷ ▷ **真题链接**

1.（2016—清华大学）中央银行的独立性集中反映在中央银行与（　　　）的关系上。

A. 财政　　　　　　　　　　　B. 政府

C. 商业银行　　　　　　　　　D. 其他监管部门

2.（2022—中央民族大学）如何理解中央银行的独立性?

【答案】1. B;2. 略

第六讲 货币需求和货币供给

【考情分析】

本讲的重点内容包括货币需求理论、双层次货币创造机制、影响货币供应量的因素。从题型上来看，选择题、名词解释、简答题、计算题均考查较多。

【知识框架】

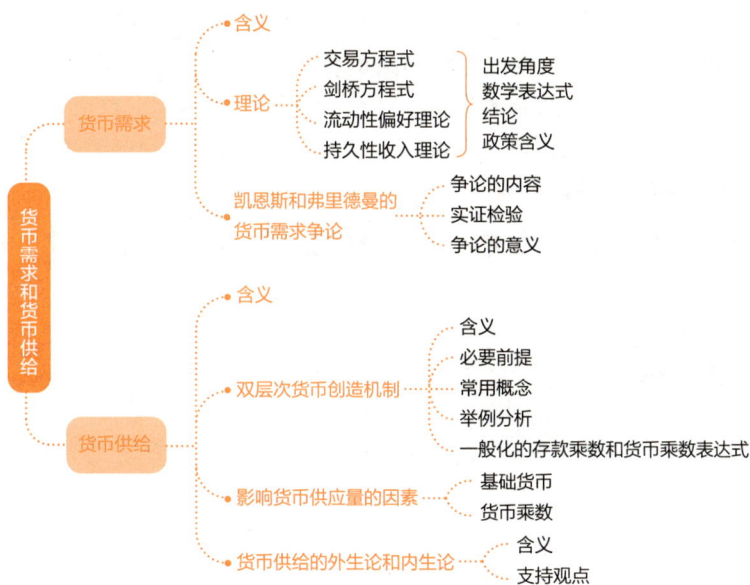

第一节　货币需求

一、货币需求的含义

（一）从宏观和微观角度　★

1. 宏观角度

货币需求是指当社会产出、交易习惯等一定时,整个社会需要多少货币来满足日常的交易需求(货币的**交易媒介**职能)。中央银行可以以此为依据,确定合适的货币供给增长率。

2. 微观角度

货币需求是指当财富总额一定时,微观主体需要多少货币来贮藏财富(货币的**贮藏手段**职能)。居民可以以此为依据,确定资产组合中货币的最优比例。

（二）从主观和客观角度

从微观角度来看,货币需求既有主观的成分(比如个人的流动性偏好),又有客观的约束(比如给定的财富总额)。在存在**客观约束**的情况下,这里要考虑的问题就并非简单的"我需要多少货币?"(因为大部分人会觉得"越多越好"),而是"在已经给定财富总额的情况下,我想要以货币的形式持有其中多大的比例?",这实际上考虑的是**资产配置**的问题。

（三）从名义和实际角度　★

名义货币需求通常记作 M_d,实际货币需求则记作 $\dfrac{M_d}{P}$,P 表示物价水平。它们的区别在于是否剔除物价水平的影响。

▷ ▷ ▷ **真题链接**

（2022—浙江大学）什么是货币需求的宏观角度和微观角度? 为什么要结合宏观角度和微观角度来分析经济生活中的货币需求?

【答案】略

二、货币需求理论:分析货币需求的影响因素

（一）交易方程式（现金交易说,费雪,1911）　★ ★ ★

1. 出发角度

交易方程式从**宏观角度**出发,分析影响货币需求的因素。

2. 数学推导

（1）**引入恒等式**:$MV=PT$。

① **变量含义**:M 表示货币余额,包括现金和存款货币。V 表示货币流通速度,P 表示平均价格水平,T 表示交易量。

》 货币流通速度

含义：单位货币在一定时期内行使流通手段和支付手段的次数，可以理解为货币的"**周转率**"或"**换手率**"。

举例：A、B、C分别为一条产业链上的上、中、下游企业，D为消费者。D从C处购买商品，支付100元；C从B处购置原材料，把从D处收来的100元[1]支付给了B；B从A处购买原材料，又把这张100元支付给了A（见图6-1）。在这个过程中，这张100元钱换手了3次，所以它的流通速度就是3。虽然面值是100元，但实际上媒介了300元的商品交易。也就是说，单位货币，比如100元，在经济中可能不只媒介100元的交易，货币流通速度便是对这一现象的刻画。

图6-1 例子中的货币周转过程

② 两侧恒等

恒等式的左侧 MV 表示流通领域的**货币量**，右侧 PT 表示名义**交易量**。在货币经济下，每一笔交易都是由货币来媒介的；从**宏观角度**来讲，货币的作用也仅在于媒介交易；因而货币量和交易量应当是恒等的，没有多出来的货币（否则没有作用），也没有多出来的交易（必须以货币媒介）。

》 辨析：$MV=PT$ 和 $MV=PY$

我们经常见到 $MV=PY$，其中 Y 表示实际产出（实际GDP），那么 $MV=PT$ 是否等价于 $MV=PY$ 呢？其实两者**不完全相等**。费雪在他的著作《货币与购买力》中把交易 T 进一步分为实体部门的交易（商品劳务）和金融部门的交易（债券股票），分别以 Y 和 F 来表示，也即 $MV=P_yY+P_fF$。但是在后来的论述中忽略了金融交易的部分，只保留了商品劳务的交易，并且用商品劳务的产量来代替交易量，这样就有了 $MV=PY$。

》 补充：古典学派的货币数量论观点

从方程 $MV=PY$ 出发。首先，货币流通速度 V 与制度性因素相关，短期内保持稳定；其次，市场机制是完善的，经济始终处于充分就业的状态，产出 Y 在短期内是稳定的。此时，货币数量 M 的变动就只会带来价格水平 P 的变动。

古典学派的货币数量论也称"**古典二分法**"。"二分"是将经济体分为**实体部门**和**金融部门**，实体部门决定实际变量，比如实际的产出、就业；金融部门决定价格水平。这两个部门是完全分离的，价格水平的变动不会影

---

[1] 这里假定是同一张100元，编号相同，并不是拿出一张新的100元支付。

响实际变量。该理论也被称为"**货币面纱论**",货币只是罩在实体经济脸上的一层面纱,并不会影响实体经济本来的样貌。与之类似的还有**货币中性**的概念,货币量的变动不会影响实际变量。

（2）货币市场均衡:$M_d = M_s = \dfrac{1}{V}PT$。

3. 结论

货币需求的变动存在两个驱动因素:货币流通速度(V)和名义产出(PT)。费雪认为货币流通速度是由制度因素决定的,比如人们的交易习惯、支付体系的发达程度等,在短期内基本**保持稳定**。所以货币需求为名义产出的一个**固定比率**,有多少产出就需要多少货币去交易。

▷▷▷ **真题链接**

1.（2019—上海财经大学）以下属于费雪方程式的是(　　)。

A. $MV = PY$ 　　　　　　　　　B. $M = KPY$

C. $M = \sqrt{2bT/i}$ 　　　　　　　D. $M = L1(Y) + L2(Y)$

2.（2024—中央财经大学）(多选题)关于费雪方程式,以下说法正确的是(　　)。

A. 关注货币需求量与物价水平变动的关系

B. 费雪认为短期内货币流通速度可视为不变的常量

C. 货币需求量 × 流通速度 = 物价 × 交易总量

D. 从微观角度分析货币需求

E. 基于现金余额说分析

【答案】1. A；2. ABC

（二）剑桥方程式（现金余额说,马歇尔、庇古,1917） ★★★

1. 出发角度

剑桥方程式从**微观主体**持币动机角度出发,分析影响货币需求因素。

2. 数学表达式

$$M_d = kPY$$

其中,M_d 表示货币需求,PY 表示居民的名义收入水平,k 表示居民持有的货币数量占收入的**比例**。

3. 影响 k 的因素

影响 k 的因素有很多,其中强调持有货币的**机会成本**。同样 1 元的财富,如果以货币的形式持有,就不能再同时以其他金融资产的形式持有了。所以除货币以外,其他金融资产(比如债券、股票等)的收益率就是持有货币的机会成本,而这些收益率可以统称为**利率**[①]。利率上升,意味着持有其他金融资产的收益率上升,所以人们会减少货币的持有,转而增加

---

① 此处的利率是**名义利率**而非实际利率,因为债券的收益率是名义利率的概念,并且通货膨胀率的上升(包含在名义利率中,而不包含在实际利率中)也确实会使得人们减少对货币的持有。

其他金融资产的配置,导致 k 下降[1]。

4. 结论

虽然影响 k 的因素有很多,但是庇古认为其在短期内也是**保持稳定**的,进而**货币需求就是居民名义收入的一个固定比率**。

5. 与交易方程式的比较

交易方程式和剑桥方程式的比较如表 6-1 所示。

表 6-1　交易方程式和剑桥方程式的比较

区别	交易方程式	剑桥方程式
出发角度	宏观角度	微观角度[2]
货币职能	交易媒介	贮藏手段
分析方法	流量分析法[3](一段时间),也称现金交易说	存量分析法(一个时点),也称现金余额说
影响货币需求的因素	利率不会影响货币流通速度,也不会影响货币需求	利率变动会影响到居民持有货币数量的比例,进而影响货币需求

▷▷▷ **真题链接**

1. (2024—上海大学)剑桥学派的"现金余额说"中的货币不是(　　)。

A. 广义货币　　　　　　　　　　B. 流量概念

C. 作为价值贮藏的货币　　　　　D. 存量概念

2. (2025—对外经济贸易大学)剑桥交易方程式提供了一个新的(　　)视角来研究货币需求。

A. 宏观　　　　　　　　　　　　B. 交易媒介职能

C. 个人资产选择　　　　　　　　D. 价值尺度职能

3. (2020—中央财经大学,2021—重庆大学,2024—浙江大学)比较费雪方程式和剑桥方程式。

【答案】1. B;2. C;3. 略

(三)流动性偏好理论(凯恩斯,1936)　★★★★★

扫码回复
"流动性偏好理论"
听讲解

1. 出发角度

流动性偏好理论从**微观主体**的持币动机角度出发,分析影响货币

---

[1]　可思考如下问题:我们知道利率上升会导致资产价格下跌,那么利率上升究竟应当理解为资产的回报率上升(进而 k 下降),还是理解成资产的价格下跌、回报率下降(进而 k 上升)呢?为什么?

[2]　从变量选取上来看,因为微观分析考虑微观主体选择的过程,所以在变量选取上会比宏观分析多一类:**机会成本变量**。

[3]　货币量本身是存量的概念,但是在交易方程式中通过乘以货币流通速度的方式,让存量的货币流动起来,变成"货币流量"(MV),与等式右侧的流量(交易量,PT)相对应。

需求的因素。

2. 数学表达式

$$M_d=M_1+M_2=L_1(Y)+L_2(i)=L_{11}(Y)+L_{12}(Y)+L_2(i)$$

货币需求包括两类，M_1 和 M_2[①]，M_1 表示与收入成正相关的货币需求，记作 $L_1(Y)$；M_2 表示与利率负相关的货币需求，记作 $L_2(i)$。其中 $L_1(Y)$ 又包括 $L_{11}(Y)$ 和 $L_{12}(Y)$，分别表示交易性和预防性货币需求；$L_2(i)$ 则为投机性货币需求。凯恩斯认为人们之所以需要货币，是出于以下三种动机：

（1）交易性货币需求（交易动机）

交易性货币需求是为满足日常交易活动而持有的货币，它产生于收入和支出的**不同步性**，又包括**所得动机**和**业务动机**两类，所得动机针对居民而言，业务动机针对企业而言。

> ≫　**举例**：首先，对于居民而言，每个月月底或月中才会收到工资，但是每天都要吃饭，不可能在发工资那一天才吃饭、平时不吃饭。居民在吃饭时就需要用货币进行支付，所以平时需要保留一部分货币来应付日常的交易支出，凯恩斯称之为"所得动机"。其次，对于企业来说，其经营往往是先支出、后收入的模式：先购买原材料、雇佣劳动力进行生产，在产品或服务销售出去之后才能获得现金回笼。而企业在进货、发工资的时候同样需要用货币来支付，所以也需要保留一部分货币去应付日常的交易支出，凯恩斯称之为"业务动机"。

（2）预防性货币需求（谨慎动机）

预防性货币需求是为满足意料之外的支出而持有的货币，它产生于支出的**不确定性**。

> ≫　**举例**：未来是不确定的，我们不可能把一切开销都计算得刚刚好，总会有一些意料之外的支出。比如对于居民而言，突然生病了要花钱看病、好朋友突然结婚要"随份子"；对于企业而言，突然发现原材料降价了可能也会多购置一些，投机性地增加库存。由于支出具有不确定性，所以居民和企业都需要提前预留一部分货币。

> ≫　**交易性需求和预防性需求的异同**
> **不同点**：前者是规划之内的，而后者则是意外发生的。
> **相同点**：都受到**收入水平**的影响，与收入水平呈**正相关**。这是因为收入水平越高，支出规模往往也越大，自然需要更多的交易性货币和预防性货币。当然，除了收入水平以外，这些货币需求还会受到其他因素的影响，比如**收入获取时间的长短**，如果收入获取间隔的时间越长，在期间内也需要持有更多的货币，货币需求上升。再比如**支付方式**，信用卡、花呗、白条等的出现使得消费者可以完成小额购买而不需要持有货币，货币需求下降。

---

① 这里的 M_1 和 M_2 指的并不是货币分层中的狭义货币和广义货币，而是第一类货币需求和第二类货币需求。

从以上的分析来看,交易性货币需求和预防性货币需求都与收入呈正相关,在解释变量的选取上,仍然没有脱离交易方程式和剑桥方程式的框架。事实上,流动性偏好理论真正的创新之处在于它引入了对投机性货币需求的分析,更加强调**利率**在货币需求中的作用。

(3)投机性货币需求(投机动机)

投机性货币需求(投机动机)产生于投机性的资产在有息债券和无息货币[1]之间的配置,与利率负相关。关于投机性货币需求和利率的负相关关系,有以下两种分析方法:

① 机会成本分析法

在利率章节中我们已经介绍过,凯恩斯假定市场上只有两种资产:货币和债券。投资者有1元的财富,如果以货币的形式持有,则必然无法同时以债券的形式持有,也就损失了债券的利息。所以债券的收益率(利率)就是持有货币的机会成本。利率越高,持有货币的损失就越大,投资者自然会减少货币的持有,也即投机性货币需求与利率负相关。

② 安全利率分析法

该方法的核心是引入**预期**的因素。凯恩斯假定每个投资者心中都有一个**安全的利率水平**(以下简称"安全利率"),安全利率的本质是投资者对均衡利率的判断:只有该利率水平是"安全的",其他利率水平都是不安全的,并且会向安全利率靠拢。

》 **举例:**

考虑单个投资者的情况

投资者A心中的安全利率是2%,但市场上正在交易的债券的利率可能是1%,低于安全利率。此时,我们考虑A的心理活动:以安全利率为锚点,他会觉得当前的市场利率太低了,未来会上升,向安全利率靠拢。而债券的价格跟**市场利率**又是负相关的,也就是A预期债券价格将会下跌,当前的债券价格是被**高估**的。既然预期债券价格会下跌,那么A肯定选择以货币的形式持有自己投机性的资产。

反过来,如果市场利率是3%,高于A心中2%的安全利率,那么A会选择以债券的形式持有投机性的资产,整个分析过程如图6-2所示。

图6-2 市场利率与安全利率的对比决定投资者持有的资产种类

考虑由单个投资者向整个市场投资者的过渡

整个市场上有众多的投资者,每个人的想法又不尽相同,所以投资者心中安全的利率水平可能呈现出近似连续的状态,假设它服从正态分布,如图6-3所示。

假设在$t=0$期,市场利率水平为i_0。那么考虑i_0**左侧**的投资者,他们心中的安全利率要低于 i_0，所以预期市场利率会下降（向安全利率靠拢）、债券价格会上升，投资者会持有**债券**；对应地，在 i_0 **右侧**的投资者则会持有**货币**。

在 $t=1$ 期，某种外生冲击使得**市场利率下降**到了 i_1 的水平。同理，在 i_1 左侧的投资者会持有债券，在 i_1 右侧的投资者会持有货币。

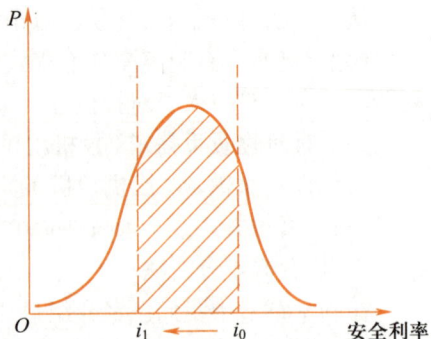

图 6-3　货币需求与利率的关系

我们关注中间这部分投资者（阴影区域）：在利率水平是 i_0 的时候持有债券（在 i_0 左侧）；当利率水平下降到 i_1 后，则转而持有货币（在 i_1 右侧）。也就是说，随着利率水平的下降，一部分投资者转换了自己的投资品种：从债券转换成货币。从整个市场来看，利率水平的下降引起货币需求的上升，货币需求与利率负相关。

这背后的经济学逻辑是：当利率下降时，从边际上看，会有更多的投资者认为当前的利率偏低（债券价格偏高）[1]，在未来将会升高（债券价格下跌），进而选择增加货币的持有，所以货币需求与利率负相关。

③ **两种分析方法的结合**

如果当前的利率水平较高而投资者却持有货币，那么**直接的利息损失**会较多，且过高的利率难以维持，未来可能会下降，导致债券价格上升，损失**潜在的资本利得**。也就是说，以上两种分析方法不仅不矛盾，还会形成合力：都使得持有货币的投资者感到焦虑，要将投资品种转换成债券，货币需求与利率负相关。

　　≫　**辨析：替代效应和收入效应**

类似于利率变动对消费有替代效应和收入效应，利率变动对货币需求也有替代效应和收入效应。

在"替代效应"下，利率水平的上升意味着债券的回报率上升，人们用债券替代货币，货币需求下降。在"收入效应"下，利率水平的上升意味着财产性收入增加，人们会将一部分增加的收入以货币的形式持有，货币需求上升。一般认为，替代效应强于收入效应，也就是说，利率水平上升会使得货币需求下降，货币需求与利率负相关。

3. 结论

货币需求与收入正相关，与利率负相关。

　　≫　**辨析：名义还是实际？**

---

①　相较于自己心中的安全利率偏低。

凯恩斯考虑的是实际货币需求,但其实两者均可:

如果考虑**名义货币需求**的决定,则其与**名义收入**正相关,与**名义利率**负相关。

$M_d = L_1(Y) + L_2(i)$,Y 和 i 均为名义值。

如果考虑**实际货币需求**的决定,则其与**实际收入**正相关,与**名义利率**负相关[①]。

$\dfrac{M_d}{P} = L_1(Y) + L_2(i)$,$Y$ 为实际值,i 为名义值。

4. 政策含义

凯恩斯的流动性偏好理论是 LM(货币市场均衡)模型的基础,再结合 IS(产品市场均衡)模型,可以得到**货币政策传导的凯恩斯机制**:货币供给上升使得 LM 曲线右移,利率下降,刺激投资,带动产出和就业上升。因而凯恩斯的流动性偏好理论和有效需求理论是其"相机抉择"政策主张的重要基础:货币政策调控应当是逆周期的,经济繁荣时采用紧缩性货币政策,经济衰退时扩张性货币政策[②]。

▷▷▷ **真题链接**

1. (2020—对外经济贸易大学)(判断题)凯恩斯货币需求理论认为实际货币需求与实际收入和名义利率正相关。(   )

2. (2022—对外经济贸易大学)(判断题)根据凯恩斯的流动性偏好理论,当预期未来利率上升时,人们会抛售债券而持有货币。(   )

3. (2018—中央财经大学)凯恩斯的货币需求理论认为(   )。

A. 市场利率越低,交易动机的货币需求越大

B. 市场利率越低,投机动机的货币需求越大

C. 收入水平越低,交易动机的货币需求越大

D. 市场利率越低,预防动机的货币需求越大

4. (2021—上海财经大学)下列关于流动性偏好理论的说法中,错误的是(   )。

A. 是一个货币需求理论

B. 是一个利率决定理论

C. 必然会得出流动性陷阱的结论

D. 解释了货币数量与收入和利率之间的关系

5. (2023—中国人民大学)(   )是凯恩斯货币需求理论中最有特点的部分,反映了人们对于货币收益和财富的考量。

A. 交易动机　　　　　　　　B. 预防动机

C. 投机动机　　　　　　　　D. 储蓄动机

---

① 因为这里的利率就是债券的收益率,是名义利率的概念。

② 关于相机抉择的详细阐述,可参照货币政策章节。

6.（2024—上海财经大学）花呗、信用卡的普及会使居民的货币需求（　　）。

　　A. 不影响　　　　　　　　　　　B. 提高

　　C. 降低　　　　　　　　　　　　D. 不确定

7.（2025—中央财经大学）（多选题）凯恩斯认为货币需求的动机包括（　　）。

　　A. 交易动机　　　　　　　　　　B. 预防动机

　　C. 投机动机　　　　　　　　　　D. 利己动机

　　E. 盈利动机

8.（2024—中央财经大学，2024—厦门大学，2025—西南财经大学）简述凯恩斯货币需求理论的三大动机。

9.（2024—对外经济贸易大学）请写出凯恩斯的货币需求函数，并解释其特征和政策意义。

10.（2025—中央财经大学，2025—厦门大学，2025—武汉大学）简述凯恩斯流动性偏好理论和流动性陷阱。

【答案】1. ×；2. √；3. B；4. C；5. C；6. C；7. ABC；8. 略；9. 略；10. 略

5. 理论发展

（1）鲍莫尔模型（平方根模型，1952）：交易性货币需求与利率负相关

① 核心思想

鲍莫尔主要对凯恩斯的**交易性货币需求**进行了发展，论证了交易性货币需求也会受到利率的影响[1]。

他认为满足交易性需求的这部分货币，没有必要在刚开始的时候就全部以货币的形式持有，而可以以债券的形式持有，需要支付的时候再把债券变现[2]，这样做的好处在于增加利息收入。但同时，这样做也会产生交易成本（比如手续费、时间成本等）：它发生在债券每次变现的时候。权衡两者后，鲍莫尔求解出了最优的货币持有量。

② 设定变量

假定居民 A 每期期初的收入是 Y，在期末全部花完，并且支出是**均匀连续**的。在期初，A 把收入全部以**债券**的形式持有，利率为 i。其间，A 每次卖出价值为 K 的债券（K 未知），换成货币用于支付（如图 6-4 所示），每次卖出的交易成本是 b。我们要求解的问题是：每次换多少货币（K）是最优的？

直观来考虑：如果每次换的货币多了（K 较大），那

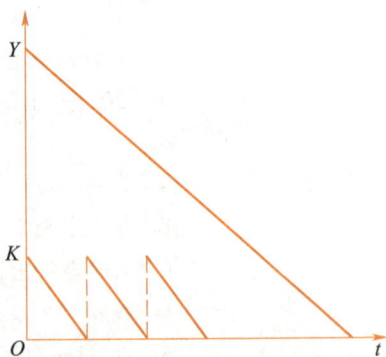

图 6-4　鲍莫尔模型

---

① 鲍莫尔 1952 年在《经济学季刊》（Quarterly Journal of Economics）上发表论文《现金的交易需求：一种存货的理论分析》，运用管理科学中最适度存货规模模型对交易性货币需求进行了研究，以现金来类比存货。之后，托宾也撰文论证了货币的交易性需求同样受到利率的影响。所以人们也将两位学者的理论研究合称为"鲍莫尔－托宾模型"。

② 类似于商业银行的自动转移支付服务（ATS），只不过是"低配版"，需要自己手动操作。

么好处就是换的次数少了,交易成本会下降;坏处则在于持有的货币太多,也会损失更多的利息收入,利息成本会上升。

③ 构造模型(成本最小化方程)

考虑两部分成本,一是因持有货币而损失掉的**利息成本**。A 每次变现价值为 K 的债券,持有价值为 K 的货币,之后均匀支出,所以区间内平均持有的货币量为 $\frac{K}{2}$,损失的利息成本为 $\frac{K}{2}i$;二是债券变现时产生的**交易成本**,一共变现了 $\frac{Y}{K}$ 次,每次变现的成本是 b,整个期间的交易成本是 $b\frac{Y}{K}$。这样就得到了如下成本方程:

$$\min_K C = b\frac{Y}{K} + \frac{K}{2}i \tag{6-1}$$

④ 求解均衡条件(F.O.C.)

将成本 C 对 K 求一阶导数有:

$$\frac{\partial C}{\partial K} = -b\frac{Y}{K^2} + \frac{i}{2} \tag{6-2}$$

令一阶导数等于 0,可得:

$$K = \sqrt{\frac{2bY}{i}} \tag{6-3}$$

因而持有的交易性货币为:

$$L_{11} = \frac{K}{2} = \frac{1}{2}\sqrt{\frac{2bY}{i}} \tag{6-4}$$

因为式(6-4)涉及平方根,所以其又被称为"平方根模型"。

⑤ 结论

交易性货币需求与收入和交易成本正相关,**弹性系数**为 $\frac{1}{2}$[①];交易性货币需求与利率负相关,弹性系数为 $-\frac{1}{2}$。

(2)惠伦模型(立方根模型,1966):预防性货币需求与利率负相关

① 核心想法

惠伦主要对凯恩斯的预防性货币需求进行了发展,论证了预防性货币需求也会受到利率的影响。与鲍莫尔模型类似,持有预防性货币同样面临两个成本:一方面,如果持有太多预防性货币会损失更多的利息成本;另一方面,如果持有太少预防性货币会更容易出现流动性不足的情况,进而产生短缺成本。

② 设定变量

预防性货币为 L_{12},债券利率为 i,居民的净支出 N 服从期望为 0、方差为 S^2 的分布,货币短缺情况出现时的成本是 b。

---

① 交易性货币需求对收入的弹性系数为 $\dfrac{\frac{\partial L_{11}}{L_{11}}}{\frac{\partial Y}{Y}} = \frac{1}{2}\sqrt{\frac{2b}{i}}\frac{1}{2}Y^{-\frac{1}{2}}\times Y\times\dfrac{1}{\frac{1}{2}\sqrt{\frac{2bY}{i}}} = \frac{1}{2}$。其经济学含义为:收入增加 1%,交易性货币需求上升 0.5%。

③ 构造模型（成本最小化方程）

考虑两部分成本，一是利息成本，$L_{12} \times i$[①]；二是短缺成本，等于货币短缺的概率乘以短缺实际发生时的成本。其关键是求解短缺概率。

根据切比雪夫不等式：

$$P\{\,|X-E(X)|\geqslant\varepsilon\,\}\leqslant\frac{D(X)}{\varepsilon^2}\text{[②]} \tag{6-5}$$

将净支出 N 代入 X，预防性货币 L_{12} 代入 ε，可得：

$$P\{\,|N|\geqslant L_{12}\,\}\leqslant\frac{S^2}{L_{12}{}^2} \tag{6-6}$$

将绝对值打开，可得：

$$P\{\,|N|\geqslant L_{12}\,\}=P\{\,N\geqslant L_{12}\,\}+P\{\,N\leqslant -L_{12}\,\}\geqslant P\{\,N\geqslant L_{12}\,\} \tag{6-7}$$

也即：

$$P\{\,N\geqslant L_{12}\,\}\leqslant P\{\,|N|\geqslant L_{12}\,\}\leqslant\frac{S^2}{L_{12}{}^2} \tag{6-8}$$

将概率放大，令：

$$P\{\,N\geqslant L_{12}\,\}=\frac{S^2}{L_{12}{}^2} \tag{6-9}$$

所以净支出的规模超过持有的预防性货币（即发生短缺）的概率为 $\frac{S^2}{L_{12}{}^2}$。这样就得到了如下成本方程：

$$\min_{L_{12}}C=i\times L_{12}+b\times\frac{S^2}{L_{12}{}^2} \tag{6-10}$$

④ 求解均衡条件（F.O.C.）

C 对 L_{12} 求导，可得：

$$\frac{\partial C}{\partial L_{12}}=i-2b\frac{S^2}{L_{12}{}^3} \tag{6-11}$$

则 $L_{12}=\sqrt[3]{\dfrac{2bS^2}{i}}$。因为 L_{12} 的计算涉及开立方根，所以又被称为"立方根模型"。

⑤ 结论

预防性货币需求与短缺成本和净支出的方差正相关，两者的**弹性系数**[③]均为 $\frac{1}{3}$；预防性货币需求与利率反相关，弹性系数为 $-\frac{1}{3}$。

（3）托宾将资产组合的观点引入投机性货币需求的分析

凯恩斯认为，单个投资者要么**全部**以货币的形式持有其投机性的资产，要么全部以债券

[①] 与鲍莫尔模型不同，这里的预防性货币不存在均匀花完的过程，整个期间的货币持有量就是 L_{12}。

[②] X 为随机变量，其均值为 $E(X)$，方差为 $D(X)$，$\varepsilon>0$。

[③] 对标准差的弹性系数为 2/3。

的形式持有其投机性的资产,而不会持有货币和债券的**组合**。托宾对此进行了修正,他将马科维茨的**资产组合理论**引入对投机性货币需求的分析,考虑**风险**的因素,构造了货币(无风险资产)和债券(风险资产)的组合。

▷▷▷ **真题链接**

1.(2023—对外经济贸易大学)(判断题)平方根模型认为交易性货币需求同时受到收入和利率的影响,从而发展了凯恩斯货币需求理论。(　　)

2.(2021—中央财经大学)下列关于平方根模型,说法错误的是(　　)。

A. 平方根模型说明了利率与交易性货币需求的关系

B. 交易性货币需求同利率反方向变动

C. 交易性货币需求同利率的弹性系数为 0.5

D. 平方根模型是用存货理论分析交易性货币需求

3.(2021—中央财经大学,2024—上海大学)简述凯恩斯货币需求理论及其发展。

4.(2020—对外经济贸易大学)鲍莫尔模型如何发展了凯恩斯货币需求理论?其政策意义何在?

【答案】1. √; 2. C; 3. 略; 4. 略

(四)持久性收入理论(弗里德曼,1956) ★★★★

1. 出发角度

持久性收入理论从**微观主体**持币动机角度出发,分析影响货币需求的因素。

2. 数学表达式

$$\frac{M_d}{P}=f\left(\bar{Y},W;r_m,r_b,r_e,\frac{1}{P}\frac{\mathrm{d}P^e}{\mathrm{d}t};u\right)$$

(1)$\bar{Y}$、W 为规模变量

① $\bar{Y}$表示持久性收入(Permanent Income)

a. 含义

与流动性偏好理论不同,持久性收入理论中的$\bar{Y}$并非当期收入,而是持久性收入。持久性收入是预期未来多期收入的**平均值**(或者**折现值**)。

b. 货币需求与持久性收入正相关

其实持久性收入理论首先是弗里德曼用于解释消费的理论,然后才是货币需求理论。弗里德曼认为人具有**前瞻性**,所以在决定自己消费支出的时候考虑的是持久性收入,而不是当期收入。比如虽然当期收入稳定,但是如果预期未来会找到一份更理想的工作、收入会大幅提高,那么这种预期也会部分地反映到当前的消费中来,使得当前的消费支出上升。而消费支出的上升自然就提出了更多的对于货币的需求,当期的货币需求也会上升。

c. 强调持久性收入的影响是弗里德曼货币需求理论的一个特点

之后弗里德曼又通过实证检验进一步得出:在货币需求函数中起重要作用的只有持久性收入。因而该理论也被称为"持久性收入理论"。

② **W 表示非人力财富在总财富中的比重**

a. **含义**

弗里德曼将财富分为**人力财富**和**非人力财富**。人力财富就是人本身作为财富,创造收入的能力[1]。与人力财富相对应的是非人力财富,也称物质财富。现金、债券、股票、房地产等,都是非人力财富。

b. **货币需求与非人力财富负相关**

人力财富的流动性显然要**弱于**非人力财富的流动性[2],所以人力财富占比越高,就需要越多的货币来补充流动性,货币需求也**更多**;反过来,非人力财富占比越高,比如有更多的债券、股票等,货币需求则**越少**。

（2）r_m、r_b、r_e、$\dfrac{1}{P}\dfrac{\mathrm{d}P^e}{\mathrm{d}t}$ 为机会成本变量

① r_m **表示货币的收益率**

a. **货币为什么有收益率**

与流动性偏好理论不同,持久性收入理论将货币框定为**广义货币 M2**,其中的定期存款就是有利息的。活期存款虽然没有利息,但是银行为此提供的支付服务也可以视作一种收益。

b. **货币需求与货币的收益率成正相关**

当货币的收益率上升,比如银行为存款支付更高的利率时,人们自然会增加对货币的持有,货币需求上升。

② r_b、r_e、$\dfrac{1}{P}\dfrac{\mathrm{d}P^e}{\mathrm{d}t}$ **分别表示债券、股票和实物资产的收益率**

a. **敏感性分析**

给定其他条件不变,货币需求与债券、股票和实物资产的收益率**负相关**。如果债券收益率上升,那么人们会增加债券的持有、减少货币的持有,货币需求下降。

b. **情景分析**

弗里德曼认为,从现实情况来看:当债券收益率上升时,货币的收益率也会跟着上升,使得两者的**相对收益率**基本稳定。而人们在做资产配置时更关注相对收益率,相对收益率稳定意味着货币相较于债券没有变得更差,因而货币需求也就不会下降,而是**保持稳定**。货币需求对利率(其他资产收益率)的变动并不敏感。

那为什么债券收益率上升时,货币的收益率也会跟着上升? 弗里德曼用**无套利思想**进行解释。首先,从居民的角度来看,如果债券收益率上升,那么理性的投资者很可能会把存款从银行中提取出来,用于购买债券。然后,从银行的角度来看,为了防止存款流失、继续把资金留在行内,它也会相应地提高存款利率或者提供更完善的服务等。银行的种种努力会使得货币的收益率上升,投资者在持有货币与持有债券之间达到无套利的均衡。

---

[1]　这里也可以用现金流折现的思想,把一个人的预期收入(预计未来每年的收入)按照一定的利率折现到现在并求和,得到的值就是他的人力财富。

[2]　价值 100 万元的股票可以快速变现,得到 100 万元的现金;但价值 100 万元的人,如何快速变现得到 100 万元的现金呢? 至少在现代社会,没有合法的方式。

（3）u 为其他变量

≫ 比如人们的**流动性偏好**,当流动性偏好上升时,货币需求会上升;再比如**其他资产的风险**,当债券、股票的风险上升时,货币需求也会上升。

3. 政策含义

弗里德曼的货币需求理论认为货币需求是稳定的、可测的,会随着持久性收入的增长而稳定增长,因而中央银行对货币供给的调控也应当是稳定的,即遵循**"单一规则"**:根据潜在产出的增长率确定固定的货币供给的增长率[①]。

▷▷▷ **真题链接**

1.（2023—中国人民大学）（判断题）弗里德曼的持久性收入理论认为非人力财富占总财富比例越高,出于谨慎性动机货币需求越多。（　　）

2.（2018—中国人民大学）以下哪一种货币需求理论没有考虑微观主体对货币需求的动机?（　　）

A. 费雪方程式　　　　　　　　B. 剑桥方程式

C. 凯恩斯货币需求理论　　　　D. 弗里德曼货币需求理论

3.（2022—中央财经大学）（多选题）以下关于货币需求理论的基础知识正确的有（　　）。

A. 剑桥方程式从微观角度分析

B. 弗里德曼用一系列机会变量解释

C. 马克思和费雪方程式都强调货币数量决定价格

D. 凯恩斯发展理论认为利率影响交易需求和投机需求

E. 托宾把资产选择引入货币需求分析更加符合现实情况

4.（2016—上海财经大学,2025—中央财经大学）弗里德曼的货币需求函数非常强调（　　）对货币需求的重要影响。

A. 货币数量　　　　　　　　　B. 持久性收入

C. 各种资产的相对收益率　　　D. 预期物价水平的变化

5.（2017—清华大学）下面哪个因素会造成货币需求减少?（　　）

A. 预期物价上涨　　　　　　　B. 收入增加

C. 非货币资产收益下降　　　　D. 以上都不对

6.（2024—中国人民大学）关于费里德曼的货币需求函数,错误的是（　　）。

A. 货币需求函数具有稳定性

B. 货币需求主要受到持久性收入的影响

C. 各种市场利率对货币需求的影响可以忽略

D. 人力财富占总财富比重越高,货币需求越少

---

① 关于单一规则的详细阐述,同样参照货币政策章节。

7.（2019—中央财经大学,2024—中南财经政法大学,2025—北京林业大学）简述弗里德曼的货币需求理论的主要结论和政策主张。

8.（2025—兰州大学）简述影响居民持币行为的因素。

【答案】1. ×；2. A；3. ABE；4. B；5. A；6. D；7. 略；8. 略

三、凯恩斯和弗里德曼的货币需求争论

（一）争论的内容 ★★

凯恩斯和弗里德曼的货币需求理论有很多区别,其中最重要的是以下三点：

1. 货币需求的稳定性（货币需求对利率的敏感性）

（1）含义

货币需求的稳定性主要考虑货币需求对利率的敏感性。因为市场上的利率总是在不断变动的,所以如果货币需求对利率很敏感、利率变动带着货币需求一起变动,那么货币需求就是不稳定的。反过来,如果货币需求对利率变动不敏感,那么一般认为货币需求就是稳定的。

（2）凯恩斯和弗里德曼的争论

① 凯恩斯认为货币需求对利率是敏感,货币需求是不稳定的。首先,投机性货币需求与利率负相关。并且在**流动性陷阱**的情况下,货币需求对利率变动甚至是极度敏感的。其次,鲍莫尔、惠伦进一步强化了利率的作用,认为交易性需求和预防性需求也与利率负相关。

② 弗里德曼则认为货币需求对利率不敏感,货币需求是稳定的。首先,在利率（其他资产收益率）变动的同时,货币的收益率也会随之上升,两者**相对收益率**基本不变,所以投资者不会减少对货币的持有,货币需求对利率变动不敏感。其次,弗里德曼认为影响货币需求最重要的变量是**持久性收入**。而持久性收入是一个非常稳定的变量,甚至是抗经济周期的,这就使得弗里德曼的货币需求异常稳定。

2. 货币需求函数的稳定性（货币需求的可测性）

（1）含义

"货币需求函数"的稳定性和"货币需求"的稳定性不同,前者侧重点在于**函数**,后者侧重点在于**变量本身**。即便函数稳定,货币需求也未必稳定,比如货币需求与利率呈稳定的负相关关系（函数稳定）,但是利率的频繁变动仍会带动货币需求发生频繁变动,货币需求不稳定。

具体地,货币需求函数的稳定性是指货币需求与其相关的解释变量之间的对应关系是否会随着环境的改变而发生较大波动,即通过历史数据回归出来的货币需求函数是否能够做外推。

>> **举例**：比如,根据美国 1892—1960 年的数据,对方程 $\ln \frac{M}{P} = a + b\ln i + c\ln \bar{Y}$[①] 进行回归,得到各个参数值,进而确定了货币需求与利率和持久性收入的相关关系。之后,在函数右侧代入未来年份的数据（比如 1970 年）的数据,然后观察由函数关系计算出来的货币需求数据与市场上真实的货币

---

① $\frac{M}{P}$ 为实际货币余额,i 为利率,$\bar{Y}$ 为持久性收入,a、b、c 为待回归的参数。

需求是否相同[①]：如果基本相同，则认为货币需求函数稳定，否则不稳定。而如果函数是稳定的，那么就可以利用这个函数来预测货币需求，货币需求就是可测的。

（2）凯恩斯和弗里德曼的争论

① 凯恩斯认为货币需求函数是不稳定的。这主要体现在货币需求函数中的 $L_2(i)$ 不稳定，它包含着一个很重要但是很不稳定的变量：人们心中**的安全利率**。这是一个主观变量，并且凯恩斯认为人们心中的安全利率是"多变的、模糊的和不确定的"，这就会使得货币需求函数不稳定。

> 》　**举例**：假设安全利率普遍下降（而市场利率不变），则此时会有更多人觉得当前的市场利率偏高、未来会下降，也就是债券价格将会上升，进而有更多人增加债券的持有、减少货币的持有，货币需求下降。也就是说，在收入和市场利率稳定的情况下，货币需求却突然下降，这就破坏了原有的函数关系。那为什么不把安全利率作为一个解释变量放入回归方程中？因为安全利率作为一个主观变量难以被量化，因而**遗漏变量**的问题终究难以解决。

② 弗里德曼则认为货币需求函数是稳定的。所有解释变量都是清晰的、可测的，并没有使得函数发生潜在位移的因素。

3. 货币流通速度的稳定性和可测性

货币流通速度的稳定性和可测性与货币需求的稳定性和可测性是同一个问题的两个方面。因为在实践中，货币流通速度很难通过其定义来直接计算，一般是通过名义 GDP（PY）和货币量（M）间接得到的。

$$MV = pY \rightarrow V = \frac{PY}{M} = \frac{Y}{\dfrac{M_d}{P}}$$

如果货币需求是稳定可测的，那么货币流通速度就是稳定可测的。

（二）实证检验　★★

1. 货币需求对利率的敏感性

大量的实证研究表明：货币需求对利率的回归系数是**显著**的，即货币需求对利率是敏感的。

2. 货币需求函数的稳定性

（1）从美国的情况来看，1974 年以前，货币需求函数基本稳定，但 1974 年之后变得不再稳定。利用货币需求函数计算出的货币需求大于真实的货币存量：应该需要这么多的货币，但市场上却没有这么多的货币，经济学家戈德菲尔德称之为**"货币消失之谜"**。

---

① 当然，货币需求其实是人们以货币的方式持有财富的意愿，难以直接观测和统计。但是在货币市场均衡的状态下，货币需求等于货币供给，所以可以使用 1970 年货币供给数据来模拟真实的货币需求。

>> 为了解释"货币消失之谜",经济学家主要从两方面入手:第一,修正货币需求函数,加入一些新的解释变量;第二,修正货币供应量的统计范围。根据商业银行章节的知识,随着20世纪70年代金融创新的加速,很多金融产品也具有很强的流动性,如ATS存款、NOW存款等。如果没有把它们统计到货币供应量里,也可能会出现显示的货币供应量不足的情况。这种修正取得了一定效果,但效力比较有限,货币消失之谜仍然存在。

(2)从中国的情况来看,则存在"**货币超额之谜**",即用函数估计出的货币需求小于货币存量,本来不需要这么多货币,但社会上却有那么多的货币。

>> 关于"货币超额之谜",有一个相关的指标:**M2/GDP**,也称**货币化率**。2024年,我国的货币化率达到232.4%,远高于美国的73.7%。分子M2表征货币供给,分母GDP作为货币需求的解释变量,可以用来估计货币需求。M2/GDP高就意味着用函数计算出来的货币需求小于市场上的货币存量,存在"货币超额之谜"。或者换一种说法,它也意味着货币供给的上升没有转化成产出和价格[1]。其原因可能在于:第一,我国的货币化进程。随着货币化进程的推进,越来越多的商品交易通过货币来媒介,货币的增速就会高于名义GDP的增速。第二,资产价格的大幅变化吸纳了货币的增长。从我国情况来看,大量资金进入房地产市场,推高了房地产价格,而CPI只统计商品价格并不统计资产价格。第三,我国以间接融资为主的融资结构。贷款占社会融资规模的比例在65%以上。根据贷款创造存款理论,间接融资才创造货币,直接融资不创造新的货币、只分配旧的货币,因而以间接融资为主的国家,其M2/GDP会更高。第四,金融资产单一、居民缺乏财富管理的渠道,更多是持有储蓄存款,也即准货币。而准货币对于总需求,进而是产出和价格并不形成直接的压力。第五,我国的M2统计口径更大,比如还统计非银行金融机构在银行的存款等(美国不统计),而这些存款也不会对总需求形成直接的压力,使得M2/GDP偏高。

3. 货币流通速度的稳定性和可测性

(1)数据表明,货币流通速度呈现出显著的**顺周期性**:当经济繁荣时,货币流通速度加快;当经济衰退时,货币流通速度的速度变慢甚至绝对值也下降。

(2)有趣的是,凯恩斯和弗里德曼的货币需求理论均能解释顺周期性,但解释方法不同。

① 根据凯恩斯的理论

$$V = \frac{Y}{M_d/P} = \frac{Y}{L_1(Y) + L_2(i)}$$

---

① 指标里的GDP一般指名义GDP,即包含产出(实际GDP)和价格。如果使用货币数量论方程$MV=PY$作简单推导,M2/GDP=M/PY=$1/V$,可以发现,M2/GDP的上升意味着货币流通速度的下降。

其中,利率 i 是顺周期变量,当经济繁荣时,利率上升,投机性货币需求 $L_2(i)$ 下降[①], $\frac{1}{L_2(i)}$ 上升,货币流通速度 V 上升,呈现顺周期性。

② 根据弗里德曼的理论

$$V=\frac{Y}{M_d/P}=\frac{Y}{f(\bar{Y})} \text{②}$$

当经济繁荣时,当期收入 Y 上升。但是持久性收入 $\bar{Y}$ 却是抗周期的、是稳定的,因而 $f(\bar{Y})$ 也是稳定的。整体来看,货币流通速度上升,呈现顺周期性。

(三)争论的意义 ★★

1. 影响财政政策和货币政策的效力

货币需求对利率的敏感性会影响财政政策和货币政策对**产出**的影响效力[③]。

(1)财政政策效力

根据 *IS-LM* 模型,扩张的财政政策会使得产出上升(政府购买是支出法核算 GDP 的一部分),但同时也会使得利率上升,进而导致私人投资下降(投资与利率负相关),又导致产出下降,削弱了政策效力(称之为"**挤出效应**")。财政政策传导机制如图 6-5 所示。

$$G\uparrow \xrightarrow{①} Y\uparrow \xrightarrow{②} r\uparrow \xrightarrow{③} I\downarrow \xrightarrow{④} Y\downarrow$$

图 6-5 财政政策传导机制

如果货币需求对利率的敏感性较强,那么当扩张的财政政策引起收入上升、进而货币需求上升时,利率只需要上升一点点就能抹平,继续保持货币市场的平衡,也即图 6-5 中②的传导效力更弱,挤出效应更弱,财政政策效力更强。**在流动性陷阱**的情况下,财政政策效力最强。

(2)货币政策效力

根据 *IS-LM* 模型,扩张的货币政策会使得利率下降,促进私人投资,带动产出上升。货币政策传导机制如图 6-6 所示。

如果货币需求对利率的敏感性较强,那么当货币供给上升时,利率只需要下降一点点就能够让货币需求上升较多,从而货币市场仍然保持平衡,也即图 6-6 中①的传导效力更弱,整个货币政策传导效力也就较弱。在**流动性陷阱**的情况下,货币政策几乎失效。

$$\frac{M_s}{P}\uparrow \xrightarrow{①} r\downarrow \xrightarrow{②} I\uparrow \xrightarrow{③} Y\uparrow$$

图 6-6 货币政策传导机制

(3)结论

凯恩斯认为货币需求对利率敏感性强,因而财政政策效力较强;而弗里德曼认为货币需求对利率敏感性弱,因而货币政策效力较强。

2. 影响货币政策中介目标的选择

具体内容在货币政策章节进行展开。

---

① $L_2(i)$ 与利率 i 负相关。
② 在弗里德曼的理论中,持久性收入对货币需求的解释力最强,因而可以简写成 $f(\bar{Y})$ 的形式。
③ 本部分的内容可结合 *IS-LM* 模型来理解。

▷▷▷ **真题链接**

1.（2022—对外经济贸易大学）（判断题）凯恩斯学派认为,货币需求函数是稳定的。（　　）

2.（2023—上海财经大学）一般而言,若市场利率上升,则货币流通速度将（　　）。

A. 加快　　　　　　　　　B. 变慢

C. 不变　　　　　　　　　D. 无法确定

3.（2024—对外经济贸易大学）以下有关弗里德曼的需求函数不正确的是（　　）。

A. 对利率不敏感　　　　　　B. 货币流通速度是稳定的、可预测的

C. 市场总是有效的　　　　　D. 决定货币需求的主要因素是实际收入

4.（2025—中国人民大学）关于凯恩斯货币需求理论的说法错误的是（　　）。

A. 货币需求的影响因素是收入和利率

B. 货币需求函数是稳定的

C. 货币流通速度并非常量

D. 利率过低,人们会减少对非货币金融资产的需求

5.（2025—复旦大学）（填空题）假设货币需求函数 $L(Y,i)=Y/8-10\,000i$,其中国民收入 $Y=12\,000$,$i=5\%$,则货币流通速度 $V=$（　　）。

6.（2021—对外经济贸易大学）凯恩斯货币需求模型是如何解释货币流通速度不是常量的?

7.（2021—西南财经大学,2022—重庆大学）简述凯恩斯流动性偏好理论和弗里德曼现代货币数量论的区别。

【答案】1. ×;2. A;3. D;4. B;5. 12;6. 略;7. 略

第二节　货　币　供　给

一、货币供给的含义　★

货币需求需要货币供给来满足。与货币需求不同的是,货币需求是一种意愿,因而更多是一个理论上的概念;而货币供给则是一个可以统计和管理的变量。直观来看,货币供给就是一个时点上一国的货币存量。除此之外,货币供给往往还被定义为整个银行体系的负债,包括中央银行和商业银行。

>> **如何理解货币被定义为整个银行体系的负债?** 这是从银行体系资产负债表的角度给出的货币供给新定义,它与之前的货币定义和货币分层并

不矛盾。首先,之前的货币被认为具有普遍接受性,而中央银行和商业银行作为信用等级很高的两类主体,它们的债务工具的确具有普遍接受性;其次,之前的货币分层为 M0、M1、M2,核心是现金和存款。而现金是中央银行的负债,存款则是商业银行的负债。同时,用这种方式对货币进行重新定义,还可以揭示出货币创造的两类主体:中央银行和商业银行,这就是**双层次货币创造机制**。

二、双层次货币创造机制

（一）含义

双层次货币创造机制也称"现代双层次货币创造机制"。"现代"指的是**现代信用货币制度**,在信用货币制度下才存在的货币创造过程[①];"双层次"指的是中央银行和商业银行两个层次,也称"二级银行体系":首先,中央银行不直接发行全部货币,只是发行金额不多的基础货币,称之为"源";其次,商业银行在承接基础货币的基础之上发行存款货币,称之为"流"[②]。

（二）必要前提 ★★

（1）不需要 100% 的法定准备金,也称**"部分准备金制度"**。商业银行在吸收了存款之后,只需要将其中一部分(而非全部)作为法定准备金和超额准备金,剩下的部分则用于贷款。

（2）不要求 100% 的现金漏损,也称**部分现金漏损**或银行清算体系的形成[③],居民、企业之间可以通过转账的方式进行结算,从而避免现金流出银行体系。

（三）常用概念 ★★

1. 原始存款

（1）含义

原始存款是指商业银行最初形成的第一笔存款,与派生存款相对应。

（2）来源

① 原始存款不能源于公众

从单个银行来看,原始存款可能源于公众将现金存入;但是从整个银行体系来看,公众手中现金的唯一来源就是从银行存款中提取的[④]。也就是说,从整个银行体系的角度来看,只能是公众从商业银行处获取现金,而不能是商业银行从公众处获取现金,商业银行的现金只可能源于中央银行。

② 原始存款只能源于中央银行

从货币创造的角度来看,商业银行负债方的原始存款在资产方一定要形成一笔可以放贷的**存款准备金**。只有能够放贷,才能进一步形成派生存款,进而也才有后续的货币创造过程。而形成存款准备金的方式,其实也就是中央银行投放基础货币的方式,包括**公开市场操作**(中央银行在公开市场上买入债券或外汇)、**再贷款和再贴现**。

---

① 现代信用货币最早的典型形态就是银行券。

② 现代货币创造机制是目前为止,人类所找到的相对最完善的货币发行机制,其优势可以参照本讲专栏二。

③ 现金漏损是客户将银行存款提取为现金,从而使准备金流出商业银行系统的现象。银行清算体系形成的标志是票据交换所的成立,全球第一家票据交换所是 1773 年成立的伦敦票据交换所。

④ 回顾中央银行章节我国的现金发行机制。

当然,因为是原始"存款",所以一般也会涉及公众的交易。虽然中央银行是从商业银行处买入债券和外汇[1],但是商业银行持有的债券和外汇也是公众出售给它的。所以原始存款形成的整个过程是:公众先将自己持有的债券或外汇卖给商业银行,形成存款;商业银行再将债券和外汇转卖给中央银行,形成存款准备金见图 6-7,对应地,商业银行两阶段的资产负债表如图 6-8 所示。

图 6-7　原始存款的创造

图 6-8　原始存款创造过程中商业银行资产负债表变化

③ 通过上述分析可知,原始存款体现在商业银行的负债端,基础货币则对应地体现在商业银行的资产端,资产负债表两侧相等,所以原始存款在数量上是等于基础货币的[2]。

2. 派生存款

派生存款是指通过商业银行的**资产业务**(比如贷款、贴现等)派生出来的存款。

》　原始存款 + 派生存款 = 总存款

3. 存款乘数

存款乘数是指存款总额(即原始存款与派生存款之和)与原始存款的倍数(**存款乘数 = 总存款 / 原始存款**),即一单位的原始存款能够创造多少单位的总存款。它是从**商业银行**的角度来分析的,考虑原始存款和最终的总存款之间的关系。

4. 货币乘数

货币乘数是货币供给与基础货币的倍数(**货币乘数 = 货币供应量 / 基础货币**),即一单位的基础货币能够创造多少单位的货币供应量。它是从**中央银行**角度进行分析,关注的是基础货币与最终的货币供应量之间的关系。

（四）举例分析:只考虑法定存款准备金率　★★★

假设一个国家之前实行物物交换,现在政府宣布要建立一套二级银行体系,并且随之成

---

[1]　中央银行一般不与居民和非金融企业进行交易。

[2]　也有说法认为原始存款对应的是基础货币中法定准备金和超额准备金的部分,不包括流通中的现金,所以在考虑现金的情况下,原始存款应当小于基础货币。但其实流通中的现金可以视作从原始存款中流出的("先存再漏"),也即仍然可以使用原始存款等于基础货币的推论。

立了一家中央银行和几家商业银行 A、B、C……。

1. 原始存款的形成

客户甲先把持有的 100 元国债卖给商业银行 A,然后商业银行 A 再转卖给中央银行。那么中央银行和商业银行 A 的资产负债表分别如表 6-2 和表 6-3 所示。

表 6-2　中央银行的资产负债状况

中央银行	
资产	负债
国债 100 元	基础货币 100 元 其中:存款准备金 100 元

表 6-3　商业银行 A 的资产负债状况一

商业银行 A	
资产	负债
存款准备金 100 元	客户甲存款 100 元

商业银行 A 的 100 元存款就是**原始存款**。

2. 派生存款的过程

我们接下来考虑的问题是:当有 100 元的原始存款增加时,总存款增加的规模是多少?

(1)贷款 1→派生存款 1

假定商业银行只持有**法定存款准备金**,不考虑超额准备金以及现金漏损,并且法定存款准备金率为 20%,那么商业银行 A 的法定准备金为 20 元,超额准备金为 80 元,商业银行 A 的资产负债表如表 6-4 所示。

表 6-4　商业银行 A 的资产负债状况一(考虑法定存款准备金率)

商业银行 A	
资产	负债
存款准备金 100 元 其中:法定存款准备金 20 元 超额存款准备金 80 元	客户甲存款 100 元

因为假定没有超额准备金,所以商业银行 A 将 80 元的超额准备金全部用于贷款投放[①],比如都贷给了客户乙。那么商业银行 A 在**放贷瞬间**的资产负债表如表 6-5 所示。

---

① 注意对于单个银行来说,贷款投放的规模不能超过超额准备金规模,否则会出现客户来提现、银行准备金不足难以应对的情况。

表 6-5 商业银行 A 的资产负债状况二

商业银行 A	
资产	负债
存款准备金 100 元 其中：法定存款准备金 20 元 超额存款准备金 80 元[①] 客户乙贷款 80 元	甲客户存款 100 元 客户乙存款 80 元

因为是放贷瞬间，客户乙还没有提现，所以商业银行 A 的准备金也没有减少。表 6-5 的最后一行体现的就是**贷款创造存款**的过程：**商业银行 A 资产方**多了一笔给客户乙的**贷款，负债方**对应地多了一笔客户乙的**存款**，资产负债表两侧仍然保持**平衡**。这个过程并不涉及任何的真金白银，只是银行做了一笔会计记账而已。

（2）存款转移

假设乙客户把他在商业银行 A 的存款转存到他在商业银行 B 的账户上[②]，那么此时商业银行 A、商业银行 B 的资产负债表分别如表 6-6 与表 6-7 所示。

表 6-6 商业银行 A 的资产负债状况三

商业银行 A	
资产	负债
存款准备金 20 元 其中：法定存款准备金 20 元 客户乙贷款 80 元	客户甲存款 100 元

表 6-7 商业银行 B 的资产负债状况一

商业银行 B	
资产	负债
存款准备金 80 元 其中：法定存款准备金 16 元 超额存款准备金 64 元	客户乙存款 80 元

从现实情况来看，这笔交易背后的操作就是商业银行 A 把它在中央银行账户上的 80 元存款金准备转给了商业银行 B。需要注意的是，这笔存款的转移对于整个货币创造过程以及最终的创造数量并无任何影响，我们之所以要设计这样一个环节，只是为了更加方便地观察。

（3）贷款 2 → 派生存款 2

接下来，商业银行 B 又把超额准备金用于贷款，比如投放给了客户丙。放贷瞬间，商业银行 B 的资产负债表如表 6-8 所示。

---

① 严格意义上来说，商业银行 A 应继续缴纳 80×20%=16 元的法定存款准备金，在这里我们暂不考虑。

② 因为不考虑现金漏损，所以甲客户并不持有现金。

表 6-8　商业银行 B 的资产负债状况二

商业银行 B	
资产	**负债**
存款准备金 80 元 　　其中：法定存款准备金 16 元 　　　　　超额存款准备金 64 元 　客户丙贷款 64 元	客户乙存款 80 元 　客户丙存款 64 元

（4）存款转移

客户丙把钱存到了他在商业银行 C 的账户上。那么商业银行 B、商业银行 C 的资产负债表分别如表 6-9 和表 6-10 所示。

表 6-9　商业银行 B 的资产负债状况三

商业银行 B	
资产	**负债**
存款准备金 16 元 　　其中：法定存款准备金 16 元 客户丙贷款 64 元	客户乙存款 80 元

表 6-10　商业银行 C 的资产负债状况

商业银行 C	
资产	**负债**
存款准备金 64 元 　　其中：法定存款准备金 12.8 元 　　　　超额存款准备金 51.2 元	客户丙存款 64 元

（5）贷款 3→派生存款 3

然后，商业银行 C 继续放贷，按照这种方式一直进行下去。整个货币创造过程如表 6-11 所示。

表 6-11　整个货币创造过程

商业银行	存款／元	准备金（存款 ×20%）／元	贷款（存款－准备金）／元
A	100	20	80
B	80	16	64
C	64	12.8	51.2
……	……	……	……
合计	500	100	400

3. 变量计算

（1）**总存款**为 100+80+64+……=500 元[1]。其中**原始存款**为 100 元，**派生存款** =（总存款 – 原始存款）=（500–100）=400 元。

（2）**贷款**为 80+64+……=400 元。可以发现贷款恰好等于派生存款，这并非偶然，因为派生存款就是通过贷款的方式派生出来的，所以 1 元钱的贷款就会产生 1 元钱的派生存款，两者相等[2]。

（3）**存款乘数** = 总存款 / 原始存款 =500/100=5。

（4）**货币乘数** = 货币供应量 / 基础货币。

① **货币供应量**包括现金和存款两部分，在不存在现金的情况下，货币供应量就等于总存款 500 元。

② **基础货币**包括流通中的现金和商业银行准备金两部分，在不存在现金的情况下，基础货币就等于准备金：20+16+12.8+……=100 元（和原始存款相等）。

③ 所以货币乘数 =500/100=5。可以发现，在没有现金漏损的情况下，存款乘数和货币乘数相等。

4. 银行体系加总的资产负债表

通过以上变量的计算可知，银行体系加总的资产负债表如表 6–12 所示。

表 6–12　银行体系加总的资产负债

商业银行	
资产	**负债**
存款准备金 100 元 其中：法定存款准备金 100 元 超额存款准备金 0 元 贷款 400 元	存款 500 元 其中：原始存款 100 元 派生存款 400 元

值得注意的是，超额存款准备金为 0 就为我们揭示了观察存款创造的另一视角：超额准备金可用于放贷，贷款创造存款，存款需要缴纳法定准备金，原有的超额准备金就有一部分变成了法定准备金（如图 6–9 所示）。这个过程将会持续，直到超额准备金耗尽[3]。也就是说，贷款创造存款的过程其实就是消耗**超额准备金**，把超额准备金逐渐变成法定准备金的过程，超额准备金才是银行存款创造的基础和关键[4]。

---

① 根据无穷等比数列求和公式计算得出。

② 贷款等于派生存款仅在不存在现金漏损的情况下才成立，在存在现金漏损的情况下，贷款等于派生存款加上现金漏损。

③ 从现实情况来看，因为银行本身会保留一部分超额准备金用于满足流动性需求，所以不至于将所有的超额准备金都耗尽，但是并不影响超额准备金向法定准备金转换的思路。

④ 这里再次提醒读者注意，超额准备金是银行存款创造的关键，而非原始存款。事实上，在某些存款创造的过程中可能根本就不存在原始存款，比如中央银行给商业银行提供再贷款、形成超额准备金，商业银行同样可以据此进行贷款和存款创造，但是整个体系中是不存在原始存款的，第一笔存款就是派生存款。

图6-9　贷款消耗超额准备金

5. 对现代货币供给形成机制的评价

通过这个例子,我们更加清楚地认识了现代货币供给形成机制,它具有以下特点:

（1）双层次的货币创造结构。中央银行提供基础货币（原始存款）,商业银行在此基础上通过贷款创造存款货币。

（2）连接微观金融与宏观金融的关节点。虽然货币创造的很多环节都只是通过记账的方式进行的,但是每次记账背后都对应着一笔实实在在的交易,货币并不是凭空被创造出来的。包括存、取、借、贷在内的每一笔货币创造的交易都是**微观**的,但是以此形成的货币供给却是重要的**宏观**变量,微观主体的行为导出了宏观的结果。

（3）现代信用货币制度是最节约的货币制度。比如,对币材的节约、对货币流通费用和贮藏成本的节约。同时,结算技术进步带来的货币流通速度的加快也减少了货币的需求量等。

（五）一般化的存款乘数和货币乘数表达式 ★★★★★

1. 存款乘数[1]

存款有活期存款和定期存款之分,对应地,存款乘数也有活期存款乘数和定期存款乘数之别。

（1）活期存款乘数是活期存款与原始存款的比率（活期存款/原始存款）,即一单位的原始存款能够创造多少单位的总的活期存款。

$$活期存款乘数 \overset{①}{=} \frac{D}{B} \overset{②}{=} \frac{D}{C+R} \overset{③}{=} \frac{D}{C+RR+ER+TR} \overset{④}{=} \frac{1}{\dfrac{C}{D}+\dfrac{RR}{D}+\dfrac{ER}{D}+\dfrac{TR}{T}\times\dfrac{T}{D}} \overset{⑤}{=} \frac{1}{c+r_d+e+tr_t}$$

》　注释（每个步骤的推导逻辑）：① 根据活期存款乘数的定义,活期存款乘数等于活期存款除以原始存款。原始存款又等于基础货币,所以可以写成活期存款（D）/基础货币（B）。② 基础货币（B）包括流通中的现金（C）和商业银行准备金（R）两部分。③ 准备金又包括法定准备金和超额准备金（ER）两部分,如果将存款区分为活期存款和定期存款,那么法定准备金也需要区分为活期存款的法定准备金（RR）和定期存款的法定准备金（TR）两部分。④ 上下同时除以活期存款 D；其中,TR/D 可以写成（TR/T）×（T/D）,T 表示定期存款。⑤ 将 C/D 定义为**现金漏损率** c,RR/D 为活期存款的法定准备金率 r_d,ER/D 为超额准备金率 e,TR/T 为定期存款的法定准备金与定期存款的比率,即定期存款的法定准备金率 r_t[2],T/D 为定期存款占活期存款的比例 t。

---

[1]　若不特指,存款乘数一般指的就是活期存款乘数。

[2]　我国活期存款和定期存款的法定准备金率相同,即 $r_d=r_t$。但因为在其他很多国家,二者并不相同,所以这里把 r_d 和 r_t 分开。

（2）定期存款乘数和总存款乘数

① **定期存款乘数**是定期存款与原始存款的比率（定期存款／原始存款），即一单位的原始存款能创造多少单位的定期存款。

定期存款乘数 $=T$（定期存款）$/B$（原始存款）$=(T/D)*(D/B)=\dfrac{t}{c+r_d+e+tr_t}$。

从最后结果来看，定期存款乘数是活期存款乘数的 t 倍。

② **总存款乘数**是总存款与原始存款的比率，总存款包括活期存款和定期存款。

总存款乘数 $=(D+T)$（活期存款＋定期存款）$/B$（原始存款）$=(D/B)+(T/B)=\dfrac{1+t}{c+r_d+e+tr_t}$

从最后结果来看，总存款乘数是活期存款乘数和定期存款乘数之和，是活期存款乘数的 $(1+t)$ 倍。

2. 货币乘数[1]

（1）狭义货币乘数（m_1）

① **公式推导**

$$m_1=\frac{M_1}{B}=\frac{C+D}{C+R}=\frac{C+D}{C+RR+ER+TR}=\frac{\dfrac{C}{D}+1}{\dfrac{C}{D}+\dfrac{RR}{D}+\dfrac{ER}{D}+\dfrac{TR}{T}\times\dfrac{T}{D}}=\frac{1+c}{c+r_d+e+tr_t}$$

狭义货币乘数的推导过程与活期存款乘数相似。从最后结果来看，分子多了现金漏损率（c），这是因为狭义货币包括现金和活期存款两部分。

② **相关关系**

从数学公式上来看：r_d、e、t、r_t 只出现在分母上，它们上升会使得货币乘数下降；c 则在分子和分母中同时出现，所以令 m_1 对 c 求导，可得：

$$\mathrm{sign}\left(\frac{\partial m_1}{\partial c}\right)=\mathrm{sign}\left(r_d+e+tr_t-1\right)<0^{[2]}$$

可以发现，凡是出现在货币乘数中的变量（包括法定准备金率、超额准备金率、现金漏损率），货币乘数与它们都是**负相关**的，任何变量的上升都会使得货币乘数和货币供应量下降。这背后的**经济学逻辑**在于：任何一个变量的上升都会对银行的贷款形成挤压，使得贷款规模下降，进而使得创造派生存款的速度下降，货币供应量下降。

③ **图形描述**

货币乘数描述的是基础货币和货币供给的关系，这一关系还可通过图形更直观地展示，如图 6–10 所示。基础货币中的现金不变，准备金通过贷款放大为存款货币。

---

[1] 若不特指，货币乘数一般指的就是狭义货币乘数。

[2] 一般情况下，r_d+e+tr_t 是小于 1 的。在极特殊的情形下（如商业银行持有极高的超额准备金），也可能会出现 r_d+e+tr_t 大于 1 的情况。

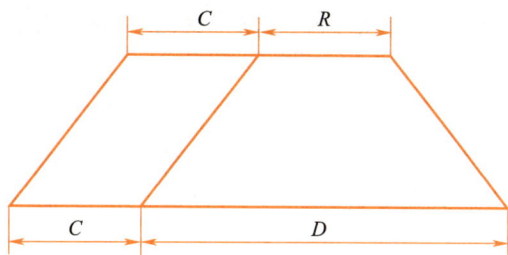

图6-10　存款创造过程

（2）广义货币乘数（m_2）

$$m_2 = \frac{M_2}{B} = \frac{C+D+T}{C+R} = \frac{C+D+T}{C+RR+ER+TR} = \frac{1+\dfrac{C}{D}+\dfrac{T}{D}}{\dfrac{C}{D}+\dfrac{RR}{D}+\dfrac{ER}{D}+\dfrac{TR}{T}\times\dfrac{T}{D}} = \frac{1+c+t}{c+r_d+e+tr_t}$$

广义货币乘数的推导过程也是相似的。从最后结果来看,分子比狭义货币乘数多了 t (定期存款与活期存款的比率)。

▷ ▷ ▷ **真题链接**

1.（2023—中国人民大学）（判断题）存款创造的两个必要前提是部分准备金制度和银行清算制度。（　　）

2.（2023—中国人民大学）（判断题）现代货币信用创造机制是微观金融和宏观金融的连接点。（　　）

3.（2024—上海大学）商业银行信用创造的直接基础是（　　）。

A. 法定准备金　　　　　　　　B. 流通中的现金

C. 超额准备金　　　　　　　　D. 准备金

4.（2018—清华大学）如果存款准备金率增加,货币乘数将会（　　）。

A. 增加　　　　　　　　　　　B. 减少

C. 不变　　　　　　　　　　　D. 不确定

5.（2025—中央财经大学）如果通货－存款比增加,则货币乘数将会（　　）。

A. 增加　　　　　　　　　　　B. 减少

C. 不变　　　　　　　　　　　D. 不确定

6.（2025—对外经济贸易大学）在其他条件不变的条件下,超额准备金减少会导致（　　）。

A. 支票存款下降　　　　　　　B. 定期存款下降

C. 货币乘数增加　　　　　　　D. 储备货币增加

7.（2019—中国人民大学）关于货币乘数,下列描述正确的是（　　）。

A. 与法定准备金率成正比　　　B. 与现金漏损率成正比

C. 与基础货币成反比　　　　　D. 与超额存款准备金率成反比

8.（2018—中国人民大学）经济中通货和存款比是5%，存款准备率是15%，则货币乘数是（　　）。

　　A. 5.0　　　　　　　　　　　　B. 5.25

　　C. 6.67　　　　　　　　　　　　D. 7.0

9.（2022—首都经济贸易大学，2025—上海外国语大学）名词解释：货币乘数。

10.（2022—华东理工大学）名词解释：现金漏损。

11.（2018—对外经济贸易大学）已知一国经济体中存款$D=5\,000$亿元，现金$C=1\,000$亿元，准备金700亿元，法定存款准备金率为10%，请计算（要求写出详细步骤，保留小数点后两位）：

（1）计算超额准备金、基础货币和货币乘数。

（2）假定中央银行将法定准备金率调高25个基点，在超额准备率和现金比率不变时，计算新的基础货币和货币乘数。

12.（2025—首都经济贸易大学）已知一国经济中存款为5 000亿元，流通中的现金为1 000亿元，准备金为800亿元，法定存款准备金率为10%。

（1）计算超额准备金和货币乘数。

（2）若法定存款准备金率上升50个基点，其他不变，则货币乘数变为多少？

13.（2024—对外经济贸易大学）已知现实流通的现金为3 200亿元，银行的活期存款为1万亿元，超额存款准备金为600亿元。法定存款准备金率是20%，请回答下列问题：

（1）计算基础货币、货币乘数以及银行的存款准备金。

（2）如果中央银行把法定存款准备金率下调10%，求新的货币乘数和货币供给。

14.（2025—浙江工商大学）如果银行体系的原始存款是1 000元，法定准备金率是10%：

（1）请问在传统情况下能创造多少存款？

（2）如果每个银行都额外存有5%的超额准备金，这个时候每存一块钱有15分会流向现金，有20分会流向定期存款，定期存款准备金率是3%，请问这个情况下创造多少存款？

15.（2024—西南财经大学）A银行向中央银行贴现500万元，法定存款准备金率10%。

（1）画出中央银行和A银行的T账户变化，并说明A银行的法定准备金法和超额准备金如何变化？

（2）如果A银行将所有的超额准备金全部发放贷款，那么贷款规模是多少？

（3）如果不考虑现金漏损，简单存款乘数以及银行体系的存款增加额是多少？

（4）如果第（2）问中的超额准备金不是发放贷款而是用于购买证券，则存款创造过程会有什么变化？

16.（2025—上海财经大学）已知商业银行资产负债表：

资产（单位：亿元）	负债（单位：亿元）
法定存款准备金 0	向央行借款 1 000
超额存款准备金 1 000	总存款 0
总贷款 0	

假设法定存款准备金率为 10%。

（1）极限状态下，该商业银行的贷款总额和存款总额是多少？

（2）若初始准备金不是由央行借款所得，而是客户存入了 1 000 万元现金，问极限状态下，该银行的派生存款和贷款？

（3）若要维持 10% 超额准备金率，画出该银行极限条件下的资产负债表。

17.（2025—浙江大学）中央银行给商业银行提供了 10 000 元的再贷款，法定存款准备金率是 10%，超额准备金率是 10%，现金漏损率是 20%。求：

（1）存款乘数。

（2）货币乘数。

（3）商业银行的贷款总额。

18.（2024—上海财经大学）假设居民有 200 亿元现金，中央银行法定存款准备金率 15%，通货比率 20%，商业银行超额准备金 5%，无定期存款。

（1）m_1 是多少？

（2）M_1 是多少？

（3）画出该银行的资产负债表。

（4）假设存款客户跨行转出 50 亿元，该银行仍想维持 5% 的超额准备金率，则需要从同业拆入多少资金？画出此时该银行的资产负债表。

19.（2024—中山大学）假设经济体的现金 6 000 亿元，存款 8 000 亿元，法定存款准备金率 10%，超额准备金 200 亿元。

（1）求该经济体的现金比率、超额准备金率、准备金数量、货币乘数。

（2）中央银行从商业银行初买入了 9 800 亿元债券，商业银行全部以超额存款准备金持有，假设现金和存款不变。求此时的超额准备金率、准备金数量、货币乘数，和第（1）问有什么不同？

20.（2025—重庆大学）简述货币双层次创造机制的前提和作用机制。

21.（2025—中央民族大学）简述中央银行和商业银行的二元结构货币供给机制。

【答案】1. √；2. √；3. C；4. B；5. B；6. C；7. D；8. B；9. 略；10. 略

11.（1）现金漏损率 $c = \dfrac{c}{D} = \dfrac{1\ 000}{5\ 000} = 20\%$。

基础货币 $B = C + R = 1\ 000 + 700 = 1\ 700$ 亿元。

法定准备金 $RR = r_d \times D = 10\% \times 5\ 000 = 500$ 亿元。

超额准备金 $ER = R - RR = 700 - 500 = 200$ 亿元。

货币乘数 $m=\dfrac{C+D}{B}=\dfrac{1\,000+5\,000}{1\,700}=3.53$。

（2）法定准备金率的变动不影响基础货币数量，基础货币仍为 1 700 亿元。

货币乘数发生变动，新的货币乘数 $m=\dfrac{1+c}{c+e+r_d}=\dfrac{1+20\%}{20\%+4\%+10.25\%}=3.50$。

12.（1）超额准备金 = 准备金 – 法定准备金 =800–5 000×10%=300 亿。

货币乘数 = 货币供给 / 基础货币 =（1 000+5 000）/（1 000+800）=3.33。

（2）货币乘数 =（1+ 现金漏损率 ）/（现金漏损率 + 法定准备金率 + 超额准备金率），

其中现金漏损率 =1 000/5 000=20%，法定准备金率 =10%+0.5%=10.5%，超额准备金率 =300/5 000=6%，代入可得货币乘数 =（1+20%）/（20%+10.5%+6%）=3.29。

13.（1）基础货币为 5 800 亿元，货币乘数为 2.28，存款准备金为 2 600 亿元。

（2）降准后，新的货币乘数为 2.75，新的货币供给为 15 950 亿元。

14.（1）派生存款 = 总存款 – 原始存款 = 原始存款 × 存款乘数 – 原始存款 = 1 000×1/10%–1 000=9 000 元；

（2）派生存款 = 总存款 – 原始存款 = 原始存款 × 存款乘数 – 原始存款 = 1 000×（1+15%）/（15%+10%+5%+0.2×3%）–1 000=2 758.17 元。

15.（1）中央银行 T 账户变化

资产		负债	
再贴现	+500 万元	准备金	+500 万元

A 银行的 T 账户变化

资产		负债	
准备金	+500 万元	再贴现	+500 万元

A 银行法定准备金不变，超额准备金增加 500 万元。

（2）A 银行将所有的超额准备金全部发放贷款，则第一轮的贷款规模是 500 万元，之后存在多轮的过程，总的新增贷款规模为 500+500（1–10%）+500（1–10%）2+⋯= 5 000 万元。

（3）简单存款乘数 =1/r_d=10，银行体系的存款增加额 =10×500=5 000 万元。

（4）若全部用于购买证券，则以上存款创造过程仍然存在，存款规模变动依旧为 5 000 万元。

16.（1）该银行的第一笔贷款为 1 000 亿元，创造 1 000 亿元的存款，需缴纳 10%（也即 100 亿元）的法定准备金，超额准备金剩余 900 亿元，如下表所示：

资产（单位：亿元）	负债（单位：亿元）
法定存款准备金 100	向央行借款 1 000
超额存款准备金 900	总存款 1 000
总贷款 1 000	

类似的，第二笔贷款为 900 亿元，创造 900 亿元的存款，需缴纳 10%（也即 90 亿元）的法定准备金，超额准备金剩余 810 亿元。

依此类推，总的贷款规模为 1 000+900+810+…=1 000×1/（1−0.9）=10 000 亿元；同理，总的存款规模也为 1 000+900+810+…=10 000 亿元。

最终资产负债表的情况如下表所示：

资产（单位：亿元）	负债（单位：亿元）
法定存款准备金 1 000	向央行借款 1 000
超额存款准备金 0	总存款 10 000
总贷款 10 000	

（2）此时银行资产负债表为

资产（单位：亿元）	负债（单位：亿元）
法定存款准备金 100	存款（原始存款）1 000
超额存款准备金 900	
总贷款 0	

该银行的第一笔贷款为 900 亿元，创造 900 亿元的派生存款，需缴纳 10%（90 亿元）的法定准备金，超额准备金剩余 810 亿元。依此类推，可得：贷款总额 =900+810+…=90×1/（1−0.9）=9 000 亿元。同理，派生存款总额也为 9 000 亿元。在没有现金漏损的情况下，贷款 = 派生存款。

最终资产负债表的情况如下表所示：

资产（单位：亿元）	负债（单位：亿元）
法定存款准备金 1 000	存款（原始）1 000
超额存款准备金 0	存款（派生）9 000
总贷款 9 000	

（3）该银行的第一笔贷款仍为 1 000 亿元，创造 1 000 亿元的存款，需缴纳 10%（也即 100 亿元）的法定准备金，留存 10%（100 亿元）的超额准备金，剩余超

额准备金 800 亿元用于放贷,如下表所示:

资产（单位:亿元）	负债（单位:亿元）
法定存款准备金 100	向央行借款 1 000
必要超额存款准备金 100	总存款 1 000
可用于放贷的超额存款准备金 800	
总贷款 1 000	

类似的,第二笔贷款为 800 亿元,创造 800 亿元的存款,需缴纳 10%（也即 80 亿元）的法定准备金,留存 10%（80 亿元）的超额准备金,剩余超额准备金 640 亿元用于放贷。

依此类推,总的贷款规模为 1 000+800+640+…=1 000×1/（1−0.8）=5 000 亿元;同理,总的存款规模也为 1 000+800+640+…=5 000 亿元。

银行最终资产负债表的情况如下表所示:

资产（单位:亿元）	负债（单位:亿元）
法定存款准备金 500	向央行借款 1 000
超额存款准备金 500	总存款 5 000
总贷款 5 000	

17.（1）存款乘数 =1/（法定准备金率 + 超额准备金率 + 现金漏损率）=2.5。

（2）货币乘数 =（1+ 现金漏损率）/（法定准备金率 + 超额准备金率 + 现金漏损率）=3

（3）该银行的第一笔贷款为 10 000 元。因为现金漏损率为 20%,所以创造的派生存款数量为 10 000/（1+20%）元,需缴纳和留存的法定和超额准备金之和为（10%+10%）×10 000/（1+20%）。剩下可以用于放贷的超额准备金数量为 80%×10 000/（1+20%）,第二笔贷款规模为 20 000/3。类似的,可以得到第三笔贷款规模为 40 000/9……。依此类推,总的贷款规模为 10 000+10 000×2/3+10 000×4/9+…=30 000 元。

18.（1）m_1=3;（2）M_1=1 200 亿元;

（3）根据前两问分析,可得该银行的资产负债表应为

商业银行	
资产（单位:亿元）	负债（单位:亿元）
存款准备金 200 　　其中:法定存款准备金 150 　　　　超额存款准备金 50 贷款　　　800	活期存款 1 000

（4）若活期存款减少50亿元，则银行资产负债表变为

商业银行（提现后）	
资产（单位：亿元）	负债（单位：亿元）
存款准备金 150 　其中：法定存款准备金 142.5 　　　　超额存款准备金 7.5 贷款　　800	活期存款 950

若银行仍想保持5%的超额准备金率，则需要950×5%=47.5亿元的超额准备金，而现在只有7.5亿元，因此需要从同业借入47.5−7.5=40亿元（同业拆借部分无需缴纳法定和超额准备金）。借入后该银行的资产负债表为

商业银行（借入后）	
资产（单位：亿元）	负债（单位：亿元）
存款准备金 190 　其中：法定存款准备金 142.5 　　　　超额存款准备金 47.5 贷款　　800	活期存款 950 同业拆借 40

（提示：本题也可以将法定准备金和超额准备金合并，用20%的总准备金率来算，计算过程更加简便，同学们可自行验算。）

19.（1）$c=6\,000/8\,000=0.75$；$e=200/8\,000=2.5\%$；$R=8\,000×(10\%+2.5\%)=1\,000$ 亿元。

$m=(1+0.75)/(0.75+0.1+0.025)=2$。

（2）$e'=(9\,800+200)/8\,000=1.25$；$R=1\,000+9\,800=10\,800$ 亿元；

$m'=(6\,000+8\,000)/(6\,000+10\,800)=0.83$。与（1）的不同之处在于超额准备金率上升，货币乘数下降。

三、影响货币供应量的因素

根据基础货币乘数法，货币供给（M_s）= 基础货币（B）× 货币乘数（m），所以可以通过分别分析影响基础货币和货币乘数的因素来得到影响货币供应量的因素。

（一）基础货币

在中央银行章节，我们已经分析过影响基础货币的因素。虽然影响基础货币的主体有很多，包括居民、非金融企业、金融机构、政府等，但是中央银行仍保有对基础货币较强的控制力。

（二）货币乘数　★★★★

$$m_1=\frac{1+c}{c+r_d+e+tr_t}$$

1. 中央银行：活期存款和定期存款的法定存款准备金率（r_d、r_t）

》　中央银行调节法定存款准备金率的依据主要在于**市场流动性状况**和**经济周期**，当市场流动性收紧、经济周期性衰退时会降低法定准备金率，反之则提高法定准备金率。

2. 商业银行：超额准备金率（e）

与法定准备金率不同，超额准备金率是由商业银行决定的，这是因为超额准备金是商业银行在缴足了中央银行要求的法定准备金之后，对剩余资产的一种**自主配置**。

根据商业银行的持有意愿不同，超额准备金又可以分为意愿持有和非意愿持有的超额准备金。因为影响这两部分准备金的因素不同，所以需要分别分析。

（1）意愿持有的超额准备金是银行利润最大化下的一种自主选择

超额准备金包括库存现金和超额存款准备金两部分，相较于资产方其他资产（比如贷款、证券资产）而言，它的特点在于：① 利率很低甚至为零；② 有最强的流动性。所以银行持有超额准备金的目的与公众持有货币的目的相似：① 用于日常的支付清算（交易性需求）；② 更重要的是，满足客户不确定性的提现需求和贷款需求（预防性需求），防止这种不确定性的现金需求对资产负债表上其他项目形成冲击。

我们就第二点进行展开，预防性需求的分析可以使用**惠伦模型**，同样考虑两个成本：第一，如果持有太多的准备金会损失更多的利息成本；第二，如果持有太少的准备金会更容易出现流动性不足的情况，难以应付客户的提现需求，产生短缺成本。依此建立模型，可以得到：

$$ER = L_{12} = \sqrt[3]{\frac{2bS^2}{i}}$$

① i 表示资产方其他资产的收益率（比如贷款利率、债券利率、同业市场利率等）。

a. **从公式上来看**，资产方其他资产收益率上升（分母 i 上升），银行会持有更少的超额准备金（ER 下降），两者是**负相关**关系。

b. **它背后的经济学逻辑在于**：利率越高，银行持有超额准备金的**机会成本**就越高，自然会减少超额准备金的持有，转而增加贷款投放或者进行同业拆出等，所以超额准备金率与利率负相关。

② b 表示短缺成本，即如果发生超额准备金（流动性）短缺的情况，银行所承担的成本。它取决于银行资产方其他资产的流动性以及负债方的流动性，如果银行资产方其他资产流动性越强（比如持有很多变现能力强的二级准备）或者有较强的**负债管理能力**（比如可以通过同业拆入、回购等方式迅速借入资金），那么该银行的短缺成本会越低。

a. **从公式上来看**，短缺成本越低（分子 b 下降），银行持有的超额准备金就越少（ER 下降），两者成**正相关**关系。

b. **它背后的经济学逻辑在于**：银行可以更加肆无忌惮地减少超额准备金、增加贷款投放，没有流动性了就去卖债券或者去同业市场借钱，所以超额准备金率与短缺成本成正相关关系[1]。

---

[1]　注意：超额准备金率与资产方其他资产的流动性（二级准备规模）以及负债方的流动性（负债管理能力）呈负相关关系。

③ S^2 **表示净支出的方差**,对银行来说净支出就是存款的净流出(流出减流入),它会消耗银行的超额准备金,所以在这里表示**预期存款净流出量的方差**(也称**不确定性系数**)。

a. 从公式上来看,方差越大(分子 S^2 上升),银行持有的超额准备金就越多(ER 上升),两者呈**正相关**关系。

b. 这背后的经济学逻辑在于:方差表示实际值相对于均值的波动性,波动性越大,出现存款大量流出的可能性也就越大,因而越需要更多的超额准备金进行覆盖。超额准备金率与预期存款净流出量的方差正相关。

> **举例**:银行 A 和银行 B 存款净流出量的均值相同,但方差不同,银行 B 的存款净流出量的方差更大,出现存款大量流出的可能性更高(如图 6-11 所示)。因而其他条件相同的情况下,银行 B 需要持有更多的超额准备金。

④ 除了方差之外,超额准备金还会受到**预期存款净流出量均值**的影响。在之前惠伦模型的推导中,我们假设现金净支出的期望为 0。但是从现实情况来看,银行存款净流出量的期望未必为 0,所以还需要考虑这一变量。并且也能得到:银行持有的超额准备金与预期存款净流出量的均值也是正相关的:预期存款流出越多,银行自然要持有更多的超额准备金。

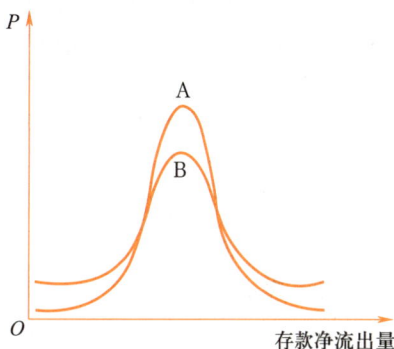

图 6-11　银行 A 和银行 B 的
存款净流出量分布

(2)非意愿持有的超额准备金则是银行不愿意以准备金的形式持有,希望能把这笔准备金贷放出去获取收益,但由于公众的贷款需求不足或者银行找不到好的项目而**被迫持有**的准备金。

非意愿超额准备金的积累一般出现在**经济衰退**时期,源于贷款市场的供需两弱。

① **需求侧**:考虑居民和企业的贷款需求,这背后又是居民的消费需求和企业的投资需求。经济衰退时期,居民部门失业率上升,就业情况恶化,没有就业就没有收入,没有收入就没有消费,没有消费企业就会形成库存,抑制进一步扩大投资的积极性。既然不需要扩大消费和扩大投资,那么自然也就不需要从银行贷款,因而形成了非意愿持有的超额准备金。

② **供给侧**:银行本身的**惜贷**和**资本充足率**的束紧作用。经济衰退时期,企业经营状况恶化,银行相应上调对贷款违约概率的估计,进而一方面会自我约束,减少贷款的投放;另一方面,**资本充足率监管**也会束紧银行,违约概率和违约损失率的上升意味着贷款的**信用风险权重**上升,在资本金给定的情况下只能支持更少的贷款投放。所以银行贷款供给的下降也会形成非意愿持有的超额准备金。

> **举例**:a. 1959—2007 年,美国银行体系超额准备金率的平均值为 0.08%。2008 年金融危机后,超额准备金率迅速上升,2008—2018 年平均的超额准备金率达到 18.63%。这部分超额准备金的上升就是由非意愿持有的超额准备金所驱动的:美联储实施**量化宽松(QE)**政策,大量买入国债和 MBS 证券投放准备金,但银行因为担心贷款风险,所以并没有将准备

金用于放贷,而是将其中的大部分原封不动地放在存款准备金账户上。

b. 2018 年,中国人民银行四次降低法定存款准备金率,扩大 MLF 额度,但结果只是银行体系超额准备金率的上升,贷款增速并没有显著上升,出现了**"货币政策传导受阻"**的情况。其原因同样在于贷款市场的供需两弱,银行非意愿持有的超额准备金不断积累。

3. 公众:现金漏损率(c),定期存款占活期存款的比率(t)

以现金的形式还是以活期存款或定期存款的形式持有自己的资产,取决于公众的**资产配置**行为。此处以现金漏损率为例,分析公众资产配置的若干维度。

（1）财富总额

现金与活期存款的**财富总额弹性**不同。财富总额弹性是指财富总额增加 1% 时,现金(或活期存款)增加的比重。活期存款的财富总额弹性**高于**现金,这是因为当财富上升的时候,会有更多的**大额交易**,大额交易在总交易中所占的比重上升,而大额交易通常使用支票(或者刷卡)来支付,相较于使用现金而言更方便、也更安全。所以财富总额的上升会使得现金漏损率下降。

（2）收益率

现金没有利率,存款有利率。当存款利率上升时,人们会更多持有存款、更少地持有现金,现金漏损率下降。

（3）风险

持有存款需要承担商业银行倒闭的风险,所以当银行倒闭风险上升时(比如 1929—1933 年经济大危机期间,出现了大量银行倒闭的情况),现金漏损率就会大幅上升。

（4）其他因素

比如,人们的支付习惯、零售交易占总交易的比重。我国春节前后、西方国家圣诞节前后,零售交易规模很大,对应的现金漏损率也往往会达到一年中的最高点,因为零售交易更多使用现金支付[①]。同时,其他因素还包括地下经济规模。因为现金具有**匿名性**,所以地下交易一般都用现金。当地下经济规模扩大时,现金漏损率也上升。

▷▷▷ 真题链接

1.（2024—中国人民大学）关于现代货币供给体系,以下说法不正确的是(　　)。

A. 基础货币包括商业银行准备金和流通中的现金

B. 调整法定存款准备金率会影响货币乘数和基础货币

C. 商业银行的放贷意愿会影响货币供应量

D. 居民的持币动机会影响货币供应量

2.（2022—复旦大学）请比较中央银行提高法定准备金率和发行央票对基础货币和货币乘数的影响。

3.（2020—中国人民大学,2021—北京交通大学,2023—中央财经大学,2023—中国社会科学院大学）简述货币乘数的影响因素。

---

① 目前我们国家越来越多的零售交易使用第三方支付,比如支付宝、微信支付等,这会使得现金漏损下降。

【答案】1. B；2. 略；3. 略

四、货币供给的外生论和内生论

（一）含义 ★★

1. 外生论

货币供给是经济中的**外生变量**，它是由某个外部机构（比如中央银行）决定的。

2. 内生论

货币供给是经济中的**内生变量**，它是由货币需求决定的，而货币需求又是由居民、企业等部门决定的，受到收入、消费、投资等变量的影响。

>> **辨析：货币的内生性和外生性、中性和非中性**

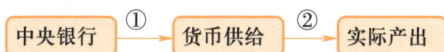

中央银行 ——①——> 货币供给 ——②——> 实际产出

过程①为货币的内生性和外生性，它考虑的是中央银行能否完全控制货币供应量。如果中央银行可以控制货币供给，则货币供给具有外生性；如果中央银行不可以控制货币供给，则货币供给具有内生性。

过程②为货币的中性和非中性，它考虑的是货币供应量的变动能否作用于实际经济变量，比如就业、实际产出等。如果货币供给可以作用于实际经济变量，则货币是非中性的；如果货币供给不可以作用于实际经济变量，则货币是中性的。

（二）支持观点 ★★★

1. 从理论上来看

弗里德曼认为中央银行对基础货币有较强控制力，并且货币乘数稳定，所以货币供给具有外生性；**托宾**则认为货币乘数并不稳定，公众的行为、商业银行的行为对货币创造的影响不能忽略，货币供给具有内生性。

2. 从现实情况来看

2018 年之前，中国人民银行每年年初都会制定当年 M2 增速的点目标，大部分年份也都能够实现，但是也有某些年份没有实现 M2 增速的点目标，这说明货币供给可能并非是简单的外生变量或者内生变量。

（1）当经济过热、中央银行实行紧缩性货币政策时，货币供给更多呈现出外生性

因为中央银行对基础货币有较强的控制力，而基础货币和存款货币又是"源"与"流"的关系，商业银行的存款创造需要有基础货币（尤其是超额准备金）作为支撑，所以当中央银行收紧基础货币时，商业银行就需要收紧存款创造，存款货币和整个货币供应量就会收缩，货币供给呈现出外生性。

（2）当经济衰退、中央银行实行扩张性货币政策时，货币供给可能呈现出内生性

"牵马河边易，强马饮水难。"如果经济衰退，消费者缺乏扩大消费的积极性、企业缺乏扩大投资的积极性,贷款需求不足。同时,商业银行也担心坏账风险,出现"惜贷"的情况,贷款供给不足;那么中央银行增发基础货币就不会带来商业银行的贷款投放,进而不会带来存款规模的上升[①]。从**基础货币乘数法**来看,此时超额准备金率的上升使得货币乘数下降,削弱了基础货币的上升对货币供给的传导效力,货币供给体现出内生性。

▷▷▷ **真题链接**

1.（2023—北京大学）中央银行在控制货币供应时面临的困难有(　　)。

A. 可以控制基础货币,但货币供应量大小还受家庭和银行决策的影响

B. 可以严格控制货币乘数,但是无法控制基础货币

C. 无法控制货币基础和货币乘数

D. 以上都不对

2.（2014—南开大学,2016—中国人民大学,2024—中南财经政法大学）名词解释:货币供给的内生性。

3.（2020—浙江大学）简述中国货币供给内生性和外生性问题。

4.（2024—中央民族大学）为什么说货币供给的内生性主要表现为货币乘数的内生性?

5.（2025—中南财经政法大学）简述货币内生性对货币政策制定和实施效果的影响。

【答案】1. A;2. 略;3. 略;4. 略;5. 略

专栏一　货币供给理论补充

在货币供给的问题上,影响力较大的研究包括弗里德曼－施瓦茨的货币供给理论以及卡甘的货币供给决定理论。弗里德曼和施瓦茨也是货币供给理论研究的先驱。

（一）弗里德曼－施瓦茨的货币供给理论[②]

1. 公式推导

与货币乘数的推导方法类似,弗里德曼和施瓦茨也是首先从货币乘数的定义出发,然后将货币供给和高能货币分别展开并整理,可得:

$$m = \frac{M_s}{H} = \frac{C+D}{C+R} = \frac{\frac{1}{R}\left(1+\frac{D}{C}\right)}{\frac{1}{C}+\frac{1}{R}} = \frac{\frac{D}{R}\left(1+\frac{D}{C}\right)}{\frac{D}{C}+\frac{D}{R}}$$

其中,m 表示货币乘数,M_s 表示货币供给,H 表示高能货币,C 表示流通中的现金,D 表示存款[③],R 表示准备金。

---

① 业界通常将这一现象表述为"宽货币"无法传导到"宽信用"。
② 本部分的分析参考弗里德曼、施瓦茨《1867—1960 年的美国货币史》。
③ 弗里德曼使用的是**总存款**,之后检验的也是 M2。

进一步整理得：

$$M_s = H \times \frac{\dfrac{D}{R}\left(1 + \dfrac{D}{C}\right)}{\dfrac{D}{C} + \dfrac{D}{R}}$$

这就是弗里德曼和施瓦茨提出的**"货币存量的大致决定因素"**，包括三个因素：**高能货币（H）、存款和准备金的比率$\left(\dfrac{D}{R}\right)$，存款和现金的比率$\left(\dfrac{D}{C}\right)$**，后两个因素会影响货币乘数。从方向上来看，货币供给与H正相关，且与$\dfrac{D}{R}$和$\dfrac{D}{C}$正相关[①]。从涉及的部门主体来看：H是由货币当局决定的，$\dfrac{D}{R}$是由银行体系决定的，货币当局通过调整法定准备金率也会对其产生一定影响，$\dfrac{D}{C}$则是由公众决定的。

2. 实证结论

弗里德曼和施瓦茨用以上的分析框架检验了美国1867—1960年的货币史，得到了以下三个主要结论：

（1）高能货币的变化是**M2**的长期性变化和主要周期性变化的主要因素。当$\dfrac{D}{R}$和$\dfrac{D}{C}$在短期内发生一些变动的时候，美联储可以通过控制高能货币的发行来抵消掉这些因素，也即强调货币供给的**外生性**。

（2）$\dfrac{D}{R}$和$\dfrac{D}{C}$的变化对**金融危机条件下的货币变动**同样有决定性影响。也即在金融危机情况下，货币供给呈现出较强的内生性。

（3）$\dfrac{D}{C}$的变化对货币的温和的周期性变化起到重要作用。

（二）卡甘的货币供给决定理论[②]

1. 公式推导

与上述推导过程类似（符号含义也相同），卡甘得到了如下货币乘数方程：

$$m = \frac{M_s}{H} = \frac{M_s}{C+R} = \frac{1}{\dfrac{C}{M_s} + \dfrac{R}{M_s}} = \frac{1}{\dfrac{C}{M_s} + \dfrac{R}{D} \times \dfrac{D}{M_s}} = \frac{1}{\dfrac{C}{M_s} + \dfrac{R}{D} \times \dfrac{M_s - C}{M_s}} = \frac{1}{\dfrac{C}{M_s} + \dfrac{R}{D} - \dfrac{C}{M_s} \times \dfrac{R}{D}}$$

进一步整理得：

$$M_s = H \times \frac{1}{\dfrac{C}{M_s} + \dfrac{R}{D} - \dfrac{C}{M_s} \times \dfrac{R}{D}}$$

[①]　我们可以通过求导的方法来验证这一结论，也可以直接分析：$\dfrac{D}{R}$其实是准备金率的倒数，$\dfrac{D}{C}$是现金漏损率的倒数。货币乘数与准备金率和现金漏损率负相关，因而与$\dfrac{D}{R}$和$\dfrac{D}{C}$成正相关。

[②]　本部分的分析参考卡甘《1857—1960年美国货币存量变化的决定及其影响》。

这是卡甘认为的"货币存量的大致决定因素",可以看到,与弗里德曼-施瓦茨的方程大同小异,也包括三个变量:**高能货币(H)、现金和货币供给的比率$\left(\dfrac{C}{M_s}\right)$、准备金率$\left(\dfrac{R}{D}\right)$**,后两个因素会影响货币乘数。从方向上来看,货币供给与H正相关,与$\dfrac{C}{M_s}$和$\dfrac{R}{D}$负相关[①]。

2. 实证结论

卡甘在上式的基础上进行了更加深入的探究,得到的结论主要包括:

(1)从长期来看,高能货币的变化解释了 M2 变化的 90%,同样强调货币供给的**外生性**。

(2)从周期波动来看,$\dfrac{C}{M_s}$ 的周期性变动能够解释 M2 变动的 1/2,高能货币和准备金率各解释 1/4,在货币供给的周期性变动中则具有相当的**内生性**。

(3)货币周期和商业周期之间普遍存在着一致性:商业周期的低潮总是紧随在货币增长率的低潮后,商业周期的高潮也总是紧随在货币增长率的高潮后,即**货币是实体经济的领先指标**。

专栏二 现代货币理论(Modern Monetary Theory,MMT)

(一)材料阅读

假设政府运行需要征收一国产出的 10%,那么在货币出现之前,居民要缴纳 10% 的产出物(比如粮食)给政府。而当政府垄断了货币发行之后,它可以直接发行货币向居民采购 10% 的物资或者将等额的货币直接发放给政府雇员即可。这时候其实是不需要征税的,那为什么还要设置税收呢?

假设刚开始实施这个制度的那一天,居民手上并没有这种货币,对应地,政府也不可能收到这种货币。所以政府必须先支出,用货币采购物资,这样货币才会投入到民间的流通中去。于是,一开始实施主权信用货币时,政府是先支出才能收税(而不是先通过收税有了钱,才能有钱花,先收钱再花钱是实物货币时代的特征)。于是政府先印制了 100 元货币,采购了物资,民间就流通着 100 元货币;然后,政府又从民间征税,收了 20 元的税;那么现在在外流通的货币余额是 80 元。于是,一个非常简单却新鲜的公式出现了:**财政赤字 = 货币发行量**。这就是最近热议的"赤字货币化",政府以主权信用货币收支,那么其净支出便构成货币发行量。

(二)背景

1. 理论渊源

现代货币理论产生于 20 世纪 90 年代,属于后凯恩斯主义学派,代表人物如 Mitcell、Mosler、Wray 等,他们继承并扩展了(1)**国家货币理论**(Knapp,1924):货币是国家主

[①] 我们可以通过求导的方法来验证这一结论,也可以直接来分析:$\dfrac{C}{M_s}$ 类似于现金漏损率,$\dfrac{R}{D}$ 则为准备金率。

权的产物,货币之所以在交易中具有价值,是因为国家有税收权利,并且强制居民和企业使用国家发行的货币来缴纳税金。(2)**功能性财政理论**(Lerner,1940):如果国内收入水平过低,政府需要主动增加支出,不需要过度考虑财政平衡。(3)**金融不稳定假说**(Minsky,1986):相较于居民部门的消费而言,企业部门的投资是经济中最不稳定的部分。当私人投资出现波动的时候,需要政府支出的反向变动予以对冲,那么政府支出的规模应该比较大,才有足够的逆周期调节能力,也即强调"**大政府**"[1]。

2. 实践背景

其实 MMT 一直都不算理论界的主流,只不过因为非常符合欧美国家当前的调控现状:**财政赤字货币化**,所以才会被广为关注。2008 年金融危机的时候,因为批准手续烦琐以及财政赤字上限的严格约束,所以发达经济体主要用宽松的货币政策来应对危机。在这一过程中也出现了很多问题,比如货币政策边际效力递减;过度宽松的货币政策造成了资产价格泡沫,进而增加金融脆弱性、扩大贫富差距等。随着利率水平越来越低、中央银行资产负债表规模急剧扩张,货币政策扩张的空间本身也越来越小。

所以在 2020 年新冠疫情后,当各经济体再次遭遇负面冲击的时候,财政政策的作用得到了重视。从数据上来看,2020 年和 2021 年美国的赤字率[2]都达到了 15%,超过了 2008 年金融危机后 9% 的水平,更是远超 3% 的警戒线水平。美国国债的规模在 2022 年 10 月已经突破了 31 万亿美元,逼近美国国会设定的 31.4 万亿美元的法定债务上限,债务率[3]达到了 127%,远超 60% 的警戒线水平。整个发达经济体的债务率从 2019 年的 103% 迅速上升到 2021 年的 122%。

财政政策的扩张极大提高了货币创造的效率,其流程如下:首先由财政发债、商业银行购买,商业银行的资产方就多了一笔国债、负债方则多了一笔财政存款;然后财政存款再支付给居民和企业,使得居民和企业存款增加,M2 上升。对于这部分新增的存款,商业银行需要缴纳存款准备金,所以中央银行会再从商业银行手中买入国债,将商业银行资产方的国债再置换为可以自由支配的超额准备金,国债最终进入中央银行资产负债表。从数据上来看,新冠疫情后美国的 M2 增速达到了惊人的 42%,而美联储共购买了 52% 的新增国债,由此形成的货币量占新增 M2 的 61%。

在此背景下,财政赤字和货币发行是否应该受到约束就成为市场争论,MMT 也因而重新进入人们的视线。

(三)核心观点

(1)从供给侧来看,现代货币体系是政府信用的货币,由政府垄断货币发行。从需求侧来看,如何能让人接受这种货币呢?MMT 认为只靠国家法律是不够的,还需要制造应用场景——纳税(政府限定只能以该种货币纳税)。所以征税的目的并不是满足政府支出的需要,政府如果需要支出直接印钱就可以,税收的真正目的在于驱动货币流通、创造货币需求。政府赤字(政府支出 – 税收收入)等于在外流通的货币量。

---

① 一般认为大政府是政府收支占 GDP 的比重在 20%~50%,2021 年,我国的这一比重约为 28%,美国的这一比重约为 30%。

② 赤字率 = 当年政府赤字(流量)/GDP。

③ 债务率 = 政府债务规模(存量)/GDP。

（2）因为政府垄断货币发行,所以政府的赤字规模没有名义的资金约束(它总可以通过发货币的方式来解决),只有实际的资源约束,衡量指标为通货膨胀。当通货膨胀率上升时,意味着资源约束收紧,政府赤字和货币发行过多。

（3）政府搞那么多赤字要干什么呢?为了支持就业和产出,也就是强调**功能财政**,财政政策可以代替货币政策实现充分就业和物价稳定的目标。MMT也明确了政府支出的方向:并不是转移支付和福利计划,而是资源创造型的支出,如公共工程、基础设施等以工代赈。它还特别强调建立"**就业保障**（Job Guarantee,JG）"**计划**,政府成为社会的"**最后雇佣者**",为居民提供无限的就业机会。政府会给定工资水平,只要愿意接受这个工资水平,就可以从政府这里获取一份工作。当然,如果不愿意接受,那么就是自愿失业,自愿失业在宏观经济学里面是不算失业的。所以就业保障计划可以保证经济体**的充分就业**。与此同时,政府设定的工资也能成为价格锚,整个商品的价格体系都是在该工资的基准上建立起来的,也因而可以实现**物价稳定**的目标。

综上所述,当经济未达到充分就业状态时,应该增加政府支出,资金可以通过赤字货币化的方式去筹措。

（四）MMT 存在的问题

从历史上来看,货币创造的演进脉络为私人信用货币→政府信用货币→银行信用货币。由政府垄断货币发行体现的并不是现代货币理论,而体现的是古代货币理论。现代货币创造机制是双层次的:中央银行通过资产业务创造基础货币,商业银行在此基础上通过贷款创造存款货币。也就是说,货币发行的主体并非政府,而是中央银行和商业银行。那么双层次的货币发行机制相比政府垄断货币发行有哪些优势呢?或者说政府垄断货币发行存在什么问题呢?

1. 政府垄断货币发行的效率低,难以充分满足经济活动的需求

货币的需求不是自上而下的税收驱动,而是自下而上的生产驱动,交易、贮藏、支付、清算构成了货币需求的主体,纳税只占其中一小部分。具体来看:企业如果有需要,会找银行申请贷款(得到存款),这是货币的发行。企业拿到存款之后会购买商品、组织生产,再把存款转移给居民,居民拿着存款再去购买企业生产的商品,这是货币的流通。而政府的货币创造则与生产脱节,难以充分满足经济活动的需求,市场主体如果只能在家里被动地等着政府发货币,之后再进行交易和支付,那不知要等到何年何月。

2. 政府垄断下的货币发行脱离了实际资源的生产,容易造成恶性通货膨胀

现代双层次的创造机制是"**公私合营**","**私**"——商业银行以利润最大化为目标,根据市场化原则配置信贷资源。企业为什么要贷款?因为要进行商品生产。什么时候银行会给企业提供贷款?银行判断企业生产经营状况良好、能创造出实际资源、能还得起贷款的时候,通过银行的筛选机制来保证货币投放的效率[①]。"**公**"——与此同时,中央银行从公共利益出发,根据物价稳定和充分就业的需要,通过调控商业银行准备金的方式对货币创造提供支持和约束。但是政府垄断下的货币发行就脱离了实际

---

① 从货币数量论方程来看,$MV=PY$,M上升、Y也上升,那么就能保证P也即物价稳定。

资源的生产,容易造成恶性通货膨胀。无论从理论还是从实践上来看,政府赤字规模和市场的通货膨胀率都有显著的正相关关系。从当前欧美国家的情况可以看出:高通货膨胀率其实已经体现出 MMT 存在的问题,财政赤字货币化势必会导致严重的通货膨胀。

3. 私人部门的实际资源两次转移到政府部门,政府支出挤出私人支出,进而一方面降低资源配置效率,另一方面也造成隐形剥削

第一次是政府发行货币进行支出的时候,政府获取铸币税收益,用没有价值的货币换取私人部门有价值的实际资源;第二次则是通过税收收回货币的时候。随着在外发行的货币数量越来越多,也就意味着政府赤字越来越大,对应的私人部门的盈余也越来越多[①]。但是这种盈余只是名义上的,实际上政府永远都不可能将盈余兑现成实际资源,这是一种隐形剥削。同时,在选票政治的驱动下,货币体系容易被政治博弈裹挟,政府垄断下的货币支出更倾向于大规模的经济刺激政策和高福利支出,短期可以提高政绩、迎合民意,长期却陷入高福利陷阱,损害国家和民众的根本利益和长远发展。

▷ ▷ ▷ **真题链接**

1.(2023—上海财经大学)根据现代货币理论(MMT),(   )。

A. 政府不需要征税,只要发行货币就可以了

B. 中央银行应该保持独立,不受政府干预

C. 财政赤字对货币发行量有决定性的影响

D. 在加大需求方面,货币政策优于财政政策

2.(2022—上海财经大学)(1)你如何看待 MMT?(2)有学者认为,当市场上出现钱荒时,政府只要采用 MMT,开足马力印钱就可以解决问题。对此你怎么看?

【答案】1. C;2. 略

---

① 政府部门赤字(债务)对应私人部门盈余(债权),从经济整体来看总和为 0。

第七讲　通货膨胀和通货紧缩

【考情分析】

本讲的重点内容包括通货膨胀的影响和成因。题型以选择题和名词解释为主。

【知识框架】

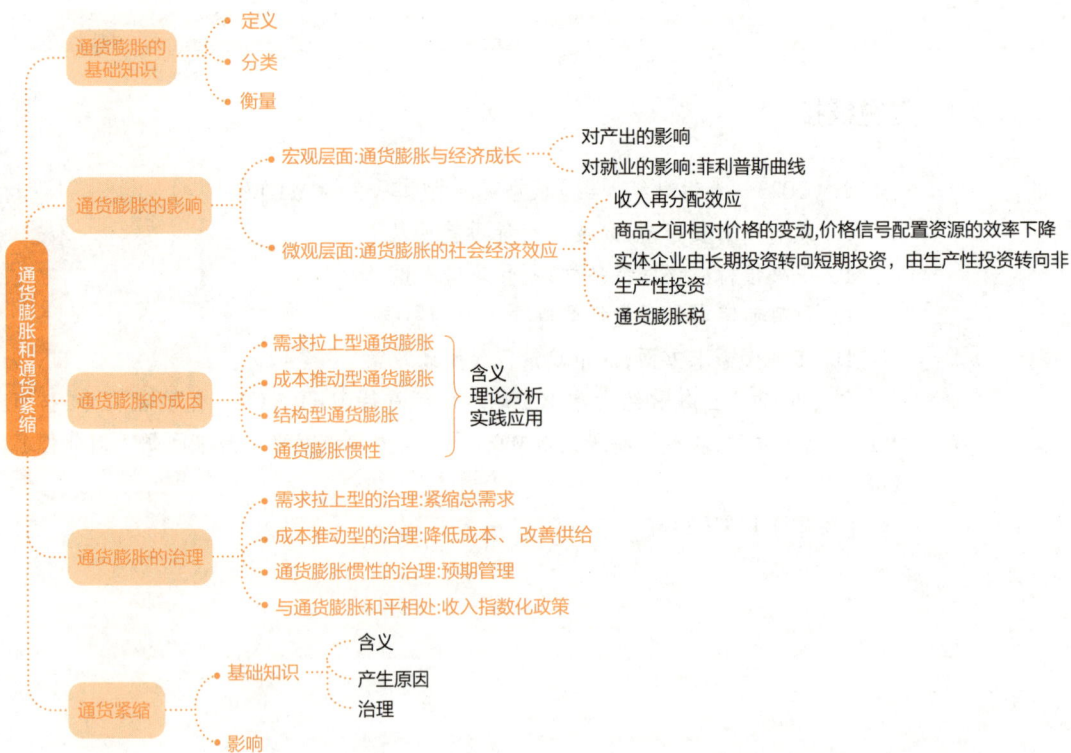

第一节　通货膨胀的基础知识

一、通货膨胀的定义　★

通货膨胀(Inflation,简称"通胀")指一定时期内商品和劳务的一般货币价格持续、明显上涨的过程。

> ≫　**注释:**
> (1)通货膨胀是针对**商品和劳务价格**而言的,金融资产价格的上涨不是通货膨胀。
> (2)通货膨胀强调整个商品体系的**一般价格水平**,而非单一商品的价格水平,比如只有鸡蛋这一种商品的价格上涨,不是通货膨胀。其深层逻辑在于:通货膨胀考量的是商品整体和货币的数量对比关系,并非商品内部、商品与商品之间的数量对比关系。
> (3)通货膨胀是一个**持续**的过程,一次性的价格上涨不是通货膨胀,最少应持续 3 个月。
> (4)通货膨胀指的是价格水平**明显**上涨,小幅度的上涨也不称之为通货膨胀,标准是 2%~3%。
> (5)通货膨胀指的是价格水平的**上涨**,也即关注的是价格水平**变动**的快慢,而并非价格本身的高低。

二、通货膨胀的分类

（一）是否以价格上涨的方式表现　★

1. 公开型通货膨胀
公开型通货膨胀的供求失衡、价格上涨的压力通过价格上涨的形式表现出来。

2. 隐蔽型通货膨胀
隐蔽型通货膨胀的供求失衡、价格上涨的压力不通过价格上涨的形式表现出来,而通过其他非价格的方式表现出来。

> ≫　**隐蔽型通货膨胀的表现方式**
> 　　隐蔽型通货膨胀通常产生于政府对价格的管制,但是因为没有解决价格变动背后的供求失衡问题,所以通货膨胀的压力往往会通过其他方式表现出来,比如排队、票证、黑市、产品质量下降等。
> ≫　**隐蔽型通货膨胀下货币的购买力也是下降的**
> 　　在公开型通货膨胀下,价格水平上升,货币的购买力(价格的倒数)下

降。在隐蔽型通货膨胀下，虽然价格水平没有上升，但是货币的购买力也是下降的。因为用同样的钱已经买不到同样的东西了，需要排队、需要有票证或者买到的商品实际质量是下降的。

（二）商品和劳务价格是否以相同比例增长

1. 平衡型通货膨胀

在平衡型通货膨胀下，商品和劳务价格以相同比例增长。

2. 非平衡型通货膨胀

在非平衡型通货膨胀下，各商品劳务价格上涨比例并不相同。

> **现实情况**
>
> 　　一般来说，通货膨胀是非平衡型的。在一次通货膨胀的过程中，不仅整体价格是上涨的，而且各商品价格上涨的幅度也不一样，它们的相对比价往往也会发生变动。事实上，通货膨胀在供求关系最紧张的市场体现得最为明显。

（三）市场主体是否完全预期到

按照市场主体是否完全预期到，通货膨胀可以分为预期到的通货膨胀和未预期到的通货膨胀，未预期到的通货膨胀对实体经济的影响更大。

（四）通货膨胀的严重程度

通货膨胀的严重程度分为温和、爬行、奔跑、跳跃几级，通货膨胀的严重程度依次增加。表 7-1 为世界历史上几次严重的通货膨胀。

表 7-1　世界历史上几次严重的通货膨胀

国家	日期	每月通胀率	价格翻倍所需时间
匈牙利	1946 年 7 月	(4×10^{16})%	15 小时
津巴布韦	2008 年 11 月	(8×10^{10})%	25 小时
德国	1923 年 10 月	30 000%	3.7 天
中国	1949 年 5 月	2 200%	6.7 天

▷ ▷ ▷ **真题链接**

　　（2024—中国人民大学）（判断题）隐蔽型通货膨胀可能表现为商品供给短缺、普遍的票证配给制度、购买排队以及官方牌价与黑市价之间相差悬殊等。（　　）

　　【答案】√

三、通货膨胀的衡量

通货膨胀率实际上就是物价水平的变动率,可以用如下公式来计算:

$$价格水平变动率 = \frac{P_t - P_{t-1}}{P_{t-1}} \times 100\%$$

其中,P_t 表示当期的价格水平,P_{t-1} 表示上一期的价格水平。

结合通货膨胀的定义可知,P_t 应该是商品劳务的平均价格水平(一般价格水平)。用以加权的商品劳务种类不同,就会形成不同的通货膨胀指标。通货膨胀指标主要有以下三个:

(一)消费者物价指数(Consumer Price Index, CPI) ★★★

1. 含义及特点

CPI 从消费者的视角,统计一定时期内一篮子**消费品**价格的变化(不包括资本品和中间品)。因为直接影响社会福利水平,所以 CPI 一般是各国**最重要的**通货膨胀指标,通货膨胀通常指的就是 CPI 的上涨。

2. 组成

如**表 7-2** 所示,我国 CPI 的统计包括八大类:食品烟酒、衣着、**居住**①、交通及通信、教育文化娱乐、医疗保健、生活用品及服务、其他用品及服务。这八大类消费品每年都是按照**固定权重**进行加权计算的②。美国有一个按照实际消费量对权重进行灵活调整的指标:**个人消费支出**(Personal Consumption Expenditure, PCE),它是美联储进行货币政策调控时最为关注的指标之一。

表 7-2　我国 CPI 的构成及权重

2016 年		2021 年	
食品烟酒	31.98%	食品烟酒	30.78%
衣着	8.50%	衣着	6.80%
居住	20.02%	居住	22.12%
交通及通信	10.35%	交通及通信	11.25%
教育文化娱乐	14.15%	教育文化娱乐	13.65%
医疗保健	8.13%	医疗保健	9.03%
生活用品及服务	4.74%	生活用品及服务	4.74%
其他用品及服务	2.21%	其他用品及服务	1.81%

数据来源:中国国家统计局。

3. 猪周期与核心 CPI

在我国 CPI 统计的八类指标中,食品占比最高,超过 30%,并且价格波动幅度也较大,所以 21 世纪以来我国的通货膨胀主要为食品 CPI 所主导。食品里占比最高的是**猪肉**,约为

---

① 居住项只统计房租,不统计房价。因为房地产被视作资本品,生产出来的"住房服务"才被视作消费品。

② 每 5 年更换一个基期,比如最近的基期是 2021 年,即 2021—2025 年都使用这套固定权重,2026 年再进行调整。而 PCE 每年都会调整权重。

2.13%。因为猪肉占比高、价格波动大,并且猪肉价格有其自身的运行规律——"猪周期"。所以也有人认为,猪周期驱动了我国的通货膨胀周期[1]。

在猪周期下,猪肉价格的波动主要是由**供给侧**养殖户的养殖决策所导致的:猪肉价格高时,养殖户的利润往往也高,会增加生猪的补栏和出栏,供给增加,使得价格下降;猪肉价格下降后,养殖户利润也下降,就又减少补栏和出栏,供给减少又使得价格上升。如此往复,猪肉价格就会上下波动。而在这个过程中,对猪肉的需求是基本稳定的,货币量和总需求可能也是基本稳定的。所以即便此时 CPI 上升,货币政策也不应轻易收紧。

由此经济学家提出了**核心 CPI** 的概念:核心 CPI 在 CPI 的基础上剔除了**食品价格和能源价格**。一般认为,核心 CPI 可以为货币政策调控提供更好的依据。

(二)生产者物价指数(工业生产者出厂价格指数,Producer Price Index, PPI) ★

1. 含义及特点

PPI 是从生产者的视角,统计工业企业产品(不包括劳务)出厂价格的变化。因为与实体经济增长的相关性强,所以 PPI 往往被当作实体经济景气程度的价格信号[2]。

2. 组成

如表 7-3 所示,PPI 包括**生产资料**和**生活资料**两部分,其中生产资料占比 73%,生活资料占比 27%。而生产资料又是由采掘、原材料和加工三个分项组成的,其中加工的份额最大,几乎占到整个 PPI 的 1/2。

表 7-3 我国 PPI 的构成、权重及波动率

	PPI	权重	波动率	权重 * 波动率
生产资料 (73%)	采掘	4%	7.0%	0.26
	原材料	19%	5.7%	1.10
	加工	50%	2.4%	1.18
生活资料 (27%)	食品	10%	1.8%	0.18
	衣着	3%	0.8%	0.03
	一般日用品	6%	0.5%	0.03
	耐用消费品	7%	0.8%	0.06

3. 与 CPI 的联系

如图 7-1 所示,PPI 会围绕 CPI 上下波动。从数据上来看,两者经常会有同向波动的趋势因为 PPI 在 CPI 的上游,所以 PPI 的变动会通过上下游产业链渠道传导到 CPI。但同时,PPI 向 CPI 的传导也是不完全的,传导效力高低取决于厂商(或零售商)和消费者双方的议价能力。

---

① 我国上一轮 CPI 的高点是 2019 年 10 月份的 3.8%,其中猪肉价格同比上涨 101.3%,乘以 2.13% 的权重,直接拉动 CPI 上升 2.43%。

② PPI 都是一些早周期的产品,所以跟经济增长的相关性更强,而 CPI 一般会滞后于经济增长 1 至 2 个季度。

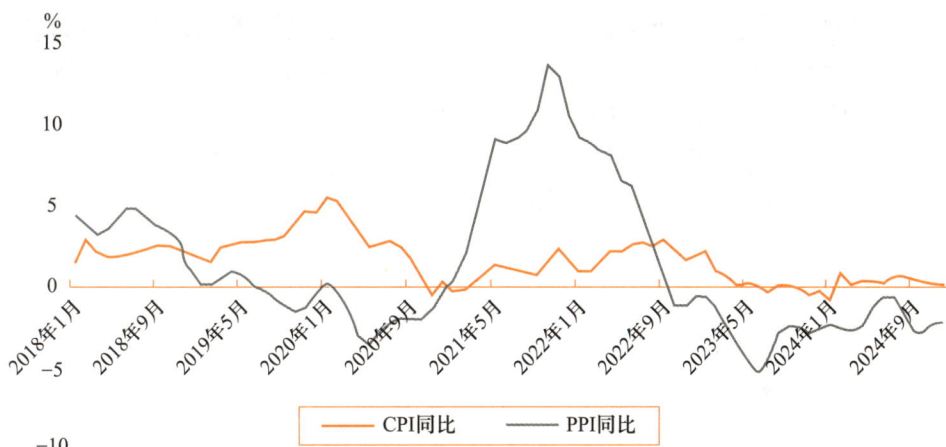

数据来源：中国国家统计局

图 7-1　2018 年—2024 年我国 CPI 同比和 PPI 同比

（三）国内生产总值平减指数（GDP deflator）★

1. 含义及特点

国内生产总值平减指数综合考虑了 GDP 中统计的商品和劳务价格的变动，**口径最大、最全面**。国内生产总值平减指数一般不直接统计，而是根据名义 GDP 和实际 GDP 的数据计算出来的[①]。

> 　　与国内生产总值平减指数类似，国民生产总值平减指数（GNP deflator）也可用来衡量物价水平的变动，只是统计的口径存在差异（详见宏观经济学 GDP 与 GNP 的区别）。

2. 计算

$$GDP\text{ 平减指数} = \frac{\text{名义 GDP}}{\text{实际 GDP}} \times 100\%$$

（1）名义 GDP 是用生产产品和劳务的**当期市场价格**计算的**当期全部最终产品**的市场价值（**名义 GDP= ∑ 当期价格 * 当期产量**）。

（2）实际 GDP 是用从前某一年的价格作为**基期价格**计算的**当期全部最终产品**的市场价值（**实际 GDP= ∑ 基期价格 * 当期产量**）。

> 　　**拉氏指数和帕氏指数**
> 　　① 价格指数的编制方法主要有两种，一种是**拉式指数**，用**基期数量**进行加权；另一种是**帕氏指数**，用**报告期（当期）数量**进行加权。
> 　　② CPI 用基期产量（基期权重）进行加权，因而是拉氏指数。因为没有考虑替代效应，所以拉氏指数往往会**高估**人们生活费用的增加。比如当

[①]　GDP 平减指数与 GDP 的数据都是每个季度公布一次，而 CPI 和 PPI 则是每个月公布一次。

猪肉价格大幅上涨时,消费者会减少对猪肉的消费而转向猪肉的替代品,这会导致猪肉的权重下降。如果仍然按照固定不变的权重进行加权,那么CPI就高估了人们生活费用的增加。

GDP平减指数用当期产量进行加权,因而是帕氏指数。它虽然考虑了替代效应,但是没有考虑这种替代可能会降低人们的效用,因而倾向于**低估**人们生活成本的增加。

▷▷▷ 真题链接

1.(2018—中国人民大学)中国的通货膨胀指数CPI不包括下列哪种价格?
(   )

    A. 粮食价格   B. 能源价格

    C. 不动产价格   D. 汽车售价

2.(2019—中央财经大学)一般不被人们用来度量通货膨胀程度的价格指数是(   )。

    A. 居民消费价格指数   B. 生产者价格指数

    C. GDP平减指数   D. 股票市场指数

3.(2024—中央财经大学)一般不被人们用来度量通货膨胀程度的价格指数是(   )。

    A. 居民消费价格指数(CPI)   B. 生产者价格指数(PPI)

    C. GDP平减指数   D. 采购经理指数(PMI)

4.(2022—清华大学)关于CPI和PPI,下列哪个选项是对的?(   )

    A. CPI一般比PPI高

    B. PPI一般比CPI高

    C. CPI和PPI没有任何关系

    D. 通货膨胀一般指的是CPI而非PPI

5.(2023—清华大学)关于名义GDP和实际GDP,下列说法正确的是(   )。

    A. 汇率变动会影响名义GDP和实际GDP

    B. 政府购买变动影响名义GDP,但不影响实际GDP

    C. 价格变动影响名义GDP,但不影响实际GDP

    D. 净出口变动影响名义GDP,但不影响实际GDP

6.(2023—清华大学)以下关于PPI的说法,以下哪一项最不合理?(   )

    A. PPI会影响未来的CPI

    B. 相较于CPI,PPI权重的调整幅度更大

    C. 劳动者工资的变化更多参照PPI

    D. PPI不一定低于CPI

7.(2022—厦门大学)名词解释:GDP平减指数。

【答案】1. C;2. D;3. D;4. D;5. C;6. C;7. 略

第二节　通货膨胀的影响

一、宏观层面：通货膨胀与经济增长

（一）对产出的影响　★

1. 促进论

通货膨胀对产出有促进的作用，理论模型包括凯恩斯学派的名义工资刚性理论、货币学派的不完备信息模型、第一代新古典学派的不完备信息模型以及新凯恩斯学派的粘性工资价格模型。这四个模型是宏观经济学中总供给曲线的内容，这里仅就前两个模型进行简单的介绍。

（1）凯恩斯学派的名义工资刚性理论

① 出发角度

名义工资刚性理论从**劳动力市场**出发进行分析。劳动力需求 L_d 与实际工资 $\frac{W}{P}$（劳动力的价格）负相关，劳动力供给 L_s 与实际工资 $\frac{W}{P}$ 正相关，如图 7-2 所示。

② 核心假定

名义工资具有向下刚性。因为工人往往存在某种程度上的**货币幻觉**[①]，所以也会关注名义工资。在这种情况下，企业就只能给工人涨工资而不能降工资，否则会打击工人的积极性，工人也可以通过工会的力量来保证自己的名义工资不下降[②]。

③ 通货膨胀对产出的影响

如果价格水平下降，因为名义工资具有向下刚性、很难下降，所以实际工资上升，企业的劳动力需求下降，就业和产出下降，如图 7-3 所示。反过来，价格水平的上升（通货膨胀）则会使得实际工资下降，带来产出的上升。以上分析是在经济**非充分就**

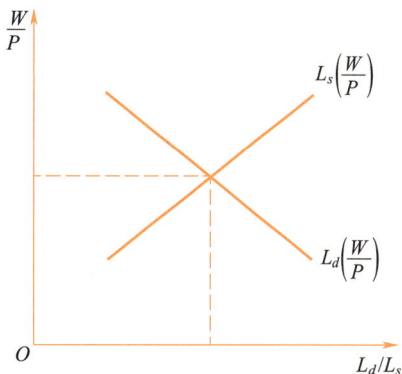

图 7-2　劳动力市场均衡

业的情况下展开的，如果经济达到充分就业状态，价格水平的上升将不会促进就业和产出。

（2）货币学派不完备信息模型

① 出发角度

从**劳动力市场**出发。

② 核心假定

劳动力的供求双方在对价格的认知上存在信息不对称。企业主（劳动力需求方）

[①]　货币幻觉（Money Illusion）是指人们忽视货币实际购买力的变化，而仅仅满足于货币的名义价值。比如人们忽视自己的实际收入，而会关注名义收入。

[②]　关于为什么名义工资具有向下刚性的问题，凯恩斯只是从现实情况出发所做的推断。之后，新凯恩斯学派提供了更多的理论基础，比如长期劳动合同假说——因为工人和企业之间签订了固定工资的长期劳动合同，所以名义工资在短期内存在粘性。

269

因为经常从事原材料采购、产品销售等活动,所以能够总揽全局,对名义工资 W 以及市场上的一般价格水平 P 存在清晰的认知,进而决定劳动力需求的是真正的实际工资 $L_d\left(\dfrac{W}{P}\right)$;工人(劳动力供给方)埋头工作,只对自己的名义工资 W 有清晰的认知,但对市场上的一般价格水平 P 缺乏清晰的认知,只能靠预期 P^e,因而决定劳动力供给的并不是真正的实际工资,而是工人预期的实际工资 $L_s\left(\dfrac{W}{P^e}\right)$。如图 7-4 所示,因为供求并非都是真实的实际工资的函数,所以在坐标轴的选取上,纵轴不再是实际工资而变成了名义工资。

③ **通货膨胀对产出的影响**

如图 7-5 所示,当出现**未预期到的价格水平上涨**时,价格水平的上涨导致实际工资下降,所以会增加劳动力的需求,劳动力需求曲线向外移。而工人对价格水平的预期还停留在之前的水平,所以劳动力供给曲线不变。结果就是就业水平上升、产出水平上升。

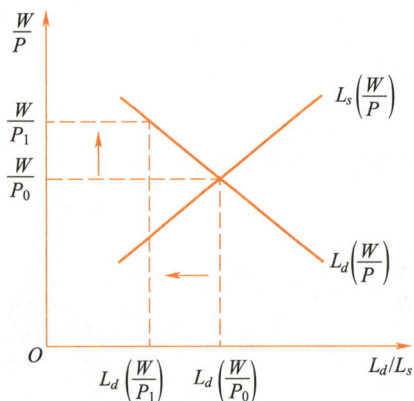

图 7-3 价格水平变动对劳动力市场的影响

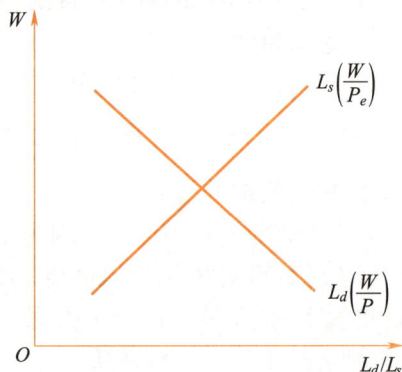

图 7-4 劳动力市场均衡

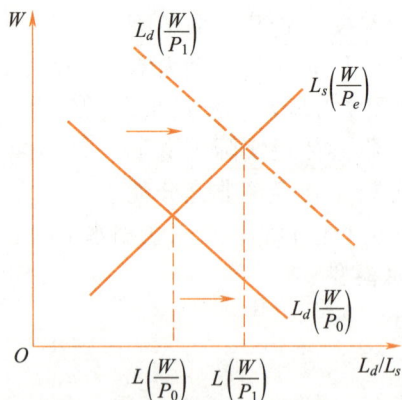

图 7-5 价格水平变动对劳动力市场的影响

>> **蒙代尔 - 托宾效应**:关于通货膨胀对产出的促进作用,蒙代尔和托宾的观点也有一定影响力。他们认为,温和的通货膨胀将导致居民和企业在资产配置的时候减少对货币的持有、增加对实物资产的持有,这会促进投资,进而促进产出的上升。

2. 促退论

通货膨胀对产出有负向影响,原因在于它会造成微观效率的损失,进而对产出造成负面影响。

3. 中性论

根据**"古典二分法"**的观点①,实体部门和金融部门分离,实体部门决定实际变量,金融部门决定价格变量。在这里,通货膨胀是金融部门的价格因素,不会对实体部门的实际产出产生影响。

>> 一般认为,温和的通货膨胀在短期内能促进经济增长,在中长期则是中性的。而恶性的通货膨胀会对经济增长产生负面影响。

(二)对就业的影响:菲利普斯曲线(Phillips Curve, PC) ★★★★

1. 菲利普斯曲线的提出

1958 年,英国经济学家**菲利普斯**对英国 1861—1957 年工人工资增长率与失业率之间进行了回归分析。结果表明:工资增长率与失业率之间存在稳定的负相关关系。也就是说,如果一段时间内失业率越高,那么这段时间内工资的增长率就越低,工人的工资上涨得就越慢,用函数式表示为:

$$\dot{w}=f(u),\frac{\mathrm{d}\dot{w}}{\mathrm{d}u}<0 \tag{7-1}$$

其中 $\dot{w}=\dfrac{w-w_{-1}}{w_{-1}}$ 表示工资增长率,u 表示失业率,如图 7-6 所示(简化为线性关系)。

2. 传统菲利普斯曲线(简单菲利普斯曲线)

(1)内容

1960 年,**萨缪尔森**、**索罗**对菲利普斯曲线进行了发展。他们在原来菲利普斯曲线的框架下,使用通货膨胀率代替工资增长率作为因变量,得到了通货膨胀率与失业率之间稳定的负相关关系,用函数式表示为:

$$\pi=f(u),\quad \frac{\mathrm{d}\pi}{\mathrm{d}u}<0 \tag{7-2}$$

其中,π 表示通货膨胀率,u 表示失业率,如图 7-7 所示。

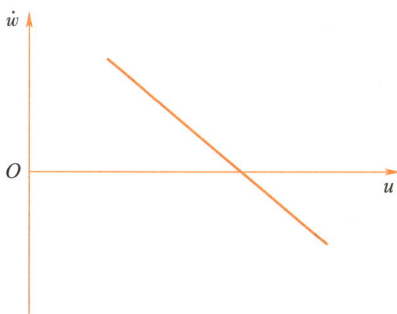

图 7-6 原始菲利普斯曲线　　　图 7-7 传统菲利普斯曲线

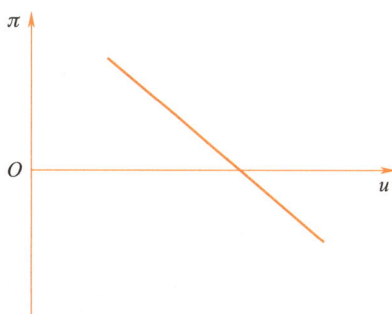

---

① 在货币需求和货币供给章节已有论述。

≫ 为什么能用通货膨胀率代替工资增长率?

根据微观经济学中的厂商模型,企业的经营目标是利润最大化,其利润方程为:

$$利润(A)=收入(R)-成本(C) \tag{7-3}$$

$$收入(R)=价格(P) \times 产量(Q) \tag{7-4}$$

产品的生产是生产要素的结合。观察微观企业的生产可以发现,在工业革命之后,最重要的两种生产要素是**资本**和**劳动力**,所以有生产函数:

$$产量(Q)=F(资本(K),劳动力(L)) \tag{7-5}$$

同时,生产要素的使用需要支付成本,包括机器设备需要支付租金、劳动力需要支付工资,所以有:

$$\begin{aligned} 成本(C)=&工资率(w)*劳动力数量(L)+ \\ &租金率(r)*资本数量(K) \end{aligned} \tag{7-6}$$

将式(7-5)、式(7-6)代入式(7-3)可得利润方程:

$$A=PF(K,L)-wL-rK \tag{7-7}$$

最大化的问题可以用求导的方式来解决,对 L 求一阶导数[①]可得:

$$\frac{\partial A}{\partial L}=P\frac{\partial F(K,L)}{\partial L}-w \tag{7-8}$$

定义 $\dfrac{\partial F(K,L)}{\partial L}$ 为**劳动的边际产出**(Marginal Product of Labor,MPL),其经济学含义为:当劳动力增加 1 个单位时,产出增加 MPL 个单位。

令一阶导数等于 0,可得利润最大化下企业雇佣的劳动力数量应满足:

$$\frac{w}{P}=\text{MPL} \tag{7-9}$$

式(7-9)就是企业利润最大化下的**等边际原则**,当额外雇佣 1 个劳动力的边际成本 $\left(\dfrac{w}{P}\right)$ 等于边际收益(MPL)时,企业利润最大[②]。

整理得:

$$P=\frac{w}{\text{MPL}} \tag{7-10}$$

式(7-10)为**成本加成定价方程**,产品价格(P)是工资成本(w)的一个比例。

对其取全微分可得:

$$\frac{\mathrm{d}w}{w}=\frac{\mathrm{d}P}{P}+\frac{\mathrm{d}\text{MPL}}{\text{MPL}} \tag{7-11}$$

假设 MPL 是稳定的,则有:

---

① 这里假定市场是完全竞争的,商品价格 P 是外部给定的,与产量无关。

② 为何此时利润最大? 其实在公司金融资本结构权衡理论中使用的也是等边际思想。

$$\frac{\mathrm{d}w}{w} = \frac{\mathrm{d}P}{P} \tag{7-12}$$

$\frac{\mathrm{d}w}{w}$ 为货币工资增长率,$\frac{\mathrm{d}P}{P}$ 为价格水平变动率,也即通货膨胀率。所以通货膨胀率与名义工资增长率之间存在一一对应的关系。

(2)政策含义

作为宏观调控的目标之一,通货膨胀率的重要性要高于工资增长率,所以简单菲利普斯曲线对宏观政策调控有很强的指导意义:它论证了**货币政策的有效性**[①]。因为货币量的变动可以影响价格,而失业率又和价格变动率(通货膨胀率)负相关,所以货币政策可以通过制造通货膨胀的方式来降低失业率、提高产出。

>> **举例**:20世纪60年代,美国政府以简单菲利普斯曲线为依据,采取了扩张的财政货币政策以刺激总需求。随着通货膨胀率从1961年的1%上升到1969年的5%,失业率从1961年的7%持续下降到1969年的4%。

>> **辨析**:货币政策的有效性和无效性

货币政策的有效性是指货币政策可以作用于**实际变量**(如就业、实际产出);对应地,货币是非**中性**的。货币政策的无效性则是指货币政策不能作用于实际变量,只能作用于价格水平;对应地,货币是**中性**的。

>> **产出和就业的关系:奥肯定律(Okun's law)**

① **含义**:奥肯定律描述的是经济周期中产出变动和失业变动之间的关系,其函数式为:

$$\frac{Y - Y_f}{Y_f} = -\beta\,(u - u^*),\ \beta > 0 \tag{7-13}$$

其中,Y 为实际产出,Y_f 为潜在产出,u 为失业率,u^* 为自然失业率,β 为参数。因为 $\beta > 0$,$-\beta < 0$,所以当失业率 u 相对于自然失业率 u^* 上升时,实际产出 Y 相对于潜在产出 Y_f 下降。

② **从美国的数据来看,参数 β 的值约为2**

实际GDP的百分比变动 = 3% - 2 × 失业率的变动 (7-14)

如果失业率变动为0,位于自然失业率水平,那么GDP的增速为3%;当失业率上升1%时,GDP增速会变成1%,下降了2%。也就是失业率上升1%,GDP增速会下降2%。

(3)实证检验

简单菲利普斯曲线对1947—1970年美国的通货膨胀和失业数据进行了很好的拟合。但是美国于20世纪70年代出现了**滞胀**,即高通货膨胀率和高失业率并存,这一时期,简单菲利普斯曲线对美国数据的拟合情况很差。

---

① 有时也说"需求管理型政策"的有效性,需求管理型政策是指作用于经济总需求的政策,主要包括财政政策、货币政策和汇率政策三类。因为在货币银行学中最关注货币政策,所以这里写作"货币政策"的有效性。

>> **滞胀**（Stagflation）是指通货膨胀的同时伴随经济停滞，产出下降。20 世纪 70 年代两次石油危机、2007 年次贷危机之后均出现了全球性的滞胀。根据简单菲利普斯曲线的观点，通货膨胀率上升，失业率应该下降，进而产出应该上升。它无法解释为什么通货膨胀率很高，产出还是下降的。

3. 附加预期的菲利普斯曲线（现代菲利普斯曲线）

（1）内容

1968 年，菲尔普斯和弗里德曼对简单菲利普斯曲线进行了发展，核心是引入**通货膨胀预期**的因素。他们认为，并不是通货膨胀本身减少了失业，而是通货膨胀率与预期通货膨胀率之差造成了失业率和自然失业率之间的偏移，用公式表示为：

$$\pi - \pi^e = f(u-u^*) + v, \quad f(0) = 0, \quad \frac{\partial \pi}{\partial u} < 0 \qquad (7\text{--}15)$$

其中，π、π^e、u、u^*、v 分别表示通货膨胀率、预期的通货膨胀率、失业率、自然失业率、供给侧冲击[1]。$f(0)=0$ 意味着当 $\pi = \pi^e$ 时，$u=u^*$。再结合 $\frac{\partial \pi}{\partial u} < 0$，可得当 $\pi > \pi^e$ 时，$u < u^*$。

有时为了计算简便，还将其简化为线性的形式：

$$\pi - \pi^e = -\alpha(u-u^*) + v, \quad \alpha > 0 \qquad (7\text{--}16)$$

>> **自然失业率**是弗里德曼首先强调的，是指在没有货币因素的干扰下，由劳动力市场供求的随机变化等实际因素形成的失业率，包括**摩擦性失业和结构性失业**[2] 两部分。它是经济体在长期所达到的稳定的失业率，任何与自然失业率偏离的失业率都是暂时的，且必须通过某种外力（货币因素）才能维持。通常情况下，一国的自然失业率会在 4% 到 6% 之间。

（2）附加预期菲利普斯曲线的运动和长期垂直的菲利普斯曲线

令式（7-15）中 $\alpha = 1$，$u^* = 5\%$，可得：

$$\pi - \pi^e = -(u-5\%) \qquad (7\text{--}17)$$

假定在 $t=0$ 期，经济的通货膨胀率和预期通货膨胀率都是 0，则失业率应当等于自然失业率水平 5%，经济状态位于 A 点（5%，0），如图 7-8 所示。

$t=1$ 期，政府采取了**未预期到的扩张的政策**，使得通货膨胀率迅速上升到 2%，但通货膨胀预期暂时不变[3]，这会导致失业率下降到 3%[4]，经济状态沿着曲线移动到图 7-7 中的 B 点

---

① 供给侧冲击是在资本和劳动力数量不变的情况下，对能改变产出数量的供给侧形成的冲击，而供给的变动又会影响价格，所以也称**通货膨胀冲击**。之所以将其引入方程，是因为 20 世纪 70 年代石油价格大幅上升，推高了工业生产成本和商品价格，造成了通货膨胀，这并不是由劳动力市场的就业缺口所导致的，因而需要单独进行考虑。

② 摩擦性失业是指在劳动力供求总量基本平衡的情况下，由于劳动力供求结构的改变、工作搜寻过程带来的失业，人员与工作岗位需要不断地匹配；结构性失业则并非工作搜寻过程，而是劳动力需求系统性地小于劳动力供给导致的失业。比如最低工资法规定了最低工资，就使得某些边际产出较低的工人（如非熟练工）无法得到工作，因为他们的边际产出低于最低工资，无法为企业创造正的利润。

③ 弗里德曼认为人们是**适应性预期**的，也就是**通货膨胀预期**的调整具有滞后性，只有在通货膨胀率上升之后，通货膨胀预期才会跟着上升。

④ 代入式（7-17）可得到该结果。

（3%，2%）。

t=2 期，人们观察到通货膨胀率上升之后，也会随之调高自己的预期，使之与通货膨胀率保持一致，为 2%。这就导致失业率又上升，恢复到 5% 的自然失业率水平。并且通胀预期的上升会使得菲利普斯曲线向右平移[1]，经济状态从 B 点移动到 C 点（5%，2%）。比较 C 点与 A 点，失业率没有变动，但是通货膨胀率却提高了。

t=3 期，政府不满足于失业率的上升，继续采取扩张的政策，使得通货膨胀率进一步上升到 4%。这会使得失业率重新下降到 3%，经济状态沿着曲线移动到 D 点（3%，4%）。

图 7-8　短期菲利普斯曲线的移动和长期菲利普斯曲线

t=4 期，当人们发现通货膨胀率上升之后，又会逐渐将通货膨胀预期提高到 4%。通货膨胀预期的上升使得菲利普斯曲线向右平移，经济状态又移动到 E 点（5%，4%）。

连接均衡点 A 点、C 点、E 点，可以得到一条垂直的菲利普斯曲线，即**长期菲利普斯曲线**（LPC）。"长期"的含义是**没有错误预期**，通货膨胀预期灵活调整到跟实际通货膨胀保持一致的水平，此时失业率稳定在自然失业率水平，与通货膨胀率无关，两者不存在替代关系。

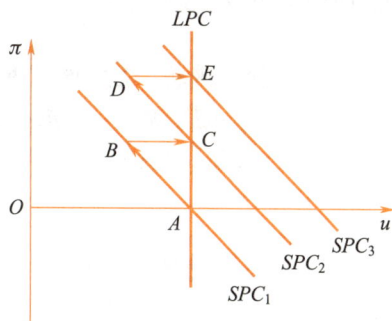

（3）政策含义

① **货币政策的短期有效性及长期无效性**

在短期，扩张货币可以使得失业率下降，产出上升。原因在于短期存在**错误预期**，通货膨胀预期甚至是固定的，由历史通货膨胀率决定[2]。而在给定通货膨胀预期的情况下，通货膨胀率与失业率负相关，货币政策可以通过制造**未预期到的通货膨胀**的方式来降低失业率。

在长期，人们的预期会充分调整，使得预期值**等于**实际发生值，不存在错误预期（ $\pi = \pi^e$ ）。因而失业率稳定在自然失业率水平（ $u = u^*$ ），产出也稳定在与自然失业率对应的潜在产出水平，**与货币政策无关**。

② **强调通货膨胀预期管理的重要性**

将式（7-15）稍作整理，可得：

$$\pi = \pi^e + f(u - u^*) + v \tag{7-18}$$

从式（7-18）来看，通货膨胀预期是推动通货膨胀的重要因素，其逻辑同样在于预期的自我实现机制：较高的通货膨胀预期会影响工资谈判和商品定价，导致实际的通货膨胀走高。反过来，如果想要控制通货膨胀，预期管理尤为关键。

（4）**实证检验**

附加预期的菲利普斯曲线相对较好地拟合美国的通货膨胀与失业数据。

（5）**理论发展**

1974 年，卢卡斯将理性预期的观点结合进菲利普斯曲线：弗里德曼认为人是适应性预

---

[1]　横纵坐标轴变量的变动会使得点在曲线上移动（如本例中的通货膨胀率），未出现在横纵坐标轴上变量的变动会使得整条曲线发生平移（如本例中的通货膨胀预期）。这里认为菲利普斯曲线均可以右移和上移，不影响分析。

[2]　这也是弗里德曼适应性预期的观点。

期的,而卢卡斯则认为人是理性预期的。

>> **辨析:适应性预期与理性预期**

① **含义:适应性预期**(Adaptive Expectation),也称后顾性预期(Backward-Looking Expectation),是指人们在预测未来时只使用历史的信息,用公式表示为:

$$\pi_t^e = \alpha\,\pi_{t-1} + \alpha\,(1-\alpha)\,\pi_{t-2} + \alpha\,(1-\alpha)^2\pi_{t-3} + \cdots\cdots, \quad 0 < \alpha \le 1 \qquad (7\text{-}19)$$

特殊的,若 $\alpha = 1$,则

$$\pi_t^e = \pi_{t-1} \qquad (7\text{-}20)$$

式(7-20)被称为"**天真预期**"。在天真预期下,菲利普斯曲线可以写为:

$$\pi - \pi_{-1} = -\alpha\,(u - u^*) + v \qquad (7\text{-}21)$$

若$(\pi - \pi_{-1}) > 0$,则称为"**加速的通货膨胀率**",它会导致失业率的下降。

理性预期(Rational Expectation)则认为适应性预期太过僵硬,它是指人们在预测未来时会最优地使用所有可得的信息(既包括历史的信息,也包括当前的信息),对新信息的反应更加迅速。在理性预期下,通货膨胀预期不会系统性地高于或低于实际的通货膨胀率,是对实际通货膨胀率的**无偏估计**。

② **举例:**一个经济体过去的 CPI 一直维持在 2% 的水平,但是在当期中央银行投放了大量的货币。那么根据适应性预期的观点,人们对下期的通货膨胀预期仍然是 2%;但是根据理性预期的观点,人们对下期的通货膨胀预期会提高,会大于 2%。

③ **政策含义:**短期的长短取决于纠正错误预期的速度,纠错速度越快、短期就越短。在理性预期下,人们能够更快速地调整预期,短期更短,货币政策更无效。

>> **补充:菲利普斯曲线的扁平化**

① **含义:**2008 年金融危机之后,欧美国家采取了极度宽松的货币政策,使得失业率逐步下降至历史低位,但是通货膨胀率却没有出现明显上升,仍然低于各国央行 2% 的通货膨胀目标。这意味着菲利普斯曲线呈现**扁平化**的趋势:失业率的下降并没有多大程度上带来工资增长率和通胀率的上升,α 很小。

② **原因:**菲利普斯曲线扁平化的问题引起了经济学界广泛的关注和讨论,到底是什么力量压制了通货膨胀? 因素可能包括:通货膨胀目标制降低了市场的通货膨胀预期;通货膨胀和失业的测度不够准确。比如在通货膨胀的衡量指标中基本不包含资产价格,这可能会带来失真;经济全球化极大提高了产品的生产效率;数字化程度提高提升了价格透明度和商户的竞争压力(比如电商平台和直播带货);人口老龄化使得低通货膨胀的政策更受社会支持;贫富差距的扩大制约了消费等。这些因素都可能对通货膨胀形成压制,造成菲利普斯曲线扁平化。

▷▷▷ **真题链接**

1.（2016—中央财经大学）（判断题）按照菲利普斯曲线,在长期内,通货膨胀与失业率之间存在替代关系。（　　）

2.（2018—对外经济贸易大学）（判断题）反映通货膨胀率与经济增长率之间的此消彼长关系的曲线通常称为"菲利普斯曲线"。（　　）

3.（2024—上海大学）（判断题）弗里德曼认为,修正的菲利普斯曲线所描述的通货膨胀率与失业率之间负向变动关系在短期是存在的,但在长期是不存在的。（　　）

4.（2016—中国人民大学）（　　）说明菲利普斯曲线的描述和推导并不是总能成立的。

A. 工资膨胀率与失业率反向变动　　　B. 通货膨胀率与失业率相互替代

C. 工资膨胀率与通货膨胀率正相关　　D. 经济停滞和通货膨胀相伴随

5.（2022—清华大学）以下你最不同意的说法是（　　）。

A. 短期内,通胀率与失业率负相关

B. 货币政策能同时对通胀率和失业率造成影响

C. 一般认为,通胀率越低越好

D. 一般认为,失业率越低越好

6.（2025—中央财经大学,2025—对外经济贸易大学）名词解释：菲利普斯曲线。

7.（2025—复旦大学）什么是货币幻觉,简述货币幻觉与价格粘性的联系。

【答案】1. ×；2. ×；3. √；4. D；5. C；6. 略；7. 略

二、微观层面：通货膨胀的社会经济效应

（一）收入再分配效应① ★★

1. 含义

收入再分配效应是指通货膨胀会带来收入的再次分配。具体地,在**非预期的通货膨胀**环境下,固定支付合同的双方会发生购买力由债权人向债务人的转移。

2. 原因

根据利率章节的知识可知,利率按照是否经过通货膨胀调整可以分为名义利率和实际利率,而实际利率又可以分为**事前的**实际利率和**事后的**实际利率。事前的实际利率是合同签订之前、通货膨胀发生之前的实际利率,可以理解为**预期的**实际利率；对应地,事后的实际利率就是合同签订之后、通货膨胀发生之后的实际利率,是真实发生的实际利率②。它们都与名义利率存在联系。

---

① 与之类似的还有收入分配效应：由于各经济主体的收入来源不同,所以物价水平上涨会使得部分主体实际收入上升、部分主体实际收入下降；资产结构调整效应（财富分配效应）：由于各经济主体的资产负债结构不同,各类资产抗通货膨胀的属性又不同,所以通货膨胀会造成财富的再分配。其中,收入分配效应侧重于流量,而资产结构调整效应侧重于存量。

② 比如 2024 年的实际利率,站在 2024 年年初看,就是事前的实际利率；站在 2024 年年底看,就是事后的实际利率。

$$r_b（事前的实际利率）+\pi^e（预期通货膨胀率）\approx i（名义利率）$$
$$\approx r_a（事后的实际利率）+\pi（真实发生的通货膨胀率）$$

（7–22）

固定支付合同下，名义利率 i 给定，式（7–22）可整理为

$$\pi-\pi^e \approx r_b-r_a$$

（7–23）

可以看到，若 $\pi>\pi^e$，则 $r_b>r_a$。

$\pi>\pi^e$ 的含义为真实的通货膨胀率超出事前预期的通货膨胀率，即存在未预期到的通货膨胀[1]。这会使得 $r_a<r_b$，即事后真实发生的实际利率小于事前预期的实际利率，购买力增加的程度不及预期，债权人受损，购买力发生了由债权人向债务人的转移。

3. 几类主体的收入再分配效应（见表 7–4）

（1）债权人受损、债务人获益。

> 》　直观来理解，通货膨胀率的上升使得在名义利率给定的情况下，（事后的）实际利率下降，而实际利率是债权人的收益、是债务人的成本，所以债权人受损、债务人受益。

（2）固定收入者受损，浮动收入者获益。

> 》　**固定收入者**包括收入来源是退休金的**老人**、收入来源是救济金的**失业者**、收入来源是固定工资的**工人**。在物价上涨的时候，这些主体的收入没有上涨或上涨幅度不及通货膨胀率，导致对实际资源的占有下降，因而受损；浮动收入者比如企业主，则可能会获益[2]。

（3）居民受损，政府获益。因为居民部门是最大的债权人，而政府部门往往是最大的债务人。

（4）货币财富持有者受损，实际财富持有者获益。

> 》　**货币财富**比如现金、存款，其收益率无法随通货膨胀率的上升而充分上升；实际财富比如房地产、黄金、大宗商品，因为兼具资产属性和商品属性，所以在通货膨胀率上升时期的保值性最强。同时，由于大量资金的涌入，其回报率甚至会远超通货膨胀率。

货币财富持有者受损又会催生出以下两种经济现象（收入再分配效应的两种表现形式）：

① 现金烫手（也称"**鞋底成本**"）：公众会将现金配置到收益率随通货膨胀率上升的金融资产或者实物资产上，进行储物保值。这将耗费大量人力物力，甚至引发抢购狂潮，危及社会稳定。

---

① 严格意义上来说，$\pi>\pi^e$ 和 $\pi<\pi^e$ 都是未预期到的通货膨胀。但如果不作特别说明，默认的是 $\pi>\pi^e$ 的情况，即通货膨胀是预期不足的，这也是更常见的情况。

② 也可以从债权人和债务人的角度观察：工人是债权人、企业主是债务人，购买力也是由债权人向债务人转移。

② **存款搬家**：银行存款的名义利率往往不能随通货膨胀率的上升而充分调整,这会导致实际利率下降。所以,短期内会出现挤兑,长期内会造成储蓄的减少,进而使得投资、就业和产出的下降。

表7-4 几类主体的收入再分配效应

受损	获益
债权人	债务人
固定收入者(退休金、救济金、工资)	浮动收入者(企业主)
居民	政府
货币财富持有者(现金、存款)	实际财富持有者(房地产、黄金、大宗商品)

(二)商品之间相对价格的变动,价格信号配置资源的效率下降

通货膨胀一般是**非平衡型**的,所以在一般价格水平上升的同时,也会伴随着商品之间**相对价格水平**的变动。在市场经济下,相对价格水平主导资源配置,所以对相对价格水平的冲击可能使得资源配置效率下降。

>> **举例**:(1)在一次通货膨胀中,上游大宗商品价格上升会冲击中下游企业的生产成本,而下游消费品行业多为中小企业,垄断竞争的市场结构意味着其定价能力较弱,难以将成本上升的压力转嫁给下游消费者,这就使得下游企业利润萎缩,行业景气度下降。

(2)在Q条例中,政府管制银行的存款利率,但是不管制货币市场基金的利率。这两类金融产品对于居民来说又有一定的替代性。当通货膨胀率上升的时候,货币市场基金的利率能够随之上升,但是存款利率不能上升,就使得存款的吸引力下降,对银行体系形成冲击。

(三)实体企业由长期投资转向短期投资,由生产性投资转向非生产性投资[①]

一般而言,通货膨胀率越高,通货膨胀的易变性就越强,甚至会出现原材料价格大幅上涨、生产利润为负的情况(通货膨胀是非平衡型的)。而项目周期越长,不确定性自然也越大,所以企业会减少长期投资,甚至会减少原本的主营业务投资,直接投资于抗通货膨胀属性强的资产(比如房地产)。这显然不利于经济的长期发展。

(四)通货膨胀税 ★

关于通货膨胀税,有以下两种理解方式:

(1)在**累进税制**下,通货膨胀使得居民、企业名义收入上升,达到**更高的税率等级**,需要缴纳更多的税收。

>> **举例**:以我国为例,表7-5为我国个人所得税税率表。这就是典型的

---

① 生产性投资是指投入到物质生产领域的投资,会形成生产性资产,如机器设备;非生产性投资则是指投入到非物质生产领域中的投资,会形成非生产性资产,如房地产。

累进税制：随着收入水平的上升，税率也是逐渐递增的。假设某居民原来的年收入是 60 000 元，则其不需要纳税（税率 0%）。现在由于物价水平上升，他的名义收入变成了 70 000 元，这 70 000 元仍然只能享受之前的消费水平。但是这个时候他就需要缴税了（税率 3%），要缴纳（70 000–60 000）* 3%=300 元的税。这笔更多的税是因为通货膨胀而产生的，所以称之为"通胀税"，也称"无需立法而征的税收"。

表 7-5　我国个人所得税税率表

级数	全年应纳税所得额①	税率（%）
1	不超过 36 000 元的	3
2	超过 36 000 元至 144 000 元的	10
3	超过 144 000 元至 300 000 元的	20
4	超过 300 000 元至 420 000 元的	25
5	超过 420 000 元至 660 000 元的	30
6	超过 660 000 元至 960 000 元的	35
7	超过 960 000 元的	45

（2）中央银行可能会制造一定水平的通货膨胀，这种行为本身就是在向**货币财富的持有者**征税。因为物价水平提高了，居民和企业用同样的钱只能买到更少的商品，所以相当于从居民和企业手中拿走了一笔钱，这与直接征税的影响是相同的。这种效应也被称为"**强制储蓄效应**"。

>> **强制储蓄效应**：这里的"储蓄"是指用于投资的货币积累，来源包括家庭部门（收入减消费支出）、企业部门（利润加折旧基金）以及政府部门。若政府采用增加税收的方式融资，则这部分储蓄是从其他两个部门的储蓄中匀出来的，全社会的储蓄总量不增加；若政府采用**向中央银行借债**的方式融资，则会导致货币增发，强制增加整个社会的储蓄总量，在经济达到充分就业的情况下造成物价水平上升，使得公众在名义消费和储蓄不变的情况下实际消费和储蓄下降，减少的部分大致相当于政府强制储蓄增加的部分。

▷ ▷ ▷ **真题链接**

1.（2024—中国人民大学）关于通货膨胀，下列说法错误的是（　　）。

A. 对债务人有利　　　　　　　B. 对储蓄和固定收益者不利

C. 对资产持有者不利　　　　　D. 可视为隐性的税收

2.（2021—清华大学）假设一个经济体中的通货膨胀率意外下降，则以下说法正确的是（　　）。

A. 现金更加保值

---

① 减除费用 6 万元以及专项扣除等扣除项。

B. 债务人比债权人更受益

C. 对雇主来说,长期工资合约的实际成本比预期下降

D. 中央银行可通过公开市场操作在短期内把通货膨胀率恢复至原始水平

3.（2024—北京交通大学）关于通货膨胀给经济发展带来的弊端,以下描述错误的是（　　）。

A. 造成借贷风险上升,资金融通无法正常进行

B. 造成价格信号失真,不利于资源的有效配置

C. 造成社会分配不公,有利于债权人,不利于债务人

D. 严重的通货膨胀会导致货币体系崩溃

4.（2016—西南财经大学）为什么通货膨胀有对债务人的再分配效应?

5.（2022—中山大学）简述通货膨胀对社会经济影响的不同理论。

6.（2025—华东师范大学）简述通货膨胀的经济效应。

【答案】1. C;2. A;3. C;4. 略;5. 略;6. 略

第三节　通货膨胀的成因

根据附加预期的菲利普斯曲线方程 $\pi=\pi^e+f(u-u^*)+v$,通货膨胀是由三方面因素驱动的: π^e（通胀预期）、$u-u^*$（周期性失业,往往是需求侧冲击引起的）、v（供给侧冲击）。

一、需求拉上型通货膨胀

（一）含义 ★★

需求拉上型通货膨胀是指因社会总需求过度增长,超过了社会总供给的增长幅度（商品供给不足）,而导致的通货膨胀。通俗的说法为过多的货币追逐过少的商品,总需求的扩张不能全部作用于产出。

>> **辨析:产品市场均衡和货币市场均衡**

（1）产品市场供求和货币市场供求的作用关系见图 7-9。

① 产品供给（AS）决定货币需求（M_d）,这是因为产出需要货币媒介其交易;② 货币需求引出货币供给（M_s）,因为有需求才有供给的必要性;③ 货币供给决定产品的总需求（AD）,因为货币表征着购买力,有货币支撑的需求才是有效需求;④ 产品需求引出产品供给,有需求才有供给的必要性。

当然,它们之间的作用都是**相互的**,这里只是分析其主要方面。

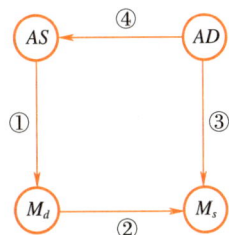

图 7-9　产品市场和货币市场的作用关系

（2）**货币市场均衡不必然意味着产品市场均衡，两者之间存在区别**

货币（M2）可以分为**现实流通的货币**（M1）和**现实不流通的货币**（QM）。前者主要发挥交易媒介职能，与产品供求的对应关系更强：产出需要M1去交易，M1也更能表示当期的有效需求；后者则主要发挥贮藏手段职能，与产品供求对应关系较弱：QM只能表示潜在的需求。这就导致了货币市场均衡（总的货币需求等于总的货币供给）**不必然意味着产品市场均衡**（产品需求等于产品供给，或者现实流通的货币需求等于现实流通的货币供给）。因为现实不流通的货币能够迅速转化为现实流通的货币，所以它对产品市场均衡也有着潜在的影响。

（3）**与通货膨胀的关系**

通货膨胀意味着商品价格的上升，所以**直接原因**在于产品的需求大于产品的供给，即产品市场存在供需缺口。但是产品的需求背后需要有货币的支撑，所以其**根本原因**在于货币供给超出货币需求，即货币市场存在供需缺口。

▷▷▷ **真题链接**

1.（2016—中国人民大学，2020—中国人民大学）关于货币均衡与市场均衡关系，以下说法不准确的是（　　）。

A. 现实流通货币形成市场需求

B. 现实不流通货币对实现均衡无作用

C. 市场出清提出现实流通货币需求

D. 货币均衡并不必然意味着市场均衡

2.（2021—华东理工大学）论述货币供求与市场总供求之间的关系。

【答案】1. B；2. 略

（二）理论分析　★★★★

AD-AS 框架：AD 曲线持续外移、AS 曲线不变导致的价格水平上涨（如图 7-10 所示）。

1. AD 曲线为什么会外移？

根据 AD 曲线方程：$y_t^d = \alpha_t + \beta_t(m_t - p_t)$。AD 曲线的外移可能是由**实际因素** α_t（自主性支出，包括自主性消费、投资、政府购买、净出口等）或**货币因素** m_t（实际货币供给）扩张所驱动的。其中凯恩斯更强调实际因素，而弗里德曼更强调货币因素。

≫ 根据弗里德曼的观点，实际因素的扩张是有限制的（比如消费的扩张以居民的收入为限，投资的扩张以企业的收入为限，

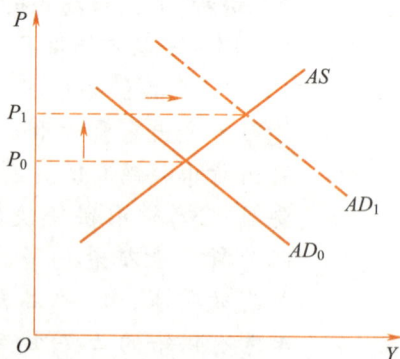

图 7-10　AD 曲线外移导致价格水平上升

政府购买的扩张则以政府的收入为限）。如果想要突破收入的限制、进一步扩大消费和投资，就需要依靠贷款，贷款创造存款，这就必然会引起货币的扩张，并且货币的扩张是没有限制的。所以如果将通货膨胀定义为物价水平的"**持续**"上涨，那么就必然离不开货币的支撑，即"通货膨胀无论何时、无论何地，都是一种货币现象"。

2. AD 曲线外移是否一定会导致价格水平上升?

根据凯恩斯 AS 曲线的"三段论"：AB 段水平，表示经济存在大量的闲置资源；BC 段向右上方倾斜，表示经济处于瓶颈期，存在有限的闲置资源；CD 段垂直，表示不存在闲置资源，经济处于**充分就业**的状态（如图 7-11 所示）。

在这三段上，产出和价格对于总需求变动的反应是不同的：因为存在大量的闲置资源，所以 AB 段总需求的扩张能够带来产出的充分上升，而价格水平不变；因为闲置资源有限，所以 BC 段总需求的扩张既作用于产出也作用于价格；最后，在不存在闲置资源的情况下，即在 CD 段，产出无法随总需求的上升而上升，存在供需缺口，导致价格水平上升。表 7-6 是对凯恩斯 AS 曲线的"三段论"的总结。其中，在 BC 段和 CD 段会出现需求拉上型通货膨胀。

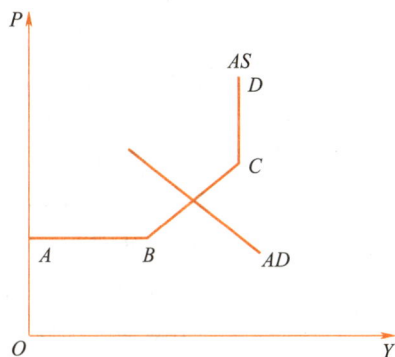

图 7-11 凯恩斯 AS 曲线的"三段论"

表 7-6 凯恩斯 AS 曲线"三段论"的总结

图形	经济状态	总需求扩张的产出效应	总需求扩张的价格效应
AB 段	大量闲置资源	√	×
BC 段	瓶颈期	√	√
CD 段	充分就业	×	√

》 **补充：总需求－总供给曲线**

与微观经济学的需求－供给曲线类似，宏观经济学的总需求－总供给曲线同样建立在价格和产出的框架下，其横轴为总产出、纵轴为一般价格水平，如图 7-12 所示。

1. 总需求（Aggregate Demand, AD）曲线

（1）含义：分析一般价格水平和产品总需求之间的关系，函数式为：

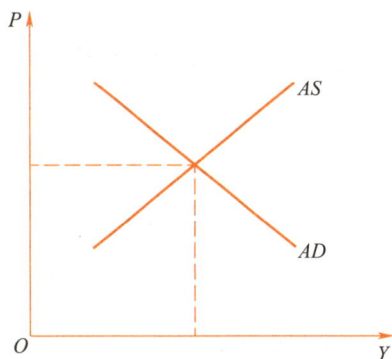

图 7-12 总需求－总供给曲线

$$y_t^d = \alpha_t + \beta_t (m_t - p_t), \quad \beta_t > 0 \tag{7-24}$$

其中，y_t^d 表示总需求，α_t 表示自主性支出，m_t 表示货币量，p_t 为一般价格水平，β_t 为参数。

（2）**斜率**：$\beta_t > 0$，则 $-\beta_t < 0$，意味着 AD 曲线斜率为**负**，价格水平的上升使得总需求下降。

它有两种**解释方法**：第一，根据**凯恩斯主义**的观点，AD 曲线方程来自 IS-LM 曲线。当价格水平上升时，实际货币供给下降，LM 曲线左移，利率水平上升，进而抑制投资和总需求（IS 曲线）。第二，根据**货币主义**的观点，AD 曲线方程来自货币数量论 $MV=PY$。当价格水平上升时，实际货币余额（M_t/P）下降。实际货币余额表征着居民和企业实际的购买力，表征着有效需求，所以它的下降就意味着对商品和服务需求的减少。

（3）**位置**：影响 AD 曲线位置的因素包括两类：一是**实际因素** α_t，包括消费、投资、政府购买和净出口（统称**自主性支出**），来自 IS 曲线；二是**货币因素** m_t，货币供给，来自 LM 曲线。实际因素和货币因素的扩张都会使得 AD 曲线**外移**，进而对产出和价格产生影响。

2. **总供给**（Aggregate Supply, AS）**曲线**

（1）**含义**：分析一般价格水平和产品生产之间的关系，函数式为：

$$y_t^s = y_t^* + \gamma (p_t - p_t^e) + v_t, \quad \gamma > 0 \tag{7-25}$$

其中，y_t^s 表示总供给，y_t^* 表示潜在产出[1]，p_t 表示价格水平，p_t^e 表示预期的价格水平，v_t 表示供给侧冲击，γ 为参数。

（2）**斜率**：短期总供给曲线和长期总供给曲线形状不同。

① **在短期**，通货膨胀预期给定的情况下，AS 曲线斜率为**正**（$\gamma > 0$），产出与价格呈正相关关系。

对此，不同的经济学流派有不同的解释方法。比如根据**理性预期学派**的观点，当价格上升超出预期时，企业会把超出预期的部分当作自己生产产品**相对价格**的上升，进而扩大生产；再比如根据**新凯恩斯学派**的观点，名义工资是通过长期劳动合同固定下来的，短期内具有**粘性**，当价格水平上升时无法灵活上调，这就使得实际工资下降，进而企业的生产成本下降，会增加对劳动力的雇佣数量、扩大生产规模。

② **在长期**，通货膨胀预期可以灵活调整，工资物价也都可以灵活调整，此时不存在未预期到的价格水平的变动，即 $p_t^e = p_t$，进而 $y_t^s = y_t^*$，产出稳定在潜在产出水平，与价格水平无关，AS 曲线垂直[2]。

（3）**位置**：影响 AS 曲线位置的因素包括三类

① **潜在产出** y_t^*，根据生产函数方程 $Y=AF(K,L)$，其取决于技术水平、资本存量（K）和劳动力数量（L），它们的上升会使得 AS 曲线**外移**。

---

[1]　潜在产出是指在各种资源得到充分配置条件下所能达到的经济增长速度，与充分就业相匹配。在实践中，它是使用滤波方法从产出（GDP）的时间序列数据中剥离出来的长期趋势值。

[2]　AS 曲线与附加预期的菲利普斯曲线在短期和在长期得出的结论均相同，实际上两者在数学上还可互相导出。

② **预期价格水平 p_t^e**，预期价格水平上升，AS 曲线**内移**。

③ **供给侧冲击 v_t**，比如原材料或**劳动力成本**的变动。如果原材料及劳动力成本上升（负的供给侧冲击），AS 曲线**内移**。

（三）实践应用

（1）我国改革开放后历史上的几次通货膨胀（1985 年、1993 年）都是需求拉上型通货膨胀，并且都是由投资需求拉动的。

（2）在当今经济技术格局下，竞争加剧、全球分工、生产技术极大进步。商品的生产能力显著增强，供给弹性很高。因而在全球范围内来看，出现需求拉上型通货膨胀的可能性较小。

二、成本推动型通货膨胀

（一）含义 ★★

成本推动型通货膨胀是指在没有超额需求的情况下，因供给成本的提高而引起的通货膨胀[①]，而成本的提高又是劳动力市场的不完全或产品市场的不完全等造成的。

> 扫码回复
> "成本推动型通货膨胀"听讲解

> 》 **"市场不完全"**指的是市场不是完全竞争的，而存在一定程度的**垄断**。完全竞争与垄断的区别在于供求双方是否有定价权：在完全竞争的市场结构下，所有人都是**价格接受者**（Price Taker）；而在垄断的市场结构下，供求双方可以**自主设定价格**[②]。

（二）分类 ★★★

成本推动型通货膨胀包括工资推动型通货膨胀、利润推动型通货膨胀与进口成本推动型通货膨胀。

1. 工资推动型通货膨胀

工资推动型通货膨胀是工资增长过快导致的。背后的原因在于劳动力市场的不完全，工资不是完全竞争的工资，而是由工会和雇主讨论决定的。当工会力量比较强的时候，工资就会加速上涨，根据**成本加成定价**，企业则需要提高价格来覆盖掉工资成本的上升，进而出现通货膨胀[③]。

> 》 **举例**：20 世纪 70 年代，西方国家盛行福利主义的观点，工会力量又很强，就造成了工资推动型通货膨胀。

---

① 成本推动型通货膨胀有时也称"在经济未达到充分就业情况下出现的通货膨胀"。

② 市场结构是微观经济学的概念，包括完全竞争、垄断竞争、寡头垄断、完全垄断四种，后三种都属于不完全竞争，并且垄断程度依次增强。

③ 根据成本加成定价 $P=\dfrac{w}{MPL}$，取全微分得 $\dfrac{\mathrm{d}P}{P}=\dfrac{\mathrm{d}w}{w}-\dfrac{\mathrm{d}MPL}{MPL}$，如果工资增速与**劳动生产率**（劳动边际产出）的增速一致，则不会造成价格水平的上升。但如果工资增速超过劳动生产率的增速，则多出来的部分会造成通货膨胀。

>> **工资 – 物价螺旋**：工资的提高引起了物价的上涨（成本加成定价），物价的上涨又推高了工人的生活成本，工人会进一步要求提高工资来覆盖掉这部分成本的上升，这又会导致物价水平的进一步上涨。工资和物价形成了一种相互促进的作用，使得两者呈螺旋式上升状态。

2. 利润推动型通货膨胀

利润推动型通货膨胀是利润增长过快导致的。背后的原因在于产品市场的不完全，存在一定程度的垄断，厂商可以操纵价格。

>> **举例**：20世纪70年代，石油输出国组织（OPEC）为了打击支持以色列的国家，决定大幅削减石油产量、提高石油价格。而石油是工业生产的重要原材料，被称为"工业的血液"，所以石油价格的上升会推动整个工业生产成本的上升，进而反映到工业品的价格上来，PPI也会进一步传导到CPI。

3. 进口成本推动型通货膨胀（也称"输入型通胀"）

进口成本推动型通货膨胀是进口成本增长过快导致的。这可能是进口商品本身价格大幅上升导致的（比如20世纪70年代的两次石油危机），也可能是本币剧烈贬值导致的。

>> **举例**：20世纪80年代，拉美国家爆发债务危机，货币剧烈贬值，使得进口1美元的商品，需要支付更多的本币，即以本币表示的进口成本提高。很多拉美国家的进口依存度高，进口商品在国内影响较大，就出现了进口成本推动型通货膨胀。

（三）理论分析　★★★

AD–AS 框架：AD 曲线不变，AS 曲线持续内移所导致的价格水平上升（如图 7–13 所示）。而根据影响 AS 曲线位置的因素可知，工资和原材料成本的上升确实会使得 AS 曲线内移。

三、结构型通货膨胀

（一）含义　★

结构型通货膨胀是指在供求总量基本相同的情况下，某些结构性因素（如本国产业结构老化、资源流动效率较低等）造成的通货膨胀。

（二）理论分析　★

1. 西奥多·舒尔茨的需求移动论

（1）前提条件

① 需求大规模地由旧部门转移至新部门；
② 工资刚性；③ 新旧部门之间资源流动效率低。

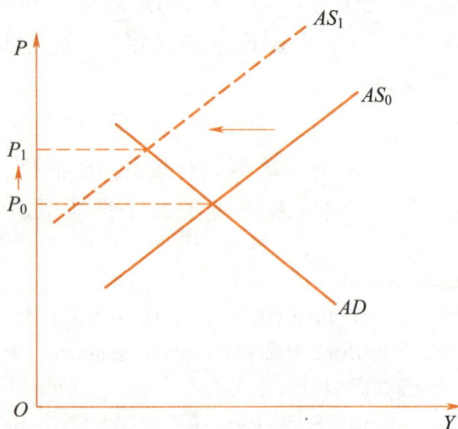

图 7–13　总供给曲线内移导致价格水平上升

（2）逻辑推演

需求大规模地由旧部门**转移**至新部门，新部门生产的产品需求上升、价格上升；旧部门则由于**工资刚性**、成本无法下降，产品价格也难以下降。并且新旧部门之间**资源的流动效率低**，虽然新部门价格上升、利润上升，但是资本、劳动力等生产要素无法迅速地由旧部门转移至新部门，无法增加新部门的产品供给，所以新部门的产品价格也无法下降。这样一来，新部门产品价格上升、旧部门产品价格不变，整体价格水平上升。

2. 两部门模型

（1）逻辑推演

将整个经济体系分为 A、B 两个部门，A 部门的劳动生产率增长快，B 部门的劳动生产率增长慢。根据式（7-11）$\left(\dfrac{\mathrm{d}w}{w}=\dfrac{\mathrm{d}p}{p}+\dfrac{\mathrm{d}MPL}{MPL}\right)$可得，A 部门的工资增速应当高于 B 部门。但是**希克斯**、**托宾**却通过实证研究证明：相对于绝对工资的高低，工人更关注**相对工资**的差距，也即"不患寡而患不均"。因而 B 部门也会要求自己的工资增幅与 A 部门保持一致，过度提高自己的工资水平，也就导致了通货膨胀。具体的模型推导可参照斯堪的纳维亚模型。

（2）对部门的划分

① 鲍莫尔的不平衡增长模型将经济分为工业部门和服务部门，工业部门劳动生产率的提高速度更快。

② 希克斯－托宾的劳动供给理论将经济部门分为扩展部门和非扩展部门，其中，扩展部门劳动生产率的提高速度更快。

③ 斯堪的纳维亚模型将经济部门分为开放部门和非开放部门，其中，开放部门劳动生产率的提高速度更快。

》　**斯堪的纳维亚模型推导**

（1）模型设定

考虑开放型的小国，开放部门为 E（包括出口部门和进口替代部门，现实中大部分制造业都属于开放部门），劳动生产率的增速为 λ_E；非开放部门为 S（现实中大部分服务业属于非开放部门），劳动生产率的增速为 λ_S。开放部门的劳动生产率更高，$\lambda_E > \lambda_S$，但是由于**攀比效应**的存在，两个部门的工资增长率却是相同的。其中，开放部门占整个经济的比重为 a，非开放部门为 $1-a$，世界的通胀率为 π_W。求解该国的通货膨胀率？

（2）模型求解

该国的通货膨胀率应当是由开放部门和非开放部门的通货膨胀率加权得到的，所以需要首先求解两个部门各自的通货膨胀率。

作为小国，也就是世界价格的接受者，其开放部门的通胀率 π_E 与世界通胀率 π_W 相同：

$$\pi_E = \pi_W \tag{7-26}$$

其关键是求解非开放部门的通胀率 π_S：

根据式（7-11）可得开放部门的工资增长率 w_E 为：

$$w_E = \pi_E + \lambda_E \tag{7-27}$$

由于攀比效应的存在,非开放部门的工资增长率 w_S 与开放部门相同:

$$w_S = w_E \tag{7-28}$$

联立式(7-11)、式(7-28)可得非开放部门的通货膨胀率

$$\pi_S = w_S - \lambda_S = w_E - \lambda_S \tag{7-29}$$

联立式(7-27)、式(7-29)可得:

$$\pi_S = w_E - \lambda_S = \pi_E + (\lambda_E - \lambda_S) \tag{7-30}$$

因为开放部门在整个经济中占比为 a,所以整个社会的通货膨胀率为:

$$\pi = a\pi_E + (1-a)\pi_S \tag{7-31}$$

将式(7-27)、式(7-30)代入式(7-31),整理得:

$$\pi = \pi_W + (1-a)(\lambda_E - \lambda_S) \tag{7-32}$$

根据式(7-32)可知,通货膨胀率是由两部分驱动的:一是全球通货膨胀率(π_W),体现通货膨胀的全球**传染性**或输入型通货膨胀;二是开放部门和非开放部门的劳动生产率增速之差($\lambda_E - \lambda_S$),体现**结构性因素**导致的通货膨胀。

四、通货膨胀惯性　★

通货膨胀具有自我维持的惯性:当期通货膨胀率高时,下期通货膨胀率往往也会高。这是因为当期的高通货膨胀率会带来市场主体的高通货膨胀预期,进而导致下期的高通货膨胀率。

>> **举例:工资 - 物价螺旋也是通货膨胀预期作用于通货膨胀的重要机制**。从美国的数据来看,非农小时平均工资的增速与一年期通货膨胀预期存在显著的正相关关系,即通货膨胀预期的上升会推高工资和物价。

在实际发生的通货膨胀中,经常是以上几个因素相叠加导致的。比如2021—2023年美国的高通货膨胀时期,根据旧金山联邦储备银行经济学家的分解(Shapiro,2022),就是由需求侧(约1/3)、供给侧(约1/2)和其他因素(约1/6)共同驱动的。具体来看,需求侧包括扩张的财政货币政策以及由此带来的消费需求的扩张,供给侧则包括原材料、劳动力成本的提高以及供应链短缺,其他因素如通货膨胀预期的上升等。

▷ ▷ ▷ **真题链接**

1.(2020—北京交通大学)(判断题)通货膨胀持续性的原因之一是当人们预期通货膨胀会持续时,他们会相应地调整工资和价格。(　　　)

2.(2025—中国人民大学)(判断题)当社会中存在大量闲置资源时,货币供应的扩张会带来产出的上升,但不一定会产生通货膨胀。(　　　)

3.(2014—对外经济贸易大学)由于垄断组织提高垄断利润而导致的一般物价的上涨,属于(　　　)。

  A. 需求上拉型通货膨胀　　　　　B. 工资推动型通货膨胀

  C. 利润推动型通货膨胀　　　　　D. 结构型通货膨胀

  4.（2020—清华大学）政府决定对信用卡授信额度征税,则整体价格水平会（　　）。

  A. 上升　　　　　　　　　　　　B. 下降

  C. 不影响　　　　　　　　　　　D. 先上升后下降

  5.（2020—中国人民大学）（　　）通货膨胀旨在说明在整个经济尚未达到充分就业条件下物价上涨的原因,也试图用来解释"滞胀"。

  A. 需求拉上型　　　　　　　　　B. 成本推进型

  C. 输入型　　　　　　　　　　　D. 结构型

  6.（2022—天津大学）（不定项）通货膨胀的成因包括（　　）。

  A. 需求拉动型通货膨胀　　　　　B. 抑制型通货膨胀

  C. 成本推动型通货膨胀　　　　　D. 结构型通货膨胀

  7.（2024—清华大学）假设预期是理性的,但工资和价格不能完全灵活调整的模型是（　　）。

  A. 新古典模型　　　　　　　　　B. 凯恩斯模型

  C. 货币主义模型　　　　　　　　D. 新凯恩斯模型

  8.（2018—对外经济贸易大学）名词解释:成本推动型通货膨胀。

  9.（2024—中央民族大学）名词解释:结构型通货膨胀。

  10.（2022—厦门大学）简述成本推动型通货膨胀的形成机制。

  11.（2024—上海大学）请简述结构性通货膨胀的概念及产生的前提条件。

  【答案】1. √;2. √;3. C;4. B;5. B;6. ACD;7. D;8. 略;9. 略;10. 略;11. 略

第四节　通货膨胀的治理

一、需求拉上型通货膨胀的治理:紧缩总需求

（一）内容　★

（1）**紧缩的财政政策**:包括提高税率和征税范围,减少政府支出等。

（2）**紧缩的货币政策**:通过提高法定存款准备金率,限制再贷款、再贴现,或者公开市场卖出等方式来收缩货币供给,提高利率水平,进而抑制消费、投资和净出口[①]。

（二）弊端:产生牺牲比率　★★

1. 含义

  牺牲比率指单位通货膨胀率下降带来实际产出下降的比率,也即治理通货膨胀往往会

---

① 具体可参照货币政策章节的货币政策传导机制。

以经济衰退为代价。

>> **举例**：为了降低2%的通货膨胀率，牺牲了4%的实际产出，则牺牲比率为 4%/2%=2。

2. 产生原因
根据附加预期的菲利普斯曲线，通货膨胀率的下降不会立刻带来通货膨胀预期的充分下降，从而导致失业率上升、产出下降。

3. 实证检验
对各国牺牲比率的数据进行研究后，可以得到以下结论：

（1）通货膨胀率的降低都以产出的暂时下降为代价，牺牲比率的区间范围大致为（1，5）。

（2）其大小取决于三个方面：① **人们的理性预期程度**。理性预期程度越高，牺牲比率越小；② **政策因素**。迅速的反通货膨胀相较于缓慢的反通货膨胀可以降低牺牲比率；③ **制度因素**。更灵活的工资制度（比如劳动合约时间更短）可以降低牺牲比率。

二、成本推动型通货膨胀的治理：降低成本、改善供给

（一）内容 ★

1. 收入政策
收入政策的实施通过控制工资收入的增长来抑制生产成本的增加，进而调控物价水平。

（1）**温和的收入政策**，如规劝、制定工资价格指导线等。

（2）**以税收为基础的收入政策**：政府以税收为手段来限制工资增长，如果工资增长率超出规定，则增加税收；如果工资增长率未超出规定，则减少税收。

（3）**严厉的收入政策**，比如直接冻结工资物价。

2. 制定反垄断法
制定反垄断法可以防止企业垄断，治理成本推动型通货膨胀。

（二）弊端
实践中，温和的收入政策一般收效甚微，而严厉的收入政策主要存在以下两个问题：

（1）在管制一般价格水平的同时，也限制了合理的相对价格的变动，从而使得价格信号配置资源的效率下降。

（2）严厉的收入政策本质上将公开型通货膨胀转化为隐蔽型通货膨胀，供求失衡的压力仍然会以非价格形式表现出来。

三、通货膨胀惯性的治理：预期管理

（一）时间不一致性 ★★
时间不一致性（Time Inconsistency）会增加中央银行预期管理的难度。它是指中央银行在承诺期和操作期有**不同的**最优举措，也即"说一套，做一套"，从而使得其**承诺不可置信**。所以仅靠政策宣传是不能奏效的，还需要采取一些制度性的安排来提高公信力，做好预期

管理。

>> **举例**：几乎每一个国家的中央银行都承诺会控制通货膨胀，自己的货币政策调控都会盯住 CPI。但是当 CPI 真正上升的时候，很多中央银行却迟迟不肯紧缩、不肯加息。原因在于加息可能会对就业、经济增长以及资产价格（进而是金融稳定）产生显著的负面冲击，而这些往往也是中央银行考虑的目标。从本轮欧美国家的情况来看，2021 年 3 月，美国 CPI 同比涨幅就突破了美联储设定的 2% 的目标，但直到 2022 年 3 月，美联储才首次加息，整整推迟了一年[1]。当时，美国的 CPI 同比已经高达 8.5%。欧央行甚至还不如美联储，其在 2022 年 7 月首次加息时，CPI 同比已经达到 9%。面对不断攀升的 CPI，他们选择先观望，如果 CPI 能够自行回落，那么就可以避免严厉的紧缩政策。

（二）制度性安排　★★

1. 限制中央银行的自由裁量权，建立规则[2]

增强货币政策操作的**规则性**并提高**透明度**，让市场更容易理解和监督中央银行的操作。

>> **举例**：从 2021—2023 年美国的通货膨胀情况来看，央行货币政策规则性和透明度的提高是非常有益的。虽然以密歇根大学 1 年期通货膨胀预期为代表的短期通货膨胀预期较高，约 5%；但是以 10 年期盈亏平衡通货膨胀率为代表的长期通货膨胀预期却始终维持在相对较低的水平，仅有 2.4%，只是略高于美联储 2% 的长期通货膨胀目标。这就意味着市场认为高通货膨胀率只是暂时的，在长期，通货膨胀是能够被治理的，美联储当前的货币政策框架是可信的。通货膨胀预期的锚定就降低了货币政策紧缩产生的牺牲比率，促使美国经济实现软着陆。相比之下，在 20 世纪 70 年代两次石油危机时，长期通货膨胀预期也飙升到 10% 以上，这无疑给通货膨胀的治理带来更大的难度和更高的成本。

2. 保证中央银行的独立性

中央银行的独立性越强，通货膨胀率往往越低。并且这种低通货膨胀率也并没有以更差的实体经济表现为代价，这些国家出现高失业率或者高产出波动的可能性也是更低的。

3. 建立平衡预算的财政规则，减少政府赤字

政府赤字的增加往往是为了支持政府购买的扩张，而政府购买作为总需求的一部分，它的扩张会直接导致通货膨胀。从 2020 年新冠疫情后欧美国家的政策调控情况来看，当财政赤字取得货币政策支持后，其对通货膨胀的影响力会更大。

>> **举例**：1985 年，时任美联储主席的沃尔克说："政府的赤字规模加深了

---

[1]　事实上，很多经济学家认为如果美联储能够早一点加息，或许就能避免本轮通货膨胀。

[2]　关于通货膨胀目标制和规则的详细分析，可参照货币政策章节。

公众对我们控制货币供给和通胀能力的怀疑。"1995 年,时任美联储主席的格林斯潘说:"美国潜在赤字的大幅度减少将在很长一段时期内大大降低通胀预期"。

四、与通货膨胀和平相处:收入指数化政策

（一）内容　★★

收入指数化政策是指将各种名义收入与物价指数挂钩,随物价指数的调整而调整,从而保证实际收入稳定的一种政策。

>> **举例**:(1) 将工资与物价指数挂钩,引入"生活费用调整(Cost of Living Adjustment, COLA)"条款,当 CPI 上升时,名义工资随之上升。从欧美国家的情况来看,包含 COLA 条款的工资合同的多少与通货膨胀率的高低有直接的相关关系。比如在 20 世纪 60 年代,通货膨胀率较低的情况,COLA 条款大约覆盖 25% 的工资合同;在 20 世纪 70 年代高通货膨胀率的环境下,这一比例迅速上升到 60%;随着 20 世纪 90 年代通货膨胀率的下降,这一比例又下降到 20%,目前仍然保持这一水平。

(2) 将利息与物价指数挂钩,即通货膨胀保护证券(TIPS),该债券特点在利率章节已有论述。

（二）优劣势分析　★★

1. 优势

(1) 把固定支付合同浮动化,有利于减轻**收入再分配**的影响。

(2) 有利于降低**牺牲比率**。如果没有收入指数化政策,那么当物价水平下降时,名义工资向下刚性使得**实际工资**上升,企业会降低劳动力需求,进而带来就业和产出的下降。对应地,如果有收入指数化政策,物价水平下降、名义工资也会跟着下降,保证实际工资基本稳定,企业不会降低劳动力需求,就避免了失业和产出的下降。

(3) 可以杜绝政府从通货膨胀带来的收入再分配效应中获利,进而降低政府制造通货膨胀的倾向。

2. 劣势

(1) 强化了**工资－物价螺旋**机制,这也是德国禁止实行收入指数化政策的主要原因。

>> **举例**:食品价格上升导致物价上涨了 10%,那么根据指数化条款,名义工资也会相应调高 10%,这又会推动通胀的进一步上升。

(2) 由于收入指数化政策不能完全覆盖固定支付合同,因而可能造成更大的**不公平**。

(3) 工资物价调整不一定及时、准确。如果通胀率的**指标统计**是有问题的,那么工资盯着通胀率指标涨跌就也是有问题的。而通胀率的统计可能本来就有问题,如前文所述,CPI

采用拉氏指数的计算方法会高估真实的通胀率。

▷▷▷ **真题链接**

1.（2024—上海财经大学）在通货膨胀的对策中,通过公开市场出售政府债券属于（　　）。

A. 紧缩性货币政策　　　　　　　　B. 控制需求

C. 改善供给　　　　　　　　　　　D. 收入指数化政策

2.（2024—华中科技大学）简述需求拉上型通货膨胀的原因及治理方法。

3.（2023—中央财经大学,2025—同济大学）简述通货膨胀的成因及治理。

【答案】1. A；2. 略；3. 略

第五节　通　货　紧　缩

一、通货紧缩的含义、产生原因和治理

（一）含义 ★

通货紧缩（Deflation,简称"通缩"）是一个与通货膨胀相对应的概念,指一般物价水平持续下降（通货膨胀率为负）的同时,还伴随着货币供应量的下降和经济增速的下滑。

（二）产生原因 ★

从 AD-AS 曲线来看,一般认为,通货紧缩是 AD 曲线内移,即总需求的收缩所导致的。虽然 AS 曲线外移也会导致价格水平的下降,但是产出却是上升的、经济是向好的,一般不称之为"通货紧缩"。当然,AD 曲线内移又有更深层次的原因,比如资产泡沫破裂引发大量银行倒闭,使得货币供应量下降（20 世纪 30 年代美国的通货紧缩）或者资产泡沫破裂引发资产负债表衰退（详见本讲专栏一）,使得居民、企业的消费、投资动力不足（20 世纪 90 年代日本的通货紧缩）等。

（三）治理 ★

因为通货紧缩一般是 AD 曲线内移导致的,所以可以采取**扩张的财政货币政策**予以应对。因为经济衰退时期,市场的预期较弱,容易出现投资陷阱和流动性陷阱的情况,所以财政政策会比货币政策更有效。与此同时,**供给侧结构性改革**也是非常重要、不能忽略的。虽然宽松的财政政策和货币政策有助于支撑总需求的恢复,但是通货紧缩背后的微观机制仍然需要供给侧结构性改革加以解决。比如想要提振消费、提振投资,就需要发展资本市场、支持民营企业、优化收入分配等。

≫ **举例**：从日本的情况来看,日本在 20 世纪 90 年代房地产泡沫破裂之后陷入长期的通货紧缩和经济停滞,被称为"失去的三十年"。为此,日本

政府也采取了扩张的政策，但始终不见起色。2012年，新上任的日本首相安倍晋三开始推行"**安倍经济学**"，也称"**三支箭**"，包括扩张的财政政策、扩张的货币政策和一揽子结构性改革方案。安倍晋三的想法是：一支箭容易掰折，三支箭一起总不容易掰折吧？！

二、通货紧缩的影响

（一）对消费的影响　★★

（1）物价下跌会使得货币的实际购买力上升，进而促进消费。

（2）物价下跌的同时往往伴随着居民就业和收入水平的下滑，进而抑制消费。

（3）物价下跌往往会让居民产生物价会进一步下跌的预期，居民就会选择推迟消费。

整体来看，通货紧缩对于消费的影响是负面的。

（二）对投资的影响　★★

（1）通货紧缩使得**实际利率上升**，进而产生有利于债权人的收入再分配效应。作为债务人，企业的实际债务负担加重。

（2）工人的名义工资也存在向下的刚性或粘性，难以随物价水平的下降而充分下降，使得实际工资上升，企业的劳动力成本上升。

（3）消费的下降还会冲击企业的销售情况。

整体来看，销售收入的下降、生产成本的上升会冲击企业的利润，进而使得投资下降。伴随而来的证券市场的萎缩、企业融资的困难，又会对投资形成二次冲击。

综上所述，通货紧缩对消费和投资的影响都是负面的，进而对**总需求**、**产出**和**价格**的影响也是负面的。也即存在总需求收缩→通货紧缩→总需求进一步收缩的恶性循环，如果此时没有政策的支持，那么市场很难靠自己的力量治愈。

　　» "**债务－通缩循环**"（费雪）。基于对1929—1933年经济危机的观察，费雪首次对债务积累和通货紧缩的关系进行了阐释，其传导过程如下：① 企业在经济繁荣期可能过度借债（比如以贷款的形式），那么一旦面临信贷环境收紧或者资产价格下跌等负面冲击时，企业就会抛售资产以偿还贷款。② 随着贷款的清偿，银行的存款规模也随之收缩；再叠加货币流通速度的下降[①]，共同使得物价下跌。③ 物价水平的下降带动企业的利润和净值下降，企业会缩减生产规模、减少劳动力的雇佣，从而使消费和投资萎靡，悲观预期在经济各部门蔓延，形成通货紧缩预期。④ 通货紧缩预期使得**实际利率上升**，企业实际债务水平上升，债务状况进一步恶化。⑤ 回到步骤①，企业为清偿债务继续抛售资产，债务和通货紧缩相互促进。

---

① 因为贷款创造存款，所以贷款规模下降自然带动存款规模收缩。收缩的存款以用于支付清算的活期存款为主，活期存款占比下降会带动货币流通速度也下降。

▷▷▷ **真题链接**

1.（2020—对外经济贸易大学）（判断题）在通货紧缩时期,名义利率高于实际利率。（　　）

2.（2019—上海财经大学）下列通货紧缩比较良性的是（　　）。

A. 债务积累引起的通货紧缩

B. 技术进步引起的通货紧缩

C. 资产价格下降引起的通货紧缩

D. 货币供应减少引起的通货紧缩

3.（2022—中国人民大学）通货紧缩的后果最不可能是以下（　　）。

A. 实际利率下降　　　　　　　　B. 证券市场萎缩

C. 推迟消费、减少支出　　　　　D. 减少投资

4.（2024—清华大学）以下关于通货紧缩说法最正确的是（　　）。

A. 通货紧缩一般来说对生产者是坏消息

B. 通货紧缩一般来说对消费者福利有很大损害

C. 通货紧缩一般来说是由于货币政策直接作用的结果

D. 通货紧缩一般来说是基于PPI的

5.（2025—清华大学）关于通货紧缩,说法错误的是（　　）。

A. 通货紧缩导致债务人的实际负担增加

B. 通货紧缩提高货币的实际购买力,提高领取固定退休金人群的福利

C. 通货紧缩预期强化容易导致通货紧缩的加剧

D. 通货紧缩会减少企业的成本,从而给员工发放更多的工资

6.（2025—上海交通大学）通货紧缩会导致（　　）

A. 债券需求曲线向左移动,供给曲线向右移动,利率下降

B. 债券需求曲线向右移动,供给曲线向右移动,利率下降

C. 债券需求曲线向左移动,供给曲线向右移动,利率上升

7.（2020—中央财经大学,2025—北京林业大学）名词解释:通货紧缩。

8.（2025—南京大学）简述通货紧缩的含义与成因。

9.（2025—中央民族大学）简述通货紧缩的危害以及如何治理已经发生的通货紧缩。

10.（2024—中央财经大学）简述通货紧缩的社会经济效应。

【答案】1. ×；2. B；3. A；4. A；5. D；6. B；7. 略；8. 略；9. 略；10. 略

专栏　资产负债表衰退理论

（一）背景

资产负债表衰退理论是日本野村证券首席经济学家**辜朝明**在2003年首先提出的,

用于分析为什么日本在 20 世纪 90 年代之后有了"失去的三十年"。辜朝明通过观察日本的数据发现，即便在利率很低甚至达到 0 下限的情况下，居民和企业仍然没有借债扩大消费和投资，反而仍然在不停地还债。为什么会这样？辜朝明认为可能是企业的资产负债表出现了问题，债务已经成为不能承受之重。

（二）含义

资产负债表衰退是指在经历了**资产价格泡沫破裂**后，居民和企业因为资产负债表严重受损而选择增加储蓄（减少消费和投资）以归还债务，由此导致的**经济衰退**（如图 7-14 所示）。

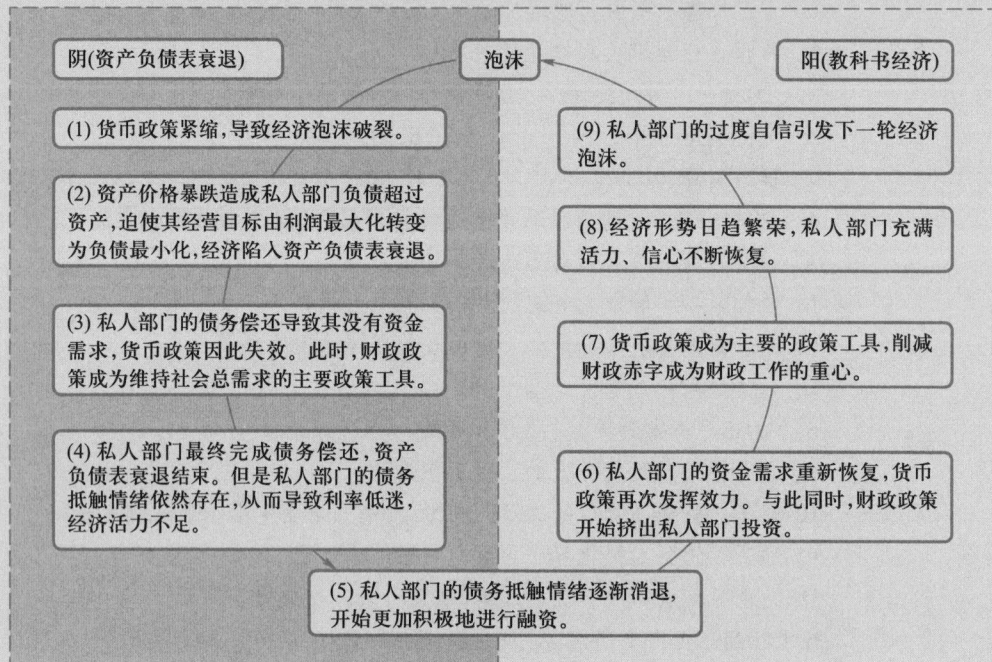

图 7-14　资产负债表衰退

资料来源：Richard C. Koo, The Escape from Balance Sheet Recession and the QE Trap

可以看到，资产负债表衰退的直接原因是泡沫破裂、资产价格大幅下跌[①]，这就使得持有相关资产的居民和企业资产负债表严重受损，普遍出现了**资不抵债**的情况[②]。此时，私人部门的目标函数发生了改变，从之前的"利润最大化"变成了"生存最大化"或"**债务最小化**"[③]。在这个目标下，居民把大部分的收入都用来还债，没有心情增加消费；企业也把大部分的利润用来还债，没有勇气再增加投资。这对于单个居民和企业来讲当然是负责任的，但是对于经济整体来讲，就会使得有效需求不足进而是经济衰退和通货紧

[①]　从各国情况来看，以房地产最为普遍，也包括股票资产。

[②]　在有现金流的情况下，即便资不抵债也不会立刻破产。并且根据辜朝明的说法，企业之所以选择不破产，是因为企业作为一个组织，有其独特的价值，包括品牌、企业文化、员工合作、客户关系等，一旦破产，这些多年积累的价值将不复存在。

[③]　华为的创始人任正非在 2022 年的内部讲话里就说到"华为未来 3 年最主要的纲领就是活下来，边缘业务全线收缩、关闭"。当时，很多日本企业就是这样的，包括非常出名的一些电子公司、汽车公司，都在全线收缩。

缩。所以整体来看,资产负债表衰退里面的"衰退"有两层含义:第一是资产负债表本身的衰退或收缩,居民和企业在不断地清偿债务;第二则是由此引发的有效需求不足和实体经济的衰退。

(三)特点

相较于普通的经济衰退而言,资产负债表衰退持续时间更长、深度更大。它取决于资产价格下跌的幅度,进而居民和企业需要多花时间来修复资产负债表。

1990 年之后,日本房地产价格指数、股票价格指数一落千丈:全国范围内的商业地产下跌了 87%,住宅地产下跌了 50%,日经指数下跌了 78%,由此造成了约 1 500 万亿日元的缺口,让日本的家庭和企业足足还了 15 年的时间。在这段时间内,日本经济没有任何活力,没有再诞生新的世界级的品牌跟企业家,也错过了过去 20 年的互联网浪潮,日本在全球 GDP 中所占的份额从 18% 下降到不足 5%。整个社会也变得也非常压抑、犯罪率飙升,很多骇人听闻的刑事案件都是在这一时期发生的。

(四)政策含义

1. 货币政策效力受损,货币政策传导机制受阻

(1)从数量的角度来看,贷款需求疲软,使得货币供给呈现出**内生性**,基础货币扩张无法转化为货币供应量的上升(非意愿超额准备金上升,货币乘数下降),信贷传导渠道受阻。

(2)从价格的角度来看,消费和投资对利率的敏感性弱,出现了**投资陷阱**[①],货币政策传导的凯恩斯机制受阻。根据辜朝明的说法,资产负债表衰退是对投资陷阱的微观解释,为什么投资对利率的敏感性弱?因为高杠杆使得居民和企业的目标函数发生了改变[②]。

2. 财政政策更加有效

经济增长依赖于储蓄向投资的转换,当私人部门不愿意借债的时候,储蓄向投资的转化受阻,此时政府应该充当**最后借款人**,主动借债以增加财政支出,以政府支出代替私人支出。

此时,因为经济陷入流动性陷阱和投资陷阱之中,所以财政政策的**挤出效应更小**,几乎不用担心因为利率提高而挤出私人投资。结合 *IS–LM* 曲线来看,此时 *LM* 曲线水平(流动性陷阱)、*IS* 曲线垂直(投资陷阱),财政政策效力强、货币政策效力弱。

(五)我国情况

2023 年以来,我国也出现了类似的现象:资产价格下跌、贷款需求疲软、经济复苏乏力、物价低迷,使得"资产负债表衰退"这一概念引发了更广泛的关注。从现有数据上来看,虽然我国私人部门资产负债表扩张的速度在下降,但是没有达到衰退的程度。具体来看:

(1)资产负债表衰退的直接原因是资产价格下跌带来的资不抵债。从我国的情况来看,近年来,我国楼市和股市虽有所下跌,但是幅度不大,未来出现断崖式下跌的可能

---

① 辜朝明表述为"流动性陷阱",是对流动性陷阱做了广义的理解,认为流动性陷阱也包含投资陷阱。
② 如果与后面 Bernanke 的金融加速器理论做一个比较,那么它们的相同点在于都是考虑大萧条的成因,也都涉及资产价格的下跌;不同点则在于资产负债表衰退主要考虑企业的贷款需求,而金融加速器主要考虑银行的贷款供给。

性也比较小，远未达到日本在 20 世纪 90 年代的程度。对应地，居民和企业也就没有出现严重的资不抵债的情况。从杠杆率的数据来看，虽然部分居民、企业可能存在高债务的问题[1]，但私人部门整体的资产负债表整体仍较为健康。

（2）资产负债表衰退的直接表现是居民、企业主动去杠杆。从我国的情况来看，近年来，虽然我国私人部门债务增速有所放缓，但仍然保持正增长，并未出现收缩。2023 年，非金融部门的债务增速仍能达到 9.6%。

（3）资产负债表衰退的影响是经济衰退。从我国的情况来看，虽然我国产出缺口暂时为负，但经济已经边际企稳，当前正处于实际增速向潜在增速回归的过程，并未出现衰退。除 GDP 增速外，其他经济指标也普遍有所回升。

综上所述，因为没有出现资产价格的大幅下跌、没有出现居民企业的主动去杠杆、没有出现经济衰退，所以我国也就没有陷入资产负债表衰退。

---

① 主要是房地产企业、地方政府融资平台企业以及在疫情中受到冲击较大的居民和企业。

第八讲 货 币 政 策

【考情分析】

本讲的重点内容包括货币政策的目标体系、工具体系、传导机制以及货币政策调控中的若干问题。从题型上来看,选择题、名词解释、简答题、论述题均考查较多。

【知识框架】

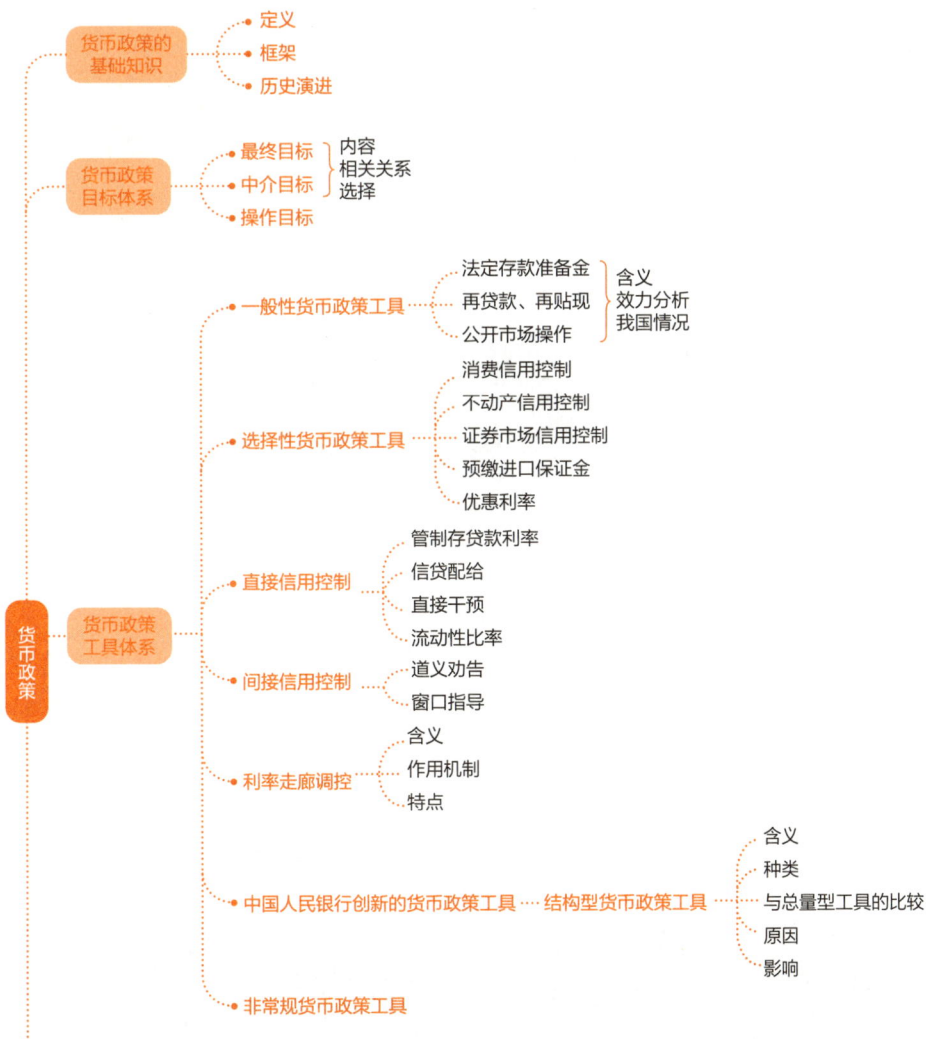

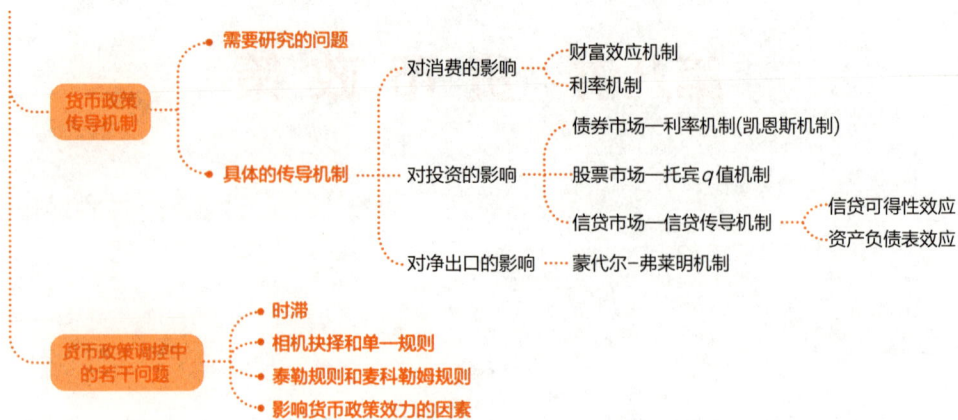

第一节 货币政策的基础知识

一、货币政策的定义

货币政策是一国货币当局为实现特定的经济目标而采取的一系列控制和调节货币信贷及利率等变量的方针和措施的总和。

二、货币政策的框架 ★★

整个货币政策框架包括**目标体系**、**工具体系**以及**传导机制**三大部分。如图 8-1 所示,货币政策就是货币当局使用政策工具,并借助传导机制实现调控目标的过程。

图 8-1 货币政策框架

三、货币政策的历史演进

(一)20 世纪 30 年代前

从理论上来看,当时的古典学派坚持"**货币中性论**",即货币量的变动只会导致价格水平的同比例变动,不会影响实体经济。

从实践上来看,当时各国普遍采用**金银本位制**,政府也不大可能自由运用货币政策来调控经济,真正意义上的货币政策应当产生于信用货币本位制度。

(二)20 世纪 30 年代至 20 世纪 80 年代

从理论上来看,凯恩斯学派的**货币非中性论**占据主流地位。凯恩斯通过引入名义工资向下刚性的假定,推导出了三段论的 AS 曲线,那么在经济**存在闲置资源**的情况下,货币量通过影响总需求就可以带来产出的上升(有效需求理论)。

从实践上来看,1929—1933 年的经济大危机也使得各国加快了摆脱金本位制的步伐,中央银行逐渐垄断货币发行权,为中央银行运用货币政策来调控经济提供了可能性。

(三)20 世纪 80 年代至 2007 年

这一时期,主要经济体的货币政策框架又发生了比较大的转变,由多目标、多工具向单一目标(CPI 稳定)、单一工具(短期利率)的方向发展。

(四)2008 年至今

2008 年金融危机后,货币政策目标还包括金融稳定。

▷ ▷ ▷ **真题链接**

1.(2016—上海财经大学,2020—上海财经大学)货币中性是指货币数量的变化只会影响(   )。

A. 实际 GDP　　　　　　B. 物价水平

C. 就业水平　　　　　　D. 商品的相对价格

2.（2025—首都经济贸易大学）名词解释：货币政策。

【答案】1. B；2. 略

第二节　货币政策目标体系

在货币政策调控中，目标是首要的问题。货币政策目标包括**最终目标**和**中间目标**[1]，中间目标又包括**中介目标**和**操作目标**。它们之间的传导关系如图 8-2 所示。

图 8-2　货币政策的目标

一、最终目标

（一）内容　★★★★

1. **币值稳定**：包括对内的物价稳定以及对外的汇率稳定，主要指对内的物价稳定，既不发生通货膨胀，也不发生通货紧缩。

　　≫　从**实践**上来看，物价稳定主要关注 CPI、PPI 和 GDP 平减指数这三个指标，最重要的是 CPI。我国每年年初的政府工作报告都会制定一个当年的 CPI 目标，通常为 3% 左右。如果当年的 CPI 在 3% 左右，就基本可以认为实现了物价稳定的目标。

2. **充分就业**：是指失业率等于自然失业率，而非失业率绝对地等于 0。因为**摩擦性失业**和**结构性失业**的存在，失业率几乎不可能为 0。

　　≫　从**实践**来看，我国主要关注**城镇调查失业率**这两个指标，更重要的是城镇调查失业率。我国每年年初的政府工作报告同样会制定当年的城镇调查失业率目标，通常为 5.5% 左右。当然，除了失业率这一比率目标之外，政府还会制定**城镇新增就业人数**的数量目标。

3. **经济增长**：是指实际产出或者产出能力的上升。

---

① 有的教材会把中间目标放到传导机制中，认为这是传导机制的一部分。

》　从**实践**来看,我国主要关注**GDP 增速**。我国每年年初的政府工作报告同样会制定当年的 GDP 增速目标,2024 年的 GDP 增速目标为 **5% 左右**。

4. **国际收支平衡**:是指自主性交易的平衡,在国际收支平衡表上体现为**综合账户差额**[①]。因为国际收支平衡是外部均衡目标,所以一般放到更靠后的位置。

》　从**实践**来看,我国关注的国际收支项目比较广泛:不仅有综合账户,还有贸易账户、经常账户、资本金融账户等。

5. **维护金融体系稳定**:是指在压力环境下,金融体系仍能正常发挥主要功能。这一目标是从 2008 年金融危机之后才为各国所强调的。

》　从**实践**来看,各国主要监测以下四个方面的**金融脆弱性**[②]:(1)金融部门尤其是银行部门的杠杆率,包括资本充足率、杠杆率等指标;(2)金融部门的流动性和期限错配,包括流动性覆盖比率、净稳定融资比率等指标;(3)资产价格,尤其是房地产和股票的价格;(4)非金融部门债务,即**宏观杠杆率**[③]。

(二)最终目标之间的相关关系　★★★

1. 物价稳定和充分就业

物价稳定和充分就业的关系表现为**菲利普斯曲线**。

根据附加预期的菲利普斯曲线,从**短期**来看,预期通货膨胀率给定,通货膨胀率和失业率之间呈**负相关**关系;从**中长期**来看,预期通货膨胀率可以灵活调整,与实际通货膨胀率保持一致,失业率稳定在自然失业率水平,与通货膨胀率**无关**。

2. 物价稳定和经济增长

物价稳定和经济增长的关系包括促进论、促退论和中性论。一般来说,温和的通货膨胀在短期能促进经济增长、在中长期对经济增长是中性的,恶性的通货膨胀则是不利于经济增长的。

3. 物价稳定和国际收支平衡

通货膨胀意味着本国生产的产品价格上升,这会削弱本国产品在国际市场上的竞争力,抑制出口,进而导致经常账户逆差。与此同时,通货膨胀也会推高名义利率,进而可能吸引资本流入,导致资本金融账户顺差。

4. 经济增长和充分就业

经济增长和充分就业呈正相关关系,具体表现为**奥肯定律**。当失业率相对于自然失业率上升时,实际产出相较于潜在产出下降。

[①]　详细可参考国际金融学的国际收支章节。
[②]　金融脆弱性是指随时间逐渐积累后引发系统性风险的因素。
[③]　宏观杠杆率 = 非金融部门债务 /GDP。其中,非金融部门包括居民、非金融企业和政府。

>> 我国似乎存在**奥肯定律悖论**，经济增速的下滑并没有带来失业率的显著上升。其原因可能在于（1）**人口结构变动**：人口老龄化使得劳动力基数下降；（2）**产业结构变动**：第三产业占比上升，而第三产业（人力资本密集型产业）的就业吸纳能力约为第二产业（资本密集型产业）的 1.5 倍。

5. 经济增长和金融体系稳定

维护金融体系稳定往往需要加大金融监管的力度，而监管力度的增加往往不利于短期的经济增长。

>> 通过以上分析可以看到，短期来看，货币政策的几个最终目标之间往往存在冲突。大部分国家的中央银行会根据不同时期的经济形势，选择其中一个或两个目标作为侧重点，在多目标中寻求动态平衡。

（三）最终目标的选择：多重目标制和单一目标制　★★★★★

中央银行在以上最终目标中做不定项选择。其中没有争议的是物价稳定，有争议的则是充分就业和经济增长，也就是多重目标制和单一目标制的关键分歧在于货币政策是否应该关注充分就业和经济增长的问题。

1. 多重目标制

（1）理论基础

① 凯恩斯理论（20 世纪 30 年代）

凯恩斯通过假定名义工资刚性得到了三段论的 AS 曲线，在经济存在闲置资源的情况下，货币量通过影响总需求可以作用于实际产出，货币政策应当以**经济增长**为目标。

② 传统的菲利普斯曲线（20 世纪 60 年代）

通货膨胀率和失业率之间存在稳定的负相关关系，所以中央银行可以通过发行货币、制造通货膨胀的方式来降低失业率，货币政策应当以**充分就业**为目标。

（2）各国实践：基本都为多重目标制

① 20 世纪 70 年代美联储的政策目标为保持货币及信贷总量的增长，以最大限度地促进有效就业、物价稳定和长期利率等目标的实现。

② 20 世纪 70 年代英格兰银行的政策目标为低失业率、高增长率、低通货膨胀率和汇率稳定。

③ 发展中国家的货币政策往往兼顾更多的目标。

2. 单一目标制

（1）含义

单一目标制将通货膨胀作为首要或唯一的最终目标，该目标具有无可争议的优先权，所以单一目标制也称**通货膨胀目标制**。

（2）理论基础

① 滞胀和现代菲利普斯曲线理论（20 世纪 60 年代至 20 世纪 70 年代）

滞胀意味着传统菲利普斯曲线的失效。根据现代菲利普斯曲线理论，通货膨胀率与失业率之间的负相关关系仅存在于短期，中长期失业率稳定在自然失业率水平，与通货膨胀率无关。所以货币政策不应过度关注就业和经济增长的目标。

② 强调货币政策规则性和透明度

a. 货币学派理论（20 世纪 50 年代）

货币学派认为货币对经济运行很重要，但市场机制本身是完善的，自我调节能力强。所以货币政策应当实施单一规则，防止本身成为经济波动的根源。

b. 新古典学派的动态不一致理论（20 世纪 70 年代）和"新共识"宏观经济理论（20 世纪 80 年代）

动态不一致性是指货币当局在不同的时期有不同的效用最大化的操作，它会损害政策的可信度，不利于引导市场预期。而"新共识"宏观经济理论认为，预期是通货膨胀和实际经济活动的关键要素，中央银行通过管理预期来影响产出和物价。所以需要增加货币政策的规则性和透明度，采取事先固定的规则来限制中央银行投机性的操作，进而增强货币政策的调控效果。

（3）各国实践

① 1989 年，**新西兰**成为第一个实行通货膨胀目标制的国家。之后加拿大、英国、瑞典、澳大利亚等国家也相继采用通货膨胀目标制，目前全球大概有 25 个经济体实行明确的通货膨胀目标制。即便未实行通货膨胀目标制的国家，也更加强调物价稳定在最终目标中的地位。

② 在更多关注通货膨胀目标之后，主要发达经济体产出和 CPI 的波动性逐步下降，总体保持高度稳定，全球经济呈现出"大缓和"的特征。

（4）实行单一目标制的条件

① 中央银行有较高的业务水准，在通货膨胀预测、货币政策工具的使用上有足够的能力。

② 货币政策独立性强，不能被政府控制，不能强调经济增长和充分就业的目标；也不能实行灵活程度较低的汇率制度，不能强调汇率以及国际收支平衡的目标。

③ 有充足的货币政策工具以及通畅的传导机制，确保工具的使用能够影响通货膨胀率，能够实现制定的通货膨胀目标。

（5）单一目标制的优势和缺陷

① 优势

从理论上来看，单一目标制增加了货币政策操作的规则性和透明度，进而有利于缓解动态不一致性问题，约束中央银行在短期内采取过度扩张的货币政策。

从实证上来看，单一目标制也取得了很好的效果，实行单一目标制的国家往往有着**更低**的通货膨胀率和通货膨胀预期，能够为经济增长创造一个更加稳定的货币环境。

② 缺陷

忽视了金融稳定，CPI 只能衡量商品劳务价格，不能衡量金融资产的价格。

　　》 **举例**：从 2008 年金融危机的情况来看，CPI 的变动会**滞后**于资产价格变动。在资产价格快速上升的阶段，CPI 保持稳定；但是当资产价格泡沫破裂之后，投机性的资金大量涌入大宗商品市场，导致大宗商品价格的上升，此时才会传导到 CPI，引起 CPI 的波动。也就是说，只关注 CPI 一方面不能保证金融体系的稳定，另一方面也不能完全避免 CPI 的剧烈波动，因此还需要辅以宏观审慎监管。

（四）主要经济体的最终目标 ★★★

1. 中国

（1）我国实行多重目标制

1995 年的《中华人民共和国中国人民银行法》规定我国货币政策的目标是"保持货币币值的稳定，并以此促进经济增长"。在实际操作中形成的机制是中国人民银行应该支持和配合国务院几乎所有重要经济目标的实现。2014 年，时任中国人民银行行长的周小川提出我国货币政策的六项目标表述，即低通货膨胀率、适度就业、适度增长、国际收支平衡、金融稳定、改革发展。

（2）我国实行多重目标制的原因

① 我国不满足单一目标制的条件，包括货币政策独立性问题、汇率制度的问题等。

② 我国有自己的国情，如表 8-1 所示。

表 8-1 我国实行多重目标制的原因

最终目标	必要性	可行性
物价稳定	通货膨胀（通货紧缩）会对实体经济造成负面影响，并且威胁货币本身的信誉	物价水平取决于商品数量和货币数量的对比关系，中国人民银行通过调控货币可以影响物价
充分就业	就业关系到民生、社会稳定和共同富裕	货币政策无法影响自然失业率，但可以影响周期性失业，使失业率回归自然失业率水平
经济增长	经济增长代表国民财富的创造，并且经济增长需要与就业率相适应	货币政策无法影响潜在经济增速，但可以将实际经济增速维持在潜在经济增速的水平
国际收支平衡	我国是固定汇率制国家，外部失衡会冲击内部均衡	货币政策通过影响利率、汇率、收入等影响资本金融账户和经常账户
维护金融体系稳定	金融体系对实体经济具有很强的外部性，即金融加速器模型	货币政策会影响资产价格
改革	我国正处于转轨期，需要货币政策配合一系列改革措施，同时很多改革措施也有利于加强货币政策调控效果	

（3）我国实行多重目标制面临的问题

① 各目标会互相牵制。比如通货膨胀率和就业、经济增长和金融稳定、内部均衡和外部均衡等都可能会互相牵制；② 多目标需要多工具，存在工具充足性的问题；③ 多目标不利于与市场进行沟通，进而不利于预期的引导，可能会造成资产价格和实体经济的过度波动。由于以上原因，我国货币政策的最终目标未来会有收拢、减少的趋势，有望整合为物价稳定和充分就业。2020 年，时任中国人民银行行长易纲指出："（我国的）货币政策以币值稳

定为重要目标,同时更加重视充分就业。"

2. 美国

美国实行多重目标制。2006 年,美联储重申实现最大限度就业和物价稳定的双重目标。2011 年,美国国会参议院审议了另一项针对《联邦储备法案》的修正案,将美联储的货币政策目标缩减为物价稳定,并将长期通货膨胀目标确定为 2%。但是从美联储实际的货币政策操作来看,美国仍然实行双重目标制。

在 2020 年的 Jackson hole 会议上,美联储主席鲍威尔再次对货币政策目标进行了如下修正:

第一,更加强调最大就业的目标。美联储声称这是一个广泛的目标,除了失业率指标之外,美联储还会关注其他多个指标来判断劳动力市场的运行状况,如劳动力参与率、职位空缺率、就业的绝对数量、就业的结构特征等。调整货币政策的主要依据将是"最大就业缺口评估"而不是简单的"最大就业缺口偏差",也即如果只有失业率指标下降,那么美联储不一定会加息。

第二,声明 2% 是长期平均的通货膨胀率目标。如果历史通货膨胀率低于 2%,那么未来允许有一段时间高于 2%,当然,关于"历史"到底要追溯到哪一天? 从何时开始计算? 鲍威尔并未给出明确标准。

可以看到,这次调整的核心就是美联储提高了对短期通货膨胀率的容忍度来更多地支持就业。其背后的原因在于: 首先,鲍威尔认为就业对提高中低阶层的收入至关重要,所以应给予更多的支持;其次,菲利普斯曲线的平坦化,即便失业率下降,也不会导致通货膨胀率上升太多[①]。

3. 欧元区

欧元区实行单一目标制。1992 年,创立欧洲中央银行的《马斯特里赫特条约》规定:"欧洲中央银行体系首要的目标是保持物价稳定,在不伤害物价稳定目标的前提下,可支持联盟内的总体经济政策",包括"高就业水平"和"无通货膨胀的可持续经济增长"等目标。

1998 年,欧洲中央银行成立,将通货膨胀目标明确为 2% 以内。虽然物价稳定并非欧洲中央银行的唯一目标,但是其优先级是最高的,只有在实现该目标的情况下才能追求其他目标。

▷ ▷ ▷ **真题链接**

1.（2023—中国人民大学）（判断题）通货膨胀目标值是典型的多目标货币政策决策框架,对货币政策操作提出了更高的要求,但有利于增强中央银行增强货币政策的透明度和可信性。（　　）

2.（2024—中国人民大学）下列（　　）不属于货币政策最终目标。

---

① 站在现在的时点看,鲍威尔当时对通货膨胀形势的估计过于乐观,致使美联储的加息曲线严重滞后于通货膨胀曲线:2021 年 3 月,美国的通货膨胀数据已经超过美联储 2% 的通胀目标,但是加息却推迟到 2022 年 3 月才开始（当时美国 CPI 已达到了 8.5%）,整整晚了 1 年。从事后来看,如果美联储能够早一点儿采取行动,可能就能避免这次通货膨胀以及后来的激进加息。或许,硅谷银行等也能避免破产的命运。

A. 货币供应量　　　　　　　　　B. 经济增长

C. 物价稳定　　　　　　　　　　D. 国际收支平衡

3.（2017—对外经济贸易大学）货币政策四大目标之间相互矛盾,任何一个国家想要同时实现是很难的,但其中（　　　）是一致的。

A. 充分就业和经济增长　　　　　B. 经济增长和国际收支平衡

C. 物价稳定与经济增长　　　　　D. 充分就业与物价稳定

4.（2024—上海大学）在货币政策四大目标中,目标之间不存在矛盾的是（　　　）。

A. 经济增长与充分就业　　　　　B. 物价稳定与国际收支平衡

C. 经济增长与物价稳定　　　　　D. 经济增长与国际收支平衡

5.（2025—中央财经大学）（多选题）货币政策的最终目标包括（　　　）。

A. 经济增长　　　　　　　　　　B. 充分就业

C. 物价稳定　　　　　　　　　　D. 国际收支平衡

E. 金融稳定

6.（2018—对外经济贸易大学,2020—中央财经大学,2022—兰州大学）简述通货膨胀目标制及其优缺点。

【答案】1. ×；2. A；3. A；4. A；5. ABCDE；6. 略

二、中介目标

（一）含义

货币政策中介目标是指处于操作目标与最终目标之间,且中央银行通过货币政策操作和传导后能够以一定精确度达到的政策变量。

（二）产生原因

货币政策从操作工具的运用到最终目标的实现之间是一个漫长的过程,并且人们对于这一过程缺乏清晰的了解。因为时滞和不确定性的存在,所以有必要在操作工具和最终目标之间引入中介目标,通过观测中介目标的变动提前判断政策的实施情况,进而及时调整,增强货币政策调控的效果。

（三）选择标准　★★★★

1. 可测性

中介目标变量有明确的含义,易于为中央银行获得,易于进行计量分析。

2. 可控性

中央银行对中介目标的控制力强,这要求中介目标与**操作工具**之间有较强的相关关系。

3. 相关性

中介目标与**最终目标**的相关性强,如果中介目标实现,那么最终目标也有很可能实现。

4. 抗干扰性

中介目标变量能够抗货币政策之外其他因素的干扰。

操作工具、中介目标、最终目标之间的关系如图8-3所示。

图 8-3　中介目标的选择标准

（四）具体内容 ★★★★

货币政策中介目标包括数量型指标和价格型指标。

1. 货币供应量（数量型指标）

中介目标特性

① 可测性

一方面，各层次的货币供应量都有明确的含义，且容易为中央银行获得，故可测性较强。但另一方面，金融创新使得诸多金融资产（比如理财产品等）的流动性增强，也具备了一定的货币属性，可能模糊货币的定义。

② 可控性

很多情况下，货币供给呈现出比较强的**外生性**，也即可控性较强。但是在某些情况下，货币供给也会呈现出**内生**的性质，比如经济衰退、金融创新、产业结构转型等，进而使得可控性下降。

③ 相关性

一方面，货币供应量是实体经济的领先指标，所谓"兵马未动，粮草先行"，当人们拿到货币之后会进行更多的支出，进而总需求、产出和价格上升。但是另一方面，根据货币数量论方程（$MV=PY$）可知，货币供给与价格、产出等最终目标之间的相关性还取决于货币流通速度的稳定性和可测性，这又取决于两个方面：金融创新和金融市场发展的情况。除此之外，货币分层中的 M1 和 M2 究竟哪个更能代表有效需求，进而影响产出和价格，也存在争议。

④ 抗干扰性

货币供给作为经济体系的内生变量呈现出**顺周期性**：当经济繁荣时，货币需求上升，带动货币供给上升；当经济衰退时，货币需求下降，带动货币供给下降。但是作为货币政策调控变量，货币供给却呈现出**逆周期性**：当经济繁荣时，中央银行会紧缩货币；当经济衰退时，中央银行会扩张货币。所以在经济衰退的情况下，如果货币供给逆势上升，那么基本可以确定是货币政策的因素所导致的，抗干扰性强。

2. 社会融资规模（数量型指标）

（1）含义

社会融资规模（Aggregate Financing to the Real Economy，AFRE）是我国于 2010 年创新并在 2016 年正式使用的中介目标，其含义为（一定时期内）非金融体系从金融体系中获得的资金额[①]。

（2）统计范围

① **金融机构表内融资**，包括人民币贷款和外币贷款；② **金融机构表外融资**，包括信托

---

① 目前我国社会融资规模有存量和增量的统计，如果定义中有"一定时期内"，则强调增量；如果定义中没有"一定时期内"，则强调存量。

贷款、委托贷款、未贴现银行承兑汇票；③ **直接融资**：非金融企业境内股票融资；④ **其他融资**，包括保险公司理赔、金融机构投资性房地产、小额贷款公司贷款等。

2018 年 7 月，中国人民银行将"**存款类金融机构资产支持证券**"和"**贷款核销**"纳入社会融资规模的统计；2018 年 9 月，又将"**地方政府专项债券**"纳入统计；2019 年 12 月，又将"国债"和"地方政府一般债券"纳入统计，与原有的"地方政府专项债券"合并为"政府债券"。2023 年我国社会融资规模如表 8-2 所示。

（3）与货币供应量（如 M2）的联系和区别

① 联系

社会融资规模和 M2 分别反映了金融体系的资产方和负债方。其中，M2 反映负债方：现金是中央银行的负债、存款是商业银行的负债；社会融资规模则反映资产方。

表 8-2　2024 年我国社会融资规模

统计项目	2024 年 12 月末		2023 年
	存量 / 万亿元	同比增速 / %	增量 / 亿元
社会融资规模	408.34	8.0	322 559
其中：人民币贷款	252.53	7.2	170 496
外币贷款（折合人民币）	1.29	−22.3	−3 916
委托贷款	11.21	−0.5	−577
信托贷款	4.30	10.2	3 976
未贴现的银行承兑汇票	2.15	−13.3	−3 295
企业债券	32.30	3.8	19 093
政府债券	81.09	16.2	112 955
非金融企业境内股票融资	11.72	2.5	2 900
其他融资	11.49	7.0	7 502
其中：存款类金融机构资产支持证券	0.79	−41.5	−5 639
贷款核销	9.94	15.4	13 293

数据来源：中国人民银行。

② 区别（社会融资规模的优势）

a. **更直观**。因为是表征金融体系的资产方，所以社会融资规模能够更直观地体现金融体系对实体经济的支持。

b. **更全面**。社会融资规模能够统计整个金融体系对实体经济的支持情况，既包括间接融资，也包括直接融资。而只有前者才创造货币，后者只分配货币，所以 M2 只考虑银行体系对实体经济的支持，它是不全面的。随着我国资本市场的发展，企业更多诉诸直接融资，社会融资统计更全面的优势愈发体现出来。

c. **更精准**。更全面是说把应该统计的项目纳入进来(比如直接融资对实体经济的支持),更精准则是说把应该舍弃的项目也予以剔除(比如金融体系内部的交易)。因为只统计金融体系和实体经济的交易,所以社会融资规模能够更精准地体现金融体系对实体经济的支持情况。

> » **举例**:银行给非银行金融机构提供贷款(或委外投资),会形成非银行金融机构在银行的存款(计入 M2),这笔交易能够创造 M2,但是不增加社会融资规模。它本身也不意味着金融体系对实体经济的支持,因为这些存款并非用于消费或投资,而是用于购买金融资产。就这一点而言,M2 就不如社会融资规模更精准。

以上三点指向一个共同的结论:相较于 M2 而言,社会融资是更能体现金融体系对实体经济支持力度的指标,这也意味着它更适合作为货币政策的中介目标,与最终目标有着更强的相关性。

d. 可以获取**结构性数据**(比如贷款的具体流向等),有助于进行结构分析。

(4)中介目标特性

社会融资规模具有较强的可测性、可控性和相关性,尤其是**相关性**。大量的实证表明,社会融资规模与工业增加值增速和 CPI 的拟合程度高于 M2。如前所述,这与它所具有的更直观、更全面、更精准的优势是密不可分的。

3. 中长期利率(价格型指标)

中介目标特性

① 可测性

一方面,各类利率均有明确的含义,且易于为中央银行所获得。但另一方面,真正对经济有影响的是实际利率,而非名义利率,两者之间存在**通胀预期**的差距,实际利率可测要求中央银行能够控制好市场的通货膨胀预期。

② 可控性

中央银行通过货币政策能直接控制的只是短期货币市场利率,但真正对经济有影响的却是中长期利率,因为中长期利率才是居民消费贷款、住房抵押贷款、企业固定资产投资贷款等真正承担的成本。可控性要求短期利率向中长期利率的传导效率较高。

③ 相关性

一方面,利率代表居民和企业的借贷成本,它的变动会直接影响居民的消费决策以及企业的投资决策,进而影响总需求、产出和价格。但另一方面,相关性的强弱还要取决于消费和投资对利率的敏感性。

④ 抗干扰性

利率作为经济体系的内生变量呈现出**顺周期性**:当经济繁荣时,利率上升;当经济衰退时,利率下降。作为货币政策调控变量,利率同样呈现出**顺周期性**:当经济繁荣时,中央银行需要提高利率来抑制消费和投资;当经济衰退时,中央银行则会降低利率来促进消费和投资。这样在经济繁荣的情况下,就很难分辨利率的上升到底是经济内生的还是货币政策导致的[1]，抗干扰性弱。

4. 特殊的中介目标

除了传统的货币量、利率等变量外，某些对外依存度高的小国还会使用**汇率**作为中介目标；实行通货膨胀目标制的国家则不再在政策工具与最终目标之间设立中介目标，决策依据主要依靠对通货膨胀的预测：当预测值高于目标值时，采用紧缩性货币政策；当预测值低于目标值时，采用扩张性货币政策。所以也有人认为"**通货膨胀预测**"就是它的中介目标。

（五）中介目标的选择　★★★★

1. 数量型和价格型中介目标不可兼得

这一点可以通过凯恩斯的利率决定理论图形进行说明，如图 8-4（a）所示。其中，横轴货币供给表示数量型目标，纵轴利率则表示价格型目标。初始状态位于中央银行合意的均衡点 E，之后由于收入上升使得货币需求曲线外移[2]：从 M_d^0 移动到 M_d^1。此时，如果中央银行以货币供给为目标，希望稳定货币投放，那么利率就必须要上升，从 i_0 上升到 i_1；对应地，如果中央银行以利率为目标，希望保证利率的稳定，那么货币供给就需要从 M_s^0 上升到 M_s^1，如图 8-4（b）所示，总之会有一个发生变动。如果两者不可兼得，那么应该怎么选择呢？

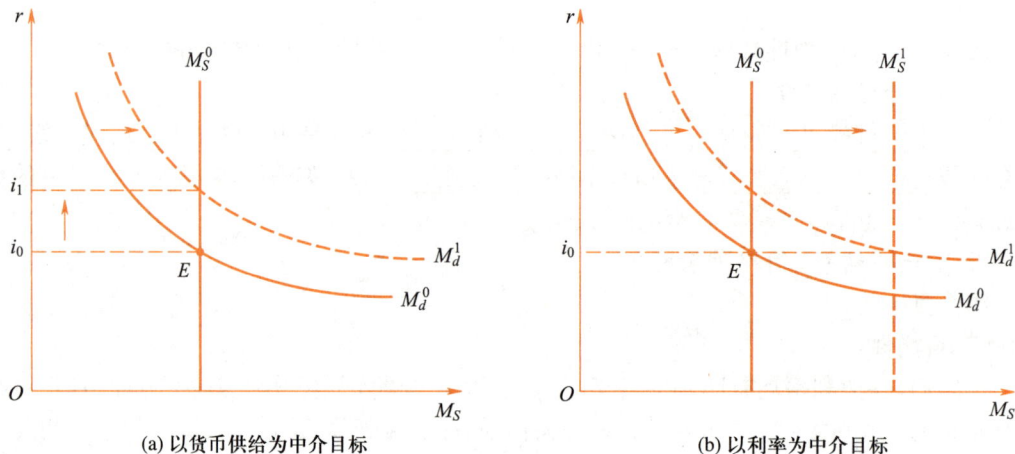

(a) 以货币供给为中介目标　　　(b) 以利率为中介目标

图 8-4

2. 选择依据

（1）理论依据：普尔最适度中介目标选择理论（Poole，1968）

> ≫ **普尔最适度中介目标选择理论推导**
>
> 　　**前提假定**：假设宏观经济存在信息不对称，中央银行不可能完全了解引起利率波动的原因；政策目标是稳定实际产出。

---

[1]　这里可能会有疑问，只要利率上升不就可以了么？为什么要区分利率的上升是经济内生的还是货币政策导致的？因为如果是经济内生的，那么它是顺应投资需求的一种上升（可以回想古典利率决定理论中的储蓄—投资曲线），投资仍会位于较高水平。只有通过货币政策让利率有更大程度的上升，才能够让投资进一步下降到之前的均衡水平。

[2]　可以发现，货币量和利率不可兼得的重要原因在于货币需求的内生性。真正需要货币的是居民和企业、而非中央银行，中央银行对货币需求也缺乏控制力。

模型设定:

$$y_t = -\alpha i_t + u_t \tag{8-1}$$

$$m_t = -\beta_1 i_t + \beta_2 y_t + v_t \tag{8-2}$$

$$L_t = (y_t - y_t^*)^2 \tag{8-3}$$

其中,y_t 表示总产出,i_t 表示利率,m_t 表示货币需求,u_t 和 v_t 分别为实物部门和货币部门的随机冲击,假设其服从均值为零,且彼此不相关的连续分布,y^* 为目标产出,$y-y^*$ 为产出缺口。式(8-1)为简化的 IS 曲线,式(8-2)为简化的 LM 曲线;式(8-3)为中央银行的损失函数,其目标为期望损失最小化。

如果以稳定货币供给为中介目标,使得:

$$E_m[y_t - y_t^*] = 0 \tag{8-4}$$

则根据方差公式,可得:

$$E_m L_t = E_m[y_t - y_t^*]^2 = (E_m[y_t - y_t^*])^2 + D_m[y_t - y_t^*] = D_m y_t \tag{8-5}$$

联立式(8-1)和式(8-2)并消去 i_t 保留 m_t,让 y_t 用 m_t 表示可得:

$$y_t = \frac{\alpha(m_t - v_t) + \beta_1 u_t}{\alpha\beta_2 + \beta_1} \tag{8-6}$$

根据式(8-5)可以得到:

$$E_m L_t = E_m[y_t - y_t^*]^2 = \frac{\beta_1^2 \sigma_u^2 + \alpha^2 \sigma_v^2}{(\beta_1 + \alpha\beta_2)^2} \tag{8-7}$$

如果以稳定利率为中介目标,使得:

$$E_i[y_t - y_t^*] = 0 \tag{8-8}$$

则根据方差公式,可得:

$$E_i L_t = D_i y_t \tag{8-9}$$

代入式(8-1)可得

$$E_i L_t = E_i[y_t - y_t^*]^2 = \sigma_u^2 \tag{8-10}$$

结论: $\sigma_u^2 < \dfrac{\beta_1^2 \sigma_u^2 + \alpha^2 \sigma_v^2}{(\beta_1 + \alpha\beta_2)^2} \rightarrow \sigma_u^2 < \dfrac{\alpha\sigma_v^2}{\alpha\beta_2^2 + 2\beta_1\beta_2}$ 时,以利率为中介目标产出的波动更小。

$\sigma_u^2 > \dfrac{\beta_1^2 \sigma_u^2 + \alpha^2 \sigma_v^2}{(\beta_1 + \alpha\beta_2)^2} \rightarrow \sigma_u^2 > \dfrac{\alpha\sigma_v^2}{\alpha\beta_2^2 + 2\beta_1\beta_2}$ 时,以货币供给为中介目标产出的波动更小。

① 模型结论

根据该理论,中介目标的选择取决于外生冲击的性质:当外部随机冲击主要来自**产品市场**时,应当选择**货币供给**作为中介目标;当外部随机冲击主要来自**货币市场**时,应当选择**利率**作为中介目标。这样选择的好处是可以降低产出的波动,进而将伴随产出波动而来的通货膨胀和失业都控制在合理的区间范围之内[①]。

---

① 根据宏观经济学理论,当实际产出高于潜在产出时,经济会出现通货膨胀;当实际产出低于潜在产出时,经济会出现周期性失业。

② 图形阐述

这一想法同样可以通过 IS–LM 模型来说明。

如图 8–5（a）所示，如果外部冲击主要来自产品市场，也就是 IS 曲线不稳定、经常发生位移，比如在 IS_1 和 IS_2 之间进行波动。此时若以货币供给为中介目标，保证货币供给稳定，那么 LM 曲线就也是稳定的，产出会在 Y_1 和 Y_2 之间进行波动；如果以利率为中介目标，保证利率为目标水平 i_0 不变，那么货币供给就需要跟着调整，进而 LM 曲线移动（在 LM_1 和 LM_2 之间），产出会在 Y_3 和 Y_4 之间进行波动，范围更大。显然，如果以货币供给为中介目标，产出的波动性更小。

如图 8–5（b）所示，如果外部冲击主要来自货币市场，也就是 LM 曲线不稳定、经常发生位移[1]，比如在 LM_3 和 LM_4 之间进行波动。此时若以货币供给为中介目标，保证货币供给稳定，那么 LM 曲线不会出现二次移动，产出会在 Y_5 和 Y_6 之间进行波动；如果以利率为中介目标，保证利率不变，那么货币量就需要进行调整，使得 LM 曲线出现二次移动，仍然移回到原来 LM_0 的位置（只有移动到原来的位置才能恢复到中央银行目标的利率水平），产出维持在 Y_0 不变。显然，如果以利率为中介目标，产出的波动性更小。

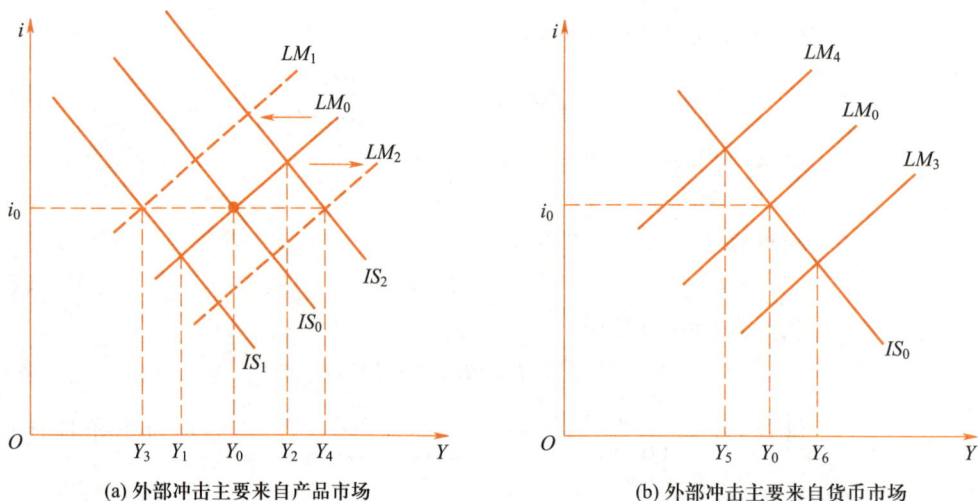

(a) 外部冲击主要来自产品市场　　　　(b) 外部冲击主要来自货币市场

图 8–5

（2）实践依据

数量型和价格型中介目标各有利弊，没有绝对的优劣之分，关键需要观察中介目标与本国经济金融体制的适应性。具体来看，需要结合一国具体的经济环境，判断数量型和价格型中介目标的可测性、可控性和相关性。

3. 发达国家货币政策中介目标的演进

如表 8–3 所示，主要发达国家货币政策中介目标的演进大致分为三个阶段：从 20 世纪 50 年代至 60 年代的**利率**转为 20 世纪 70 年代至 80 年代的**货币量**，在 20 世纪 90 年代以后又纷纷转为**利率**。

---

① 注意这个位移是由需求侧而非供给侧所导致的，比如流动性偏好的波动。

》 第一次转变的背景是滞胀,在治理通货膨胀的问题上,控制货币供给显然是更直接、更有效的。第二次转变的背景则是金融市场发展和金融创新使得货币量的可控性和相关性大幅度减弱。比如在美国,大量的实证研究表明 M2 和 GDP 以及 CPI 之间已经没有稳定的相关关系[1],自然也就不再适合充当中介目标,时任美联储主席的格林斯潘说"不是我们背叛了M2,而是 M2 背叛了我们"。

表 8-3 主要发达国家货币政策中介目标变迁

国家	20 世纪 50 年代至 60 年代	20 世纪 70 年代至 80 年代	20 世纪 90 年代以后
美国	利率	M1,后改为 M2	利率
英国	利率	M3,后改为 M0	通胀预测和利率
德国	超额准备金	M3	M3,同时考虑利率和汇率
日本	贷款规模	M2+CD	利率

4. 我国货币政策中介目标的选择
(1)演进过程
我国货币政策中介目标的演进如图 8-6 所示。

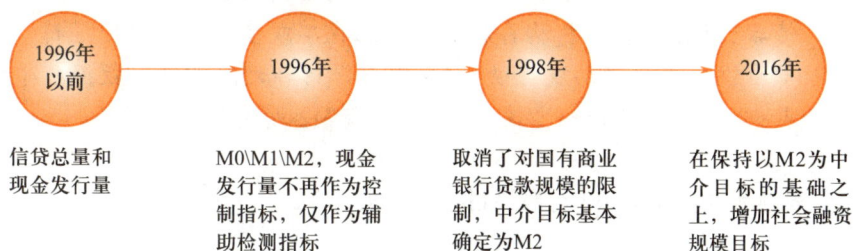

图 8-6 我国货币政策中介目标的演进

(2)中介目标由数量型向价格型的转变
① 转变的原因:金融市场的发展、金融创新、产业结构转型等使得 M2 的可测性、可控性和相关性大幅下降。

a. 金融市场的发展
首先,中国人民银行根据普尔模型回归的数据结果显示:随着金融市场的发展,2008 年之后我国外生冲击更多来自货币市场,此时再以 M2 为中介目标会带来产出的过度波动。

其次,金融市场的发展使得货币流通速度越来越不稳定,进而削弱了 M2 与最终目标的相关性。这可以从两个角度来理解:第一,从投资者角度来看,根据凯恩斯的货币需求理论,

---

[1] 20 世纪 80 年代到 90 年代,美国的 M2 增速持续震荡,从约 5% 降至接近 0,同期实际 GDP 增速仍保持在 5% 左右。

如式（8-11）所示，如果货币需求以交易性和预防性为主，$L_1(Y)$ 占比高，那么流通速度就是稳定的；对应地，如果货币需求以投机性为主，$L_2(i)$ 占比高，那么流通速度就会不稳定。而金融市场的发展、资产配置的需求上升会使得人们投机性的货币占比上升。第二，从融资者角度来看，直接融资不创造货币、不影响货币总量；但会分配货币、提高货币的使用效率。企业在获得货币之后同样会增加投资，进而拉动总需求、产出和价格。结合货币数量论方程（MV=PY）可知，在货币量不变的情况下，产出和价格的上升是由流通速度的上升所驱动的。这符合直觉，因为直接融资正是让货币在原有基础上多流通了一次。所以直接融资的良性替代效应也使得货币流通速度更加不稳定。

$$V = \frac{Y}{L_1(Y) + L_2(i)} \tag{8-11}$$

b. 金融创新

首先，金融创新使得许多金融产品的流动性增强，具有一定的货币属性，模糊了货币的界限（可测性）。并且也增强了货币的**内生性**，削弱了中央银行对货币的控制力（可控性）。

> ≫ **举例**：截止到 2024 年末，我国以银行理财、基金等为代表的资管产品规模已超 100 万亿元，其中相当部分都能快速地转换成活期存款然后进行支付，流动性并不显著弱于定期存款，似乎也应纳入货币量的统计范畴，就模糊了货币的界限。并且居民和企业在用银行存款购买非银行金融机构（比如基金公司）发行的资管产品后（居民、企业存款变为非银行金融机构存款[1]，M2 不变），非银行金融机构可能去购买银行发行的同业存单或金融债券（非银行金融机构存款变为同业存单或金融债券，M2 下降[2]），这会对货币供应量规模形成扰动，但是中央银行却无法控制。数据也印证了这一点：当资管产品余额增速上升时，同期 M2 增速往往会下降。

其次，金融创新也会冲击 M2 与最终目标的相关性。

> ≫ **举例**：金融体系内部（银行业和非银行金融机构之间）的业务创新会创造货币[3]，但是这部分货币并非用来购买商品劳务，而是用于购买金融资产，所以并不会形成对商品劳务的总需求，也就不影响名义 GDP。当这部分创新业务扩张的时候，M2 上升，名义 GDP 稳定；当这部分创新业务收缩的时候，又会带动 M2 下降，名义 GDP 仍然稳定。也就是说，尽管 M2 在不断波动，名义 GDP 却始终是稳定的，这就意味着 M2 和物价、产出的相关性弱化。

c. 产业结构转型使得信贷增长（货币增长）与经济增长的关系趋于弱化，M2 与最终目标的相关性下降。

---

[1] 根据货币分层，非银行金融机构在银行的存款也是统计到 M2 中的。
[2] 结合商业银行资产负债表（负债端）来考虑。
[3] 当银行增加对非银行金融机构的资产投放时，非银行金融机构在银行存款增加，M2 上升。

>> **举例**：我国当前产业结构转型表现为房地产、基础设施建设、重工业（重资产属性）等占比下降，战略性新兴产业、现代服务业（轻资产属性）等占比上升。从重资产向轻资产的转变意味着，企业的收入增长不再依赖大量资产支撑，并且对债务的依赖也显著减少[1]。如此一来，传统意义上"债务（贷款，形成 M2）→资产→收入（GDP）"的传导就被削弱，M2 和GDP 之间的相关关系自然也趋于弱化。

在这些因素的干扰下，即便能够忠实地完成 M2 的既定目标，也未必能实现预期的经济增长和通货膨胀目标。从发达国家的经验来看，未来的发展方向是推动中介目标由数量型向价格型转变。

② 转变不是一蹴而就的

a. 以利率作为中介目标仍然面临可控性和相关性的问题

首先，可控性要求金融市场成熟，政策利率变动可以有效地传导到存贷款利率和债券市场利率，进而影响实体经济融资成本。而我国却长期存在**金融市场分割**的问题，货币市场利率向存贷款利率的传导效率低，2019 年 8 月到 2024 年 8 月，公开市场操作 7 天逆回购利率累计下调 0.85%，但同期，贷款平均利率的降幅却达 1.9%、定期存款平均利率降幅仅为0.5%。存在"贷款利率降得多，存款利率降不动"的情况。

其次，相关性要求消费和投资对利率具有较强的敏感性，利率的变动可以影响到消费、投资，进而传导到总需求、产出和价格，而我国未必满足这一要求，这一点已在利率章节进行过分析。

b. 需要渐进式改革

在当前的情况下，可以首先放弃 M2 的点目标，改为**区间目标**，弱化 M2 对货币政策操作的约束，为更多地考虑利率目标留出空间。同时，推动完善以公开市场操作利率为核心的政策利率体系，健全从政策利率到基准利率再到一般利率的市场化的利率形成和传导机制。

▷▷▷ **真题链接**

1.（2025—中国人民大学）（判断题）社会融资规模是实体部门通过直接或间接融资从金融部门获得的融资总额。（　　　）

2.（2018—中国人民大学）社会融资总量不包括（　　　）。

A. 社会新增贷款　　　　　　　　B. 股票融资额

C. 企业债净发行额　　　　　　　D. 同行拆借额

3.（2018—对外经济贸易大学）以下选项中，不属于货币政策的中介目标的选择标准的是（　　　）。

A. 可测性　　　　　　　　　　　B. 可控性

---

[1]　从贷款供给来看，轻资产行业缺乏抵押品，因而银行不愿意提供授信；从贷款需求来看，根据公司金融中资本结构理论的静态权衡理论，轻资产行业因为财务困境成本更高，所以其最优的资本结构也倾向于减少债务比重、增加权益比重。

C. 相关性　　　　　　　　D. 稳定性

4.（2023—北京大学）这几十年来，利率目标越来越多地被各国央行采用，其优势包括（　　）。

A. 多数国家的财政政策制定者需要这一政策规则

B. 采用货币总量目标总是导致高货币增长率

C. 与货币总量目标相比，这种政策的不稳定性更小

D. 以上都不正确

5.（2024—东北财经大学）名词解释：货币政策中介目标。

6.（2017—中央财经大学）名词解释：社会融资规模。

7.（2022—对外经济贸易大学，2024—华中科技大学）货币政策中介目标的选择标准和主要种类。

8.（2023—浙江大学）社会融资规模是什么？M2和社会融资规模之间的联系与区别是什么？推出社融的作用是什么？

9.（2024—武汉大学）简述以长期利率作为货币政策中介目标的优缺点。

【答案】1. √；2. D；3. D；4. C；5. 略；6. 略；7. 略；8. 略；9. 略

三、操作目标　★

货币政策操作目标是中央银行通过货币政策工具能够有效实现的政策变量，比如准备金、基础货币、短期利率等。操作目标有两个特点：一是直接性，工具的运用会直接引起这些指标的变化；二是灵敏性，对工具的运用反应极为灵敏，中央银行对其有很强的控制力。

中国人民银行目前的操作目标为公开市场操作7天逆回购利率，美联储的操作目标为联邦基金利率。

▷ ▷ ▷ 真题链接

（2024—中央财经大学）下列不适于作为货币政策操作目标的是（　　）。

A. 国债收益率　　　　　　B. 央行可自行决定的利率

C. 基础货币　　　　　　　D. 准备金

【答案】A

专栏一　双支柱调控框架★★★

2017年10月，中国共产党十九大报告中提出"健全货币政策和宏观审慎政策双支柱调控框架"。2019年2月，中国人民银行设立宏观审慎管理局，标志着我国开始初步构建由中国人民银行统筹协调的金融宏观调控体系。之所以在货币政策之外还需要宏观审慎政策，主要有以下原因：

扫码回复
"双支柱调控框架"
听讲解

（一）宏观审慎政策能够弥补原有金融管理体制的重大缺陷

1. 金融管理体制原有缺陷

（1）从宏观角度来看，20世纪80年代以来，随着新共识宏观经济理论和动态不一致理论的提出，出于增强规则性和透明度的考虑，主流货币政策框架主要朝着单一目标（CPI稳定）和单一工具（短期利率）的方向发展。但2008年金融危机暴露出以CPI为锚的货币政策框架存在较大缺陷：CPI衡量的只是商品劳务价格，所以CPI的稳定只意味着产品市场和劳动力市场的稳定，并不意味着金融市场的稳定。

（2）从微观角度来看，传统金融监管的核心是保持个体机构的稳健。但由于"**合成谬误**"问题的存在，个体稳健不等于整体稳健：从时间轴上看，经济金融体系中存在很多正反馈环，使得系统呈现出非常明显的顺周期性，如资本充足率监管的顺周期性、信用评级的顺周期性等。从空间轴上看，相关联的机构和市场间的风险传染会导致系统性破坏。

因而，在宏观货币政策和微观审慎监管之间存在一块防范**系统性风险**的空白，这一缺失也导致了2008年金融危机的爆发。

2. 宏观审慎政策的作用

宏观审慎政策在很大程度上弥补了这块空白：它以防范系统性风险为目标，采用宏观、逆周期、跨市场的视角，实行自上而下的衡量方法，着力于减缓金融体系的顺周期性和风险传染性对金融稳定和实体经济造成的冲击。

在商业银行章节，已经对《巴塞尔协议Ⅲ》中的宏观审慎监管框架进行了阐述，这里再对我国的宏观审慎框架进行讨论。在我国，中国人民银行的宏观审慎政策实践包括**宏观审慎评估**（Macro Prudential Assessment, MPA）、**房地产金融宏观审慎管理**、**跨境资本流动宏观审慎管理**等，分别针对时间轴和空间轴设计相应的宏观审慎工具。

① **针对时间轴问题**，政策工具包括资产类、资本类和流动性类。**一是资产类**。房地产金融宏观审慎管理的贷款价值比（Loan to Value, LTV，住房抵押贷款不能超过房产价值的一定比例）；**二是资本类**：MPA中的宏观审慎资本充足率要求（包括资本充足率、留存资本缓冲、逆周期资本缓冲等）、杠杆率要求；**三是流动性类**：MPA中的LCR、NSFR等，提升金融机构稳定资金供给的能力，降低流动性风险。很多实证表明（Claessens et al., 2013; Rubio et al., 2014），逆周期调节工具的使用一方面可以前瞻性地减弱上行周期的风险积累，减小系统性风险发生的概率；另一方面可以提升金融机构在下行周期抵御负向冲击的能力，减小对实体经济的负外部性。

② **针对空间轴问题**，主要通过MPA中提高系统重要性金融机构的资本要求、限制同业负债比重等进行缓解。

③ **除此之外**，也通过跨境资本流动宏观审慎管理等抑制跨境资本流动存在的顺周期性问题，控制风险的跨境传染。

（二）宏观审慎政策可以作为货币政策的有效补充，减轻货币政策负担，强化货币政策调控效果

1. 减轻货币政策负担

货币政策调控存在是否将资产价格纳入反应函数的困境，即是否应该抑制资产价格泡沫的形成。

美联储前主席格林斯潘持有反对的观点,他认为一方面,资产价格泡沫无法确认,在泡沫破裂之前没有人知道它是泡沫;另一方面,目标过多会影响单个目标的实现,如果通过加息的方式抑制特定市场的资产价格泡沫,那么可能导致整体资产价格的下跌,甚至伤害实体经济。因而传统货币政策对资产价格泡沫的应对方式一般是"**事后清理**",即泡沫破裂之后,中央银行充当最后贷款人,进行较大幅度的货币宽松来弥补危机造成的经济损失。但泡沫破裂可能会使经济付出巨大代价,并且会增加投资者的"**道德风险**",反而更加促使资产价格泡沫的形成。

资产价格泡沫一般分为两种类型:**信贷驱动型泡沫**和**非理性繁荣驱动的泡沫**。信贷驱动型泡沫发生在信贷繁荣时期,比如 2007 年次贷危机:信贷资金被用于购买房地产,推高了房地产的价格。房地产作为抵押品,其价格的上升又进一步支持了信贷扩张,形成正反馈机制,致使房地产价格暴涨,远远超过其内在价值。非理性繁荣驱动的泡沫则完全来自过分乐观的预期,与信贷繁荣无关,对金融体系和实体经济造成的冲击更小。比如 20 世纪 90 年代的科技股泡沫,泡沫破裂没有导致金融机构资产负债表明显恶化,由此引发的经济衰退也更加温和。

宏观审慎政策的引入有助于应对危害性更大的信贷驱动型泡沫,减轻货币政策的负担。它通过宏观审慎工具的创新,如留存资本缓冲、逆周期资本缓冲、贷款价值比等来稳定信贷投放,进而抑制信贷驱动型资产价格泡沫的形成。

2. 强化货币政策调控效果

通常情况下,货币政策与宏观审慎政策两者的调控方向一致。比如经济衰退时,货币政策与宏观审慎政策可以双松来促进经济复苏;经济繁荣时,又可以双紧来防止经济过热。

但是在某些情况下,两者的调控方向相反。比如经济衰退时,实体投资回报率较低。宽松的货币政策带来的流动性不一定能进入实体经济,而可能会淤积在金融体系内部、酝酿金融风险。这个时候,在货币策宽松的同时,可以适当收紧宏观审慎监管,防止资金脱实向虚,引导资金流向重点领域;当经济过热时,如果杠杆率和资产价格已经过高,实施加息等紧缩性的货币政策可能会迅速刺破泡沫、造成次生风险,不利于宏观经济和金融体系的稳定。此时可以继续保持货币政策的稳健性,收紧宏观审慎政策以促使杠杆率和资产价格软着陆。

▷▷▷ **真题链接**

1.(2021—对外经济贸易大学)(判断题)我国正在逐步建立"货币政策 + 微观审慎政策"的双支柱金融调控框架。(　　　)

2.(2025—中央财经大学)货币政策和宏观审慎政策的影响主要体现在(　　　)。

A. 物价与汇率　　　　　　　　B. 物价与杠杆率

C. 物价与利率　　　　　　　　D. 物价与收益率

3.（2024—中国人民大学）中国人民银行一直用"双支柱"调控框架进行宏观调控。结合金融学理论,阐述"双支柱"调控框架的意义,并对"经济衰退,信贷紧缩"和"经济下行,房价股价泡沫"两种情况,分别讨论在"双支柱"调控框架下央行应采取的政策措施。

4.（2025—上海交通大学）简述资产价格泡沫的两种类型以及反对运用利率工具刺破泡沫的主要理由。

【答案】1. ×;2. B;3. 略;4. 略

第三节　货币政策工具体系

货币政策工具是指货币当局可以直接控制、用以实现目标的变量。

一、一般性货币政策工具

一般性货币政策工具也称**常规性货币政策工具**,指中央银行采取的对整个经济体系的货币信贷、利率产生一般性或全面性影响的工具,是最主要的货币政策工具,包括法定存款准备金工具,再贷款、再贴现工具和公开市场操作工具,合称为"**三大法宝**"。

（一）法定存款准备金工具　★★★★

1. 含义

金融机构按照中央银行的规定,将其吸收存款的一定比例交存中央银行。这个比例即为法定存款准备金率。中央银行通过调整法定存款准备金率的方式来进行货币政策调控[①],我们经常听到的"**降准**""**提准**"就是降低和提高法定存款准备金率(如图 8-7 所示)。

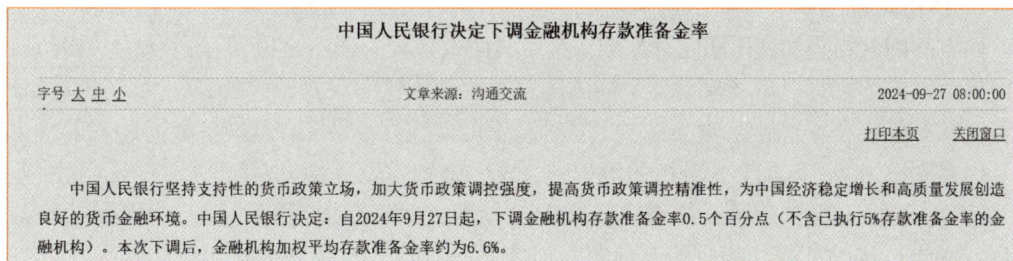

中国人民银行决定下调金融机构存款准备金率

字号 大 中 小　　　　　文章来源: 沟通交流　　　　　2024-09-27 08:00:00

打印本页　　关闭窗口

中国人民银行坚持支持性的货币政策立场,加大货币政策调控强度,提高货币政策调控精准性,为中国经济稳定增长和高质量发展创造良好的货币金融环境。中国人民银行决定:自2024年9月27日起,下调金融机构存款准备金率0.5个百分点(不含已执行5%存款准备金率的金融机构)。本次下调后,金融机构加权平均存款准备金率约为6.6%。

图 8-7　2024 年 9 月 27 日中国人民银行降准公告

2. 产生原因

将存款准备金集中于中央银行,最初始于英国。但是以法律形式规定商业银行必须向中央银行缴纳存款准备金,则始于 1913 年**美国**的《联邦储备法》。其目的在于冻结商业银行的

---

① 除了调整法定存款准备金率之外,调整法定存款准备金的征收范围等操作也属于法定存款准备金工具,但是其中最常用的是调整法定存款准备金率。

部分资产以防止其将过多的资金用于贷款投放,进而降低流动性风险。20世纪30年代,美联储发现法定准备金率的调节可以影响货币量,因而又将其作为货币政策调控的工具。此外,对于计划经济国家,对商业银行征收高的法定存款准备金还有助于集中统一调配资金。

3. 效力分析

（1）法定存款准备金率的调整对中间目标的影响（以降准为例）

① 货币供应量

从**基础货币乘数法**来看,法定准备金的下降会使得货币乘数上升,基础货币不变[①],进而使得**货币供给上升**。这背后的**现实交易**为:法定准备金率的下降意味着一部分法定准备金解冻、变成超额准备金,商业银行可以据此增加贷款投放、创造更多的存款,货币供给上升。

② 利率

法定准备金率的下降意味着一部分法定准备金解冻、变成超额准备金,超额准备金供给上升,拆借准备金的同业利率自然下降。作为**基准利率**,同业利率的下降会带动整个货币市场利率,进而带动整个金融体系利率水平的**下降**。

（2）法定存款准备金工具的特点

① 强大

a. 原因

一方面,法定存款准备金率的调整往往以0.5%为单位,因而在存款规模较大的情况下,会释放出大量的超额准备金。

> 》 **举例**：比如我国截至2024年12月末约有302.3万亿元的人民币存款,如果中国人民银行降准0.5%,则会形成约1.5万亿元的超额准备金投放。

另一方面,贷款创造存款的过程实际上也是超额准备金转化成法定准备金的过程,当法定存款准备金率下降时,存款创造对超额准备金的消耗也会减少,这也会支持更多的存款创造[②]。

b. 使用情况

两方面因素相叠加使得法定存款准备金工具的效果较为强烈,因而不宜作为中央银行日常调控货币供给的工具。市场流动性平稳的国家很少使用这一工具,一些国家比如英国、加拿大甚至实行零存款准备金制度,这意味着其货币政策的调控并不借助存款准备金工具来实施。

但是对于市场流动性不平稳的国家和阶段,比如我国从2003年开始的严重双顺差时期,外汇储备的大幅上升导致超额准备金大量投放,市场流动性严重过剩,法定存款准备金工具就成为最优的选择。相较于其他工具而言,它可以迅速、深度地冻结流动性[③]。

---

① 一般认为,法定准备金率的调整只影响基础货币结构,不影响基础货币总量。从中央银行资产负债表来看,影响基础货币总量的是资产方的国外资产、国内资产,负债方的财政存款、央票,法定准备金率的调整不影响其中任何一部分,自然也不影响基础货币规模。

② 法定存款准备金率调整会影响货币乘数,"降准"会使得货币乘数增加,"提准"会使得货币乘数降低,这也是它与再贷款、再贴现以及公开市场操作的不同之处。

③ "迅速"是指主动权在中央银行手中,这一点是相较于再贷款、再贴现工具而言的;"深度"则是指期限较长,这一点是相较于公开市场操作中的回购以及发行央票而言的。同时,公开市场操作中的现券卖断也会受到中央银行持有国债规模的限制。

② 僵硬

法定存款准备金的征收是强制的,并且是**一刀切**的,只考虑银行体系的流动性总量,不考虑流动性结构。当中央银行宣布提高准备金率时,无论一家商业银行的流动性是强还是弱,均需要缴纳更多的法定存款准备金,这就会对流动性弱的银行造成伤害。

③ 固定化的倾向

因为调控效果强大,所以法定存款准备金率的调整往往会引发市场的广泛关注,在很大程度上影响**市场预期**。而根据附加预期的菲利普斯曲线,只有超预期的政策才有效,因而如果想要进一步发挥调控效果,只能继续调整法定存款准备金率,这样就有了固定化的倾向。

④ 扰乱商业银行的经营计划

为满足法定存款准备金率的要求,商业银行需要调整资产结构(比如卖出债券、收回贷款等),在这个过程中会产生**调整成本**。

除此之外,法定存款准备金的存在本身就提高了商业银行的**可用资金成本**[1]:它减少了商业银行可以用于贷款的资金,变相地提高了资金成本。因而在理论研究中,还经常将法定存款准备金当作银行的税收来处理。

(3)我国的法定存款准备金工具

① 法定存款准备金工具的历史演变

1998 年以前的存款准备金:集中资金、配置资金→1998 年存款准备金制度改革:合并法定存款准备金账户和备付金存款账户;下调法定存款准备金率,且允许金融机构自主支配超额准备金的部分;对各金融机构的法定存款准备金按法人统一考核→2004 年实行差别的法定存款准备金率制度,将金融机构适用的法定存款准备金率与其资本充足率、资产质量状况等指标挂钩。

② 当前的法定存款准备金框架

目前,我国的法定存款准备金率分为**三个基准档**:大型银行为 8.5%、中型银行为 6.5%、小型银行为 4%[2]。三个基准档的设计兼顾了防范金融风险和支持实体经济。因为大型银行是最具系统重要性的机构,所以出于防范系统性风险、维护金融体系稳定的目的,对其征收较高的法定存款准备金率;因为法定存款准备金类似于税收,所以出于降低中小银行资金成本、更好支持当地中小企业发展的目的,对其征收较低的法定存款准备金率。

》 **当前的法定存款准备金安排**

缴纳主体:中国农业发展银行、国有控股商业银行、股份制商业银行、城市商业银行、农村商业银行、农村合作银行、城市信用合作社、农村信用合作社、村镇银行、企业集团财务公司、金融租赁公司以及有关外资金融机构。

缴纳范围:储蓄存款、企业存款、机关团体存款以及其他存款、**表内理**

---

[1] 商业银行的可用资金成本 =(利息成本 + 营业成本)/(存款 – 法定准备金 – 必要超额准备金)。

[2] 截至 2024 年 2 月底,大型银行包括中国银行、中国农业银行、中国工商银行、中国建设银行、中国交通银行、中国邮政储蓄银行六大行,中型银行包括股份制商业银行、城市商业银行、外资银行、部分规模较大的农村商业银行等,小型银行包括服务县域的农村商业银行、村镇银行、农村信用合作社等。

财产品、国库现金定期存款、保证金存款。

缴纳比率：不同期限、不同数额存款负债适用**统一**的存款准备金要求；不同金融机构存在差异比率；本外币负债存在差异比率。

利率：法定存款准备金利率为 1.62%，超额存款准备金利率为 0.35%，外汇存款准备金不付利息。

缴纳时间：当旬第五日至下旬第四日营业终了时，法定存款准备金余额与上旬末全行一般存款余额之比，不得低于法定存款准备金率（滞后期为 5 天，维持期为 1 旬）。2015 年 9 月 15 日之前采用**时点法**，准备金必须在维持期内每日缴足；2015 年 9 月 15 日之后采用**平均法**，考核期内（十天）平均值达标即可，不需要每天都满足要求，单个工作日的超额准备金率不得小于 –1%。

可用资产：只能为其法人在中国人民银行的存款。

（二）再贷款、再贴现 ★★★

1. 含义

再贷款是指中央银行对商业银行和其他金融机构的放款。再贴现是指中央银行通过买进金融机构持有的已贴现未到期票据，向其提供融资的行为。中央银行通过调整再贷款、再贴现的利率（以下简称"两再率"）以及资格（如抵押品范围）等来进行货币政策调控。

2. 效力分析

（1）"两再率"的变动对中介目标的影响（以下调为例）

① 货币供应量

"两再率"的下降意味着商业银行通过再贷款、再贴现进行融资的成本下降，因而会扩大再贷款、再贴现规模。根据**中央银行资产负债表**，这会使得中央银行资产方国内资产上升、负债方基础货币上升。根据**基础货币乘数法**，这将带动货币供应量上升。这背后的**现实交易**为：再贷款、再贴现规模的扩大意味着商业银行持有的超额准备金增加，进而可以增加贷款投放、创造更多的存款，导致货币供应量上升。

② 利率

"两再率"的下降会促使商业银行扩大再贷款、再贴现规模，进而使超额准备金增加，促使同业拆借利率和回购利率下降。作为基准利率，同业拆借利率的下降会带动整个货币市场利率和整个金融体系利率水平的下降。

（2）再贷款、再贴现工具的特点

① 优势

a. 相较于法定存款准备金工具更为**温和**。

b. "两再率"的调整**有一定的**宣告效应，"两再率"的提高表明中央银行有紧缩倾向，"两再率"的降低则表明中央银行有扩张倾向[①]。

---

① 因为再贷款、再贴现是商业银行借入的资金，且担保品质量高、期限短，借款人也多为财务状况良好的大银行。所以也有人认为两再率可以充当无风险的**基准利率**，这会使其拥有更强的宣告效应。

② 缺陷

a. **被动**：发起人是商业银行，因而主动权在商业银行而非中央银行手中。

b. **无力**：当经济繁荣时，商业银行有很多优质的贷款项目，"两再率"的上升可能难以抑制再贷款、再贴现的扩张；反过来，当经济衰退时，商业银行缺乏好的贷款项目，"两再率"的下降也难以抑制再贷款、再贴现的收缩。

> ≫ **补充：借入准备金和非借入准备金**
>
> 法定准备金和超额准备金考虑的是准备金的**需求**，即商业银行为什么需要准备金。而借入准备金和非借入准备金则考虑准备金的**供给**，即商业银行准备金的**来源**。借入准备金和非借入准备金的区别在于该笔准备金是否是**从中央银行处借入**的。如果是，则为借入准备金[①]；如果不是，而是商业银行自有的，则为非借入准备金。中央银行的再贷款、再贴现会形成借入准备金，公开市场买入则会形成非借入准备金。

（3）我国的再贷款、再贴现工具

① 历史演变

a. **再贷款**

1984—1993年：吞吐基础货币的主要渠道，对推动经济增长起到至关重要的作用→1994—2013年：外汇占款大量增加，通过收回再贷款对冲因外汇占款增加而投放的基础货币→2013年至现在：创设新的广义再贷款工具，包括常备借贷便利（SLF）、中期借贷便利（MLF）、抵押补充贷款（PSL）等支持基础货币的投放。

b. **再贴现**

1986—1993年：试点阶段→1994—1997年：再贴现的推广和制度建设阶段，1997年出台《商业汇票承兑、贴现与再贴现管理暂行办法》《中国人民银行对国有独资商业银行总行开办再贴现业务暂行办法》→1998年以后：再贴现政策逐步完善和扩大。

② 当前的再贷款制度

中国人民银行目前有四类再贷款：流动性再贷款、信贷政策支持再贷款（如支农再贷款、支小再贷款等）、金融稳定再贷款和专项政策再贷款（如扶贫再贷款、区域再贷款等）。

> ≫ **补充：美国的再贴现政策**
>
> 2003年改革后，美联储的贴现窗口分为三个项目：**一级信贷**（Primary Credit）、**二级信贷**（Secondary Credit）和**季节性信贷**（Seasonal Credit）（如表8-4所示）。

[①] 同业拆借资金**不算**借入准备金，借入和非借入是站在整个商业银行体系的角度来看的，考虑商业银行和中央银行的交易，并非商业银行内部的交易。

表 8-4　美联储贴现窗口改革

分级	贷款对象	期限	利率
一级信贷	向财务稳健的银行提供,资格要求严格	隔夜	高于联邦基金利率目标 50BP
二级信贷	资本不足或者评级较低的银行	隔夜,可延期	高于一级信贷利率 50BP
季节性信贷	度假区或农业区的银行	较长	与联邦基金利率和定期存款利率平均值挂钩

a. 三个项目中,一级信贷是主要工具。它面向财务稳健的存款机构,期限一般为隔夜,利率高于联邦基金利率目标 50BP。由于一级信贷期限很短,因而美联储通常不需要存款机构在申请贷款时提供借款理由。

b. 二级信贷面向那些不满足一级信贷条件的存款机构,期限一般也为隔夜,但某些情况下可以延期,利率高于一级信贷利率 50BP,属于惩罚性的高利率。相较于一级信贷,美联储对二级信贷的监管更加严格。

c. 季节性信贷则面向特定类型的存款机构,如度假区或农业区的银行。农业、旅游等经济活动具有季节性特征,导致银行的流动性需求也存在季节性波动(比如播种期需要更多贷款),因而美联储会对其提供季节性信贷。季节性信贷期限更长,利率与联邦基金利率和定期存款利率的平均值挂钩。

（三）公开市场操作（Open Market Operation, OMO）★★★★

1. 含义

中央银行通过在金融市场上公开地买入或者卖出证券(主要是政府机构债券,如国库券),以影响基础货币的业务活动。在大部分国家,公开市场操作是中央银行**最常用**的流动性管理手段。

2. 效力分析

（1）公开市场操作对中介目标的影响（以公开市场买入为例）

① 货币供应量

从**中央银行资产负债表**来看,公开市场买入会使得中央银行资产方国内资产上升、负债方基础货币上升[1]。根据**基础货币乘数法**,基础货币的上升会带动货币供给上升。其背后的**现实交易**为:公开市场买入使得商业银行持有更多的超额准备金,进而增加贷款投放,贷款创造存款,货币供给上升。

② 利率

公开市场买入会使得超额准备金上升,促使同业市场利率下降,进而带动整个金融体系的利率水平下降。

---

①　中央银行也可以在公开市场上买入外汇,这就使得国外资产上升,负债方基础货币上升。从对基础货币的影响来看,两者没有区别。

（2）公开市场操作工具的特点

① **优势**

a. **直接、主动**：直接影响商业银行的准备金数量，进而影响货币量和利率。同时，其主动权在中央银行手中，中央银行能够完全控制交易规模。

> ≫ **补充**：与法定存款准备金工具不同，中央银行在公开市场操作中并不是通过强制的方式来保证主动性，而是通过**市场化招标**的方式，包括数量招标和价格招标（也称"利率招标"）两种。数量招标是中央银行确定利率，市场决定交易规模；价格招标则是中央银行确定交易规模，市场决定利率。2024年7月，中国人民银行将7天逆回购的招标方式从价格招标调整为数量招标（如图8-8所示），中国人民银行直接确定交易利率，市场决定交易规模。以此突出7天逆回购利率的政策利率地位，同时推动货币政策框架由数量型调控向价格型调控转变。

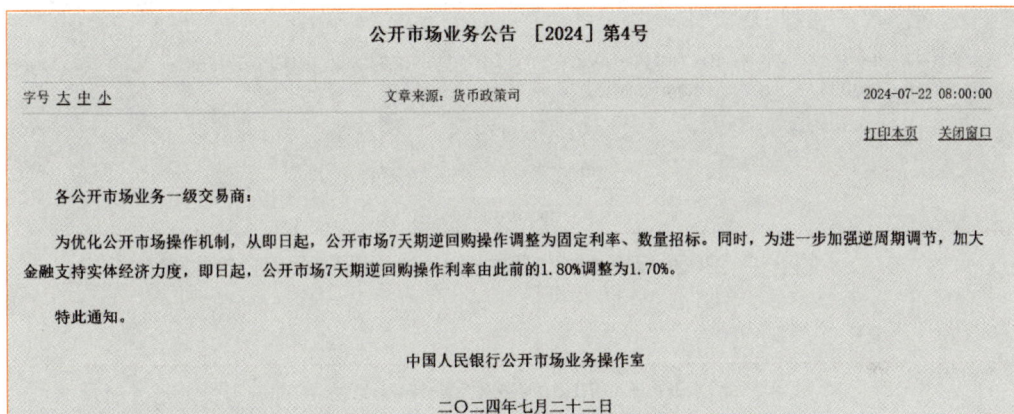

公开市场业务公告　[2024]第4号

字号 大 中 小　　　　　文章来源：货币政策司　　　　　2024-07-22 08:00:00

打印本页　关闭窗口

各公开市场业务一级交易商：

为优化公开市场操作机制，从即日起，公开市场7天期逆回购操作调整为固定利率、数量招标。同时，为进一步加强逆周期调节，加大金融支持实体经济力度，即日起，公开市场7天期逆回购操作利率由此前的1.80%调整为1.70%。

特此通知。

中国人民银行公开市场业务操作室

二〇二四年七月二十二日

图8-8　2024年7月22日中国人民银行公开市场业务公告

b. **灵活、精准**：无论需要调整的准备金规模多大或者多小，都可以通过公开市场操作来精准实现。

c. **连续、可逆**：因为更灵活，所以可以连续地进行公开市场操作。如果先前的操作规模过大，也可以进行反向的对冲。

② **需要具备的条件**

a. 国债市场规模大，并且中央银行在货币市场有足够的影响力。

b. 需要其他政策工具的配合。比如，公开市场操作通常都是在商业银行的存款准备金账户上进行的，如果没有存款准备金制度，则公开市场操作的效力也会受损。

3. **我国公开市场操作工具**

（1）**历史演变**

1994年：外汇公开市场操作启动→1996—1997年：人民币公开市场操作启动→1998—2002年：建立公开市场业务**一级交易商**制度，一级交易商以商业银行为主，同时包含少量非银行金融机构；将政策性银行债纳入公开市场操作；尝试**正逆回购操作**、**现券买断**、**卖断**等多种操作形式→2003年：创新央票作为主要工具以有效回收流动性、优化操作工具组合，灵活开展操作、灵活调整公开市场操作利率、充分发挥公开市场操作的预调和微调作用→2013年：创设短期流动性调节工具（SLO），作为公开市场常规操作的必要补充，在银行体系流动性出现临时性波动时相机使用→2016年：建立公开市场每日操作常态化机制→2024年：中国人民银行在公开市场操作中逐步增加国债买卖（如图8-9所示），并定位于基础货币投放和流动性管理工具，有买有卖、双向开展；启用买断式逆回购操作（如图8-10所示），期限不超过1年，弥补了公开市场7天逆回购和1年期中期借贷便利（MLF）之间的工具空白，进一步提高了流动性管理的精准性。买断式逆回购与7天逆回购以及中期借贷便利之间的区别如表8-5所示；创设证券、基金、保险公司互换便利，打通了央行向非银行金融机构提供流动性支持的渠道（如图8-11所示）。

国债买卖业务公告 [2024]第1号

字号 大 中 小　　　　　　　　文章来源：货币政策司　　　　　　　　2024-08-30 17:00:00

打印本页　　关闭窗口

　　为贯彻落实中央金融工作会议相关要求，2024年8月人民银行开展了公开市场国债买卖操作，向部分公开市场业务一级交易商买入短期限国债并卖出长期限国债，全月净买入债券面值为1000亿元。

中国人民银行公开市场业务操作室

二〇二四年八月三十日

图8-9　2024年8月30日中国人民银行国债买卖公告

公开市场买断式逆回购业务公告 [2024]第1号

字号 大 中 小　　　　　　　　文章来源：货币政策司　　　　　　　　2024-10-31 17:00:00

打印本页　　关闭窗口

　　为维护银行体系流动性合理充裕，2024年10月人民银行以固定数量、利率招标、多重价位中标方式开展了5000亿元买断式逆回购操作。具体情况如下：

买断式逆回购操作情况

期限	操作量
6个月（182天）	5000亿元

中国人民银行公开市场业务操作室

二〇二四年十月三十一日

图8-10　2024年10月31日中国人民银行买断式逆回购公告

表8-5 7天逆回购、买断式逆回购与中期借贷便利（MLF）区别

	7 天逆回购	买断式逆回购	中期借贷便利（MLF）
操作方式	质押式	买断式	质押式
操作频率	每天 1 次	每月 1 次	每月 1 次
交易期限	短期（7 天）	中期（通常是 3 个月、6 个月）	中期（通常是 1 年）
招标方式	数量招标	价格招标（多种价格招标）	价格招标（单一价格招标）

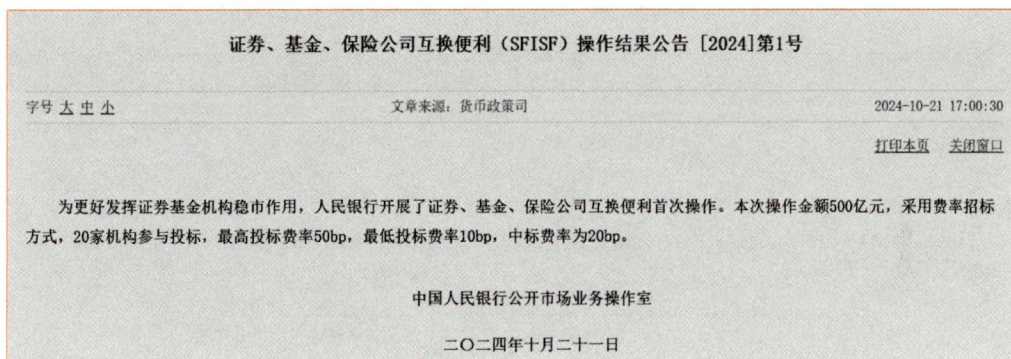

证券、基金、保险公司互换便利（SFISF）操作结果公告 [2024]第1号

字号 大 中 小　　　　　　　文章来源：货币政策司　　　　　　　2024-10-21 17:00:30

打印本页　　关闭窗口

为更好发挥证券基金机构稳市作用，人民银行开展了证券、基金、保险公司互换便利首次操作。本次操作金额500亿元，采用费率招标方式，20家机构参与投标，最高投标费率50bp，最低投标费率10bp，中标费率为20bp。

中国人民银行公开市场业务操作室

二〇二四年十月二十一日

图 8-11 2024 年 10 月 21 日中国人民银行证券、基金、保险公司互换便利公告

（2）当前的公开市场操作

我国目前的公开市场操作包括外汇市场和人民币市场的公开市场操作，其中外汇市场 的操作主要是外汇买断卖断、外汇掉期，人民币市场则包括六个交易品种：现券买断卖断、正逆回购、央票发行回笼、央票互换、证券、基金、保险公司互换便利以及国库现金管理①。其中操作频率最高的是 7 天逆回购。中国人民银行通过每日连续地开展公开市场操作，一方面保持银行体系的流动性合理充裕，另一方面形成短期政策利率，引导市场利率的变动。

>> **补充：永久性准备金调节和临时性准备金调节**

因为买断是指中央银行在买入债券后不再有后续的回购交易，所以被称为**"永久性准备金调节"**，其目的主要是为存款创造提供基础货币支持。而逆回购则因为有后续的回购交易，所以被称为**"临时性准备金调节"**。比如 7 天的逆回购就是只投放 7 天的准备金，7 天后收回。其目的主要是调节短期流动性，保证货币市场利率稳定。

>> **补充：国库现金管理**

中国人民银行将**国库现金管理**也纳入公开市场操作的范畴。中国人民银行作为政府的银行，具有**代理国库**的职责，但主要是作为财政的"出纳"，

---

① 关于央票互换和证券、基金、保险公司互换便利的介绍，参照本讲专栏二，中国人民银行创新的货币政策工具。

对财政收支实行"存不计息,汇不收费"的原则。虽然在 2003 年之后改为按照活期存款利率计息,但财政部门(尤其是地方财政部门)依然认为利率过低。在此背景下,中国人民银行开始以商业银行**定期存款**为工具,优化国库现金管理。通过利率招标的方式将国库存款暂时存放于商业银行,相当于商业银行吸收了一笔存款,到期再支付本金和利息(如图 8-12 所示)。

从参与这一交易的**商业银行资产负债表**来看:成交后,其资产方准备金增加,负债方财政存款增加,资产负债表规模**扩张**;到期后,资产方准备金和负债方财政存款又相应减少,资产负债表规模**收缩**。从**中央银行资产负债表**来看:成交后,负债方财政存款减少,准备金增加;到期后,负债方财政存款增加,准备金减少。整个过程的资产负债表规模**不变**。

2025年中央国库现金管理商业银行定期存款(一期)招投标结果

字号 大 中 小 　　　　文章来源:货币政策司 　　　　2025-01-14 09:40:00

打印本页　关闭窗口

财政部、中国人民银行于2025年1月14日以利率招标方式进行了2025年中央国库现金管理商业银行定期存款(一期)招投标。招投标具体情况如下:

名称	中标总量	起息日	到期日	中标利率
2025年中央国库现金管理商业银行定期存款(一期)	1200亿元	2025年1月14日	2025年3月18日	2.15%

中央国库现金管理操作室

二〇二五年一月十四日

图 8-12　2025 年 1 月 14 日国库现金管理商业银行定期存款公告

» **总结:三大工具的政策方向(见表 8-6)**

表 8-6　三大工具的政策方向总结

三大工具	扩张	紧缩
法定存款准备金率	降低	提高
再贷款 / 再贴现	降低	提高
公开市场操作	买入 / 逆回购 / 回笼央票	卖出 / 正回购 / 发行央票

▷ ▷ ▷ **真题链接**

1.(2025—对外经济贸易大学)中央银行在公开市场进行逆回购的目的主要是(　　)。

A. 增加市场流动性和稳定利率

B. 减少市场流动性和稳定利率

C. 增加市场流动性和稳定汇率

D. 减少市场流动性和稳定汇率

2.（2016—中山大学）对经济运行影响强烈而不常使用的货币政策工具是（　　　）。

A. 信用配额   B. 公开市场业务

C. 再贴现政策   D. 存款准备金政策

3.（2018—中央财经大学）再贴现政策的优点是（　　　）。

A. 中央银行主动性强,不受其他因素干扰

B. 直接影响货币乘数,调控效果猛烈

C. 调控的灵活性强,可用于日常微调

D. 具有告示效应,引导市场利率变化

4.（2020—中国人民大学）公开市场业务有明显的优越性,但要有效发挥作用必须具备一定条件,其中不包括（　　　）。

A. 市场是全国性的,有相当独立性

B. 可交易证券种类齐全并达到必须规模

C. 需要有存款准备金制度等配合

D. 需要与结构性货币政策工具配合

5.（2023—中国人民大学）关于传统货币政策工具,下列说法错误的是（　　　）。

A. 法定存款准备率因为影响过于剧烈因而有固定化的趋势

B. 中央银行调节再贴现利率有告示作用

C. 公开市场操作比再贴现更加灵活、主动

D. 都是中央银行常规的、独立的货币政策工具

6.（2024—上海大学）下列哪种渠道投放的基础货币属于非借入的基础货币?（　　　）

A. 再贷款和再贴现   B. MLF

C. 公开市场操作   D. SLF

7.（2018—中国人民大学,2024—山东大学,2025—天津大学）名词解释:公开市场操作。

8.（2024—中南财经政法大学）名词解释:非借入存款准备金。

9.（2019—中国人民大学）名词解释:普惠金融。

10.（2023—东北财经大学,2023—西南财经大学,2025—同济大学）解释中央银行的法定存款准备金政策、作用机制及优劣。

11.（2021—湖南大学,2022—兰州大学）请简单描述商业银行再贴现政策对货币供给的调节作用。

12.（2025—上海对外经贸大学）请简述国债逆回购对货币供应量的影响。

13.（2025—武汉大学）简述中央银行三大常规性货币政策工具的作用特点和局限性。

【答案】1. A;2. D;3. D;4. D;5. D;6. C;7. 略;8. 略;9. 略;10. 略;11. 略;

12. 略；13. 略

二、选择性货币政策工具　★★

与一般性货币政策工具不同,选择性货币政策工具是选择性地对特定市场进行定向调控的货币政策工具。

（一）消费信用控制

中央银行控制商业银行（或其他金融机构）对除房地产以外的耐用消费品[①]的信用,比如要求商业银行或汽车金融公司调整汽车贷款的上限、首付比例、还款期限等。

（二）不动产信用控制

中央银行控制商业银行对房地产领域的信用,包括居民的住房抵押贷款、房地产企业的开发贷等。具体的控制方式与消费信用控制类似,包括贷款上限、首付比例等。

>> **举例**：中国人民银行和原银保监会于 2021 年推出的《关于建立银行业金融机构房地产贷款集中度管理制度的通知》设置了商业银行整体的房地产贷款占比以及个人住房贷款占比上限"**两道红线**",就是不动产信用控制的体现。

（三）证券市场信用控制

中央银行对有关证券交易的各种贷款进行限制,如控制**初始保证金比率**。中央银行通过控制证券市场的信用交易来防止股票价格的过度波动,进而保证实体经济的稳定。

（四）预缴进口保证金

类似于证券交易的保证金,中央银行还会要求进口商预缴进口商品总额一定比例的存款,从而抑制进口的过快增长。这一限制措施在**国际收支逆差**的国家经常使用。

（五）优惠利率

中央银行对国家重点发展的经济部门或产业给予更优惠的利率水平。

▷▷▷ **真题链接**

1.（2015—清华大学,2024—中央财经大学）以下哪个不属于中央银行传统的三大货币政策工具?（　　）

A. 法定存款准备金　　　　　B. 消费信用控制

C. 再贴现政策　　　　　　　D. 公开市场业务

2.（2016—中央财经大学）以下属于中央银行选择性货币政策工具的是（　　）。

A. 消费者信用控制　　　　　B. 公开市场操作

C. 道义劝告　　　　　　　　D. 信用配额

3.（2024—中国人民大学）（判断题）预缴进口保证金即央行要求进口商预缴进口额一定比例的存款,多为国际收支经常出现的盈余的国家所采用。（　　）

[①] 耐用消费品就是比较耐用,可使用年限比较长的消费品,比如汽车、手机、家电等。

【答案】1. B; 2. A; 3. ×

三、直接信用控制 ★

直接信用控制就是中央银行以行政命令或其他强制的方式直接控制商业银行的信用。

（一）管制存贷款利率

对存贷款利率进行管制是最常用的直接信用控制工具，比如1933年经济大危机后美国的Q条例，再比如我国长期以来对存贷款利率的管制。在当前利率市场化的背景下，中央银行对存贷款利率的管制逐渐减少。

（二）信贷配给（也称"信用配额"）

中央银行对各个商业银行的贷款规模进行分配和限制。1998年以前，我国曾长期采用信贷配额的方法分配信贷供给，1998年以后，中国人民银行取消了这一控制。

（三）直接干预

直接干预是指中央银行直接对商业银行的贷款投放加以干预。比如通过"**正面清单**"和"**负面清单**"的模式对贷款流向进行管制。

（四）流动性比率

商业银行的流动性比率是流动资产对存款的比率（流动资产/存款）。中央银行通过限制流动性比率的方式要求商业银行增加对流动资产的持有，减少贷款的投放。

四、间接信用控制 ★★

间接信用控制是指中央银行通过道义劝告、窗口指导等方法间接影响商业银行的信用创造，比直接信用控制更灵活。

（一）道义劝告

中央银行利用其声望和地位，对商业银行或其他金融机构发出通告、指示或与各金融机构的负责人进行面谈，劝告其遵守政府政策并采取相应的措施。比如当房地产价格快速上涨时，中央银行可能要求商业银行缩减对房地产领域的贷款等。

（二）窗口指导

中央银行根据产业行情、物价趋势和金融市场动向，规定商业银行月度或季度贷款的增减额，并要求其执行。若商业银行不按规定执行，则有对应的惩罚措施。虽然窗口指导没有法律约束力，但其作用有时也很大，它曾一度是日本货币政策的主要工具。

▷▷▷ **真题链接**

1.（2020—中国人民大学）（　　）指中央银行根据产业行情物价趋势和金融市场动向，规定商业银行每个季度贷款的增减额，并要求其执行。

A. 信用配额　　　　　　　　B. 直接干预

C. 道义劝告　　　　　　　　D. 窗口指导

2.（2024—中国人民大学）（判断题）窗口指导没有法律约束力，虽然灵活，但能否起作用严重依赖于中央银行的地位和威望,无法作为主要的货币政策工具。
（　　　）

3.（2022—湖南大学）名词解释:道义劝告。

【答案】1. D;2. ×;3. 略

五、利率走廊调控

（一）利率走廊的含义

利率走廊（Interest Rate Corridor）也称利率通道（Interest Rate Channel），兴起于 20 世纪 90 年代,它是指中央银行通过设定利率的上下限来调节和控制货币市场利率。走廊的上限通常为**贷款便利工具利率**,即中央银行向商业银行发放贷款的利率;走廊的下限通常为**存款便利工具利率**,即商业银行在中央银行存款的利率;走廊中间则为中央银行调控的目标,通常为**同业拆借利率**[①]。

> **各国实践**:（1）自 1999 年欧元诞生起,欧元区就开始实施利率走廊调控,它也是第一批采取利率走廊模式的经济体。欧洲中央银行三大关键利率为**主要再融资操作利率**、**边际贷款便利利率**和**存款便利利率**,分别对应货币市场目标利率、走廊上限利率和走廊下限利率。2024 年底,三大利率分别位于 3.15%、3.4% 和 3% 的水平。（2）2008 年国际金融危机之后,因为准备金规模的极度扩张,传统公开市场操作对于利率的调控作用大大下降,所以美联储也开始积极构建利率走廊调控。美联储的走廊系统更为复杂,具体可参照下文"美联储如何实施加息"。（3）自 2016 年起,中国人民银行也开始实施利率走廊调控短期利率。长期以来,我国利率走廊的上限为**常备借贷便利（SLF）利率**,下限为**超额准备金利率**,目标利率为存款类金融机构以利率债为质押的 7 天回购（DR007）利率。2024 年,中国人民银行进一步优化利率走廊机制,引入午后临时正、逆回购工具[②],以午后临时逆回购利率作为走廊上限,午后临时正回购利率作为走廊下限,缩窄了走廊区间,改善了对称性。也即目前,我国利率走廊体系采用的是内外两层的结构[③]。

（二）利率走廊的作用机制[④]

1. 中央银行通过调整走廊上下限的利率水平来实现调控目标

走廊的上下限均为中央银行直接控制的官定利率,中间则为中央银行想要调控的市场

[①] 根据数学模型的推导,同业拆借利率应该是恰好位于走廊中间。如果存在大量的超额准备金,同业拆借利率位于走廊底部。

[②] 午后临时正、逆回购的操作时间为工作日 16:00—16:20,期限为隔夜,采用数量招标的方式。

[③] 2024 年年底,外层走廊:隔夜 SLF 利率为 2.35%,超额准备金利率为 0.35%,走廊宽度 200BP;内层走廊:午后临时逆回购利率 2%。临时正回购利率 1.3%,走廊宽度 70BP。

[④] 这里的分析可以对照金融市场和金融中介的同业拆借市场部分。

利率。因为市场利率不会超出走廊上下限,所以中央银行可以通过调整上下限的利率水平来影响中间的市场利率,实现调控目标。

2. 为什么市场利率不会超出走廊的上下限

因为同业拆借的资金是商业银行的准备金,所以同业拆借利率应当由准备金的供求决定。

(1)从需求侧来看,准备金需求包括法定准备金(满足监管要求)和意愿的超额准备金(满足支付清算以及客户提现需求),其中超额准备金与同业拆借利率负相关:当同业拆借利率上升时,持有超额准备金的机会成本上升,银行持有更少的超额准备金,曲线斜率为**负**。

但是在存在利率走廊的情况下,准备金需求曲线的形状会发生变化:① 若市场利率**高于**上限利率,则商业银行会以更低的上限利率从中央银行处贷款,而不会从同业市场上进行融资,同业市场上对准备金的需求跌至0;② 若市场利率**低于**下限利率,则商业银行可以先从同业市场上进行融资,然后以超额准备金的形式放到中央银行的账户上,赚取利差收益,此时同业市场上对准备金的需求趋于无穷。这样就可以得到**弯折的准备金需求曲线**,如图8-13(a)所示。

(2)从供给侧来看,准备金供给包括借入准备金和非借入准备金,与同业拆借利率无关。

但是在存在利率走廊的情况下,准备金供给曲线的形状也会发生一些变化:① 若市场利率**高于**上限利率,则商业银行会先以上限利率从中央银行处借款,然后在同业市场上拆出,赚取利差收益,此时同业市场上对准备金的供给趋于无穷(来自借入准备金);② 若市场利率**低于**下限利率,则把准备金在市场上拆出不如直接存放到央行,同业市场上的准备金供给趋于0。这样就可以得到**弯折的准备金供给曲线**,如图8-13(b)所示。

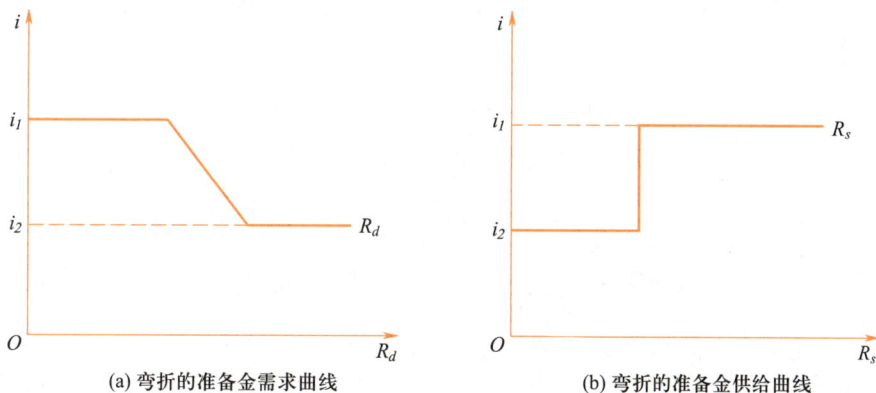

(a) 弯折的准备金需求曲线   (b) 弯折的准备金供给曲线

图8-13

(3) 如图8-14所示,准备金供求决定同业拆借利率。可以发现,同业拆借利率会在走廊上下限之间波动,而不会超出这一范围。

3. 美联储如何实施加息(或降息)

2022—2023年,美联储为应对高通货膨胀进行了激进的加息,两年共加息11次,累计525个基点,将联邦基金利率的目标区间由0%~0.25%上调到5.25%~5.50%,是2008年金融危机以来的最高水平。那么在实践中,美联储是如何实施加息的呢?[①]

(1)**2008 年金融危机以前,美联储主要通过公开市场操作来调节联邦基金利率。**金融危机以前,美国银行体系的超额准备金规模约 200 亿美元,规模较小,称为**短缺准备金框架**。从图 8-14 来看,准备金供求曲线相交于区间内部而非边缘。如果美联储要加息,它会进行公开市场卖出、减少非借入准备金,让供给曲线左移、利率上升。此时,利率走廊仅起到辅助性作用,减小市场利率的波动。

(2)**2008 年金融危机以后,美联储主要通过利率走廊来调节联邦基金利率。**金融危机以后,随着量化宽松政策的实施,美国银行体系的超额准备金规模迅速扩张到 2 万亿美元,在新冠疫情之后进一步扩张到 4 万亿美元,变成了**充足准备金框架**。从图 8-15 来看,准备金供给曲线大幅外移,此时准备金供求曲线相交于区间下限,利率趴到区间底部,称为**地板模式**。可以发现,在这种情况下,通过数量的扩张和收缩来影响利率已经很难了,流动性管理政策和利率政策已经分离,美联储开始转向利率走廊调控。下文附上 2023 年 7 月[②]美联储的议息会议声明,里面包含着美联储利率走廊的调控思路。

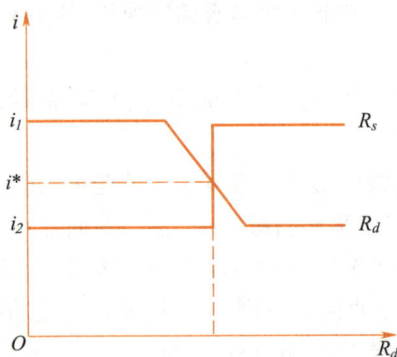

图 8-14　同业拆借利率不会超出走廊上下限　　　图 8-15　地板模式

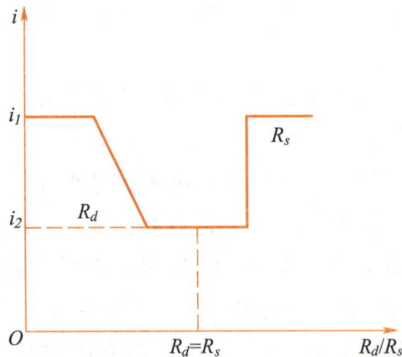

2023 年 7 月美联储 FOMC 声明

美联储已做出以下决定,以实施联邦公开市场委员会在 2023 年 7 月 26 日的声明中宣布的货币政策立场:

◆　美联储系统理事会一致投票决定将**准备金余额**支付的利率提高至 5.4%。

◆　作为其政策决定的一部分,联邦公开市场委员会投票授权和指示纽约联邦储备银行的公开市场服务台,除非另有指示,否则根据以下国内政策在系统公开市场账户中执行交易指示:

◆　自 2022 年 12 月 15 日起,联邦公开市场委员会指示:

◇　必要时进行公开市场操作,以将**联邦基金利率**维持在 5.25%~5.5% 的目标范围内。

◇　进行<u>隔夜回购协议</u>操作,最低投标利率为 5.5%,总操作限额为 5 000 亿美元;主席可酌情暂时增加总操作限额。

◇　以 5.3% 的发行利率和每天 1 600 亿美元的每个交易对手限额进行<u>隔夜逆回购</u>协议操作;主席可酌情暂时提高每个交易对手的限额。

[①]　2024 年,随着通货膨胀压力缓解和经济增长的放缓,美联储又开启了降息周期。2024 年 9 月、11 月、12 月的三次议息会议分别降息 50BP、25BP、25BP,目前的联邦基金利率目标区间为 4.25% ~ 4.5%。美联储实施降息的方式与加息相同,只是操作方向相反。

[②]　2023 年 7 月是美联储上一轮加息周期中的最后一次加息。

◇　在拍卖中展期美联储持有的每个日历月到期的美国国债的本金支付金额,只针对每月超过600 亿美元的部分。赎回不超过此上限的国库券,以及在息票本金支付低于每月上限的情况下赎回国库券。

◇　将每个日历月收到的美联储持有的机构债务和机构 MBS 的本金支付金额再投资到机构 MBS,只针对每月超过 350 亿美元的部分。

◇　如果出于运营原因需要,允许适度偏离规定的再投资金额。

◇　必要时参与美元展期和息票掉期交易,以促进美联储机构 MBS 交易的结算。

在一项相关行动中,美联储系统理事会一致投票批准将初级信贷利率提高 0.25 个百分点至 5.5%,自 2023 年 7 月 26 日起生效。

资料来源:美国联邦储备委员会。

① **利率走廊下限**。从美国的情况来看,利率走廊的下限并非超额准备金利率,而是**隔夜逆回购利率**。

　　≫　**隔夜逆回购工具**(Overnight Reverse Repurchase Agreement , ON RRP)

　　背景:2008 年金融危机之后,美联储开始为超额准备金付息,目的正是希望以超额准备金利率作为走廊的下限。但是在实践中,经常出现联邦基金利率向下击穿超额准备金利率的情况:因为只有缴纳准备金的存款类金融机构才能享受超额准备金利率,而非存款类金融机构(比如货币市场基金、政府支持机构等)则无法享受这一利率,所以它们愿意以更低的利率拆出资金。为了解决这个问题,美联储在 2013 年创设了隔夜逆回购工具。

　　含义:隔夜逆回购是美联储**公开市场操作**的一种,与中国人民银行的逆回购相反,美联储的逆回购是从交易对手的角度出发来定义的,也即是**回收流动性**的操作[①]。它采用**数量招标**的方式:由美联储确定利率,市场机构确定交易规模。比如房地美(政府支持机构)有一笔闲置资金,它可以购买隔夜逆回购工具,其实就是把资金给到美联储、存个隔夜,获取隔夜逆回购的利率。可以发现,隔夜逆回购跟超额准备金类似,也是存款便利工具。但不同的是它适用的交易对手更广泛,还包含了非存款类金融机构,所以可以作为联邦基金利率最坚实的底部。

② **利率走廊上限**。更为有趣的一点是,通常作为走廊下限的超额准备金利率放到美国,反而是走廊的上限。其原因在于 2008 年金融危机之后,由于量化宽松带来的大量准备金投放,各商业银行的超额准备金都处于极度充裕的状态。此时联邦基金利率并不是银行与银行之间的交易形成的,而主要是银行和非银行金融机构之间的交易形成的,银行在中间进行套利操作:它们以低的利率从非银金融机构处融资,融到的钱放到准备金账户上,赚取中间的利差(超额准备金利率减去联邦基金利率)。但是超额准备金毕竟不是贷款类工具,所以当银行间市场流动性紧张时,联邦基金利率会经常突破这个上限。鉴于此,2021 年,美联储创设了**隔夜回购协议工具**,与之前**贴现窗口的一级信贷利率**一起,作为利率走廊更坚实的顶部。

---

① 正回购同理,中国人民银行的正回购是回收流动性的操作,美联储的正回购是投放流动性的操作。

结合表8-5来看,伴随着联邦基金利率目标提高到5.25%~5.5%的水平(提高了25BP),走廊下限隔夜逆回购利率也提高了25BP,到达5.3%的水平,走廊上限准备金利率上调25BP,到达5.4%,隔夜回购利率、一级信贷利率也上调25BP,到达5.5%。每当美联储加息(或降息)时,这四个利率会同时、同幅度发生变动,这就是美国的利率走廊调控。

(三)利率走廊的特点

(1)利率走廊调控可以将同业市场利率稳定在走廊的区间范围内,进而降低货币市场利率的波动性,有利于实施价格型调控。

(2)因为商业银行总是可以以走廊上限利率获取融资,所以缓解了流动性风险,但同时也可能增加商业银行的道德风险。

(3)传统的公开市场操作通过调整流动性供给来影响利率,这个过程需要假定流动性需求是稳定的。而在流动性需求波动(比如商业银行预防性需求突然上升)时,公开市场操作对利率的调控效率下降。而利率走廊调控则不需要该假定,这就降低了中央银行利率调控的难度。同时,利率走廊因为避免了频繁的公开市场操作,也可以降低中央银行利率调控的成本。更进一步地,在充足准备金框架下,利率走廊成为唯一选择。

▷▷▷ 真题链接

1.(2018—对外经济贸易大学)(判断题)在利率走廊模式下中央银行通过设置M2的上限和下限给予市场明确预期。(　　)

2.(2019—复旦大学)如果资金可以自由借贷,银行间市场利率的下限是(　　)。

A. 存款准备金率　　　　　　B. 央行再贴现利率

C. 存款基准利率　　　　　　D. 存款准备金利率

3.(2025—西南财经大学)用准备金供求理论分析利率走廊。

【答案】1. ×;2. D;3. 略

专栏二　中国人民银行创新的货币政策工具

2013年以来,为适应宏观调控和支持经济发展的新要求,中国人民银行陆续推出了一系列创新的货币政策工具。与一般性货币政策工具相对照,中国人民银行创新的货币政策工具包括"公开市场操作类工具""再贷款再贴现类工具""法定存款准备金类工具"。

(一)公开市场操作类工具★

1. **短期流动性操作(Short-Run Liquidity Operation,SLO)**,创设于2013年,本质上是短期的逆回购,期限在7天以内。其作用为:作为公开市场操作的补充,调节货币市场流动性。2016年以前,我国公开市场操作只是在每周二、每周四进行,在一周的其他时间流动性遭受冲击时就用SLO进行调节。2016年以来,中国人民银行开始实行公开市场每日操作的常态化机制,SLO也就逐渐退出了。

公开市场操作不仅包括买券和卖券,还包括换券,如央票互换工具和证券、基金、保险公司互换便利。

2. 央票互换工具(Central Bank Bills Swap,CBS),创设于 2019 年。公开市场业务一级交易商可以以自己持有的合格银行发行的永续债为质押,从中国人民银行处换入(借入)央票,期限通常为 3 个月或 1 年[1],换入的央票可以用于质押来获取融资。<u>其作用在于提升永续债市场的流动性,进而支持银行尤其是中小银行通过发行永续债的方式补充资本金。</u>

3. 证券、基金、保险公司互换便利(Securities、Funds、Insurance companies,Swap Facility,SFISF),创设于 2024 年。符合条件的证券、基金、保险公司等非银金融机构可以以债券、股票 ETF、沪深 300 成分股、公募 REITs[2] 等资产为质押,通过一级交易商(中债信用增进公司),从中国人民银行处换入(借入)国债或央票,期限为 1 年。换入的国债(或央票)可以用于质押来获取融资,并且融得的资金只能投向资本市场,用于股票、股票 ETF 的投资和做市。其业务流程如图 8-16 所示。作为两大支持资本市场的货币政策工具之一[3],其作用在于增强机构投资者的投融资能力,使其更好地发挥资本市场稳定器和压舱石的作用,推动资本市场的高质量发展。同时,也提高了货币政策传导的效率和中央银行维护金融稳定的能力,有助于健全现代货币政策框架和建设现代中央银行制度。

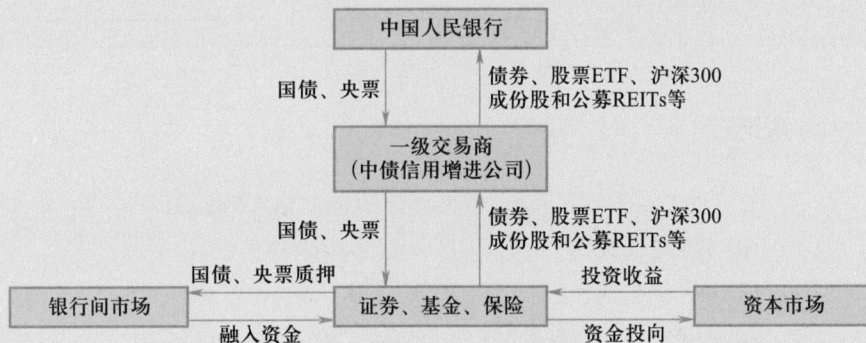

图 8-16　证券、基金、保险公司互换便利业务流程

(二)再贷款再贴现类工具★★★★★

1. 常备借贷便利(Standing Lending Facility,SLF)

SLF 创设于 2013 年,是指金融机构为满足自身大额流动性需求,以合格资产为质

---

[1]　注意互换操作实际上是由即期加远期两笔交易组成的:即期,一级交易商将其持有的永续债换给中央银行,从中央银行处换入央票;远期(3 个月或 1 年后),一级交易商还需要将央票重新还给中央银行,将永续债从中央银行处拿回来。因为央票的质押率(获得的融资额 / 质押物市值或面值)高于永续债,也即以央票为质押(相较于永续债)可以获得更多的融资,所以一级交易商有激励参与该交易。而想要参与该交易,需持有永续债,所以也就促使一级交易商更多购买其他银行发行的永续债,以此来盘活永续债市场。

[2]　REITs, Real Estate Investment Trusts,不动产投资信托基金,该基金募集的资金投资于不动产领域。

[3]　另一项是股票回购增持再贷款。

押,向中央银行主动发起的再贷款交易,期限为1~3个月。其作用在于:第一,满足金融机构短期的大额流动性需求;第二,SLF利率可作为利率走廊的上限。

2. 中期借贷便利(Medium-Term Lending Facility, MLF)

MLF创设于2014年,是指中央银行通过招标方式开展的、向符合宏观审慎管理要求的商业银行和政策性银行以质押的方式提供中期基础货币的货币政策工具,期限通常为1年。其作用在于:提供中期基础货币,目前我国基础货币的投放方式主要就是MLF。

3. 定向中期借贷便利(Targeted Medium-Term Lending Facility, TMLF)

TMLF创设于2018年,期限为3年。设立目的在于以更优惠的利率(比MLF利率低15BP)定向支持小微和民营企业融资。

4. 抵押补充贷款(Pledged Supplemental Lending, PSL)

PSL创设于2014年,是指政策性银行通过合格资产质押的方式向中央银行取得的用于特定政策或项目建设的贷款资金,期限为3~5年。其作用在于:第一,为开发性金融提供长期稳定、成本适当的资金来源;第二,提供较长期的基础货币;第三,PSL利率可以引导中长期利率。

(三)法定存款准备金类工具★★

临时流动性便利(Temporary Liquidity Facilities, TLF)是一种类法定存款准备金工具,创设于2017年,期限为30天。其允许现金投放占比较高的全国性商业银行,在春节期间临时使用不超过2%的法定准备金,其作用在于保持春节期间货币市场流动性的平稳。

▷▷▷ **真题链接**

1.(2017—清华大学)中央银行货币政策工具不包括(　　　)。

A. 中期借贷便利　　　　　　B. 抵押补充贷款

C. 公开市场操作　　　　　　D. 银行票据承兑

2.(2018—中国人民大学)中国人民银行推出新型的货币政策工具,期限最长的是(　　　)。

A. SLO　　　　　　　　　　B. SLF

C. PSL　　　　　　　　　　D. MLF

3.(2019—对外经济贸易大学)下列属于我国中央银行近年来经常使用的货币政策工具是(　　　)。

A. 法定存款准备金率　　　　B. 中期借贷便利(MLF)

C. 调整存贷利率　　　　　　D. 窗口指导

4.(2023—中国人民大学)以下关于中央银行票据互换工具说法正确的是(　　　)。

A. 形式上"以券换券",实质上类似于量化宽松

B. 对商业银行发行的惩罚性债券

C. 支持商业银行永续债的发行以补充资本金

D. 主要作用于超额准备金

5.（2025—中央财经大学）中央银行创设的 SLF、MLF、TMLF、PSL 的特点为（　　）。

A. 信用放款　　　　　　　　B. 质押放款

C. 注册通过　　　　　　　　D. 审核通过

6.（2025—上海财经大学）中央银行降准释放 1 万亿元长期资金,同时 1 万亿的 MLF 到期,则商业银行超额存款准备金率（　　）。

A. 上升　　　　　　　　　　B. 下降

C. 不变　　　　　　　　　　D. 不确定

7.（2020—对外经济贸易大学,2020—中国人民大学,2024—上海大学,2025—北京林业大学）名词解释：常备借贷便利。

8.（2018—复旦大学）全球金融危机以来,中国人民银行推出了新工具 SLF、MLF 等货币政策创新工具,试分析这些创新货币政策工具与传统货币政策工具的区别。中央银行推出这些货币政策创新工具的原因及对其效果进行评价。

9.（2023—东北财经大学）MLF 是什么？如何影响市场利率？

【答案】1. D；2. C；3. B；4. C；5. B；6. C；7. 略；8. 略；9. 略

专栏三　结构性货币政策工具

在中国人民银行创新的诸多货币政策工具中有一类需要单独分析,它就是结构性货币政策工具。2020 年以来,中国人民银行创新的货币政策工具都带有明显的结构性。

（一）含义

结构性货币政策工具与总量性货币政策工具相对应。根据中国人民银行的定义,结构性货币政策工具是指中央银行引导金融机构信贷投向,发挥**精准滴灌**、**杠杆撬动**作用的**工具**。这里的"**结构**"有两层含义：一是**信贷结构**,二是通过信贷结构影响**产业结构**。

（二）种类

表 8-7 是我国结构性货币政策工具的使用情况。

表 8-7　我国结构性货币政策工具的使用情况（截至 2024 年 9 月）

		工具名称	存续状态	支持领域	发放对象	利率（1年期）/激励比例	余额（亿元）
长期性工具	1	支农再贷款	存续	涉农领域	农商行、农合行、农信社、村镇银行	1.75%	6 531
	2	支小再贷款	存续	小微企业、民营企业	城商行、农商行、农合行、村镇银行、民营银行	1.75%	16 957
	3	再贴现	存续	涉农、小微和民营企业	具有贴现资格的银行业金融机构	1.75%	5 835

续表

	工具名称	存续状态	支持领域	发放对象	利率(1年期)/激励比例	余额(亿元)
阶段性工具	4 普惠小微贷款支持工具	存续	普惠小微企业	地方法人金融机构	1%(激励)	650
	5 抵押补充贷款	存续	棚户区改造、地下管廊、重点水利工程等	国开行、农发行、进出口银行	2.25%	25 841
	6 碳减排支持工具	存续	清洁能源、节能减排、碳减排技术	21家全国性金融机构、部分地方法人机构、外资金融机构	1.75%	5 351
	7 普惠养老专项再贷款	存续	公益型、普惠型养老机构运营、居家社区养老体系建设、老年产品制造	工农中建交、开发银行、进出口银行	1.75%	21
	8 民企债券融资支持工具(Ⅱ)	存续	民营企业	专业机构	1.75%	0
	9 科技创新和技术改造再贷款	存续	科技型中小企业。重点领域技术改造及设备更新项目	21家全国性金融机构	1.75%	7
	10 保障性住房再贷款	存续	收购已建成商品房用于保障性住房配售	21家全国性金融机构	1.75%	162
	11 交通物流专项再贷款	到期	道路货物运输经营者和中小微物流(含快递)、仓储全业	工农中建交、邮储、农发行	1.75%	0
	12 设备更新改造专项再贷款	到期	制造业、社会服务领域和中小微企业、个体工商户	21家全国性金融机构	1.75%	1 557
	13 普惠小微贷款减息支持工具	到期	普惠小微企业	16家全国性金融机构、地方法人金融机构	1%(激励)	269
	14 支持煤炭清洁高效利用专项再贷款	到期	煤炭清洁高效利用、煤炭开发利用储备	工农中建交、开发银行、进出口银行	1.75%	2 116
	15 科技创新再贷款	到期	科技创新企业	21家全国性金融机构	1.75%	865
	16 收费公路贷款支持工具	到期	收费公路主体	21家全国性金融机构	0.5%(激励)	83
	17 房企纾困专项再贷款	到期	房企项目并购	5家全国性资产管理公司	1.7%	209
	18 保交楼贷款支持计划	到期	保交楼项目	工农中建交、邮储	0%	127
合计						66 591

数据来源:中国人民银行。

根据持续时间长短,结构性货币政策工具可以分为长期性工具和阶段性工具。

1. 长期性工具主要服务于普惠金融长效机制建设,主要包括:

支农再贷款、支小再贷款和再贴现

支农再贷款和支小再贷款的发放对象为农村金融机构和中小金融机构,目前 1 年期利率均为 1.75%,相较于 2% 的 MLF 利率[①]节约了 25BP,可以降低银行的资金成本,进而根据成本加成定价,降低对应实体部门的融资成本。再贴现的发放对象则为具有贴现资格的银行业金融机构,目前 6 个月期的利率也是 1.75%。

2. 阶段性工具则有明确的实施期限或退出安排,主要包括:

(1)支持五篇大文章

① 科技金融:科技创新和技术改造再贷款、科技创新再贷款。

② 绿色金融:碳减排支持工具、支持煤炭清洁高效利用专项再贷款。

③ 普惠金融:普惠小微贷款支持工具。发放对象为地方法人银行,对其发放的普惠小微贷款按照余额增量的 1% 提供激励资金,现已累计提供 650 亿元。650 亿元除以 1%,也即撬动了 6.5 万亿元的普惠小微贷款,体现定义中的"杠杆撬动"作用。

④ 养老金融:普惠养老专项再贷款。

(2)支持房地产市场和资本市场

① 房地产市场:保交楼贷款支持计划、房企纾困专项再贷款等。

② 资本市场:股票回购增持再贷款。这是中国人民银行在 2024 年进行的工具创新,当 21 家全国性金融机构向符合条件的上市公司和主要股东发放贷款,用于股票回购和增持时,中国人民银行会提供再贷款支持。首期额度 3 000 亿元,年利率 1.75%,期限 1 年。

截至 2024 年底,我国结构性货币政策工具的余额为 6.3 万亿元,占中国人民银行总资产的 14.3%。

》 **国外情况**:2008 年金融危机以后,欧美国家也推出了一些结构性货币政策工具来疏通货币政策传导,如欧洲中央银行的定向长期再融资操作(Targeted Long-Term Refinancing Operation, TLTRO),英格兰银行的融资换贷款计划(Funding for Lending Scheme, FLS),美联储的定期资产支持证券便利(Term Asset-Backed Securities Loan Facility, TALF)。对应地也有一些实证研究,比如 Balfoussia(2016)用 VAR 模型论证了欧洲中央银行的定向长期再融资操作确实可以改善金融条件,帮助家庭和非金融企业获得更多贷款,进而对经济增长产生重要影响。Churm 等(2015)基于反事实研究发现,英格兰银行实施的融资换贷款计划对英国 GDP 增长的贡献为 0.5%~0.8%,对通货膨胀的贡献率约为 0.6%。Benetton 等(2018)、Laine(2019)指出,从银行层面来看,TLTRO 不仅降低了参与该计划的银行的利率水平,而且对未参与该计划的银行也

---

① 我国目前基础货币的主要投放方式就是 MLF,所以这里以 1 年期 MLF 的利率作为比较基准。

产生了溢出效应。从企业层面来看,TLTRO 增加了银行对非金融企业的贷款,降低了贷款发放标准,并且对风险较低、规模较小的企业贷款利率影响更明显。

(三)原因

我国经济结构性问题突出,总量性货币政策传导受阻,因而需要结构性政策来解决。

从理论上来看,根据双层次货币创造机制,中央银行通过货币政策工具创造基础货币,商业银行在此基础之上通过贷款创造存款货币,货币量和社会融资规模扩张,由此实现从工具到中介目标的传导。但是**从现实情况来看**,宏观经济运行存在摩擦,面临市场失灵的情况。由于信息约束(信息不对称程度更高)和信用约束(信用风险更高),以利润最大化为目标的市场化金融资源配置机制具有"嫌贫爱富"的特征,存在结构性问题:在我国,与房地产和基建相关的贷款占比将近50%,而中小民企、广大乡村、绿色发展、科技创新等领域则普遍面临融资难、融资贵的情况,总量上的货币宽松无法传导至国民经济重点领域和薄弱环节。这一方面加剧了结构扭曲,不利于我国经济的高质量发展;另一方面,当对房地产和地方政府融资监管收紧时,传统渠道受阻,总量目标也难以实现。

(四)效果

1. 积极影响:结构性货币政策工具兼具总量和结构双重功能

(1)总量功能

结构性货币政策工具仍然可以起到基础货币投放的作用,有助于保持银行体系流动性较强,支持信贷平稳增长。截至 2024 年底,各类结构性货币政策工具的余额总计6.3 万亿元,也即投放了 6.3 万亿元的基础货币。

(2)结构功能

① 信贷结构。通过引入**激励相容**机制,将流动性的量价与银行贷款创造存款行为相联系,当商业银行的贷款投向特定领域时,可享受中央银行更多的流动性投放(量)、更优惠的利率(价),进而促进银行信贷结构调整,使得信贷资源以更低的成本更多流向国民经济重大战略(如创新驱动、制造强国、乡村振兴等)、重点领域(如科技创新、绿色发展等)和薄弱环节(如中小民企、广大乡村等)。

② 产业结构。信贷结构调整可以带动产业结构调整,一方面,培育新质生产力,支持经济结构转型升级,推动建立现代化产业体系;另一方面也能优化收入分配结构,促进共同富裕,最终推动我国经济的高质量发展,实现中国式现代化。

2. 消极影响

(1)结构性政策工具仍然有总量效应,结构化调节不当会影响经济总量的稳定性。

(2)可能在一定程度上弱化市场在资源配置中的作用。大量使用结构性政策工具会造成新的扭曲。从这个角度来看,结构性政策工具虽然有效,但不能作为常规性货币政策工具长期使用。从中长期来看,经济结构转型最终还是要依靠产业政策和经济体制改革。

(五)与总量型货币政策工具的比较

1. 相同之处

(1)结构性政策工具同样具有总量调控的效果,同样能起到流动性投放的作用,因而与总量型工具具有一定的**替代性**。可以发现，随着结构性政策工具使用力度的加大，中国人民银行通过总量工具投放的流动性规模有对应的下降。

（2）**均遵循市场化原则**。结构性货币政策工具并非是中国人民银行直接给普惠小微企业、绿色企业、科创企业等提供贷款，而是仍然按照市场化、双层次的方式去运作：由商业银行来筛选企业、提供贷款，并由商业银行获取收益和承担风险。

2. 不同之处（结构性政策工具的特点）

（1）结构性，精准滴灌

它以信贷结构和产业结构调整为政策目标，把流动性的量价与银行贷款创造存款行为相联系。虽然总量的货币政策工具也会有结构性的效果，对不同部门影响不一样，但是调整结构并不是它本身的政策目标，而结构性政策工具本身的目标就是要调整结构。

（2）直达性，直达实体

多采用"**先贷后借**"的模式，"贷"是商业银行贷款，"借"是中央银行借款，即再贷款。中国人民银行称之为"报销"机制：要求金融机构先对特定领域提供信贷支持，中国人民银行再根据信贷规模的一定比例予以再贷款资金支持[①]。这样做的好处是更便于管理资金流向，**防范银行道德风险**，保证政策的实施的效果。

（3）调控理念

结构性政策工具主要服务于国家战略的实现，一定程度上削弱了中央银行独立性以及货币政策中性。

▷▷▷ **真题链接**

1.（2024—复旦大学）以下不属于中国人民银行结构性货币政策工具的是（　　）。

A. 普惠小微贷款支持工具　　　　B. 再贴现

C. 抵押补充贷款　　　　　　　　D. 存款准备金率

2.（2022—首都经济贸易大学，2023—中央财经大学，2023—对外经济贸易大学）根据我国货币政策的实施，简述结构性货币政策工具的含义、特点和功能。

3.（2024—北京师范大学，2024—四川大学，2025—中南财经政法大学）中国人民银行结构性货币政策的内容与作用。

4.（2025—安徽大学）结合我国货币政策工具谈谈如何实现潘功胜行长所说的从大水漫灌到精准滴灌。

5.（2025—南京理工大学）我国有哪些货币政策工具？详细分析中央银行如何运用上述工具为我国经济的高质量发展提供支持作用。

【答案】1. D；2. 略；3. 略；4. 略；5. 略

[①]　再贷款一般是按季度发放，商业银行发放贷款后于次季度第一个月向中国人民银行申请再贷款。

专栏四　非常规货币政策工具

一般性货币政策工具也被称为**常规货币政策工具**,与之对应的则是在 2008 年金融危机爆发后,欧美国家中央银行使用的一系列**非常规货币政策工具**,这里以美国为例。

（一）流动性提供★

非常规货币政策工具属于**类再贷款**、**再贴现**工具,但是规模更大、范围更广。

1. 扩张贴现窗口

扩张贴现窗口是指大幅下调贴现窗口利率以鼓励再贷款和再贴现。

2. 期限拍卖便利（Term Auction Facility, TAF）

TAF 创设于 2007 年,通过竞争性拍卖的方式来确定再贷款的利率。

3. 新贷款计划

新贷款计划是指将再贷款的范围扩展到非银行金融机构,比如向 J.P. 摩根收购贝尔斯登提供再贷款,向 AIG 提供再贷款等。

（二）大规模资产购买计划（Large-Scale Asset Purchase Program, LSAP）★★★

1. 内容

LSAP 属于**类公开市场操作**工具,但是规模更大、操作品种更多。

2008 年、2010 年、2012 年,美联储公布了三轮大规模资产购买计划,共购买了约 3.7 万亿美元的资产。资产购买使得美联储资产负债表极度扩张:资产方长期国债和 MBS 上升,负债方基础货币（超额准备金）上升。整个资产负债的规模从危机前的大约 9 000 亿美元扩张至 2017 年的超过 4 万亿美元（见图 8-17）,资产负债表的这种扩张就被称为**量化宽松**（Quantitative Easing, QE）。

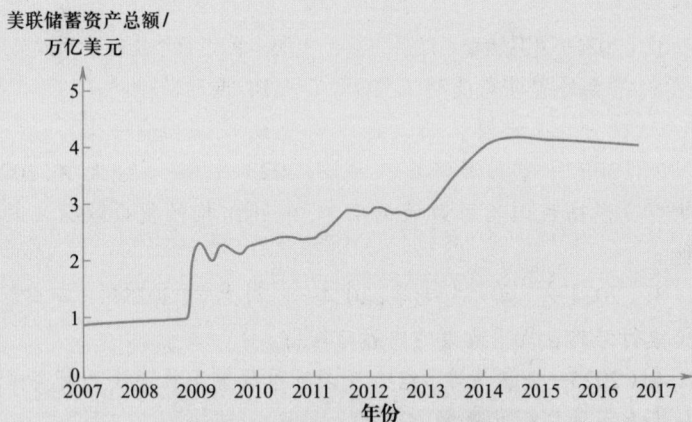

图 8-17　美联储资产负债表的扩张

数据来源:美国联邦储备委员会。

2. 影响

（1）**量化宽松对经济有一定的刺激作用**。① 从**数量**的角度来看:它提供了充足的流动性,可以纠正由信息不对称、市场恐慌所造成的市场失灵,能够在一定程度上促进信贷和货币的扩张;② 从**价格**的角度来看:对长期国债和 MBS 证券的购买可以降低长期利率

（预计为100BP）和住房抵押贷款利率。两方面因素相叠加,就促进了消费和投资。③ 与此同时,QE带来的资产价格上涨也可以通过财富效应和托宾q值机制等促进消费和投资。

（2）但是同样不能忽略其局限性：① 银行非意愿超额准备金的上升抵销了量化宽松的效力,宽货币对宽信用的传导效率低；② 资产价格的大幅上涨增加了金融脆弱性,同时也扩大了贫富差距,加剧了社会阶层的固化,不利于社会稳定。

（三）前瞻性指引（Forward Guidance）★★

前瞻性指引是指中央银行通过对未来的货币政策作出明确承诺来为市场提供指引,其核心是**预期管理**。根据利率期限结构预期理论的观点,长期利率等于预期短期利率的平均值。因此中央银行可以通过影响市场对未来短期利率的预期来影响长期利率的形成,进而影响总需求和产出。

2008年12月16日联邦公开市场委员会（FOMC）会议后,美联储公开宣布不仅要将联邦基金利率目标调低至0~0.25%,而且"委员会预计经济疲软状况可能使得联邦基金利率在一定时期内保持超低水平",这被视为美联储执行前瞻性指引策略的开端。

一般来说,对未来政策行动的承诺有两种类型：有条件的承诺和无条件的承诺。在有条件的承诺下,如果经济形势变化,美联储就会放弃这一承诺；而在无条件的承诺下,政策则不会随着经济状况的变化而调整。显然,无条件的承诺效力更强,对长期利率的影响更大。但同时,美联储也会受到更多的约束,即便经济形势变化、放弃承诺会取得更好的效果,它也无法食言、无法放弃承诺,因为这会使得中央银行信誉面临巨大挑战。

（四）负利率★★

负利率是指将**名义利率**调低至零以下。并且从当前各国实施负利率政策的实践来看,这里的"利率"一般指**超额存款准备金的利率**。2009年7月,瑞典中央银行率先将超额存款准备金的利率设置为负,之后欧洲中央银行、日本中央银行等也纷纷将超额存款准备金利率调整为负值。

负利率政策实施的目的在于激励商业银行更多地将超额准备金用于贷款投放,进而支持消费和投资,但是其效力还需要进一步证实。

▷ ▷ ▷ **真题链接**

1.（2023—对外经济贸易大学）下列哪项是国家为了让人民看到政策导向进行的操作?（　　）

A. 公开市场操作　　　　　　　　B. 常备借贷便利

C. 前瞻性指引　　　　　　　　　D. 道义劝告

2.（2024—中国人民大学）下列属于非常规货币政策工具的是（　　）。

A. 再贴现　　　　　　　　　　　B. 道义劝告

C. 前瞻性指引　　　　　　　　　D. 公开市场操作

3.（2018—对外经济贸易大学）2008年全球金融危机使金融系统的传导机制受到破坏,传统货币政策不能修复金融市场的信贷功能,无法阻止金融危机的进一步恶化和蔓延。为此,美国等发达国家以及发展中国家相继启动了非常规货币政策工具,对通货膨胀和失业率等货币政策最终目标进行直接干预。请回答以下问题：

（1）什么是非常规货币政策工具？有哪些主要种类？

（2）非常规货币政策工具有何优点和不足？

4.（2025—南京大学）简述量化宽松货币政策。

5.（2025—复旦大学）什么是前瞻性指引？简述前瞻性指引的含义、有效条件以及实施手段。

【答案】1. C；2. C；3. 略；4. 略；5. 略

第四节　货币政策传导机制

一、需要研究的问题

当经济周期性衰退、失业率上升时，中国人民银行可能会进行降准，为什么降准能够起到扩张实体经济的作用？当经济周期性繁荣、通货膨胀率高时，美联储可能会选择加息，为什么加息能够起到紧缩实体经济的作用？这两个问题都属于货币政策传导机制所要研究的范畴。

从整个货币政策框架来看，完整的传导机制应该包括①②两个部分（见图8-18）。

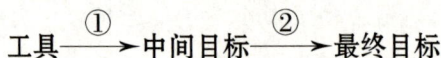

$$\text{工具} \xrightarrow{①} \text{中间目标} \xrightarrow{②} \text{最终目标}$$

图 8-18　货币政策传导机制

其中①部分的传导在货币政策工具部分已经做过解释，这里主要考虑②——中间目标（比如货币供应量和利率）的变动如何影响最终目标。其中利率变动对经济的影响已在利率章节中进行过阐述，这里主要分析货币供给的影响。

二、具体的传导机制

根据总需求 – 总供给模型，经济中产出和价格的波动可以分解为需求侧冲击和供给侧冲击，其中货币供给的变动属于**需求侧冲击**，影响的是整个社会的总需求。根据支出法核算GDP，总需求又包括消费、投资、政府购买和净出口四个部分，其中政府购买是财政政策的体现，货币政策的着力点在于剩下的三部分：消费、投资和净出口。

（一）对消费的影响　★★★

1. 财富效应机制

$$Ms（货币供给）\uparrow \rightarrow W（财富）\uparrow \rightarrow C（消费）\uparrow$$

（1）财富效应的含义

当人们的财富上升时，消费也会随之上升[①]。

---

① 财富效应实际上是一种收入效应，当收入上升时，人们的消费上升。但是可能也存在反向的替代效应，比如债券、股票价格上涨，人们可能反而节衣缩食、减少消费，增加对债券、股票的投资。

≫ 家庭部门的财富主要包括四个部分：货币、债券、股票、实物资产，任何一部分财富的上升都会对消费有促进的作用。其中实际货币量 $\left(\dfrac{M_s}{P}\right)$ 变动对消费的影响被称为**实际货币余额效应（或庇古效应）**，所以实际货币余额效应是狭义的财富效应。

（2）货币扩张如何作用于居民财富？

一方面，货币本身就是财富的一部分；另一方面，人们会将一部分增加的货币用于购买其他金融资产来平衡自己的资产组合（**资产组合效应**），这就会使得对其他金融资产的需求上升，价格上升[①]。所以人们的总财富上升，消费上升。

2. 利率机制

$$M_s（货币供给）\uparrow \to i（名义利率）\downarrow \to r（实际利率）\downarrow \to C（消费）\uparrow$$

根据**流动性效应**，扩张货币会使得名义利率下降，在短期**价格粘性**的情况下，会带动实际利率下降。在**替代效应强于收入效应**的情况下，实际利率的下降会促使人们增加消费。

（二）对投资的影响　★★★★

1. 债券市场—利率机制（凯恩斯机制）

$$M_s（货币供给）\uparrow \to i（名义利率）\downarrow \to r（实际利率）\downarrow \to I（投资）\uparrow$$

扩张货币会使得利率水平下降，进而促进投资。这也是凯恩斯首先强调的传导机制，因而也被称为**凯恩斯机制**[②]。凯恩斯机制的传导效率取决于**货币需求对利率的敏感性**以及**投资对利率的敏感性**，这一点已在利率章节进行过分析。

2. 股票市场——托宾 q 值机制

$$M_s\uparrow（货币供给）\to P_s（股票价格）\uparrow \to 企业市值\uparrow \to \text{Tobin's }q（托宾\,q\,值）\uparrow \to I（投资）\uparrow$$

（1）托宾 q 值（Tobin's q）的含义

$$q= 企业市场价值 / 资产重置成本$$

（2）托宾 q 值对投资的影响

资产重置成本（分母）表示企业把自己的实物资产（如厂房、生产线等）在产品市场上重新买回来所需要花费的成本；市场价值（分子）则可理解成企业用买进来的生产线进行生产，然后把生产、销售所带来的现金流在股票市场上卖出所能获得的收益。

如果托宾 q 值大于 1，意味着企业在产品市场上买入实物资产进行生产，然后把带来的现金流再在资本市场上卖出，是有利可图的，因而它会扩大生产的规模。

≫ **补充理解**：也可以将市值（分子）理解为从资本市场收购旧企业所需要花费的成本，资产重置成本（分母）理解为在产品市场上成立新企业需

---

① 这是从流量供求的角度来分析货币扩张对资产价格的影响，还可以从存量现金流折现的角度分析（DCF 模型），扩张货币根据流动性效应使得利率下降，进而债券、股票估值上升（DCF 模型）。

② 与凯恩斯机制对应的是货币学派的传导机制，货币学派的经济学家认为货币政策传导机制如此之多，以至于无法穷尽，所以只是将其简单概括为：$M_s\uparrow \to E\uparrow$，即扩张货币，人们会增加支出（总需求）。

要花费的成本。如果托宾 q 值大于 1,意味着在产品市场上成立新企业更便宜,而成立新企业的过程就是投资[1]的过程,投资自然会扩张。

(3)货币政策对托宾 q 值的影响

如前文所述,扩张的货币政策会使得股票价格上升,进而企业市值上升,托宾 q 值上升。更多企业的托宾 q 值向上突破 1 这个盈亏平衡点,进而扩大投资。

(4)特点

可以看到,相较于传统的凯恩斯机制而言,托宾 q 值机制将**资产价格**纳入货币政策传导,通过股票价格构建起货币供给和实体经济的联系。

3. 信贷市场——信贷传导机制

信贷传导机制的前提是银行贷款不能由其他融资形式(比如直接融资)所替代,这是因为特定类型的借款人很难诉诸直接融资(比如中小企业达不到上市所需的财务要求,个人也很难通过资本市场融资),会更多地依赖于银行贷款。具体来看,信贷传导机制又包括以下子机制:

(1)信贷可得性效应

货币政策工具扩张[2] $\rightarrow ER$(超额准备金)$\uparrow \rightarrow L$(贷款规模)$\uparrow \rightarrow I$(投资)$\uparrow$

扩张的货币政策(比如公开市场买入)可以增加商业银行的超额准备金,也即银行可以用于贷款的资金。这会促使银行增加贷款规模,企业的融资能力上升、进而投资能力上升。

(2)资产负债表效应

① Ms(货币供给)$\uparrow \rightarrow Ps$(股票价格)$\uparrow \rightarrow$ 企业净值 $\uparrow \rightarrow$ 逆向选择、道德风险 $\downarrow \rightarrow L$(贷款规模)$\uparrow \rightarrow I$(投资)$\uparrow$

扩张货币使得股票价格上升,企业净值上升。而企业的债务实际上是以股权作为抵押的,当股权价值上升时,意味着抵押品价值上升,商业银行面临的逆向选择和道德风险问题缓解[3],信用风险下降,因而可以增加贷款投放,企业的融资和投资规模也上升。

② Ms(货币供给)$\uparrow \rightarrow NCF$(净现金流)$\uparrow \rightarrow$ 逆向选择、道德风险 $\downarrow \rightarrow L$(贷款规模)$\uparrow \rightarrow I$(投资)$\uparrow$

扩张货币一方面使得利率水平下降,企业财务成本下降;另一方面使得消费上升,企业销售收入上升。两方面因素相叠加使得企业现金流情况好转,也可以缓解逆向选择和道德风险的问题,促进贷款规模进而是企业投融资规模的上升。

》》 **补充:伯南克的相关理论**

资产负债表效应来自伯南克等经济学家的研究,伯南克也因此获得了 2022 年诺贝尔经济学奖,在他的研究中有两个重要概念,这里也进行补充介绍。

① **外部融资溢价**(External Finance Premium)[4]:

A. 含义:借款人外部融资成本和内部融资成本之间的差额。

---

[1] 注意这里的投资是实物资产的投资,并非金融投资。

[2] 这里没有写成 $Ms\uparrow$ 而是写成货币政策工具扩张,这是因为超额准备金上升是在 Ms 上升之前。

[3] 在前面商业银行章节提到过,抵押和担保是缓解逆向选择和道德风险问题的重要方式。

[4] Bernanke, Gertler. Agency Costs, Net Worth and Business Fluctuations[J]. The American Economic Review,1989.

B. 产生原因：金融市场存在摩擦，表现为借贷双方之间存在**信息不对称**，因而贷出资金的一方需要通过审计等来识别借款人的状态，这个过程会产生成本，称之为**状态识别成本**（Costly State Verification, CSV）或**代理成本**。之后，该成本会被转嫁给借入资金的一方，也即提高贷款利率。

C. 影响因素：**借款人资产净值**。当借款人资产净值上升时，代理成本下降，外部融资溢价下降。

② **金融加速器**（Financial Accelerator）[1]：

A. 含义：金融市场摩擦（表现为信息不对称和代理成本）会放大原始冲击（如货币政策）对经济周期的影响。

B. 传导机制：以货币政策紧缩为例，货币供给↓→股票价格↓→借款人资产净值↓→代理成本↑→外部融资成本↑→企业外部融资、投资↓→产出↓（放大货币政策紧缩的冲击）。

（三）对净出口的影响 ★★

汇率机制

Ms（货币供给）↑→i（名义利率）↓→KA（资本金融账户）↓→e（汇率）↑→NX（净出口）↑

扩张货币会使得本国利率下降、资本流出，带动本币贬值，进而在本国满足马歇尔—勒纳条件的情况下，促进出口[2]。

以上即为货币政策对消费、投资和净出口的影响机制，通过影响消费、投资和净出口影响总需求，进而结合总供给，传导至价格、产出和就业，实现调控目标，如图8-19所示。

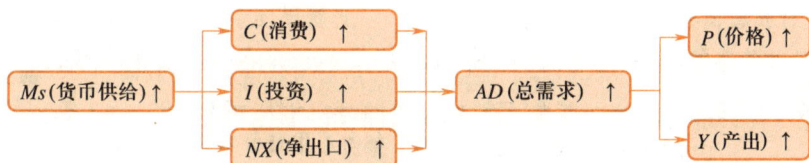

图8-19　货币政策传导机制

▷▷▷ 真题链接

1.（2019—中国人民大学）企业资产价值与资本重置成本的比为（　　），是投资的关键。

A. 托宾q　　　　　　　　B. 投资系数

C. 边际投资倾向　　　　　D. 贝塔系数

2.（2025—中央财经大学）货币传导机制中q是指公司市值与公司（　　）之比。

---

[1] Bernanke, Gertler, Gilchrist. The Financial Accelerator and the Flight to Quality [J]. The Review of Economics and Statistics, 1996.

[2] 详细分析可参考国际收支章节。

A. 账面价值   B. 总资产

C. 资产的重置成本   D. 净资产

3.（2021—对外经济贸易大学）根据托宾 q 理论，当货币供给增加时，导致市场利率下降，则可能促使（   ），从而促进投资支出增加。

A. $q=1$ B. $q>1$

C. $q<1$ D. q 保持稳定

4.（2019—中国人民大学）凯恩斯与弗里德曼的货币政策传导机制分别强调（   ）。

A. 利率与货币供应量   B. 货币供应量与利率

C. 货币需求量与价格   D. 价格水平与货币需求量

5.（2021—中央财经大学）根据传统金融价格传导理论，下列说法中错误的是（   ）。

A. 汇率传导机制认为，货币政策通过影响汇率，进而影响净出口

B. 托宾 q 理论指的是，货币供给增加，金融资产价格上升，居民消费增加

C. 财富效应机制认为，在扩张性的货币政策下，股票价格上升，家庭的消费支出增加

D. 流动性效应认为，货币供给增加，实际利率下降，引起投资上升

6.（2025—上海财经大学）货币政策紧缩导致信贷收缩属于（   ）

A. 货币渠道   B. 利率渠道

C. 托宾 q 传导途径   D. 银行贷款渠道

7.（2024—上海大学）（判断题）扩张性的货币政策可以通过托宾 q 渠道引导资金流向商品市场，反之则反。（   ）

8.（2022—厦门大学，2024—中国社会科学院）名词解释：托宾 q 值。

9.（2024—北京师范大学）名词解释：金融加速器。

10.（2025—武汉大学）简述托宾 q 的传导机制。

11.（2024—南开大学）简述金融加速器理论的主要内容。

12.（2024—西南财经大学，2024—中央民族大学）结合紧缩性货币政策，讨论货币政策传导的资产负债表机制。

13.（2025—浙江工商大学）简述货币政策传导机制中的信贷传导机制。

14.（2019—南开大学，2022—中央民族大学，2023—厦门大学，2025—北京师范大学，2025—北京航空航天大学）简述常见的货币政策传导机制及其对经济的影响（至少三种）。

15.（2025—上海交通大学）简述名义利率下降至零利率区间时，货币政策传导渠道如何发挥作用？

【答案】1. A；2. C；3. B；4. A；5. B；6. D；7. √；8. 略；9. 略；10. 略；11. 略；12. 略；13. 略；14. 略；15. 略

第五节 货币政策调控中的若干问题

一、时滞（Time Lag） ★★

货币政策调控的时滞包括内部时滞和外部时滞，内部时滞（也称"行动时滞"）又包括认识时滞和决策时滞，外部时滞（也称"影响时滞"）又包括操作时滞和市场时滞。

       ①   ②   ③   ④

经济形势发生变化→中央银行认识到→做出决策→影响中间目标→影响最终目标

如上述传导机制所示，从经济形势发生变化到中央银行认识到经济形势发生变化的时间（过程①）被称为**认识时滞**，中央银行需要时间去搜集和处理数据；从中央银行认识到经济形势发生变化到做出决策、使用工具的时间（过程②）被称为**决策时滞**。①②合称**内部时滞**，其长短取决于中央银行对经济形势的预见能力、制定政策的效率等。

从货币政策工具的使用到中间目标变动的时间（过程③）被称为**操作时滞**；从中间目标变动到最终目标变动的时间（过程④）被称为**市场时滞**。③④合称**外部时滞**，其长短取决于客观的经济金融条件，比如居民的消费决策、企业的投资决策、居民和企业的贷款决策等。

一般而言，货币政策的外部时滞更长。西方国家货币政策的外部时滞约为 6~12 个月，我国 M2 增速对产出和通货膨胀影响的总时滞分别约为 8 个月和 11 个月。

二、相机抉择和单一规则

（一）相机抉择（Discretion） ★★★

1. 含义

相机抉择是指决策者根据经济形势灵活地进行政策调控，并且政策调控通常是**逆周期**的：经济衰退时采用扩张性货币政策，经济繁荣时采用紧缩性货币政策。

2. 支持学派

凯恩斯学派（20 世纪 30 年代）和新凯恩斯学派（20 世纪 80 年代）。

3. 支持原因

（1）市场机制本身是不完善的，存在工资价格的粘性（或刚性）

当经济遭受负向的需求冲击时，市场可能长期处于非充分就业的状态（如图 8-20 所示，Y_0 表示充分就业的产出）。此时需要灵活的政策进行逆周期调控以熨平经济波动，实现产出和就业的稳定。

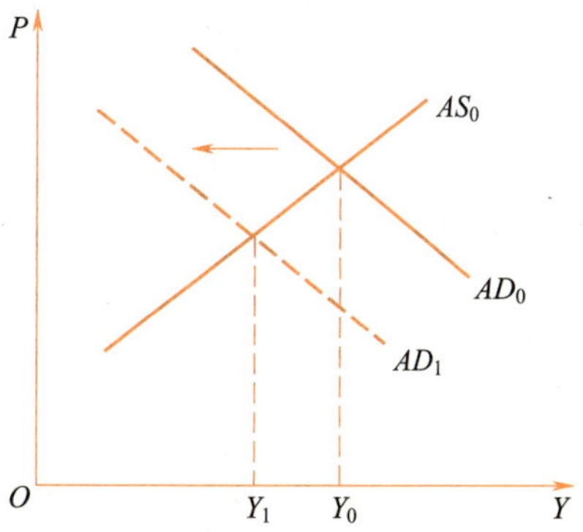

（2）单一规则的缺陷

① 规则过于死板，难以应对经济的每一种可能性。

图 8-20 总需求下降带动产出下降

》　**举例**：2008年金融危机以来，美联储为了防止经济衰退，采取了一系列前所未有的非常规货币政策操作，这些举措不可能提前写入政策规则。

② 没有人确切了解真实的经济模型是怎样的，单一规则所确定的规则可能是错误的。

③ 即使模型很好，经济中的结构性变化也可能会改变模型系数。

》　**举例**：1980年，瑞士中央银行确定了基础货币每年增长2%的目标，起初非常成功。但是1988年引入了新的银行间支付体系后，超额准备金率下降导致货币乘数上升，基础货币2%的增长就变得过于宽松，瑞士的通货膨胀率紧接着上升到5%以上，远高于欧洲其他国家。

（二）单一规则（Single Rule） ★★★

1. 含义

决策者事先宣布调控规则，并按照这一规则进行调控。

2. 支持学派

货币学派（20世纪50年代）。货币学派领袖弗里德曼是首先强调单一规则的，他提出的是**单一货币增长率规则**：根据潜在产出的增长率确定固定的货币供给增长率。比如根据美国的历史经验，美国的M2增速应保持在每年4%~5%，以实现无通货膨胀的经济增长。

3. 支持原因

（1）市场机制本身是完善的

虽然存在预期错误，但市场会自我纠错。并且根据理性预期学派的观点，市场自我纠错的速度很快，这会使得货币政策更加无效。

（2）相机抉择存在缺陷

① 货币政策存在时滞，因而相机抉择的政策可能会放大经济的波动性。

》　**举例**：第 t 期，经济出现了衰退，中央银行采取扩张的货币政策进行应对，但是 $t+1$ 期，货币政策才能发挥效力，而此时经济可能已经自发调整过来了，结果是货币政策的扩张反而导致了经济过热。

② 相机抉择存在时间的不一致性。在没有约束的情况下，中央银行可能采取过度扩张的货币政策来降低短期失业率，结果在长期带来更高的通货膨胀率。

总体来看，相机抉择强调灵活性（政策弹性），单一规则强调规则性（政策约束性）。在实际的货币政策操作中，往往是两者的结合，比如泰勒规则和麦科勒姆规则。

▷ ▷ ▷ **真题链接**

1.（2022—中国人民大学）（　　）认为因为存在时滞，逆周期的货币政策不好。

A. 凯恩斯主义　　　　　　　　B. 供给学派

C. 奥地利学派　　　　　　　　D. 货币主义

2.（2023—复旦大学）下列说法不正确的是（　　）。

A. 稳定的货币需求函数是货币政策盯住货币供应量目标有效的重要条件

B. 货币政策的内部时滞一般短于财政政策，但外部时滞长于财政政策

C. 信用卡的使用会加快货币流通速度

D. 货币学派赞成中央银行实行相机抉择的货币政策

3.（2021—复旦大学，2024—兰州大学）简述相机抉择与单一规则的货币政策策略含义并比较其优缺点。

4.（2024—复旦大学）什么是相机抉择的货币政策和货币政策规则。请讨论两种类型货币政策的优缺点，并探讨在金融危机、疫情事件冲击等导致经济不稳定性增加的大背景下该实行怎样的货币政策。

【答案】1. D；2. D；3. 略；4. 略

三、更具灵活性的规则：泰勒规则和麦科勒姆规则

（一）泰勒规则 ★★★★★

泰勒规则是由经济学家约翰·泰勒于1993年提出的[1]，目的是要刻画美联储的利率调控路径。

1. 泰勒规则方程

$$r=r^*+\pi+\beta_1(y-y^*)+\beta_2(\pi-\pi^*)，\quad \beta_1,\ \beta_2 \geq 0$$

其中，r 为联邦基金利率[2]，以下四个变量可以引起 r 的变化：r^* 为实际中性利率（自然利率），π 为通货膨胀率，y 为实际产出，y^* 为潜在产出，$(y-y^*)$ 为产出缺口[3]，π^* 为目标通货膨胀率，$(\pi-\pi^*)$ 为通货膨胀缺口。β_1 和 β_2 为两个参数，反映联邦基金利率对产出缺口和通货膨胀缺口的敏感程度。

根据美国的经验数据，泰勒估计出了 r^* 和 π^* 均为2%，β_1 和 β_2 则均为 $\frac{1}{2}$，由此得到具体的利率规则：

$$r=2\%+\pi+\frac{1}{2}(y-y^*)+\frac{1}{2}(\pi-\pi^*)$$

2. 调控思路

（1）当存在通货膨胀时，联邦基金利率等于均衡利率加上通货膨胀率。

（2）当通货膨胀缺口为正，即通货膨胀率高于目标通货膨胀率时，美联储应当上调联邦基金利率。

　　》 **注意**：当通货膨胀率上升1%时，联邦基金利率上升的幅度为 $(1+\beta_2)\%$，

---

① John B. Taylor. Discretion Versus Policy Rules in Practice. Carnegie-Rochester Conference Series on Public Policy［J］.1993（39）.

② 联邦基金利率是名义利率，这里写成 r 只是为了跟泰勒文章中的字母保持一致。

③ 这里的产出可以理解为对数形式，如 $(\ln y_t-\ln y_t^*)=\ln\frac{y_t}{y_t^*}=\ln\left(1+\frac{y_t}{y_t^*}-1\right)\approx\frac{y_t}{y_t^*}-1=\frac{y_t-y_t^*}{y_t^*}$，即实际产出相较于潜在产出的偏离，为产出缺口。我们也可以根据奥肯定律，将产出缺口转换为就业缺口，两者含义相同。

要**超过** 1%。这是因为只有超过 1%,实际利率才会上升,进而对于消费、投资、通货膨胀才有抑制的作用。反过来,如果加息幅度跟通货膨胀幅度保持一致,实际利率不变,那么对经济的影响就是中性的。

（3）当产出缺口为正,即实际产出高于潜在产出时,美联储应上调联邦基金利率。

3. 泰勒规则的发展

（1）泰勒规则的解释力下降

2003 年以来,真实的联邦基金利率长期低于用泰勒规则计算出来的值,这意味着传统泰勒规则的解释力在下降。原因可能在于它的**模型设定**,比如通货膨胀指标选取的是 GDP 平减指数,而实际上,美联储更关心的则是 CPI 和 PCE;再比如实际中性利率和潜在产出的增长率是固定的,但是由于人口老龄化、技术进步放缓等原因,美国的潜在增速和实际中性利率在持续下降。所以传统泰勒规则不能够反映经济环境的变化,存在刻舟求剑的问题。

（2）泰勒规则的修正

之后的美联储官员对泰勒规则进行了一系列的修正,如表 8-8 所示。

① **伯南克规则**（2015）提高了产出缺口的系数,从 0.5 提高到 1;同时用核心 PCE 代替 GDP 平减指数来表征通货膨胀。

② **耶伦规则**（2015）用失业缺口代替产出缺口,来反映美联储更关注充分就业这一目标;不再使用历史通货膨胀,而是未来 1 年的通货膨胀预期。除此之外,耶伦还将时变特征引入对实际中性利率和自然失业率的估计中来。

③ **布拉德规则**（2018）考虑到利率政策的连续性,美联储调整利率总是比较平缓的,因而增加了联邦基金利率的滞后项。

④ **克拉里达规则**（2021）则是进行了分情况讨论。

$$克拉里达规则: r_t = \begin{cases} \rho r_{t-1} + (1-\rho)\left[r^* + \pi^* + \beta_1(u-u^*) + \beta_2(\pi-\pi^*)\right], \pi \leq 2\% \text{ 或 } u > u^* \\ \rho r_{t-1} + (1-\rho)\left[r^* + \pi^* + \beta_2(\pi-\pi^*)\right], \pi > 2\%, u < u^* \end{cases}$$

当不满足加息条件时,货币政策仍然考虑通货膨胀和失业;而当满足加息条件时,货币政策仅对通货膨胀作出反应,对失业缺口的反应系数降为 0。加息条件则有两个:第一,核心 PCE 达到 2% 以上;第二,失业率低于自然失业率,这两点要同时满足。也就是美联储对就业目标的关注是不对称的:在失业率比较高、需要降息的时候,会关注失业的问题;而在失业率比较低、需要加息的时候,就不再关注失业的问题,只需要把通货膨胀控制到 2% 就可以,也就是更加强调就业[1]。

从 2008 年之后的拟合效果来看,克拉里达规则的 R^2 是最高的,可以达到 99.7%;而原始泰勒规则的 R^2 比较低,只有 68%。

（二）麦科勒姆规则 ★

麦科勒姆规则是由经济学家麦科勒姆于 1987 年提出的[2],它是建立在弗里德曼的单一规则基础之上的,一种基于基础货币的规则。该规则以名义 GDP 增长率为目标,所以也称

---

[1] 这一点与鲍威尔在 2020 年 Jackson hole 会议上的讲话的内容一致。

[2] Bennett T. McCallum. The case for rules in the conduct of monetary policy: a concrete example[J]. Federal Reserve Bank of Richmond,Economic Review,September/October, 1987.

表 8–8　泰勒规则及发展

规则名称	提出时间	形式	自然利率 r^*	上一期利率 r_{t-1}		产出缺口			就业缺口			通胀缺口		
				是否包含	平滑系数 ρ	反应系数	产出目标 y^*	计量方式	反应系数	目标失业率 u^*	计量方式	反应系数	通胀目标 π^*	计量方式
原始泰勒规则	1993	$r=r^*+\pi+\beta_1(y-y^*)+\beta_1(\pi-\pi^*)$ $r=2\%+\pi+0.5(y-y^*)+0.5(\pi-2\%)$	2%	无	无	0.5	2%	实际GDP增长率−2%	无			0.5	2%	GDP平减指数通胀率(过去4个季度平均值)−2%
伯南克规则	2015	$r=r^*+\pi+\beta_1(y-y^*)+\beta_2(\pi-\pi^*)$ $r=2\%+\pi+1(y-y^*)+0.5(\pi-2\%)$	2%	无	无	1	2%	实际GDP增长率−2%	无			0.5	2%	核心PCE(过去4个季度平均值)−2%
耶伦规则	2015	$r=r^*+\pi+\beta_1(u-u^*)+0.5(\pi-\pi^*)$ $r=r^*+\pi-2.0(u-u^*)+0.5(\pi-\pi^*)$	LW模型估算	无	无	无			−2%	CBO预测的自然失业率	CBO预测的自然失业率−实际失业率	0.5	长期PCE预测通胀率	核心PCE(过去4个季度平均值)−长期PCE预测通胀率
布拉德规则	2018	$r_t=\rho r_{t-1}+(1-\rho)[r^*+\pi^*+\beta_1(\pi_t-\pi^*)]$ $r_t=0.85r_{t-1}+(1-0.85)[r^*+2+0.1(u-u^*)+\beta_2(\pi-2)]$	1年期国债收益率与12个月平均的达拉斯联储PCE截尾通胀率的差额,之后对差额进行HP滤波得到的趋势项	是	0.85	无			−0.1	CBO预测的自然失业率	CBO预测的自然业率−实际失业率	1.5	2%	市场预期通胀率(5年期国债名义收益率与5年期通胀保值债券(TIPS)收益率之差)−2%
克拉里达规则	2021	不满足加息条件$(u>=u^*$ 或$\pi<=2\%)$; $r_t=\rho r_{t-1}+(1-\rho)[r^*+\pi^*+\beta_1(u-u^*)+\beta_2(\pi-\pi^*)]$; 满足加息条件时$(u<u^*$ 或$\pi>2\%)$; $r_t=\rho r_{t-1}+(1-\rho)[r^*+\pi+\beta_2(\pi-\pi^*)]$	0.5%	是	0.9	无			−0.1	CBO预测的自然失业率	CBO预测的自然业率−实际失业率	1.5	2%	核心PCE(过去4个季度平均值)−2%

"名义收入目标规则"。

1. 麦科勒姆规则方程

$$\Delta b_t = \Delta y_t^* - \Delta v_t^* + \theta\left(\Delta y_t^* - \Delta y_t\right), \quad \theta \geq 0$$

其中，Δb_t 表示基础货币的增速，Δy_t^* 是名义 GDP 的目标增长率，Δy_t 是名义 GDP 增长率，Δv_t^* 是前 16 个季度货币流通速度变化率的均值，θ 是反应系数，麦科勒姆将其设定为 $\frac{1}{2}$。

2. 调控思路

当名义 GDP 增长率高于目标值时，应紧缩基础货币；当名义 GDP 增长率低于目标值时，则应扩张基础货币。但是在实践中，由于基础货币的稳定性较差，所以麦克勒姆规则的效果也并不好。

▷▷▷ 真题链接

1.（2025—对外经济贸易大学）泰勒规则的特征之一是（　　）。
A. 通货膨胀缺口系数为正　　　　B. 产出缺口为负
C. 通货膨胀缺口为负　　　　　　D. 汇率缺口为负

2.（2018—中山大学）如果美联储遵循的是泰勒定理，它就会（　　）。
A. 提高名义利率的幅度小于通货膨胀率的上升幅度
B. 提高名义利率的幅度大于通货膨胀率的上升幅度
C. 当通货膨胀率低于名义利率时，实施泰勒规则
D. 当通货膨胀率高于名义利率时，实施泰勒规则

3.（2020—中央财经大学）对于货币政策规则的理解，以下错误的是（　　）。
A. 泰勒规则仍是一种逆风向行事的政策
B. 麦卡勒姆规则是基于基础货币的规则
C. 单一规则强调货币供应量的固定增长
D. 麦卡勒姆规则较泰勒规则的效果更好

4.（2020—清华大学）（多选）根据泰勒规则，以下哪个正确？（　　）
A. 中央银行应根据通货膨胀率和产出缺口调整政策利率
B. 产出缺口<0，政策利率应该上升
C. 中央银行不能通过调整政策利率在降低通货膨胀率水平的同时刺激产出
D. 中央银行政策利率应根据失业率水平调整

5.（2023—中央财经大学）关于货币政策理论，以下说法正确的是（　　）。
A. 相机抉择是顺周期调节的货币政策
B. 单一规则提出稳定利率的增长率
C. 泰勒规则是调节货币供给为政策工具
D. 麦科勒姆以名义 GDP 增长率为目标，对基础货币进行调整

6.（2025—中央财经大学）关于货币政策理论的说法，正确的是（　　）。
A. 货币学派主张多重货币规则

B. 泰勒规则和麦卡勒姆都不支持逆风向行事

C. 凯恩斯学派认为利率很重要

D. 理性预期学派认为货币政策作用很大

【答案】1. A；2. B；3. D；4. ACD；5. D；6. C

四、影响货币政策效力的因素　★★

货币政策效力的强弱受到诸多因素的影响。**凯恩斯学派**强调货币需求对利率的敏感性以及投资对利率的敏感性，当货币需求对利率极度敏感（流动性陷阱）或投资对利率极度不敏感时，货币政策效力受损。**货币学派**强调时滞，货币政策的时滞可能扭曲其政策效力。**理性预期学派**强调理性预期的抵消作用，预期到的政策无效，随机的政策有害。除此之外，**货币供给的内生性**，**货币流通速度的稳定性**，货币政策的**规则性**，居民、企业**消费和投资的信心**，经济中是否存在**闲置产能**等都会影响货币政策的效力。

▷▷▷ 真题链接

1.（2023—对外经济贸易大学）经济学家凯恩斯认为在什么情况下货币政策无效？（　　）

A. 货币幻觉　　　　　　　　B. 流动性不足

C. 通货膨胀　　　　　　　　D. 流动性陷阱

2.（2023—清华大学）下面哪一个最能说明中央银行的货币政策不能总有效刺激经济？（　　）

A. 李嘉图等价

B. 货币政策和财政政策往往是搭配使用的

C. 利率不能显著低于零

D. 货币政策独立性

3.（2025—中央民族大学）简述货币政策传导机制以及提升货币政策有效性的条件。

4.（2025—兰州大学）简述货币政策效应评价维度和货币政策效应的影响因素。

【答案】1. D；2. C；3. 略；4. 略

专栏五　健全现代货币政策框架

党的十九届五中全会提出"建设现代中央银行制度"，而建设现代中央银行制度的重要组成部分就是健全现代货币政策框架。我们知道货币政策框架包括目标体系、工具体系和传导机制三部分，对应地，"现代"货币政策框架包括优化的目标体系、创新的工具体系和畅通的传导机制。

（一）优化的目标体系

1. 最终目标

坚守币值稳定的最终目标，更加重视**就业**目标。《中华人民共和国中国人民银行法》赋予我国货币政策"保持货币币值稳定，并以此促进经济增长"的最终目标。因此先要保持币值稳定，同时以服务实体经济为方向，将就业纳入考量。

> ≫ 币值稳定主要指对内的物价稳定，除此之外，还包括对外的汇率稳定。在汇率方面，要增强人民币汇率弹性，保持人民币汇率在均衡合理水平上基本稳定。

2. 中介目标

优化中介目标的锚定方式，保持 M2 和社会融资规模增速同名义经济增速基本匹配[①]。这一中介目标锚定方式，有利于搞好跨周期的政策设计，在长期稳住货币总量；有利于根据宏观经济形势变化，使 M2 和社会融资规模增速向反映潜在产出的名义经济增速靠拢；有利于引导市场形成理性、稳定的预期；同时也内嵌了稳定宏观杠杆率的机制，有利于实现稳增长和防风险长期均衡。

3. 操作目标

以央行政策利率为操作目标，完善以公开市场操作 7 天逆回购利率为核心的央行政策利率体系，有效实现操作目标。

（二）创新的工具体系

1. 总量型工具

完善中央银行调节银行货币创造的流动性、资本和利率约束的长效机制。抓准作为货币创造直接主体的银行，（1）综合运用多种货币政策工具（如准备金工具、再贷款再贴现工具、公开市场操作工具、人民银行创新的诸多政策工具等），保持**流动性**合理充裕；（2）创新央票互换工具，以永续债为突破口，促进银行多渠道补充**资本**；（3）推动 LPR 改革，打破**利率**隐性下限，引导贷款利率下行，提振贷款需求。缓解银行货币创造面临的流动性、资本、利率约束，保持货币供应量和社会融资规模增速同名义经济增速基本匹配。

2. 结构性工具

持续健全结构性货币政策工具体系，通过设计激励相容机制，将流动性的量价与银行贷款创造存款的行为联系起来，引导金融资源流向国民经济重点领域和薄弱环节。

（三）畅通的传导机制

在创新的工具体系中，主要强调数量型的调控和传导机制，这里再对**价格型**的传导

---

① 这里说的是基本匹配，而不是完全相等。基本匹配带有跨周期（或逆周期）调节的含义，类似于麦科勒姆规则：当名义 GDP 增速高（高于潜在增速）时，M2 增速反而要更低一些；当名义 GDP 增速低（低于潜在增速）时，M2 增速要更高一些。

机制进行讨论。

　　近年来，中国人民银行以深化利率市场化改革为抓手疏通价格型传导机制，健全市场化的利率形成和传导机制。在经历了 2019 年的 LPR 改革，2021 年和 2022 年的存款利率定价机制改革后，我国当前的利率传导机制为图 8-21（同图 3-1）。

　　总的来看，现代货币政策框架更加公开透明，一方面提升了央行与公众的沟通效率、有效引导市场预期；另一方面也提高了货币政策传导的有效性，有利于为经济的高质量发展提供稳定、适宜的货币金融环境。

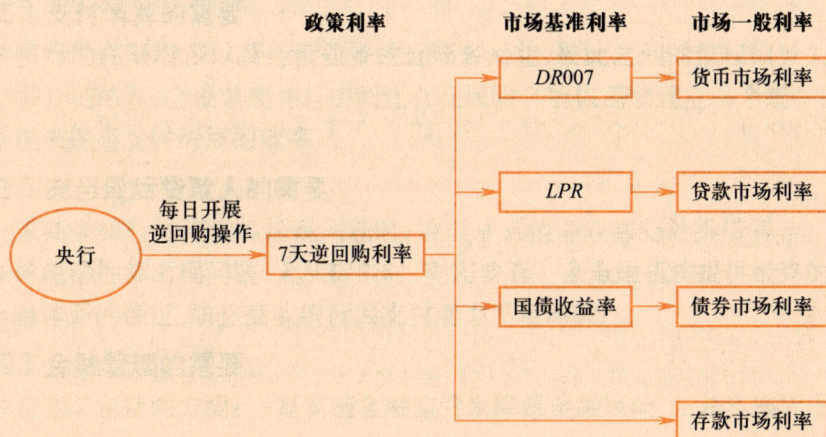

图 8-21　我国的利率传导和调控框架

读者意见反馈

为收集对本书的意见建议，进一步完善本书编写并做好服务工作，读者可将对本书的意见建议通过如下渠道反馈至我社。

咨询电话　400-810-0598

反馈邮箱　gjdzfwb@pub.hep.cn

通信地址　北京市朝阳区惠新东街4号富盛大厦1座　高等教育出版社总编辑办公室

邮政编码　100029

防伪查询说明

用户购书后刮开封底防伪涂层，使用手机微信等软件扫描二维码，会跳转至防伪查询网页，获得所购图书详细信息。

防伪客服电话　（010）58582300

431金融学综合

金融学 **10** 讲

下册 国际金融学

武玄宇 主编

中国教育出版传媒集团

高等教育出版社·北京

图书在版编目（ＣＩＰ）数据

金融学 10 讲. 下册, 国际金融学 / 武玄宇主编. --
北京：高等教育出版社，2024.6（2025.4重印）
ISBN 978-7-04-062331-4

Ⅰ. ①金… Ⅱ. ①武… Ⅲ. ①国际金融学-研究生-
入学考试-自学参考资料 Ⅳ. ①F8

中国国家版本馆 CIP 数据核字（2024）第 109724 号

金融学 **10** 讲　下册　国际金融学
JINRONGXUE 10 JIANG　XIACE　GUOJI JINRONGXUE

策划编辑　王　蓉	责任编辑　王　蓉	封面设计　贺雅馨	版式设计　马　云
责任校对　张　薇	责任印制　高　峰		

出版发行	高等教育出版社	网　　址　http://www.hep.edu.cn
社　　址	北京市西城区德外大街 4 号	http://www.hep.com.cn
邮政编码	100120	网上订购　http://www.hepmall.com.cn
印　　刷	廊坊十环印刷有限公司	http://www.hepmall.com
开　　本	787mm×1092mm　1/16	http://www.hepmall.cn
本册印张	9	
本册字数	200 千字	版　　次　2024 年 6 月第 1 版
购书热线	010-58581118	印　　次　2025 年 4 月第 4 次印刷
咨询电话	400-810-0598	总 定 价　120.00 元

目　　录

（下册　国际金融学）

第九讲　国际收支

【考情分析】

　　本讲的重点内容包括国际收支平衡表、国际收支失衡的成因、国际收支失衡的自动调节机制、国际收支理论、政策搭配理论、国际储备和汇率政策。从题型来看，本讲内容的考查以选择题、名词解释和简答题为主，也可能会结合我国的国际收支情况考查论述。整体来看，本讲的内容较多且知识点较为零碎，所以大家需要耐心阅读和掌握。

【知识框架】

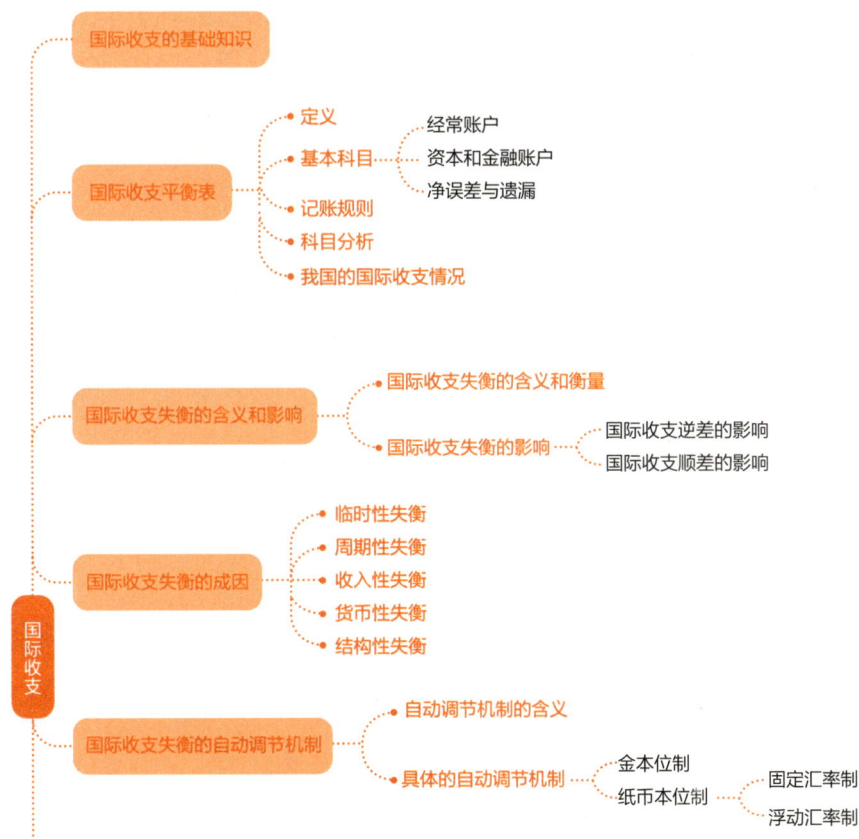

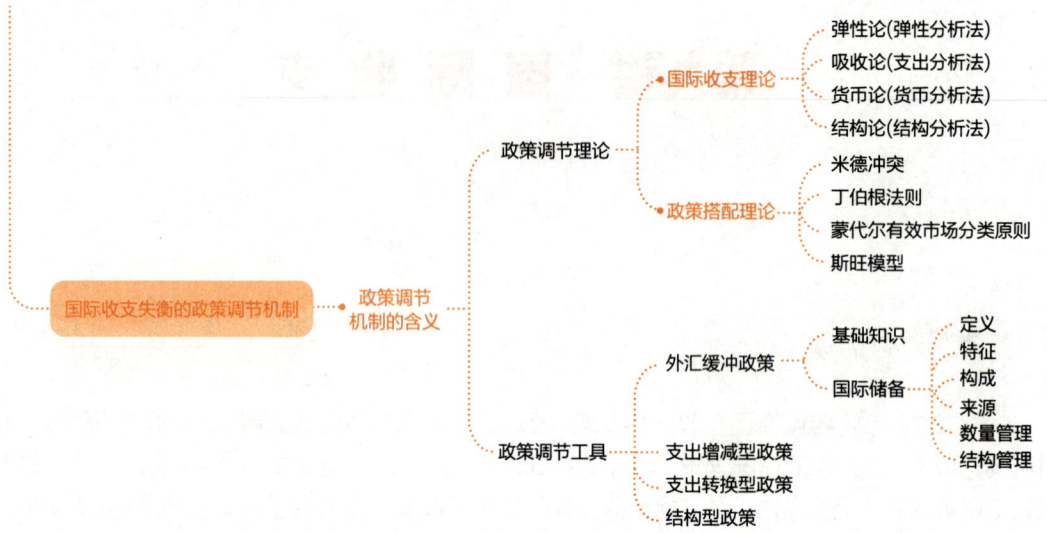

第一节　国际收支的基础知识

国际收支的定义　★★★

国际收支（Balance of Payments，BOP）是指一定时期内，一国居民与非居民之间所发生的全部经济交易的货币价值总和。

> **注释**：（1）"一定时期内（如一个季度、一年）"表示国际收支是**流量的、事后的**概念。
>
> （2）"一国居民与非居民"。一方是**居民**（Resident），另一方是**非居民**（Nonresident），双方之间进行的交易才算国际收支。居民是指在一国具有经济利益的主体，其中"具有经济利益"是指在一国的实际（或者计划）居住期限达一年以上；**"主体"则既包括个人，也包括企业和政府**[1]。特殊地，一国（如我国）设在境外的大使馆、领事馆和军事机构，以及出国的留学生、出国就医人员等，无论多长时间，均是该国（我国）的居民。联合国、国际货币基金组织等国际组织是任何国家的非居民。
>
> （3）"经济交易"。以**交易**为基础，经济交易又具体包括四类：交换（如商品劳务与金融资产之间的交换，某种金融资产与其他金融资产之间的交换）、转移（交易一方向另一方提供了经济价值但是没有得到补偿，也即是**无偿**的）、移居、其他推论存在的交易。
>
> （4）"货币价值"。既统计货币形式的交易，也统计实物形式的交易。其中实物形式的交易在统计时需要转化为货币单位。
>
> **举例**：在中国开设的美资企业属于中国的居民（因其在中国有经济利益），如果中国的消费者（也是中国居民）从该美资企业处购买商品，则属于居民和居民的交易，不被统计到国际收支中；对应地，如果美国的消费者（美国居民）从该美资企业处购买商品，则为居民和非居民的交易，被统计到国际收支中[2]。

▷▷▷ **真题链接**

1.（2016—清华大学）目前，世界各国普遍使用的国际收支概念是建立在（　　）基础上的。

A. 收支　　　　　　　　　　　B. 交易

---

[1]　注意与宏观经济学中"居民"部门是不同的。

[2]　既统计到中国的国际收支中，也统计到美国的国际收支中。

C. 现金　　　　　　　　　　　D. 贸易

2.（2024—对外经济贸易大学）下列关于国际收支的说法错误的是（　　　）。

A. 国际收支是个流量概念

B. 反映的是以货币记录的经济交易

C. 只有居民与非居民之间的经济交易才记入国际收支

D. 国际收支并非国际投资头寸变动的唯一原因

【答案】1. B；2. B

第二节　国际收支平衡表

一、定义　★

国际收支平衡表（Statement for Balance of Payment）是按照复式记账原理，对国际收支情况进行记录的报表。

二、基本科目[①]　★★★★★

简化的国际收支平衡表如表 9-1 所示，可分为三个一级账户：经常账户、资本和金融账户、净误差与遗漏账户。

表 9-1　简化的国际收支平衡表

项目	贷方	借方
1. 经常账户 　1.A　货物和服务 　　　a. 货物 　　　b. 服务 　1.B　初次收入 　1.C　二次收入 2. 资本和金融账户 　2.1　资本账户 　2.2　金融账户 　　2.2.1　非储备性质的金融账户 　　　2.2.1.1　直接投资 　　　2.2.1.2　证券投资		

---

① 这里参照 IMF《国际收支和国际投资头寸手册》（第六版），是 IMF 于 2009 年发布，我国于 2015 年开始采用的。2015 年之前，我国的国际收支平衡表是按照 IMF 于 1993 年发布的第五手册来编制的。因为很多教材仍采用第五版，所以第五版的内容也会在括号里进行补充说明。

续表

项目	贷方	借方
2.2.1.3　金融衍生工具 　　　2.2.1.4　其他投资 　　2.2.2　储备资产 3. 净误差与遗漏		

（一）经常账户（经常项目，Current Account，CA）

经常账户表示**实际资源**在国际的转移。因为在一国的对外交易中经常发生，所以称之为"经常"账户。它包括以下三个二级科目：货物和服务、初次收入、二次收入。

1. 货物和服务

货物是有形的，服务是无形的（如旅游、运输、金融、知识产权等）。

2. 初次收入（收益）

初次收入包括：

（1）雇员报酬：本国居民（在外国居住不满一年）在外国提供劳务所获得的收入。

（2）投资收益：本国居民在外国投资所获得的**利息收入**（如债券利息、股票股息、再投资收益、租金等），与资本和金融账户直接相关。

3. 二次收入（经常转移）

二次收入是指单方面的价值转让，包括**（1）无偿援助**；**（2）职工汇款**；**（3）侨汇**；**（4）所得税**；**（5）非人寿保险索赔**等。

（二）资本和金融账户（资本和金融项目，Capital and Financial Account，KA）

KA 包括资本账户和金融账户两个二级科目。

1. 资本账户（Capital Account）

资本账户包括**（1）资本转移：**生产设备的无偿转移、**债务减免等**；**（2）非生产、非金融资产的一次性买断、卖断**，非生产、非金融资产主要指专利、版权、商标等**无形资产**。

2. 金融账户（Financial Account）

金融账户表示**金融资产所有权**在国际的转移，包括**非储备性质的金融账户**和**储备资产**两个项目。

（1）非储备性质的金融账户记录**私人部门**的对外投资（或吸收对外投资），根据投资方式不同又分为以下类别：

① 直接投资：投资的目的在于直接参与对方企业的经营，对所投资的企业有长期的、持久的利益。具体方式包括**绿地投资**（新建投资，Green Field Investment）和**并购**（Merger & Acquisition）。

　　》　**界定标准：**根据 IMF 的规定，直接投资的界定标准为持有 10% 以上的股权。根据我国的规定，**外商来华直接投资的标准为持有 25% 以上的股权**。

　　》　**我国情况：**在我国，直接投资包括外国（对我国）直接投资和本国（对外国）直接投资。其中，外国直接投资（Foreign Direct Investment，FDI）是外商来华投资，俗称**"引进来"**；本国直接投资（Oversea Direct Investment，

ODI）则是我国对外的投资，俗称"**走出去**"。2024年，我国实际使用外资金额（FDI）为 8 262.5 亿元，居全球第二，表明世界对我国经济发展以及营商环境的信心；对外直接投资（ODI）规模为 11 592.6 亿元，居世界第三，表明我国企业的全球产业链布局正在加速。

② **证券投资**：也称**间接投资**，是指一国居民投资于非居民发行的债券和股票。

　　》 **我国情况**：我国存在资本和金融账户的管制，境内（外）投资者不能自由地进行境外（内）的证券投资，而需要通过特定的通道进行证券投资。其中，对外证券投资的渠道主要包括**合格境内机构投资者**（Qualified Domestic Institutional Investor, QDII）、人民币合格境内机构投资者（RQDII）、港股通、基金互认等；境外对我国证券投资的渠道则主要包括：**合格境外机构投资者**（Qualified Foreign Institutional Investor, QFII）、人民币合格境外机构投资者（RQFII）、**沪股通**、**深股通**、**债券通**等。
　　》 **辨析**：买卖股票应当记入资本和金融账户下的**证券投资**账户，股票分红则应当记入经常账户下的**初次收入账户**。为什么都是通过股票赚钱，不同部分的钱却要记录到不同的账户里呢？因为买卖涉及金融资产所有权的转移，所以记录到资本金融账户下；而分红不涉及金融资产所有权的转移，所以记录到经常账户下。

③ **金融衍生工具**：一国居民投资于非居民发行的金融衍生工具，如期权、期货等。
④ **其他投资**：除了直接投资、证券投资、金融衍生工具之外的居民与非居民之间的金融交易（如**进出口贸易融资**、**银行存贷款**、**现金**等），都记录到其他投资项下。
　　（2）**储备资产**（Reserve Assets）是指一国政府持有的，可以随时用来应对国际收支差额、干预汇率市场、稳定本币信心的国际资产[①]，包括货币性黄金、外汇储备、在 IMF 的储备头寸、特别提款权。

　　》 **辨析**：国际储备本身是一个存量的概念，比如 2023 年末，我国有 3.2 万亿美元的国际储备，是指截至 2023 年末这个**时点**上，我国一共积累了 3.2 万亿美元的国际储备。但是国际收支平衡表是一张流量的报表，所以出现在国际收支平衡表中的储备资产是变动值，表示**一段时间**（如一个季度、一年）国际储备的**变动情况**。2023 年，我国国际收支平衡表的储备资产科目显示为 −48 亿美元，意味着 2023 年我国储备资产变动了 48 亿美元，但这并不能说明我国是净债权国或者净债务国（净债权国或净债务国要看存量）。
　　》 **辨析**：KA（资本和金融账户）往往有两种指代："**大 KA**"和"**小 KA**"，两者的区别在于是否包含储备资产。"**小 KA**"是非储备性质的资本金融账户，不包含储备资产，只包括私人部门的资本流动；"**大 KA**"则指全部的

[①] 关于国际储备的详细介绍，可参照国际储备部分的内容。

资本金融账户,包含储备资产,包括私人部门和政府部门整体的资本流动。很多教材是将两者混用的,并未作特殊说明,因而容易给读者造成困惑。本书在分析时,一般是指"小 KA",如若指代"大 KA",则会单独进行说明。

（三）净误差与遗漏（错漏账户, Net Errors and Omissions）

1. 产生原因

因为国际收支平衡表的编制采用的是复式记账规则[1],所以借方总额应当**等于**贷方总额。但是客观统计（如数据来源不同）、主观故意（如资本外逃）等方面的因素,使得从实际的交易记账来看,借贷方总额往往并不相等。为了使整体的借贷方总额仍然相等,便**人为设置**了"净误差与遗漏"账户用以平衡[2]。

2. 记录标准:"大小相等、方向相反"

对经常账户、资本和金融账户[3]的借方余额和贷方余额分别进行加总后,若加总的贷方余额大于借方余额,即出现净的贷方余额（贷方 – 借方）,则将该净额计入错漏账户的**借方**；反过来,若加总的借方余额大于贷方余额,出现净的借方余额（借方 – 贷方）,则将该净额计入错漏账户的**贷方**。

> **资本外逃和错漏账户**
>
> **（1）资本外逃（Capital Flight）**
>
> ① **含义**:恐惧、怀疑或为规避某种风险和管制所引起的资本流出。
>
> ② **原因**:持有本币资产收益较低（如预期本币贬值）或风险较高（如经济危机、政府加强管制或者资产本身就是非法所得）,因而将其转化成外币资产。
>
> ③ **途径**:a. 利用**经常账户**进行资本外逃。企业通过伪造贸易凭证、虚报进出口价格（低报出口、高报进口）等方式将资金滞留于境外；b. 利用**资本和金融账户**进行资本外逃。企业以境外直接投资的名义,跨国公司通过内部价格转移的方式等将国内资金转移至国外；c. 通过地下钱庄、私人数字货币、个人购汇（蚂蚁搬家、少量多笔）等方式进行资本外逃。
>
> ④ **统计方法**:a. **卡廷顿法**（1986）:资本外逃 = 错漏账户借方余额 + 私人非银行部门短期资本流出；b. **间接测算法**（世界银行,1985）:资本外逃 = 经常账户收入 + 直接投资净流入 + 外债收入 – 储备增加。
>
> **（2）资本外逃使得错漏账户借方余额增加[4]**
>
> 以伪造贸易凭证为例,比如某国内企业伪造了从美国进口 100 万美元货物的发票,随后向银行购汇并汇往国外以实现资本外逃。当其从银行购汇汇出时,会在银行和国际收支平衡表上留下记录（贷:其他投资 100 万美元[5]）。但由于实际上没有货物进口,所以该交易并未在海关留下记录,

---

[1]　关于国际收支平衡表的记账规则,可参照记账规则部分的内容。

[2]　"人为设置"的意思是错漏账户的记账并不来自真实的交易,而是为了配平借贷两侧而直接写的一个数字。

[3]　这里的 KA 指"大 KA",包括储备资产。

[4]　建议同学们在学习完国际收支平衡表的记账规则后再阅读这部分内容。

[5]　本国对外金融资产减少,记录到贷方。

借方为 0。由此一来,贷方余额便多出了 100 万美元,因而错漏账户应该在借方记录 100 万美元以实现平衡①。直观来考虑,资本外逃是一种特殊的资本流出,资本流出记录到借方,资本外逃自然也记录到借方,只不过一个是资本金融账户、一个是错漏账户而已。

（3）我国错漏账户余额经常出现在借方,但未必意味着存在严重的资本外逃

因为造成错漏账户余额出现在借方的因素有很多。首先,根据 IMF 的标准,一国错漏账户发生额与货物贸易进出口总额的比例在 5% 以内即为合理,这可能是统计因素导致的。其次,即便这一比例超出了 5%,也未必意味着资本外逃,还需要结合具体的经济形势来判断。比如人民币在很长时间里存在强劲的升值趋势和单边的升值预期,此时并不形成资本外逃的激励。

≫ **国际投资头寸表**（International Investment Position, IIP）

（1）含义：对一个时点上,一国对世界其他国家金融资产和负债存量进行记录的报表。我国简化的国际投资头寸表如表 9-2 所示。

表 9-2　我国简化的国际投资头寸表

项目	2024 年末
净头寸② 资产 　1. 直接投资 　2. 证券投资 　3. 金融衍生工具 　4. 其他投资 　5. 储备资产 负债 　1. 直接投资 　2. 证券投资 　3. 金融衍生工具 　4. 其他投资	

（2）与国际收支平衡表的比较：国际收支平衡表和国际投资头寸表共同构成了一国完整的国际账户体系。① 这两张报表的区别在于：国际收支平衡表是流量的报表,国际收支是一段时间的概念;而国际投资头寸表是存量的报表,国际投资头寸是一个时点的概念。② 联系在于：国际收支会驱动国际投资头寸的变动,比如经常账户顺差对应资本流出,本国对外净头寸增加。反过来,国际投资头寸也会影响国际收支,比如初次收入账户,利息的收入和支出。

（3）影响一国国际投资头寸变动的因素：① **交易因素**,比如经常账户收支;② **非交易因素**,比如汇率变动、对外资产负债估值的变动等。以汇

---

① 虚报进出口价格（低报出口、高报进口）会如何影响错漏账户呢?

② 净头寸等于资产减负债,表明我国对外的净资产。

率变动为例,我国对外资产包含美元资产和非美元资产,非美元资产要转换成美元来计价。那么当美元升值时,非美元资产换算过来只能得到更少的美元,所以当美元升值时,我国对外资产会减少。

▷▷▷ **真题链接**

1.(2011—中国人民大学)国际收支平衡表中不包括(　　)。

A. 经常项目　　　　　　　　B. 资本项目

C. 结算项目　　　　　　　　D. 金融项目

2.(2018—清华大学,2024—上海大学)投资收益在国际收支结算中应当计入(　　)。

A. 经常账户　　　　　　　　B. 金融账户

C. 资本账户　　　　　　　　D. 储蓄和其他账户

3.(2025—清华大学)下列哪项不计入经常账户(　　)。

A. 进口货物　　　　　　　　B. 出口服务

C. 从外国得到的投资收益　　D. 对外国直接投资

4.(2019—上海财经大学)根据《国际收支和国际投资头寸手册》(第六版),在一国的国际收支表中以下哪一项不属于金融账户?(　　)

A. 专利和版权的转让交易　　B. 证券投资

C. 储备资产　　　　　　　　D. 直接投资

5.(2019—上海财经大学)为了轧平国际收支借贷差额,设置了错误与遗漏账户,但这一账户并不是通过真正的统计得到的,以下说法正确的是(　　)。

A. 当借方差额大于贷方差额时,其差额计入错误与遗漏项目的是借方

B. 当借方差额大于贷方差额时,其差额计入错误与遗漏项目的是贷方

C. 当本国出现资本外逃时,错误与遗漏项目表现为正值

D. 外国热钱涌入本国时,错误与遗漏项目表现为负值

6.(2022—对外经济贸易大学)我国对津巴布韦的债务减免记录在国际收支平衡表(第六版)哪个账户?(　　)

A. 经常账户　　　　　　　　B. 资本账户

C. 金融账户　　　　　　　　D. 净误差与遗漏账户

7.(2024—对外经济贸易大学)以下不属于初次收入的是(　　)。

A. 雇员报酬　　　　　　　　B. 再投资收益

C. 租金　　　　　　　　　　D. 所得税

8.(2022—复旦大学)关于资本外逃的说法,不正确的是(　　)。

A. 资本外逃可以通过在国际贸易中高报进口,低报出口来进行

B. 本国政治前景的不确定性会加剧资本外逃

C. 国际收支平衡表中的错误和遗漏账户余额,能够反映资本外逃的情况

D. 本币币值被认为低估可能会引发资本外逃

9.(2023—上海财经大学)关于国际收支的说法正确的是(　　)。

A. 直接投资行为计入该国资本和金融账户

B. 国际收支是国际借贷的直接原因

C. 坐落在美国华盛顿的世界银行是美国的居民

D. 特斯拉上海分公司是我国的居民

10.（2024—对外经济贸易大学）（判断题）A 国对 B 国进行了 4 000 万元的债务减免，应记录在国际收支平衡表的金融账户。（　　）

11.（2025—中南财经政法大学）（判断题）当人们低估本币币值时，可能会发生资本外逃。（　　）

12.（2021—湖南大学，2022—中山大学）名词解释：国际投资头寸。

【答案】1. C；2. A；3. D；4. A；5. B；6. B；7. D；8. D；9. D；10. ×；11. ×；12. 略

三、记账规则

国际收支平衡表的记录采用**复式记账法**，复式记账法是国际通行的会计准则。

（一）复式记账法的基础知识

1. 含义

对每一笔经济业务，都以相等的金额在两个（或两个以上）相互联系的账户中进行记录。因为是双重记录，所以称为"复式"。

2. 优势

相较于单式记账法而言，其优势在于更全面地反映出资金增减变动的来龙去脉，并且可以进行试算平衡，检查账户记录是否正确。

3. 分类

复式记账法又包括借贷记账法、增减记账法和收付记账法。我国使用借贷记账法，国际收支平衡表也使用**借贷记账法**进行记录。

（二）复式记账法用于国际收支平衡表 ★★★★

1. 有借必有贷，借贷必相等

对于每个账户而言，都有增加和减少两个方向，分别用借方和贷方来描述。对于每笔交易而言，也都会涉及借方和贷方两个方面[1]，并且借贷双方的数值还要相等。

2. 借方表示外汇资金[2]的支出（也可表述为外汇资金的使用或需求）

具体哪些交易需要使用外汇资金进行支出？分账户来看：

（1）经常账户：① 货物和服务，本国从外国**进口**商品，支付外汇[3]；② 初次收入，本国使用外国的劳务、资金，**对外支付劳务报酬、股息红利**；③ 二次收入，本国**对外国的经常转移**、职工汇款等。

（2）非储备性质的资本和金融账户：私人部门**购买国外金融资产、清偿国外金融负债**[4]

---

① 因为有得必有失，比如用钱买商品，商品多了、钱少了，所以会涉及两个方面，只不过体现在不同的账户中。

② 这里的"外汇资金"是以货币形式存在的外汇，可以更具体地理解为"在本国外汇市场上交易的外汇（货币）"。

③ 这里的"本国"也可表述成"居民"，"外国"也可表述成"非居民"。

④ 这里的"金融负债"是广义的说法，不仅包括债务类资金，还包括权益类资金。

（资本流出）。

（3）储备资产：政府部门购买国外金融资产，**储备资产增加**①。

　　》　**资本流出**是指本国资本流向外国，又分为两种情况：一是用本国资金购买国外资产，意味着本国对外金融资产的**增加**；二是外国资金从本国撤出、去购买国外资产，意味着本国对外金融负债的**减少**。**资本流入**则反过来，是指外国资本流向国内，同样分为两种情况：一是本国资金从国外撤回，意味着本国对外金融资产的减少；二是外国资金增加对本国的投资，意味着本国对外金融负债的增加。

3. 贷方表示外汇资金的收入（也可表述为外汇资金的来源或供给）

具体哪些交易涉及外汇资金的收入？分账户来看：

（1）经常账户：① 货物和服务，商品**出口**，获得外汇资金；② 初次收入，**外国向本国支付劳务报酬、股息红利**；③ 二次收入，**外国对本国的经常转移、职工汇款等**。

（2）非储备性质的资本和金融账户：私人部门**出售国外金融资产、对国外发行金融负债（资本流入）**，也可获得外汇资金。

（3）储备资产：政府部门出售国外金融资产，**储备资产减少**。

　　》　**另一种判断方法**：借方的核心是"**增加**"，包括实际资源的增加、私人部门对外金融资产的增加②、储备资产的增加；贷方的核心则是"**减少**"，包括实际资源的减少、私人部门对外金融资产的减少、储备资产的减少等。

　　》　**举例**：考虑以下具体交易的记录

（1）我国企业出口价值100万美元的商品，所得收入存入银行

① 明确科目

　　a. 商品出口记录到经常账户下的"货物（货物与服务）"科目；b. 银行存款则记录到资本金融账户下的"其他投资"科目。

② 明确借贷方

　　a. 出口赚取外汇，意味着外汇收入，记录到贷方；b. 对外银行存款增加，意味着外汇支出：将外汇资金用于购买存款这种金融资产，记录到借方③。

③ 最终记录

$$借：其他投资　100万美元$$
$$贷：货物　　　　100万美元$$

（2）我国政府向非洲国家提供无偿援助，其中40万美元以外汇的形式，60万美元以实物的形式

---

① 其实也是政府部门的资本流出。

② 增加是"好东西"的增加，如实际资源、金融资产；"坏东西"，如金融负债，就是减少。

③ 还可以用前面所述的"增加"和"减少"进行判断：出口意味着本国实际资源的减少，记录到贷方；所得收入存入银行则意味着本国对外金融资产的增加，记录到借方。

① **明确科目**

a. 无偿援助记录到经常账户下的"经常转移"科目；b. 外汇储备的变动记录到"储备资产"科目；实物商品的变动记录到"货物（货物与服务）"科目。

② **明确借贷方**

a. 经常转移：本国对外国的经常转移意味着外汇支出，记录到借方[①]；b. 储备资产：政府使用储备资产为这笔交易提供外汇支持，意味着外汇资金的供给，记录到贷方；c. 货物：这笔货物同样为经常转移提供了外汇支持，意味着外汇资金的供给（也可以理解为先将货物出口，获得外汇资金，等同于出口），记录到贷方。

③ **最终记录**

借：经常转移　　100 万美元

　　贷：储备资产　　　40 万美元

　　　　货物　　　　　60 万美元

（3）我国企业在纽约证券交易所上市，共募集 100 万美元资金，该企业将其结算成本币

① **明确科目**

a. 海外上市，发售股票募集资金应记录到"证券投资"科目；b. 将其结算成本币，该公司首先结汇给商业银行，然后商业银行再结汇给中央银行，最终形成官方储备，记录到"储备资产"科目。

② **明确借贷方**

a. 证券投资：从国外募集资金意味着外汇收入，记录到贷方；b. 储备资产：储备资产增加是政府部门使用外汇资金购买国外金融资产，意味着外汇支出，记录到借方。

③ **最终记录**

借：储备资产　　100 万美元

　　贷：证券投资　　　100 万美元

（三）补充：顺差和逆差　★★★★

1. 含义

若本国的外汇收入（贷方）大于外汇支出（借方）[②]，存在外汇**净收入**，则称之为"**顺差（或盈余）**"；反过来，若本国存在外汇**净支出**，则称之为"**逆差（或赤字）**"。

2. 从不同的账户来看

（1）经常账户，出口带来外汇收入、进口带来外汇支出。"外汇收入大于外汇支出"等同于"出口大于进口"，即**净出口（出口－进口）大于0**，称为**经常账户顺差**，反之则为逆差。

---

① 从"增加"的角度来看，虽然援助并没有带来本国实际资源的增加，但是带来了国际人道主义精神的弘扬，是一种无形财富的增加。

② 这里不考虑储备资产账户，顺差和逆差是针对私人部门自主性交易而言的。

（2）**（非储备性质的）资本和金融账户**,资本流入表征外汇收入、资本流出表征外汇支出。"外汇收入大于外汇支出"等同于"资本流入大于资本流出",即**"净流入（流入－流出）大于0"**,称为**（非储备性质的）资本金融账户顺差**,反之则为逆差。

》　在国际收支平衡表中,贷方通常取"+"（表示外汇收入）、借方通常取"－"（表示外汇支出）。贷方余额和借方余额相加,若结果为"+"则表示顺差,结果为"－"则表示逆差。

▷▷▷ **真题链接**

1.（2019—对外经济贸易大学）（判断题）根据《国际收支和国际投资头寸手册》（第六版）,非居民向本国居民支付的投资利息、股息或红利,应计入本国国际收支平衡表中投资收益项的贷方。（　　）

2.（2025—对外经济贸易大学）（判断题）根据第六版国际收支平衡表的记账方法,央行储备资产增加记贷方。（　　）

3.（2016—清华大学）关于国际收支平衡表的表述不正确的是（　　）。
A. 是按复式簿记原理编制的　　　B. 每笔交易都有借方和贷方的账户
C. 借方总额与贷方总额一定相等　D. 借方总额和贷方总额并不相等

4.（2019—中央财经大学）国际收支平衡表借方项目不记录的是（　　）。
A. 非居民向居民提供的服务　　　B. 向非居民支付的收入
C. 官方储备资产的增加　　　　　D. 非居民向居民偿还的债务

5.（2019—复旦大学）关于国际收支平衡表,下列说法正确的是（　　）。
A. 官方储备差额为正值,表示该国为债权国
B. 官方储备差额为负值,表示该国为债权国
C. 资本和金融账户差额为负值,则官方储备增加
D. 假定错误与遗漏项为0,若经常项目顺差,则资本和金融账户（含官方储备）差额一定为负值

6.（2020—复旦大学）关于国际收支平衡表,下列说法错误的是（　　）。
A. 实物资产增加记借方　　　　　B. 金融资产增加记借方
C. 国际储备增加记贷方　　　　　D. 金融负债增加记贷方

7.（2021—对外经济贸易大学）新冠疫情发生后,日本居民向中国捐赠了口罩等物资,根据《国际收支和国际投资头寸手册》（第六版）,应在我国经常账户中（　　）。
A. 借记初次收入,贷记货物　　　B. 贷记初次收入,借记货物
C. 借记二次收入,贷记货物　　　D. 贷记二次收入,借记货物

8.（2021—对外经济贸易大学）下列关于资本项目和官方储备项目的记账方法,说法正确的是（　　）。
A. 资本流入记贷方,官方储备增加记借方
B. 资本流出记借方,官方储备减少记借方
C. 资本流出记贷方,官方储备减少记贷方

D. 资本流入记借方,官方储备增加记借方

9.(2021—上海财经大学)联想集团支付 100 万元人民币劳务费用到美国某公司的账户上,则对我国国际收支平衡表的影响是( )。

　　A. 经常账户贷方 +100 万元,资本账户借方 −100 万元

　　B. 经常账户贷方 −100 万元,资本账户借方 +100 万元

　　C. 经常账户借方 +100 万元,资本账户贷方 −100 万元

　　D. 经常账户借方 −100 万元,资本账户贷方 +100 万元

10.(2023—对外经济贸易大学)假设我国给塞尔维亚捐赠了 100 万美元的防疫物资,那么我国的国际收支平衡表如何变化?( )

　　A. 二次收入借方记 100 万美元　　B. 货物借方记 100 万美元

　　C. 资本账户借方记 100 万美元　　D. 其他投资账户借方记 100 万美元

11.(2025—上海财经大学)中国企业获得对外投资收益,计入国际收支的方式是( )

　　A. 经常账户,计入贷方　　　　　　B. 经常账户,计入借方

　　C. 资本金融账户,计入借方　　　　D. 资本金融账户,计入

12.(2024—复旦大学)以下哪项会使得甲国资本金融账户其他投资科目贷方余额增加?( )

　　A. 甲国使用官方储备购买 600 万美元的美国国债

　　B. 甲国因为受到自然灾害接受乙国 60 万美元的援助

　　C. 甲国居民出国旅游花费 3 万美元,用国际信用卡进行支付,回国后再用自己的外汇存款偿还

　　D. 甲国企业出口设备收入 100 万美元,存入银行

13.(2024—清华大学)过去几年我国出国留学人数大幅减少,最有可能产生的影响是( )。

　　A. 中国的经常账户变好　　　　　B. 中国的经常账户变差

　　C. 中国的净国际投资头寸减少　　D. 中国的净国际投资头寸增加

14.(2024—清华大学)下面说法正确的是( )。

　　A. 某个国家国际收支逆差,则其国际收支子账户的总和为负数

　　B. 经常账户包括商品和服务,资本账户包括直接投资、有价证券投资和单边的转移

　　C. 错误和遗漏账户都源于黑市交易

　　D. 国际收支平衡理论存在缺陷,因为它假设投资者只投资于无风险的国内外资产

15.(2023—清华大学)中国人民银行卖了 100 亿美债去欧洲的法国央行买了同样价值的欧元债,试分析对中美国际收支的影响。

16.(2025—南京大学)论述国际收支平衡表的含义、内容和作用。

　　【答案】1. √;2. ×;3. D;4. D;5. D;6. C;7. D;8. A;9. D;10. A;11. A;12. C;13. A;14. D;15. 略;16. 略

四、科目分析

国际收支平衡表的账户划分以及各账户间的关系如图 9-1 所示。

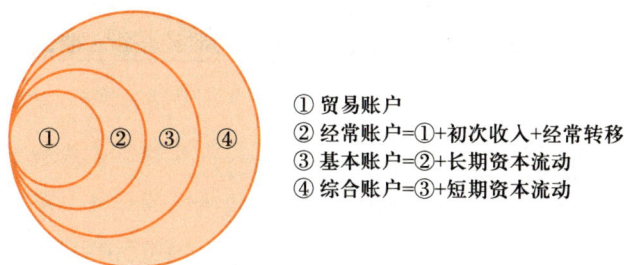

① 贸易账户
② 经常账户=①+初次收入+经常转移
③ 基本账户=②+长期资本流动
④ 综合账户=③+短期资本流动

图 9-1 国际收支平衡表的账户划分以及各账户间的关系

（一）贸易账户（Trade Balance, TB）：一国最基本的账户 ★ ★ ★

1. 统计范围

货物和服务。

2. 经济意义

（1）贸易账户余额就是通常所说的"货物和服务的**净出口**（Net Export, NX）"，表征总需求中外需的部分。① 从 IS-LM 模型来看，NX 上升会使得 IS 曲线外移，进而产出和利率上升，如图 9-2（a）所示；② 从 AD-AS 模型来看，NX 上升会使得 AD 曲线外移，进而产出和价格上升，图 9-2（b）所示。

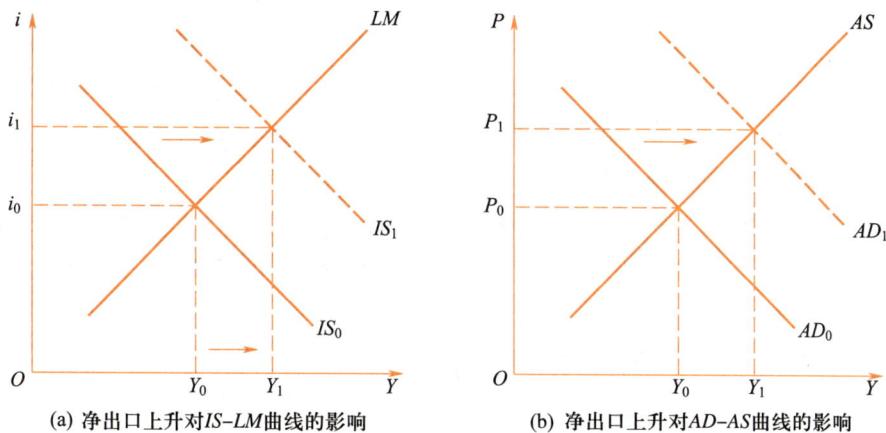

(a) 净出口上升对 IS-LM 曲线的影响

(b) 净出口上升对 AD-AS 曲线的影响

图 9-2

（2）从局部均衡角度来看，反映一国产品在国际市场上的竞争力，而产品的国际竞争力又是该国产业结构、要素成本以及劳动生产率的体现。

>> **举例**：我国贸易账户长期以来一直是顺差，并且具体来看，货物贸易是顺差，服务贸易是逆差。这意味着我国生产的货物商品在全球市场的竞争

力较强、而服务商品的竞争力比较弱。货物商品竞争力强的背后是我国相对低的要素成本（如劳动力成本、物流成本）、高的劳动生产率（如完备的产业链基础带来的产业集群优势和供应链优势、高效率的产业工人、规模庞大的工程师队伍）。

（3）从一般均衡角度来看，反映一国储蓄和投资的对比情况：**净出口等于国内储蓄减去投资**。

　　»　方程推导

根据支出法核算 GDP，有：

$$E=C+I+G+NX \tag{9-1}$$

其中，E 表示总支出，C、I、G、NX 分别表示私人消费、投资、政府购买和净出口。

根据收入法核算 GDP，有：

$$Y=C+S+T+K_r \tag{9-2}$$

其中，Y 表示总收入，C、S、T、K_r 分别表示私人消费、私人储蓄、政府税收和国外转移支付。

从宏观角度来讲，交易主体每一单位的支出都对应着另一交易主体一单位的收入，所以总支出恒等于总收入，有：

$$E=Y \tag{9-3}$$

将式（9-1）、式（9-2）代入式（9-3）并且整理可得：

$$I+NX=S+(T-G)+K_r \tag{9-4}$$

K_r（转移支付）数量较小，出于简化这里先不考虑。T（税收）为政府收入，G（政府购买）为政府支出，$(T-G)$ 则为政府储蓄，与 S（私人储蓄）之和构成 $S_\text{总}$（总储蓄），因而有：

$$NX=S_\text{总}-I \tag{9-5}$$

根据式（9-5），**一国净出口等于国内的总储蓄减去总投资**。具体地，当储蓄大于投资时，净出口大于0，贸易账户顺差[1][2]；反过来，储蓄小于投资，贸易账户逆差。

　　»　中美贸易账户分析：式（9-5）的重要性在于将内部失衡和外部失衡连接到一起：外部失衡是内部失衡的表现，净出口反映的是一国深层次的经济结构问题，并非简单的贸易问题。以我国为例，为何我国长期保持贸易顺差？因为我国的储蓄率高，高于投资率，形成富余储蓄、用于出口。与

---

[1]　如果把 GDP 换成 GNP，则贸易账户顺差就变成了经常账户顺差，也即可以认为：**储蓄和投资的差额也等于经常账户差额**。具体过程不再进行推导。

[2]　该等式非常重要，所以可以从多个角度观察来加深理解：第一，储蓄来自收入，收入来自产出的分配，反映经济的供给侧；而投资反映经济的需求侧；储蓄大于投资即国内供给大于需求，本国生产的产品多，国内消化不完，多出的部分就用于出口。第二，本国的储蓄首先形成本国的投资，多出的部分流到国外，形成外国的投资（本国对外的债权）。

我国形成镜像关系的是美国,为什么美国长期保持贸易逆差?因为美国储蓄率低,高消费、低储蓄的经济结构决定其只能依靠进口来满足国内需求。美国的贸易逆差从20世纪80年代就开始了,但是中国的顺差却是从20世纪初才开始的,所以从时间上来看,美国长期的贸易逆差也不能用中国因素来解释。依此可类推:简单加征关税也不能解决美国贸易逆差的问题,美国即便不从中国进口也会从其他国家进口,从中国进口只不过因为我们生产的产品在全世界最为物美价廉。

▷▷▷ 真题链接

1.(2020—对外经济贸易大学)(判断题)在开放经济条件下,当一国的国内储蓄大于国内投资,则该国经常账户会出现逆差。(　　)

2.(2015—清华大学)假设美国共同基金突然决定更多地在加拿大投资,那么(　　)。

A. 加拿大净资本流出上升　　　　B. 加拿大国内投资增加

C. 加拿大储蓄上升　　　　　　　D. 加拿大长期资本存量降低

3.(2017—清华大学)下面哪一项最有可能导致经常项目赤字?(　　)

A. 高税收　　　　　　　　　　　B. 低私人部门储蓄

C. 低私人部门投资　　　　　　　D. 高财政盈余

【答案】1. ×;2. B;3. B

(二)经常账户(Current Account, CA)[①]　★★★

1. 统计范围
货物和服务、初次收入、二次收入。

2. 经济意义

(1)反映实际资源在国际的转移

如果一国的经常账户是**顺差**,那么意味着本国对外净输出了商品和服务,存在**实际资源的净流出**,相应地会**增加本国在外国的净资产**[②](增加对外资产或减少对外负债)。而如果一国的经常账户是**逆差**,那么意味着本国净使用了国外的商品和服务,存在**实际资源的净流入**,相应地会**减少本国在外国的净资产**(减少对外资产或增加对外负债[③])。由此也可得到以下两点推论:

(2)反映一国创造外汇的能力

　　》　**补充:"创汇"和"借汇"**。经常账户顺差与(非储备性质的)资本和金

---

① 有时候经常账户余额还会写作 CAB(Current Account Balance)。

② 对外的资产代表对外的商品索取权,也即本质仍然是用本国现在的商品换取外国未来的商品,用现在实际资源的流出换取未来实际资源的流入。

③ 这里的分析暗含着一个恒等式:$CA=-KA$,经常账户顺差(逆差)对应资本金融账户逆差(顺差),经济体实际资源的交易会引起对外金融资产净变化。

融账户顺差都能带来外汇收入，但两者意义不同。经常账户顺差形成的外汇是通过出口资源挣回来的（Earned Reserves），表示一国**对外债权**的积累；而（非储备性质的）资本和金融账户顺差形成的外汇则是通过资本流入借进来的（Borrowed Reserves），是不属于本国的，将来是要偿还的，表示一国**对外债务**的积累。所以经常账户顺差才是"**创汇**"，资本金融账户顺差不是"**创汇**"而是"**借汇**"。

❯❯　**举例**：虽然经常账户的主体就是贸易账户，但是因为初次收入和二次收入也能创汇，所以经常账户相较于贸易账户能够**更全面**地反映一国的创汇能力。比较有趣的是日本，日本的贸易账户是逆差但经常账户却是顺差，这是因为它的投资收益（初次收入）项目是顺差，并且规模很大。日本在 20 世纪 60 年代至 20 世纪 70 年代贸易账户顺差时积累了大量的国外财富，这些国外财富在之后的时间里给日本带来了持续的回报。

（3）国际收支危机的预警指标

经常账户逆差/GDP 是关键的早期预警指标，若经常账户逆差/GDP 超过 5%，则意味着该国存在大量的净进口，就需要从国际市场上不断借入外汇用以支付，进而引起**外债积累**。如果出现了一些利空消息（比如该国的基本面出现问题或者美联储采取了紧缩的政策），则债主可能会集中抽贷，引发债务危机、货币危机[1]。

❯❯　**举例**：20 世纪 80 年代，以巴西、阿根廷为代表的拉美国家债务危机；20 世纪 90 年代，以泰国、马来西亚为代表的东南亚国家货币危机（见图 9-3）；2009 年，欧元区边缘国家的主权债务危机都是这种情况。在危机发生之前，这些经济体的经常账户处于持续的逆差状态，且规模较大。

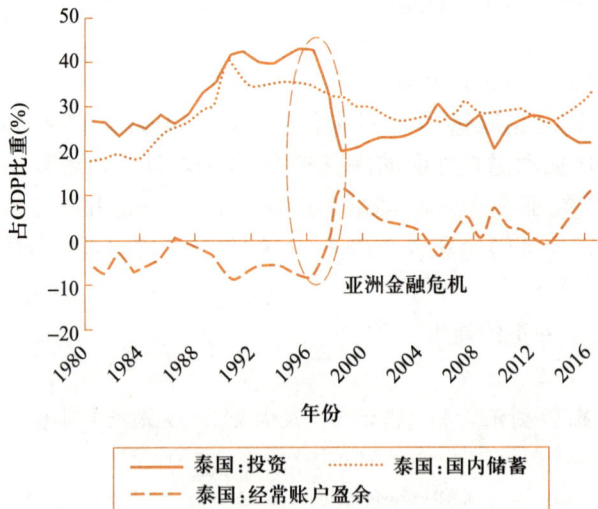

---

[1] 债务危机和货币危机都属国际收支危机。

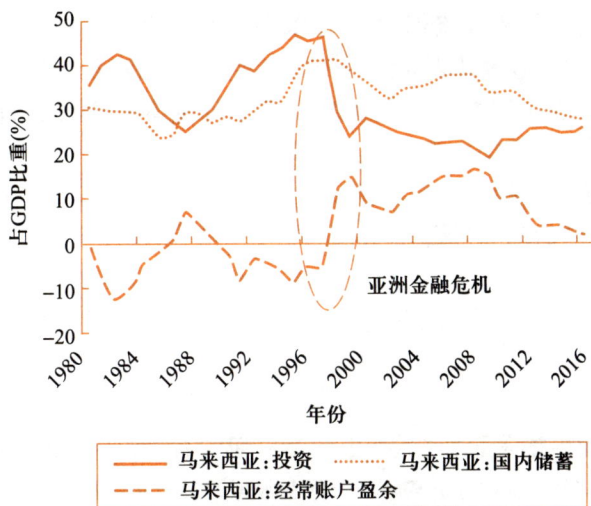

图 9-3　泰国和马来西亚的经常账户表现

数据来源：Bloomberg。

▷ ▷ ▷ **真题链接**

1.（2016—清华大学）经常账户中，最重要的项目是（　　）。

A. 贸易收支　　　　　　　　　B. 劳务收支

C. 投资收益　　　　　　　　　D. 单方面转移

2.（2022—中央财经大学）以下说法正确的是（　　）。

A. CAB 变化必然引起投资与储蓄的相对变化

B. GDP 反映了开放条件下所有部门的任何收入

C. CAB 反映国际储备变动

D. 经常账户差额反映国际储备的变化

【答案】1. A；2. A

（三）资本和金融账户（Capital and Financial Account, KA）[①] ★★★★

1. 统计范围

资本账户、非储备性质的金融账户（直接投资、证券投资、金融衍生工具、其他投资）。

2. 经济意义

分析私人部门跨境资本流动情况。

　　≫　**案例**：2014—2016 年，我国外汇储备大幅下降，其原因在于资本大量流出。而衡量跨境资本流动情况的就是资本和金融账户，所以可以从资本和金融账户出发，分析我国资本流出的总量和结构。以 2016 年为例，（1）从

---

① 这里是指"小 KA"，严格意义上来说应当是"非储备性质的资本金融账户"。

总量上来看,非储备性质的资本和金融账户净流出 4 161 亿美元;(2)从结构上来看,通过直接投资、证券投资、其他投资分别流出 417 亿美元、523 亿美元、3 167 亿美元,继而可以分别探究各部分流出的原因。

3. 补充:国际资金流动

(1)国际资金流动的基本知识

① 含义

国际资金流动是指通过国家间的借贷、有价证券买卖等交易来实现的资金跨越国界的流动。

② 分类

a. 国际资金流动根据是否和贸易、生产有密切关系,可分为国际资本流动和国际资金流动(国际游资、热钱)。前者与贸易、生产存在密切关系,后者则并不存在较强联系。国际游资一般具有交易**杠杆化**、**快速流动**、**集团作战**的特点。

b. 国际资金流动根据期限长短,可分为长期资金流动(国际资本市场)和短期资金流动(国际货币市场)。长期资金流动是指期限在一年以上的,包括国际直接投资、国际证券投资和国际贷款三种主要方式。短期资金流动则是指期限在一年以下的,包括贸易性资本流动、银行性资本流动[①]、保值性资本流动和投机性资本流动。

③ 特征

a. 在资金流动全球化时期,最突出的特征是私人资金取代政府资金成为全球资金流动的主体。并且在全球资金流动私人化的浪潮中,**机构投资者**占比显著上升。

b. 国际金融市场交易的规模和增速远高于实体经济,不再完全依赖于实体经济而独立增长。

c. 衍生品交易比重不断上升。

④ 特殊:欧洲货币市场

a. 含义

非居民在货币发行国境外交易该国货币的市场,也称**离岸**金融市场(Offshore Finance Market)。

> 》　**案例**:离岸人民币是指中国大陆以外地区流通和交易的人民币。离岸人民币市场主要集中在香港、新加坡、伦敦等地。其中,香港是最大的离岸人民币中心,为全球约 80% 的离岸人民币支付进行清算。

b. 历史演变

20 世纪 50 年代,美苏冷战时期,苏联和东欧国家担心它们放在美国银行的美元资金会被冻结[②],因而将资金转存到英国的银行,于是出现了**欧洲美元市场——在欧洲(英国)交易的美元**。20 世纪 60 年代,交易的币种开始扩大、不再局限于美元,原有的"欧洲美元市场"

---

① 这里的银行资金流动指的不是银行给实体企业的贷款,而是各国经营外汇业务的银行与银行之间的资金流动,比如同业拆借、掉期等,因而属于短期资金流动。

② 从俄乌冲突后美国冻结俄罗斯 3 000 亿美元储备的情况来看,当时苏联的担心并非多余。

演变为"欧洲货币市场"。"欧洲"也不再是一个地理位置的概念,而是意味着"(货币发行国)境外":20世纪70年代,石油价格大幅上涨,石油输出国把大量石油美元投入欧洲货币市场,欧洲货币市场的交易规模扩大。

c. 交易品种

同业拆借、欧洲银行贷款、欧洲债券等,通常以 LIBOR 为基准利率进行定价,既包括短期品种,也包括长期品种。

> ≫ **欧洲债券和外国债券**
>
> 欧洲债券指 A 国居民在 B 国发行的以 C 国货币计价、支付的债券(ABC 结构)。如中国企业在英国发行以美元计价、支付的债券,去英国市场募集美元;外国债券指 A 国居民在 B 国发行的以 B 国货币计价、支付的债券(ABB 结构)。如中国企业在美国发行以美元计价、支付的债券,去美国市场募集美元。特定的外国债券名称如表9–3所示。

表9–3 特定的外国债券名称

国家	名称
中国[1]	熊猫债
美国	扬基债
日本	武士债
英国	猛犬债

d. 特点

Ⅰ. 市场范围广阔,不受地理限制,是由现代通信网络联系而成的全球性市场;Ⅱ. 交易规模巨大,交易品种、币种繁多,金融创新活跃;Ⅲ. 所受管制较少;Ⅳ. 独特的利率结构:相较于在岸市场有更高的存款利率、更低的贷款利率,**存贷利差更小**。

> ≫ **离岸金融市场独特的利率结构是诸多因素共同导致的**:第一,所受管制较少。比如离岸金融市场的存款准备金率较低,而存款准备金对银行来说是税收,银行会将税收转嫁给存贷双方,造成存贷利差扩大。所以在存款准备金率较低的情况下,银行就可以降低存贷利差。第二,批发性市场、离岸金融市场的交易规模大,可以"以量换价"。第三,在离岸金融市场进行借贷的往往都是信用等级较高的大客户,信用风险较小。

(2)国际资金流动的原因

国际资金流动本质上就是资金在全球范围内的优化配置,在这个过程中主要考虑的仍然是收益率、风险等因素。当在本国投资的收益上升、风险下降时,会吸引资金流入;反之则会使得资金流出。

---

[1] 这里的意思是"外国居民在中国发行人民币债券",后面同理。

（3）国际资金流动的影响

① 积极影响：第一，一定程度上打破了国与国之间的界限，<u>提高了资金在全球范围内的配置效率</u>，有利于全球总产出的提高和社会福利的增加。第二，**国际直接投资**促进了先进的生产技术、经营管理能力等在全球范围内的扩散。第三，**国际证券投资**可以拓宽投资组合的**有效边界**（Effective Frontier）。第四，伴随着资金流动而来的国际支付能力的转移，也有助于国际贸易的顺利开展。

② 消极影响：第一，国际资金流动（尤其是短期资金流动）规模大且方向易变，加大了各国维护外部均衡的难度。第二，国际资金流动会冲击国内资产价格，影响金融体系的稳定和内部均衡的实现。第三，在严重的情况下，还可能会导致债务危机和货币危机。

> **托宾税：**美国经济学家詹姆斯.托宾于1972年首次提出的，他建议对外汇现货交易征收全球统一的交易税，通过增加交易成本来抑制短期投机性的资金流动（"往飞速运转的国际金融市场这一车轮中仍些沙子"）。
>
> 　　其好处在于第一，维护外汇市场和本国金融体系的稳定；第二，减少资金大进大出给本国内外均衡带来的冲击，维护实体经济稳定；第三，根据三元悖论和二元悖论，也能增加各国货币政策的独立性。弊端则在于第一，交易成本的增加可能会降低市场流动性、削弱定价效率；第二，税收也可能会降低市场配置资源的效率；第三，依赖于国际合作。

（4）债务危机

① 含义

债务危机是指本国无力偿还到期外债而带来的危机。

> **案例：**1982年，墨西哥政府首先宣布无力偿还到期债务。接着，巴西、阿根廷、委内瑞拉、智利等拉美国家纷纷跟进，一场席卷全球的国际债务危机就此爆发。
>
> **衡量外债偿付能力的指标**如表9-4所示。

表9-4　衡量外债偿付能力的指标

指标	含义	警戒线
偿债率	年还本付息总额/年货物和服务出口收入	20%
债务率	年末外债余额/年货物和服务出口收入	100%
负债率	外债余额/国内生产总值	20%
短期外债比率	短期外债/外汇储备	100%

② 影响：一方面，本国的主权信用大大下降，本国的政府和企业通过国际市场进行再融资异常困难；另一方面，债权人（如国际银行业）也蒙受损失，放大了国家与转移风险，危害了国际银行体系的稳定。

（5）货币危机

① 含义

广义上,货币危机是指一国货币汇率在短期内出现大幅波动,狭义上则指固定汇率制的崩溃。其显著特征为本币**剧烈贬值**。

② 影响

a. 本币剧烈贬值带来一系列危害。比如加重本国的债务负担、引发债务危机,进而冲击国内消费、投资等[1]。

b. 货币危机过程中政府被迫采取的一些应对政策,如加息、为获得 IMF 的资金援助而接受的附加条件等,这些对策也会冲击内部均衡。

c. 货币危机可能进一步演变成金融危机和经济危机。

　　　　》　**举例**:比如本国房地产市场和股票市场存在价格泡沫,那么本币贬值带来的资金大量流出会迅速刺破泡沫,造成资产价格大幅下跌,冲击本国金融体系和实体经济。

③ 成因

a. 基本面的脆弱性。衡量指标包括经常账户赤字、外债规模、国际储备规模等。在1997 年亚洲金融危机后,金融部门指标也被纳入基本面因素中,如金融资产价格、银行部门杠杆率和流动性情况等。

b. 过度扩张的货币政策——第一代货币危机理论（克鲁格曼,1979）。与国际收支理论中**货币论**的观点类似,第一代货币危机理论认为货币危机是本国货币市场失衡所导致的:本国采取了**过度扩张的货币政策**,使得本国对外支出上升、国际收支逆差、外汇储备流失。当本国国际储备不足时,**投机攻击**进入[2],加速固定汇率制崩溃。第一代货币危机理论能较好地解释 20 世纪 90 年代之前的几次货币危机,包括墨西哥货币危机、智利货币危机等。

c. 预期的自我实现——第二代货币危机理论（奥博斯特菲尔德,1996）。相较于第一代货币危机理论而言,第二代货币危机理论更加强调**预期和投机攻击**的力量。该理论认为即便本国中央银行没有采取扩张的货币政策、基本面也没有恶化,只要市场上存在贬值预期、投机势力做空本币,仍有可能爆发货币危机。

d. 私人部门资产负债表恶化——第三代货币危机理论。相较于前两代货币危机理论而言,第三代货币危机理论将研究视角从宏观层面转向微观层面,重点关注私人部门（尤其是企业）行为。该理论认为,货币危机的根源在于私人部门资产负债两端的期限错配以及外债的过度积累,其中,政府部门提供的隐性担保又起到推波助澜的作用。

▷ ▷ ▷ **真题链接**

1.（2016—中国人民大学）欧洲美元是指（　　　）。

A. 离岸美元　　　　　　　　　B. 欧元

---

[1] 详细内容可参照汇率章节:贬值对经济的影响。

[2] 这里不展开阐述投机者的操作,核心是在即期和远期市场上做空（甚至借钱做空）预期会贬值的货币。

C. 欧洲货币单位　　　　　　D. 在欧洲的美元资产

2.（2018—复旦大学）在外国发行且计价货币是非债券发行交易国货币的债券被称为（　　）。

A. 外国投资　　　　　　　　B. 可转换债券

C. 外国债券　　　　　　　　D. 欧洲债券

3.（2024—上海财经大学）不属于外国债券范畴的是（　　）。

A. 欧洲债券　　　　　　　　B. 武士债券

C. 扬基债券　　　　　　　　D. 猛犬债券

4.（2021—中国人民大学）以下不属于国际游资特点的是（　　）。

A. 交易杠杆化　　　　　　　B. 快速流动

C. 投机性强　　　　　　　　D. 分兵作战

5.（2023—上海财经大学）下列论述中正确的是（　　）。

A. 假如美国苹果公司支付股息给我国股东,则该交易行为应记入我国资本和金融项目

B. 中国的汇率标价通常采用直接标价法

C. 境外机构在中国发行的以人民币计价的债券被称作熊猫债券,它属于欧洲债券

D. 法国居民在伦敦的英镑贷款业务属于离岸业务

6.（2024—上海大学）（判断题）世界银行在中国发行的以人民币计价的国际债券属于欧洲债券。（　　）

7.（2025—复旦大学）（填空题）托宾税的目的在于（　　）。

8.（2024—对外经济贸易大学,2024—南京大学）名词解释:离岸金融市场。

9.（2025—北京师范大学）名词解释:离岸人民币。

10.（2025—山东大学,2025—华东师范大学）名词解释:欧洲债券。

11.（2024—东北财经大学）请简述国际资本流动与国际收支之间的关系。

12.（2024—复旦大学）请简述货币危机的定义及类型,并分析在通货膨胀上升压力背景下美联储的快速加息对新兴经济体汇率的影响。

13.（2025—南开大学）简述货币危机产生的原因。

【答案】1. A;2. D;3. A;4. D;5. B;6. ×;7. 抑制短期投机性的资金流动;8. 略;9. 略;10. 略;11. 略;12. 略;13. 略

（四）基本账户（Basic Balance, BB）★

统计范围

经常账户、长期资本和金融账户（包括直接投资、证券投资与其他投资中偿还期限在一年以上的金融资产）。

（五）综合账户（Overall Balance, OB）★★★

1. 统计范围

经常账户、非储备性质的资本和金融账户（也即只把"储备资产"剔除在外）。

2. 经济意义

（1）全面衡量一国私人部门的国际收支情况。

（2）总量上来看，反映国际收支状况对一国储备资产的压力。

> **综合账户的余额会直接带来储备资产的增减**：如果观察国际收支平衡表上科目的**排列顺序**，那么不难发现：在不考虑净误差与遗漏的情况下，储备资产是一个**备抵项**。根据复式记账法，如果综合账户贷方余额大于借方余额（**顺差**），则储备资产应记借方（**增加**）来保证借贷平衡；反过来，如果综合账户借方余额大于贷方余额（**逆差**），则储备资产应记贷方（**减少**）来保证借贷平衡。

> **综合账户是固定汇率制国家非常关注的账户**：对于实行固定汇率制国家而言，储备资产的数量是该国能否实行固定汇率制的关键。巧妇难为无米之炊，如果没有储备资产，那么中央银行也就没有卖出外汇、防止汇率贬值的能力；此时，可能会招致国际对冲基金的攻击，出现大幅贬值（货币危机）。

（3）结构上来看，反映一国储备资产的稳定性。 如果储备资产的积累主要源于经常账户，就相对稳定；如果主要源于资本和金融账户（尤其是非直接投资的资本和金融账户），则并不稳定，未来很可能会流出，甚至集中流出，对本国造成冲击。

> **案例**：因为我国存在比较严厉的资本和金融账户管制，所以储备资产的积累主要是经常账户顺差和直接投资项下的资本流入驱动的，稳定性较强。但 2009 年美国量化宽松政策实施后，通过证券投资、其他投资等非直接投资渠道流入我国的资本数量大幅增加，使得储备资产增加了 1 万亿美元。这就为之后 2015—2016 年外汇储备的大幅减少埋下了伏笔，变为一个不稳定的因素。

五、我国的国际收支情况

（一）我国的国际收支平衡表分析 ★★

表 9-5 是我国 2021—2023 年的国际收支平衡表，这里以 2023 年为例进行简单分析。

1. 经常账户

（1）**从总量上看**，经常账户顺差 2 530 亿美元，占 GDP 的比重为 1.4%，一般认为合理区间为（-3%，3%）。这意味着我国目前整体的创汇能力较强，国际收支较为安全，同时也意味着人民币汇率在中长期存在升值的基本面基础。

（2）**从结构上看**

① **贸易账户** 贡献了约 90% 的借贷方发生额，也即经常账户的主体就是贸易账户。贸易账户顺差为 3 861 亿美元。其中，货物顺差为 5 935 亿美元，服务逆差为 2 078 亿美元（主要由 "旅行" 科目导致）。这意味着我国生产的货物商品国际竞争力较强，服务商品国际竞争力较弱。

② 初次收入账户逆差 1 482 亿美元,主要由"投资收益"科目导致。这意味着我国对外支付的股息红利多于从国外收回的股息红利,背后的原因在于我国对外投资的平均收益率较低,具体分析可参照国际储备部分的内容。

③ 二次收入账户顺差 152 亿美元。

2. 非储备性质的资本金融账户

资本账户发生额很小,基本可以忽略不计,主要关注金融账户。

(1)从总量上看, 逆差为 2 110 亿美元,意味着我国存在资本的净流出。

(2)从结构上看, ① **直接投资账户**逆差 1 426 亿美元,根据邓宁的国际直接投资理论,随着一国 GNP 的增长,会由直接投资净流入国逐渐转变为净流出国,这也是我国当前所经历的过程。② **证券投资账户**逆差 632 亿美元,与境内外资本市场相对表现、利差以及人民币汇率变动预期有关;③ **金融衍生工具账户**逆差 75 亿美元;④ **其他投资账户**顺差 34 亿美元。

3. 储备资产

增加 48 亿美元。

4. 净误差与遗漏

将经常账户余额(2 530 亿美元)与资本和金融账户余额(−2 151 亿美元)相加(得 379 亿美元),然后取相反数(−379 亿美元)得到。

≫　用净误差与遗漏的余额(−379 亿美元)除以货物贸易的进出口总额(31 792+25 853=57 645 亿美元)可得 −0.66%,位于(−5%,5%)的合理区间范围之内。

表 9−5　2021—2023 年我国国际收支平衡表　　单位:亿美元

项目	行次	2021	2022	2023
1. 经常账户	1	**3,173**	**4,019**	**2,530**
贷方	2	38,780	39,508	37,887
借方	3	−35,607	−35,489	−35,357
1.A　货物和服务	4	**4,628**	**5,763**	**3,861**
贷方	5	35,543	37,158	35,112
借方	6	−30,915	−31,395	−31,252
1.A.a　货物	7	**5,627**	**6,686**	**5,939**
贷方	8	32,159	33,469	31,792
借方	9	−26,531	−26,782	−25,853
1.A.b　服务	10	**−999**	**−923**	**−2,078**
贷方	11	3,384	3,690	3,321
借方	12	−4,384	−4,613	−5,399
1.A.b.1　加工服务	13	135	135	120
贷方	14	142	143	130

续表

项目	行次	2021	2022	2023
借方	15	−7	−8	−10
1.A.b.2　维护和维修服务	16	40	39	41
贷方	17	79	83	100
借方	18	−38	−43	−59
1.A.b.3　运输	19	−206	−224	−731
贷方	20	1,273	1,465	870
借方	21	−1,479	−1,689	−1,601
1.A.b.4　旅行	22	−944	−1,052	−1,717
贷方	23	113	96	248
借方	24	−1,057	−1,148	−1,965
1.A.b.5　建设	25	56	67	79
贷方	26	154	143	158
借方	27	−97	−76	−78
1.A.b.6　保险和养老金服务	28	−144	−153	−92
贷方	29	49	45	69
借方	30	−193	−198	−162
1.A.b.7　金融服务	31	4	11	7
贷方	32	52	50	44
借方	33	−47	−39	−37
1.A.b.8　知识产权使用费	34	−351	−312	−317
贷方	35	86	117	110
借方	36	−378	−468	−427
1.A.b.9　电信、计算机和信息服务	37	59	106	193
贷方	38	389	507	581
借方	39	−330	−401	−388
1.A.b.10　其他商业服务	40	198	339	380
贷方	41	702	869	982
借方	42	−504	−531	−602
1.A.b.11　个人、文化和娱乐服务	43	−20	−18	−26
贷方	44	10	14	14
借方	45	−30	−33	−40
1.A.b.12　别处未提及的政府服务	46	−11	−17	−15
贷方	47	25	16	15
借方	48	−36	−32	−30
1.B　初次收入	49	**−1,052**	**−1,620**	**−1,482**

续表

项目	行次	2021	2022	2023
贷方	50	2,417	2,745	2,400
借方	51	−3,469	−4,365	−3,882
1.B.1　雇员报酬	52	4	−13	72
贷方	53	147	171	226
借方	54	−144	−184	−154
1.B.2　投资收益	55	−1,071	−1,638	−1,590
贷方	56	2,244	2,536	2,128
借方	57	−3,315	−4,174	−3,718
1.B.3　其他初次收入	58	16	31	35
贷方	59	26	38	45
借方	60	−10	−7	−10
1.C　二次收入	61	**95**	**165**	**152**
贷方	62	376	492	375
借方	63	−281	−327	−223
1.C.1　个人转移	64	4	9	17
贷方	65	42	54	65
借方	66	−38	−45	−48
1.C.2　其他二次收入	67	91	156	135
贷方	68	334	438	310
借方	69	−244	−282	−175
2. 资本和金融账户	70	**−1,058**	**−1,499**	**−2,151**
2.1　资本账户	71	**−1**	**1**	**−3**
贷方	72	2	3	2
借方	73	−2	−2	−5
2.2　金融账户	74	**−1,058**	**−1,500**	**−2,148**
资产	75	−6,263	−8,116	−2,282
负债	76	5,206	6,616	134
2.2.1　非储备性质的金融账户	77	**−778**	**382**	**−2,099**
资产	78	−5,983	−6,234	−2,234
负债	79	5,206	6,616	134
2.2.1.1　直接投资	80	**1,026**	**2,059**	**−1,426**
2.2.1.1.1　资产	81	−1,099	−1,280	−1,853
2.2.1.1.1.1　股权	82	−836	−992	−1,109
2.2.1.1.1.2　关联企业债务	83	−263	−288	−744
2.2.1.1.1.a　金融部门	84	−200	−370	−210

续表

项目	行次	2021	2022	2023
2.2.1.1.1.1.a 股权	85	−215	−338	−191
2.2.1.1.1.2.a 关联企业债务	86	14	−32	−18
2.2.1.1.1.b 非金融部门	87	−899	−910	−1,643
2.2.1.1.1.1.b 股权	88	−622	−654	−917
2.2.1.1.1.2.b 关联企业债务	89	−277	−256	−726
2.2.1.1.2 负债	90	2,125	3,340	427
2.2.1.1.2.1 股权	91	1,700	2,772	717
2.2.1.1.2.2 关联企业债务	92	425	568	−289
2.2.1.1.2.a 金融部门	93	200	235	17
2.2.1.1.2.1.a 股权	94	123	185	39
2.2.1.1.2.2.a 关联企业债务	95	76	50	−22
2.2.1.1.2.b 非金融部门	96	1,925	3,105	410
2.2.1.1.2.1.b 股权	97	1,577	2,587	678
2.2.1.1.2.2.b 关联企业债务	98	348	518	−267
2.2.1.2 证券投资	**99**	**873**	**510**	**−632**
2.2.1.2.1 资产	100	−1,673	−1,259	−773
2.2.1.2.1.1 股权	101	−1,310	−856	−552
2.2.1.2.1.2 债券	102	−363	−403	−221
2.2.1.2.2 负债	103	2,547	1,769	141
2.2.1.2.2.1 股权	104	641	831	74
2.2.1.2.2.2 债券	105	1,905	938	66
2.2.1.3 金融衍生工具	**106**	**−114**	**111**	**−75**
2.2.1.3.1 资产	107	−69	179	−49
2.2.1.3.2 负债	108	−45	−68	−27
2.2.1.4 其他投资	**109**	**−2,562**	**−2,298**	**34**
2.2.1.4.1 资产	110	−3,142	−3,873	441
2.2.1.4.1.1 其他股权	111	−5	−6	−2
2.2.1.4.1.2 货币和存款	112	−1,304	−1,525	249
2.2.1.4.1.3 贷款	113	−1,282	−1,205	373
2.2.1.4.1.4 保险和养老金	114	−33	−44	−26
2.2.1.4.1.5 贸易信贷	115	−369	−616	−106
2.2.1.4.1.6 其他	116	−149	−478	−46
2.2.1.4.2 负债	117	579	1,576	−407
2.2.1.4.2.1 其他股权	118	0	0	0

续表

项目		行次	2021	2022	2023
2.2.1.4.2.2	货币和存款	119	774	656	−178
2.2.1.4.2.3	贷款	120	−354	51	−292
2.2.1.4.2.4	保险和养老金	121	33	33	0
2.2.1.4.2.5	贸易信贷	122	76	335	−236
2.2.1.4.2.6	其他	123	51	85	299
2.2.1.4.2.7	特别提款权	124	0	416	0
2.2.2	**储备资产**	**125**	**−280**	**−1,882**	**−48**
2.2.2.1	货币黄金	126	0	0	0
2.2.2.2	特别提款权	127	1	−416	−24
2.2.2.3	在国际货币基金组织的储备头寸	128	−19	1	11
2.2.2.4	外汇储备	129	−262	−1,467	−35
2.2.2.5	其他储备资产	130	0	0	0
3. 净误差与遗漏		**131**	**−1,681**	**−1,674**	**−379**

数据来源：中国国家外汇管理局。

（二）我国国际收支的变化　★★★

2014 年，我国国际收支发生了较大变化（见图 9-4），具体来看：（1）经常账户收支由较大失衡到基本平衡[①]。（2）（非储备性质）资本和金融账户由单向顺差到双向振荡。（3）对应地，储备资产从持续大幅积累到增速减缓甚至下降。

图 9-4　我国国际收支的变化

数据来源：中国国家外汇管理局。

---

① 衡量指标为经常账户余额占 GDP 的比重，在 3% 以内为基本平衡。

专栏一　我国资本和金融账户的开放★★★

（一）含义

资本和金融账户的开放就是指资本和金融账户下可自由兑换,取消对资本和金融账户项下交易及汇兑的限制。

（二）原因

1. 有利于统筹利用好国内国外两个市场、两种资源,推动形成新发展格局

（1）外国资本流入。 ① 不管哪种方式的资本流入都意味着本国有了更多可供投资的资金,都是对本国储蓄的补充,都支持了本国的投资,进而带动就业和产出。② **就直接投资而言**,可以促进先进生产技术、经营管理能力在本国扩散,提高全要素生产率。实证表明,利用外资的增长率对我国经济增长具有显著的促进作用。③ **就证券投资而言**,一方面,在外国利率较低的情况下,本国企业可适当发行外债来降低融资成本;另一方面,外国战略投资者的引入也能够提升本国企业的公司治理水平。

（2）本国资本流出。 ① **就直接投资而言**,可以进行全球产业链的整合,降低生产成本、提高生产效率;② **就证券投资而言**,在外国回报率较高的情况下,本国居民可适当增加国外资产配置,一方面可以增加投资收益;另一方面因为国内外资产回报率的相关系数较低,所以还能分散投资,**扩展有效投资组合边界**。实证表明,这种分散化使得消费的波动性小于本国 GDP 的波动性。因为消费者是风险厌恶的,所以可以提高社会福利。

2. 促进人民币国际化

资本和金融账户项下的可兑换是人民币国际化的重要前提。可兑换之后,境外机构才可以发行人民币债券、股票融资,方便人民币走出去;同时,境外机构持有的人民币才能拿到中国来投资、实现保值增值(回流机制),投资者才愿意持有人民币,增加人民币发挥贮藏手段职能的吸引力。

3. 以开放促改革

以开放促改革,推动**国内资本市场的发展**(实证表明,纳入 MSCI 有利于实现 A 股市场的价格发现功能,促进价值投资)和**金融基础设施的完善**(包括相关法律法规、会计审计标准、交易系统效率等,比如,沪港通实施以后,被纳入沪港通的 A 股标的公司信息披露质量显著提高),深化金融供给侧结构性改革,支持经济的高质量发展,推动实现中国式现代化。

（三）政策建议

（1）资本和金融账户包括众多子项目,其开放从来就不是一个二元选择,而是关于管制项目与管制程度的多维选择。对于投机性比较强的资本流动,甚至可以选择永远不开放,尤其我国作为新兴市场国家,资本流动呈现出顺周期性,容易**增加金融体系的脆弱性**。

（2）完善跨境资本流动的宏观审慎管理,抑制顺周期性和跨境的风险传染性问题。

（3）根据国际经验,资本账户开放应该遵循一定时序,时序不对会增加风险。时序考虑的因素主要是国内金融市场建设(如资本市场深度等)和汇率市场化(从 1997 年东南亚国际金融危机来看,资本账户开放搭配固定汇率制容易引发货币危机)。

第三节 国际收支失衡的含义和影响

一、国际收支失衡的含义和衡量 ★★

（一）含义

国际收支失衡是指私人部门**自主性交易**的失衡,包括顺差和逆差两种状态。

》 自主性交易

（1）自主性交易的引出:根据复式记账法,若经常账户余额为正(贷方大于借方,CA>0),则资本和金融账户的余额应为负(借方大于贷方,KA<0)[①],即净出口(外汇供给)恒等于资本净流出(外汇需求),国际收支整体应当是始终平衡的,并不会出现失衡的情况。而事实上,这种会计上的平衡并没有经济学意义,国际收支失衡关注的并非整体交易,而是其中某一类交易——自主性交易。

（2）自主性交易的含义:国际收支中的交易按照动机不同可以分为**自主性交易和补偿性交易(融通性交易、调节性交易)。自主性交易是指私人部门**为某种自主性目的(如追逐利润、享受服务等)而从事的交易;**补偿性交易**则是指**政府部门为弥补自主性交易不平衡而进行的反向交易**(如动用官方储备等)。比如进口商品需要支付外汇,而市场上又缺少外汇,此时政府可能将其持有的外汇储备放到市场上,为私人部门提供融通。

（二）国际收支失衡的衡量

能够最全面地衡量自主性交易的是**综合账户**,所以失衡往往指的是综合账户的失衡,但有时也特指其他账户的失衡,如经常账户失衡、资本金融账户失衡等[②]。

▷▷▷ 真题链接

（2025—中央财经大学）国际收支平衡是指（　　）达到平衡。

A. 经常账户　　　　　　　　　B. 资本账户

C. 自主性交易　　　　　　　　D. 调节性交易

【答案】C

---

① 注意此处的 KA 是"大 KA",并且不考虑净误差与遗漏。

② 还有一种说法是"线上交易的失衡"。比如在储备资产上方画一条线,线上方的交易实际上指的就是综合账户的交易,线上交易的失衡就是综合账户的失衡,两者相同。当然,我们也可以调整画线的位置来分析特定账户。

二、国际收支失衡的影响　★★

通过前面货币政策章节的学习可知,国际收支平衡是货币政策追求的目标,而国际收支失衡,无论顺差还是逆差,都会对国内经济运行造成一些不利的冲击,尤其在失衡规模较大、持续时间较长的情况下。

（一）国际收支逆差的影响

国际收支（综合账户）逆差意味着外汇支出（需求）大于外汇收入（供给）,外币有升值趋势,**本币有贬值趋势**[1]。

（1）若本国实行的是**固定汇率制**,则为了应对本币贬值,中央银行会在外汇市场上进行干预:**抛出外汇、回笼本币**。① **抛出外汇**会使得本国储备资产下降甚至枯竭,进而引发债务危机和货币危机,冲击国内消费、投资、就业、产出和物价;② **回笼本币**则会紧缩本国基础货币和货币供应量,同样会对内部均衡形成负面冲击。

（2）若本国实行的是**浮动汇率制**,中央银行不进行干预,那么国际收支逆差会直接导致本币贬值以及随之而来的**贬值预期**,带来更大规模的资本流出,也会对国内资产价格和实体经济造成负面冲击。

（二）国际收支顺差的影响

国际收支（综合账户）顺差,尤其是经常账户顺差,虽有其积极影响:一方面有利于增加本国的储备资产,增强对外支付能力;另一方面也有利于拉动本国的总需求、就业和产出,但其消极影响同样不可忽略。

1. 与逆差相对应,顺差意味着本币有升值趋势

（1）若本国实行的是**固定汇率制**,则中央银行会在外汇市场上进行干预:**买入外汇、投放本币**。投放本币会增加本国的基础货币投放,进而增加资产价格泡沫和通货膨胀的风险。并且可以发现,在固定汇率制下,无论顺差还是逆差,外部失衡都会影响本国货币政策空间和独立性。（2）若本国实行的是**浮动汇率制**,则本币会升值,进而削弱本国出口企业的国际竞争力[2]。

2. 本国经济增长过度依赖外部市场,加大本国经济波动的风险

比如当国外需求下降或者与本国经贸关系恶化时,可能会给本国经济带来较大冲击。

3. 本国持续的顺差意味着贸易伙伴持续的逆差,可能会导致国际摩擦,增加国际交易的成本

整体来看,相较于顺差而言,逆差的不利影响更为显著,因此各国都更注重对逆差采取调节措施,在后述的分析中我们通常也都以逆差为例。对顺差的调节虽不如对逆差紧迫,但从长期来看,不论顺差还是逆差都要进行调节,而进行调节的前提是要找到失衡的原因。

---

[1]　详细分析可参考国际收支失衡的自动调节机制。

[2]　如果是经常账户顺差导致的升值相对还好,但现实中往往是资本金融账户顺差导致的升值,也即出现资本金融账户顺差→本币升值→经常账户受损的情况。

▷▷▷ **真题链接**

1.（2025—北京师范大学）简述国际收支失衡的表现和对经济的影响。

2.（2025—华东师范大学）简述国际收支不平衡的经济学含义。

3.（2016—清华大学）周期性不平衡是由（　　）造成的。

A. 汇率的变动　　　　　　　　B. 国民收入的增减

C. 经济结构不合理　　　　　　D. 经济周期的更替

4.（2016—清华大学）收入性不平衡是由（　　）造成的。

A. 货币对内价值的变化　　　　B. 国民收入的增减

C. 经济结构不合理　　　　　　D. 经济周期的更替

5.（2018—复旦大学）一般而言，由（　　）引起的国际收支失衡是长期的且持久的。

A. 经济周期更迭　　　　　　　B. 货币价值变动

C. 预期目标的改变　　　　　　D. 经济结构滞后

6.（2022—兰州大学，2024—上海大学，2024—广东外语外贸大学）简述国际收支失衡的含义、原因和影响。

【答案】1. 略；2. 略；3. D；4. B；5. D；6. 略

第四节　国际收支失衡的成因

一、临时性失衡

含义

临时性失衡是指季节性因素、偶然性因素造成的国际收支的暂时失衡。

≫ **举例**：一国受到新冠疫情的冲击，国内产业链停摆、企业停工停产，这势必会造成该国出口的减少，出现逆差，出现偶然性、临时性的失衡。

二、周期性失衡

（一）含义

周期性失衡是指经济周期波动所引起的国际收支失衡。

（二）传导机制

1. 收入机制：Y（收入）↑ → M（进口）↑ → CA（经常账户）↓

当本国经济周期性繁荣时，消费、投资需求旺盛，对于进口消费品、资本品的需求自然也水涨船高，使得进口上升，导致经常账户逆差。

2. 利率机制: Y(收入)↑→i(利率)↑→KA(资本金融账户)↑

利率是**顺周期**变量,经济繁荣的时候利率水平一般也比较高,意味着在本国投资的回报率较高,这会吸引资金的流入,导致资本和金融账户顺差。

三、收入性失衡

收入性失衡是指本国收入增长过快而导致的国际收支失衡,其传导机制类似于周期性失衡。

四、货币性失衡

(一)含义

货币性失衡是指货币因素导致的国际收支失衡。这里的货币因素往往是指中央银行采取了**过度扩张的货币政策**。

(二)传导机制

1. 收入机制: Ms(货币供给)↑→Y(收入)↑→M(进口)↑→CA(经常账户)↓

货币扩张会使得本国收入水平上升,进而进口上升,经常账户逆差。

2. 利率机制: Ms(货币供给)↑→i(利率)↓→KA(资本金融账户)↓

根据流动性效应可知,货币扩张会压低本国利率水平,使得在本国投资的回报率下降,资本和金融账户出现逆差。

五、结构性失衡

含义

结构性失衡是指本国经济结构(尤其是产业结构)存在问题而导致的国际收支失衡(通常反映在贸易账户上),包括产业结构的单一、老化和落后。

1. 产业结构单一

产业结构单一,一方面意味着本国无法自己生产很多产品,需要依赖进口;另一方面也意味着本国出口的产品比较单一,不利于分散风险。

> 》　**案例:**阿根廷的对外贸易就过于依赖与自然资源相关的农产品,其出口产品中有 60% 是食品和动植物产品,一旦因气候因素而导致农产品减产,对它出口的打击可能就是毁灭性的。从表面上看,这是偶然性的因素,背后反映的却是深层次的结构性问题。

2. 产业结构老化,资源流动效率低

国际市场上对于产品的需求是不断变动的,一国的出口产品可能会在更新换代中被淘汰,但是该国资源又不能快速从落后产能中剥离出来、形成能够满足国际市场需求的新产能,那么国际收支就会出现逆差[①]。

3. 产业结构落后

（1）出口产品需求收入弹性低[②],进口产品需求收入弹性高。因而当世界收入水平上升时,本国出口规模上升少、进口数量上升多,出现逆差。

（2）出口产品需求价格弹性高[③],进口产品需求价格弹性低。若国际市场上进出口产品价格同时上升,则出口规模会出现更大幅度的下降,也出现逆差。

> ≫　**期限**:临时性失衡是短期的,结构性失衡是长期的,其他类型的失衡则期限不定。

▷▷▷ **真题链接**

1.（2016—清华大学）周期性不平衡是由（　　　）造成的。

A. 汇率的变动　　　　　　　　B. 国民收入的增减

C. 经济结构不合理　　　　　　D. 经济周期的更替

2.（2016—清华大学）收入性不平衡是由（　　　）造成的。

A. 货币对内价值的变化　　　　B. 国民收入的增减

C. 经济结构不合理　　　　　　D. 经济周期的更替

3.（2018—复旦大学）一般而言,由（　　　）引起的国际收支失衡是长期的且持久的。

A. 经济周期更迭　　　　　　　B. 货币价值变动

C. 预期目标的改变　　　　　　D. 经济结构滞后

4.（2025—上海外国语大学）国际收支失衡的主要原因有哪些?

5.（2022—兰州大学,2024—上海大学,2024—广东外语外贸大学）简述国际收支失衡的含义、原因和影响。

【答案】1. D;2. B;3. D;4. 略;5. 略

第五节　国际收支失衡的自动调节机制

因为一国的外部失衡往往会冲击内部均衡、降低社会福利,所以国际收支平衡往往是各国追求的目标。当出现失衡时,政府需要采取一些政策措施促使其重新实现平衡。但是在

---

① 类似于结构性通货膨胀中舒尔茨的需求移动论。

② 需求收入弹性 =（Δ 需求量 / 需求量）/（Δ 收入 / 收入）,即收入变动 1% 所带来的需求量变动的比率。一般来说,偏低端的产品需求收入弹性较低,当收入水平上升时,需求上升较少。

③ 需求价格弹性 =（Δ 需求量 / 需求量）/（Δ 价格 / 价格）,即价格变动 1% 所带来的需求量变动的比率。一般来说,可替代性强的产品需求价格弹性高,当价格水平上升时,需求更大程度地下降。

采取政策措施之前,经济学家发现市场本身也存在自发的调节机制[①]。

一、自动调节机制的含义 ★

当发生国际收支失衡时,在没有人为力量的主动干预下,国际收支失衡导致的国内经济变量变化会反作用于国际收支失衡,使之重新趋于均衡的状态(国际收支失衡→国内经济变量→国际收支重归均衡)。

二、具体的自动调节机制

(一)金本位制 ★★

物价－现金流动机制(价格－铸币流动机制,大卫·休谟,1752)

物价－现金流动机制的国际收支自动调节传导逻辑如图9-5所示。

$$逆差 \xrightarrow[②]{①} 本国黄金外流 \xrightarrow{②} 货币供给下降 \xrightarrow{③} 价格下降 \xrightarrow{④} 顺差$$

图9-5 物价－现金流动机制的国际收支自动调节传导逻辑

≫ **传导逻辑**[③]:① 逆差意味着本国外汇的净支出,在金本位制下,各国都用黄金进行支付,所以本国黄金外流;② 黄金就是货币,所以本国黄金的下降会导致国内货币供给的减少;③ 根据 AD-AS 模型(或 $MV=PY$),货币供给减少会使得本国价格水平下降;④ 价格水平下降意味着本国商品相对便宜,进而出口增加,进口减少,趋于顺差。

整体来看,当国际收支处于逆差状态时,逆差会作用于本国的货币量、物价(即前述"国内经济变量"),促使逆差缓解,也就是经济在**自动调节**。

(二)纸币本位制 ★★★

1. 固定汇率制

固定汇率制下的国际收支自动调节传导逻辑如图9-6所示。

$$逆差 \xrightarrow{①} 贬值趋势 \xrightarrow{②} 货币供给下降 \begin{array}{l} \xrightarrow{③} 利率上升 \xrightarrow{④} 资本金额账户顺差(利率机制) \\ \xrightarrow{⑤} 收入下降 \xrightarrow{⑥} 经常账户顺差(收入机制) \\ \xrightarrow{⑦} 价格下降 \xrightarrow{⑧} 经常账户顺差(货币－价格机制) \end{array}$$

图9-6 固定汇率制下的国际收支自动调节传导逻辑

---

① 直观来说,就是在用药(政策调节)之前,先靠自己的身体来调节(市场调节)。

② 这里以逆差为例,即假设本国初始的国际收支是逆差的,顺差逻辑相同。

③ 需要注意这里的传导条件:黄金能自由输出入国境。而这一点只有在**金币本位制**下才能实现("四个自由"),也就是物价－现金流动机制只发生在金币本位制下,在金块本位制、金本位制下则不存在。

>> **传导逻辑**：① 根据定义，逆差意味着外汇支出（需求）大于外汇收入（供给），需求大于供给，则外汇的价格趋于上升，外汇有升值趋势。对应地，本币则有贬值趋势。② 因为本国实行固定汇率制，所以中央银行有义务维持汇率的稳定。具体地，为了防止本币贬值，它会在外汇市场上卖出外汇[①]。从中央银行的资产负债表来看：卖出外汇意味着资产方国外资产下降；对应地，负债方基础货币下降，带动货币供给下降。之后，货币供给的下降会带来一系列影响：③ - ④ 根据 IS-LM 曲线，货币供给下降使得利率水平上升，吸引资本流入，资本金融账户顺差——称为**利率机制**[②]；⑤ - ⑥ 根据 AD − AS 曲线（或 IS-LM 曲线），货币供给下降带动总需求下降，进而收入下降、进口下降，经常账户顺差——称为**收入机制**；⑦ - ⑧ 根据 AD-AS 曲线，货币供给下降也会使得本国价格水平下降、净出口上升，经常账户顺差——称为**货币价格机制**。

整体来看，刚开始国际收支是逆差的，逆差通过作用于本国的货币量、利率、收入和物价（即前述"国内经济变量"），促使国际收支趋于顺差，也就是经济在自动调节。

2. 浮动汇率制

浮动汇率制下的国际收支自动调节传导逻辑如图 9-7 所示。

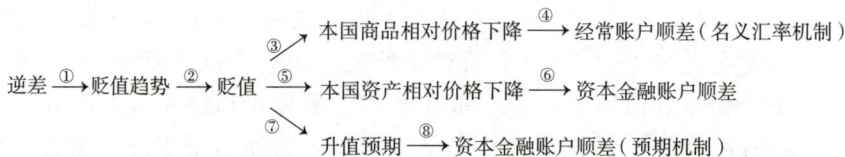

图 9-7　浮动汇率制下的国际收支自动调节传导逻辑

>> **传导逻辑**：① 逆差使得本币有贬值趋势（已在上文进行过分析）。② 因为本国实行浮动汇率制，所以中央银行不需要维持汇率的稳定，贬值趋势下本币将直接贬值。之后，贬值会带来一系列影响：③ - ④ 名义汇率贬值在两国物价水平给定的情况下，使得实际汇率贬值[③]，这意味着本国商品价格相对便宜，促使出口上升、进口下降，经常账户顺差——称为**名义汇率机制**；⑤ - ⑥ 贬值也会调整本外币资产的相对价格，使得本国资产价格变得相对便宜[④]，所以会吸引资本流入，资本金融账户顺差；⑦ - ⑧ 贬值还会使得

---

① 本币贬值意味着外汇升值，所以中央银行需要将它自己持有的外汇储备拿出来放到外汇市场上，在外汇市场上卖，增加市场上外汇的供给，才能使得外汇价格下降，缓解外汇升值（本币贬值）压力。

② 这里的收入机制、利率机制与上文周期性失衡中的收入机制、利率机制相似，都是指收入、利率变动对国际收支的影响；货币—价格机制则与上文物价—现金流动机制相似。

③ 关于实际汇率的分析可以参照汇率章节。

④ 比如人民币兑美元的汇率从 6 元 / 美元贬值到 7 元 / 美元，那么同样 1 亿美元能够购买的人民币资产就从 6 亿元增加到 7 亿元，也即人民币资产变得相对便宜。实际上，当一国货币贬值时，以该货币表示的任何东西，无论商品也好、金融资产也好，价格都会下跌，这可能是入场的好机会。

更多的投资者产生未来会升值的预期[①]。预期升值,也即预期持有本币资产的回报率上升,这也会吸引资本流入,资本金融账户顺差——称为**预期机制**。

>> **汇率的自动稳定器机制**

在固定汇率制下,国际收支失衡会冲击货币量、利率、产出和价格等国内经济变量,对内部均衡冲击较大;而在浮动汇率制下,国际收支失衡主要冲击汇率,汇率变动就足以抵御外部失衡的冲击。这就是汇率"**自动稳定器**"机制,它可以自动地稳定国际收支,缓解外部失衡对内部均衡的冲击。

▷▷▷ **真题链接**

1.(2012—暨南大学)物价－现金流动机制是(　　)货币制度下的国际收支的自动调节理论。

　　A. 金铸币本位　　　　　　　　B. 金汇兑本位
　　C. 金块本位　　　　　　　　　D. 纸币本位

2.(2024—上海大学)在国际金币本位制下,国际收支平衡的市场调节机制是(　　)。

　　A. 利率机制　　　　　　　　　B. 汇率机制
　　C. 货币－价格流动机制　　　　D. 价格－铸币流动机制

3.(2021—对外经济贸易大学,2025—重庆大学)名词解释:价格－铸币流动机制。

4.(2022—四川大学)名词解释:国际收支自动调节机制。

【答案】1. A;2. D;3. 略;4. 略

第六节　国际收支失衡的政策调节机制

自动调节机制往往存在问题(如时滞长、效力低等),所以仅靠市场力量纠正国际收支失衡往往是不够的,还需要政策力量的主动干预。

一、政策调节机制的含义　★

政策调节机制是指当发生国际收支失衡时,一国政府在**理论**的指导下,主动运用政策**工具**进行调节使之趋于均衡的状态。

政策调节需要有理论指导,需要有工具可用,因而下面将围绕理论和工具两个方面展开论述。其中,理论又包括国际收支理论和政策搭配理论两类,工具又包括外汇缓冲工具、支

[①]　这是指在市场正常运行的情况下,存在"回归性预期";如果市场是"外推性预期"的,贬值不仅没有缓解、反而加剧了市场的贬值预期,则此时资本会大量流出,自动调节机制失效。其实从现实情况来看,后者出现的可能性是更大的。

出增减型工具、支出转换型工具、结构型工具四种。

二、国际收支理论

（一）弹性论（弹性分析法）★★★★

1. 背景

20 世纪 30 年代，经济危机使得金本位制崩溃，各国货币竞相贬值。罗宾逊在马歇尔微观局部均衡分析的基础上提出了弹性论，分析货币贬值是否（或者说在何种情况下）能改善一国的贸易收支状况。

2. 前提假定[①]

（1）**局部均衡**分析，只考虑货币贬值对进出口的影响，其他一切条件均不变。

（2）只考虑**贸易账户**，不考虑国际资金流动以及经常转移。

（3）进出口**供给 – 价格弹性无穷大**，产品具有无限的生产能力[②]。

3. 内容

（1）马歇尔 – 勒纳条件（Marshall-Lerner Condition）

① **内容：进出口需求 – 价格弹性之和大于 1** 时，货币贬值有利于本国贸易收支状况的改善。

❯❯ **推导[③]**

a. 写出贸易余额方程

用本币计价的贸易收支为：

$$T=P_X X - P_M M \tag{9-6}$$

其中，T 表示贸易账户余额（净出口），等于出口减进口。P_X 是出口品的本币价格，X 是出口的数量；P_M 是进口品的本币价格，M 是进口的数量。相应地，则有：

$$P_X^* = P_X / e \tag{9-7}$$

$$P_M^* = P_M / e \tag{9-8}$$

其中，P_X^* 是出口品的外币价格，P_M^* 是进口品的外币价格，e 是**直接标价法**[④]下的汇率。

b. 写出进出口需求 – 价格弹性

根据定义，进口的需求 – 价格弹性为：

$$E_M = -\frac{\mathrm{d}M/M}{\mathrm{d}P_M/P_M} \tag{9-9}$$

---

① 既是前提假定，也是该理论的缺陷：这些前提假定未必符合现实情况。

② 无需考虑供给侧，只需考虑需求侧。

③ 关于马歇尔 – 勒纳条件的推导方式有很多，这里尝试使用最规范（但非最简单）的方式。不考计算题的学校可以跳过该部分推导，进度条直接拉到后面的举例，掌握案例背后的经济学直觉即可。

④ 直接标价法是以外币为 1 个单位，1 单位外币能换多少单位本币，具体可参照汇率章节。

即进口价格(P_M)变动1%,进口需求(M)变动$-E_M$。需要注意两点:第一,因为进口涉及**国内需求**,所以使用本币价格;第二,价格上升、需求量下降,所以需求量对价格求导的结果为负,我们通常会在公式前加个负号来把需求－价格弹性调整成正值。

类似地,出口的需求－价格弹性为:

$$E_X = -\frac{\mathrm{d}X/X}{\mathrm{d}P_X^*/P_X^*} \tag{9-10}$$

c. 需求－价格弹性等于需求－汇率弹性

根据前提假定,出口产品的供给弹性无穷大,即出口产品的供给可以灵活调整且与需求保持一致,所以价格水平(本币表示的出口价格P_X)不变[①];同理,进口供给弹性无穷大,即进口产品的供给也可以灵活调整,所以价格水平(外币表示的进口价格P_M^*)不变。

因为P_M^*不变(为常数),所以将式(9-8)代入式(9-9)可得:

$$E_M = -\frac{\mathrm{d}M/M}{\mathrm{d}(eP_M^*)/(eP_M^*)} = -\frac{\mathrm{d}M/M}{\mathrm{d}e/e} \tag{9-11}$$

因为P_X不变(为常数),所以将式(9-7)代入式(9-10)可得:

$$E_X = -\frac{\mathrm{d}X/X}{\mathrm{d}P_X^*/P_X^*} = -\frac{\mathrm{d}X/X}{\mathrm{d}(P_X/e)/(P_X/e)}$$
$$= -\frac{\mathrm{d}X/X}{\left(\frac{-1}{e^2}\right)\mathrm{d}e/(1/e)} = \frac{\mathrm{d}X/X}{\mathrm{d}e/e} \tag{9-12}$$

也即需求－价格弹性等于需求－汇率弹性。

d. 贸易余额对汇率求导,得到马歇尔－勒纳条件

也因为P_X和P_M^*不变[②],所以将式(9-8)代入式(9-6)可得:

$$T = P_X X - eP_M^* M \tag{9-13}$$

考虑汇率变动对净出口的影响,需要两侧对汇率e求导[③],得到:

$$\frac{\mathrm{d}T}{\mathrm{d}e} = P_X\frac{\mathrm{d}X}{\mathrm{d}e} - P_M^* M - eP_M^*\frac{\mathrm{d}M}{\mathrm{d}e} \tag{9-14}$$

为了简化分析,假设初始的贸易收支是平衡的,也即$T=0$

$$P_X X = eP_M^* M \tag{9-15}$$

将式(9-15)代入式(9-14),并整理可得:

$$\frac{\mathrm{d}T}{\mathrm{d}e} = P_M^* M\left[\frac{e}{X}\frac{\mathrm{d}X}{\mathrm{d}e} - 1 - \frac{e}{M}\frac{\mathrm{d}M}{\mathrm{d}e}\right] \tag{9-16}$$

---

①　出口品的生产在**国内**,所以是本币的表示的出口价格P_X不变,而外币表示的出口价格P_X^*会因为汇率的变动而变动;同理,进口品的生产在**国外**,所以是外币表示的进口价格P_M^*不变,以本币表示的进口价格P_M则会随着汇率的变动而变动。

②　之所以写成这种形式,是因为要利用P_X和P_M^*是常数的性质,方便之后对汇率的求导。

③　不要忘记进出口数量都是关于汇率的函数,所以应该加入对汇率的求导中来。

将式（9-11）、式（9-12）代入式（9-14），可得：

$$\frac{dT}{de} = P_M^* M (E_M + E_X - 1) \qquad (9-17)$$

当 $E_M + E_X > 1$ 时，$\frac{dT}{de} > 0$，意味着 e 上升时，T 也会上升。直接标价法下 e 上升表示贬值，即当进出口需求－价格弹性之和大于 1 的时候，本币贬值有利于本国贸易收支状况的改善。

»» 举例

$$T = P_X X - e P_M^* M \qquad (9-13)$$

先考虑出口侧（$P_X X$），中国企业生产玩具出口到美国，一件玩具卖 6 元（P_X）。$t=0$ 期，汇率是 $e_0 = 6$ 元／美元，那么这件玩具在美国的定价就是 1 美元（P_X/e）；$t=1$ 期，人民币贬值到 $e_1 = 8$ 元／美元，同样 6 元的人民币定价，玩具的美元价格就变成了 6/8 美元，变得更便宜了。但是更便宜就一定能促进消费吗？不一定，因为国外市场可能已经饱和了，每个人的房子里都摆满了玩具。所以中间会涉及**出口需求－价格弹性**的问题，玩具需要有一定的弹性，才能够在降价增加需求、扩大出口。

再考虑进口侧（$e P_M^* M$），中国进口美国生产的大豆，一斤 1 美元（P_M^*）。$t=0$ 期，汇率是 $e_0 = 6$ 元／美元，转换成本币的进口成本是 6 元（$e P_M^*$）；$t=1$ 期，人民币贬值到 $e_1 = 8$ 元／美元，本币进口成本增加到 8 元，变得更贵了。同理，更贵也不一定会抑制消费量，对于大豆的需求可能是完全刚性的，所以中间也涉及**进口需求－价格弹性**的问题，需要有一定的弹性，提价才能够抑制进口。

根据以上的分析，似乎只要弹性大于 0，本币贬值即可改善贸易收支状况。其实不然，从式（9-6）来看，汇率贬值（e 上升）会使得本币表示的进口成本上升、进而贸易余额（T）下降，所以出口（X）上升的幅度、进口（M）下降的幅度要足够大[1]，超过汇率贬值（e 上升）的幅度才能够改善贸易收支（T）。也即弹性大于 0 是不够的、还要更大一些。所以总结来看，在贬值的过程中，<u>量的变动对我们是有利的，价的变动对我们是不利的，要让量调整的幅度超过价调整的幅度，最终对我们才是有利的。</u>而如何让量调整的幅度更大呢？就是弹性要足够大，马歇尔和勒纳推导出来的数学结果是弹性之和要大于 1。

② 发展
a. 比克戴克－罗宾逊－梅茨勒条件：供给弹性非无穷大

$$\Delta T = P_X X \left[\frac{E_X(1+S_X)}{E_X + S_X} + \frac{E_M(1+S_M)}{E_M + S_M} - 1 \right] \frac{\Delta e}{e}^{[2]} \qquad (9-18)$$

---

[1] 供给弹性无穷大，P_X 和 P_M^* 不变。

[2] 令 S_X 和 S_M 趋于无穷，即可得到马歇尔－勒纳条件（同学们可自行验算），所以马歇尔－勒纳条件其实是比克戴克－罗宾逊－梅茨勒条件的特殊情况。

其中, S_X 为本国的出口供给, S_M 为外国的出口品供给。

b. 哈伯格条件: 考虑贬值后本国贸易收支改善使得本国收入上升

$$E_M+E_X>1+m^{①} \tag{9-19}$$

其中, m 表示本国的**边际进口倾向**, 即本国收入上升一个单位、进口上升 m 个单位。

c. 修正的哈伯格条件: 考虑国外回应。

$$E_M+E_X>1+m+m^{*} \tag{9-20}$$

其中, m^{*} 表示外国的边际进口倾向, 即外国收入上升一个单位、外国进口上升 m^{*} 个单位。

（2）J 曲线效应（J Curve Effect）

① 含义

即使在满足马歇尔－勒纳条件的情况下, 本币贬值也不会**立刻**使得本国贸易收支状况得到改善, 而会存在一定的**时滞**（如图 9-8 所示）。在本币贬值初期, 本国的贸易收支甚至可能会恶化（ t_0- t_1 ）。因为贸易收支变化的曲线呈 J 字形, 所以称为 "J 曲线效应"。

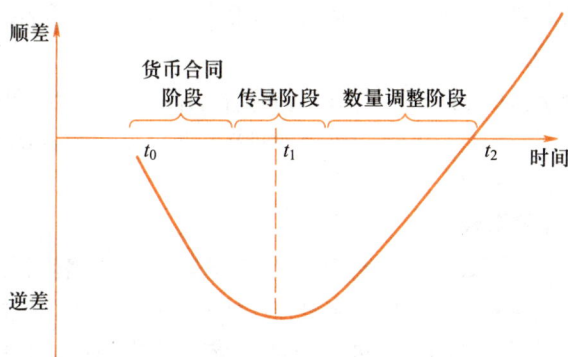

图 9-8 J 曲线效应

② 原因

a. 贬值前签订的合同仍然按照原来的价格和数量执行。对于给定数量的外币合同, 由于贬值, 需要支付**更多**的本币, 致使本国的贸易收支状况恶化。

b. 即便贬值后签订的合同, **生产调整**也存在时滞。

　　≫ **举例**: 出口企业看到本币贬值、出口订单上升之后, 重新部署生产计划需要时间。部署完毕之后, 扩大生产线、补充原材料、招聘工人也需要时间。等资本和劳动力都安置完毕之后才能进行生产, 而在企业调整生产的这段时间内, 并不会看到贸易收支状况的改善。

c. 贬值可能使得进口商产生进一步**贬值的预期**（也即预期将来的进口成本会更高, 对

---

① 本国收入上升会使得本国进口上升, 对贸易收支状况改善是不利的, 因而需要增加弹性; 后面修正的哈伯格条件同理, 外国收入下降会使得外国进口（本国出口）下降, 因而需要进一步增加弹性。

于给定外币的进口合同需要支付更多的本币),从而短期内加速进口。

③ 三个阶段

a. 货币合同阶段(价格数量"双黏性",体现的是贬值之前签订的合同);**b.** 传导阶段(价格调整、数量黏性,体现的是生产调整存在时滞);**c.** 数量调整阶段(数量也调整)。

> **我国情况**:观察 1995—2018 年我国的出口和人民币实际有效汇率的数据会发现:第一在我国,汇率贬值通常对出口有明显的带动作用,即我国**出口需求 – 价格弹性较高**;第二中间大约有 3 ~ 4 个月的时滞,即 **J 曲线效应存在**。

(3)贬值对贸易条件的影响

① 贸易条件(Term of Trade, TOT)

含义:出口商品的单位价格指数与进口商品的单位价格指数之比,用公式表示为:

$$TOT = P_X / P_M \qquad (9-21)$$

其中,TOT 为贸易条件,P_X 和 P_M 别为(以本币表示的)出口商品和进口商品的单位价格指数。

意义:当这一比例上升时,意味着出口单位数量的商品能够换回更多的进口商品,称之为贸易条件**改善**;反过来,当这一比例下降时,意味着出口单位数量的商品只能换回更少的进口商品,称之为贸易条件**恶化**。

② **贬值对贸易条件的影响**

贬值对贸易条件的影响取决于弹性:若进出口的需求 – 价格弹性之积**大于**供给 – 价格弹性之积,贬值有利于贸易条件的**改善**;若进出口的需求 – 价格弹性之积**小于**供给 – 价格弹性之积,贬值使得贸易条件**恶化**;若进出口的需求 – 价格弹性之积**等于**供给 – 价格弹性之积,贸易条件**不变**。

> **推导**
>
> **a. 将贸易条件取全微分**

$$\frac{dTOT}{TOT} = \frac{dP_X}{P_X} - \frac{dP_M}{P_M} \qquad (9-22)$$

b. 写出进出口需求 – 价格弹性和供给 – 价格弹性

进口的需求 – 价格弹性为:

$$E_M = -\frac{dM/M}{dP_M/P_M}$$

根据定义,进口的供给 – 价格弹性为:

$$S_M = \frac{dM/M}{dP_M^*/P_M^*} \qquad (9-23)$$

因为进口品的生产在国外,所以进口的供给 – 价格弹性使用的是外币价格。

对应的,出口的需求－价格弹性为:

$$E_X = -\frac{dX/X}{dP_X^*/P_X^*}$$

出口的供给－价格弹性为:

$$S_X = \frac{dX/X}{dP_X/P_X} \tag{9-24}$$

c. 将贸易条件中的进出口价格变动用弹性表示

将式(9-7)取全微分可得:

$$\frac{dP_X}{P_X} = \frac{dP_X^*}{P_X^*} + \frac{de}{e} \tag{9-25}$$

联立式(9-10)、式(9-24)、式(9-25),消去$\frac{dP_X^*}{P_X^*}$和$\frac{dX}{X}$,可得:

$$\frac{dP_X}{P_X} = \frac{E_X}{E_X + S_X}\frac{de}{e} \tag{9-26}$$

同理,将式(9-8)取全微分可得:

$$\frac{dP_M}{P_M} = \frac{dP_M^*}{P_M^*} + \frac{de}{e} \tag{9-27}$$

联立式(9-9)、式(9-23)、式(9-27),消去$\frac{dP_M^*}{P_M^*}$和$\frac{dM}{M}$,可得:

$$\frac{dP_M}{P_M} = \frac{S_M}{E_M + S_M}\frac{de}{e} \tag{9-28}$$

将式(9-26)、式(9-28)代入式(9-22),整理得:

$$\frac{dTOT}{TOT} = \frac{E_M E_X - S_M S_X}{(E_M + S_M)(E_X + S_X)}\frac{de}{e} \tag{9-29}$$

贬值意味着$\frac{de}{e}>0$,因而有:

当$E_M E_X > S_M S_X$时,$\frac{dTOT}{TOT}>0$,贸易条件改善。

当$E_M E_X < S_M S_X$时,$\frac{dTOT}{TOT}<0$,贸易条件恶化。

当$E_M E_X = S_M S_X$时,$\frac{dTOT}{TOT}=0$,贸易条件不变。

▷▷▷▷ **真题链接**

1.(2025—复旦大学)(填空题)以马歇尔微观经济学和局部均衡为基础来分析国际收支的方法为(　　　)。

2.(2023—中南财经政法大学)(判断题)根据国际收支的弹性理论,影响国际收支最重要的因素为实际汇率。(　　　)

3.（2024—上海大学）（判断题）货币贬值若要改善一国国际收支状况，必须满足进出口商品需求收入弹性的绝对值之和大于1。（　　）

4.（2019—清华大学）马歇尔－勒纳条件是指进口弹性和出口弹性之和（　　）。

A. 小于1　　　　　　　　　　B. 等于1

C. 大于1　　　　　　　　　　D. 无关系

5.（2020—中国人民大学）J曲线效应指从本币贬值到国际收支改善存在"时滞"，不包括以下（　　）阶段。

A. 货币合同阶段（价格，数量双黏性）

B. 观望阶段（价格黏性）

C. 传导阶段（数量黏性）

D. 数量调整阶段

6.（2022—对外经济贸易大学）下列不属于国际收支弹性论前提条件的是（　　）。

A. 进出口商品供给弹性无穷大　　B. 收入价格不变

C. 贸易收入最初是平衡的　　　　D. 资本自由流动

7.（2018—中国人民大学，2024—东北财经大学）名词解释：J曲线效应。

【答案】1. 弹性论；2. √；3. ×；4. C；5. B；6. D；7. 略

（二）吸收论（支出分析法）★★★

1. 背景

1952年，亚历山大在凯恩斯宏观**一般均衡**理论的基础上提出，着重考察国内产出与国内支出对国际收支的影响。

2. 前提假定

（1）不考虑国际资本流动，只考虑经常账户收支。

（2）假定贬值是出口增加的唯一原因，考虑贬值的影响。

3. 理论内容

（1）方程推导

从产品市场均衡出发，产品市场均衡意味着供给侧的总产出（Y）等于需求侧的总支出（E），即：

$$Y=E \tag{9-30}$$

在四部门模型下，总支出包括四部分：居民部门的消费（C），企业部门的投资（I），政府部门的政府购买（G），国外部门的净出口（NX）。

$$E=C+I+G+NX \tag{9-31}$$

其中，C、I、G 是国内的支出，即产出中被自己国内消化的部分，将其写作国内吸收（A）。对应地，NX 为国外吸收（B）。这里分析国际收支，所以以 B 作为因变量，将式（9-30）、式（9-31）整理得：

$$B=Y-A \tag{9-32}$$

≫ 回顾我们在 IS 模型中的分解,根据凯恩斯的消费理论(绝对收入假说),消费包括两部分:与收入无关的消费(自主性消费),以及与收入成正相关的消费,所以式(9-31)又可写为:

$$E=\bar{C}+\bar{I}+\bar{G}+aY+NX, \quad 0<a<1 \qquad (9-33)$$

其中,$\bar{C}$、$\bar{I}$、$\bar{G}$ 分别表示自主性的消费、投资和政府购买,a 表示**边际消费倾向**。式(9-32)可写为:

$$B=(1-a)Y-\bar{A} \qquad (9-34)$$

其中,$\bar{A}$ 表示自主性吸收,包括 $\bar{C}$、$\bar{I}$、$\bar{G}$。

(2)国际收支失衡的原因及调节

① 国际收支失衡的原因

根据式(9-32)可知:

$$当 Y\neq A 时, \quad B\neq 0$$

也就是说,本国产出和国内吸收不一致时,出现国际收支失衡。

具体来看,

$$当 Y>A 时, \quad B>0$$

当本国产出大于国内吸收时(生产出来的商品数量超出国内需要),存在净出口,国际收支顺差。

$$当 Y<A 时, \quad B<0$$

当本国产出小于国内吸收时(生产出来的商品数量不够国内使用),存在净进口,国际收支逆差[①]。

② 国际收支失衡的调节

通过贬值的方式来纠正国际收支逆差。

传导机制:贬值意味着本国产品相对价格下降,可以刺激净出口(外需),进而带动总需求上升(AD 曲线外移)。

a. 产出效应(收入效应):如果本国**存在闲置资源**(AS 曲线非垂直),即存在闲置的生产能力,则总需求上升会带动**国内产出(Y)上升**。根据式(9-34),在 $a<1$ 的情况下,贸易余额(B)上升、国际收支改善。

b. 吸收效应(价格效应):如果本国**不存在闲置资源**(AS 曲线垂直),则总需求的上升会带动价格水平上升、实际货币余额下降,进而抑制消费,**国内吸收(A)下降**,贸易余额(B)上升、国际收支改善。

≫ 关于贬值对国内产出和国内吸收的影响,经济学家还提出了很多传导机制,如表 9-6 所示。

[①] 联系之前对贸易账户的分析:$S-I=NX$,其中 S 表征产品的供给、I 表征产品的需求,与这里的分析是完全一样的。

表 9-6　贬值的产出效应和吸收效应

贬值的产出效应		贬值的吸收效应	
闲置资源效应	贬值刺激外需,在本国存在闲置资源的情况下使得产出上升	实际货币余额效应	贬值刺激外需,在本国不存在闲置资源的情况下使得价格上升、实际货币余额下降,进而抑制消费
贸易条件效应	贬值可能造成本国贸易条件的恶化,产出趋于下降	收入再分配效应	通货膨胀会产生有利于富裕阶层的收入再分配,而富裕阶层边际消费倾向较低,国内吸收下降
资源配置效应	贬值使得本国资源从国内生产率相对较低的部门转向生产率相对较高的部门(出口部门),从而抵销掉贸易条件的恶化,产出仍趋于上升	货币幻觉效应	人们重视商品的货币价格,价格水平的上升使得人们减少消费,国内吸收下降

>> **补充:乘数论**

① **乘数的推导**

a. 收入乘数

将净出口写为出口减进口,有:

$$NX=X-M \tag{9-35}$$

其中,出口 X 取决于国外收入水平,与本国收入无关。而进口 M 则会受到本国收入水平的影响,故可以类比消费,将其也写为两部分:与收入无关的进口(比如必需消费品的进口)以及与收入成正相关的进口(比如可选消费品的进口),因而有:

$$X=\overline{X} \tag{9-36}$$

$$M=\overline{M}+mY,\ 0<m<1 \tag{9-37}$$

其中,$\overline{X}$ 表示自主性出口,$\overline{M}$ 表示自主性进口,m 表示边际进口倾向,即收入上升一个单位,进口上升 m 个单位。

将式(9-36)、式(9-37)代入式(9-35)可得:

$$NX=\overline{X}-(\overline{M}+mY) \tag{9-38}$$

将式(9-38)代入式(9-33)可得:

$$E=\overline{C}+\overline{I}+\overline{G}+\overline{X}-\overline{M}+aY-mY \tag{9-39}$$

将式(9-39)代入式(9-30)并整理,可以得到均衡的国民收入:

$$Y=(\overline{C}+\overline{I}+\overline{G}+\overline{X}-\overline{M})/(1-a+m) \tag{9-40}$$

用收入 Y 对自主性出口 $\overline{X}$ 求导,可得:

$$\frac{\Delta Y}{\Delta \overline{X}}=\frac{1}{1-a+m} \tag{9-41}$$

$\dfrac{1}{1-a+m}$ 就被称为**乘数**,当自主性出口上升1个单位时,收入上升

$\dfrac{1}{1-a+m}$ 个单位。

b. 贸易余额乘数

在国际收支部分,我们更关注的是贸易余额的变动,把式(9-40)代入式(9-38)得到:

$$B=NX=\frac{1-a}{1-a+m}\left(\overline{X}-\overline{M}\right)-\frac{m}{1-a+m}\left(\overline{C}+\overline{I}+\overline{G}\right) \qquad (9-42)$$

类似地,用贸易余额对自主性支出求导可以得到贸易余额乘数:当自主性出口(进口)增加1个单位时,贸易余额增加(减少)$\dfrac{1-a}{1-a+m}$ 个单位;当自主性消费增加1个单位时,贸易余额下降$\dfrac{m}{1-a+m}$ 个单位。

② 与吸收论的比较

乘数论与吸收论都是建立在凯恩斯宏观一般均衡分析的基础之上,但乘数论的侧重点在于分析**自主性支出**的变动对收入和贸易收支的影响,而吸收论则主要分析**贬值**对贸易收支的影响。

▷▷▷ 真题链接

1.(2022—对外经济贸易大学)(判断题)根据国际收支吸收论,贸易条件属于吸收效应。( )

2.(2019—中央财经大学)下列关于国际收支的表述中,不正确的是( )。

A. 若要改善本国的经常账户状况,一般应提高产出,或者减少支出

B. 若要改善本国的经常账户状况,一般应降低产出,或者增加支出

C. 当一国出现持续的国际收支顺差时,中央银行为了维持汇率稳定,应在外汇市场中购入外汇,这也会导致基础货币投放

D. 当一国出现持续的国际收支逆差时,中央银行为了维持汇率稳定,应在外汇市场中卖出外汇,这也会导致基础货币回收

3.(2022—上海财经大学)已知A国货币相对B国货币升值10%,且A国出口需求价格弹性为 -0.7,进口需求价格弹性为 -0.4,边际消费倾向为0.8,边际进口倾向为0.3,计算:

(1)根据弹性论,贸易收支差额变动多少;

(2)根据乘数论,国内收入如何变动。

【答案】1. ×;2. B;

3.(1)根据弹性论,有 $\dfrac{\mathrm{d}T}{\mathrm{d}e}=P_M^*M(E_M+E_X-1)$[①],变形可得 $\dfrac{\dfrac{\mathrm{d}T}{T}}{\dfrac{\mathrm{d}e}{e}}=eP_M^*M(E_M+E_X-1)$

---

① 这就是式(9-17)。

其中 $\dfrac{de}{e}=-10\%$，$E_M=0.4$，$E_X=0.7$，将 eP_M^*M 标准化为 1，最终可得 dT=−1%，即贸易收支差额减少 1%。

（2）根据乘数论，有 $\dfrac{\Delta Y}{\Delta \overline{X}-\Delta \overline{M}}=\dfrac{1}{1-a+m}=\dfrac{1}{1-0.8+0.3}=2$。且根据（1）有 $\Delta \overline{X}-\Delta \overline{M}=-1\%$，所以 $\Delta Y=-2\%$，即国内收入下降 2%。

（三）货币论（货币分析法）★★

1. 背景

20 世纪 70 年代，约翰逊和弗兰科在货币学派理论的基础上提出，从**货币角度**考察国际收支失衡。

2. 前提假定

（1）在产品市场上，经济始终处于充分就业的状态（AS 曲线垂直），产出不变。

（2）在货币市场上，货币需求稳定可测。

（3）研究对象为开放性的小国，是世界价格和利率的接受者。

3. 理论内容

（1）方程推导

从货币市场均衡出发，有：

$$M_d=M_s \tag{9-43}$$

其中，M_d 表示货币需求，M_s 表示货币供给。

根据基础货币乘数法，有：

$$M_s=m\times B \tag{9-44}$$

其中，m 表示货币乘数，B 表示基础货币。

假定中央银行资产负债表的资产方为国内资产和国外资产，负债方只有基础货币[①]。则根据资产负债表两侧恒等，可得 $B=D+R$，进而有：

$$M_s=m\times（D+R） \tag{9-45}$$

其中，D 表示中央银行持有的国内资产，R 表示中央银行持有的储备资产。

将 m 简化为 1，并将我们要分析的变量 R 放到等式左侧作为因变量，可得：

$$R=M_s-D \tag{9-46}$$

将式（9-43）代入式（9-46），有：

$$R=M_d-D \tag{9-47}$$

R 取自中央银行的资产负债表，是存量的概念，而国际收支却是流量的概念，所以需要将存量求差分得到流量，有：

$$\Delta R=\Delta M_d-\Delta D \tag{9-48}$$

ΔR 表示储备资产的变动，根据国际收支平衡表的知识可知，国际收支失衡（综合账户失衡）是导致储备资产发生变动的原因，所以有：

$$OB=\Delta R=\Delta M_d-\Delta D \tag{9-49}$$

其中 OB 表示综合账户余额。

[①] 通过中央银行章节的内容可知，基础货币占负债方的比重在 80% 以上，所以这里的简化是比较合理的。

（2）国际收支失衡的原因及调节

① 国际收支失衡的原因（以逆差为例）

国际收支逆差即 $OB<0$，$\Delta R<0$，根据式（9-49）可得：

$$\Delta M_d<0 \text{ 或 } \Delta D>0$$

又因为 M_d 是稳定的（前提假定），所以只能是由 $\Delta D>0$ 导致的。D 表示中央银行持有的国内资产，$\Delta D>0$ 意味着中央银行买入了更多的国内资产，也就是实行了扩张的货币政策（通过公开市场买入、增加再贷款再贴现等方式）。所以货币论认为：国际收支是一种货币现象，任何国际收支失衡都是货币市场失衡的体现，是中央银行实行了不合理的扩张的货币政策所导致的。

> **经济学逻辑**：货币扩张打破了原有的货币市场均衡，使得货币供给超出了货币需求，于是人们将这部分多出的货币用于支出，其中有一部分就支出到了国外：可能去购买国外的商品，经常账户逆差；也可能购买国外的金融产品，资本和金融账户逆差；整体来看，国际收支逆差。

② 国际收支失衡的调节（同样以逆差为例）

a. 紧缩货币（$\Delta M_s<0$）；b. 本币贬值（$\Delta M_d>0$）。

> **本币贬值使得货币需求上升**
>
> 根据货币需求理论[①]，货币需求是关于价格、收入和利率的函数。
>
> $$M_d=Pf(Y,i) \tag{9-50}$$
>
> 根据小国假定，本国是世界价格的接受者，即有
>
> $$P=eP^* \tag{9-51}$$
>
> e 表示直接标价法下的汇率，P^* 为国外（世界）价格水平。
>
> 将式（9-51）代入式（9-50）可得：
>
> $$M_d=eP^*f(Y,i) \tag{9-52}$$
>
> 可以看到，本币贬值（e 上升）会使得货币需求（M_d）上升。

▷ ▷ ▷ **真题链接**

1.（2023—复旦大学）关于国际收支调节，下列说法不正确的是（　　　）。

A. 根据马歇尔－勒纳条件，出口商品的需求弹性和进口商品的需求弹性之和越大，通过贬值改善贸易收支状况的效果越明显

B. 一个既定幅度的贬值发生后，如果进出口商品的需求弹性之和小于供给弹性之和，则贸易条件会改善

C. 货币论认为，为平衡国际收支而采取的贬值进口限额、关税、外汇管制等

---

① 具体可参照货币需求和货币供给章节。

贸易和金融干预措施,只有当它们的作用是提高货币需求尤其是提高国内价格水平时,才能改善国际收支状况。

　　D. 吸收论认为,当国际收支逆差时,应采用紧缩型财政货币政策来减少吸收,同时采用贬值来增加出口收入

　　2.（2024—武汉大学）简述国际收支的货币论。

　　【答案】1. B；2. 略

（四）结构论（结构分析法）★

1. 背景

IMF 的职责之一是给国际收支的逆差国提供外汇贷款以用于对外支付,同时,为了保障贷款的安全,也会对这些国家施加一些约束条件。1973 年,IMF 理论权威波拉克将**货币论**的观点结合到援助条件中,要求它所援助的逆差国实施紧缩的财政货币政策以改善国际收支。结果紧缩的政策并没有使发展中国家的国际收支从根本上得以改善,反而造成了经济衰退。

结构论的经济学家认为,发展中国家的国际收支逆差并非由货币因素所导致的,而是由结构因素造成的：它们根本无法生产出在国际市场上有竞争力的产品。

2. 理论内容：国际收支失衡的原因和调节

国际收支失衡的原因在于产业结构的单一、老化、落后。对应地,其调节方式为进行供给侧结构性改革,包括实施产业政策、科技政策等,提高本国产品的国际竞争力。

　　≫ **国际收支理论的关系**

$$（货币论）\Delta M_d - \Delta D = \Delta R = OB = NX = X - M（弹性论）$$
$$= TB = Y - A（吸收论）$$

三、政策搭配理论

　　≫ 政策搭配理论和国际收支理论的区别在于：国际收支理论只考虑如何实现外部均衡的问题,而政策搭配理论则考虑如何统筹实现外部均衡和内部均衡[①]的问题。

（一）米德冲突（米德,1951）★★★

1. 含义

在固定汇率制下,当经济运行到特定区间时,会出现内外均衡难以兼顾的情况。

2. 米德冲突区间

在开放条件下,经济可能面临四种可能的组合（如表 9-7 所示）,其中 Ⅰ、Ⅳ 为米德冲突区间。

---

① 外部均衡有两层含义：一是国际收支平衡；二是在内部均衡的基础上实现的国际收支平衡。内部均衡为充分就业条件下的总需求等于总供给（即实现物价稳定、充分就业和经济增长）。

表 9-7　内外均衡的不同组合

内部经济	外部经济	
	国际收支顺差	国际收支逆差
通货膨胀	Ⅰ	Ⅱ
失业增加	Ⅲ	Ⅳ

》》 **举例**：以区间Ⅰ（内部通货膨胀、外部国际收支顺差）为例。固定汇率制下，汇率政策（支出转换型工具）的使用受到限制，汇率无法自由升贬值以调节内外均衡，此时留给政府的只有财政、货币政策（支出增减型工具），政策调控也因而陷入两难境地：① 如果采取扩张的财政、货币政策，那么会加剧通货膨胀的问题，离内部均衡越来越远；② 如果采取紧缩的财政、货币政策，那么收入下降，进口下降，会加剧国际收支顺差的问题，离外部均衡越来越远。

》》 **为什么说在支出转换型工具不能使用的情况下，就只剩支出增减型工具可调节内外均衡？**

调节内外均衡的工具包括四种（详细介绍见后文）：① 外汇缓冲工具，使用国际储备；② 支出增减型工具，包括财政政策、货币政策；③ 支出转换型工具，包括汇率政策、关税政策等；④ 结构型工具，包括产业政策、科技政策等。其中外汇缓冲工具无法纠正国际收支失衡，只是作为缓冲；结构型工具发挥作用的时间又太长。所以能即时生效的政策工具一般是两个：支出增减型工具和支出转换型工具。这里，在支出转换型工具不能使用的情况下，就只剩支出增减型工具来调节内外均衡。

▷▷▷ **真题链接**

1.（2024—上海财经大学）外部均衡是指（　　）。

A. 经济增长　　　　　　　　　B. 国际收支自主性交易均衡

C. 充分就业　　　　　　　　　D. 物价稳定

2.（2022—上海财经大学）米德冲突的冲突情况（　　）。

A. 衰退顺差　　　　　　　　　B. 通胀逆差

C. 通胀顺差　　　　　　　　　D. 失业顺差

3.（2023—上海财经大学）（　　）情形中不存在米德冲突。

A. 失业和逆差　　　　　　　　B. 通胀和顺差

C. 衰退和逆差　　　　　　　　D. 失业和顺差

4.（2021—中国人民大学，2024—南开大学，2024—上海大学，2024—中国海洋大学）名词解释：米德冲突。

【答案】1. B；2. C；3. D；4. 略

（二）丁伯根法则 ★

1. 含义

丁伯根法则是指想要实现 N 个独立的政策目标，至少需要 N 个相互独立的政策工具。

》 公式推导

假定存在两个目标 T_1、T_2，两种工具 I_1、I_2，政策调控追求的 T_1、T_2 最佳水平为 T_1^*、T_2^*。假设目标是工具的线性函数，即：

$$T_1 = a_1 I_1 + a_2 I_2 \tag{9-53}$$

$$T_2 = b_1 I_1 + b_2 I_2 \tag{9-54}$$

则只要 $\dfrac{a_1}{b_1} \neq \dfrac{a_2}{b_2}$（线性无关），就可以求解出达到目标 T_1^* 和 T_2^* 所需的 I_1 和 I_2 的水平，即

$$I_1 = (b_2 T_1^* - a_2 T_2^*) / (a_1 b_2 - b_1 a_2) \tag{9-55}$$

$$I_2 = (a_1 T_2^* - b_1 T_1^*) / (a_1 b_2 - b_1 a_2) \tag{9-56}$$

而若只有一种工具 I_3，有：

$$T_1 = c_1 I_3 \tag{9-57}$$

$$T_2 = d_1 I_3 \tag{9-58}$$

则需要：

$$I_3 = T_1^* / c_1 \tag{9-59}$$

$$I_3 = T_2^* / d_1 \tag{9-60}$$

式（9-59）和式（9-60），显然难以同时成立。

2. 米德冲突是丁伯根法则的体现

如果不能使用支出转换型工具，而只能使用支出增减型工具一种工具，那么必然无法同时实现内部均衡和外部均衡两个目标；毕竟一只猎狗无法同时追赶两只兔子。

▷ ▷ ▷ 真题链接

1.（2015—中国人民大学）下列哪个理论与开放经济下的均衡无关？（　　）

A. 泰勒原则 　　　　　　　　　　B. 米德冲突

C. 丁伯根法则 　　　　　　　　　D. 三元悖论

2.（2025—北京师范大学）名词解释：丁伯根法则。

【答案】1. A；2. 略

（三）蒙代尔有效市场分类原则（最优指派原则）★★★

1. 核心思想

在资金流动的情况下，使用财政政策调控内部均衡，使用货币政策调控外部均衡。

>> 可以看到,蒙代尔有效市场分类原则的核心是把支出增减型政策分为财政政策和货币政策,认为这是两种政策工具,两种工具自然能够实现两个目标。

2. 为什么财政政策和货币政策可以看作两种不同的工具?

图9-9为财政政策和货币政策对综合账户影响的分析过程。

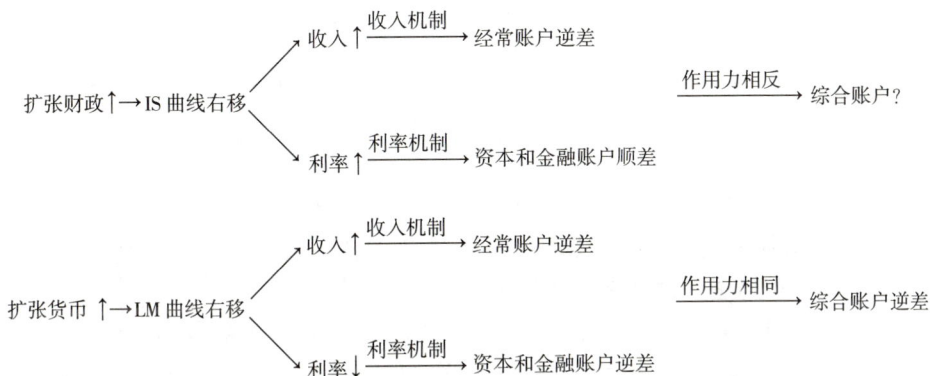

扩张财政↑→IS曲线右移 ──→ 收入↑ ──收入机制──→ 经常账户逆差
　　　　　　　　　　　　　 利率↑ ──利率机制──→ 资本和金融账户顺差
　　　　　　　　　　　　　　　　　　　　　　　　──作用力相反──→ 综合账户?

扩张货币↑→LM曲线右移 ──→ 收入↑ ──收入机制──→ 经常账户逆差
　　　　　　　　　　　　　 利率↓ ──利率机制──→ 资本和金融账户逆差
　　　　　　　　　　　　　　　　　　　　　　　　──作用力相同──→ 综合账户逆差

图9-9　财政政策和货币政策对综合账户影响的分析过程

显然,财政政策和货币政策对外部均衡(综合账户)的影响力不同,货币政策影响力更强,所以可以认为是两种工具。

3. 搭配方式

既然货币政策对外部均衡的影响力更强,那么就用货币政策来调节外部均衡,剩下的内部均衡则由财政政策出面调节。具体来看:如是通货膨胀,则紧缩财政;如是失业,则扩张财政。如是顺差,则扩张货币[①];如是逆差,则紧缩货币(见表9-8)。

表9-8　蒙代尔的搭配方式

内部经济	外部经济	
	国际收支顺差	国际收支逆差
通货膨胀	紧缩财政、扩张货币	紧缩财政、紧缩货币
失业增加	扩张财政、扩张货币	扩张财政、紧缩货币

>> 从图形上来看,如图9-10所示。

(1) 其横轴为财政扩张、纵轴为货币扩张。

(2) **IB 为内部均衡曲线**

① 在 IB 上的点表示内部均衡。在 IB 左侧的点,由于财政扩张不足而呈现出失业的状态;在 IB 右侧的点,由于财政扩张过度而呈现出通胀的状

---

① 注意这里容易弄反。根据上面的分析,扩张货币会通过收入机制和利率机制使得国际收支逆差,因而如果想纠正顺差,则需要扩张货币。

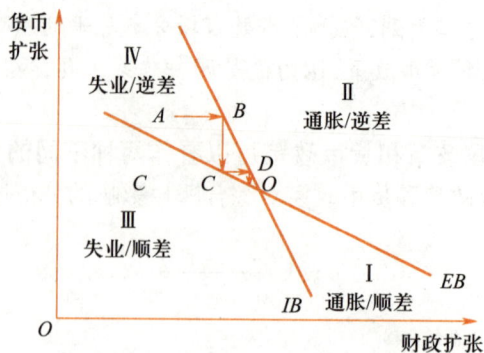

图 9-10 蒙代尔有效市场分类原则

态。② IB 曲线的斜率为**负**,因为伴随着财政扩张、总需求上升,原有的内部均衡被打破,需要紧缩货币才能让经济仍然维持内部均衡。

(3) EB 为外部均衡曲线

① 在 EB 上的点表示外部均衡。在 EB 下方的点,由于货币扩张不足(意味着收入较低,经常账户顺差;利率较高,资本金融账户顺差),呈现顺差;在 EB 上方的点,由于货币扩张过度(收入较高、利率较低),呈现逆差。
② EB 曲线的斜率为**负**,因为伴随着财政扩张,国际收支逆差[1],原有的外部均衡被打破,需要紧缩货币、制造顺差,才能让经济仍然实现外部均衡。并且因为货币政策(相较于财政政策)对国际收支的影响力更大,所以 EB 曲线(相较于 IB 曲线)更加**平坦**。

(4) IB 曲线和 EB 曲线将经济分为四个区间

假设当前经济状态位于 A 点(区间Ⅳ,失业、逆差),为了达到 O 点(内外均衡),可以扩张财政、紧缩货币,不断调整力度,最终实现目标。

(四)斯旺模型 ★★★

1. 核心思想

不考虑资金流动情况下,用支出增减型政策调节内部均衡、支出转换型政策调节外部均衡。

》 可以看出,斯旺模型的核心是把支出转换型工具释放出来,使用支出增减型和支出转换型两个工具来实现内部均衡和外部均衡两个目标。

2. 搭配方式

显然,支出增减型政策对内部均衡的影响力更大,所以以其调节内部均衡;支出转换型政策对外部均衡的影响力更大,以其调节外部均衡。具体来看:如是通货膨胀,则紧缩支出

----

[1] 财政扩张一方面使得收入上升、经常账户逆差;另一方面使得利率上升、资本和金融账户顺差。这里假定本国经常账户影响力更大,故扩张财政使得整体的国际收支逆差。当然,也可以假定本国的资本和金融账户影响力更大,那么扩张财政会使得国际收支顺差,只是 EB 曲线的斜率不同,但并不影响下面的分析。

（紧缩财政、货币政策）；如是失业，则扩张支出。如是逆差，则令本币贬值；如是顺差，则令本币升值（见表9-9）。

表9-9　斯旺模型的搭配方式

内部经济	外部经济	
	国际收支顺差	国际收支逆差
通货膨胀	紧缩支出、本币升值	紧缩支出、本币贬值
失业增加	扩张支出、本币升值	扩张支出、本币贬值

≫　**从图形上来看**，如图9-11所示。

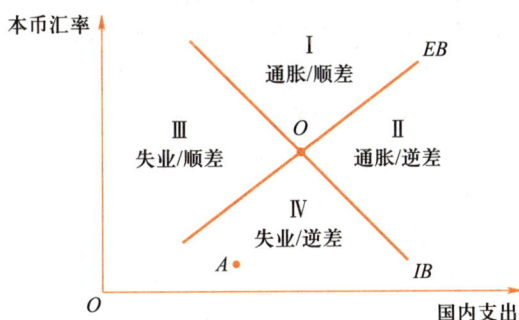

图9-11　斯旺模型

（1）其横轴为国内支出（财政、货币政策的扩张）、纵轴为本币汇率（直接标价法，汇率上升表示本币贬值）。

（2）**IB曲线为内部均衡曲线**

① 在IB曲线上的点表示内部均衡。在IB曲线左侧的点，由于支出不足、呈现失业；在IB曲线右侧的点，由于支出过度、呈现通货膨胀。② IB曲线斜率为**负**，因为伴随着国内支出增加、总需求上升，原有的内部均衡被打破，需要让本币升值（抑制净出口）才能抑制总需求，让经济仍然实现内部均衡。

（3）**EB曲线为外部均衡曲线**

① 在EB曲线上的点表示外部均衡。在EB曲线下方的点，由于汇率较低（升值），呈现逆差；在EB曲线上方的点，由于汇率较高（贬值），呈现顺差。② EB曲线斜率为**正**，因为伴随着国内支出增加、进口增加、国际收支逆差，原有的外部均衡被打破。需要让本币贬值、制造顺差，才能让经济仍然实现外部均衡。

（4）**IB曲线和EB曲线将经济分为四个区间**

假设当前经济状态位于A点（区间Ⅳ，失业、逆差），为了达到O点（内外均衡），可以扩张国内支出（右移）、同时让本币贬值（上移），最终实现目标。

▷▷▷ **真题链接**

1.（2025—对外经济贸易大学）（判断题）蒙代尔的政策搭配理论认为应利用财政政策实现内部均衡,货币政策实现外部均衡（　　　）

2.（2019—复旦大学）内部均衡和外部均衡的矛盾及政策搭配,是由哪位经济学家首先提出来的?（　　　）

A. Jame Meade　　　　　　　　　B. Robert Mundell

C. H.Johnson　　　　　　　　　D. T.Swan

3.（2016—复旦大学）根据蒙代尔的最优指派原则,一国出现通货膨胀、国际收支顺差,应该选择的政策搭配是（　　　）。

A. 紧缩的货币政策和扩张的财政政策

B. 紧缩的财政政策和扩张的货币政策

C. 紧缩的财政政策和紧缩的货币政策

D. 扩张的货币政策和扩张的财政政策

4.（2025—中国人民大学）根据蒙代尔的政策搭配理论,国际收支逆差和国内通货紧缩应该采用（　　　）的组合。

A. 紧缩的货币政策、紧缩的财政政策

B. 扩张的货币政策、扩张的财政政策

C. 紧缩的货币政策、扩张的财政政策

D. 扩张的货币政策、紧缩的财政政策

5.（2024—上海大学）根据斯旺模型,本币贬值与总支出增加的政策搭配用于调节下列哪种经济状况?（　　　）

A. 国际收支逆差与通货膨胀　　　B. 国际收支顺差与通货膨胀

C. 国际收支顺差与高失业率　　　D. 国际收支逆差与高失业率

6.（2022—对外经济贸易大学）斯旺模型是什么?利用斯旺曲线说明:当存在国际收支逆差和国内经济衰退时,应采取怎样的政策搭配?怎么处理国际收支逆差和国内通货膨胀?

7.（2022—重庆大学）简述米德冲突的含义和解决思路。

【答案】1. A;2. B;3. B;4. C;5. D;6. 略;7. 略

四、政策调节工具

（一）外汇缓冲政策（也称"融资性政策"）　★★★

当使用政策手段来应对国际收支失衡时,政府需要作出的第一个选择往往是"融资还是调整"。如果国际收支失衡是临时性的、由短期冲击引起的,那么可以通过外汇缓冲政策来应对,从而避免调整带来的痛苦（调整可能会对内部均衡形成冲击）;而如果国际收支失衡（尤其是逆差）是中长期的,那么外汇缓冲政策将不可持续,因为本国的外汇储备会消耗殆尽,势必要运用其他政策应对。

1. 外汇缓冲政策的基础知识

（1）**含义**：当出现国际收支失衡时，政府通过买卖外汇来消除由失衡带来的外汇供求缺口，从而减少失衡对本国汇率以及其他经济政策的冲击。

（2）**作用**：外汇缓冲政策本身并不能调节国际收支失衡，但是可以充当润滑剂。

≫　**案例：**

我国在2014—2016年出现了严重的国际收支逆差，对应地，外汇储备下降了约1万亿美元。这体现的就是外汇缓冲政策的使用：当出现国际收支逆差的时候，政府以外汇储备作为缓冲，缓冲外部失衡给内部均衡带来的冲击。

①**"本身并不能调节国际收支失衡"**。2014—2016年的国际收支逆差主要是资本流出驱动的，而资本流出又是由中美利差收窄（美联储加息、中国人民银行降息）以及人民币的贬值预期（美元处于升值周期）导致的。外汇缓冲政策既没有解决利差的问题，也没有解决贬值预期的问题，所以无法调节国际收支失衡。

②**"但是可以充当润滑剂"**，可以为政府采取其他政策调节国际收支失衡争取时间。2014—2016年资本流出的一个重要原因是中美利差收窄，所以中国人民银行应该通过加息的方式来应对。但当时我们不仅没有加息、反而还进行了降息，因为国内经济不景气，所以需要通过降息来促进国内的消费和投资，实现内部均衡的目标。但是如果我国没有外汇储备的支撑，又想保持固定汇率制，那么就需要立刻提高利率水平，这就会对内部均衡产生比较大的负面冲击，加剧国内经济下行的压力。所以外汇缓冲政策可以充当润滑剂，为政府进行需求管理型政策纠正国际收支失衡争取时间，3.4万亿美元的国际储备也赋予了我国充足的战略定力。

（3）**必要条件**：如果一国想要使用外汇缓冲政策，必不可少的前提就是要有国际储备。

2. 国际储备

（1）国际储备的定义

国际储备是指一国**政府持有**的可以随时用来清算国际收支差额、干预外汇市场以及稳定本币信心的外币资产。

≫　持有国际储备的**首要**用途是**清算国际收支差额**（应对逆差），保证本国对外的清偿力。其次在于**干预外汇市场**：通过动用国际储备，影响外汇市场供求，进而影响汇率。**稳定本币信心**：国际储备越多、偿付能力就越强，国际评级机构就会给予该国政府和企业越高的信用评级，进而一方面降低本国在国际市场的融资成本，另一方面防止国际对冲基金的做空。这一点对于新兴市场国家尤其重要。

（2）国际储备的特征

① **可得性**：政府可以获得。

② **流动性**：有较强的变现能力。

③ **普遍接受性**：在外汇市场上或在清算国际收支差额时被普遍接受。

（3）国际储备的构成

广义的国际储备（国际清偿力）= 自有储备（狭义的国际储备）+ 借入储备 [①]

① 自有储备是一国政府本身所有的（非借入的）国际储备，具体包括：

a. 货币性黄金

> **黄金充当国际储备**：虽然布雷顿森林体系解体后，黄金已经退出了充当货币的历史舞台，但是 IMF 在统计和公布各成员国的国际储备时，仍然把黄金列入其中。这是因为黄金本身是有价值的，并且世界上也有发达的黄金市场，所以各国政府可以方便地将黄金出售以换取外汇。截至 2024 年年底，全球官方黄金储备共 36 004.2 吨，其中中国人民银行持有的黄金为 2 279.6 吨，近年来呈上升趋势。

> **持有黄金的优劣势**：优势在于价值稳定、避险能力强（包括经济风险和政治风险）；劣势在于无法直接用于支付，并且不产生利息。储存也需要成本。

b. 外汇储备：一国政府持有的、可以随时使用的外币 [②] 资产，是国际储备的主体。

> **我国持有的外汇储备规模大**：2024 年年末，全球共有外汇储备 12.6 万亿美元，其中我国持有的外汇储备为 3.2 万亿美元，占比 25.4%，位居世界第一。

> **人民币充当外汇储备**：在布雷顿森林体系下，美元是国际货币体系的中心，外汇储备一般只有美元。而在牙买加体系下，国际储备则更加多元化。自 2016 年 10 月 1 日起，IMF 在其"官方外汇储备构成（COFER）"的季度调查中也将人民币单独列出。此前，IMF 单独列出的货币为美元、欧元、英镑、日元、瑞士法郎、澳元和加元，其他货币则进行合并列示。2024 年末，全球有 60 多个国家和地区的央行将人民币纳入外汇储备，人民币在全球外汇储备中的占比为 2.17%，位列世界第七。

c. 在 IMF 的储备头寸（普通提款权，General Drawing Rights，GDR）

IMF 类似一个股份制性质的互助协会，当一个经济体加入时，需要向该协会缴纳一笔钱，称之为"**份额**" [③]。份额的 25% 用可兑换货币（或黄金、SDR）缴纳，其余 75% 用本国货币缴纳。当成员国发生国际收支困难时，有权以本国货币为抵押向 IMF 申请贷款，称之为"提款"。

---

① 也有观点认为广义的国际储备 = 自有储备 + 借入储备 + 诱导性储备，诱导性储备主要是商业银行持有的一些短期外汇资产，虽然不属于政府，但是政府对它也有一定的影响力（比如可以通过调整利率来进行诱导）。

② 并且这里的"外币"强调"可兑换货币"。

③ 份额的确定与一国 GDP 体量、贸易体量等相关。

提用的数额分五档,每档占其认缴份额的 25%,条件逐档严格。由于**第一档**提款额就等于该成员国认缴的可兑换货币额(本身就是成员国自己缴纳的),因此条件最宽松,只要提出申请便可使用。这一档提款权也被称为在 IMF 的储备头寸,统计到一国的国际储备中。

d. 特别提款权 SDR(Special Drawing Rights,SDR):是指 IMF 为了补充国际储备资产的不足,在 1969 年创设的**记账单位**[①]。

》 SDR 的构成和运作

SDR 的构成:类似于股票指数是由一篮子股票组成的,SDR 是由一篮子货币共同组成的。这一篮子货币的种类和权重每五年调整一次,人民币于 2015 年加入。继 2022 年 5 月 14 日调整后,篮子货币的种类和权重如表 9–10 所示。

表 9–10　SDR 篮子货币组成及权重

货币名称	排名	权重
美元	1	43.38%
欧元	2	29.31%
人民币	3	12.28%
日元	4	7.59%
英镑	5	7.44%

数据来源:ZMF。

SDR 的来源:IMF 设有专门的 SDR 部门,成员国也均设有 SDR 账户。IMF 会向成员国**无偿分配** SDR,分配的依据在于各会员国在 IMF 中所占的份额,分配后记录在各国 SDR 账户的**贷方**。最近一轮分配在 2021 年 8 月,IMF 批准了规模为 6 500 亿美元(约合 4 560 亿 SDR)的 SDR 分配方案,以增加全球流动性。这也是 IMF 历史上规模最大的一次 SDR 分配。

SDR 的使用:它可以在 IMF 内部发挥价值尺度、支付手段和贮藏手段的职能,但不能发挥流通手段职能。因为 SDR 只是一种记账单位,所以不能直接用于贸易和投资的支付。在需要时,会员国可以把自己持有的 SDR 换成相应数量的可兑换货币(如美元、欧元等)再用于国际支付[②]。

② 借入储备

随着各国经济依存性的提高和往来的日益密切,IMF 将部分借入储备也纳入国际清偿力的范围之内,具体包括:

a. 备用信贷。IMF 的成员国在国际收支发生困难(或预计发生困难)时,同 IMF 签订

---

① 之前的记账单位是美元。

② 之所以能发挥支付手段职能,是因为其可以直接用来偿还 IMF 及其他成员国的贷款。注意 SDR 只在 IMF、BIS 以及各成员国的货币当局之间使用,私人部门不能持有和使用 SDR。

的备用借款协议。协议约定了借款的额度、币种、期限、利率等。

b. 互惠信贷和支付协议。两个经济体签订的接受对方贷款和使用对方货币的协议,在我国也称之为"**货币互换**"。

» **区别**:备用信贷因为是跟 IMF 签订的,所以能够应对**多边国际收支差额**;互惠信贷和支付协议因为是两个国家之间签订的,所以一般只能应对**双边**的国际收支差额。

▷▷▷ **真题链接**

1.(2012—中国人民大学)(判断题)SDR 是 IMF 设立的储备资产和记账单位。(   )

2.(2018—对外经济贸易大学)(判断题)特别提款权是国际货币基金组织创设的一种国际储备资产,随着人民币的加入,特别提款权将由 5 种货币加权平均定值。(   )

3.(2025—上海财经大学)以下不属于一国储备资产的是(   )。

A. 央行持有的美国国债   B. 财政部持有的欧元债券

C. 央行持有的本国国债   D. 在 IMF 缴纳的储备头寸

4.(2017—清华大学)国际货币基金组织特别提款权货币篮子中,占比最低的是(   )。

A. 日元   B. 英镑

C. 欧元   D. 人民币

5.(2018—复旦大学)仅限于会员国政府之间和 IMF 与成员国之间使用的储备资产是(   )。

A. 黄金储备   B. 外汇储备

C. 特别提款权   D. 在基金组织的储备头寸

6.(2024—武汉大学)名词解释:外汇缓冲政策。

7.(2025—厦门大学)名词解释:国际储备。

8.(2022—四川大学)名词解释:国际清偿力。

9.(2023—东北财经大学,2024—四川大学)名词解释:特别提款权。

10.(2025—安徽大学)简述国际储备的作用。

11.(2025—同济大学)简述国际储备中普通提款权和特别提款权的区别。

12.(2023—上海财经大学)何为特别提款权(SDR),其具有何种功能? 简述特别提款权的形成背景,SDR 货币篮子筛选标准及构成。

【答案】1. √;2. √;3. C;4. B;5. C;6. 略;7. 略;8. 略;9. 略;10. 略;11. 略;12. 略

(4)国际储备的来源

① **货币性黄金**:在国内市场购买黄金。

》　**在国际市场上买入黄金不构成国际储备的来源**。因为在国际市场上买黄金需要支付外汇,黄金上升的同时外汇储备下降,国际储备总量不变。

② **外汇储备**:综合账户顺差,包括经常账户顺差与(非储备性质的)资本和金融账户顺差。

③ **特别提款权**:IMF 的分配。

》　与特别提款权不同,普通提款权**不构成**国际储备的来源。因为普通提款权本身就是本国用自己的外汇储备缴纳的,所以普通提款权上升的同时、外汇储备会相应下降,国际储备总量不变。

④ **备用信贷、互惠信贷和支付协议**:从 IMF 或其他国家借入。

》　除交易因素外,**估值因素**(如汇率的变动、持有外国金融资产价值的变动等)也会影响一国国际储备数量。以汇率变动为例:国际储备最后通常都会转换成美元计价,所以若欧元对美元升值,则本国政府持有的欧元资产转换成美元数量会上升,国际储备规模增加。

(5)国际储备的数量管理

一国**最优**的国际储备规模取决于哪些因素,是否越多越好?

① **进口规模(正相关)**

耶鲁大学教授特里芬提出,一国国际储备数量应满足本国 3～4 个月的进口,进口规模越大、外汇支出就越多,进而需要持有更多的国际储备。

② **国际收支差额的绝对数及波动幅度(正相关)**

与进口规模相比,国际收支差额多考虑了两个部分:一是**出口规模**;二是**资本和金融账户的余额**,即考虑整体的综合账户差额。如果综合账户逆差越大或者波动幅度越大,就需要持有更多的国际储备[①]。

》　除了流量的国际收支差额之外,还有存量的外债规模。比如根据"**圭多惕－格林斯潘法则**(Thumb of Guidotti-Greenspan)",外汇储备最低应能覆盖 1 倍的短期(一年内到期)的外债。也就是说,外债规模越大也应持有更多的国际储备,防止本国发生债务危机。

③ **本国汇率政策**

a. 汇率弹性(负相关)。如果汇率弹性低(实行固定汇率制),则需要更多的国际储备,

[①] 同学们可能会有疑问,逆差越大,国际储备不应该越少吗?为什么会越多?逆差越大,国际储备越少,考虑的是国际储备的供给;这里考虑的则是国际储备的需求,逆差越大,需要的国际储备越多,只是需要,并不考虑这些储备从哪儿来。

因为中央银行需要在外汇市场进行常态式干预。

b. 外汇管制情况（负相关）。如果实行外汇管制，则可以持有更少的国际储备，因为政府可以直接限制市场换汇。

④ **自动调节机制效力（负相关）**

自动调节机制效力越强，本国出现国际收支失衡之后越能迅速纠正，因而需要更少的国际储备。

⑤ **国际货币合作状况（负相关）**

针对**借入储备**而言。如果本国政府与外国政府或国际金融机构有良好的合作关系，签订了较多的备用信贷以及互惠信贷协议，则当国际收支逆差时，可以更多使用借入储备来进行干预，因而需要更少的自有储备。

⑥ **金融市场发育程度（负相关）**

针对**诱导性储备**而言。如果本国金融市场发达，则当国际收支逆差时，可以通过提高利率的方法来吸引资本流入、扭转逆差的局面，不一定要动用国际储备，相应地对于国际储备的需求也少。

⑦ **持有储备的机会成本（负相关）**

持有国际储备存在成本，这就使得国际储备并非越多越好。其成本主要表现在：第一，对于同样一笔外汇资产，如果由政府部门持有，则不能再由私人部门同时持有，所以私人部门投资的回报率就是持有国际储备的**机会成本**；第二，国际储备增加，会带来基础货币投放、本国货币供应量的增加，影响内部均衡。持有储备的机会成本越高，最优的储备持有量自然越少。

>> **案例**：2019—2023年，外国来华投资的加权平均收益率为9.1%，而我国对外投资的加权平均收益率只有3.0%。对外投资收益率较低的一个重要原因在于：我国对外投资中很大一部分是通过政府部门实现的。2023年年末，我国储备资产余额为3.4万亿美元，占全部对外资产（9.6万亿美元）的比重35%。与私人部门不同，政府主导的资产配置会更多考虑安全性和流动性，在一定程度上损失了盈利性。反过来，如果政府不持有这么多的国际储备，而是"藏汇于民"，让私人部门更多地主导对外投资，则投资收益率可能会有一定程度的上升，比如达到接近9.1%的水平，这9.1%就可以理解为持有外汇储备的**机会成本**。

（6）国际储备的结构管理：安全性、流动性、保值性[①]。

▷ ▷ ▷ **真题链接**

1.（2022—上海财经大学）以下不属于储备资产管理的是（　　）。

A. 储备资产的规模　　　　　　B. 储备资产的结构优化

C. SDR的比例　　　　　　　　D. 在IMF的基金份额

---

① 这里采用我国外汇管理局的说法，没有"盈利性"，而是"保值性"。

2.（2022—东北财经大学，2025—山东大学）简述国际储备的作用以及影响国际储备规模的因素。

3.（2022—湖南大学）简述一国国际储备来源。

【答案】1. D；2. 略；3. 略

（二）支出增减型政策　★

基础知识

（1）含义

支出增减型政策是指改变社会总支出（即总需求）水平，使得总支出增加或减少的政策，包括财政政策和货币政策。

（2）作用

支出增减型政策是指通过改变社会的总支出水平，来改变对国外商品劳务和金融资产的需求。一般来说，当总支出上升时，本国会增加对国外商品劳务以及金融资产的购买，进而国际收支倾向于逆差[①]。

（三）支出转换型政策

1. 基础知识

（1）含义

支出转换型政策是指不改变总支出水平，但是改变支出方向，使得支出在国内商品（或金融资产）和国外商品（或金融资产）之间转换的政策，主要包括汇率政策、补贴和关税政策、直接管制等。这里主要强调**汇率政策**，一般情况下，当我们说到支出转换型政策，指的往往也都是汇率政策。

（2）作用

汇率变动会影响本外币商品和金融资产的相对价格，进而改变国内外支出结构。

　　》　**举例**：本币贬值意味着本国商品价格相对下降（以外币表示），进而外国居民和企业会把一部分支出转移到本国的出口品上，本国出口上升；本国居民和企业也会把一部分支出从国外的进口品转移到国内的进口替代品上，本国进口下降。对金融资产的分析同理。

2. 汇率政策

汇率政策包括官方汇率升贬值、外汇市场干预、汇率制度变更等。在固定汇率制国家，货币当局可以直接对汇率进行调整，称为官方汇率升贬值；在浮动汇率制国家，货币当局则会通过一些间接的手段来对汇率进行调控，称为外汇市场干预。

（1）外汇市场干预　★★★

① 含义

外汇市场干预是指中央银行通过买卖外汇（或其他方式）影响汇率，将汇率控制到其目

---

①　具体的财政货币政策扩张对国际收支的影响已经介绍过，如扩张货币通过收入机制使得经常账户逆差，通过利率机制使得资本金融账户逆差等，这里不再赘述。

标水平。

② 分类

a. 根据干预手段不同,可以分为直接干预和间接干预

直接干预是中央银行直接在外汇市场上买卖外汇储备,对汇率进行调控。间接干预则是中央银行不直接买卖外汇,而是通过间接的方式(如调整利率、公开宣告等),引导其他市场主体进行操作,对汇率产生影响。

> **中国人民银行的汇率管理工具**
>
> **① 直接干预**
>
> **a. 直接在外汇市场买入／卖出外汇储备;b. 中央银行和商业银行进行掉期交易**。应对贬值——即期将外汇释放给商业银行(远期收回)。作用机制:商业银行得到外汇后可在即期市场上进行抛售,供给上升、外汇价格下跌,本币贬值压力缓解。**c. 开启逆周期因子**,调整逆周期系数[①]。
>
> **② 间接干预**
>
> **a. 调整商业银行外汇存款准备金率**。应对贬值——下调。作用机制:通过释放一部分外汇流动性,使市场上外汇供给上升,进而外汇价格下降、本币价格上升,本币升值;**b. 调整商业银行远期售汇业务的外汇风险准备金率**。应对贬值——上调,通常是提高到20%。作用机制:银行做远期售汇业务时往往会在即期市场上先购汇,所以即期形成对外汇的需求,增加外汇升值压力。对远期售汇业务要求准备金意味着银行即期购汇的一部分需要上缴央行,也就是形成利息损失。银行会把这笔利息损失转嫁给客户,增加客户远期购汇的成本,使边际的客户放弃远期合约。银行远期不再大量售汇,即期也就不需要大量购汇,进而缓解即期汇率贬值的压力;**c. 利率工具,调整离岸市场人民币供给**。应对贬值——发行离岸央票,并且要求不得通过同业往来账户向境外存放或拆放人民币资金,进而影响离岸市场拆借利率(也即做空人民币的成本);**d. 公开宣告**。加强沟通,合理引导市场预期。

b. 根据干预是否引起货币供应量变动,可以分为冲销干预和非冲销干预

冲销干预(Sterilized Operation)是指中央银行在买卖外汇、干预外汇市场的同时,通过买卖债券等方式<u>抵销</u>由此而引起的货币量变动,<u>保持货币供应量不变</u>。非冲销干预(Unsterilized Operation)则是指中央银行在买卖外汇、干预外汇市场的同时,并不采取任何措施抵销由此而引起的货币量变动。

> **举例**:外汇市场干预会引起央行资产负债表的变动,比如国际收支顺差意味着本币有升值趋势,央行为了维持汇率稳定、防止本币升值,会在外汇市场上进行**买入外汇**的操作。从央行资产负债表来看,这一操作会使得

[①] 关于逆周期因子的详细介绍,可参照汇率章节。

资产方国外资产增加、负债方基础货币增加,进而**货币供应量增加**,冲击内部均衡。如果此时央行不进行反向操作,任由货币量的上升,则为非冲销干预;如果央行希望货币量稳定,又采取了反向的操作,比如卖出国债(国内资产下降、基础货币下降),把投放的基础货币反向冲销掉,就是冲销干预。

≫　**冲销干预的效力**(如果央行将投放的基础货币冲销掉,那么还能否起到**稳定汇率**的效果):根据弹性价格货币分析法,冲销干预无效,无法实现汇率调控的目标;根据资产组合分析法,冲销干预的效力低于非冲销干预,但仍然有效[1]。

(2)汇率制度变更

汇率制度是政府对本国汇率变动的方式做出的一系列安排,可以粗略地分为两类:**固定汇率制度和浮动汇率制度**,这里考虑两类汇率制度的比较和选择。

① **固定/浮动汇率制的基本知识**　★★

a. 含义

固定汇率制(Fixed Exchange Rate Regime):政府选择某一参照物(黄金或其他国家货币,如美元),确定并维持本国货币对该参照物的固定比价。

浮动汇率制(Floating Exchange Rate Regime):政府不限制汇率的波动,让汇率随市场供求的变动而浮动。

≫　**对固定汇率制的再理解**:注意固定汇率制下,政府只是保持本国货币对**参照物**的比价固定,对于非参照物则是存在**波动**的。比如我国人民币在很长一段时间内保持兑美元的汇率稳定,而美元兑欧元的汇率又是自由浮动的,所以人民币兑欧元的汇率实际上也是浮动的(若美元对欧元升值,则人民币会跟随美元对欧元升值,否则就会出现套汇空间)。而在浮动汇率制下,本国货币与**其他所有货币**之间的汇率都是波动的。

b. 具体种类

20世纪70年代之后,汇率制度的演变多种多样。根据IMF的分类,目前主要包括以下几种具体类型:

第一,没有单独的法定货币,国内流通外币(通常是美元)。如厄瓜多尔、巴拿马等。

≫　**货币替代**:在本国出现较为严重的通货膨胀或汇率贬值预期时,公众会减少持有价值相对较低且不稳定的本国货币,增加持有价值相对较高且比较稳定的外国货币,以外国货币替代本国货币。**美元化**:广义的美元化是指一国货币制度以任何形式、任何程度对美元的依附。狭义的美元化则指美国以外的国家以美元代替本币在本国境内流通。

---

[1]　关于弹性价格货币分析法、价格货币分析法和资产组合分析法,参照汇率章节。

第二，货币局制（联系汇率制）。<u>经济体的货币与某一外国货币保持固定的兑换比率，并且本币的发行也要以一定数量的外币作为发行准备。</u>

> **举例：**中国香港实行的就是货币局制。港币的汇率跟美元绑定，港币的发行也需要有百分之百的美元作为发行准备（1 美元兑 7.8 港元）。在港币现钞上印有四个字"凭票即付"，"票"就是港币现钞，"付"就是支付美元。从这个角度来看，港币是一张美元的兑换券。

第三，传统的钉住汇率制。政府控制**中间价**和**波动幅度**，且中间价较为僵硬。

> **案例：**我国在 2015 年"8.11 汇改"之前的很长一段时间就实行传统的钉住汇率制，中国人民银行会制定人民币兑美元的中间价（比如 $e=7$ 元 / 美元）和波动幅度（比如每天 ±2%），如果市场出清对应的汇率超出管制的范围之外，那么人民银行会再通过外汇市场干预来买入 / 卖出超额的部分，以维持汇率在该区间范围之内。并且中间价是比较僵硬的，比如当天的中间价是 7 元 / 美元，收盘价在中间价的基础上贬值到 7.1 元 / 美元，则第二天开盘的中间价仍然恢复到 7 元 / 美元，仍然是在 7 元 / 美元的基础上涨跌。

第四，爬行钉住（或准爬行）汇率制。政府仍然控制中间价和波动幅度，但是相对于钉住而言，其中间价更加灵活。

> **案例：**我国自从 2015 年"8.11 汇改"之后，实行的就是准爬行汇率制。<u>"8.11 汇改"的核心就是当日中间价在上日收盘价的基础上形成。</u>同样是刚才的例子，当天的中间价为 7 元 / 美元，收盘价贬值至 7.1 元 / 美元，那么第二天开盘的中间价就调整为 7.1 元 / 美元，而非 7 元 / 美元。

第五，汇率目标区制。比爬行钉住更灵活，政府将汇率波动限制在一个更宽泛的区域内（比如中心汇率上下各 10%）。

第六，管理浮动汇率制。以浮动为主，在某些情况下，政府仍会采取有限的干预措施。

第七，自由浮动（清洁浮动）汇率制。政府不采取任何措施干预汇率的形成，汇率完全由市场供求决定。

> 以上是按照**汇率弹性**排序的，弹性依次增加。整体来看，<u>前五种属于固定汇率制的范畴，后两种属于浮动汇率制的范畴。</u>

▷ ▷ ▷ **真题链接**

1.（2024—对外经济贸易大学）（判断题）货币局制度的缺点是可能会导致通货膨胀。（　　）

2.（2022—湖南大学）名词解释：货币局制度。

3.（2022—四川大学，2024—北京师范大学）名词解释：（清洁）浮动汇率制。

【答案】1. ×；2. 略；3. 略

② 固定 / 浮动汇率制的优劣分析 ★★

固定 / 浮动汇率制之争是一场精彩的辩论，主要围绕三个论点展开：自动调节机制的效率、政策利益和国际关系（见表 9–11）。

表 9–11　固定 / 浮动汇率制争论

争论点		浮动汇率支持者	固定汇率支持者
自动调节机制的效率	单一	浮动汇率→变动汇率 固定汇率→变动货币量、利率、产出、价格→成本高、时滞长	国内经济的调整是必要的
	自发	汇率自发变动→调控成本低	汇率自发变动存在问题 汇率变动调节国际收支需要条件 需要其他政策配合
	微调	固定汇率→汇率僵硬→剧烈调整	微调无必要
	稳定	浮动汇率→微调，不容易高估 / 低估→稳定	浮动汇率→羊群效应，不稳定 固定汇率→名义驻锚，稳定
政策利益	政策自主	货币政策自主性	
	政策放大	货币政策效力放大	增强央行公信力
	政策纪律	汇率政策纪律性	货币政策纪律性
国际关系	国际贸易		促进贸易和投资
	国际协调		浮动汇率→竞相贬值→不利于协调
	通胀传播	国外通胀→浮动汇率	国内通胀→固定汇率

a. 自动调节机制的效率

第一，单一性。

浮动汇率支持者：在浮动汇率制下，如果国际收支失衡，那么只需要**单一地变动汇率**即可。但是在固定汇率制下却会冲击货币量、利率、产出、价格等诸多国内经济变量，成本更高、时滞也更长。

固定汇率支持者：国内经济的调整是必要的，比如本国出口下降可能是由于出口部门劳动生产率下降所导致的，依靠贬值刺激出口只会掩盖这一矛盾，不利于本国产品竞争力的提高和相关产业的发展。

第二，自发性。

浮动汇率支持者：浮动汇率制下，如果发生了国际收支逆差，那么汇率会自发变动，不需要政府制定专门的政策,调控成本低。

固定汇率支持者:首先,汇率的自发调整可能是有问题的,比如一国经常账户逆差,但资本金融账户大量顺差,整体的综合账户顺差,这会使得本币升值,进一步打击本国的经常账户,削弱出口竞争力。其次,汇率变动调节国际收支需要条件,比如马歇尔—勒纳条件。最后,贬值还会造成物价水平的上升,部分抵销掉贬值的效果,所以也需要相应政策的配合。

第三,微调性。

浮动汇率支持者:固定汇率制很僵硬,不能微调以及时释放升贬值压力,一旦调整就是剧烈调整,比如 1997 年东南亚国家固定汇率制的崩溃。

固定汇率支持者:汇率的频繁微调没有必要,比如不利于本国的进出口贸易。尤其是当这种汇率变动是由国际资金流动造成的时候,更无必要。

第四,稳定性。

浮动汇率支持者:在浮动汇率制下,汇率随时都在根据市场供求进行调整,政府也不承诺将汇率维持到某一水平,因此不容易出现汇率明显高估或低估的情况,不容易招致国际投机资金的攻击,更加稳定。

固定汇率支持者:浮动汇率制容易出现**羊群效应**,投资者追涨杀跌,放大了汇率的波动性。而固定汇率制下,因为政府的介入,所以存在**名义驻锚**,锚点的存在使得投资者容易形成稳定的预期。

b. 政策利益 [1]

第一,政策自主性。

浮动汇率支持者:固定汇率制下货币政策没有独立性。

第二,政策纪律性。

浮动汇率支持者:浮动汇率制下,可以防止汇率政策的滥用,政府无法强行高估或低估本币币值。

固定汇率支持者:固定汇率制下,可以防止货币政策的滥用。

第三,政策放大性。

浮动汇率支持者:浮动汇率制下,货币政策效力会被放大。

固定汇率支持者:固定汇率制会增强央行的公信力(因为中央银行完成了它所承诺的维持汇率稳定的目标),进而更好地引导市场预期。

c. 国际经济关系

第一,国际贸易、投资。

固定汇率支持者:固定汇率制可以减轻汇率风险,企业便于进行进出口的成本核算,以及国际投资项目的利润评估,进而促进国际贸易和投资。

第二,国际政策协调。

固定汇率支持者:浮动汇率制下,由于缺乏关于汇率约束的协议,各国将本国国内经济目标摆在首位,所以可能推行"**以邻为壑**"的政策,使得货币竞相贬值,不利于国际协调。

第三,通货膨胀国际传播。

浮动汇率支持者:如果通货膨胀发生在**国外**,则浮动汇率制可以更好地隔绝通胀。若采

---

① 关于固定/浮动汇率制度下的政策效力问题,可参照后文 *IS–LM–BP* 模型的分析。

用固定汇率制,则国外价格水平的上升也会直接推高本国的进口成本,进而推动本国物价水平的上升,形成进口成本推动型通货膨胀。而在浮动汇率制下,国外价格水平上升会使得本国产品竞争力提高、出口增加,本币升值,进而缓解进口成本的上升。

固定汇率支持者:如果通货膨胀发生在**国内**,则最好使用固定汇率制。因为浮动汇率制会造成通胀和贬值的恶性循环,通胀造成了贬值,贬值又带来进口成本上升、进一步推动通胀①。固定汇率制则可以增强政府的公信力,有利于引导市场预期,更好地治理通胀。

▷▷▷ **真题链接**

1.(2023—东北财经大学)试简述固定汇率制的优缺点。
2.(2023—暨南大学)与固定汇率制相比,浮动汇率制有何优劣?
【答案】1. 略;2. 略

③ **固定/浮动汇率制度下财政货币政策效力:IS-LM-BP 模型(蒙代尔 - 弗莱明模型) ★★★★★**

IS-LM-BP 模型以 IS-LM 模型为基础,在 IS-LM 模型的框架内引入一条新的曲线——BP 曲线。

a. BP 曲线的基础知识

含义:外汇市场均衡(国际收支平衡)

》 **为什么外汇市场均衡等价于国际收支平衡?** 因为外汇供求产生于对外交易,而对外交易就是国际收支:若国际收支顺差,则外汇市场上外汇供给多;若国际收支逆差,则外汇市场上外汇需求多;若国际收支平衡,则外汇需求就等于外汇供给,外汇市场也是均衡的。

》 与 IS-LM 模型的横纵轴相同,**IS-LM-BP 模型的横轴是收入、纵轴是利率**。两者均能对国际收支产生影响,其中收入影响经常账户(收入机制)、利率影响资本金融账户(利率机制)。IS、LM 两条曲线的交点表示内部均衡,IS、LM、BP 三条曲线的交点表示同时实现内部均衡和外部均衡。

方程

$$(ae-bY)+w(i-i^*)=0 \tag{9-61}$$

其中,e 表示直接标价法下的汇率,Y 表示本国收入,i、i^* 表示国内、国外的利率水平,a、b、w 是三个大于等于 0 的参数。$(ae-bY)$ 表示经常账户对国际收支的影响,$w(i-i^*)$ 则表示资本和金融账户对国际收支的影响。其中,参数 w 表示资本和金融账户在国际收支中的重要性,取决于本国资本和金融账户的开放程度。

》 **关注变量前面系数的符号:** e 上升会使得本国产品相对价格下降,出口

---

① 详细可参照汇率章节,汇率变动对一国经济的影响。

上升、进口下降,经常账户收支改善、余额上升,所以前面系数为正;Y上升会使得本国进口上升,经常账户收支恶化、余额下降,所以系数为负;i上升,吸引资本流入,资本和金融账户收支改善、余额上升,系数为正;i^*上升,资本流出,资本和金融账户余额下降,系数为负。

斜率&位置[1]

>> **其他表述**:除了"资本和金融账户的开放程度"之外,还有其他类似的表述,如"**资本自由流动程度**""**资本流动的利率弹性**[2]"。三者含义相同,本国资本和金融账户开放程度越高,资本就越能自由流动,资本流动的利率弹性也就越大。

以i为纵轴,Y为横轴,将式(9-61)整理为:

$$i=\frac{b}{w}Y-\frac{a}{w}e+i^*\qquad(9-62)$$

如前所述,w取决于本国资本和金融账户的开放程度(见图9-12、表9-12)。

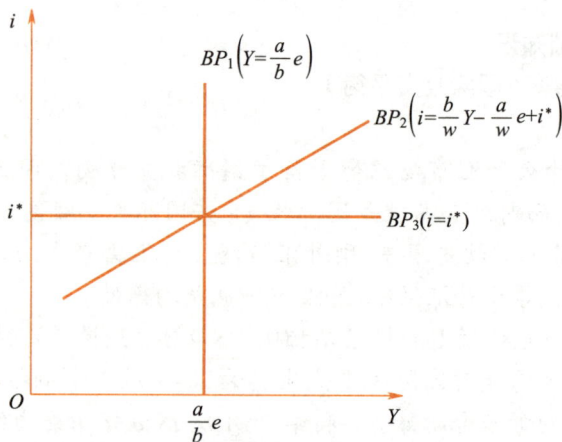

图9-12　不同KA账户开放程度下BP曲线形状

表9-12　不同KA账户开放程度下BP曲线形状

KA账户开放程度	国际收支驱动力	w取值	BP曲线形状
无	CA	$=0$	垂直
部分	$CA+KA$	>0	右上方倾斜
完全	KA	$\to+\infty$	水平

[1] $IS-LM-BP$曲线的分析相对复杂,若目标院校较少涉及,则只需掌握BP曲线水平的情况即可。

[2] "资本流动的利率弹性"是指利率变动1%,资本流动变动多大比例。资本流动的利率弹性越大,意味着利率变动对资本流动的影响越大。

① 资本金融账户不开放

首先看**斜率**：若不开放资本金融账户，则 $w=0$（资本金融账户不重要），此时 $Y=\dfrac{a}{b}e$（与利率无关），BP 曲线**垂直**（BP_1）。

其次看**位置**：当 e 上升（本币贬值）时，Y 也会上升，即 BP 曲线**右移**。

> ≫　**经济学逻辑**
>
> **斜率**：利率变动通过影响资本和金融账户来影响国际收支，若资本金融账户不重要，则利率也就不影响国际收支。
>
> **位置**：贬值使得净出口上升，国际收支不再平衡。此时需要国内收入水平上升、进口上升，予以对冲，才能让国际收支重归平衡。

② 资本金融账户部分开放

首先看**斜率**：随着资本金融账户的开放，$w>0$（资本金融账户开始变得重要），此时斜率为 $\dfrac{b}{w}$（ >0），BP 曲线向**右上方倾斜**（BP_2）。并且**开放程度越高**，w 就越大，BP 曲线也越**平坦**。

其次看**位置**：当 e 上升（本币贬值）时，为保证等式仍然成立，需要 Y 上升（右移）或者 i 下降（下移），即 BP 曲线**外移**。

> ≫　**经济学逻辑**
>
> **斜率**：当收入水平上升时，经常账户会逆差，那么如何通过调整利率的方式让国际收支重新实现平衡呢？答案是提高利率，让资本和金融账户顺差，这样汇集到综合账户层面就仍然是平衡的。也就是说，随着收入水平的上升，利率也应该上升，向右上方倾斜。开放程度越高，利率变动的影响力就更大，需要更大程度的收入上升才可以平衡，BP 曲线越平坦。
>
> **位置**：贬值使得净出口上升，国际收支不再平衡。此时需要国内收入水平上升、进口上升、净出口下降；或利率下降、资本流出，予以对冲，才能让国际收支重归平衡。

资本金融账户完全开放

首先看**斜率**：假设资本流动规模极大，则 w 趋于无穷大（资本和金融账户绝对重要，经常账户收支完全被掩盖）[1]，此时 $i=i^*$，BP 曲线**水平**（BP_3）。

其次看**位置**：当 i^* 上升时，i 也会上升，即 BP 曲线**上移**。e 变动不再影响 BP 曲线位置。

> ≫　**经济学逻辑**
>
> **斜率**：收入变动通过影响经常账户来影响国际收支，若经常账户不重要，则收入也就不影响国际收支。
>
> **位置**：国外利率水平上升使得资本流出，本国利率水平需要也上升才能遏制这种态势，让国际收支重归平衡。

---

[1]　这个假设对于小国而言是符合现实的，对于大国而言虽然不符合现实，但在一定程度上也是可以接受的。

b. 不同形状的 *BP* 曲线下,财政、货币政策效力

I. *BP* 曲线垂直

固定汇率制:财政政策

固定汇率制下财政政策的传导逻辑(*BP* 曲线垂直)如图 9-13 所示。

$$G\uparrow \xrightarrow{①} IS\,外移 \xrightarrow{②} Y\uparrow \xrightarrow{③} CA\,逆 \xrightarrow{④} OB\,逆 \xrightarrow{⑤} e\uparrow\,趋势 \xrightarrow{⑥} B\downarrow \xrightarrow{⑦} Ms\downarrow \xrightarrow{⑧} LM\,内移 \xrightarrow{⑨} 无效$$

图 9-13 固定汇率制下财政政策的传导逻辑(*BP* 曲线垂直)

» **注释:** ① 扩张财政(自主性支出上升)使得 *IS* 曲线外移(从 IS_0 到 IS_1);② 关注**收入**变量,*IS* 曲线外移会使得国内均衡收入上升(从 Y_0 到 Y_1)[①];③ 收入上升会使得进口上升,经常账户逆差;④ 资本和金融账户不开放的情况下,国际收支(综合账户)由经常账户驱动,经常账户逆差带动综合账户逆差;⑤ 综合账户逆差意味着外汇需求多,外汇有升值趋势、本币有贬值趋势;⑥ 固定汇率制下,中央银行有义务维持汇率的稳定,所以会在外汇市场上抛出外汇。从其资产负债表来看:资产方国外资产下降,负债方基础货币下降;⑦ 根据基础货币乘数法,在货币乘数给定的情况下,基础货币下降会带动货币供应量下降;⑧ 货币供应量下降带动实际货币供给下降,*LM* 曲线内移(从 LM_0 到 LM_1);⑨ *LM* 曲线会一直内移到三条线交于一点为止。之所以必须要交于一点,是因为:只要不交于一点,国际收支就会持续逆差,本币就有持续贬值的趋势,中央银行就要持续操作,货币供给就会继续收缩,*LM* 曲线会继续内移,直到交于一点才会停止。最终,产出没有上升,扩张的财政政策无效[②]。同理,紧缩的财政政策也无效。固定汇率制下的财政政策(*BP* 曲线垂直)见图 9-14。

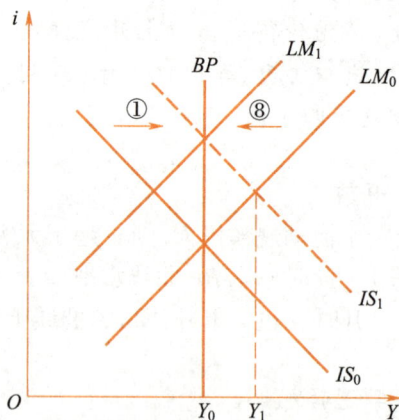

图 9-14 固定汇率制下的财政政策(*BP* 曲线垂直)

---

① 注意三条线不交于一点时,会存在三个交点(*IS* 和 *LM*、*IS* 和 *BP*、*LM* 和 *BP*),此时需要关注的是 *IS-LM* 曲线的交点,因为该交点意味着产品市场和货币市场的均衡,代表国内的均衡收入和利率。

② 这里的"无效"是指扩张(或紧缩)的政策对产出没有影响。

固定汇率制：货币政策

固定汇率制下货币政策的传导逻辑（BP 曲线垂直）见图 9-15。

$$Ms\uparrow \xrightarrow{①} LM \text{ 外移} \xrightarrow{②} Y\uparrow \xrightarrow{③} CA \text{ 逆} \xrightarrow{④} OB \text{ 逆} \xrightarrow{⑤} e\uparrow \text{趋势} \xrightarrow{⑥} B\downarrow \xrightarrow{⑦} Ms\downarrow \xrightarrow{⑧} LM \text{ 内移} \xrightarrow{⑨} \text{无效}$$

图 9-15　固定汇率制下货币政策的传导逻辑（BP 曲线垂直）

>>　**注释**：① 扩张货币、货币供应量上升，会使得 LM 曲线外移（从 LM_0 到 LM_1）；② 关注收入变量，LM 曲线外移会使得收入上升；③ - ⑨ 与财政政策的传导相同。最终，扩张的货币政策无效。同理，紧缩的货币政策也无效。固定汇率制下的货币政策（BP 曲线垂直）见图 9-16。

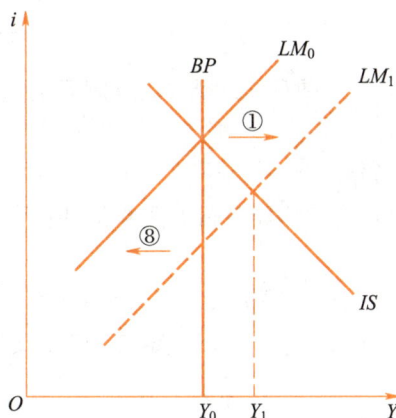

图 9-16　固定汇率制下的货币政策（BP 曲线垂直）

浮动汇率制：财政政策

浮动汇率制下财政政策的传导逻辑（BP 曲线垂直）见图 9-17。

$$G\uparrow \xrightarrow{①} IS \text{ 外移} \xrightarrow{②} Y\uparrow \xrightarrow{③} CA \text{ 逆} \xrightarrow{④} OB \text{ 逆} \xrightarrow{⑤} e\uparrow \text{趋势} \xrightarrow{⑥} e\uparrow \xrightarrow{⑦} NX\uparrow \xrightarrow{⑧} IS \text{ 外移}/BP \text{ 外移} \xrightarrow{⑨} \text{效力放大}$$

图 9-17　浮动汇率制下财政政策的传导逻辑（BP 曲线垂直）

>>　**注释**：① - ⑤ 与固定汇率制下财政政策的传导相同；⑥ 浮动汇率制下，中央银行没有义务维持汇率的稳定，贬值趋势会使得本币贬值；⑦ 贬值意味着本国产品的相对价格（转换成外币的价格）下降，促进净出口[1]；⑧ 净出口的上升会带动 IS 曲线外移（从 IS_1 到 IS_2）。同时需要注意的是，汇率的变动也会影响 BP 曲线的位置，贬值使得 BP 曲线外移（从 BP_0 到 BP_1）；⑨ 三条曲线重新交于一点，产出进一步上升（从 Y_1 到 Y_2），扩张的财政政策不仅有效，而且相较于封闭经济的情况（从 Y_0 到 Y_1），效力被放大（从 Y_0 到 Y_2）。同理，紧缩的财政政策效力也被放大。浮动汇率制下的财政政策见图 9-18。

---

[1]　默认满足所需条件，比如马歇尔 - 勒纳条件等。

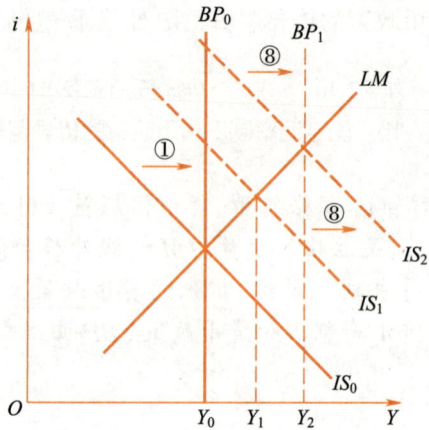

图 9-18　浮动汇率制下的财政政策（BP 曲线垂直）

浮动汇率制：货币政策

浮动汇率制下货币政策的传导逻辑如图 9-19 所示。

$$Ms\uparrow \xrightarrow{①} LM\text{外移} \xrightarrow{②} Y\uparrow \xrightarrow{③} CA\text{逆} \xrightarrow{④} OB\text{逆} \xrightarrow{⑤} e\uparrow\text{趋势} \xrightarrow{⑥} e\uparrow \xrightarrow{⑦} NX\uparrow \xrightarrow{⑧} IS\text{外移}/BP\text{外移} \xrightarrow{⑨} \text{效力放大}$$

图 9-19　浮动汇率制下货币政策的传导逻辑

>> **注释**：①-⑤ 与固定汇率制下货币政策的传导相同；⑥-⑨ 与浮动汇率制下财政政策的传导相同。相较于封闭经济的情况（从 Y_0 到 Y_1），扩张的货币政策效力被放大（从 Y_0 到 Y_2）。图 9-20 为浮动汇率制下的货币政策图示。

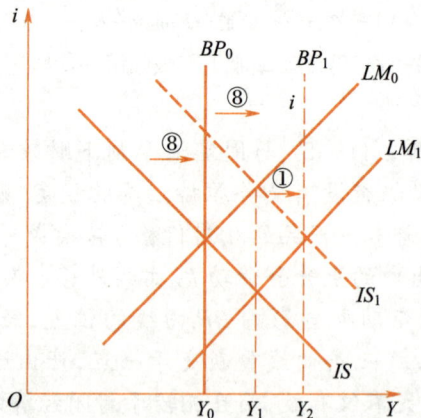

图 9-20　浮动汇率制下的货币政策（BP 曲线垂直）

II. *BP* 曲线向右上方倾斜 [①]

≫　*BP* 曲线向右上方倾斜又包括两种情况：① *BP* 曲线较 *LM* 曲线更陡峭（更趋于垂直），它反映的是本国资本金融账户开放程度较低，国际收支仍然主要由经常账户驱动；② *BP* 曲线较 *LM* 曲线更平坦（更趋于水平），它反映的是本国资本和金融账户开放程度较高，国际收支主要由资本金融账户驱动。这里以第一种情况为例，第二种情况传导逻辑相同，但结果稍有不同。

固定汇率制：财政政策

图 9-21 为固定汇率制下的财政政策传导逻辑（*BP* 曲线向右上方倾斜）。

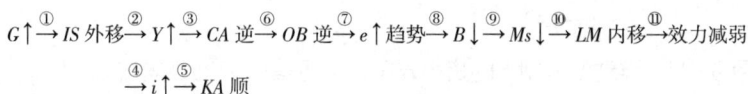

$$G\uparrow \xrightarrow{①} IS\,外移 \xrightarrow{②} Y\uparrow \xrightarrow{③} CA\,逆 \xrightarrow{⑥} OB\,逆 \xrightarrow{⑦} e\uparrow\,趋势 \xrightarrow{⑧} B\downarrow \xrightarrow{⑨} Ms\downarrow \xrightarrow{⑩} LM\,内移 \xrightarrow{⑪} 效力减弱$$

$$\xrightarrow{④} i\uparrow \xrightarrow{⑤} KA\,顺$$

图 9-21　固定汇率制下的财政政策传导逻辑（*BP* 曲线向右上方倾斜）

≫　**注释**：① 扩张财政会使得 *IS* 曲线外移，同时关注**收入和利率**的变动；②－③ *IS* 曲线外移会使得收入上升，进而经常账户逆差；④－⑤ *IS* 曲线外移同时会使得利率上升，进而资本金融账户顺差；⑥ 根据假定，本国资本金融账户开放程度较小，国际收支主要由经常账户驱动，故综合账户逆差；⑦－⑩ 的分析与 *BP* 曲线垂直的情况相同；⑪ *LM* 曲线内移到三条线交于一点为止，相较于封闭经济，财政政策的效力减弱。

固定汇率制：货币政策

图 9-22 为固定汇率制下的货币政策传导逻辑（*BP* 曲线向右上方倾斜）。

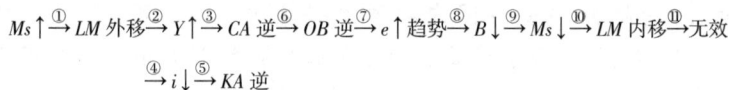

$$Ms\uparrow \xrightarrow{①} LM\,外移 \xrightarrow{②} Y\uparrow \xrightarrow{③} CA\,逆 \xrightarrow{⑥} OB\,逆 \xrightarrow{⑦} e\uparrow\,趋势 \xrightarrow{⑧} B\downarrow \xrightarrow{⑨} Ms\downarrow \xrightarrow{⑩} LM\,内移 \xrightarrow{⑪} 无效$$

$$\xrightarrow{④} i\downarrow \xrightarrow{⑤} KA\,逆$$

图 9-22　固定汇率制下的货币政策传导逻辑（*BP* 曲线向右上方倾斜）

≫　**注释**：① 扩张货币会使得 *LM* 曲线外移；②－⑤ *LM* 曲线外移会使得收入上升，经常账户逆差；利率下降，资本金融账户逆差；⑥ 经常账户与资本和金融账户逆差共同导致综合账户逆差；⑦－⑪ 的分析与 *BP* 曲线垂直的情况相同，货币政策无效。

浮动汇率制：财政政策

图 9-23 为浮动汇率制下的财政政策传导逻辑（*BP* 曲线向右上方倾斜）。

[①]　因为与 *BP* 曲线垂直的情况相仿，所以向右上方倾斜的情况不再配图，大家可自行画出图形。

$$G\uparrow \overset{①}{\longrightarrow} IS\,外移 \overset{②}{\longrightarrow} Y\uparrow \overset{③}{\longrightarrow} CA\,逆 \overset{⑥}{\longrightarrow} OB\,逆 \overset{⑦}{\longrightarrow} e\uparrow 趋势 \overset{⑧}{\longrightarrow} e\uparrow \overset{⑨}{\longrightarrow} NX\uparrow \overset{⑩}{\longrightarrow} IS\,外移/BP\,外移 \longrightarrow 效力放大$$

$$\overset{④}{\longrightarrow} i\uparrow \overset{⑤}{\longrightarrow} KA\,顺$$

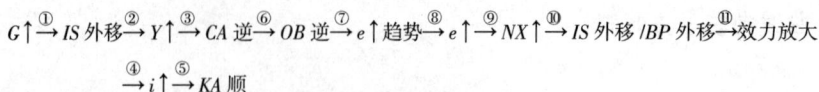

图 9-23 浮动汇率制下的财政政策传导逻辑（BP 曲线向右上方倾斜）

» **注释**：①—⑦ 与固定汇率制下财政政策的传导相同；⑧—⑪ 的分析则与 BP 曲线垂直的情况相同,<u>财政政策效力被放大</u>。

浮动汇率制：货币政策

图 9-24 为浮动汇率制下的货币政策传导逻辑（BP 曲线向右上方倾斜）。

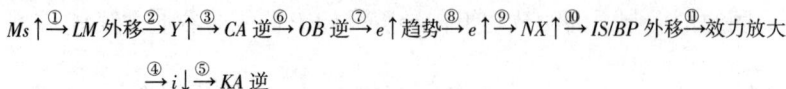

$$Ms\uparrow \overset{①}{\longrightarrow} LM\,外移 \overset{②}{\longrightarrow} Y\uparrow \overset{③}{\longrightarrow} CA\,逆 \overset{⑥}{\longrightarrow} OB\,逆 \overset{⑦}{\longrightarrow} e\uparrow 趋势 \overset{⑧}{\longrightarrow} e\uparrow \overset{⑨}{\longrightarrow} NX\uparrow \overset{⑩}{\longrightarrow} IS/BP\,外移 \longrightarrow 效力放大$$

$$\overset{④}{\longrightarrow} i\downarrow \overset{⑤}{\longrightarrow} KA\,逆$$

图 9-24 浮动汇率制下的货币政策传导逻辑（BP 曲线向右上方倾斜）

» **注释**：①—⑦ 与固定汇率制下货币政策的传导相同；⑧—⑪ 的分析则与 BP 曲线垂直的情况相同,<u>货币政策效力被放大</u>。

III. BP 曲线水平 [①]

固定汇率制：财政政策

图 9-25 为固定汇率制下财政政策的传导逻辑（BP 曲线水平）。

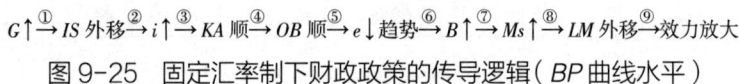

$$G\uparrow \overset{①}{\longrightarrow} IS\,外移 \overset{②}{\longrightarrow} i\uparrow \overset{③}{\longrightarrow} KA\,顺 \overset{④}{\longrightarrow} OB\,顺 \overset{⑤}{\longrightarrow} e\downarrow 趋势 \overset{⑥}{\longrightarrow} B \overset{⑦}{\longrightarrow} Ms\uparrow \overset{⑧}{\longrightarrow} LM\,外移 \overset{⑨}{\longrightarrow} 效力放大$$

图 9-25 固定汇率制下财政政策的传导逻辑（BP 曲线水平）

» **注释**：① 扩张财政使得 IS 曲线外移（从 IS_0 到 IS_1）；② 关注**利率**变量,IS 曲线外移使得国内利率水平上升（从 i_0 到 i_1）；③ 国内利率高于世界利率水平,吸引资本流入,资本和金融账户顺差；④ 国际收支（综合账户）由资本和金融账户驱动,资本和金融账户顺差带动综合账户顺差；⑤ 综合账户顺差意味着外汇供给多,外汇有贬值趋势、本币有升值趋势；⑥ 固定汇率制下,中央银行有义务维持汇率的稳定,所以会从外汇市场上买入外汇。资产方国外资产上升,负债方基础货币上升；⑦ 基础货币的上升带动货币供应量上升；⑧ 货币供应量上升会带动 LM 曲线外移（从 LM_0 到 LM_1）；⑨ LM 曲线一直外移到三条线交于一点为止。<u>相较于封闭经济（从 Y_0 到 Y_1）,财政政策效力被放大（从 Y_0 到 Y_2）</u>。图 9-26 为固定汇率制下的财政政策（BP 曲线水平）图示。

---

① 有时候蒙代尔－弗莱明模型也特指 BP 曲线水平（即资本和金融账户完全开放）的情况。

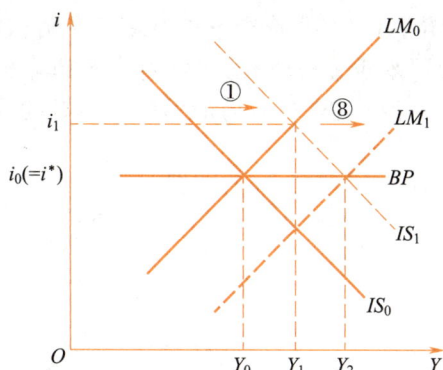

图 9-26 固定汇率制下的财政政策（BP 曲线水平）

固定汇率制：货币政策

图 9-27 为固定汇率制下货币政策的传导逻辑（BP 曲线水平）。

$$Ms\uparrow \xrightarrow{①} LM\,外移 \xrightarrow{②} i\downarrow \xrightarrow{③} KA\,逆 \xrightarrow{④} OB\,逆 \xrightarrow{⑤} e\uparrow 趋势 \xrightarrow{⑥} B\downarrow \xrightarrow{⑦} Ms\downarrow \xrightarrow{⑧} LM\,内移 \xrightarrow{⑨} 无效$$

图 9-27 固定汇率制下货币政策的传导逻辑（BP 曲线水平）

>> **注释**：① 扩张货币使得 LM 曲线外移（从 LM_0 到 LM_1）；② 关注利率变量，LM 曲线外移使得国内利率水平下降（从 i_0 到 i_1）；③ 国内利率低于世界利率水平，促使资本流出，资本金融账户逆差；④ 国际收支（综合账户）由资本金融账户驱动，资本金融账户逆差带动综合账户逆差；⑤ — ⑧ 的分析同 BP 曲线向右上方倾斜的情况相同，货币政策无效。图 9-28 为固定汇率制下的货币政策（BP 曲线水平）图示。

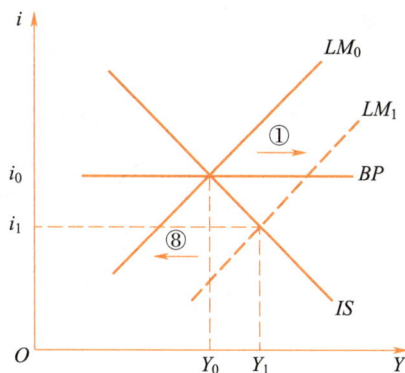

图 9-28 固定汇率制下的货币政策（BP 曲线水平）

浮动汇率制：财政政策

图 9-29 为浮动汇率制下财政政策的传导逻辑（BP 曲线水平）。

$$G\uparrow \xrightarrow{①} IS\,外移 \xrightarrow{②} i\uparrow \xrightarrow{③} KA\,顺 \xrightarrow{④} OB\,顺 \xrightarrow{⑤} e\downarrow 趋势 \xrightarrow{⑥} e\downarrow \xrightarrow{⑦} NX\downarrow \xrightarrow{⑧} IS\,内移 \xrightarrow{⑨} 无效$$

图 9-29 浮动汇率制下财政政策的传导逻辑（BP 曲线水平）

　　注释：①–⑤ 的传导与固定汇率制相同；⑥–⑨ 浮动汇率制下，升值趋势使得本币最终升值，进而打击本国净出口，IS 曲线内移，扩张的财政政策无效。图 9-30 为浮动汇率制下的财政政策（BP 曲线水平）图示。

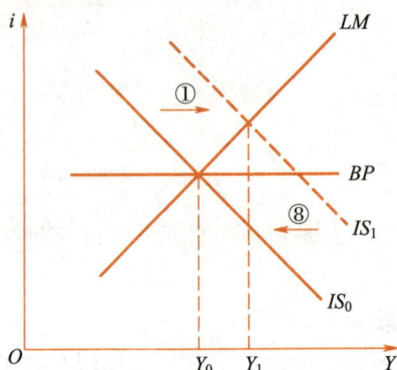

图 9-30　浮动汇率制下的财政政策（BP 曲线水平）

浮动汇率制：货币政策

图 9-31 为浮动汇率制下货币政策的传导逻辑（BP 曲线水平）。

$$Ms\uparrow \xrightarrow{①} LM\,外移 \xrightarrow{②} i\downarrow \xrightarrow{③} KA\,逆 \xrightarrow{④} OB\,逆 \xrightarrow{⑤} e\uparrow\,趋势 \xrightarrow{⑥} e\uparrow \xrightarrow{⑦} NX\uparrow \xrightarrow{⑧} IS\,外移 \xrightarrow{⑨} 效力放大$$

图 9-31　浮动汇率制下货币政策的传导逻辑（BP 曲线水平）

　　注释：①–⑤ 的传导与固定汇率制相同；⑥–⑨ 的分析与 BP 曲线垂直的情况相同，货币政策效力被放大。图 9-32 为浮动汇率制下的货币政策（BP 曲线水平）图示。

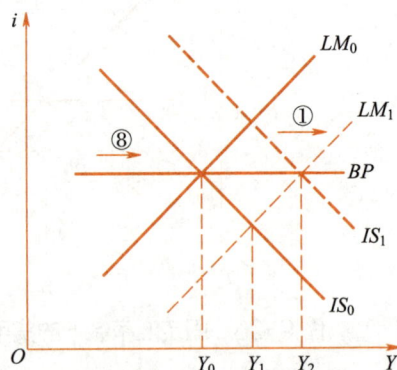

图 9-32　浮动汇率制下的货币政策（BP 曲线水平）

　　机制总结

　　如图 9-33 所示，可以得到如下一般性的结论：① **财政政策**：在固定汇率制下，资本和金融账户开放程度越高，效力越强；在浮动汇率制下，资本和金融账户开放程度越高,效力越弱。② **货币政策**:固定汇率制效力减弱、浮动汇率制效力增强。

本国汇率制度

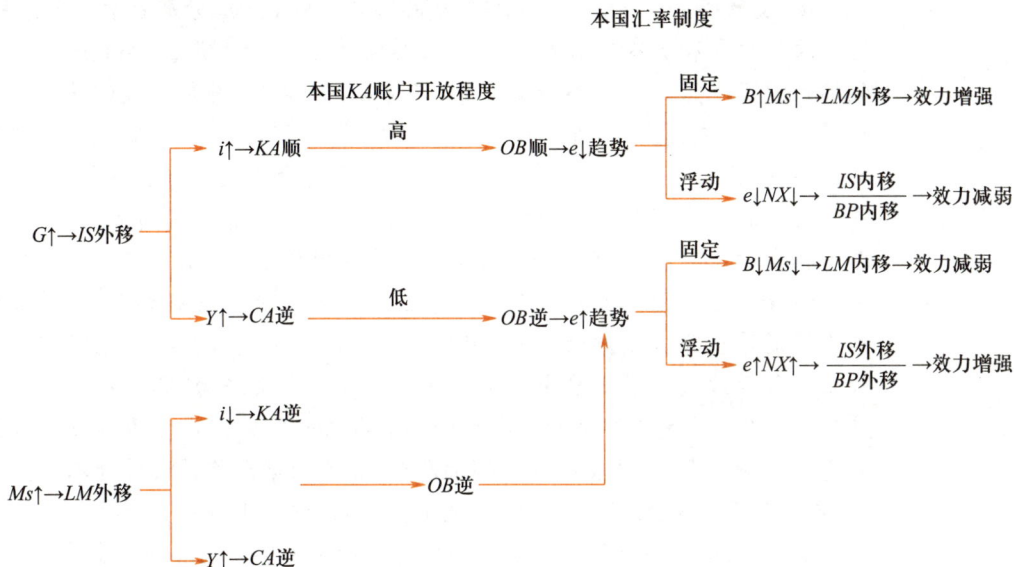

图 9-33　*IS-LM-BP* 模型机制总结

》　三元悖论(不可能三角形,克鲁格曼三角)

① **含义**:任何一个国家不能同时实现**独立的货币政策、资本自由流动以及固定汇率制这三个目标**[1]。

② **图形**:如图 9-34 所示,三个角代表三个政策目标,如果某地区的金融政策选择了某条边,则意味着它也选择了该边两端的政策目标,而与该边相对的角所表示的政策目标则无法实现。

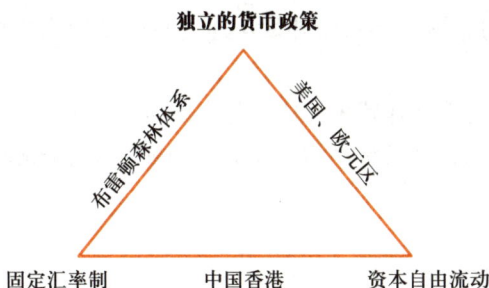

图 9-34　不可能三角形

③ **案例**:如果想要独立的货币政策和固定汇率制(左侧边),那么就必须要管制资本流动,这是 20 世纪 70 年代前,布雷顿森林体系下各国的选择;如果想要独立的货币政策和资本自由流动,则必须要放开对汇率的管制(右侧边),这是 20 世纪 70 年代布雷顿森林体系解体后主要发达国家

---

① 可思考如下问题:从刚才 IS-LM-BP 模型的分析来看,似乎只要本国实行固定汇率制,无论资本是否自由流动,货币政策均无效,那为什么还需要"资本的自由流动"这个条件?

的选择；如果想要资本自由流动和固定汇率制（底边），则必须要放弃独立的货币政策，如我国香港地区。

④ **发展**：第一，可能存在**中间制度**的情况。用 x、y、m 分别表示汇率稳定、货币政策独立和资本自由流动，标准化后都属于 $[0,1]$，并且 $x+y+m=2$（三个目标只能实现其二）。则除了边角解，还存在内部解，即中间制度的情况。以我国为例：首先，货币政策调控应"以我为主"，保证较强的独立性（$y=1$）；其次，准爬行的汇率制度存在一定的干预，但并非完全僵硬（$x=0.5$）；最后，对于资本流动存在一定的管制，但也并非完全的管制，外资在我国债市、股市仍占有相当的比例（$m=0.5$）。第二，在资本流动规模较大的情况下（比如全球避险情绪较浓），资本自由流动的权重上升（如 m 可能提高到 1.5），则**三元悖论可能退化为二元悖论**（Rey，2013）[①]：任何一个国家甚至不能同时实现独立的货币政策和资本自由流动。即只要资本自由流动，那么无论汇率政策如何（即便是完全浮动的），国际金融周期都会限制国内货币政策。从最近两年的情况来看，当美联储陡峭加息时，其他国家面临巨大的资本流出压力、市场利率大幅上升。在这种情况下，大部分中央银行都会选择加息来减少资本流出，进而减少资本流出对国内资产价格和实体经济的冲击[②]。

④ **汇率制度选择**★★

没有普适的汇率制度，一国汇率制度的选择应该是状态依存的，主要考虑以下因素：

第一，本国经济结构特征。大国倾向于采用浮动汇率制，一是追求货币政策独立性，二是减弱外部失衡对内部均衡的冲击，三是对外贸易多元化也难以确定基准汇率。小国则倾向于采用固定汇率制，因为小国的产业结构往往比较单一，采取固定汇率制可以降低对外贸易的汇率风险。

第二，特定的政策目的。比如国内发生通货膨胀应当实行固定汇率制，防止通货膨胀←→货币贬值的恶性循环。国外发生通货膨胀则应当采取浮动汇率制，来隔绝通货膨胀的国际传播。

第三，地区间经济合作状况。比如与本国贸易往来较密切的国家可以实行固定汇率制。

第四，国际国内经济条件制约。比如一国的资本金融账户开放程度较高，则不适宜采取固定汇率制。

▷▷▷ **真题链接**

1.（2011—复旦大学）依据蒙代尔 - 弗莱明模型，在固定汇率制度下，有（　　）。

A. 财政政策无效，货币政策无效

B. 财政政策有效，货币政策无效

C. 财政政策有效，货币政策有效

[①] Helen Rey. Dilemma Not Trilemma: The Global Cycle And Monetary Policy Independence. Proceedings–Economic Policy Symposium – Jackson Hole, Federal Reserve Bank of Kansas City, 2013.

[②] 在 2022 年的杰克逊·霍尔（Jackson hole）会议上，韩国央行行长就表示"没有央行能完全独立于美联储"。

D. 财政政策无效,货币政策有效

2.（2012—上海财经大学）在国际金融研究领域里,关于人物与其贡献,匹配错误的是（   ）。

A. 克鲁格曼提出了三元悖论

B. 特里芬指出了布雷顿森林体系的内在缺陷

C. 米德提出了物价－现金流机制

D. 蒙代尔提出了最优货币区理论

3.（2015—清华大学）如果资本可自由流动,下面哪个说法较为确切?（   ）

A. 在固定汇率制和浮动汇率制下,财政政策对产出的影响是一样的

B. 相比浮动汇率制,在固定汇率下财政政策对产出的影响更大

C. 相比浮动汇率制,在固定汇率下财政政策对产出的影响更小

D. 以上都是错误的

4.（2018—中国人民大学,2025—中国人民大学）蒙代尔－弗莱明三元悖论的三元不包括（   ）。

A. 货币政策独立   B. 汇率稳定

C. 国际收支平衡   D. 资本自由流动

5.（2020—对外经济贸易大学）丹麦目前实行的是钉住欧元的汇率制度,根据三元悖论,以下措施可使丹麦中央银行的货币政策独立性增强的是（   ）。

Ⅰ. 钉住美元;Ⅱ. 对出入境资本征税;Ⅲ. 加入欧元区;Ⅳ. 扩大本币对欧元的浮动区间

A. Ⅰ,Ⅱ   B. Ⅱ,Ⅳ

C. Ⅲ,Ⅳ   D. Ⅱ,Ⅲ,Ⅳ

6.（2019—清华大学）浮动汇率制,开放经济体,产出处于自然水平,但贸易逆差。为减少贸易逆差,使产出仍处于自然水平,应采用（   ）性货币政策,（   ）性财政政策。

A. 扩张、紧缩   B. 扩张、扩张

C. 紧缩、扩张   D. 紧缩、紧缩

7.（2020—上海财经大学）在资本完全自由流动,浮动汇率的开放经济中,紧缩性货币政策将使 *LM* 曲线（   ）。

A. 左移,此后由于本币升值使 *IS* 曲线也左移

B. 右移,此后由于本币升值使 *IS* 曲线也右移

C. 左移,*IS* 曲线保持不变

D. 先左移,然后由于本币升值向右回移

8.（2022—天津大学）根据蒙代尔－弗莱明理论,在资本自由流动和固定汇率制下,（   ）。

A. 财政政策无效   B. 货币政策无效

C. 财政政策中立   D. 货币政策有效

9.（2024—上海大学）在固定汇率制度下,扩张性财政政策在下列哪种情形下是无效的?（   ）

　　A. 国际资本完全流动　　　　　　B. 国际资本完全不流动

　　C. 国际资本相对流动　　　　　　D. 国际资本相对不流动

　　10.（2024—清华大学）以下哪个政策更容易导致货币政策独立性下降？（　　）

　　A. 汇率目标制　　　　　　　　　B. 货币供应目标制

　　C. 通货膨胀目标制　　　　　　　D. 以上都不是

　　11.（2024—上海大学）下列哪种情况下，一国货币政策拥有独立性和自主性？
（　　）

　　A. 浮动汇率制度　　　　　　　　B. 固定汇率制度

　　C. 国际金本位制　　　　　　　　D. 布雷顿森林体系

　　12.（2025—对外经济贸易大学）（判断题）不可能三角形是说资本管制、固定
汇率制度和货币政策独立不可能同时成立。（　　）

　　13.（2024—上海大学）（判断题）在浮动汇率制度下，国际资本流动度越高，
扩张性财政政策的调控效果越差。（　　）

　　14.（2022—北京师范大学，2025—中山大学，2025—山东大学）名词解释：
三元悖论。

　　15.（2023—对外经济贸易大学）简述何为"二元悖论"以及其产生的原因。

　　16.（2023—北京大学）近期美联储进行了大幅度加息。请使用国际金融相关
知识分析，这对于采取固定汇率制或浮动汇率制的其他国家，经济影响是否相同？

　　【答案】1. B；2. C；3. B；4. C；5. B；6. A；7. A；8. B；9. B；10. A；11. A；12. ×；
13. √；14. 略；15. 略；16. 略

（四）结构型政策（供给型政策）

　　（1）**含义**：改变社会总供给（生产能力）的政策，包括产业政策和科技政策等。

　　（2）**作用**：提高本国商品的质量、降低生产成本，进而提高出口竞争力，同时也吸引外资
的流入。一般来说，结构型政策在长期才能发挥作用，短期内难以有显著的效果。

专栏二　我国的汇率市场化★★

（一）原因

　　1. 根据**福利经济学定理**，市场机制可以保证资源的有效配置。由市场供求决定的
汇率能够更好地发挥汇率价格信号的作用，优化配置国内国外两种资源、统筹利用好国
内国外两个市场。

　　2. **必要性**：浮动汇率制的优势

　　（1）**单一、自发**

　　在僵硬的汇率制度下，国际收支失衡会在更大程度上作用于内部均衡。而我国作
为一个大国，内部调整成本很高，因而需要增加汇率的灵活性去抵御外部失衡对内部均
衡的冲击，发挥汇率对国际收支的自动稳定器机制。

（2）微调、稳定

随着我国资本金融账户开放程度的提高，如果采取比较僵硬的汇率制度，会出现人民币持续的升贬值预期、进而是跨境资本的大进大出，危害金融体系的稳定。相较而言，浮动汇率下汇率灵活调整则**有助于分化市场预期**，平抑资本流动。

（3）政策利益

根据**三元悖论**可知，国际资本流动、固定汇率制和货币政策独立性三者只能得二，中国作为一个大国不可能放弃货币政策独立性，因而随着我国资本金融账户开放步伐加快，自然要求汇率制度更具弹性来**保证货币政策独立性**。

（4）可行性

① 经济基本面向好。② 外汇市场有一定程度的发展。③ 当前人民币汇率在均衡合理区间内保持基本稳定，不存在大幅升贬值的基础。④ 中国人民银行积累了丰富的调控经验，拥有良好的市场信誉。

（二）政策建议

1. 发展外汇市场，增加外汇市场交易品种（如外汇远期、货币期货）和主体，从而使企业和居民具备足够的金融工具对冲汇率风险。

2. 完全的清洁浮动并无必要，中国人民银行无须完全退出外汇市场干预。从理论上来讲，根据粘性价格货币分析法，超调是常态，容易出现汇率的过度波动。从实践上来看，完全自由的浮动汇率制下不存在名义驻锚，因而更容易出现羊群效应。

▷▷▷ **真题链接**

（2022—中山大学）结合三元悖论，论述人民币汇率弹性制度改革的必要性。

【答案】略

第十讲 汇 率

【考情分析】

　　本讲的重点内容包括汇率的基础知识、汇率决定理论、影响汇率的一般因素以及汇率变动对经济的影响。从题型上来看，选择题、名词解释、简答题、论述题均考查较多，尤其是结合人民币汇率波动情况考查论述题。除此之外，需特别注意的是，本讲还经常会考查计算题。

【知识框架】

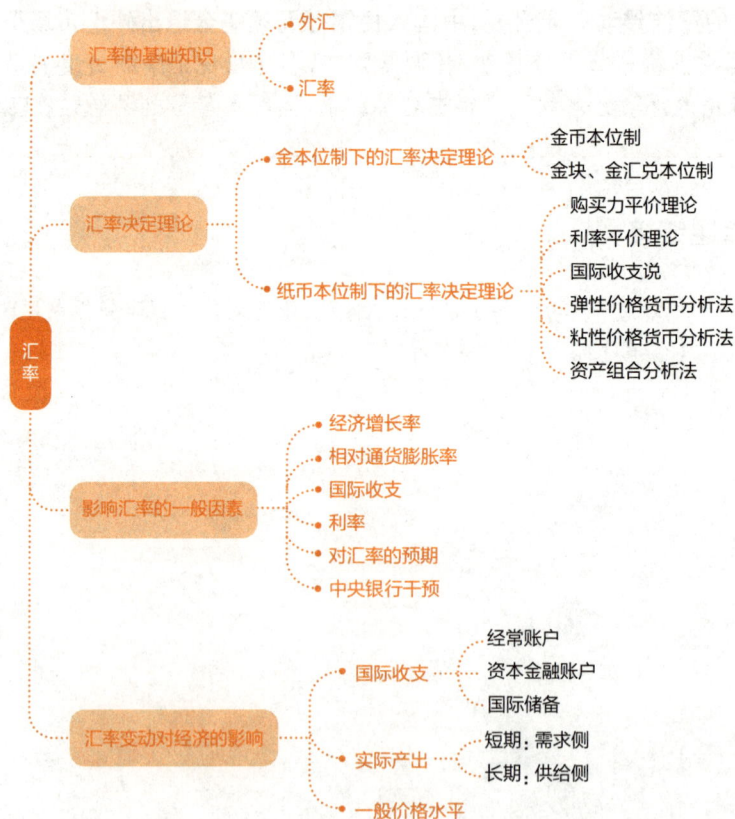

第一节 汇率的基础知识

一、外汇

（一）含义 ★★★

1. 静态含义：根据《中华人民共和国外汇管理条例》，外汇（Foreign Exchange）是指以外国货币表示的可以用于国际清偿的**支付手段和资产**，包括外币现钞（纸币、硬币）、外币支付凭证（票据、银行存款凭证、邮政储蓄凭证等）、外币有价证券（国债、企业债、股票等）、特别提款权、其他外币资产。

2. 动态含义：不同经济体货币的汇兑，将一种货币兑换成另一种货币的过程。

（二）条件 ★

并非所有外国货币或有价证券都能成为外汇，需要满足以下三个条件：

（1）自由兑换性。外币能够自由地兑换为本币。

（2）普遍接受性。在国际经济往来中被各国普遍接受和使用。

（3）可偿性。外币资产应当是高信用等级的、可以保证得到偿付。

▷▷▷ **真题链接**

1.（2018—中央财经大学）（多选题）外汇的基本特征有（   ）。

A. 以外币表示的金融资产

B. 国际的结算支付手段

C. 充分的可兑换性

D. 政府发行的货币

E. 必须有黄金做准备

2.（2019—上海财经大学）中国国家外汇管理局定义的外汇概念不包括（   ）。

A. 外币有价证券 　　　　　B. 外币现钞

C. 外币动态概念 　　　　　D. 特别提款权

3.（2020—上海财经大学）关于外汇的理解，以下正确的是（   ）。

A. 所有经济体发行的货币都能成为外汇

B. 特别提款权不是经济体发行因而不属于外汇

C. 中国的外汇口径是以外币表示的可以用作国际清偿的支付手段

D. 一般而言外汇所包括的权益类证券应属高信用等级

【答案】1. ABC；2. C；3. D

二、汇率

（一）定义 ★

汇率（Exchange Rate）是指两种货币之间的兑换比率，也可以理解为用一种货币表示的另一种货币的相对价格。因为两种货币可以相互定价，既能以本国货币为基准也能以外国货币为基准，所以就形成了两种不同的标价法。

（二）标价法 ★★★★

1. 直接标价法（应付标价法[①]，Direct Quotation）

直接标价法以外国货币为基准，指<u>一单位外币</u>能够换多少单位本币。

> 直接标价法下，本币币值的变动与汇率的变动方向<u>相反</u>。比如汇率上升，则意味着一单位外币能够换更多单位的本币，本币贬值（Depreciation）。

> **举例**：世界上多数国家都采用直接标价法，包括我国。我们可能经常听到：人民币兑美元汇率是 7（元 / 美元），这就意味着 1 美元（外币）能够换 7 元（本币），如果汇率变为 7.1（元 / 美元），则意味着人民币兑美元贬值了，且贬值率为 $\dfrac{\frac{1}{7.1}-\frac{1}{7}}{\frac{1}{7}}=-1.3\%$ [②]。<u>如不特指，本书中使用的汇率也都为</u>

> <u>直接标价法汇率</u>。

> **四种特定写法**：以美元（USD，$）和英镑（GBP，£）为例，① **GBP 的 USD 价格**为 1.3；② GBPUSD=1.3；③ GBP/USD=1.3；④ \$1.3/£。以上四种写法均意味着 1 GBP=1.3 USD，即以美元为本币的直接标价法。

2. 间接标价法（应收标价法，Indirect Quotation）

间接标价法以本国货币为基准，指<u>一单位本币</u>能够换多少单位外币。

> 间接标价法下，本币币值的变动与汇率的变动方向<u>相同</u>。比如**汇率上升**，则意味着一单位本币能够换更多单位的外币，也即**本币升值**（Appreciation）。

> **举例**：**美国、英国、欧元区**等经济体采用间接标价法。人民币兑美元汇率的是 7（元 / 美元），从中国的角度来看是直接标价法，从美国的角度来看就是间接标价法。

---

① 直接标价法下可以将外币当作一种商品（或资产），买一单位该种商品（或资产）需要支付多少单位本币，所以也称"应付标价法"。

② 注意在计算某种货币的升贬值率时，需要使用该货币的**间接标价法**，即把该货币当作一种资产、设定成一个单位，再（以另一种货币计价）计算其升贬值幅度。如果是直接标价法，就先取倒数转换成间接标价法。

3. 美元标价法

根据惯例,所有在外汇市场上交易的货币都对美元报价。并且除英镑等极少数货币以外,对一般货币均采用以美元为外币的直接标价法(将美元固定为 1 个单位)。

▷ ▷ ▷ **真题链接**

1. (2011—对外经济贸易大学)中国于 2005 年 7 月和 2010 年 6 月两次启动人民币汇率形成机制改革,两次改革之间人民币对美元汇率也从 8.276 5 调整到 6.827 5,则人民币对美元(　　　)。

A. 升值 17.5%　　　　　　　　　B. 贬值 17.5%

C. 升值 21.2%　　　　　　　　　D. 贬值 21.2%

2. (2012—中国人民大学)在直接标价法下,汇率升降与本国货币价值的高低呈(　　　)变化。

A. 正比例　　　　　　　　　　　B. 反比例

C. 无法确定　　　　　　　　　　D. 以上都不对

3. (2024—上海大学)(判断题)直接标价法就是以本国货币表示外国货币的价格。(　　　)

4. (2025—华东理工大学)(判断题)一种货币相对另一种货币贬值 5%,则另一种货币相对该种货币升值 5%。(　　　)

5. (2024—东北财经大学)简述直接标价法和间接标价法的联系和区别。

6. (2025—上海对外经贸大学)汇率的标价法有哪些,人民币使用哪种标价法?

【答案】1. C;2. B;3. √;4. ×;5. 略;6. 略

(三)分类 ★★★★★

1. 按照是否经过物价因素调整,分为名义汇率和实际汇率

名义汇率(Nominal Exchange Rate)是包含物价水平的汇率,实际汇率(Real Exchange Rate)则是剔除物价水平后的汇率。两者的关系为:

$$q = \frac{eP^*}{P} \qquad (10-1)$$

其中,q 是实际汇率,e 是名义汇率,P、P^* 为国内价格水平和国外价格水平。

≫ **举例**:假设经济体系中只有煎饼[①],一个煎饼在美国卖 3 美元(P^*),在中国卖 9 元(P),美元兑人民币的名义汇率是 6 元/美元(e),则根据式(10-1)可知,美元兑人民币的实际汇率为 $q=2$,这意味着在美国买一个煎

[①] 其他国内外教材一般都用"汉堡"来举例,但我知道,"煎饼"才是最厉害的。

饼花的钱（转换成人民币）可以在中国买两个煎饼。

》 **一般我们看到的都是名义汇率**,如人民币兑美元的汇率是 6 元 / 美元就是名义汇率,它表示两国货币的相对价格。**但是真正对净出口有影响的却是实际汇率**,一件商品在国外买下来要花 P^* 单位的外币,转化成本币表示为 eP^*;同样一件商品在国内买下来需要花 P 单位的本币。所以实际汇率 $\left(q = \dfrac{eP^*}{P}\right)$ 可以反映两国商品的相对比价（以相同货币表示）。如果实际汇率上升（直接标价法下,实际汇率上升也表示本币实际汇率**贬值**）,意味着国外商品价格（eP^*）变得相对更高、国内商品价格（P）则相对更低,这自然会促进本国的出口、抑制进口,即实际汇率上升、本国净出口倾向于上升[1]。

》 **有效汇率**（Effective Exchange Rate）

① **含义**:当我们说到汇率时,一般指的都是两种货币之间的双边汇率,而有效汇率则是**加权平均的汇率**,权重通常是对某国的贸易额占全部对外贸易的比重,如式（10-2）所示。用以加权的汇率可以是名义汇率,也可以是实际汇率,分别得到**名义有效汇率**（Nominal Effective Exchange Rate, NEER）和**实际有效汇率**（Real Effective Exchange Rate, REER）。

A 国有效汇率 =

$$\sum_i \left(\text{A 国货币对 } i \text{ 国货币的双边汇率} \times \frac{\text{A 国同 } i \text{ 国的贸易值}}{\text{A 国的全部对外贸易值}} \right) \quad (10\text{-}2)$$

② **意义**:一国产品出口到不同的国家会使用不同的汇率,而一国货币对某种货币贬值时,也可能同时对另一种货币升值。所以在 20 世纪 70 年代,人们开始使用有效汇率来观察某种货币对外整体的币值以及波动幅度。以我国为例,经常被提及的是人民币对美元的双边汇率,但是在人民币在对美元贬值的过程中,可能对欧元、日元等其他国家货币是升值的。所以如果想分析汇率变动对我国**整体对外贸易**的影响,应当选取有效汇率作为汇率的衡量指标,并且是**实际有效汇率**。

③ **案例**:中国人民银行下属的中国外汇交易中心（China Foreign Exchange Trade System, CFETS）从 2015 年 12 月 11 日开始发布**人民币汇率指数**,CFETS 人民币汇率指数就是名义有效汇率,反映人民币对一篮子货币的汇率变动。其选取的货币篮子和对应权重如表 10-1 所示,其中美元占比最高。当指数上升时,意味着人民币升值。同理,美元指数也是有效汇率指数,选取的货币篮子和对应权重如表 10-2 所示。其中欧元占比最高,因此欧元的走势是影响美元指数的重要指标。当指数上升时,意味着美元升值。

---

[1] 若假定两国物价水平不变,则名义汇率的变动等于实际汇率的变动,也会对净出口产生直接影响。这一假定在理论和现实中均经常使用。

表 10-1　CFETS 人民币汇率指数选取的篮子货币及权重

币种	权重	币种	权重
USD	19.5%	EUR	18.1%
KRW	9.0%	JPY	9.0%
AUD	5.5%	MYR	5.1%
RUB	4.6%	THB	3.4%
HKD	3.0%	SGD	3.0%
SAR	2.8%	GBP	2.7%
MXN	2.4%	CAD	2.4%
AED	2.4%	ZAR	1.4%
CHF	1.4%	PLN	1.1%
TRY	1.0%	NZD	0.6%
SEK	0.5%	DKK	0.4%
HUF	0.4%	NOK	0.3%

数据来源：中国外汇交易中心。

表 10-2　美元指数选取的篮子货币及权重

币种	权重	币种	权重
EUR	57.6%	JPY	13.6%
GBP	11.9%	CAD	9.1%
SEK	4.2%	CHF	3.6%

2. 按照交割期限不同，分为即期汇率和远期汇率

即期汇率（现汇汇率，Spot Exchange Rate）是成交后**两个交易日**内交割使用的汇率；远期汇率（期汇汇率，Forward Exchange Rate）则是成交后两个交易日以后交割使用的汇率。

》　**举例**：外汇远期合约、期货合约所确定的汇率就是典型的远期汇率。

》　**升水和贴水**

① **含义**：当某种货币远期相较于即期**升值**时，称为**升水**（Premium）。直接标价法下，就是该货币的远期汇率小于即期汇率[①]；反之，当某种货币的远期相较于即期**贬值**时，称为**贴水**（Discount）。直接标价法下，就是该货币的远期汇率大于即期汇率。若既不升值、也不贬值，则称之为**平价**（Par）。

② **举例**：日元兑美元的即期汇率是 ¥101/$，90 天的远期汇率是 ¥100/$，则日元远期升水（更少的日元能换 1 美元），且年化的升水率为：

---

①　注意这里说的是本币升水（升值），则本币的远期汇率小于即期汇率；如果是外汇升水（升值）则反过来，直接标价法下为远期汇率大于即期汇率。

$$\frac{360}{90} \times \frac{\frac{1}{100} - \frac{1}{101}}{\frac{1}{101}} = 4\% \qquad (10\text{-}3)$$

3. 按照银行买卖外汇的角度,分为买入汇率、卖出汇率和中间汇率

类似于股票市场的做市商会报出股票的买入价和卖出价,外汇市场的做市商(通常是银行)也会报出汇率的买入价和卖出价,称为买入汇率和卖出汇率。买入汇率(Bidding Rate)是银行买入外汇(结汇)时使用的汇率;对应地,卖出汇率(Offering Rate)则是银行卖出外汇(售汇)时使用的汇率;中间汇率(Intermediate Rate)是买入汇率和卖出汇率的算术平均数。中间汇率是对外公布的汇率,在新闻报道和经济分析时一般使用中间汇率。

在直接标价法下,买入汇率小于卖出汇率,中间的价差构成银行买卖外汇的利润。

≫　**案例**:表 10-3 是 2025 年 2 月 23 日中国银行的外汇牌价,这里以美元为例展开分析。美元的现汇买入价为 724.47 元/100 美元,意味着中国银行愿意以 7.244 7 元/美元的价格买入美元;现汇卖出价为 727.52 元/100 美元,意味着中国银行愿意以 7.275 2 元/美元的价格卖出美元;买入汇率小于卖出汇率,中间 0.030 5 元的价差构成银行买卖 1 美元的利润。注意买入和卖出汇率是站在银行的角度来讲的,若站在居民的角度就是反过来的。因为居民跟银行互为交易对手,所以银行的买入(卖出)价对应居民的卖出(买入)价。

表 10-3　2025 年 2 月 23 日中国银行的外汇牌价

单位:人民币元/100 外币

货币名称	现汇买入价	现钞买入价	现汇卖出价	现钞卖出价
美元	724.47	724.47	727.52	727.52
英镑	913.39	913.39	920.17	920.17
欧元	756.61	758.6	779.33	781.35
日元	4.847 8	4.847 8	4.885 3	4.885 3
港币	93.23	93.23	93.61	93.61

数据来源:中国银行。

在实际操作中,还有现钞和现汇的区别。现钞和现汇是外币的两种不同形式,现汇通常以银行存款的形式体现,而现钞则以纸币和硬币的形式体现。长期以来,现钞的买卖价差高于现汇(买入价更低、卖出价更高),这是因为现钞一方面会产生保管成本,另一方面也不像存款那样可以生息,所以银行会要求更高的买卖价差作为补偿。近年来,部分银行(包括本例中的中国银行)开始实施"钞汇同价"政策,即现汇和现钞的买入价

和卖出价统一,以简化外汇交易流程,降低客户换汇成本。

4. 按照制定方法不同,分为基本汇率和套算汇率

外国货币的种类有很多,因此在计算汇率时,需要选择某一种关键货币作为主要对象。基本汇率(中心汇率,Basic Rate)就是一国货币对关键货币(通常是美元)的兑换比率;套算汇率(交叉汇率,Cross Rate)则是根据基准汇率套算出的本币对其他外币的兑换比率。

>> **举例**:人民币兑美元的汇率为¥7.0/$,日元兑美元的汇率为¥127.7/$,则在不存在套利机会(no-arbitrage)的情况下,人民币兑日元的汇率应为¥18.2/¥。人民币兑美元、日元兑美元的汇率就是基本汇率,人民币兑日元的汇率就是套算汇率。

>> **同边相乘和交叉相除**:在存在买入汇率和卖出汇率的情况下,汇率的套算会变得更加复杂。

① **关键货币的标价法不同,则同边相乘**。

举例:德意志银行的汇率报价为$1.4/€-$1.5/€,¥104/$-¥105/$。关键货币是美元,美元兑欧元的报价使用间接标价法、兑日元的报价使用直接标价法,两种标价方法不同,使用同边相乘法来套算欧元兑日元的汇率:买入价为¥(1.4×104)/€[①],卖出价为¥(1.5×105)/€。所以在不存在套利机会的情况下,欧元兑日元的汇率为¥145.6/€-¥157.5/€。

② **关键货币的标价法相同,则交叉相除**。

举例:花旗银行的汇率报价为$1.4/€-$1.5/€,$1.7/£-$1.8/£。关键货币是美元,美元兑欧元、兑英镑都使用直接标价法,两种标价方法相同,使用**交叉相除**法来套算欧元兑英镑的汇率:买入价为€(1.7/1.5)/£,卖出价为€(1.8/1.4)/£。所以在不存在套利机会的情况下,欧元兑英镑的汇率为€1.13/£-€1.29/£。

5. 按照货币当局对汇率进行管理的角度,分为官方汇率和市场汇率

官方汇率是政府确定并维持的汇率,市场汇率则是市场自发形成的汇率。

>> **复汇率**。在存在外汇管制的情况下,还可能出现复汇率,也就是有多个汇率的情况,不同汇率适用于不同的对外交易。

▷▷▷ **真题链接**

1.(2023—对外经济贸易大学)(判断题)直接标价法下,远期汇率大于即期汇率代表单位货币升值。(　　)

---

① 公式背后代表了两次货币兑换的交易,以买入价为例:银行愿意花多少日元来购买1英镑?银行买入英镑,居民卖出英镑。卖出英镑首先换成美元(使用1.4的价格),可以换1.4美元;再将1.4美元卖出换成日元(使用104的价格),可换1.4×104日元,得到最后的结果。后面的计算同理。

2.（2025—清华大学）实际汇率的单位是（　　）。

　　A. 美元　　　　　　　　　　B. 人民币

　　C. 本国货币单位/外国货币单位　D. 本国商品篮子/外国商品篮子

3.（2017—中国人民大学）如果人民币的有效汇率指数从120上升到128，那么（　　）。

　　A. 人民币相对于美元升值　　　B. 人民币相对于美元贬值

　　C. 人民币相对于一篮子货币升值　D. 人民币相对于一篮子货币贬值

4.（2017—清华大学）目前即期汇率是1.55美元=1英镑，三个月远期汇率是1.5美元=1英镑，据你分析三个月后的即期汇率是1.52美元=1英镑。如果你有1 000 000英镑，你将如何在远期外汇市场投机？（　　）

　　A. 以1.5美元=1英镑买入1 000 000英镑的英镑远期

　　B. 以1.5美元=1英镑卖出1 000 000英镑的英镑远期

　　C. 以即期汇率买英镑，等三个月后卖出

　　D. 以即期汇率卖出英镑，等三个月后买回来

5.（2018—上海财经大学）对于一家上海出口企业，下列哪个汇率指标最具参考性？（　　）

　　A. 有效汇率　　　　　　　　B. 实际汇率

　　C. 实际有效汇率　　　　　　D. 名义汇率

6.（2023—上海财经大学）下列论述中正确的是（　　）。

　　A. 三元难题是指汇率稳定、资本流动与国际收支平衡这三个目标不可兼得

　　B. 外汇市场上即期交易是指当场交割的交易

　　C. 米德冲突是指在浮动汇率制下一国可能出现内外均衡冲突问题

　　D. 香港的联系汇率制度属于汇率制度里的货币机制

7.（2024—上海财经大学）关于即期汇率与远期汇率的说法，以下说法不正确的是（　　）。

　　A. 人们从事远期外汇交易的一个目的是套期保值

　　B. 远期汇率高于即期汇率则表明外币远期升水

　　C. 针对美元兑人民币，升水的点数是万分之一

　　D. 对于相同的货币，远期汇率的买卖差价一般高于即期汇率的买卖差价

8.（2025—上海财经大学）下列关于外汇买入价和卖出价的说法不正确的是（　　）。

　　A. 买入价和卖出价是对银行，而不是对客户

　　B. 银行通过买卖外汇差价获取利润

　　C. 买入价绝不会高于卖出价

　　D. 银行总是低买高卖

9.（2024—上海大学）名词解释：实际汇率。

10.（2024—东北财经大学）名词解释：买入汇率。

11.（2025—东北财经大学）已知USD = CAD 1.432 8–1.435 8，USD=CNY 7.350 8–7.357 6求加元兑人民币的汇率。

12.（2022—对外经济贸易大学）已知某外汇市场的汇率为：GBP/USD=1.663 5/75，USD/JPY=102.37/42。

（1）计算 GBP/USD 与 USD/JPY 的中间价（分别保留小数点后 4 位和后 2 位）。

如果当天公布美元兑换人民币的中间价为：USD/CNY=6.152 1，求 GBP/CNY 和 JPY/CNY。

（2）如果同一外汇市场上公布 GBP/JPY=173.72/80，请问市场上是否存在着套利机会。如果存在，试以美元为例说明如何操作？每单位美元套利多少？

13.（2024—上海财经大学）已知在纽约市场，美元兑港元的即期汇率 USD/HKD=7.801-7.804。在中国香港市场，USD/HKD=7.781-7.785。假设投资者用 10 万美元进行套汇，写出套汇过程和套汇收益。

【答案】1. ×；2. D；3. C；4. A；5. C；6. D；7. B；8. C；9. 略；10. 略；

11. 加元兑人民币的买入价为：7.350 8÷1.435 8=5.119 7；加元兑人民币的卖出价为：7.357 6÷1.432 8=5.135 1，故 CAD1=RMB 5.119 7-5.135 1。

12.（1）GBP/USD 的中间价为（1.663 5+1.667 5）/2=1.665 5。

USD/JPY 的中间价为（102.37+102.42）/2=102.40。

GBP/CNY=1.665 5×6.152 1=10.246 3（中间价）。

JPY/CNY=6.152 1/102.4=0.060 1（中间价）。

（2）首先消去日元，将三角套汇转化成两角套汇。日元使用的标价法相同，所以通过交叉相除法计算出英镑与美元的交叉汇率，GBP/USD=173.72/102.42-173.80/102.37=1.691 2-1.697 8。交叉汇率的英镑买入价高于该市场英镑的卖出价，存在套利机会，高抛低吸。套汇的过程如下：

① 借入 1 美元换成英镑，获得 1/1.667 5=0.599 7 英镑。

② 将 0.599 7 英镑换成日元，获得 0.599 7×173.72=104.18 日元。

③ 将 104.18 日元兑换为美元，可获得 104.18/102.42=1.017 2 美元。

④ 1 美元的套利收益为（1.017 2-1）=0.017 2 美元。

13.（1）套汇过程：① 纽约市场上美元估值更高，故在纽约市场卖出 100 000 美元，获得 100 000×7.801=780 100 港币；② 在香港市场买入美元，可以买入的美元数量为：780 100/7.785=100 205.52 美元。（2）套汇收益为 205.52 美元。

第二节　汇率决定理论

一、金本位制下的汇率决定理论

（一）金币本位制　★★★

在金币本位制下，汇率以**铸币平价**为中心，受供求关系影响在**黄金输送点**之间波动（见图 10-1）。

1. **铸币平价**：均衡汇率取决于两种金属铸币的含金量[①]之比。

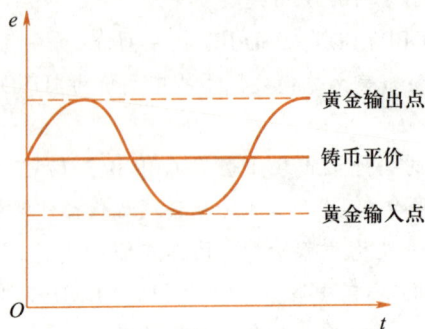

图 10-1　金币本位制下的汇率决定

≫　**经济学逻辑**：金币本位制下，各国铸币价值的高低就取决于其含金量的多少，而黄金跟黄金是等价的，所以通过黄金的等价性来得到两国铸币的兑换比率（见图 10-2）。

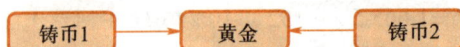

图 10-2　铸币平价的图形表示

≫　**案例**：1933 年经济大危机之前，1 英镑的含金量为 113 喱（约合 0.65 g），1 美元含金量为 23.22 喱，则英镑和美元的铸币平价汇率应为 1 英镑 =113 喱黄金 =（4.87×23.22 喱）黄金 =4.87 美元。

2. **黄金输送点**：因汇率波动而引起的黄金从一国输出或输入的界限，包括黄金输出点和黄金输入点。

（1）当本币**升值**到一定程度时，因为本币太过昂贵，所以人们不愿意直接在外汇市场将外币换成本币，而是先将外币熔化成黄金、运输至国内，再铸造成本币，**黄金输入点（平价 – 费用）**发挥作用。

（2）反过来，当本币**贬值**到一定程度时，本国的黄金**输出点（平价 + 费用）**发挥作用。

≫　**举例**

（1）**情境设定**：按上例，铸币平价汇率为 1 英镑 =4.87 美元，假设美国贸易顺差使得美元升值到 1 英镑 =4.5 美元。

（2）**市场主体的操作**

①　**美国出口商（债权人）**：将商品出口到英国，合同约定以英镑作为计价、结算货币。此时，他需要把收到的英镑换成美元，有两种方法可供

---

①　含金量就是把金属铸币熔化之后能得到多少黄金。

选择：**第一，**直接在外汇市场上换汇，则 1 英镑可换为 4.5 美元。**第二，熔化→运输→铸造：**先在英国的铸币厂把英镑熔化，得到**黄金**；然后把黄金运输到美国；最后在美国的铸币厂再重新铸造成美元。假设中间产生的费用为 5%，则 1 英镑能够得到 4.87×（1–5%）=4.63 美元 >4.5 美元，所以出口商会选择第二种方式，将黄金输入美国。

② **套利者：**以上两种方法之间存在套利机会，套利的核心是**低买高卖**，外汇市场上美元被高估，可以进行做空。具体来看，套利者会进行三步操作：首先，借入 4.5 美元，在外汇市场上卖出，换成 1 英镑；然后，通过熔化→运输→铸造的流程，将 1 英镑转化为 4.63 美元；最后，将 4.63 美元分成两部分：其中 4.5 美元用于清偿第一步产生的债务，剩下的 0.13 美元为套利收益。

（3）**套利的影响：**一方面，外汇市场上大量投资者**卖出美元**，使得美元持续贬值；另一方面，黄金也在源源不断地输入美国。这种状态会一直持续到没有套利空间（美元汇率位于黄金输入点之上）为止。

（4）**结论：**汇率会受到黄金输送点的约束，且升值到一定程度时，黄金输入点发挥作用；贬值到一定程度时，黄金输出点发挥作用。

（二）金块、金汇兑本位制 ★

汇率以**法定平价**为中心，但不受黄金输送点的限制。

1. **法定平价：**均衡汇率取决于两国银行券所代表的含金量之比。

≫ **经济学逻辑：**在金块、金汇兑本位制下，主要发挥交易媒介职能的货币并不是黄金而是**银行券**。银行券的发行需要有黄金作为发行准备，也就是银行券代表了一定数量的黄金。而黄金跟黄金是等价的，所以通过黄金的等价性构造出两国银行券的兑换比率。

≫ 法定平价和铸币平价统称为**金平价**。

2. 金块、金汇兑本位制下，黄金不能自由输出入国境，所以黄金输送点自然也就不复存在。

▷ ▷ ▷ **真题链接**

1.（2011—中国人民大学，2015—中国人民大学）在金本位制下，外汇汇率的波动幅度受（　　）的限制。

    A. 黄金储备状况   B. 外汇储备状况

    C. 外汇政策   D. 黄金输送点

2.（2017—清华大学）19 世纪 70 年代之前，黄金和白银作为国际支付手段和货币之间的汇率，货币价值可由金或银含量测定。假设美元和黄金钩挂，30 美元每盎司黄金。法国法郎挂钩黄金为 90 法郎每盎司黄金，白银是 6 法郎每盎司白

银。同时,德国马克的汇率固定 1 马克每盎司白银。本系统中马克兑美元的汇率是多少? (　　　)

A. 1 马克 =2 美元　　　　　　　　B. 1 马克 =0.5 美元

C. 1 马克 =45 美元　　　　　　　　D. 1 马克 =1 美元

3. (2020—上海财经大学)汇率取决于黄金输入输出点,国际收支能自动调节的是以下哪个制度? (　　　)

A. 布雷顿森林体系　　　　　　　　B. 国际金本位制

C. 金汇兑本位制　　　　　　　　　D. 纸币本位制

4. (2024—上海大学)在金币本位制下,哪种情况会引起外汇需求减少? (　　　)

A. 汇率低于黄金输出点

B. 汇率低于黄金输入点

C. 汇率高于黄金输出点

D. 汇率高于黄金输入点

【答案】1. D; 2. A; 3. B; 4. C

二、纸币本位制下的汇率决定理论

(一)购买力平价理论(卡塞尔): 以购买力(物价水平)解释汇率　★★★★★

1. 前提假定

(1)一价定律对可贸易品成立

① 一价定律(Law of One Price): 同一种商品在不同的地区应当具有相同的价格。

> 　一价定律成立需满足的条件: 一是商品同质,同种商品质量相同,否则没有比较的意义; 二是套利无成本,没有关税、没有物流成本等,不存在任何贸易摩擦; 三是价格无粘性: 价格能够随供求的变动迅速、充分调整。

> 　一价定律成立的经济学逻辑: 若同一种商品在不同地区价格不同,则存在套利空间: 可以从价格低的地区买入(需求上升)、在价格高的地区卖出(供给上升),赚取中间的差价。在价格充分弹性的情况下,套利操作引致的供需变动会带动价格迅速变动,使两地价格趋于相同。

② **可贸易品**是指贸易成本比较低,区域间的价差能够通过套利消除的产品(满足一价定律的第二个条件)[①]。

> **举例**: 可贸易品比如各种工业品: 手机、汽车、衣服等,只要同种款式,那么在各地区之间的价格就比较相仿。不可贸易品如服务和房地产,价格在不同地区之间差距非常大。

---

① 　PPI 中统计的商品基本都是可贸易的,所以可以看到全球 PPI 的走势高度一致。当然,前提是要开放本国的经常账户(IMF 第八条款)。我国在 1996 年开放经常账户之后,PPI 也与全球 PPI 的波动基本同步,甚至拐点都是一致的。

（2）各国可贸易品商品篮子中包含相同种类和权重的可贸易品。

（3）不考虑国际资金流动。

2. 内容

（1）绝对购买力平价（Absolute Purchasing Power Parity，APPP）

① 内容：a. 名义汇率取决于两国（可贸易品）物价水平之比$\left(e=\dfrac{P}{P^*}\right)$；

b. 实际汇率稳定为1（$q=1$）。

≫ **方程推导**：考虑某种可贸易品i，根据一价定律（前提假定），则有：

$$p_i=ep_i^*\qquad(10\text{-}4)$$

其中p_i和p_i^*分别表示商品i在本国和外国的价格；e表示汇率，可以将外币价格转换成本币价格。都以本币标价后，同一种商品在国外的价格应当等于在国内的价格。

考虑一篮子商品，本国一篮子商品的价格为：

$$p=\sum_i w_i p_i\qquad(10\text{-}5)$$

其中，p为本国可贸易品的一般价格水平，w_i为商品i在篮子中的权重。

同理，外国一篮子商品价格为：

$$p^*=\sum_{i*} w_{i*}p_{i*}\qquad(10\text{-}6)$$

其中，p^*为外国可贸易品的一般价格水平，w_{i*}为商品i^*在篮子中的权重。因为各国可贸易品篮子的种类和权重相同（前提假定），所以有

$$i=i^*\quad w_i=w_{i*}\qquad(10\text{-}7)$$

将式（10-4）代入式（10-5），有：

$$p=e\sum_i w_i p_i^*\qquad(10\text{-}8)$$

将式（10-7）代入式（10-8），有：

$$p=e\sum_{i*} w_{i*}^* p_{i*}^*\qquad(10\text{-}9)$$

将式（10-6）代入式（10-9）并整理，最终得到：

$$e=\dfrac{p}{p^*}\qquad(10\text{-}10)$$

即名义汇率取决于两国物价水平之比。

将式（10-10）代入实际汇率的定义$\left(q=\dfrac{eP^*}{P}\right)$，可得：

$$q=1\qquad(10\text{-}11)$$

实际汇率稳定为1，与名义汇率无关。

≫ **经济学逻辑**：第一，**通过一篮子商品构建联系**：汇率是两种货币的兑换比率，那么如何对两种货币进行比较呢？我们需要寻找可比的维度。在金本位制下，货币与黄金挂钩，两种货币可以通过黄金的等值性来构建可比关系；在纸币本位制下，货币与黄金脱钩且本身没有价值，于是转而通过**商品的等值性来构建可比关系**（实际上是将图10-2中的"黄金"改为"一篮

子商品"）[1]。

第二，汇率的计算：1 单位本国货币的"含商品量（能购买的商品数量）"为 $\frac{1}{P}$，其实就是本国货币在**国内**的购买力[2]；1 单位外国货币的"含商品量"为 $\frac{1}{P^*}$，是外国货币在**国外**的购买力[3]。商品跟商品是等值的，所以 1 单位外币[4]$= \frac{1}{P^*}$ 单位商品 $= \frac{P}{P^*} \times \left(\frac{1}{P} \text{单位商品}\right) = \frac{P}{P^*}$ 单位本币。直接标价法下的汇率也就是 $e = \frac{P}{P^*}$。

②　比较静态分析[5]

根据式（10-10）和式（10-11）可知，当 P 上升时、e 也会上升，q 始终为 1，也即**本国物价水平上升会使得本币名义汇率贬值，实际汇率不变**。

≫　**经济学逻辑**：**第一，名义汇率的变动源于商品流动套利**。本国物价水平（P）上升，原有均衡状态被打破，此时可以把国外的商品运到国内来销售：进货成本是 eP^*、销售收入是 P，$P>eP^*$ 可以盈利。这个操作会使得国内进口上升，进而对外汇的需求上升，外汇升值、本币贬值。**第二，本币贬值推高外国商品**（以本币表示）的价格 eP^*，最终跟国内产品价格 P 保持一致，两国产品的相对比价仍然相同，**实际汇率稳定为 1**。

≫　**政策含义**：**货币中性**。货币量的变动会影响价格，价格变动也会影响名义汇率，但不影响实际汇率，进而也就不影响实际的净出口和产出。货币量变动不影响任何的实际变量，符合货币中性的观点。

（2）相对购买力平价（Relative Purchasing Power Parity，RPPP）

①　特点：相对购买力平价放松了绝对购买力平价的前提假定，比如认为套利成本存在、各国可贸易品篮子也不尽相同等。对应地，它也不再考虑一个时点上汇率的决定，而是考虑一段时间内汇率的变动，考虑汇率变动和价格变动之间的关系。

②　内容

a. 名义汇率

$$e_t = e_0 \times \frac{P_t/P_0}{P_t^*/P_0^*} \tag{10-12}$$

其中 e_t、e_0 分别表示第 t 期和第 0 期（基期）的名义汇率，$\frac{e_t}{e_0}$ 表示汇率水平的变动（将 e_0

---

[1]　由此也可以看到，购买力平价理论成立要求两国的商品体系大致相同，也即两国的生产结构和消费结构大致相同。

[2]　购买力是价格水平的倒数，详细可参照货币章节。

[3]　注意是各国货币在各自国内的购买力，本国货币直接拿到外国去显然是买不到东西且没有购买力的。

[4]　要计算的是直接标价法下的汇率，所以将外币设定成一个单位。

[5]　假设初始的汇率是均衡水平，物价水平变动会使汇率达到新的均衡水平，比较两个均衡下汇率的变动。

移至等式左侧）；P_t、P_0 分别表示本国第 t 期和第 0 期的价格水平，$\dfrac{P_t}{P_0}$ 表示本国物价水平的变

动；P_t^*、P_0^* 分别表示外国第 t 期和第 0 期的价格水平，$\dfrac{P_t^*}{P_0^*}$ 表示外国物价水平的变动。可以

看到，式（10–12）描述的就是第 0 期到第 t 期，汇率变动与两国物价变动之间的关系。

≫　物价水平的变动率实际上就是**通货膨胀率**，所以可以将式（10–12）写成通货膨胀率的形式，从而更便于观察和计算。

首先令 $t=1$，则式（10–12）可写为：

$$e_1 = e_0 \times \frac{P_1/P_0}{P_1^*/P_0^*} \qquad (10\text{–}13)$$

物价水平的变动率即为通货膨胀率，有：

$$\pi_1 = \frac{P_1 - P_0}{P_0} \qquad (10\text{–}14)$$

整理得：

$$\frac{P_1}{P_0} = 1 + \pi_1 \qquad (10\text{–}15)$$

对于外国的分析是对称的，有：

$$\frac{P_1^*}{P_0^*} = 1 + \pi_1^* \qquad (10\text{–}16)$$

将式（10–15）、式（10–16）代入式（10–13）并整理，可得：

$$\frac{e_1}{e_0} = \frac{1 + \pi_1}{1 + \pi_1^*} \qquad (10\text{–}17)$$

两侧同时减去 1，得到变动率：

$$\frac{e_1 - e_0}{e_0} = \frac{\pi_1 - \pi_1^*}{1 + \pi_1^*} \qquad (10\text{–}18)$$

出于简化，认为 π_1^* 相对于 1 较小，也即：

$$1 + \pi_1^* \approx 1 \qquad (10\text{–}19)$$

将式（10–19）代入式（10–18），有：

$$\frac{e_1 - e_0}{e_0} \approx \pi_1 - \pi_1^* \qquad (10\text{–}20)$$

可以看到：**名义汇率的变动取决于两国通货膨胀率之差**[①]。并且如果本国通

---

① 在使用这个公式计算的时候，大家可能会遇到一个细节问题：前面提到过，在计算货币升（贬）值率时应使用间接标价法汇率，这里的汇率对于本币来说是直接标价法、对于外币来说才是间接标价法，所以严格意义上来讲，通过两国通货膨胀率之差算出来的是**外币的升贬值率**。所以要计算哪种货币的升（贬）值率，就把哪种货币当作外币，把对应的国家当作外国。

货膨胀率较高,则本币有贬值的趋势。

其次扩展至多期,仿照式(10-15),有:

$$\frac{P_t}{P_0} = \frac{P_1}{P_0} \times \frac{P_2}{P_1} \times \cdots \times \frac{P_{t-1}}{P_{t-2}} \times \frac{P_t}{P_{t-1}}$$

$$= (1 + \pi_1) \times (1 + \pi_2) \times \cdots \times (1 + \pi_{t-1})(1 + \pi_t)$$

(10-21)

假定每期通胀率都相同,那么有:

$$\pi = \pi_1 = \pi_2 = \cdots = \pi_{t-1} = \pi_t$$

(10-22)

代入式(10-21)可得:

$$\frac{P_t}{P_0} = (1 + \pi)^t$$

(10-23)

对于外国的分析是对称的,有:

$$\frac{P_t^*}{P_0^*} = (1 + \pi^*)^t$$

(10-24)

将式(10-23)和式(10-24)代入式(10-12),可得:

$$e_t = e_0 \times \left(\frac{1 + \pi}{1 + \pi^*}\right)^t$$

(10-25)

式(10-25)是"**精确版**"的结论,有时候也会看到"**近似版**"的形式,根据式(10-20)有:

$$\frac{e_1}{e_0} \approx 1 + \pi_1 - \pi_1^*$$

(10-26)

扩展至多期:

$$\frac{e_t}{e_0} = \frac{e_1}{e_0} \times \frac{e_2}{e_1} \times \cdots \times \frac{e_{t-1}}{e_{t-2}} \times \frac{e_t}{e_{t-1}}$$

$$= (1 + \pi_1 - \pi_1^*) \times (1 + \pi_2 - \pi_2^*) \times \cdots \times (1 + \pi_{t-1} - \pi_{t-1}^*)(1 + \pi_t - \pi_t^*)$$

(10-27)

假定每期通货膨胀率都相同,将式(10-22)代入,得:

$$e_t = e_0 \times (1 + \pi - \pi^*)^t$$

(10-28)

式(10-25)和式(10-28)就描述了汇率和通货膨胀率之间的关系。

b. 实际汇率

将式(10-12)的名义汇率代入到实际汇率的定义式(10-1)中,可得:

$$q_t = \left(e_0 \times \frac{\dfrac{P_t}{P_0}}{\dfrac{P_t^*}{P_0^*}}\right) \times \frac{P_t^*}{P_t} = \frac{e_0 P_0^*}{P_0} = q_0$$

(10-29)

即实际汇率**保持稳定**,不随名义汇率的变动而变动。

》 **绝对购买力平价和相对购买力平价的关系**:可以看到,绝对购买力平价是相对购买力平价的特殊情况。若绝对购买力平价成立,则相对购买力平价必然成立;反过来,若相对购买力平价成立,则绝对购买力平价未必成立。

3. 优劣评价

购买力平价理论的优势和劣势如表 10-4 所示。

表 10-4　购买力平价理论的优势和劣势

优势	劣势
（1）从货币具有购买力这一本质属性出发,说服力较强	（1）存在**内生性**问题。物价变动会影响汇率,汇率变动也会影响物价（如贬值会造成本国物价水平的上升）,两者互为因果。实际上,物价和汇率都是经济中的内生变量,都是由其他外生变量所共同决定的
（2）往往作为其他汇率决定理论的前提（如弹性价格货币分析法等）	（2）实证检验的困难。比如绝对购买力平价中可贸易品篮子的选择、相对购买力平价中基期的选择等
	（3）未必能通过实证检验。① 购买力平价对于高通货膨胀率国家的实证结果较好,但是在低通货膨胀率国家,通货膨胀率对汇率的解释力较弱。② 因为**不可贸易品**的存在,整个商品体系的购买力平价很难成立,购买力平价理论无法充分解释汇率

> **汇率与购买力平价在计算人均 GDP 中的差异**

国际货币基金组织和世界银行每年会计算各国的人均 GDP（以美元表示）,因为各国的 GDP 都是以本国货币统计的,所以需要按照一定的汇率换算成美元。而在汇率的选择上,通常有两种方式:一是真实的市场汇率;二是按照购买力平价计算的汇率。结果是对于低收入国家而言,两者差异较大:按购买力平价计算的人均 GDP 明显**高于**按汇率计算的结果;而对于高收入国家而言,两者结果相仿①。也就是说,相较于高收入国家而言,低收入国家的购买力平价汇率系统性地**高于**其真实的市场汇率。

▷▷▷ 真题链接

1.（2015—对外经济贸易大学）（判断题）在其他因素不变的情况下,本国价格水平提高将引起本币实际升值。（　　）

2.（2025—中国人民大学）（判断题）一个麦当劳汉堡在 A 国和 B 国的价格之比是 1∶10,两国汇率之比是 1∶5,根据购买力平价理论,B 国的货币被高估。（　　）

---

① 若以人民币为统一计量标准,则恰好相反:高收入国家按购买力平价计算的人均 GDP 明显低于按汇率计算的人均 GDP;而对于低收入国家,两种计算方法的结果则较为接近。

3. (2017—对外经济贸易大学)(判断题)根据购买力平价理论,汇率变动主要是由两国通货膨胀率差异导致的,本国相对于外国通货膨胀率提高5%,则在直接标价法下外汇升值5%。(   )

4. (2023—对外经济贸易大学)(判断题)根据购买力平价理论,如果中国的物价水平相对于美国上涨了10%,则人民币相对于美元贬值10%。(   )

5. (2024—对外经济贸易大学)(判断题)如果可贸易品都符合一价定律,则绝对购买力平价一定成立。(   )

6. (2024—上海大学)(判断题)绝对购买力平价适用于解释长期的汇率决定,而相对购买力平价则适用于解释短期的汇率决定。(   )

7. (2012—中国人民大学)根据相对购买力平价理论,通货膨胀率高的国家的货币远期有(   )。

A. 贬值趋势　　　　　　　　　　B. 升值趋势

C. 先升值后贬值趋势　　　　　　D. 不能确定

8 (2018—中山大学)购买力平价理论无法充分解释汇率变动的原因是(   )。

A. 不同国家的货币政策存在差异

B. 无法在国际交易的商品和服务的价格也会发生变化

C. 本国物价水平的变动超过了外国物价水平的变动

D. 外国物价水平的变动超过了本国物价水平的变动

9. (2025—上海财经大学)购买力平价理论在现实中不成立的原因是(   )。

A. 交易成本和贸易限制的存在

B. 寡头垄断

C. 各国价格指数是以不同商品篮子计算的

D. 以上都正确

10. (2019—上海财经大学)下列哪个表述最正确?(   )

A. 如果PPP成立,那么只要各国用以计算物价水平的商品篮子是相同的话,一价定律对于任何商品都是成立的

B. 如果一价定律对于任何商品都是成立的话,那么PPP将自动成立

C. 如果一价定律对于任何商品都是成立,那么只要各国用以计算物价水平的商品篮子是相同的话,PPP将自动成立

D. 如果一价定律不能对于任何商品都成立,那么只要各国用以计算物价水平的商品篮子是相同的话,PPP将不成立

11. (2019—对外经济贸易大学)如美元兑日元的汇率为USD/JPY=100,根据购买力平价理论,如果美国的一般物价水平上涨5%,日本的一般物价水平上涨15%,则USD/JPY将变为(   )。

A. 72　　　　　　　　　　　　　B. 91

C. 115　　　　　　　　　　　　D. 110

12. (2020—复旦大学)如果绝对购买力平价成立,以下说法错误的是(   )。

A. 实际汇率为1

B. 一单位本币和一单位外币的购买力相同

C. 本国货币在本国的购买力和在外国的购买力相同

D. 外国货币在本国的购买力和在外国的购买力相同

13. （2021—清华大学）设中印相对购买力平价不变，一年前兑换比为 1∶9，印度通货膨胀率为 15%，中国为 5%。则当前人民币和印尼盾的兑换比为（　　）。

A. 8.45　　　　　　　　　　　B. 9.86

C. 10.56　　　　　　　　　　 D. 11.90

14. （2021—上海财经大学）关于购买力平价，下列说法正确的是（　　）。

A. 对不同国家的收入水平进行比较时，采用汇率的方法与采用购买力的方法，结果是一致的

B. 购买力平价的意思是，同样的一笔钱在不同国家所能购买的商品或其组合是数量一样的

C. 购买力平价可解释汇率的短期波动

D. 数据显示，多数发达国家的购买力平价成立

15. （2023—中央财经大学）（　　）认为某国货币汇率一定时期内的变动由该国与外国在此期间的通货膨胀率差异决定。

A. 绝对购买力平价理论　　　　B. 相对购买力平价理论

C. 利率平价理论　　　　　　　D. 货币分析法

16. （2025—清华大学）一年前名义汇率 19.5 日元 =1 元，现在名义汇率 21.5 日元 =1 元，过去一年里，日本通胀率 3.3%，中国通胀率 0.3%，以下哪个最可能正确？（　　）

A. 日元购买力相对人民币下降

B. 中日两国汇率维持绝对购买力平价

C. 中国实际利率水平下降幅度大于日本

D. 中日两国汇率维持相对购买力平价

17. （2024—中山大学）名词解释：一价定律。

18. （2015—中央财经大学，2017—中国人民大学，2025—南开大学，2025—中山大学）名词解释：购买力平价。

19. （2025—武汉大学）在法国买车 EUR12 000，即期汇率 GBP1=EUR1.400 2，问：

（1）根据购买力平价在英国买车多少钱？

（2）如果在英国买车 GBP 9 500，会发生什么样的套利行为，对汇率有什么影响？

（3）如果英国进口需要交 20% 的税，还会发生套利行为吗？

20. （2016—清华大学）1973 年英国的物价水平为 15.9，美国物价水平为 29.2（1995 年为 100），2003 年英国物价水平 122.4，美国物价水平 121.5。两国的汇率水平为：1973 年 0.430 4 英镑 / 美元，2003 年 0.597 5 英镑 / 美元。

（1）计算 1973—2003 年英国和美国的通货膨胀率之差，并用它比较同期英镑对美元的贬值情况。

（2）在 1973—2003 年的英国和美国之间，相对购买力理论有效吗？说明理由。

21.（2023—对外经济贸易大学）为什么购买力平价理论不能充分解释汇率？

22.（2024—东北财经大学，2024—西南财经大学，2024—暨南大学，2025—中央财经大学，2025—暨南大学）简述购买力平价理论的内容及评价。

【答案】1. ×；2. √；3. √；4. ×；5. ×；6. ×；7. A；8. B；9. D；10. C；11. D；12. B；13. B；14. B；15. B；16. A；17. 略；18. 略；

19.（1）以法国为本国，则根据购买力平价（一价定律）$P=eP^*$，$P^*=P/e=12\,000/1.400\,2=8\,570.20$ 英镑

（2）$eP^*=1.400\,2\times9\,500=13\,301.9>12\,000=P$，所以可以从法国买车、在英国卖出。该套利操作使得法国出口上升，汇率升值；英国进口上升，汇率贬值。英镑兑欧元汇率会在当前 1.400 2 的基础上下降。

（3）从法国买车，花费 $12\,000/1.400\,2=8\,570.20$ 英镑。考虑税收后，成本为 $8\,570.20\times(1+20\%)=10\,284.25$ 英镑，高于英国本地价格 9 500 英镑，故套利行为不会发生。

20.（1）先计算 1973—2003 年英国的通货膨胀率，设英国的年通货膨胀率为 π，美国年通货膨胀率为 π^*。

$$(1+\pi)^{30}=\frac{P_{2003}}{P_{1973}}=\frac{122.4}{15.9}=7.698\,1\Rightarrow\pi=7\%$$

$$(1+\pi^*)^{30}=\frac{P^*_{2003}}{P^*_{1973}}=\frac{121.5}{29.2}=4.161\Rightarrow\pi^*=4.86\%$$

这三十年间英国的年通货膨胀率比美国年通货膨胀率高出 2.14 个百分点。因此理论上英镑应该对美元贬值。1973 年 1 英镑 =2.323 4 美元，2003 年 1 英镑 =1.673 6 美元。

$$(1+x)^{30}=\frac{1.673\,6}{2.323\,4}=0.720\,3\Rightarrow x=-1.09\%$$

英镑平均每年贬值 1.09%。

（2）$e_{30}=e_0\left(\dfrac{1+\pi}{1+\pi^*}\right)^{30}=0.430\,4\times\dfrac{7.698\,1}{4.161}=0.796\,3$

假设 1973 年 1 美元 =0.430 4 是均衡汇率，2003 年的均衡汇率应为 1 美元 =0.796 3 英镑，但真正的汇率却为 1 美元 =0.597 5 英镑，故相对购买力平价不成立。

21. 略；22. 略

（二）利率平价理论（凯恩斯）：以利率解释汇率 ★★★★★

1. 前提假定

（1）资金可以在国与国之间自由流动，不存在限制。

（2）非套补利率平价还要求投资者风险中性。

>> 利率平价理论包括套补的利率平价和非套补的利率平价。"套补"和"非套补"的区别在于投资者在进行即期交易的同时,是否还签订了一份**远期合约**。如果签订远期合约,也即提前锁定了远期汇率,那么投资者在交易中不承担未来汇率变动的风险,这种情况称为"套补",否则为"非套补"。

2. 内容
(1) 套补利率平价(Covered Interest Parity, CIP)
① 内容

$$f = e \times \left(\frac{1 + i}{1 + i^*} \right)^t \qquad (10\text{--}30)$$

其中,f 和 e 分别表示远期汇率(t 期)和即期汇率,i 和 i^* 分别表示国内利率和国外利率,t 表示期数。

>> **方程推导**

a. 情景设定。假设投资者现有 1 单位的本币,想要投资 t 期。在开放经济下,他有两种选择:**第一,在国内投资**,假设国内利率是 i,则 t 期后,1 单位本币变成了 $(1+i)^t$ 单位的本币;**第二**,因为资本是自由流动的,所以他也可以**去国外投资**。去国外投资分三步走:第一步,先把本币换成外币,假设即期汇率是 e,则 1 单位本币能换 $\frac{1}{e}$ 单位外币;第二步,在国外投资,假设利率是 i^*,那么 t 期之后变成了 $\frac{1}{e}(1+i^*)^t$ 的外币;第三步,投资结束,换回本币。因为是"套补"的,所以投资者之前已经通过远期合约的方式提前锁定了汇率,假设为 f,即 1 单位外币能换 f 单位本币,则 $\frac{1}{e}(1+i^*)^t$ 单位的外币能够换 $\frac{f}{e}(1+i^*)^t$ 单位本币[①]。

b. 均衡情况。均衡情况下两种投资方式的收益率应该相等,也即:

$$\frac{f}{e}(1+i^*)^t = (1+i)^t \qquad (10\text{--}31)$$

整理得:

$$f = e \times \left(\frac{1 + i}{1 + i^*} \right)^t \qquad (10\text{--}30)\,[②]$$

c. 非均衡向均衡的过渡。假设两种投资方式的收益率并不相等,在国外投资的回报率更高,即:

$$\frac{f}{e}(1+i^*)^t > (1+i)^t \qquad (10\text{--}32)$$

---

① 因为存在交易成本(比如买卖价差),所以现实中的 CIP 会更加复杂,这里进行了简化考虑。

② 观察仔细的同学可能会发现,描述利率平价的式(10-27)与描述购买力平价的式(10-22)相似,只是将通货膨胀率换成了利率,所以可以将两者对比记忆。

既然在国外投资的回报率更高，那么即期，资金会从国内流向国外[1]；远期，投资完成，资金重新流回国内。伴随着资金的流动，经济变量将发生以下变动：① 即期，资金从国内流出，不再购买国内的债券，对国内债的需求下降、价格下降，国内利率（i）上升；② 资金流向国外，对国外债券的需求上升、价格上升，国外利率（i^*）下降；③ 资金流出，对外汇的需求上升，外汇价格（e）上升；④ 远期，资金回流国内，对外汇的供给上升，外汇价格（f）下跌。其中① 使得不等式右侧上升，②、③、④使得不等式左侧下降。可以发现，这四股力量都会使得两侧趋于相等，只要两侧不相等，这四股力量就会一直存在，直到相等为止，也就是系统会自动向均衡收敛。

d. 特殊情况。 令式（10-30）中的 $t=1$，将 e 移到等式左侧，然后等式两侧同时减去1，整理得：

$$\frac{\Delta e}{e} = \frac{f-e}{e} = \frac{i-i^*}{1+i^*} \approx i-i^* \text{[2]}$$

（10-33）

即是通常所说的"汇差（即期和远期）等于利差（本币和外币）"，高利率国家的货币远期有贬值趋势。

将 i^* 移项，有

$$i \approx i^* + \frac{\Delta e}{e}$$

（10-34）

可以更加直观地看到：等式左侧 i 表示在本国投资的收益率（本国债券的收益）；等式右侧 $i^* + \dfrac{\Delta e}{e}$ 表示在外国投资的收益率，包括两部分：外国债券的收益和外国货币的收益[3]；均衡情况下，国内外投资的收益率相等。

》 **从利率平价看三元悖论**。根据式（10-34）可知，若 i^* 上升（国外央行加息），且想令等式仍然成立，则要么令 i 也上升（本国央行跟随加息，丧失货币政策独立性）、要么令 $\dfrac{\Delta e}{e}$ 下降（允许汇率波动，放弃固定汇率制），否则会存在无风险套利的机会，只能限制资本的自由流动（打破利率平价的前提假定）。也就是说，该等式包含的自由度是2，不可能同时实现三个目标。

② **比较静态分析**

$$f = e \times \left(\frac{1+i}{1+i^*}\right)^t$$

（10-30）

根据式（10-30）可知，当本国利率水平（i）上升时，要让等式仍然成立[4]，要么本币即期升值（e 下降），要么远期贬值（f 上升）。利率平价理论认为这两种情况都会发生，也就是本国利率水平的上升使得本币**即期升值、远期贬值**。

---

① 中间存在套利空间，大家可以思考如何进行套利？
② 这里认为 i^* 相较于1很小，所以有 $1+i^* \approx 1$。
③ 比如我们购买 QDII 产品就相当于购买了两种资产——外国货币和外国债券。
④ 假设外国利率（i^*）是给定的，只关注汇率的变动。

>> **经济学逻辑**：当本国利率水平上升时,在本国投资回报率更高,套利资金即期会流入,对本币需求上升、本币升值;套利完成后,资金在远期又流出,对远期外汇的需求上升、本币贬值。

>> **现实情况**：**第一,"远期贬值"**：贬值的"远期汇率"实际上是"远期合约中约定的汇率"。银行作为外汇市场的做市商,在设定远期合约的汇率时会以套补利率平价作为依据,从而确保不存在套利空间。但是当前的远期汇率(比如90天的远期合约约定的汇率)未必等于未来(90天后)的即期汇率,未来的即期汇率未必真的会贬值。**第二,"即期升值"**：这也是我们更关注的。如图10-3所示,当3个月期的LIBOR减去3个月期的EUIBOR上升,即美国利率上升时,美元会升值。反过来,当美国利率下降时、美元会贬值。

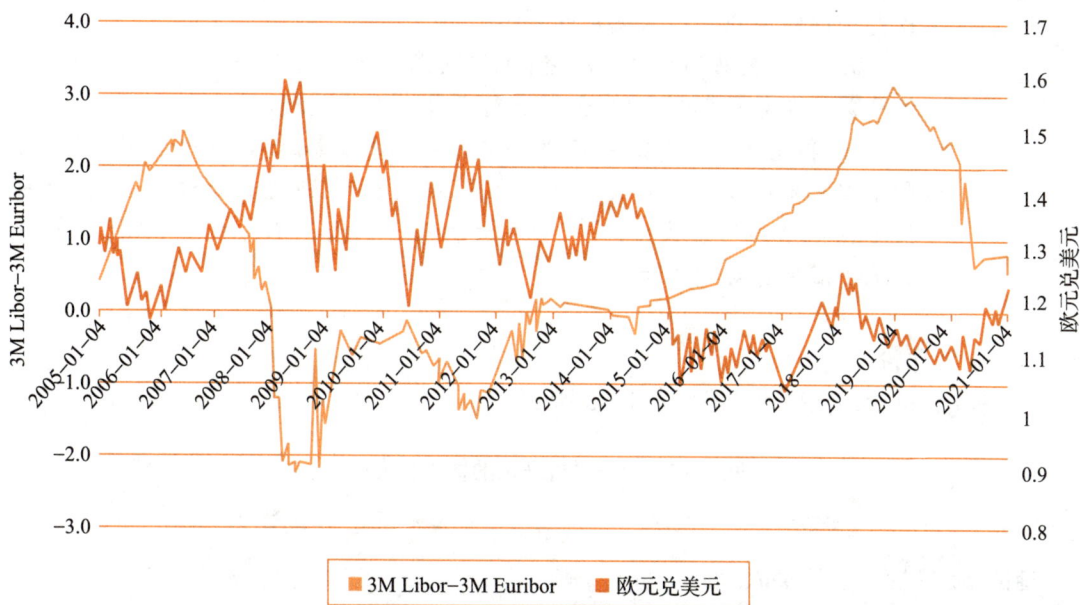

图 10-3　欧元兑美元汇率及利差

数据来源：Bloomberg。

（2）非套补利率平价（Uncovered Interest Parity，UIP）
内容

$$Ee_f = e \times \left(\frac{1+i}{1+i^*} \right)^t \tag{10-35}$$

其中, E_{ef} 表示投资者对未来汇率的预期。因为事先没有签订远期合约,所以投资者只能按照自己的预期来。对应地,将远期合约的汇率 f 换成投资者对未来汇率的预期 E_{ef} 即可,推导过程类似。

>> **UIP成立**需要用到**投资者风险中性**的前提假定：如果不签订远期合约,那么投资于国外市场会额外承担**汇率变动的风险**。若投资者是风险中性

的,则不会要求为该风险进行收益率补偿,均衡情况仍为国内外投资回报率相同。但若投资者是风险厌恶的,则会为汇率变动的风险要求补偿,均衡情况下,在国外投资的回报率更高,式(10-35)的两侧也不再相等,其左侧的值会更大。

》 **CIP 和 UIP 的联系**:未来的汇率是存在波动的,但如果引入**无偏性**(**Unbiasedness**)假定:当前的远期汇率是未来即期汇率的无偏估计[1],也即平均来看,当前的远期汇率等于未来的即期汇率,不存在系统性的偏离,那么有:

$$f=Ee_f \tag{10-36}$$

再加上投资者风险中性的前提假定,套补和非套补的情况就可以统一。

》 **利差交易**(**Carry Trade**)

a. 含义:从低利率国家融资、到高利率国家投资,可以赚取利差收益。这是国际对冲基金经常使用的策略。

b. 利差交易与 CIP 不冲突:利差交易并**不进行套补**,因为远期合约的汇率是按照 CIP 来制定的,如若进行套补将无法获利。

c. 利差交易与 UIP 相违背:从现实数据来看,与 UIP 的预测不同,高利率国家货币在未来不仅不会贬值、往往还会升值;也就是说,汇差部分不仅不会抵销掉利差收益,反而会扩大收益。但因为不套补,所以利差交易会承担**汇率变动的风险**。

3. 优劣评价

利率平价理论的优势和劣势如表 10-5 所示。

表 10-5 利率平价理论的优势和劣势

优势	劣势
理论价值:开辟了从**货币市场**角度分析汇率形成的新途径,是其他汇率决定理论(如货币分析法等)的基础	利率影响汇率,汇率反过来也会影响利率,同样存在内生性的问题
实践价值:① 是做市商确定**远期汇率**的依据。如前所述,做市商远期汇率的报价就是通过 CIP 的计算得到的[2];② 为中央银行提供了间接干预的手段,可以通过利率来调节汇率	UIP 往往不能通过实证检验,实证发现:高利率国家的货币不仅没有贬值,往往还有升值预期,称为**远期溢价之谜**。其原因可能在于 UIP 的前提假定不符合现实情况,包括:① 资本不是自由流动的,而是存在管制,包括换汇管制、汇率管制等;② 存在交易成本,比如买卖价差等;③ 投资者并非风险中性,而是风险厌恶的,对于跨境投资所承担的风险(包括汇率波动的风险、购买债券的信用风险、流动性风险等)会要求补偿

---

① 无偏性可以通过套利者的操作来实现。

② CIP 的实证效果较好,国际清算银行曾称 CIP 为"国际金融中最接近物理定律的理论"。

≫　比较利率平价理论和购买力平价理论

购买力平价理论和利率平价理论的比较如表10-6所示。

表10-6　购买力平价理论和利率平价理论的比较

理论名称	购买力平价理论	利率平价理论
出发角度	产品市场,考虑商品流动套利	货币市场,考虑资金流动套利
时间	产品市场调整速度慢,是中长期的汇率决定理论,通货膨胀率是汇率的中长期影响因素	货币市场调整速度快,是短期的汇率决定理论,利率是汇率的短期影响因素

▷▷▷ 真题链接

1.（2024—上海大学）（判断题）在其他条件不变的情况下,一国利率上升对本币汇率的影响具有双重效应,即短期升值而远期贬值。（　　　）

2.（2025—华东理工大学）（判断题）外汇市场上远期汇率与即期汇率之间的差价是由两国利率差异决定的。（　　　）

3.（2015—中国人民大学）根据利率平价理论,假如人民币的名义利率比美元高,通货膨胀率也比美元高,长期来看人民币是（　　　）的。

A. 升值　　　　　　　　　　　B. 贬值

C. 不变　　　　　　　　　　　D. 以上都不对

4.（2018—上海财经大学）假设利率平价成立,则下列哪个操作是一样的?（　　　）

A. 美国人在美国买美国国债和美国人在加拿大买加拿大国债一样

B. 美国人在美国买美国国债和加拿大人在美国买美国国债一样

C. 加拿大人在美国买美国国债和美国人在加拿大买加拿大国债一样

D. 美国人在美国买美国国债和加拿大人在加拿大买加拿大国债一样

5.（2020—清华大学）（多选题）以下表述不正确的是（　　　）。

A. 根据利率平价,各国利率相等

B. 根据利率平价,预期汇率增加将导致国内货币升值

C. 预期未来一年美元对日元贬值,未来美国利率一定大于日本利率

D. 若预期汇率上升,当前汇率也会升值

6.（2020—复旦大学）国际金融市场上,英镑债券年收益率是27%,美元债券年收益率为9%,假定两种债券信用等级相同,那么根据利率平价,一年后英镑相对美元（　　　）。

A. 升值4.52%　　　　　　　　B. 贬值4%

C. 贬值14.17%　　　　　　　　D. 升值4%

7.（2020—上海财经大学）根据费雪效应的观点,如果英国利率高于美国利率,则（　　　）。

A. 英镑相对于美元即期汇率将贬值

B. 英镑相对于美元而言将有远期贴水

C. 英国的通货膨胀率将下降

D. 英镑的价值将保持不变

8. 根据非抛补的利率平价理论,若本国利率高,则未来本币(　　)。

A. 预期贬值　　　　　　　　　　B. 预期升值

C. 预期不变　　　　　　　　　　D. 预期超调

9. (2019—中央财经大学)下列关于利率平价理论的表述中,不正确的是(　　)。

A. 两国之间的利率差决定和影响了两国货币的汇率变动方向

B. 本国利率上升会引起本币即期汇率升值,远期汇率贬值

C. 利率平价理论主要用以解释长期汇率的决定

D. 利率平价理论的假设前提是跨境资金可以自由流动

10. (2021—中央财经大学)根据利率平价理论,当本国货币利率上升时,正确的是(　　)。

A. 本币即期汇率贴水　　　　　　B. 即期汇率不变

C. 外汇远期升水　　　　　　　　D. 外币远期贴水

11. (2021—复旦大学)关于利率平价,下列说法正确的是(　　)。

A. 根据非套补利率平价,当本国利率高于外国时,在远期交割的合约中,本币将贬值

B. 根据套补利率平价,当本国利率高于外国时,在远期交割的合约中,本币将升值

C. 根据套补利率平价,当本国利率高于外国时,反映了市场对本国货币在未来升值的预期

D. 根据非套补利率平价,本国利率高于外国,反映了市场对本国货币在未来贬值的预期

12. (2021—对外经济贸易大学)关于利率平价理论,以下说法错误的是(　　)。

A. 利率平价理论提供了联系外汇市场和货币市场的纽带

B. 根据利率平价理论,高利率货币远期贴水、低利率货币远期升水

C. 根据利率平价理论,投资者应该投资高利率货币

D. 利率平价理论阐述了外汇市场的均衡条件

13. (2023—清华大学)利率平价理论下,我国存款利率低于美国,那一年后人民币的汇率情况是(　　)。

A. 人民币相对于美元升值　　　　B. 人民币相对于美元贬值

C. 中国通货膨胀率比美国高　　　D. 中国通货膨胀率比美国低

14. (2024—上海财经大学)美元利率是4%,欧元利率是6%,美元对欧元的预期升值率为3%。根据无抵补价利率平价,投资者会选择(　　)。

A. 投资美元资产

B. 投资欧元资产

C. 投资美元资产或欧元资产无所谓

D. 还需要更多信息来做决定

15.（2025—上海财经大学）以下关于制度的说法,不正确的是（   ）。

A. 中国香港是货币局制度

B. 固定汇率制度下,若资本自由流动,则国内外利率相等

C. 浮动汇率制度下,汇率可以起到自动稳定的功能

D. 固定汇率制度下,货币政策无独立性

16.（2016—中国人民大学,2018—中国人民大学）名词解释:利率平价理论。

17.（2025—上海财经大学）2023 年欧元兑美元为 EUR/USD=1.82,美元资产年利率为 4.88%,欧元资产年利率为 3.69%,则根据无抵补利率平价,

（1）一年后欧元相对美元升水（或贴水）了多少?

（2）3 个月后欧元相对美元升水（或贴水）了多少?

18.（2014—清华大学）假定即期时,加拿大元对美元的即期汇率是 1 加元 =1.01 美元,现在的即期汇率是 1 加元 =0.95 美元。根据下表回答以下问题。

国家	加拿大	美国
即期物价水平	100	100
现在物价水平	102	105
预期年通货膨胀率	2%	3%
预期年利率	3%	5%

（1）假设购买力平价成立,计算现在的加元兑美元的购买力平价汇率。计算出的数据支持购买力平价吗?

（2）如果国际费雪效应成立,预测 1 年后加元兑美元的即期汇率是多少?

（3）如果相对购买力平价成立,预测 4 年后加元兑美元的即期汇率是多少?

19.（2020—对外经济贸易大学）已知外汇市场上美元兑人民币即期汇率为 6.800 0,美元年利率为 4%,人民币的年利率为 6%。

（1）计算 1 年后达到非抛补利率平价的预期即期汇率。

（2）如果某投机者预测 1 年后美元升值,使得美元兑人民币汇率达到 7 元以上,那么他将如何在即期外汇市场进行投机套利? 若一年后美元升值到 6.900 0,请问该项投机的收益率为多少?

20.（2025—中央民族大学）简述利率平价理论。

21.（2025—西南财经大学）根据利率平价理论,论述影响短期汇率的因素。

22.（2025—浙江工商大学）根据利率平价理论说明当美联储提高利率时,美元兑人民币汇率会怎么变化。

23.（2023—山东大学）简述无抛补利率平价理论以及为什么它在现实中会失效。

24.（2025—武汉大学）根据利率平价理论解释货币流向高利率国家的原因。

【答案】1.　√;2.　√;3. B;4. A;5. AC;6. C;7. B;8. A;9. C;10. C;11. D;

12. C；13. A；14. A；15. D；16. 略；

17.（1）以美元为本币，根据无抵补的利率平价理论，

$$Eef = e \times \frac{1+i}{1+i^*} = 1.82 \times \frac{1+4.88\%}{1+3.69\%} = 1.840\,9;$$

欧元升水幅度为 $\dfrac{1.840\,9-1.82}{1.82} = 1.15\%$

（2）以美元为本币，根据无抵补的利率平价理论，

$$Eef = e \times \frac{1+i}{1+i^*} = 1.82 \times \frac{1+4.88\%/4}{1+3.69\%/4} = 1.825\,4;$$

欧元升水幅度为 $\dfrac{1.825\,4-1.82}{1.82} = 0.30\%$

18.（1）假设购买力平价成立 $e = \dfrac{P_d}{P_f} = \dfrac{105}{102} \approx 1.03$，即 1 加元 =1.03 美元，现在的即期汇率是 1 加元 =0.95 美元，加元被低估。所以表中数据不支持购买力平价。

（2）这里的国际费雪效应指的是非套补利率平价理论（UIP）。

$$E(e_1) = e_0 \frac{1+i}{1+i^*} = 0.95 \times \frac{1.05}{1.03} = 0.968\,4 \approx 0.97$$

如果国际费雪效应成立，预计 1 年后加元兑美元的即期汇率是 1 加元 =0.97 美元。

（3）$E(e_4) = e_0 \dfrac{(1+\pi)^4}{(1+\pi^*)^4} = 0.95 \times \dfrac{1.03^4}{1.02^4} = 0.987\,8 \approx 0.99$

根据相对购买力平价理论，预计 4 年后加元兑美元的即期汇率是 1 加元 = 0.99 美元。

19.（1）$f = e\left(\dfrac{1+i}{1+i^*}\right) = 6.8 \times \dfrac{1+6\%}{1+4\%} = 6.930\,8$，即 1 年后达到非抛补利率平价的预期即期汇率为 6.930 8。

（2）美元兑换人民币汇率超过 7，则去美国进行投资的收益为 $\dfrac{7}{6.8}(1+4\%)=1.070\,6$，在中国投资的收益则为 1.06，因此可以从中国借款，投资于美国市场。若一年后美元升值到 6.9，则 $\dfrac{6.9}{6.8}(1+4\%)=1.055\,3$，投资收益小于在中国投资，其收益率为 1.055 3−1.06=−0.47%。

20. 略；21. 略；22. 略；23. 略；24. 略

（三）国际收支说：以国际收支解释汇率　★★★

国际收支说源于 19 世纪 60 年代戈申的**国际借贷说**，20 世纪 80 年代阿尔盖又对其进行了发展。

内容

（1）均衡汇率

$$e = F\left(Y、Y^*、P、P^*、i、i^*、Ee_f\right) \tag{10-37}$$

e 是均衡汇率，它是关于以下变量的函数：Y、Y^* 表示本国和外国的收入水平；P、P^* 表

示本国和外国的价格水平；i、i^* 表示本国和外国的利率水平；Ee_f 是对未来汇率的预期。

>> **推导：**

① 国际收支平衡决定均衡的汇率水平

汇率是外汇（以本币表示）的价格，价格是由供求决定的，外汇的价格自然由对外汇的供求决定。而对外汇的供求又来自对外的交易，也就是国际收支。若国际收支顺差，则外汇市场上的外汇供给多[①]，外汇贬值；若国际收支逆差，则外汇市场上的外汇需求多，外汇升值；若国际收支平衡，则外汇供求也平衡，由此形成的汇率也就是均衡汇率（见图10-4）。这样一来，对汇率的分析就转化成了对国际收支的分析。

国际收支平衡（对外交易）——→ 外汇供求平衡 ——→ 汇率均衡（外汇价格）

图 10-4　国际收支平衡决定均衡的汇率水平

② 国际收支的分解

$$0=OB=CA（Y、Y^*、P、P^*、e）+KA（i、i^*、e、Ee_f）\qquad（10-38）$$

如式（10-38）所示，国际收支（OB）包括经常账户（CA）和非储备性质的资本金融账户（KA）的收支。**经常账户的主体是贸易账户（净出口）**，其收支由本国收入（Y）、外国收入（Y^*）、实际汇率（P、P^*、e）决定；**资本金融账户的收支**则由本国利率（i）、外国利率（i^*）以及汇率变动的预期（e、Ee_f）驱动。

③ 均衡汇率的得到

式（10-37）是一个隐函数，这里关注的是汇率的决定，所以将 e 放到左边作为因变量，可得：

$$e=F（Y、Y^*、P、P^*、i、i^*、Ee_f）\qquad（10-39）$$

右侧的变量会导致国际收支顺差或者逆差，进而带动均衡汇率的变动。

（2）比较静态分析

各变量变动对汇率的影响方向如表10-7所示[②]。

表 10-7　各变量变动对汇率的影响方向

变量	CA/KA	OB	外汇需求	本币币值
$Y\uparrow$	CA $\downarrow$	$\downarrow$	$\uparrow$	贬值
$P\uparrow$	CA $\downarrow$	$\downarrow$	$\uparrow$	贬值

---

① 还有种说法，进入外汇结算阶段的国际收支顺差意味着"流动债权"大于"流动债务"，本币升值；反过来，进入外汇结算阶段的国际收支逆差意味着"流动债务"大于"流动债权"，本币贬值。

② 国外变量变动与国内变量变动对本币汇率的影响方向相反，大家可自行分析。

续表

变量	CA/KA	OB	外汇需求	本币币值
$i\uparrow$	KA $\uparrow$	$\uparrow$	$\downarrow$	升值
$Ee_f\uparrow$	KA $\downarrow$	$\downarrow$	$\uparrow$	贬值

≫ 关于预期对汇率的影响，阿夫塔里昂专门提出了**汇兑心理说**，认为外汇价值是由外汇供求双方对外汇的边际效用所作出的**主观评价**决定的，即强调主观心理因素对汇率的影响。

≫ 国际收支说是"**流量分析法**"，认为供求流量决定了外汇价格。自20世纪70年代以来，随着各国资本金融账户开放程度提高、影响力越来越大，汇率越来越表现出资产价格的特征，因而有了从资产市场入手对汇率展开的分析，称为"**存量分析法**"。

▷▷▷ **真题链接**

1.（2019—中央财经大学）关于汇率决定理论的表述中，错误的是（   ）。

A. 国际借贷说认为，本币贬值的原因是流动债务多于流动债权

B. 汇兑心理学说认为，外汇价值是由外汇供求双方对外汇边际效用所作出的主观评价决定的

C. 购买力平价理论认为，一国出现持续的通货膨胀将导致该国货币的名义汇率贬值

D. 一国货币的购买力平价与现实的名义汇率之间往往不存在偏离

2.（2020—中央财经大学）从流量角度及实体层面考查汇率决定的理论是（   ）。

A. 利率平价说   B. 购买力平价说

C. 国际借贷说   D. 货币分析说

【答案】1. D；2. C

（四）弹性价格货币分析法（弗兰科、比尔森） ★★★

1. 前提假定

（1）产品市场：短期 AS 曲线垂直，价格具有弹性以保证产出不变。

（2）货币市场：货币市场均衡，货币需求稳定可测。

（3）外汇市场：RPPP 短期内成立、UIP 成立。

2. 内容

（1）均衡汇率

$$\frac{\Delta e}{e}=\left(\frac{\Delta M_s}{M_s}-\frac{\Delta M_s^*}{M_s^*}\right)-\alpha\left(\frac{\Delta Y}{Y}-\frac{\Delta Y^*}{Y^*}\right)+\beta(\Delta i-\Delta i^*) \qquad (10\text{--}40)$$

其中，e 表示汇率，$\frac{\Delta e}{e}$ 表示汇率的变动。M_s、M_s^* 表示本国和外国的货币供给，Y、Y^* 表示

本国和外国的收入水平，i、i^* 表示本国和外国的利率水平。α、β 是两个大于零的参数。

>> **方程推导：**

汇率应该是在外汇市场上被决定的，但是根据瓦尔拉斯法则，如果本币市场均衡，那么外币市场就也是均衡的。所以可以从本币市场均衡出发展开分析。

本币市场均衡，即货币需求等于货币供给：

$$M_d = M_s \tag{10-41}$$

根据卡甘货币需求方程式，货币需求与收入、价格呈正相关，与利率呈负相关，则有：

$$M_d = kPY^\alpha e^{-\beta i} \tag{10-42}$$

其中，k 是系数，e 是自然常数（注意不是汇率）。

将式（10-41）代入式（10-42）中，可得：

$$M_s = kPY^\alpha e^{-\beta i} \tag{10-43}$$

两侧取全微分[①]，得到各变量变动率之间的关系：

$$\frac{\Delta M_s}{M_s} = \frac{\Delta P}{P} + \frac{\Delta Y}{Y} - \beta \Delta i \tag{10-44}$$

对国外的分析是对称的，也有：

$$\frac{\Delta M_s^*}{M_s^*} = \frac{\Delta P^*}{P^*} + \frac{\Delta Y^*}{Y^*} - \beta \Delta i^* \tag{10-45}$$

根据前提假定，相对购买力平价成立，即：

$$\frac{\Delta e}{e} = \frac{\Delta P}{P} - \frac{\Delta P^*}{P^*} \tag{10-46}$$

将式（10-44）、式（10-45）代入式（10-46），可得：

$$\frac{\Delta e}{e} = \left(\frac{\Delta M_s}{M_s} - \frac{\Delta M_s^*}{M_s^*} \right) - \alpha \left(\frac{\Delta Y}{Y} - \frac{\Delta Y^*}{Y^*} \right) + \beta (\Delta i - \Delta i^*)$$

（2）比较静态分析

下面考虑各经济变量的变动对汇率的影响方向，以国内经济变量变动为例。

① **货币供给上升**：从式（10-40）来看，$\frac{\Delta M_s}{M_s}$ 增加会使得 $\frac{\Delta e}{e}$ 上升，即本币贬值。其背后的**传导机制**是：货币供给上升使得 AD 曲线外移，而 AS 曲线是垂直的（前提假定），所以 AD 上升只会造成本国价格水平的上升；根据购买力平价理论可知，价格水平的上升会使得本币贬值。

---

① 使用乘法求导公式来运算。

② **本国收入上升**：从式（10-40）来看，$\frac{\Delta Y}{Y}$ 增加会使得 $\frac{\Delta e}{e}$ 下降，本币升值。背后的**传导机制**是：因为 AS 曲线垂直，所以收入上升只能由 AS 曲线外移所驱动（AD 曲线变动只会影响价格、不影响收入），AS 曲线外移使得本国价格水平下降，根据购买力平价理论可知，本币升值。

③ **本国利率上升**：从式（10-40）来看，Δi 增加会使得 $\frac{\Delta e}{e}$ 上升，本币贬值。背后的**传导机制**是：利率上升会抑制货币需求，使得货币供给相对过多，于是人们会增加支出，AD 曲线外移，本国价格水平上升，根据购买力平价理论可知，本币贬值。

》 对于本国收入、利率变动对汇率的影响方向，国际收支说和弹性价格货币分析法的结论是**相反**的（见表10-8）。这是因为它们的出发角度不同、分析方法不同。

表10-8 国际收支说和弹性价格货币分析法的对比

变化量	国际收支说	弹性货币分析法
收入上升	贬值	升值
利率上升	升值	贬值

（3）引入预期因素

$$\frac{\Delta e}{e} = \frac{1}{(1+\beta)}\left[\left(\frac{\Delta M_s}{M_s} - \frac{\Delta M_s^*}{M_s^*}\right) - \alpha\left(\frac{\Delta Y}{Y} - \frac{\Delta Y^*}{Y^*}\right)\right] + \frac{\beta}{(1+\beta)}\frac{\Delta E e_f}{E e_f} \quad (10\text{-}47)$$

》 **方程推导**

因为 UIP 成立，所以根据式（10-30），令 $t=1$，有：

$$E e_f = e \times \left(\frac{1+i}{1+i^*}\right) \quad (10\text{-}48)$$

两侧同时取对数，得：

$$\ln E e_f = \ln e + \ln(1+i) - \ln(1+i^*) \quad (10\text{-}49)$$

根据等价无穷小，有：

$$\ln E e_f \approx \ln e + i - i^* \quad (10\text{-}50)$$

两侧取全微分，并整理得：

$$\Delta i - \Delta i^* = \frac{\Delta E e_f}{E e_f} - \frac{\Delta e}{e} \quad (10\text{-}51)$$

代入方程（10-40）中可得：

$$\frac{\Delta e}{e} = \left(\frac{\Delta M_s}{M_s} - \frac{\Delta M_s^*}{M_s^*}\right) - \alpha\left(\frac{\Delta Y}{Y} - \frac{\Delta Y^*}{Y^*}\right) + \beta\left(\frac{\Delta E e_f}{E e_f} - \frac{\Delta e}{e}\right) \quad (10\text{-}52)$$

整理得：

$$\frac{\Delta e}{e} = \frac{1}{(1+\beta)}\left[\left(\frac{\Delta M_s}{M_s} - \frac{\Delta M_s^*}{M_s^*}\right) - \alpha\left(\frac{\Delta Y}{Y} - \frac{\Delta Y^*}{Y^*}\right)\right] + \frac{\beta}{(1+\beta)}\frac{\Delta Ee_f}{Ee_f}$$

≫ **现实意义**：通过式（10-47）可以看到，汇率是由两方面因素共同驱动的：基本面因素（包括货币量、产出等）和预期因素。如果预期是回归性的，形成负反馈机制，则有助于汇率的稳定；而如果预期是外推性的，形成正反馈机制，则会加剧汇率的波动。当出现后面这种情况时，就应当对预期因素进行剥离，这就是中国人民银行推出**逆周期因子**的原因：把汇率定价中的预期因素剥离掉，只保留基本面因素，强化人民币汇率形成中基本面的力量、弱化预期的力量。详细可见本讲专栏一。

3. 优劣评价

弹性价格货币分析法的优势和劣势如表 10-9 所示。

表 10-9　弹性价格货币分析法的优势和劣势

优势	劣势
使用了一般均衡的分析方法，充分考虑了汇率的资产价格属性	前提假定不合理，比如短期内价格弹性、AS 曲线垂直等，与现实情况不符

▷▷▷ **真题链接**

1.（2021—对外经济贸易大学）（判断题）在汇率决定理论中，在其他因素不变的情况下，当一国国民收入增加时，根据国际收支说，本币会贬值；而根据弹性价格的货币分析法，本币将升值。（　　　）

2.（2014—对外经济贸易大学）根据汇率决定理论中的弹性价格货币模型，以下引起本币升值的因素是（　　　）。

A. 本国货币供给相对外国增加

B. 外国产出水平相对本国增加

C. 本国利率水平相对外国增加

D. 外国利率水平相对本国增加

3.（2024—上海大学）关于汇率决定，下列选项说法正确的是（　　　）

A. 货币分析法认为，本国收入增加或利率下跌，本币升值

B. 货币分析法认为，本国收入增加或利率上涨，本币升值

C. 国际收支分析法认为，本国收入增加或利率下跌，本币升值

D. 国际收支分析法认为，本国收入增加或利率上涨，本币升值

【答案】1. √；2. D；3. A

（五）粘性价格货币分析法（超调模型，多恩布什） ★★★

1. 前提假定

（1）产品市场：短期价格粘性（产品市场调整速度慢），AS 曲线水平（或向右上方倾斜）；长期价格恢复弹性，AS 曲线垂直。

> 》 从该理论的名字中可以看出，短期价格粘性是粘性货币分析法的核心假定，也是它与弹性货币分析法的核心区别。

（2）货币市场：货币市场均衡，货币需求稳定可测。

（3）外汇市场：因为短期价格粘性，所以 RPPP 短期内不成立，长期才成立；UIP 短期成立。

2. 内容

考虑货币扩张的影响，假设 $t=0$ 期，本国的货币量增加了 10%。

（1）长期影响

对粘性货币分析法的分析从长期（$t=\infty$）开始，以长期为基准。在长期，价格恢复弹性，此时粘性分析法就等同于弹性分析法。根据式（10-40）可知，若货币量增加 10%（$\dfrac{\Delta M_s}{M_s}=$ 10%），则价格水平也增加 10%（$\dfrac{\Delta P}{P}=10\%$）[①]，汇率贬值为 10%（$\dfrac{\Delta e}{e}=10\%$）。

（2）短期影响

在短期（$t=0$），因为价格粘性，所以没有上升 10%（比如只上升了 1%）。则名义货币量的扩张也将带动实际货币量（$\dfrac{M_s}{P}$）的扩张，进而 LM 曲线外移[②]，**利率下降、产出上升**。

根据 UIP 方程：

$$Ee_f = e \times \left(\frac{1+i}{1+i^*} \right)^t \tag{10-48}$$

在 Ee_f 给定的情况下，i 下降会使得 e 上升。在这里，未来汇率 Ee_f 就是给定的：长期贬值 10%（刚才弹性分析法的结论），所以本国利率的下降会使得**即期汇率进一步贬值**，幅度超过 10%，称之为"**超调（Overshooting）**"。

> 》 **超调**：在外生冲击下，变量的短期调整幅度超过了长期均衡的调整幅度。"超"是针对**长期均衡**而言的，在这里，汇率的短期波动幅度就超过了它长期均衡的调整幅度。

（3）短期向长期的过渡

接下来，价格逐渐恢复弹性，从上升 1% 逐渐到上升 10%。随着价格水平的上升，实际货币余额又下降，LM 曲线内移、利率上升、产出下降。随着利率上升，汇率升值。最终 LM

[①] 这里用到长期货币中性的结论：在长期，货币量的变动只会使得价格等比例变动，不影响实际变量。

[②] 影响 LM 曲线位置的因素是实际货币供给，并非名义货币供给。

曲线移回原来的位置,利率和产出也下降到之前的水平,汇率则升值到贬值 10% 的水平。

我们以弹性货币分析法作为参照(见图 10-5),整个过程中各变量的变动如图 10-6 所示。

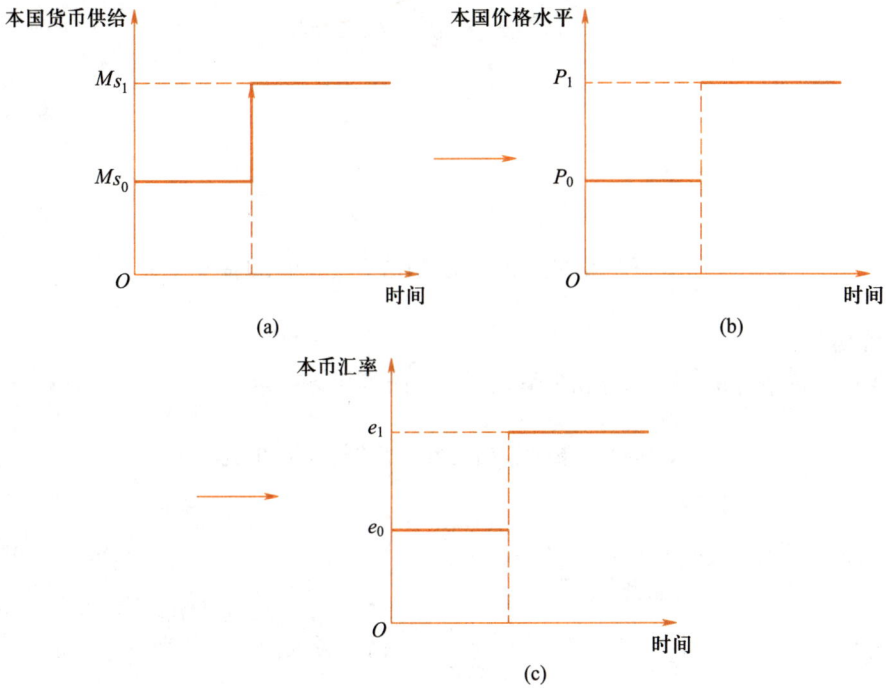

图 10-5 弹性价格货币分析法下货币冲击的影响

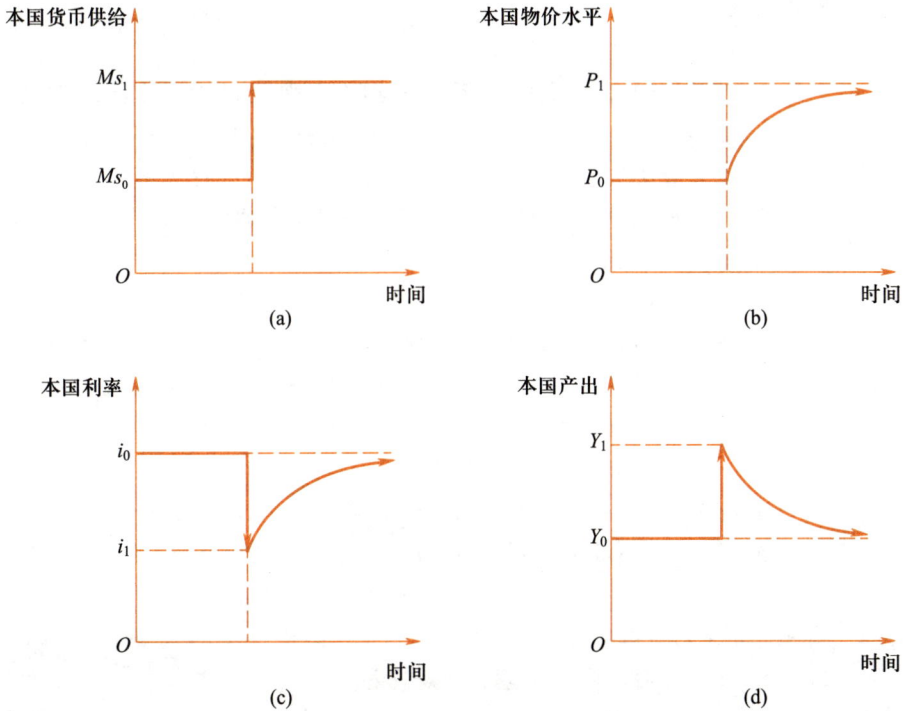

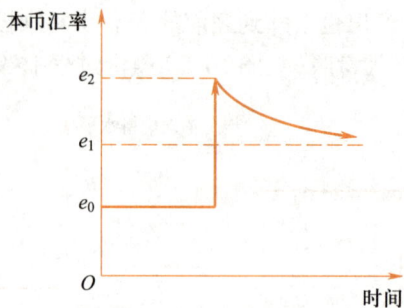

(e)

图 10-6　粘性价格货币分析法下货币冲击的影响

3. 优劣评价

粘性价格货币分析法的优势和劣势如表 10-10 所示。

表 10-10　粘性价格货币分析法的优势和劣势

优势	劣势
（1）前提假定更合理,短期价格粘性更符合现实情况,因而"超调"的结论也更有说服力	模型较为复杂,且实证检验较为困难（因为很难判断当前处于短期、中期还是长期）
（2）具有很强的政策含义:因为汇率超调是常态,所以外汇市场并非完全有效,需要政府进行适度的干预	

▷ ▷ ▷ 真题链接

1.（2021—上海财经大学）汇率超调（或过调）出现在哪个理论中?（　　　）

A. 利率平价　　　　　　　　　B. 购买力平价

C. 货币分析法　　　　　　　　D. 资产组合分析法

2.（2017—对外经济贸易大学）根据多恩布什的汇率超调模型,当本国货币供给增加时,本币汇率将按照先贬值后升值的路径达到新的均衡水平,导致这一现象发生的根本原因是（　　　）。

A. 利率和商品价格的调整速度快于汇率

B. 汇率的调整速度快于利率和商品价格

C. 商品价格的调整速度快于利率和汇率

D. 汇率和利率的调整速度快于商品价格

3.（2025—清华大学）关于汇率超调,正确的是（　　　）

A. 会同时观察到即期贬值与预期升值

B. 由于价格和收入粘性,因而名义货币供给不影响利率,但是名义货币供给增长率的变动会影响利率

C. 汇率超调与否,依赖理性预期假设

D. 以上说法均不正确

4.（2011—对外经济贸易大学，2013—复旦大学，2017—首都经济贸易大学，2017—中山大学）名词解释：汇率超调。

【答案】1. C；2. D；3. A；4. 略

（六）资产组合分析法（布朗森）[①] ★

1. 前提假定

（1）投资者风险厌恶

因为持有外币资产需要额外承担汇率变动的风险，所以本币资产、外币资产不能完全替代，需要对本币资产和外币资产的供求平衡在两个独立市场上进行考查，并且 UIP 也不成立。

（2）本国居民持有三种资产

$$W=M+B+eF$$

其中，W 表示本国的财富总量（以本币计价），M 表示本国货币、B 表示本币债券、F 表示外币资产（包括外国货币、外币债券等），e 为直接标价法下的汇率。

① **资产供给**：本币资产供给（包括货币供给和债券供给）是由政府控制的；**外币资产供给**由本国的**经常账户顺差**决定。本国经常账户顺差扩大，意味着通过出口赚到的外币资产在增加，外币资产的供给上升。

② **资产需求**：**本国利率表征着本国债券的收益率**，所以当本国利率上升时，对本币债券需求上升、对本国货币和外币债券需求下降；**国外利率是给定的**。

③ **最优资产组合中各资产的比例稳定**（比如投资者就希望以 1：1：1 的比例持有本国货币、本币债券和外币债券），所以当外币资产供给上升时，人们会把一部分外币资产转换成本币资产、继续维持原有的最优比例，这就使得本币资产需求上升；同样，当本币资产供给上升时，人们也会希望把一部分本币资产转换成外币资产，外币资产需求上升。

2. 内容

资产组合理论的核心是汇率是由投资者的资产选择决定的，三个资产市场同时**出清**决定了均衡的汇率水平，具体的分析可以通过图形来展开。

（1）*MM–BB–FF* 曲线的斜率和位置

***MM–BB–FF* 曲线以本国利率为横轴，以汇率为纵轴。**

① ***MM* 曲线表示本国货币市场均衡**

MM 曲线如图 10-7 所示。

***MM* 曲线斜率为正。**因为当**汇率上升**时，外币资产以本币表示的价值是上升的、整体的财富供给上升。人们希望把一部分外币资产转换成本币资产来维持各资产之间的最优比例，从而货币需求上升，**货币市场存在超额需求**。这个时候需要**提高利率**来抑制货币需求，使货币市场重新实现平衡。也就是说，随着汇率上升，利率也是上升的，*MM* 曲线斜率为正。

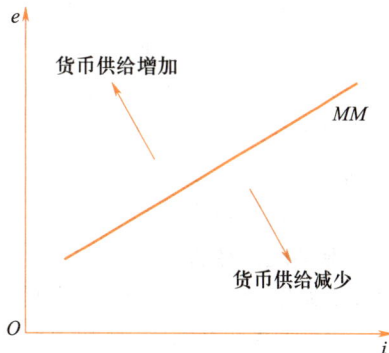

图 10-7　*MM* 曲线

[①] 资产组合分析法各学校普遍考查较少，并且分析较为复杂，大家可酌情掌握。

位置：货币供给上升会使得利率下降，也即 *MM* 曲线左移。

② *BB* 曲线表示本国债券市场均衡

BB 曲线如图 10-8 所示。

***BB* 曲线斜率为负。** 因为当**汇率上升**时，外币资产供给上升，人们希望把一部分外币资产转换成本币资产，从而债券需求上升，**本币债券市场上存在超额的债券需求**。这个时候需要**降低利率**来抑制债券需求，使本币债券市场重新实现平衡。也就是说，随着汇率上升，利率会下降，*BB* 曲线斜率为负。

位置：当本币债券供给上升时，价格下跌、本国利率上升，*BB* 曲线右移。

③ *FF* 曲线表示外币资产市场均衡

FF 曲线如图 10-9 所示。

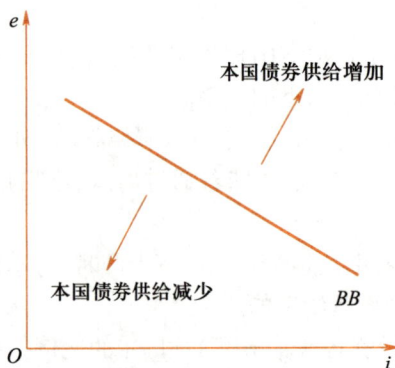

图 10-8 *BB* 曲线

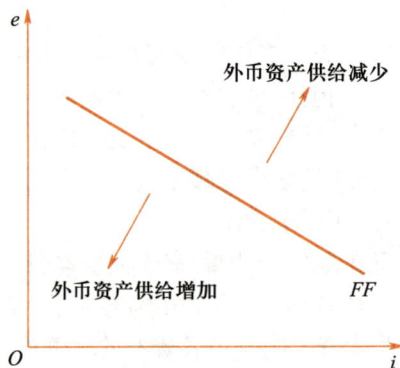

图 10-9 *FF* 曲线

***FF* 曲线斜率为负。** 因为当**汇率上升**时，外币资产供给上升，但是外币资产的需求没有同幅度上升（有一部分转化成对本币资产的需求），**外币资产市场上存在超额供给**。这个时候需要**降低本国利率**来提振外币资产的需求，使外币资产市场重新实现平衡。也就是说，随着汇率上升，利率会下降，*FF* 曲线斜率为负。

***FF* 曲线要比 *BB* 曲线的斜率更小**，这是因为外币资产对汇率更敏感（而本币资产对利率更敏感），汇率上升一个单位，利率要下降更多单位。

位置：当外币资产供给上升时，外币价格下跌、外币贬值，本币升值，*FF* 曲线下移。

如图 10-10 所示，三条曲线的交点（*A* 点）决定了均衡的汇率和利率水平，而汇率则是我们更为关注的要素。

（2）比较静态分析

观察政策冲击（影响各类资产的供给变动）对均衡汇率的影响。具体来看，分为两种情况：

① 资产总量不变，只是结构调整（"相对量"的变动）

a. 中央银行在本国债券市场上进行公开市场

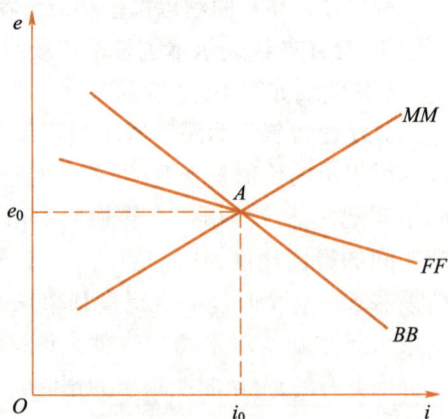

图 10-10 *MM-BB-FF* 曲线确定的均衡状态

操作,买入本国国债投放货币(贬值)。

该操作使得货币供给上升、本币债券供给下降,资产供给总量不变。如图 10-11 所示,货币供给上升使得 MM 曲线左移;本币债券供给下降使得 BB 曲线左移;因为资产总量不变且外币资产供给也不变,所以 FF 曲线不移动。一直移动到三条线重新交于一点为止(A'),发现在新的均衡点上,汇率上升、利率下降,也就是在本币市场进行的公开市场买入会使得本币贬值,利率下降。

b. 中央银行在外国债券市场 [①] 上进行公开市场操作,买入外国国债投放货币(贬值)。

该操作使得货币供给上升、外币债券供给下降,资产供给总量不变。如图 10-12 所示,同刚才的分析类似,货币供给上升使得 MM 曲线左移;外币债券供给下降使得 FF 曲线右移;因为资产总量不变、且本币债券也供给不变,所以 BB 曲线不移动。一直到三条线重新交于一点(A')为止,发现在新的均衡点上,汇率上升、利率下降,也就是在外币市场进行的公开市场买入会使得本币贬值,利率下降。

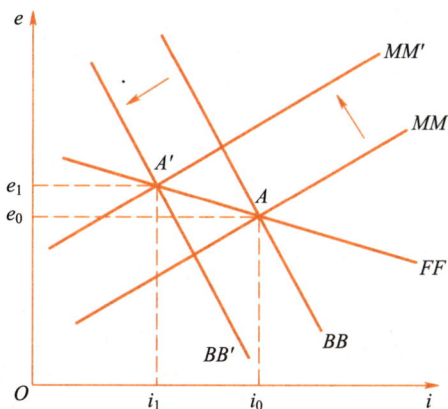

图 10-11　在国内债券市场上进行公开操作　　图 10-12　在国外债券市场上进行公开操作

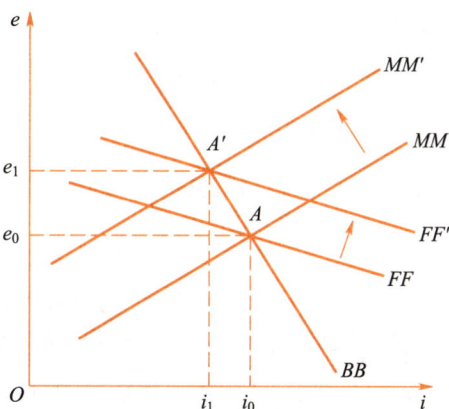

》　**比较**:虽然中央银行在本币市场或外币市场上进行公开市场操作都使得本币贬值,利率下降。但是在本币市场进行的公开市场操作对利率的影响更大,在外币市场进行的公开市场操作则对汇率影响更大。

② 资产总量变动("绝对量"的变动)

a. 中央银行为政府融通赤字,本国货币供给上升(贬值)。

如图 10-13 所示,货币供给增加一方面使得 MM 曲线左移;另一方面打破了原有的资产组合比例,人们希望把一部分货币转换成本币债券和外币资产,从而本币债券需求上升、价格上升、利率下跌,BB 曲线左移;外币债券需求上升,外币升值、本币贬值,FF 曲线上移。一直移动到三条线重新交于一点为止,达到新的均衡后,汇率上升、利率下降,也就是中央银行融通赤字、投放货币的操作使得本币贬值。

b. 经常账户盈余增加,外币资产供给增加(升值)。

如图 10-14 所示,外币资产供给增加一方面使得 FF 曲线左移;另一方面使得人们希望

① 这里的外国债券市场实际上是本国的外汇市场。

把一部分外币资产转换成本币资产,所以对本国货币的需求上升、利率上升,MM 曲线右移;对本币债券的需求上升、价格上升、利率下跌,BB 曲线左移。一直到三条线重新交于一点为止,达到新的均衡后,汇率下降、利率不变,也就是经常账户顺差会使得本币升值。

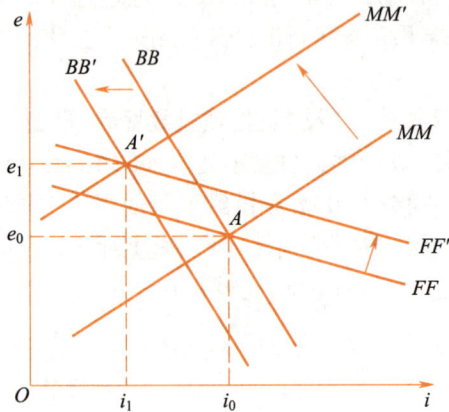

图 10-13　央行为政府融通赤字　　　　图 10-14　经常账户盈余增加

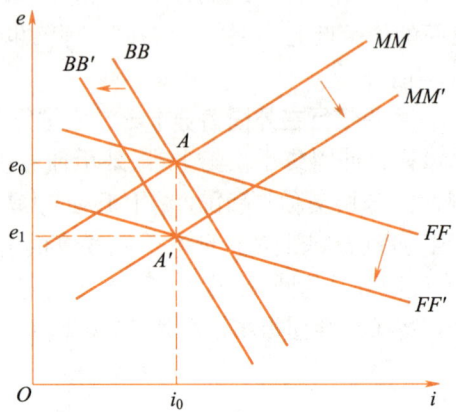

3. 优劣评价

资产组合分析法的优势和劣势如表 10-11 所示。

表 10-11　资产组合分析法的优势和劣势

优势		劣势
模型设定更为合理。比如,区分了本币资产与外币资产的不完全替代性;将经常账户盈余这一流量因素也纳入存量分析的考虑中来等,更符合现实情况		模型过于复杂,同时对经常账户收支考虑不够
具有较强的政策含义,它考虑了中央银行一系列政策操作对汇率的影响,也对冲销干预的效力提出了新的看法		

▷▷▷ **真题链接**

1.(2013—对外经济贸易大学)根据汇率决定的资产组合余额模型,当国内的债券供给增加,本币将会(　　)。

A. 升值　　　　　　　　　　　　B. 贬值
C. 不变　　　　　　　　　　　　D. 以上都有可能

2.(2025—同济大学)根据汇率的资产组合分析法,说法正确的是(　　)。
A. 本国货币需求是资产总量的增函数
B. 本国债券需求是本国利率的减函数
C. 本国债券需求是资产总量的减函数
D. 外币资产需求是本国利率的增函数
【答案】1. A;2. A

第三节 影响汇率的一般因素

一、经济增长率 ★★★

（一）理论
（1）根据**国际收支说**，经济增长率上升会使本国进口上升、经常账户逆差、本币贬值。
（2）根据**弹性货币分析法**，经济增长率上升使得本国物价水平下降、本币升值。

（二）现实情况
（1）**在长期**，高的经济增长率会通过巴拉萨 – 萨缪尔森效应使得本币升值。

> » **巴拉萨 – 萨缪尔森效应**（Balassa—Samuelson Hypothesis, BSH）：若一个国家的经济增长率高，则实际汇率有**升值**的趋势。其逻辑推演为：将经济分为贸易部门和非贸易部门两个部门，贸易部门的劳动生产率提高快，其实际工资也会随之提高。虽然非贸易部门劳动生产率提高慢，但由于**攀比效应**的存在，其实际工资也会提高。这就引起了本国物价水平的上升（结构性通货膨胀）[1]，实际汇率下降（即本币升值）。

（2）**在短期**，经济增长率上升会使得经常账户逆差、资本金融账户顺差。如果本国资本金融账户开放程度较高、对国际收支的影响力更大，则本币倾向于升值。

二、相对通货膨胀率 ★★

（一）理论
（1）根据**购买力平价理论**，本国货币对内贬值，对外也应当贬值。
（2）根据**国际收支说**，本国价格水平上升，则 CA 账户逆差，本币面临贬值压力。

（二）现实情况
高通货膨胀率在中长期会对本币形成贬值压力，低通货膨胀率则有利于币值的稳定。

三、国际收支 ★★

无论从理论情况还是从现实情况来看，国际收支顺差通常都使得本币升值，国际收支逆差则往往使得本币贬值。在长期，经常账户对汇率的解释力较强；在短期，资本金融账户则可能对汇率起到较强的驱动作用。

---

[1] 详见通货膨胀章节结构性通货膨胀的分析。

四、利率 ★★★

（一）理论

（1）根据**利率平价理论**，利率上升会使本币即期升值、远期贬值。

（2）根据**国际收支说**，利率上升会使本国资本金融账户顺差，本币升值。

（3）根据**弹性货币分析法**，利率的上升会使本国货币需求下降、货币供给相对增多，人们增加支出，物价水平上升，本币贬值。

（二）现实情况

利率的上升会吸引固定收益类的资本流入，驱动本币升值。

五、对汇率的预期 ★

预期的自我实现机制：如果投资者预期本币将要升值，那么会增持本币资产（因为升值意味着本币资产收益率的上升），资本流入，推动本币升值。

六、中央银行干预 ★

关于中央银行干预的方式以及对汇率的影响，已在国际收支章节进行过分析。

▷▷▷ **真题链接**

1.（2019—对外经济贸易大学）（判断题）根据巴拉萨－萨缪尔森效应，如果一国贸易部门的生产率提高，就会引起不可贸易品价格上涨和本币的长期实际贬值。（　　）

2.（2025—对外经济贸易大学）（判断题）如果一国贸易部门的生产率提高，那么就会引起本币的长期实际升值。（　　）

3.（2017—复旦大学）根据巴拉萨－萨缪尔森效应，下列说法正确的是（　　）。

A. 贸易部门劳动生产率较低的国家，货币升值

B. 贸易部门劳动生产率较高的国家，物价较低

C. 贸易部门劳动生产率提高相对较快的国家，实际汇率升值

D. 贸易部门劳动生产率提高相对较快的国家，实际汇率贬值

4.（2017—清华大学）决定汇率长期趋势的主要因素是（　　）。

A. 国际收支　　　　　　　　　　B. 相对利率

C. 预期　　　　　　　　　　　　D. 相对通货膨胀率

5.（2024—清华大学）一个采用自由浮动汇率政策的国家，其短期汇率最有可能受到以下哪个因素的影响？（　　）

A. 名义利率　　　　　　　　　　B. 贸易平衡

C. 物价水平　　　　　　　　　　D. 实际利率

6.（2020—清华大学）国内经济经历未预期产出水平的负向冲击，会导致（　　）。

A. 实际货币需求上升,带动本币存款利率上升,并导致货币升值

B. 实际货币需求上升,带动本币存款利率下降,并导致本币升值

C. 实际货币需求下降,带动本币存款利率上升,并导致本币贬值

D. 实际货币需求下降,带动本币存款利率下降,并导致本币贬值

7.(2021—清华大学)考虑 A、B 两国组成的世界经济,若 B 国收入增加,则( )。

A. A 国消费增加,进口增加,导致货币升值

B. A 国消费增加,出口增加,导致货币贬值

C. B 国消费增加,进口增加,导致货币升值

D. B 国消费增加,进口增加,导致货币贬值

8.(2021—上海财经大学)人民币与韩元之间的汇率是浮动的,下列两个事件对汇率有何影响?( )

(1)由于中国文化在韩国深受欢迎,韩国对中国的进口需求大幅增加;

(2)由于韩国人普遍感受到中国的经济与政治状况趋于好转,韩国对人民币金融资产的投资需求大幅增加。

A. 在第一种情况下,人民币升值;在第二种情况下,人民币贬值

B. 在第一种情况下,人民币贬值;在第二种情况下,人民币贬值

C. 在第一种情况下,人民币升值;在第二种情况下,人民币升值

D. 在第一种情况下,人民币贬值;在第二种情况下,人民币贬值

9.(2024—上海财经大学)美元对瑞士法郎的汇率是波动的。以下两个事件对汇率有何影响?( )

(1)由于美国文化在瑞士深受欢迎,瑞士对美国的进口需求大量增加;

(2)瑞士公民感受到美国的经济情况好转,对美国金融资产的投资需求大幅增加。

A. 在第一种情况下,美元升值;在第二种情况下,美元贬值

B. 在第一种情况下,美元贬值;在第二种情况下,美元升值

C. 在第一种情况下,美元升值;在第二种情况下,美元升值

D. 在第一种情况下,美元贬值;在第二种情况下,美元贬值

10.(2021—重庆大学)下面哪一项描述不能解释扩张性货币政策在短期内可以导致一国货币贬值?( )

A. 通货膨胀率上升削弱了该国货币的购买力

B. 生产能力扩张改善了国际收支

C. 买入外币、卖出本币的公开市场操作改变了外汇供求关系

D. 市场利率的下跌改变不同货币资产投资的收益率对比关系

11.(2022—中央财经大学)在一定时期内会引起本国货币升值的是( )。

A. 一国持续国际收支逆差

B. 一国持续恶性通货膨胀

C. 本国货币供应量由宽松转为紧缩

D. 本国利率相较他国利率更高

12.（2024—上海财经大学）以下能够缓解人民币贬值压力的因素是（   ）。

A. 中国人民银行加息
B. 中国贸易顺差持续减小

C. 中国官方储备锐减
D. 美联储加息

13.（2025—对外经济贸易大学）若汇率保持稳定，下列能够引起美元资产需求增加的是（   ）。

A. 美国生产效率提高
B. 美国进口需求增加

C. 美国利率水平下降
D. 美国价格水平上升

14.（2025—安徽大学）简述利率下降对人民币汇率的影响。

15.（2025—同济大学，2025—兰州大学）简述汇率的影响因素。

【答案】1. ×；2. √；3. C；4. D；5. A；6. D；7. D；8. C；9. C；10. B；11. D；12. A；13. A；14. 略；15. 略

专栏　人民币汇率的中间价形成机制及逆周期调节因子

（一）人民币汇率的中间价形成机制★★★

1. 2005—2015 年

2005 年 5 月，《中国人民银行关于完善人民币汇率形成机制改革的公告》，宣布我国实行"以市场供求为基础、参考一篮子货币进行调节、有管理的浮动汇率制度"。从实际操作情况来看，中国人民银行会授权中国外汇交易中心公布每日人民币汇率的中间价，同时也会限制波动幅度（主要是兑美元的波动幅度）。对于管制所带来的外汇的超额供给（或者超额需求），则由中国人民银行通过外汇市场的公开市场操作进行吸收。一般来说，只要中间价由市场决定，那么当前的波动幅度（2%）就是基本够用的，所以关键在于人民币汇率的中间价。

2. 2015—2017 年

2015 年 8 月 11 日，中国人民银行对人民币汇率中间价的形成机制进行了改革（称为"8.11 汇改"），其核心是强调中间价报价要参考前一日的收盘价。而前一日的收盘价又是由市场供求决定的，所以"8.11 汇改"极大提升了我国汇率形成的市场化水平。之后，2015 年 12 月，外汇交易中心又发布了 CFETS 人民币汇率指数，加大了参考一篮子货币的力度，以更好地保持人民币对一篮子货币汇率的基本稳定。自此之后，便基本确立了"收盘价＋一篮子"的人民币汇率中间价形成机制，具有更强的规则性和透明度。

中间价＝上个交易日收盘价＋保持人民币对篮子货币夜间汇率稳定[①]**所需的汇率变化**

$$（10-53）$$

"上个交易日收盘价"体现"以市场供求为基础"，"保持人民币对篮子货币夜间汇率稳定所需的汇率变化"则体现"参考一篮子货币进行调节"。

[①] 2017 年 2 月，中国外汇交易中心将中间价对一篮子货币的参考时段由 24 小时缩短为 15 小时，从前一日下午 4:30 到当日上午 7:30，即考虑夜间的汇率稳定，目的是为了避免重复反映的问题。

》保持人民币对篮子货币汇率稳定所需的（人民币兑美元双边）汇率变化：假设篮子货币一共有美元、欧元、日元三种，权重分别为 0.5、0.3 和 0.2，则有

$$bsk=0.5USDRMB+0.3EURRMB+0.2YENRMB \qquad (10\text{-}54)$$

其中，bsk 表示篮子汇率，要保持其稳定。USDRMB 表示人民币兑美元的汇率，EURRMB 表示人民币兑欧元的汇率，YENRMB 表示人民币兑日元的汇率，并且都是以人民币为本币的直接标价法。

因为关注的是人民币兑美元的双边汇率，所以可以提取 USDRMB，可得：

$$bsk=USDRMB（0.5+0.3EURUSD+0.2YENUSD） \qquad (10\text{-}55)$$

其中，EURUSD 表示欧元兑美元的汇率，YENUSD 表示日元兑美元的汇率，并且都是以美元为本币的直接标价法。

当 EURUSD、YENUSD 下降时，需要 USDRMB 上升才能保证 bsk 不变。也就是说，当篮子中其他货币——欧元、日元对美元贬值时，人民币也会被动地对美元贬值，由此才能保证对一篮子货币汇率的稳定。虽然美元指数的货币篮子中不包含人民币，仍能看到人民币币值与美元指数呈现显著的负相关关系：美元指数上升，人民币倾向于贬值。

而篮子中其他货币（如欧元）对美元的汇率变动，取决于这些国家（欧元区）与美国的基本面、货币政策等的对比情况，与我国经济形势无关，因而可以视为模型中的"随机扰动项"。

3. 2017 年至今

2017 年 5 月，中国人民银行在人民币汇率的中间价报价模型中引入了第三项："**逆周期调节因子**"（以下简称"**逆周期因子**"），如式（10-56）所示。

中间价 = 上日收盘价 + 保持人民币对篮子货币夜间汇率稳定所需的汇率变化 + 逆周期因子

$$(10\text{-}56)$$

（二）逆周期因子★★★

1. 逆周期因子的计算

根据中国人民银行货币政策执行报告的表述，在计算逆周期因子时，可先从上一日收盘价较中间价的波幅中剔除篮子货币变动的影响，由此得到主要反映**市场供求**的汇率变化，再通过**逆周期系数**调整得到"逆周期因子"。也就是逆周期因子的计算可以分为两步：

（1）提取上一日人民币收盘汇率变动中的"市场供求因素"

上一日收盘价相较于中间价的汇率变动可以分解为两部分：一部分是由市场供求引起的，另一部分则是由保持人民币对篮子货币日间汇率稳定所引起的，将后者予以剔除，只保留市场供求引起的汇率变动。

（2）通过逆周期系数对"市场供求因素"进行逆周期调整，得到逆周期因子

$$逆周期因子 = 市场供求因素 × 逆周期系数 \qquad (10\text{-}57)$$

逆周期系数由各报价行根据经济基本面的变化、外汇市场顺周期程度等自行设定，

介于 $(-1, 0)$ 之间。

»　方程推导

将上日收盘汇率变动分解,可得:

上日收盘价 = 上日中间价 + **市场供求**引起的汇率变动 + 保持人民币
对篮子货币**日间**汇率稳定所需的汇率变动　　　　　（10–58）

将式（10–58）代入式（10–56）,并且把"日间"和"夜间"合并,整理得:

中间价 = 上日中间价 + 保持人民币对篮子货币 **24 h** 汇率稳定所需的汇
率变动 + **市场供求**引起的汇率变动 + 逆周期因子　　（10–59）

将式（10–57）代入式（10–59）,有:

中间价 = 上日中间价 + 保持人民币对篮子货币 24 h 汇率稳定所需的汇
率变动 + 市场供求引起的汇率变动 ×（1+ 逆周期系数）（10–60）

可以发现,逆周期因子的核心是**逆周期系数**。这个系数决定了上个交易日,由于市场供求引起的汇率变动会在多大程度上反映到这个交易日的中间价上来。若逆周期系数为 –1,则是将上个交易日的市场供求因素完全剔除,人民币汇率就是固定钉住美元（再加上保持一篮子汇率稳定的调整）;若逆周期系数为 0,则完全保留上个交易日的市场供求因素,人民币汇率就是完全的爬行钉住制度。如果系数介于 –1 到 0 之间,人民币汇率形成机制从形态上看就介于以上两者之间。

2. 引入逆周期因子的原因

（1）背景

2014—2016 年,美元走强,各国货币（包括人民币）持续出现贬值的趋势。2017年,特朗普新政受阻,美元指数下跌,其他主要国家货币相应地出现了大幅升值,但人民币的升值幅度却非常小。人民币的升值也基本都是由第二项:"篮子货币汇率升值"所贡献的,由市场供求力量所形成的收盘价不仅不升值,反而延续之前的贬值趋势。

（2）市场供求的分解

市场供求是由两方面因素共同驱动的: 基本面和预期。我国当时的基本面情况非常良好: GDP 保持中高速增长态势、经常账户保持合意顺差、资本金融账户由逆转顺等。但是人民币汇率对此却视若无睹,而是对贬值预期过度反应:之前的持续贬值触发了贬值预期,投资者"追涨杀跌"的"羊群效应"使得汇率顺周期性波动。也就是说,人民币汇率出现了一定程度的"失真":忽视基本面向好对汇率的支持作用,放大单边市场预期。

所以,货币当局希望通过**引入逆周期因子来对市场供求因素进行过滤:强化基本面的影响、弱化预期的影响**,进而纠正人民币兑美元汇率无法有效升值的问题。

3. 逆周期因子的影响

（1）逆周期因子的引入并不改变人民币汇率的长期变动趋势，只是适当过滤了外汇市场的"羊群效应"，减少了汇率的顺周期波动，降低了超调的风险，将市场供求还原至与我国经济基本面相符的合理水平。

（2）从实际运行情况来看，逆周期因子的引入分化了单边预期，使得人民币在短期出现了较大幅度的升值，进而也缓解了我国资本流出压力和国际储备下降压力。

▷▷▷ 真题链接

1.（2021—清华大学）关于人民币汇率形成机制，以下说法错误的是（   ）。

A. 参考一篮子货币　　　　　　　B. 盯住一篮子货币

C. 有管理的浮动汇率制　　　　　D. 以市场供求为基础

2.（2024—中国人民大学）关于人民币汇率制度，不准确的是（   ）。

A. 以市场供求为基础　　　　　　B. 参考一篮子货币

C. 有管理的浮动汇率制　　　　　D. 采用间接标价法

3.（2024—对外经济贸易大学）（判断题）我国的汇率制度是以市场供求为基础，根据一篮子货币调整的有管理的浮动汇率制度。（   ）

4.（2018—清华大学）2017 年人民币对美元汇率中间价报价模型中引入逆周期因子。什么是逆周期因子？为什么要引入逆周期因子？逆周期因子的引入对外汇市场和人民币汇率的形成有什么影响？

5.（2018—对外经济贸易大学）2017 年 5 月 26 日，外汇市场自律机制秘书处宣布，人民币汇率中间价的报价模型由原来的"收盘价 + 一篮子货币汇率变化"调整为"收盘价 + 一篮子货币汇率变化 + 逆周期因子"。自律机制秘书处在答记者问中指出："当前我国外汇市场可能仍存在一定的顺周期性，容易受到非理性预期的惯性驱使，放大单边市场预期，进而导致市场供求出现一定程度的'失真'，增大市场汇率超调的风险。"

另据中国人民银行公布的 2017 年第二季度货币政策执行报告：在计算逆周期因子时，可先从上一日收盘价较中间价的波幅中剔除篮子货币变动的影响，由此得到主要反映市场供求的汇率变化，再通过逆周期系数调整得到"逆周期因子"。逆周期系数由各报价行根据经济基本面变化、外汇市场周期程度等自行设定。

请回答以下问题：

（1）举例说明，汇率的逆周期性指的是什么？

（2）为什么说我国外汇市场存在"顺周期性"？

（3）材料中所称的"汇率超调"指的是什么？

（4）结合所学知识，中央银行可采取哪些措施避免该种"汇率超调"？

【答案】1. B；2. D；3. √；4. 略；5. 略

第四节　汇率变动对经济的影响

以**贬值**为例,汇率作为中介目标,它本身的变动并不直接影响社会福利,我们更关注的是它对最终目标——内外均衡的影响,包括国际收支、产出、价格等。

一、国际收支　★★★

（一）经常账户

经常账户的主体是**贸易账户**,这里也主要考虑贬值对贸易账户的影响。贬值影响本外币商品的相对价格,使得本国商品相对便宜,进而可能促进净出口,经常账户顺差。

对此,我们在国际收支理论中已有很多探讨:比如根据**弹性论**的观点,在本国满足马歇尔－勒纳条件的情况下,贬值会改善本国贸易收支状况。根据**吸收论**的观点,当本国存在闲置资源时,贬值会促进产出;当本国不存在闲置资源时,贬值会抑制吸收,二者均会使得贸易收支状况改善。

但是,贬值也有可能会引起**贸易摩擦**,不利于国际关系协调。

（二）资本金融账户

（1）贬值也会影响本外币资产的相对价格,使得本币资产相对便宜,进而可能吸引资本流入,资本金融账户顺差。

（2）但同时也要考虑预期的影响:在**回归性预期**的情况下,贬值会催生市场的升值预期,也就意味着在本国的投资回报率上升,这会吸引资本流入。但是在**外推性预期**的情况下,贬值会使市场产生进一步贬值预期,资本大量流出。而何种预期会出现则取决于本国的**基本面**情况,若基本面良好则是前者,反之基本面不好就是后者（比如 1997 年的东南亚国家）。

（三）国际储备

（1）结合经常账户和资本账户,就能得到贬值对国际储备的影响。

>> **举例**:我国在 2015 年"8.11 汇改"后,人民币出现了相当程度的贬值,贬值虽然一定程度上提振了贸易收支,但是在更大程度上引起了资本流出（当时产生了强烈的贬值预期）。综合来看,贬值使得综合账户逆差、国际储备下降。

（2）贬值还能够提高以本币计价的国际储备数量。

>> **举例**:比如一国有 200 亿外币的国际储备,贬值之前的汇率为 6,则能应对 1 200 亿本币的换汇需求;贬值之后的汇率为 7,则能应对 1 400 亿本币的换汇需求,以本币计价的国际储备数量增加。

二、实际产出 ★★★

（一）短期

短期经济波动主要由需求侧驱动，考虑贬值对**总需求**的影响。

如前述分析，贬值在一定程度上会刺激本国的外需（净出口），但是未必会刺激内需（消费和投资）：一方面，贬值会加重本国企业的外债负担，进而抑制投资需求；另一方面，可能还会存在贬值税效应，抑制消费需求。所以整体来看，贬值对于总需求的影响要根据具体情况（比如一国的进出口结构等）而定。

> ≫　**举例**：A 企业发行了 1 亿美元的美元债，初始人民币兑美元的汇率是 6 元 / 美元，那么 A 企业的外债转换成本币为 6 亿元；之后人民币贬值到 6.5 元 / 美元，那么 A 企业以本币表示的债务就增加到 7 亿元。债务负担加重，杠杆率上升，抑制其投融资能力。投资下滑又会使得就业下降，进而居民的收入和消费也会下滑。

> ≫　**贬值税效应**：如果本国进口的商品需求价格弹性较低（比如本国无法生产粮食，那么即便进口成本再高也得从国外购买）。则此时，贬值会使得本国居民有更大的一部分购买力配置到外国商品上，从而对本国商品形成挤出，减少了对本国商品的消费。

（二）长期

长期经济增长主要由供给侧驱动，考虑贬值对**总供给**，也就是经济生产能力的影响。

劳动生产率 – 产业结构机制。贬值可能**不利于**本国劳动生产率的提高和产业结构升级，其原因在于贬值的"税赋效应"——贬值实际上是对进口的一种征税、对出口的一种补贴[①]。对进口征税就会推高本国进口先进设备、获得新技术的成本；对出口补贴则会扩大出口企业的利润空间，使其容易安于现状，缺乏研发创新的动力（Tomlin, 2014），所以不利于产业结构升级和全要素生产率（Total Factor Productivity, TFP）的提高。

> ≫　根据**新古典增长模型**的观点，在经济达到稳态后，经济增长的源泉仅在于技术进步，也即全要素生产率的提高，所以全要素生产率的提高对长期经济增长至关重要。

三、一般价格水平 ★★★

贬值往往会推动本国物价水平的上升，造成**进口成本推动型通货膨胀**。

1. 生产成本机制

本币贬值使企业进口资本品（如机器设备、原材料等）的成本上升，进而促进本国价格

---

① 升值则相反。

水平上升。

2. 货币工资机制

本币贬值使得居民进口消费品成本上升,生活成本上升,进而要求提高工资水平,也会推动价格水平的上升。

▷▷▷ **真题链接**

1.（2020—对外经济贸易大学）（判断题）美元相对于人民币的贬值会恶化中国的净国际投资头寸。（　　）

2.（2022—中南财经政法大学）（判断题）若本国汇率下降（贬值），则本国进口商品上涨,物价总水平也会上涨。（　　）

3.（2017—清华大学）墨西哥比索在1994年崩溃,并且贬值37%,则（　　）。

A. 美国企业出口产品到墨西哥,如果以美元定价,美国企业会受到不利影响

B. 美国企业出口产品到墨西哥,如果以比索定价,美国企业会受到不利影响

C. 美国企业不受比索贬值影响,因为墨西哥市场很小

D. 以上说法都不对

4.（2018—中央财经大学）关于汇率变化对证券市场影响的说法,以下正确的是（　　）。

A. 本币升值,国际资金流出,股票价格上升

B. 本币升值,出口企业业绩下滑,引起股票价格下降

C. 本币贬值,使得本国企业的国际竞争力下降,引起股票价格下降

D. 本币贬值,吸引国际投资资金流入,引起证券价格上升

5.（2019—中央财经大学）若一国货币汇率出现持续的高估,往往会出现（　　）。

A. 外汇供给减少,外汇需求增加,国际收支逆差

B. 外汇供给增加,外汇需求减少,国际收支顺差

C. 外汇供给增加,外汇需求减少,国际收支逆差

D. 外汇供给减少,外汇需求增加,国际收支顺差

6.（2021—复旦大学）关于本国货币贬值对总需求可能的影响,不正确的是（　　）。

A. 本币贬值增加了外国对本国产品的需求,促进本国总需求上升

B. 本币贬值具有收入再分配效应,有利于出口行业的收入增加,在出口行业边际消费倾向较低的情况下,可能会紧缩总需求

C. 本币贬值使本国货币购买外币资产的能力下降,如果以国际货币计算,本国居民的财富下降,通过财富效应导致总需求的萎缩

D. 本币贬值后,偿还相同数额的外债需要付出更少的本国货币,当外债还本付息额较大时,贬值会引起国内总需求上升

7.（2023—中央财经大学）以下关于汇率变化带来的影响的说法,正确的是（　　）。

A. 本币升值一般会促进本国出口

B. 本币升值会提高进口商品的国内价格

C. 本币升值预期在短期内会促进资本的跨境流出

D. 本币升值会促进投资者更倾向于本币资产

8.（2024—北京交通大学）试分析一国汇率变动对该国内外经济活动的影响。

【答案】1. √; 2. √; 3. B; 4. B; 5. A; 6. D; 7. D; 8. 略

读者意见反馈

为收集对本书的意见建议，进一步完善本书编写并做好服务工作，读者可将对本书的意见建议通过如下渠道反馈至我社。

咨询电话　400-810-0598

反馈邮箱　gjdzfwb@pub.hep.cn

通信地址　北京市朝阳区惠新东街 4 号富盛大厦 1 座
　　　　　高等教育出版社总编辑办公室

邮政编码　100029

防伪查询说明

用户购书后刮开封底防伪涂层，使用手机微信等软件扫描二维码，会跳转至防伪查询网页，获得所购图书详细信息。

防伪客服电话　（010）58582300

2026版

431金融学综合

金融学10讲

思维导图

武玄宇 主编

赠品

中国教育出版传媒集团
高等教育出版社·北京

金融学 10 讲（宏观金融学）思维导图目录

宏观金融学框架总图

上篇 货币银行学

宏观金融学框架总图

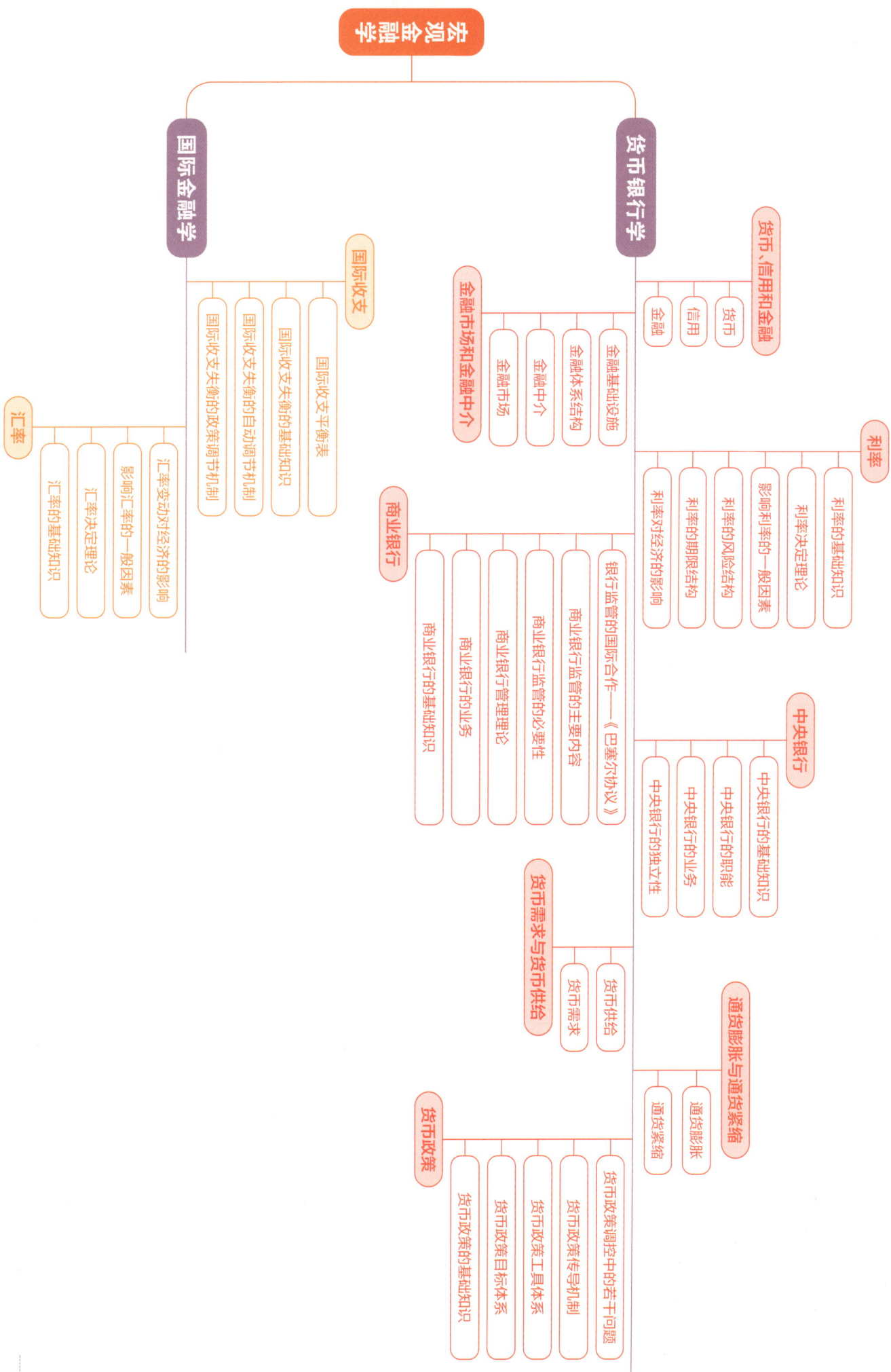

宏观金融学

货币银行学

货币、信用和金融
- 货币
- 信用
- 金融

利率
- 利率的基础知识
- 利率决定理论
- 影响利率的一般因素
- 利率的风险结构
- 利率的期限结构
- 利率对经济的影响

金融市场和金融中介
- 金融基础设施
- 金融体系结构
- 金融中介
- 金融市场

中央银行
- 中央银行的基础知识
- 中央银行的职能
- 中央银行的业务
- 中央银行的独立性

商业银行
- 银行监管的国际合作——《巴塞尔协议》
- 商业银行监管的主要内容
- 商业银行监管的必要性
- 商业银行管理理论
- 商业银行的业务
- 商业银行的基础知识

货币需求与货币供给
- 货币供给
- 货币需求

通货膨胀与通货紧缩
- 通货紧缩
- 通货膨胀

货币政策
- 货币政策调控中的若干问题
- 货币政策传导机制
- 货币政策工具体系
- 货币政策目标体系
- 货币政策的基础知识

国际金融学

国际收支
- 国际收支失衡的政策调节机制
- 国际收支失衡的自动调节机制
- 国际收支失衡的基础知识
- 国际收支平衡表

汇率
- 汇率变动对经济的影响
- 影响汇率的一般因素
- 汇率决定理论
- 汇率的基础知识

1 ◀

上篇 货币银行学

货币（一）货币基础知识

货币起源
货币是商品交换的媒介，可以解决物物交换存在的"双重巧合难题"
- 亚里士多德：交换媒介说
- 管子，先王铸币说
- 司马迁，市场交易说

货币定义
- 马克思 —— 一般等价物
- 西方经济学
  - 凯恩斯：流动性
    - 资产流动性 —— 资产变成现金购买力不受损失的能力
    - 负债流动性 —— 商业银行或其他金融机构以合理的成本迅速筹集现金的能力
  - 商品支付中被普遍接受的任何东西

货币形式
- 实物货币
  - 金银性质更好（价值高，易分割，易储藏，易携带），以金银作为媒介的交易成本和储藏成本更低
  - 进一步媒低交易成本和储藏成本，也增加了货币发行的弹性
- 金属货币
- 纸币 —— 充当货币的条件：普遍接受性，币值稳定性
  - 黄金：有价值，自动蓄水池机制
  - 纸币：国家信用，货币政策调控
- 存款货币
- 电子货币 —— 含义：通过计算机网络，以传输电子信息的方式进行存储和支付的货币
  - 分类：根据载体不同
    - "卡基"电子货币，如借记卡，贷记卡，储值卡等
    - "数基"电子货币

货币职能
- 交易媒介 —— 含义 —— 货币在商品的流通交易中充当交换媒介
  - 分类
    - 流通手段 —— 一手交钱，一手交货，货币充当商品流通过程的媒介
    - 支付手段 —— 赊买赊卖，货币作为独立的环节，对之前的交换进行补足
      - 大宗交易
      - 国家财政（税收）和银行信用（存贷款，债务）
      - 工资及劳务报酬
- 价值尺度（记账单位）
  - 含义 —— 度量商品价值，赋予交易对象价格形态
  - 补充：货币单位是价值只度职能的必要条件
- 贮藏手段（资产职能）
  - 含义：货币退出流通，充当积累和保存价值的手段

第一讲 货币、信用和金融

货币 ② 货币制度

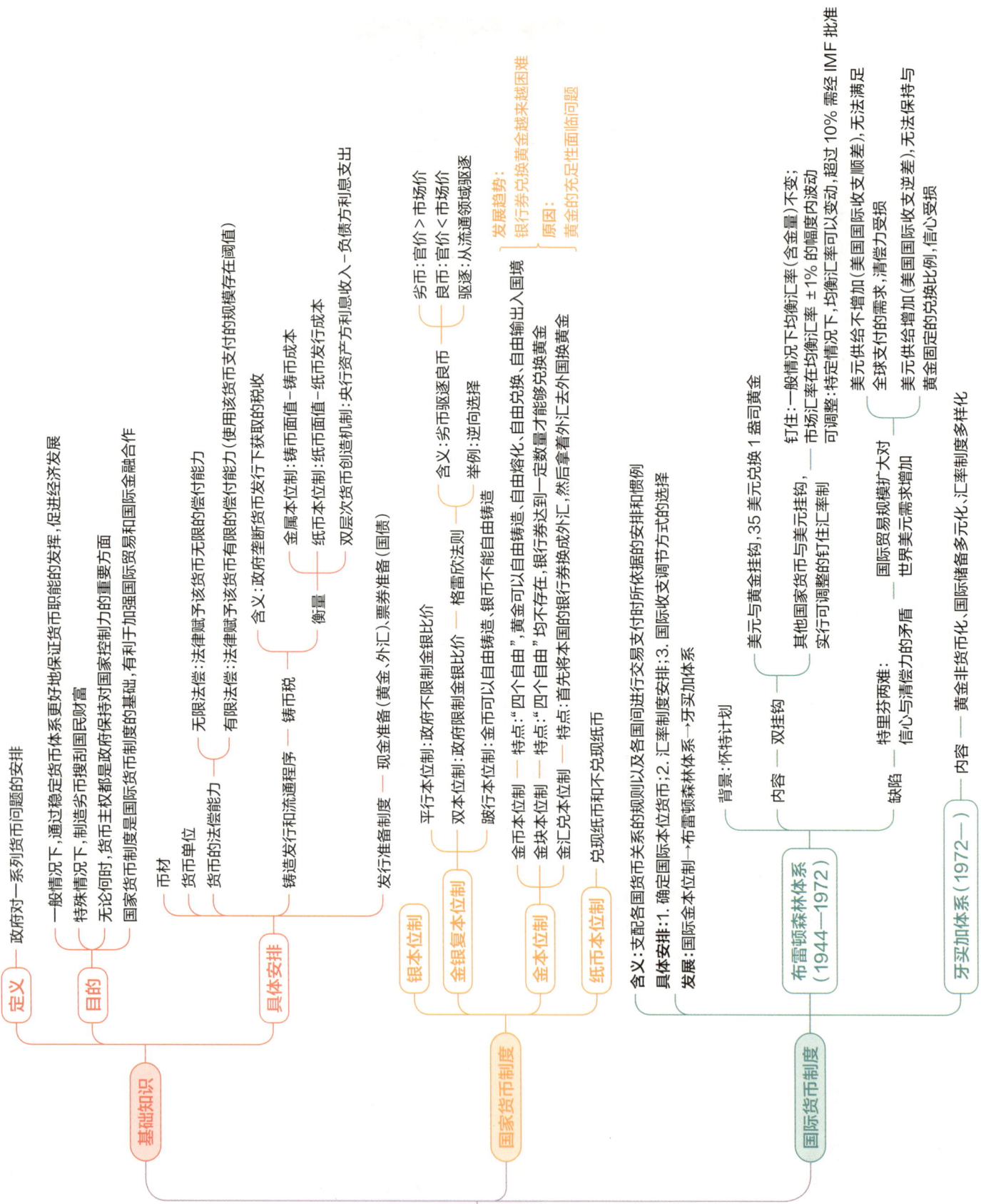

基础知识

- **定义** — 政府对一系列货币问题的安排
- **目的**
  - 一般情况下,通过稳定货币体系更好地保证货币职能的发挥,促进经济发展
  - 特殊情况下,制造劣币搜刮到国民财富
  - 无论何时,货币主权都是政府对保持对国家控制力的重要方面
  - 国家货币制度是国际贸易和国际金融合作的基础,有利于加强国际贸易对国家控制力的重要方面
- **具体安排**
  - 币材
  - 货币单位
  - 货币的法偿能力
    - 无限法偿:法律赋予该货币无限的偿付能力
    - 有限法偿:法律赋予该货币有限的偿付能力(使用该货币支付的规模存在阈值)
  - 铸造发行和流通程序 — 铸币税
    - 含义:政府垄断货币发行下获取的税收
    - 衡量
      - 金属本位制:铸币面值-铸币成本
      - 纸币本位制:纸币面值-纸币发行成本
      - 双层次货币创造机制:央行资产方利息收入-负债方利息支出
  - 发行准备制度 — 现金准备(黄金、外汇)、票券准备(国债)

国家货币制度

- **银本位制**
- **金银复本位制**
  - 平行本位制:政府不限制金银比价
  - 双本位制:政府限制金银比价 — 格雷欣法则
  - 跛行本位制:金币不可以自由铸造,银币不能自由铸造
    - 劣币:官价>市场价
    - 良币:官价<市场价
    - 驱逐:从流通领域驱逐
    - 含义:劣币逐良币
    - 举例:逆向选择
- **金本位制**
  - 金币本位制 — 特点:"四个自由":黄金可以自由铸造,自由熔化,自由兑换,自由输出入国境
  - 金块本位制 — 特点:"四个自由"均不存在
  - 金汇兑本位制 — 特点:首先将本国的银行券换成外汇,然后拿着外汇去兑换黄金
- **纸币本位制** — 兑现纸币和不兑现纸币

国际货币制度

- **含义**:支配各国货币关系的规则以及各国间进行交易支付时所依据的安排和惯例
- **具体安排**:1.确定国际本位货币;2.汇率制度安排;3.国际收支调节方式对的选择
- **发展**:国际金本位制→布雷顿森林体系→牙买加体系

布雷顿森林体系(1944—1972)

- 背景:怀特计划
- 内容 — 双挂钩
  - 美元与黄金挂钩,35美元兑换1盎司黄金
  - 其他国家货币与美元挂钩,实行可调整的钉住汇率制
    - 钉住:一般情况下均衡汇率(含金量)不变;市场汇率在均衡汇率±1%的幅度内波动
    - 可调整:特定情况下,均衡汇率可以变动,超过10%需经IMF批准
- 缺陷
  - 特里芬两难:信心与清偿力的矛盾
    - 国际贸易规模扩大对
    - 世界美元需求增加
      - 美元供给不增加(美国国际收支顺差),无法满足全球支付的需求,清偿力受损
      - 美元供给增加(美国国际收支逆差),无法保持与黄金固定的兑换比例,信心受损
- 发展趋势:银行券兑换黄金越来越困难
- 原因:黄金的不足面临问题

牙买加体系(1972—)

- 内容 — 黄金非货币化,国际储备多元化,汇率制度多样化

第一讲 货币、信用和金融

货币③ 货币分层

依据：流动性

中国的货币分层

M0 —— 流通于银行体系以外的现金（含数字人民币）—— 商业银行库存现金以及整个准备金都不是货币

M1（狭义货币，现实的购买力） —— M0+ 单位活期存款 + 单位协定存款

M2（广义货币） —— M1+ 单位定期存款 + 个人储蓄存款 + 其他存款（非银金融机构在银行的存款、证券公司客户保证金存款、信托存款）+ 非存款类金融机构持有的货币市场基金

M2−M1=QM（准货币，潜在的购买力）
M1/M2 表示货币供给的流动性，指标上升意味着经济过热

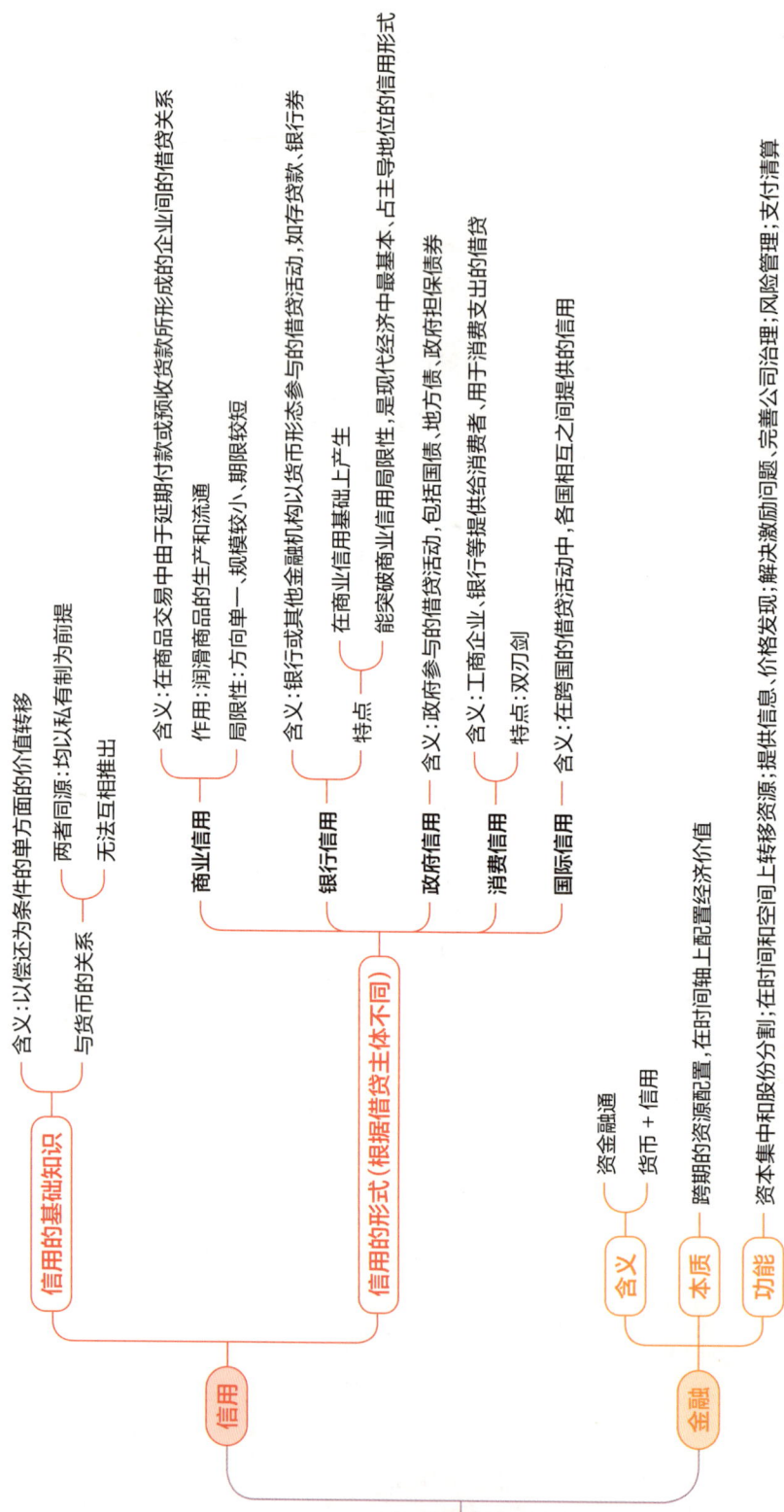

第一讲 货币、信用和金融

信用和金融

信用

信用的基础知识
- 含义：以偿还为条件的单方面的价值转移
- 与货币的关系
  - 两者同源：均以私有制为前提
  - 无法互相推出

信用的形式（根据借贷主体不同）
- 商业信用
  - 含义：在商品交易中由于延期付款或预收货款所形成的企业间的借贷关系
  - 作用：润滑商品的生产和流通
  - 局限性：方向单一、规模较小、期限较短
- 银行信用
  - 含义：银行或其他金融机构以货币形态参与的借贷活动，如存贷款、银行券
  - 特点
    - 在商业信用基础上产生
    - 能突破商业信用局限性，是现代经济中最基本、占主导地位的信用形式
- 政府信用——含义：政府参与的借贷活动，包括国债、地方债、政府担保债券
- 消费信用
  - 含义：工商企业、银行等提供给消费者，用于消费支出的借贷
  - 特点：双刃剑
- 国际信用——含义：在跨国的借贷活动中，各国相互之间提供的信用

金融

含义
- 资金融通
- 货币＋信用

本质：跨期的资源配置，在时间轴上配置经济价值

功能：资本集中和股份分割；在时间和空间上转移资源；提供信息，价格发现；解决激励问题，完善公司治理；风险管理；支付清算

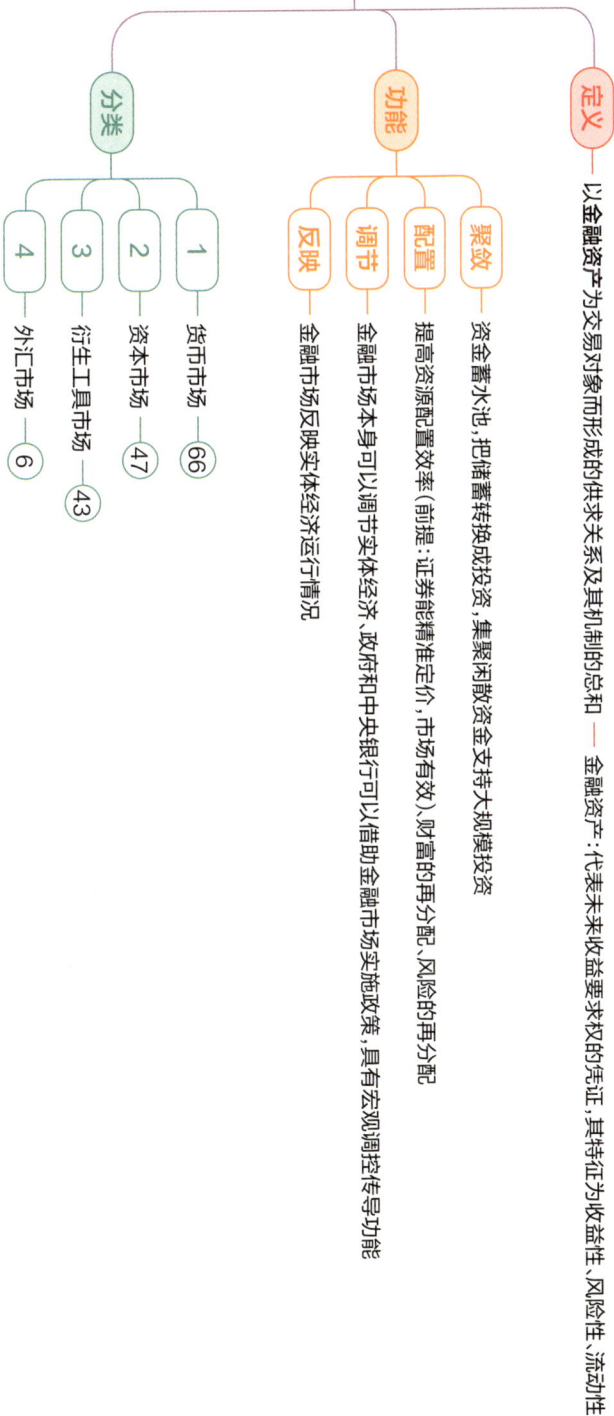

第二讲 金融市场和金融中介

① 金融市场

定义
以金融资产为交易对象而形成的供求关系及其机制的总和 —— 金融资产：代表未来收益要求权的凭证，具特征为收益性、风险性、流动性

功能
- 聚敛 —— 资金蓄水池，把储蓄转换成投资，集聚闲散资金支持大规模投资
- 配置 —— 提高资源配置效率（前提：证券能精准定价，市场有效），财富的再分配，风险的再分配
- 调节 —— 金融市场本身可以调节实体经济，政府和中央银行可以借助金融市场实施政策，具有宏观调控传导功能
- 反映 —— 金融市场反映实体经济运行情况

分类
1. 货币市场 —— 66
2. 资本市场 —— 47
3. 衍生工具市场 —— 43
4. 外汇市场 —— 6

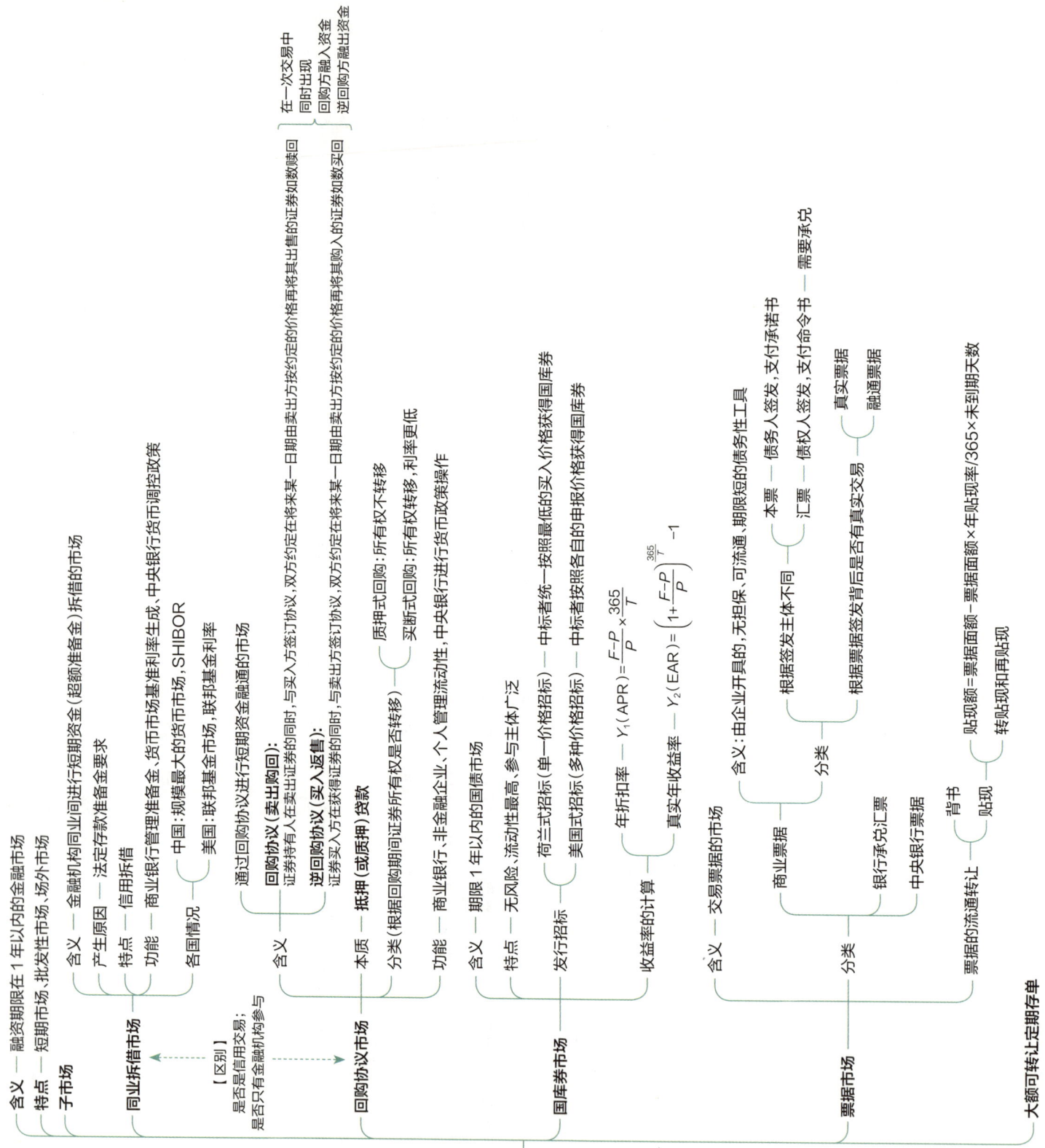

第二讲 金融市场和金融中介

① 金融市场

分类

① 货币市场

- **含义** —— 融资期限在1年以内的金融市场
- **特点** —— 短期市场、批发性市场、场外市场
- **子市场**

- **同业拆借市场**
  - 含义 —— 金融机构同业间进行短期资金(超额准备金)拆借的市场
  - 产生原因 —— 法定存款准备金要求
  - 特点 —— 信用拆借
  - 功能 —— 商业银行管理准备金、货币市场基准利率生成、中央银行货币政策调控政策
  - 各国情况
    - 中国:规模最大的货币市场,SHIBOR
    - 美国:联邦基金市场,联邦基金利率

【区别】
是否是信用交易;
是否只有金融机构参与

- **回购协议市场**
  - 含义 —— 通过回购协议进行短期资金融通的市场
    - 回购协议(卖出购回):证券持有人在卖出证券的同时,与买入方签订协议,双方约定在将来某一日期卖出方按约定的价格再将其出售的证券如数购回
    - 逆回购协议(买入返售):证券买入方在买入证券的同时,与卖出方签订协议,双方约定在将来某一日期卖出方按约定的价格将其购入的证券再将其购入方如数卖回
  - 本质 —— 抵押(或质押)贷款
  - 分类(根据回购期间证券所有权是否转移)
    - 质押式回购:所有权不转移
    - 买断式回购:所有权转移,利率更低
  - 功能 —— 商业银行、非金融企业、个人管理流动性,中央银行进行货币政策操作

> 在一次交易中 } 同时出现
> 回购方融入资金
> 逆回购方融出资金

- **国库券市场**
  - 含义 —— 期限1年以内的国债市场
  - 特点 —— 无风险、流动性最高、参与主体广泛
  - 发行招标
    - 荷兰式招标(单一价格招标) —— 中标者统一按照最低的买入价格获得国库券
    - 美国式招标(多种价格招标) —— 中标者按照各自的申报价格获得国库券
  - 收益率的计算
    - 年折扣率 —— $Y_1(APR) = \dfrac{F-P}{P} \times \dfrac{365}{T}$
    - 真实年收益率 —— $Y_2(EAR) = \left(1 + \dfrac{F-P}{P}\right)^{\frac{365}{T}} - 1$

- **票据市场**
  - 含义 —— 交易票据的市场
  - 分类
    - 商业票据 —— 含义:由企业开具的,无担保,可流通,期限短的债务性工具
      - 根据签发主体不同
        - 本票 —— 债务人签发,支付承诺书
        - 汇票 —— 债权人签发,支付命令令书 —— 需要承兑
    - 银行承兑汇票
    - 中央银行票据
      - 根据票据签发背后是否有真实交易
        - 真实票据
        - 融通票据
  - 票据的流通转让
    - 背书
    - 贴现 —— 贴现额 = 票据面额 - 票据面额 × 年贴现率/365 × 未到期天数
      - 转贴现和再贴现

大额可转让定期存单

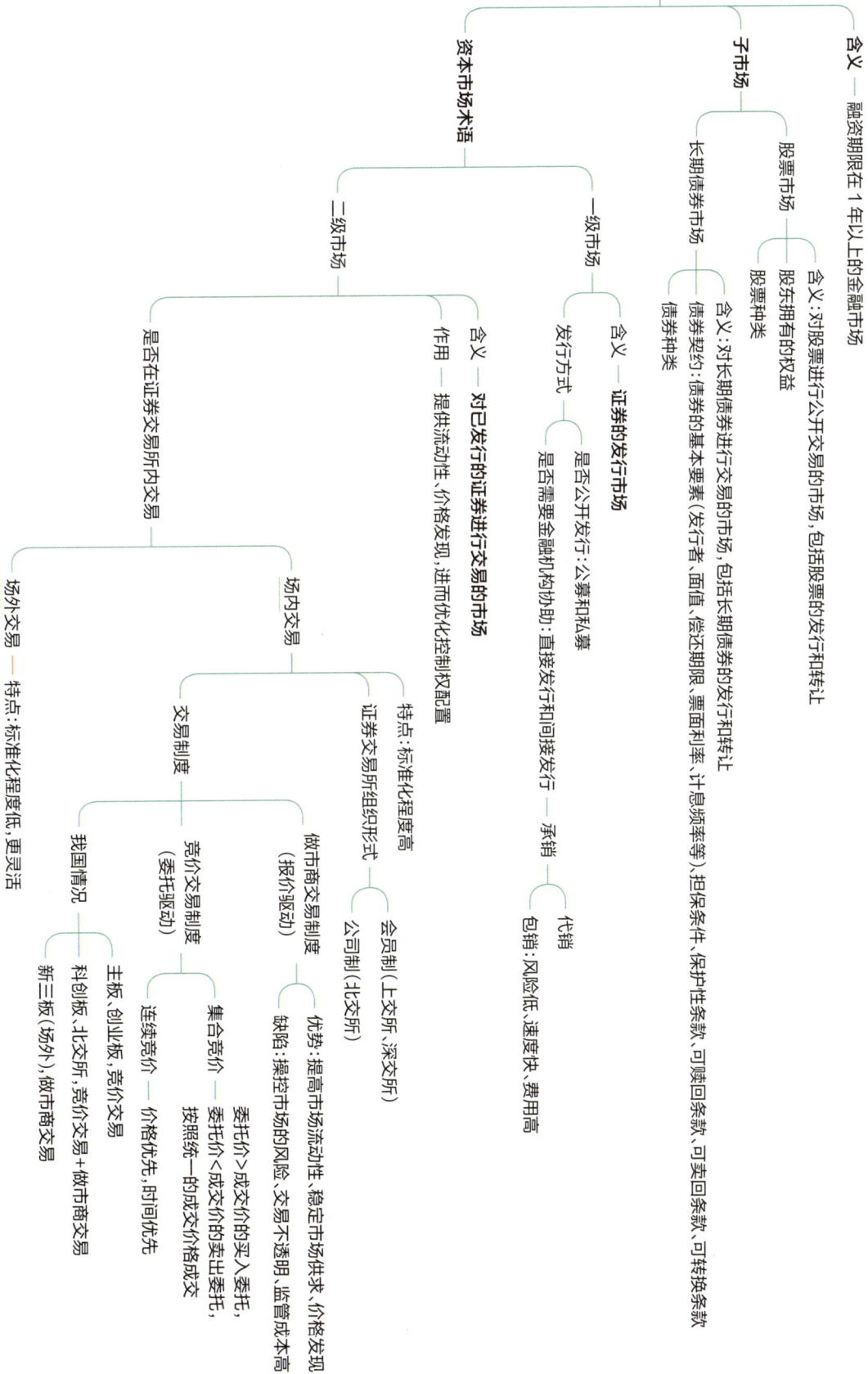

第二讲 金融市场和金融中介

(1)金融市场 — 分类

①货币市场

②资本市场

- 含义 —— 融资期限在 1 年以上的金融市场
- 子市场
  - 股票市场
    - 含义：对股票进行公开交易的市场，包括股票的发行和转让
    - 股东拥有的权益
    - 股票种类
  - 长期债券市场
    - 含义：对长期债券进行公开交易的市场，包括长期债券的发行和转让
    - 债券契约：债券的基本要素（发行者、面值、偿还期限、票面利率、计息频率等）担保条件、保护性条款，可赎回条款，可转换条款
    - 债券种类
- 资本市场术语
  - 一级市场
    - 含义 —— 证券的发行市场
    - 发行方式
      - 是否公开发行：公募和私募
      - 是否需要金融机构的协助：直接发行和间接发行 —— 承销
        - 代销
        - 包销：风险低，速度快，费用高
  - 二级市场
    - 含义 —— 对已发行的证券进行交易的市场
    - 作用 —— 提供流动性，价格发现，进而优化控制权配置
    - 是否在证券交易所交易
      - 场内交易
        - 特点：标准化程度高
        - 证券交易所组织形式
          - 会员制（上交所、深交所）
          - 公司制（北交所）
        - 交易制度
          - 做市商交易制度（报价驱动）
            - 优势：提高市场流动性，稳定市场供求，价格发现
            - 缺陷：操控市场的风险，交易不透明，监管成本高
          - 竞价交易制度（委托驱动）
            - 集合竞价 —— 按照统一的成交价成交
            - 连续竞价 —— 价格优先，时间优先
              - 委托价>成交价的买入委托，
              - 委托价<成交价的卖出委托，
        - 我国情况
          - 主板、创业板、竞价交易
          - 科创板、北交所、竞价交易+做市商交易
          - 新三板（场外），做市商交易
      - 场外交易
        - 特点：标准化程度低，更灵活

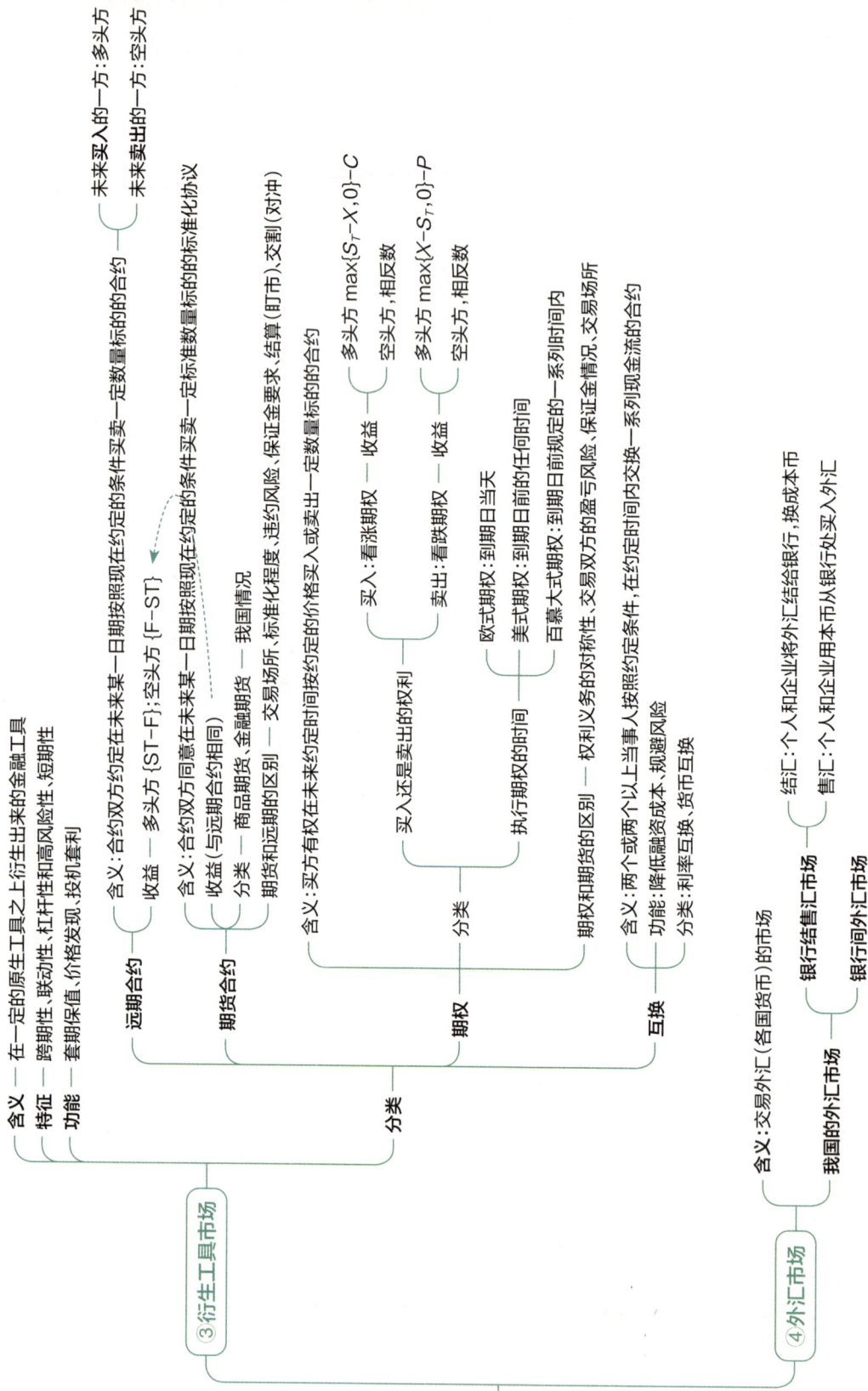

第二讲 金融市场和金融中介

① 金融市场 — 分类

③ 衍生工具市场

- 含义 — 在一定的原生工具之上衍生出来的金融工具
- 特征 — 跨期性、联动性、杠杆性和高风险性、短期性
- 功能 — 套期保值，价格发现，投机套利
- 分类
  - **远期合约**
    - 含义 — 合约双方约定在未来某一日期按照现在约定的条件买卖一定数量标的的合约
    - 收益 — 多头方 (S_T-F)；空头方 $(F-S_T)$
  - **期货合约**
    - 含义 — 合约双方同意在未来某一日期按照现在约定的条件买卖一定标准数量标的的标准化协议
    - 收益 —（与远期合约相同）
    - 分类 — 商品期货、金融期货 — 我国情况
    - 期货和远期的区别 — 交易场所、标准化程度、违约风险、保证金要求、结算(盯市)、交割(对冲)
      - 未来买入的一方：多头方
      - 未来卖出的一方：空头方
  - **期权**
    - 含义 — 买方有权在未来约定时间按约定的价格买入或卖出一定数量标的的合约
    - 分类
      - 买入还是卖出的权利
        - 买入：看涨期权 — 收益 — 多头方 $\max\{S_T-X,0\}-C$；空头方，相反数
        - 卖出：看跌期权 — 收益 — 多头方 $\max\{X-S_T,0\}-P$；空头方，相反数
      - 执行期权的时间
        - 欧式期权：到期日当天
        - 美式期权：到期日前的任何时间
        - 百慕大式期权：到期日前规定的一系列时间内
    - 期权和期货的区别 — 权利义务的对称性
  - **互换**
    - 含义 — 两个或两个以上当事人按照约定条件，在约定时间内交换一系列现金流的合约
    - 功能 — 降低融资成本，规避风险
    - 分类 — 利率互换，货币互换

④ 外汇市场

- 含义：交易外汇(各国货币)的市场
- 我国的外汇市场
  - 银行结售汇市场
    - 结汇：个人和企业将外汇结给银行，换成本币
    - 售汇：个人和企业用本币从银行处买入外汇
  - 银行间外汇市场

10

第二讲 金融市场和金融中介

② 金融中介

含义
- 广义：任何从事金融活动的组织
- 狭义：以商业银行为代表的信用中介

国家金融中介
- 两委一行一总局一会 —— 中央金融委员会、中央金融工作委员会；中国人民银行；国家金融监督管理总局；证监会
- 商业银行 —— 存款类金融机构和非存款类金融机构
- 政策性银行 —— 我国情况、资金来源、资金运用
- 信用合作社和农村金融机构
- 投资银行 —— 主要业务：承销、经纪、自营、资管、并购、两融
- 投资基金 —— 分类
  - ① 根据组织形式不同：契约型和公司型
  - ② 根据运作期间是否可以自由申购和赎回：开放式和封闭式
  - ③ 根据投资标的不同：货基、债基、股基、期货期权基金、FOF、混基
  - ④ 根据发行方式不同：公募、私募 —— 对冲基金
- 保险公司
- 其他金融中介 —— 信托投资公司、财务公司、金融资产管理公司、金融租赁公司、理财子公司

国际金融中介
- 全球性：国际清算银行（BIS）、国际货币基金组织（IMF）、世界银行（WB）—— 发展历史、主要业务
- 区域性：金砖国家新开发银行（NDB，总部上海）、亚洲基础设施投资银行（AIIB，总部北京）

11

第二讲 金融市场和金融中介

③ 金融体系结构

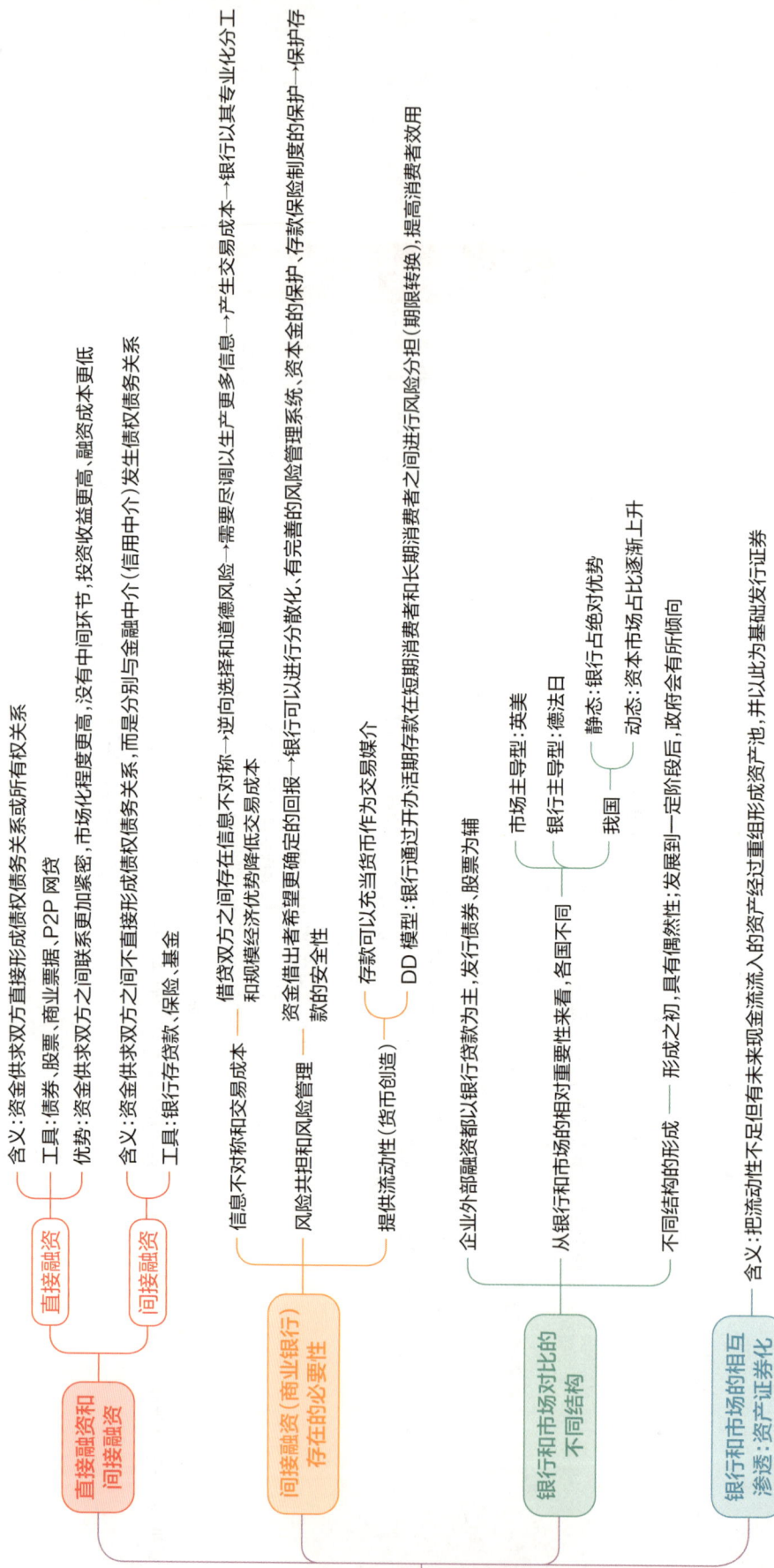

直接融资和间接融资

- **直接融资**
  - 含义：资金供求双方直接形成债权债务关系或所有权关系
  - 工具：债券、股票、商业票据、P2P网贷
  - 优势：资金供求双方之间联系更加紧密，市场化程度更高，没有中间环节，投资收益更高，融资成本更低
- **间接融资**
  - 含义：资金供求双方之间不直接形成债权债务关系，而是分别与金融中介（信用中介）发生债权债务关系
  - 工具：银行存贷款、保险、基金

间接融资（商业银行）存在的必要性

- 信息不对称和交易成本 —— 借贷双方之间存在信息不对称→逆向选择和道德风险→需要尽调以生产更多信息→产生交易成本→银行以其专业化分工和规模经济优势降低交易成本
- 风险共担和风险管理 —— 资金借出者希望得到确定的回报→银行可以进行分散化，有完善的风险管理系统，资本金的保护、存款保险制度的保护→保护存款的安全性
- 提供流动性（货币创造）—— 存款可以充当货币作为交易媒介
  - DD模型：银行通过开办活期存款在短期消费者和长期消费者之间进行风险分担（期限转换），提高消费者效用

银行和市场对比的不同结构

- 企业外部融资都以银行贷款为主，发行债券、股票为辅
- 从银行和市场的相对重要性来看，各国不同
  - 市场主导型：英美
  - 银行主导型：德法日
  - 我国
    - 静态：银行占绝对优势
    - 动态：资本市场占比逐渐上升
- 不同结构的形成 —— 形成之初，具有偶然性，发展到一定阶段后，政府会有所倾向

银行和市场的相互渗透：资产证券化

- 含义：把流动性不足但有未来现金流入的资产经过重组形成资产池，并以此为基础发行证券

第二讲 金融市场和金融中介

④ 金融基础设施

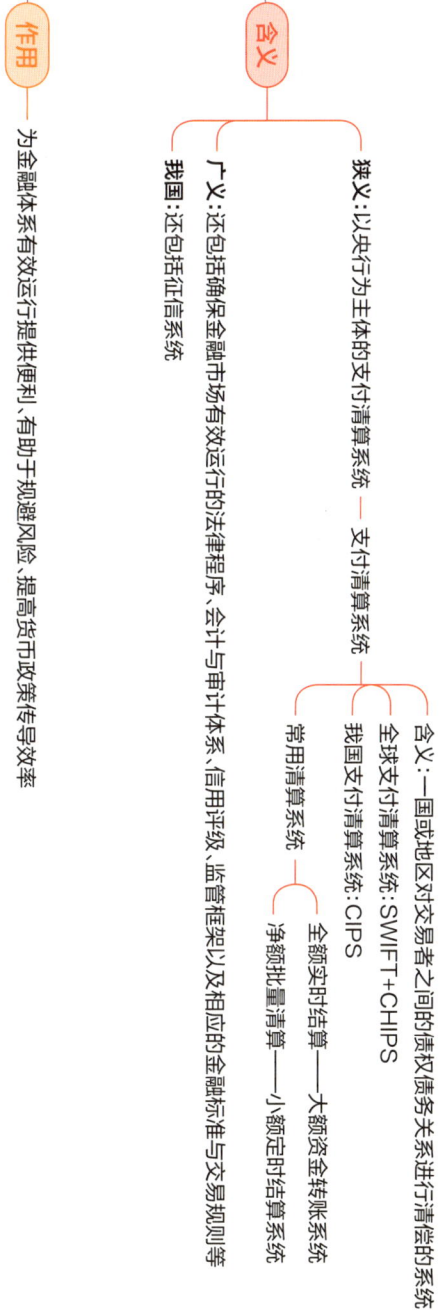

含义

- **狭义：以央行为主体的支付清算系统 —— 支付清算系统**
  - 含义：一国或地区对交易者之间的债权债务关系进行清偿的系统
  - 全球支付清算系统：SWIFT+CHIPS
  - 我国支付清算系统：CIPS
  - 常用清算系统
    - 全额实时结算 —— 大额资金转账系统
    - 净额批量清算 —— 小额定时结算系统

- **广义：还包括确保金融市场有效运行的法律程序、会计与审计体系、信用评级、监管框架以及相应的金融标准与交易规则等**

- **我国：还包括征信系统**

作用

- 为金融体系有效运行提供便利，有助于规避风险、提高货币政策传导效率

第三讲　利率

① 利率的基础知识

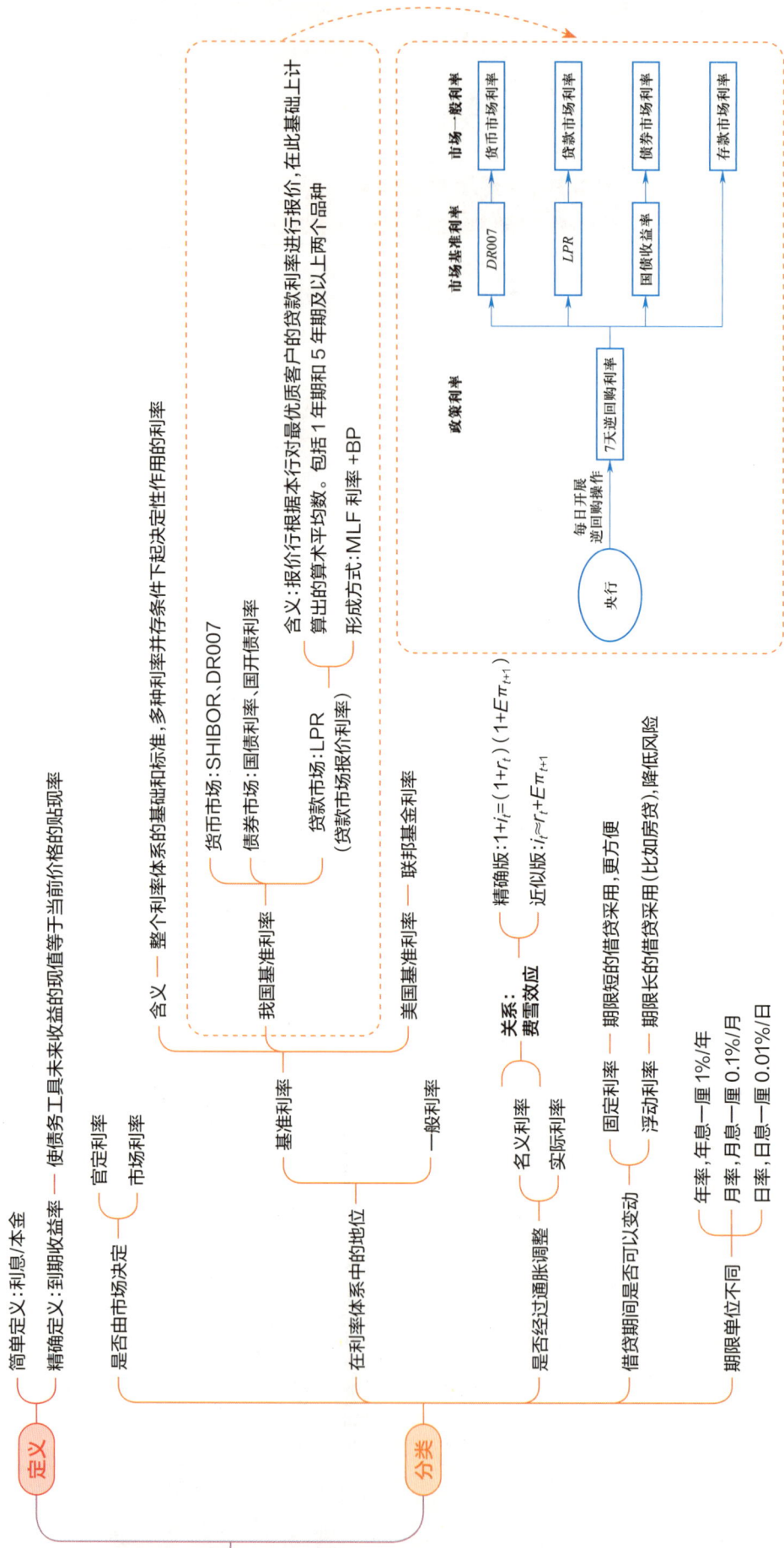

定义

- 简单定义:利息/本金
- 精确定义:到期收益率 —— 使债务工具未来收益的现值等于当前价格的贴现率
  - 是否由市场决定
    - 官定利率
    - 市场利率

分类

- 基准利率
  - 含义 —— 整个利率体系的基础和标准,多种利率和多条件下起决定性作用的利率
  - 我国基准利率
    - 货币市场:SHIBOR、DR007
    - 债券市场:国债利率、国开债利率
    - 贷款市场:LPR(贷款市场报价利率)
  - 美国基准利率 —— 联邦基金利率
- 在利率体系中的地位
  - 基准利率
  - 一般利率
- 是否经过通胀调整
  - 名义利率
  - 实际利率
  - 关系:费雪效应
    - 精确版:$1+i_t=(1+r_t)(1+E\pi_{t+1})$
    - 近似版:$i_t=r_t+E\pi_{t+1}$
- 借贷期间是否可以变动
  - 固定利率 —— 期限短的借贷采用,更方便
  - 浮动利率 —— 期限长的借贷采用(比如房贷),降低风险
- 期限单位不同
  - 年率,年息一厘 1%/年
  - 月率,月息一厘 0.1%/月
  - 日率,日息一厘 0.01%/日

LPR 说明

含义:报价行根据本行对最优质客户的贷款利率进行报价,在此基础上计算出的算术平均数。包括 1 年期和 5 年期及以上两个品种

形成方式:MLF 利率 + BP

利率传导体系

- 政策利率
  - 央行 —— 每日开展逆回购操作 —— 7天逆回购利率
- 市场基准利率
  - DR007
  - LPR
  - 国债收益率
- 市场一般利率
  - 货币市场利率
  - 贷款市场利率
  - 债券市场利率
  - 存款市场利率

第三讲 利率

利率决定理论②

古典利率决定理论

变量

产品市场的储蓄和投资决定均衡的实际利率

逻辑

储蓄表征资金供给,因为人性不耐,所以需要给延期消费提供利息补偿。因而利息是即期消费的机会成本,是即期不消费,进行储蓄的报酬,储蓄与利率成正相关

投资表征资金需求,利率是投资负担的资本成本,投资与利率成反相关

储蓄等于投资,产品市场出清决定均衡的实际利率

图形

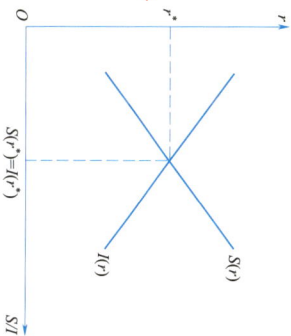

比较静态分析

储蓄上升,储蓄曲线外移,利率下降

投资上升,投资曲线外移,利率上升

凯恩斯利率决定理论

变量

货币市场的货币供求决定均衡的名义利率

逻辑

货币需求包括交易性、预防性、投机性,其中投机性需求与利率成负相关

货币供给与利率无关

需求等于供给,货币市场出清决定均衡的名义利率

图形

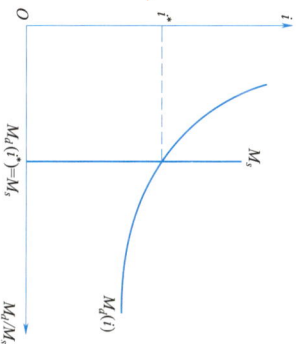

比较静态分析

货币需求上升,利率上升

货币供给上升,利率下降

比较:出发角度;决定利率;分析方法;期限

15

第三讲 利率

② 利率决定理论

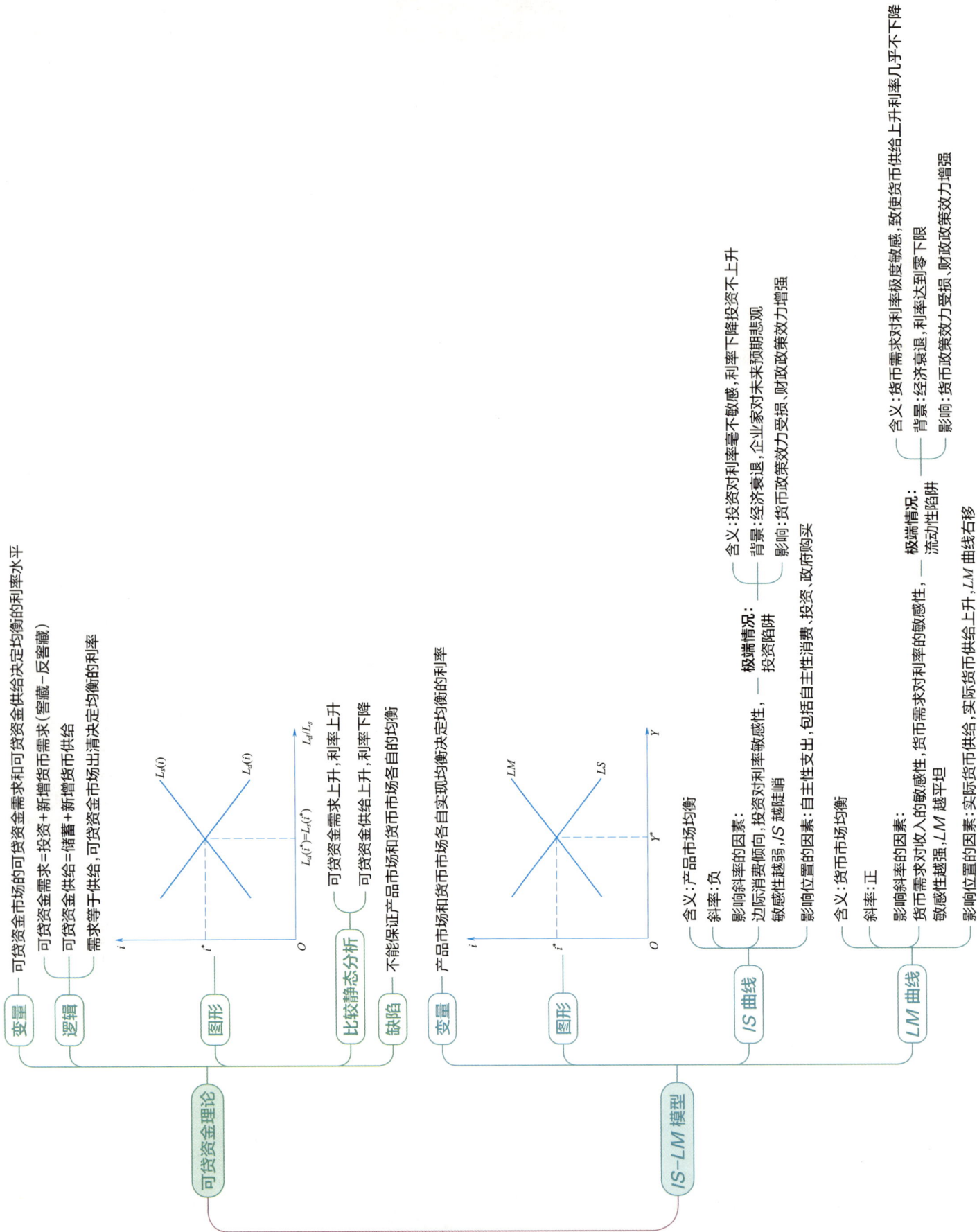

可贷资金理论

- **变量**：可贷资金市场的可贷资金需求和可贷资金供给决定均衡的利率水平

- **逻辑**：
  - 可贷资金需求＝投资＋新增货币需求（窖藏－反窖藏）
  - 可贷资金供给＝储蓄＋新增货币供给
  - 需求等于供给，可贷资金市场出清定均衡的利率

- **图形**：

$L_s(i)$　$L_d(i)$　$L_d(i^*)＝L_s(i^*)$　i^*　L_d/L_s

- **比较静态分析**：
  - 可贷资金需求上升，利率上升
  - 可贷资金供给上升，利率下降

- **缺陷**：不能保证产品市场和货币市场各自的均衡

IS-LM 模型

- **变量**：产品市场和货币市场各自实现均衡决定均衡的利率

- **图形**：

LM　LS　Y^*　i^*　Y

- **IS 曲线**：
  - 含义：产品市场均衡
  - 斜率：负
  - 影响斜率的因素：边际消费倾向，投资对利率敏感性，敏感性越弱，IS 越陡峭
  - 影响位置的因素：自主性支出，包括自主性消费，投资，政府购买
  - **极端情况**：投资陷阱
    - 含义：投资对利率毫不敏感，利率下降投资不上升
    - 背景：经济衰退，企业家对未来预期悲观
    - 影响：货币政策效力受损，财政政策效力增强

- **LM 曲线**：
  - 含义：货币市场均衡
  - 斜率：正
  - 影响斜率的因素：货币需求对收入的敏感性，货币需求对利率的敏感性，敏感性越强，LM 越平坦
  - 影响位置的因素：实际货币供给，实际货币供给上升，LM 曲线右移
  - **极端情况**：流动性陷阱
    - 含义：货币需求对利率极度敏感，致使货币币供给上升利率几乎不下降
    - 背景：经济衰退，利率达到零下限
    - 影响：货币政策效力受损，财政政策效力增强

第三讲 利率

③ 影响利率的一般因素

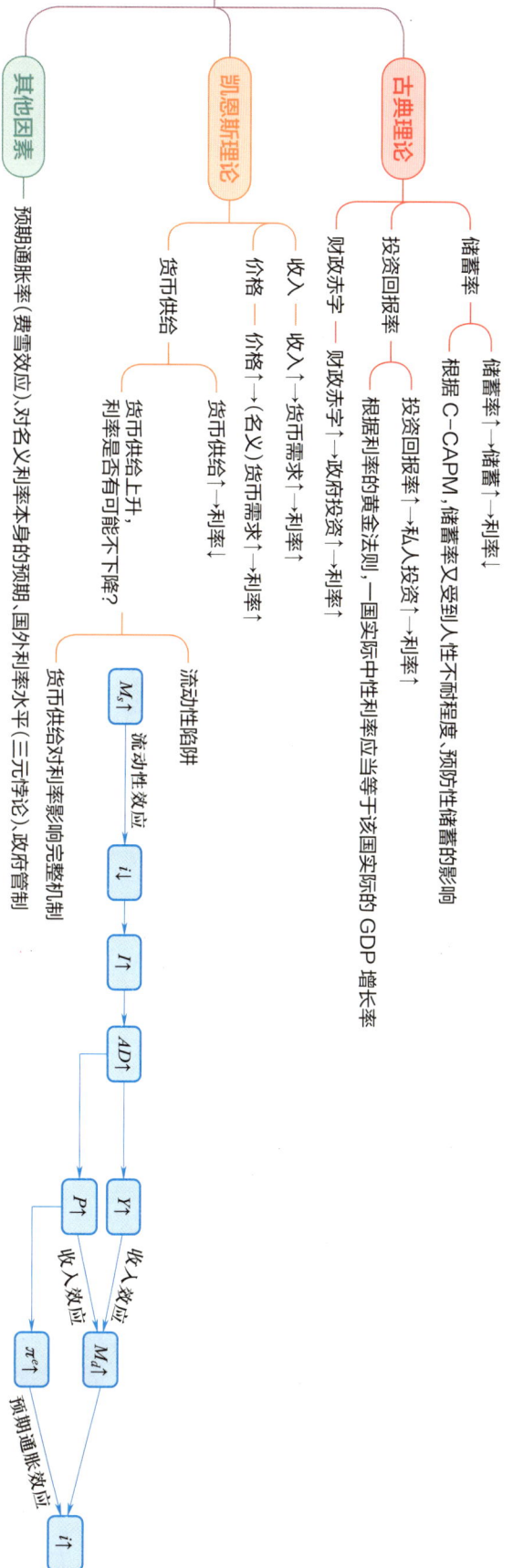

古典理论
- 储蓄率 —— 根据 C-CAPM,储蓄率又受到人性不耐程度,预防性储蓄的影响
  - 储蓄率↑→储蓄↑→利率↓
- 投资回报率 —— 根据利率的黄金法则,一国实际中性利率应当等于该国实际的 GDP 增长率
  - 投资回报率↑→私人投资↑→利率↑
- 财政赤字 —— 财政赤字↑→政府投资↑→利率↑

凯恩斯理论
- 收入 —— 收入↑→货币需求↑→利率↑
- 价格 —— 价格↑→(名义)货币需求↑→利率↑
- 货币供给
  - 货币供给上升,利率是否有可能不下降?
    - 流动性陷阱
    - 货币供给对利率影响的完整机制
      - 狭义:央行在二级市场买入国债
      - 广义:央行在二级市场买入国债(票面利率固定)
      - 含义 —— 财政赤字引起货币量上升
  - $M\uparrow \to$ 流动性效应 $\to i\downarrow \to r\downarrow \to AD\uparrow$
  - $AD\uparrow \to Y\uparrow$ (收入效应) $\to Md\uparrow \to i\uparrow$
  - $AD\uparrow \to P\uparrow \to \pi^e\uparrow$ (预期通胀效应) $\to i\uparrow$

其他因素
预期通胀率(费雪效应),对名义利率本身的预期,国外利率水平(三元悖论),政府管制

④ 利率的风险结构

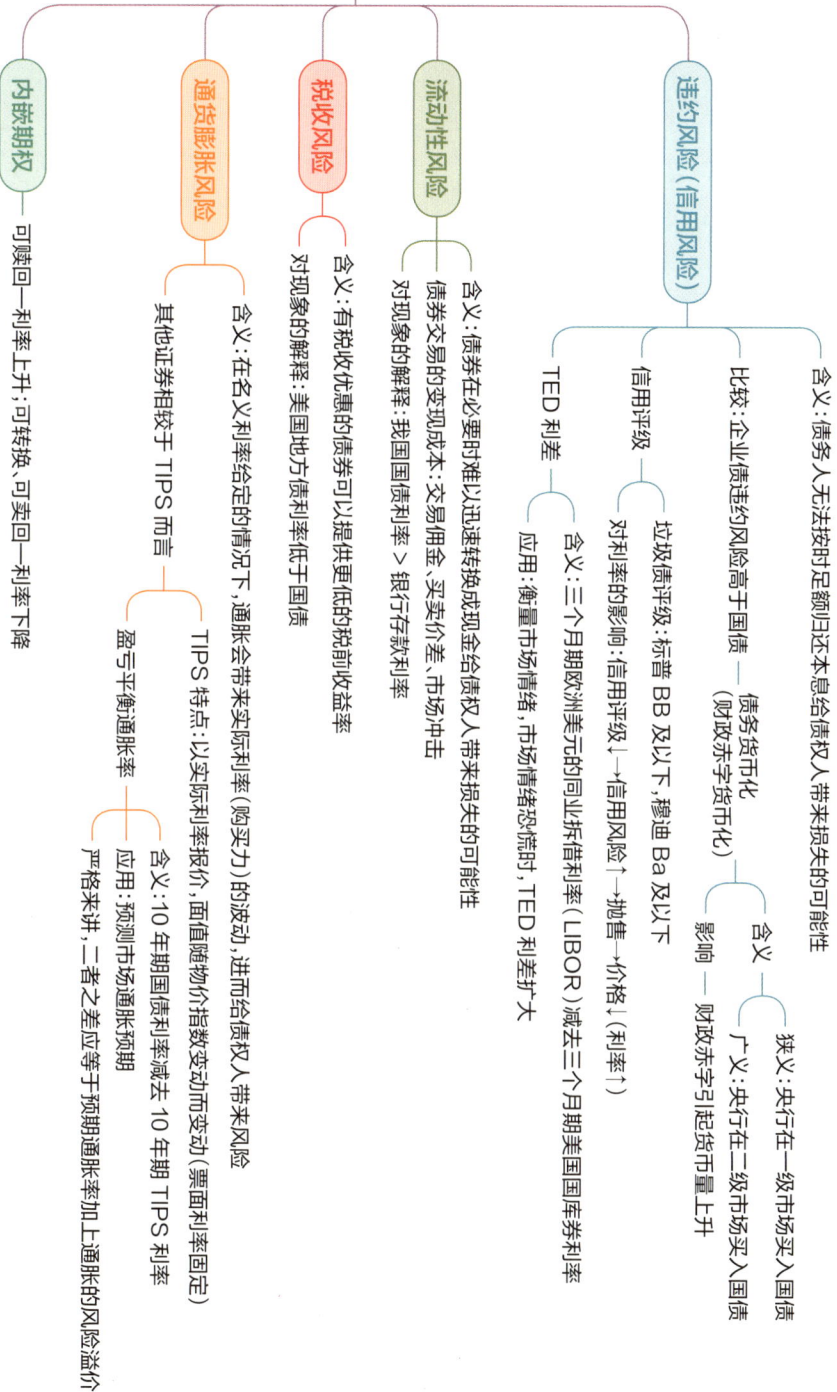

违约风险(信用风险)
- 含义:债务人无法按时足额归还本息给债权人带来损失的可能性
- 比较:企业债违约风险高于国债
- 信用评级
  - 垃圾债评级:标普 BB 及以下,穆迪 Ba 及以下(债务货币化(财政赤字货币化))
  - 对利率的影响:信用评级↓→信用风险↑→抛售→价格↓(利率↑)
- TED 利差
  - 含义:三个月期欧洲美元的同业拆借利率(LIBOR)减去三个月美国国库券利率
  - 应用:衡量市场情绪,市场情绪恐慌时,TED 利差扩大

流动性风险
- 含义:债券在必要时难以迅速转换成现金给债权人带来损失的可能性
- 对现象的解释:我国国债利率 > 银行存款利率

税收风险
- 含义:有税收优惠的债券可以提供更低的税前收益率
- 对现象的解释:美国地方债利率低于国债

通货膨胀风险
- 含义:在名义利率给定的情况下,通胀会带来实际现金流(购买力)的波动,进而给债权人带来风险
- 债券交易的变现成本:交易佣金、买卖价差、市场冲击
- 其他证券相较于 TIPS 而言
  - TIPS 特点:以实际利率报价,面值随物价指数变动而变动(票面利率固定)
  - 含义:10 年期国债利率减去 10 年期 TIPS 利率
  - 应用:预测市场通胀预期
- 盈亏平衡通胀率 —— 严格来讲,二者之差应等于预期通胀率加上通胀的风险溢价

内嵌期权
可赎回—利率上升;可转换,可卖回—利率下降

第三讲 利率

⑤ 利率的期限结构

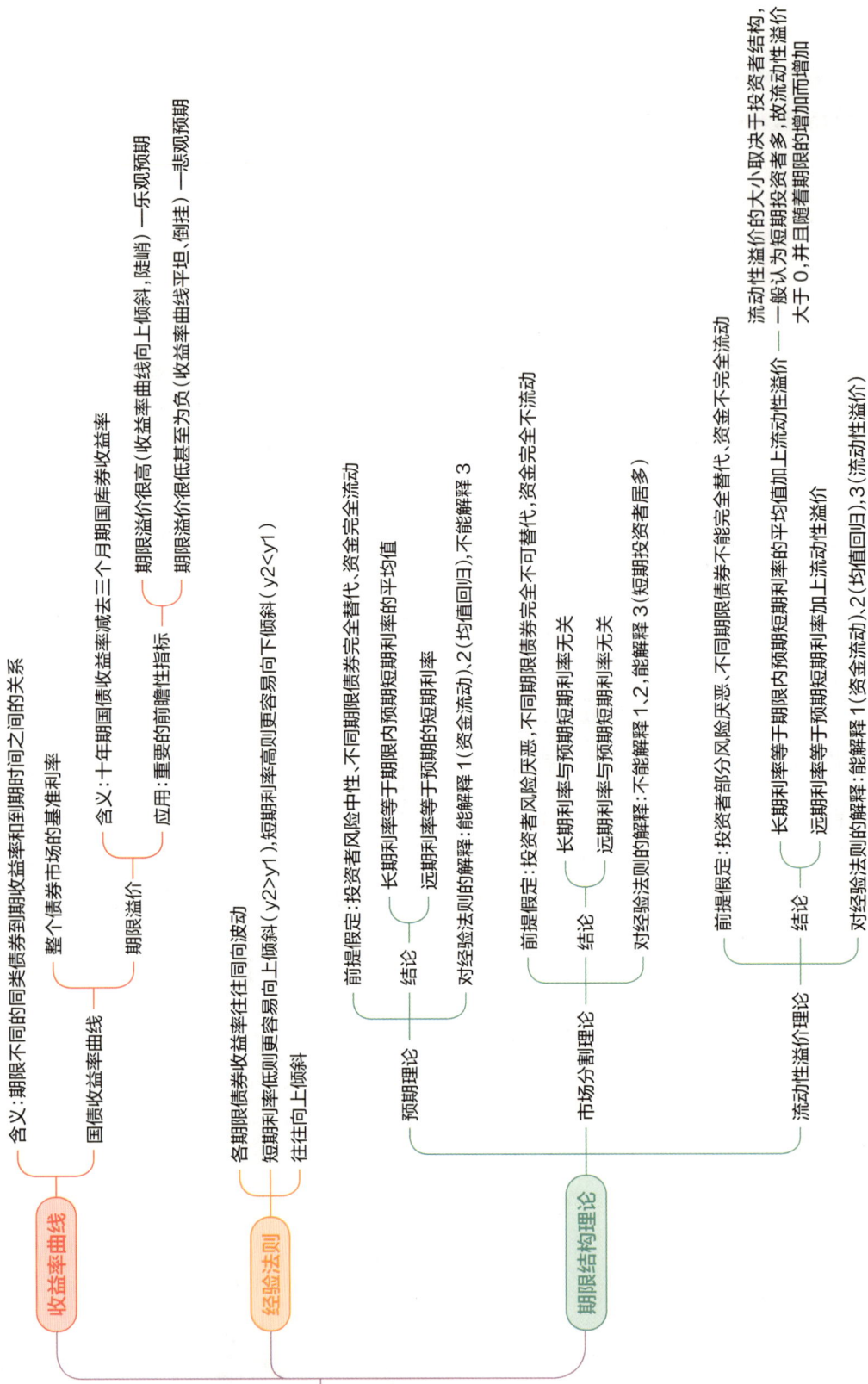

收益率曲线
- 含义：期限不同的同类债券到期收益率和到期期限时间之间的关系
- 国债收益率曲线
  - 整个债券市场的基准利率
  - 期限溢价
    - 含义：十年期国债收益率减去三个月期国债券收益率
    - 应用：重要的前瞻性指标
      - 期限溢价很高（收益率曲线向上倾斜，陡峭）—乐观预期
      - 期限溢价很低甚至为负（收益率曲线平坦，倒挂）—悲观预期

经验法则
- 各期限债券收益率往往同向波动
- 短期利率低则更容易向上倾斜（y2>y1），短期利率高则更容易向下倾斜（y2<y1）
- 往往向上倾斜

期限结构理论
- 预期理论
  - 前提假定：投资者风险中性，不同期限债券完全替代，资金完全流动
  - 结论
    - 长期利率等于期限内预期短期利率的平均值
    - 远期利率等于预期的短期利率
  - 对经验法则的解释：能解释1（资金流动）、2（均值回归），不能解释3
- 市场分割理论
  - 前提假定：投资者风险厌恶，不同期限债券完全不可替代，资金完全不流动
  - 结论
    - 长期利率与预期短期利率无关
    - 远期利率与预期短期利率无关
  - 对经验法则的解释：不能解释1、2，能解释3（短期投资者居多）
- 流动性溢价理论
  - 前提假定：投资者部分风险厌恶，不同期限债券不能完全替代，资金不完全流动
  - 结论
    - 长期利率等于期限内预期短期利率的平均值加上流动性溢价
    - 远期利率等于预期短期利率加上流动性溢价
  - 对经验法则的解释：能解释1（资金流动）、2（均值回归）、3（流动性溢价）
  - 流动性溢价的大小取决于投资者结构，一般认为短期投资者多，故流动性溢价大于0，并且随着期限的增加而增加

第三讲 利率

⑥ 利率对经济的影响

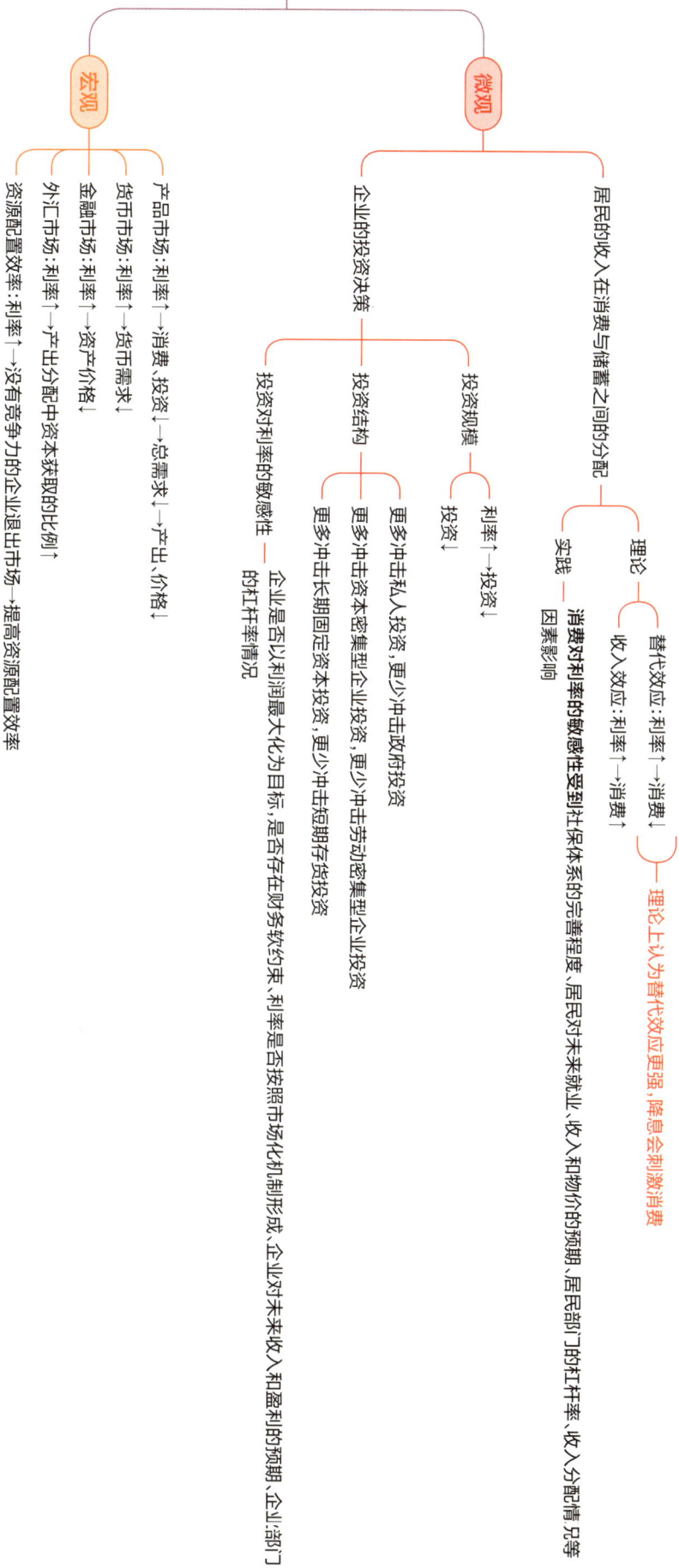

微观

居民的收入在消费与储蓄之间的分配
- 理论
  - 替代效应:利率↑→消费↓
  - 收入效应:利率↑→消费↑
  - 理论上认为替代效应更强,降息会刺激消费
- 实践——因素影响
  - 消费对利率的敏感性受到社保体系的完善程度,居民对未来就业、收入和物价的预期,居民部门的杠杆率,收入分配情况等因素影响

企业的投资决策
- 投资规模
  - 利率↑→投资↓
  - 投资↓
- 投资结构
  - 更多冲击私人投资,更少冲击政府投资
  - 更多冲击资本密集型企业投资,更少冲击劳动密集型企业投资
  - 更多冲击长期固定资本投资,更少冲击短期存货投资
- 投资对利率的敏感性——企业是否以利润最大化为目标,是否存在财务软约束,利率是否按照市场化机制形成,企业对未来收入和盈利的预期,企业部门的杠杆率情况

宏观

- 产品市场:利率↑→消费、投资↓→总需求↓→产出、价格↓
- 货币市场:利率↑→货币需求↓
- 金融市场:利率↑→资产价格↓
- 外汇市场:利率↑→产出分配中资本求取的比例↑
- 资源配置效率:利率↑→没有竞争力的企业退出市场→提高资源配置效率

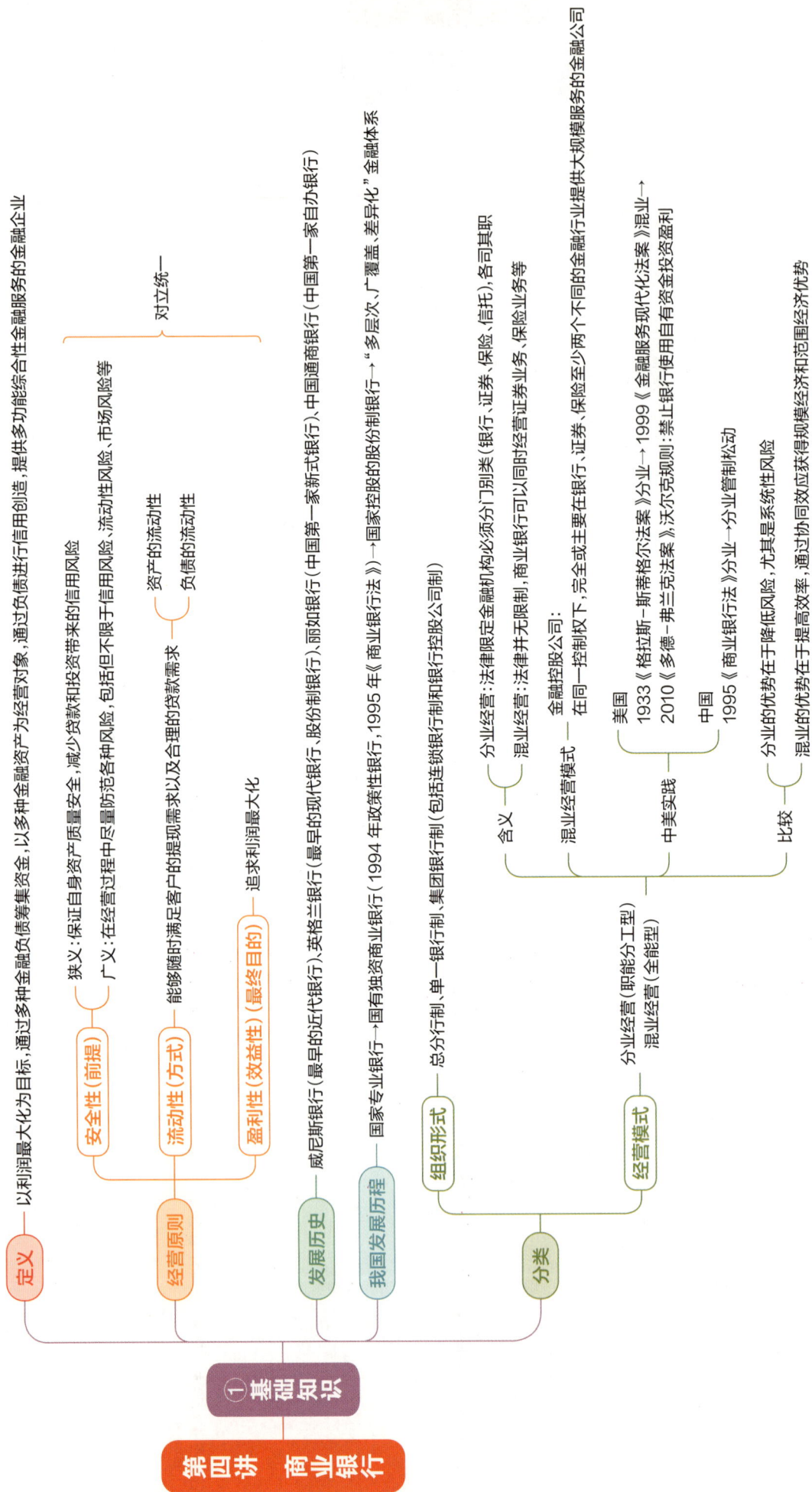

第四讲 商业银行

① 基础知识

定义 —— 以利润最大化为目标,通过多种金融负债筹集资金,以多种金融资产为经营对象,通过负债进行信用创造,提供多功能综合性金融服务的金融企业

经营原则
- 安全性(前提)
  - 狭义:保证自身资产质量安全,减少贷款和投资带来的信用风险
  - 广义:在经营过程中尽量防范各种风险,包括但不限于信用风险、流动性风险、市场风险等
- 流动性(方式) —— 能够随时满足客户的提现需求以及合理的贷款需求
  - 资产的流动性
  - 负债的流动性
  - 对立统一
- 盈利性(效益性)(最终目的) —— 追求利润最大化

发展历史 —— 威尼斯银行(最早的近代银行)、英格兰银行(最早的现代银行)、股份制银行、丽如银行(中国第一家新式银行)、中国通商银行(中国第一家自办银行)

我国发展历程 —— 国家专业银行→国有独资商业银行(1994年政策性银行,1995年《商业银行法》)→国家控股的股份制银行→"多层次、广覆盖、差异化"金融体系

分类
- 组织形式 —— 总分行制、单一银行制、集团银行制(包括连锁银行制和银行控股公司制)
- 经营模式 —— 分业经营(职能分工型)、混业经营(全能型)
  - 含义
    - 分业经营:法律限定金融机构必须分门别类(银行、证券、保险、信托),各司其职
    - 混业经营:法律并无限制,商业银行可以同时经营证券业务、保险业务等
  - 混业经营模式 —— 金融控股公司:在同一控制权下,完全或主要在银行、证券、保险至少两个不同的金融行业提供大规模服务的金融公司
  - 中美实践
    - 美国 1933《格拉斯-斯蒂格尔法案》分业→1999《金融服务现代化法案》混业→2010《多德-弗兰克法案》沃尔克规则:禁止银行使用自有资金投资盈利
    - 中国 1995《商业银行法》分业→分业管制松动
  - 比较
    - 分业的优势在于降低风险,尤其是系统性风险
    - 混业的优势在于提高效率,通过协同效应获得规模经济和范围经济优势

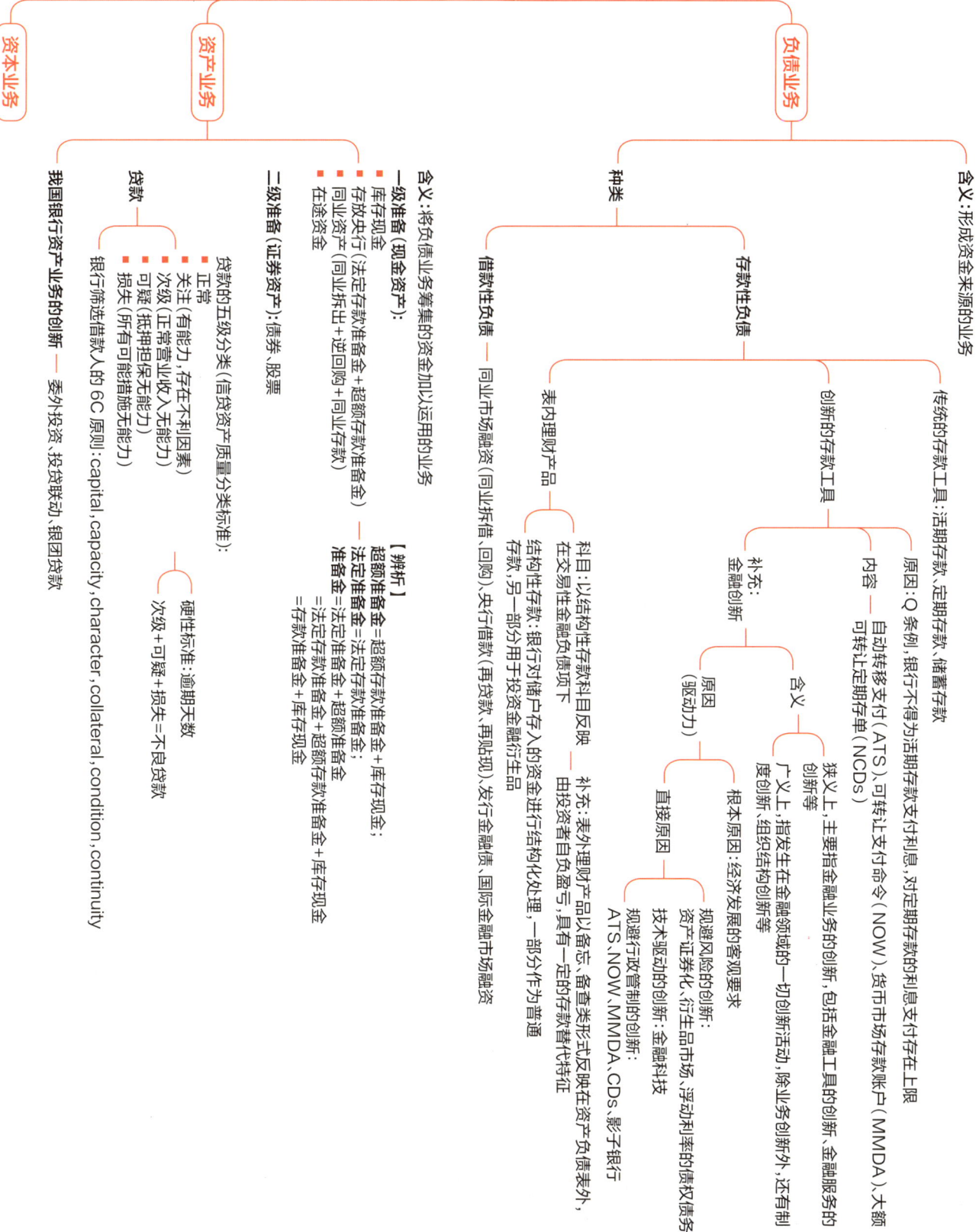

第四讲 商业银行②

商业银行业务

表内业务

负债业务

- 含义：形成资金来源的业务
- 种类
  - 存款性负债
    - 传统的存款工具：活期存款、定期存款、储蓄存款
      - 原因：Q条例，银行不得为活期存款支付利息，对定期存款的利息支付存在上限
    - 创新的存款工具
      - 内容
        - 自动转移支付（ATS），可转让支付命令（NOW），货币市场存款账户（MMDA），大额可转让定期存单（NCDs）
      - 金融创新
        - 含义
          - 狭义上，主要指发生在金融业务的一切创新活动，除业务创新外，金融服务的创新等
          - 广义上，指发生在金融领域的一切创新活动，除业务创新外，还有制度创新、组织结构创新等
        - 原因（驱动力）
          - 根本原因：经济发展的客观要求
          - 直接原因
            - 规避风险的创新：资产证券化，衍生品市场，浮动利率的债权
            - 技术驱动的创新：金融科技
            - 规避行政管制的创新：ATS、NOW、MMDA、CDs、影子银行
      - 补充：表外理财产品以反映在资产负债表外，备查类形式反映在资产负债表外，另一部分可转化资金金融衍生品
  - 借款性负债
    - 同业市场融资（同业拆借、回购），央行借款（再贷款、再贴现），发行金融债，国际金融市场融资
    - 表内理财产品
      - 科目：以结构性存款科目反映银行对储户存入的资金进行结构化处理，另一部分用于投资金融衍生品
      - 在交易性金融负债项下
      - 结构性存款：银行对储户存入的资金进行结构化处理，一部分作为普通存款，另一部分用于投资金融衍生品
      - 补充：表外理财产品以备忘、备查类形式反映在资产负债表外，由投资者自负盈亏，具有一定的存款替代特征

资产业务

- 含义：将负债业务筹集的资金加以运用的业务
- 一级准备（现金资产）：
  - 库存现金
  - 存放央行（法定存款准备金+超额存款准备金）
  - 同业资产（同业拆出+逆回购+同业存款）
  - 在途资金
- 二级准备（证券资产）：债券、股票
- 贷款
  - 贷款的五级分类（信贷资产质量分类标准）：
    - 正常
    - 关注（有能力，存在不利因素）
    - 次级（正常营业收入无能力）
    - 可疑（抵押担保无能力）
    - 损失（所有可能措施无能力）
  - 贷款的五级分类（信贷资产质量为分类标准）：
    - 硬性标准：逾期天数
    - 次级+可疑+损失=不良贷款
- 【辨析】
  - 超额准备金=超额存款准备金+库存现金
  - 法定准备金=法定存款准备金；
  - 准备金=法定准备金+超额准备金
    - 二级存款准备金=法定存款准备金+超额存款准备金
    - =存款准备金+库存现金
- 我国银行资产业务的创新—— 委外投资，投贷联动，银团贷款
- 银行筛选借款人的6C原则：capital，capacity，character，collateral，condition，continuity

资本业务

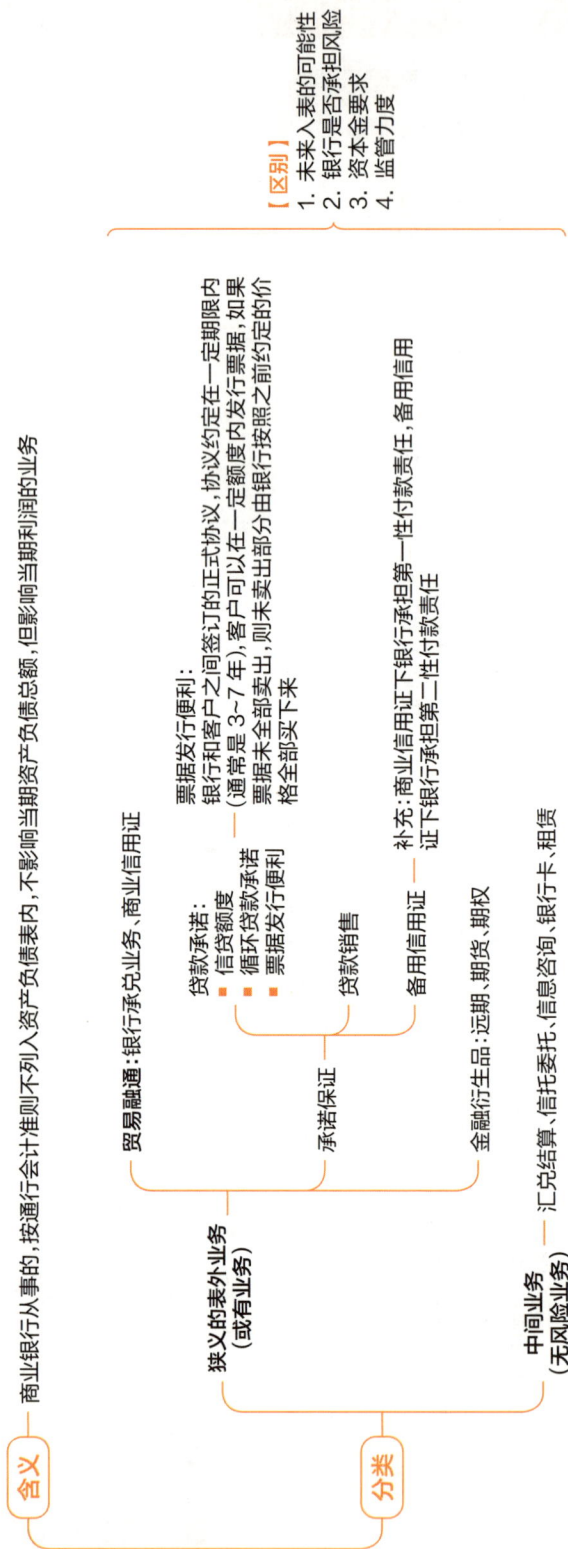

第四讲 商业银行

② 商业银行业务

表外业务

含义：商业银行从事的，按通行会计准则不列入资产负债表内，不影响当期资产负债总额，但影响当期利润的业务

分类

- **狭义的表外业务（或有表外业务）**
  - 贸易融通：银行承兑业务、商业信用证
  - 贷款承诺：
    - 信贷额度
    - 循环贷款承诺
    - 票据发行便利
      - 票据发行便利：银行和客户之间签订的正式协议，协议约定在一定期限内（通常是3~7年），客户可以在一定额度内发行票据，如果票据未全部卖出，则未卖出部分由银行按照之前约定的价格全部买下来
  - 贷款销售
  - 承诺保证
    - 备用信用证
      - 补充：商业信用证下银行承担第一性付款责任，备用信用证下银行承担第二性付款责任
  - 金融衍生品：远期、期货、期权

- **中间业务（无风险业务）**
  - 汇兑结算、信托委托、信息咨询、银行卡、租赁

【区别】
1. 未来入表的可能性
2. 银行是否承担风险
3. 资本金要求
4. 监管力度

第四讲 商业银行

③ 商业银行管理理论

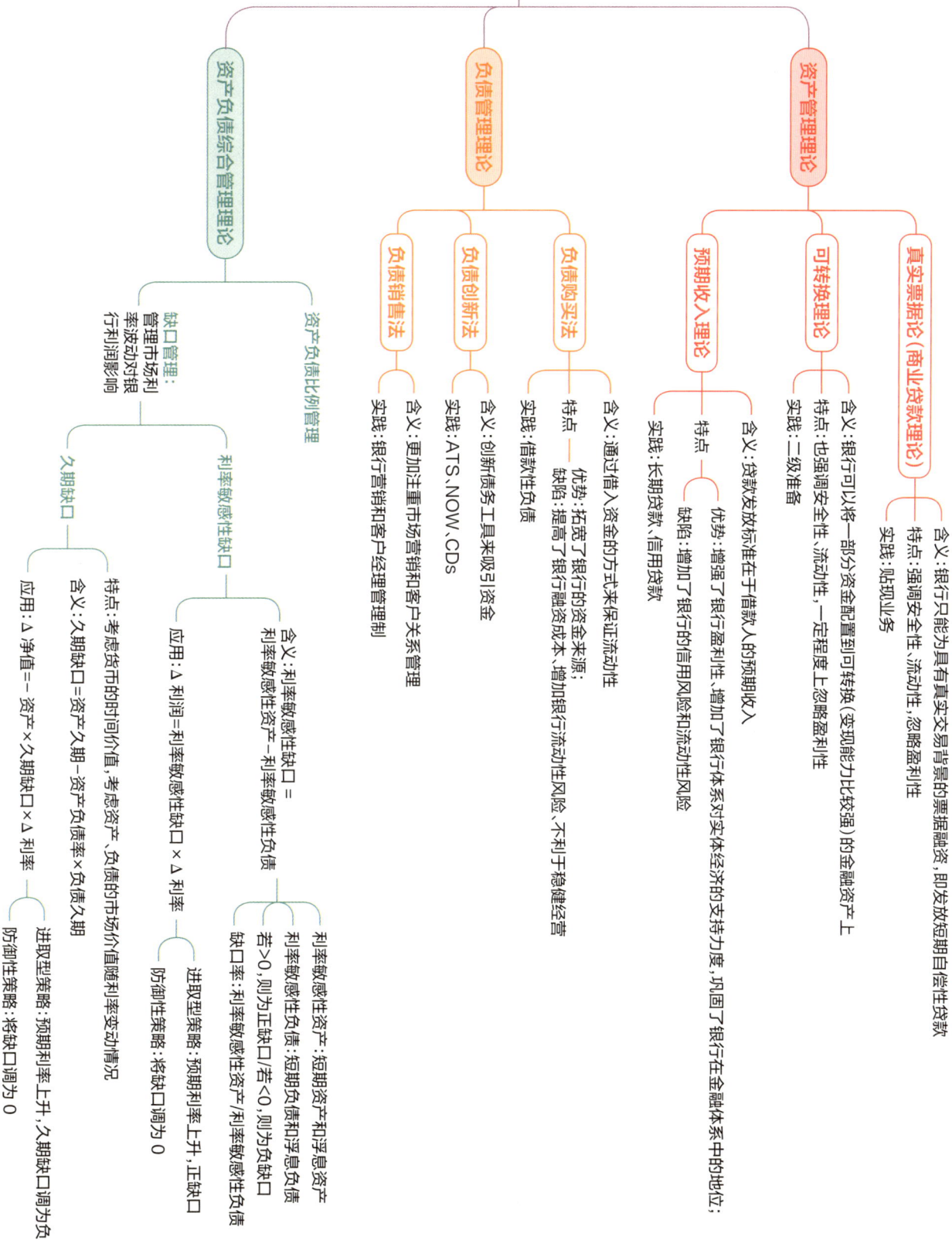

资产管理理论

真实票据理论（商业贷款理论）
- 含义：银行只能为具有真实交易背景的票据融资，即发放短期自偿性贷款
- 特点：强调安全性、流动性，忽略盈利性
- 实践：贴现业务

可转换理论
- 含义：银行可以将一部分资金配置到可转换（变现能力比较强）的金融资产上
- 特点：也强调安全性、流动性，一定程度上忽略盈利性
- 实践：二级准备

预期收入理论
- 含义：贷款发放标准在于借款人的预期收入
- 特点：
  - 优势：增强了银行盈利性，增加了银行体系对实体经济的支持力度，巩固了银行在金融体系中的地位；
  - 缺陷：增加了银行的信用风险和流动性风险
- 实践：长期贷款、信用贷款

负债管理理论

负债购买法
- 含义：通过借入资金的方式来保证流动性
- 特点：
  - 优势：拓宽了银行的资金来源；
  - 缺陷：提高了银行融资成本，增加银行流动性风险，不利于稳健经营
- 实践：

负债创新法
- 含义：创新债务工具来吸引资金
- 实践：ATS、NOW、CDs

负债销售法
- 含义：借款性负债
- 实践：更加注重市场营销和客户关系管理、银行营销和客户经理管理制

资产负债综合管理理论

资产负债比例管理

利率敏感性缺口管理
- 含义：利率敏感性缺口 = 利率敏感性资产 − 利率敏感性负债
  - 利率敏感性资产：短期资产和浮息资产
  - 利率敏感性负债：短期负债和浮息负债
  - 缺口率 = 利率敏感性资产/利率敏感性负债
    - 若 >0，则为正缺口；若 <0，则为负缺口
- 应用：Δ利润 = 利率敏感性缺口 × Δ利率
  - 进取型策略：预期利率上升，正缺口
  - 防御性策略：将缺口调为 0

久期缺口
- 含义：久期缺口 = 资产久期 − 资产/负债 × 负债久期
- 特点：考虑货币的时间价值，考虑资产、负债的市场价值随利率变动情况
- 应用：Δ净值 = − 资产 × 久期缺口 × Δ利率
  - 进取型策略：预期利率上升，久期缺口调为负
  - 防御性策略：将缺口调为 0

缺口管理（市场利率波动对银行利润影响）

23

第四讲 商业银行

④ 商业银行监管的必要性

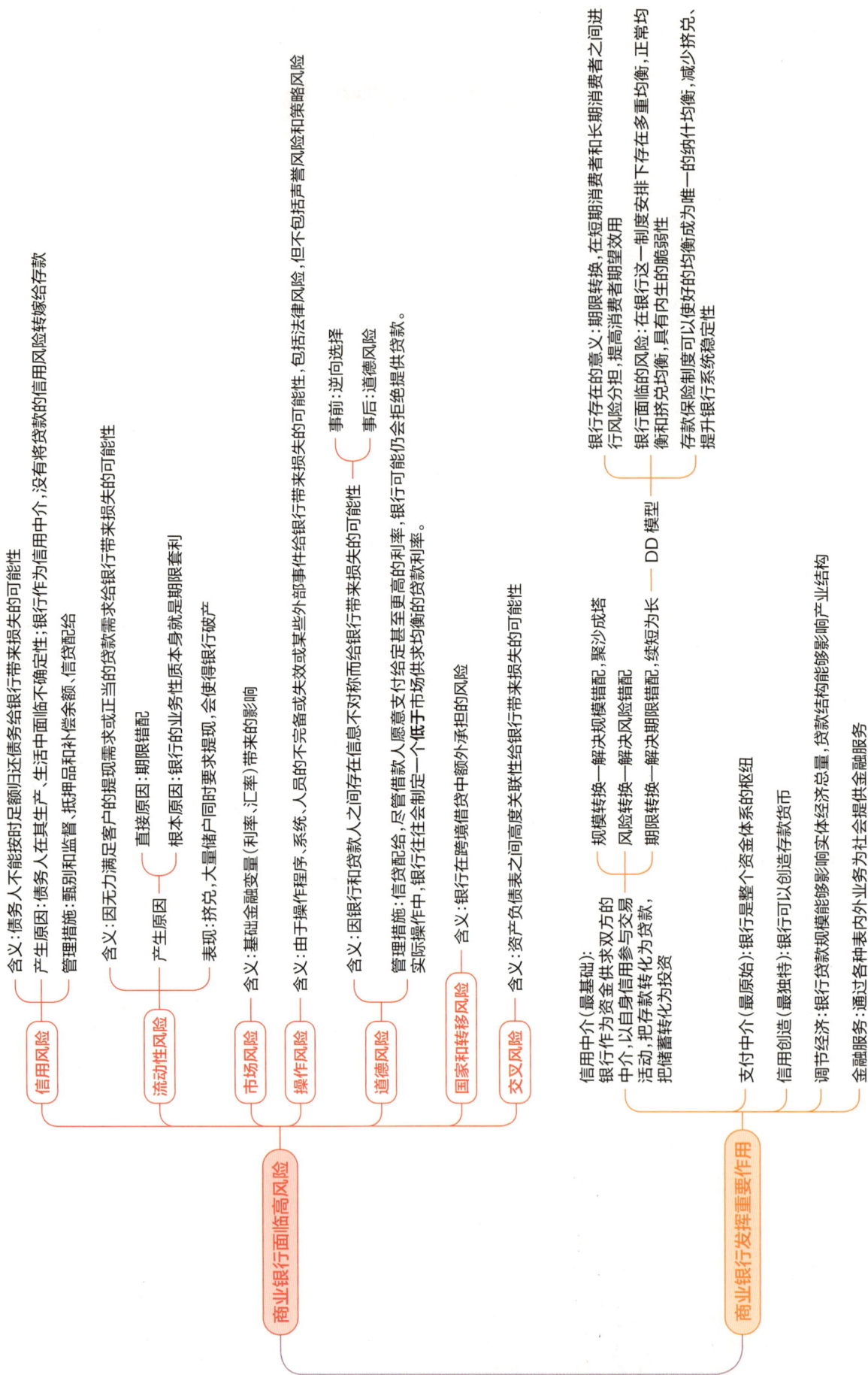

商业银行面临高风险

信用风险
- 含义：债务人不能按时按时归还到期债务给银行带来损失的可能性
- 产生原因：债务人在其生产、生活中面临不确定性；银行作为信用中介，没有将贷款的信用风险转嫁给存款
- 管理措施：甄别和监督，抵押品和补偿条款，信贷配给

流动性风险
- 含义：因无力满足客户的提现需求或正当的贷款需求给银行带来损失的可能性
- 产生原因
  - 直接原因：期限错配
  - 根本原因：银行的业务性质本身是期限错配
- 表现：挤兑，大量储户同时要求提现，会使得银行破产

市场风险
- 含义：基础金融变量（利率、汇率）带来的影响

操作风险
- 含义：由于操作程序、系统、人员的不完备或失效或某些外部事件给银行带来损失的可能性，包括法律风险，但不包括声誉风险和策略风险

道德风险
- 含义：因银行和贷款人之间存在信息不对称而给银行带来损失的可能性
  - 事前：逆向选择
  - 事后：道德风险
- 管理措施：信贷配给，尽管借款人愿意支付给甚至更高的利率，银行可能仍会拒绝提供贷款。实际操作中，银行往往会制定一个低于市场供求均衡的贷款利率。

国家和转移风险
- 含义：银行在跨境借贷中额外承担的风险

交叉风险
- 含义：资产负债表之间高度夫联性给银行带来损失的可能性

商业银行发挥重要作用

信用中介（最基础）
银行作为资金供求双方的中介，以自身信用参与交易活动，把存款转化为贷款活动，把储蓄转化为投资
- 规模转换——解决规模错配，聚少成塔
- 风险转换——解决风险错配
- 期限转换——解决期限错配

支付中介（最原始）
银行是整个资金体系的枢纽

信用创造（最独特）
银行可以创造货币
- 期限转换，续短为长——DD模型
  - 银行存在的意义：期限转换，在短期消费者和长期消费者之间进行风险分担，提高消费者期望效用
  - 银行面临的风险：在银行这一制度安排下存在多重均衡，正常均衡和挤兑均衡，具有内生的脆弱性
  - 存款保险制度可以使良好的均衡成为唯一的纳什均衡，减少挤兑，提升银行系统稳定性

调节经济
银行贷款规模能够影响实体经济总量，贷款结构能够影响产业结构

金融服务
银行通过各种表内外业务为社会提供金融服务

第四讲 商业银行

⑤ 商业银行监管的主要内容

金融监管

含义
- 狭义：政府通过特定机构依法对金融业进行监督或规定
- 广义：还包括金融机构内控体系和同业自律组织的监管

意义
- 纠正由垄断、外部性、信息不对称造成的金融市场失灵，实现稳定性、效率性、公平性

监管理论的发展
- 20 世纪 30 年代，公共利益论（庇古）
  - 内容：1933 年经济危机产生的原因在于金融领域的混业经营和监管缺失，应从维护公共利益角度出发，对金融机构进行监管
  - 实践：1933 年《格拉斯－斯蒂格尔法案》
- 20 世纪 70 年代，金融抑制和金融深化理论（爱德华·肖，麦金农）
  - 内容：政府的过度干预阻得了金融体系发展，造成了金融抑制。应该全面放松监管和货币而控制法
  - 实践：1980 年《存款机构放松管制和货币而控制法》
- 20 世纪 90 年代，功能监管理论（默顿，博迪）
  - 内容：金融监管的核心应当是功能监管，而非机构监管
  - 实践：1999 年《金融服务现代化法案》
- 2009 年，宏观审慎监管理论
  - 内容：应当从宏观整体的角度对金融业进行宏观审慎监管
  - 实践：2010 年《巴塞尔协议》

我国的金融监管实践
- 机构监管：按照机构的类别进行监管对象，适用于分业经营
- 功能监管：按照功能（或经营的业务性质）划分监管对象，适用于混业经营
- 行为监管：对金融机构的经营行为进行监管，包括信息披露要求、禁止欺诈误导等，核心在于保护金融消费者的权益
- 穿透式监管：监管者穿透识别每一项投融资活动中资金的最终投向以及最终来源
- 强化机构和金融消费者的持续监管

对商业银行的监管措施

谨慎性监管体系（预防性监管）
- 事前市场准入：最低注册资本金、公司治理和内控制度等
  审计标准：CAMELS, capital, asset, management, earnings, liquidity, sensitivity
- 事中业务范围及审计检查：现场检查和非现场检查（DD 模型）
- 事后对问题金融机构的处置：破产清算，并购承接

政府安全网

- **存款保险制度**
  - 含义：1933 年出现在美国，政府设立的一种旨在保护存款人利益的保险制度。投保，当发生支付危机或破产清算时，由存款保险机构进行赔付
  - 积极影响
    - 保护存款人利益
    - 降低挤兑的可能性，维护本国银行体系化之间的矛盾
    - 调和了存款的安全性和银行经营市场化之间的矛盾
  - 消极影响
    - 存款保险公司面临道德风险：储户监督↓→银行高息揽储→资产质量恶化
    - 对于制度环境薄弱的国家，反而增加了金融系统脆弱性
  - 我国的存款保险制度
    - 2015 年 5 月 1 日正式实施，50 万上限
    - 推出必要性

- **最后贷款人制度**
  - 含义：当银行体系的流动性遭遇较大负面冲击时，由中央银行向银行体系提供最终的流动性支持
  - 方式：再贷款、再贴现、公开市场操作（如公开市场买入、逆回购等）
  - 作用：维护金融体系稳定，进行货币政策调控

25

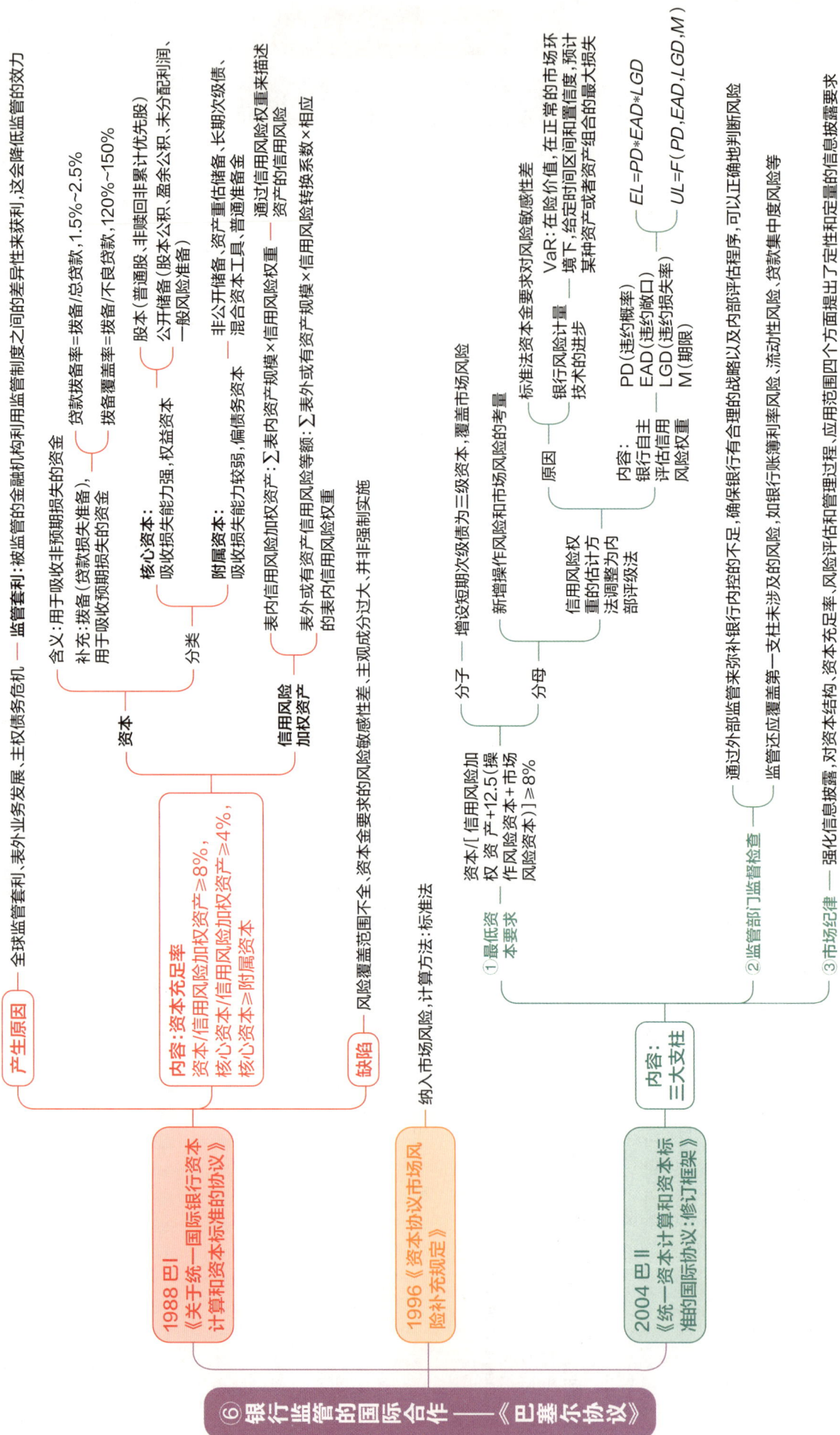

第四讲 商业银行

⑥银行监管的国际合作——《巴塞尔协议》

1988 巴I《关于统一国际银行资本计算和资本标准的协议》

- **产生原因** —— 全球监管套利;表外业务发展;主权债务危机 —— 监管套利:被监管的金融机构利用监管制度之间的差异性来获利,这会降低监管的效力

- **内容:资本充足率**
  - 资本/信用风险加权资产≥8%,核心资本/信用风险加权资产≥4%,核心资本≥附属资本
  - **资本**
    - 含义:用于吸收非预期损失的资金
    - 补充:拨备(贷款损失准备),用于吸收预期损失的资金
      - 贷款拨备率=拨备/总贷款,1.5%~2.5%
      - 拨备覆盖率=拨备/不良贷款,120%~150%
    - 分类
      - **核心资本:** 吸收损失能力强,权益资本
        - 股本(普通股、非赎回累计优先股)
        - 公开储备(股本公积、盈余公积、未分配利润、一般风险准备)
      - **附属资本:** 吸收损失能力较弱,偏债务资本 —— 混合资本工具、长期次级债、普通资本准备
        - 非公开储备、资产重估备
  - **信用风险加权资产**
    - 表内信用风险加权资产:∑表内资产规模×信用风险权重
    - 表外或有资产信用风险等额:∑表外资产规模×信用风险转换系数×相应的表内信用风险权重 —— 通过信用风险权重来描述资产的信用风险

- **缺陷** —— 风险覆盖范围不全,资本金要求的风险敏感性差,主观成分过大,并非强制实施

1996《资本协议市场风险补充规定》

- 纳入市场风险,计算方法:标准法

2004 巴II《统一资本计算和资本标准的国际协议:修订框架》

- **内容:三大支柱**

  ① **最低资本要求**
    - 分子 —— 增设短期次级债为三级资本,覆盖市场风险
    - 分母 —— 新增操作风险和市场风险的考量 / 信用风险的估计方法调整为内部评级法
    - 资本/[信用风险加权资产+12.5(操作风险资本+市场风险资本)]≥8%
    - 标准法资本金要求对风险敏感性差 —— 银行风险计量技术的进步
      - 原因 —— VaR:在险价值,在正常的市场环境下,给定时间区间和置信度,预计某种资产或者资产组合的最大损失
      - 内容:银行自主评估信用风险权重
        - PD(违约概率)
        - EAD(违约敞口)
        - LGD(违约损失率)
        - M(期限)
        - $EL=PD*EAD*LGD$
        - $UL=F(PD,EAD,LGD,M)$

  ② **监管部门监督检查** —— 通过外部监管来弥补银行内控的不足,确保银行有合理的战略以及内部评估程序,可以正确地判断风险等 / 监管还应覆盖第一支柱未涉及的风险,如银行账簿利率风险、流动性风险、贷款集中度风险等

  ③ **市场纪律** —— 强化信息披露,对资本结构、资本充足率、风险评估和管理过程、应用范围四个方面提出了定性和定量的信息披露要求

第四讲 商业银行

⑥ 银行监管的国际合作——《巴塞尔协议》

2010 巴塞尔《更具稳健性的银行和银行体系全球监管框架》和《流动性风险计量标准及监管的国际框架》,2017《巴塞尔III:后危机改革的最终方案》

产生原因

- 风险覆盖范围不全
  - 资本工具对损失的吸收能力弱
    - 含义:源自于巴塞尔II的内部评级法,经济周期繁荣→信用风险权重↓→单位资本支持更多的资产,增加
  - 资本充足率监管存在顺周期效应(时间轴)
    - 含义:风险横向(传染性),系统性金融风险(雷曼时刻);贷款投放→资产价格泡沫和通货膨胀,经济过热
    - 影响:增加道德风险
  - 若政府实施救助,则增加道德风险,使其过度的风险承担
  - 资本充足率不是防范风险的唯一途径
    - 适度的资本充足率不足反映其风险(空间轴)

内容

- 宏观审慎监管
  - 含义:以防范系统性风险为目标,采用宏观、逆周期、跨市场的视角,实行自上而下的衡量方法,着力于减缓顺周期性和风险的横向传染性
  - 原因:2008 年金融危机之前是微观审慎监管,存在合成谬误问题,但是个体稳健并不等于整体稳健
  - 具体安排
    - 缓解风险的横向传染性问题
      - 时间轴——顺周期性(资本充足率监管,信用评级法)
      - 空间轴——核心一级资本(资本充足率监管,表内外信息),相互关联的机构和市场间的风险传染会导致系统性破坏
    - 缓解资本充足率监管的顺周期性问题
      - 改革信用风险计量方法
        - 内部评级法:设置各风险参数的底线,同时设置风险加权资产整体的底线
      - 留存资本缓冲(2.5%)
      - 逆周期资本缓冲(0%~2.5%),根据信贷/GDP 偏离趋势值提取
      - 杠杆率(3%,我国 4%),一级资本/表内外的机构
    - 明确系统重要性金融机构(业务规模大,复杂度高,与其他金融机构关联性强,提供难以替代的服务,提升系统重要性而无法持续经营,可能对金融体系和实体经济产生较大冲击的金融体系机构)
      - 附加资本要求:1%~3.5%
      - 附加杠杆率要求:附加资本要求的 50%
      - 恢复与处置计划:系统重要性金融机构一旦发生重大风险时,在发生事先拟定风险方案,如何快速重大风险时,如何快速恢复以及如何有序处置
        - 总损失吸收能力(TLAC)监管
          - 含义:在 G-SIBs 进入处置阶段时,能够通过减记或转股的方式吸收损失的各类资本或债务工具总和
          - 监管要求:2025 年,TLAC 资本充足率 16%,TLAC 杠杆率 6%
- 提高资本标准
  - 含义:以防范危机之前的视角
  - 核心一级资本充足率 4.5%(中国 5%)
  - 一级资本充足率 6%,总资本充足率 8%
    - 一级资本——核心一级资本:普通股股本 + 公开储备
      - 其他一级资本:非赎回累积优先股,永续债
    - 二级资本——二级资本债(长期次级债)
      - 超额贷款损失准备(普通准备金)
- 缓解流动性风险和期限错配
  - 流动性覆盖比率(LCR)
    - 含义:优质流动性资产/未来 30 日内现金净支出(≥ 100%)
    - 意义:反映压力状况下银行短期流动性,提高应对短期流动性能力
      - 压力测试
        - 含义:通过测算银行在遇到极端不利情况下可能发生的损失,分析对银行盈利能力和资本金带来的影响,进而对单家银行和银行体系的脆弱性评估,并采取必要措施
        - 特点:以定量分析为主的风险分析方法又包括敏感性测试和情景测试
        - 意义:增强前瞻性的风险捕捉能力
  - 净稳定融资比率(NSFR)
    - 含义:可用稳定资金/业务所需的稳定资金(≥ 100%)
    - 意义:减少期限错配,提高中长期抗风险能力

特点

- 从银行的资产方扩展到整个个资产负债表
- 从单一银行扩展到整个金融体系
- 从金融体系稳健性扩展到整个金融体系与实体经济之间的关系

第五讲 中央银行

① 中央银行的基础知识

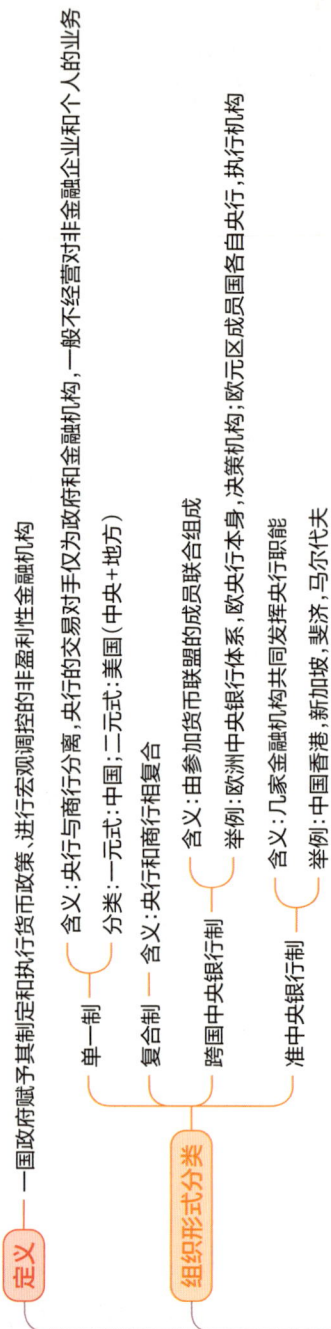

定义
—— 一国政府赋予其制定和执行货币政策、进行宏观调控的非盈利性金融机构

组织形式分类
- 单一制
  - 含义：央行与商行分离，央行的交易对手仅为政府和金融机构，一般不经营对非金融企业和个人的业务
  - 分类：一元式：中国；二元式：美国（中央+地方）
- 复合制 —— 含义：央行和商行相复合
- 跨国中央银行制
  - 含义：由参加货币联盟的成员联合组成
  - 举例：欧洲中央银行体系，欧央行本身，决策机构；欧元区成员国各自央行，执行机构
- 准中央银行制
  - 含义：几家金融机构共同发挥央行职能
  - 举例：中国香港、新加坡、斐济、马尔代夫

产生原因
- 模式
  - 原有商业银行改制：英格兰银行（1844，最早）
  - 直接组建：中国人民银行（1948）、美联储（1913）
- 产生原因
  - 统一货币发行的需要 —— 提供一种稳定的货币，降低经济体系交易成本
  - 支付清算的需要 —— 统一、公正
  - 充当最后贷款人的需要 —— 维护银行体系稳定
  - 金融管理的需要 —— 维护金融体系稳定、金融监管、实施货币政策
  - 为政府提供融资的需要

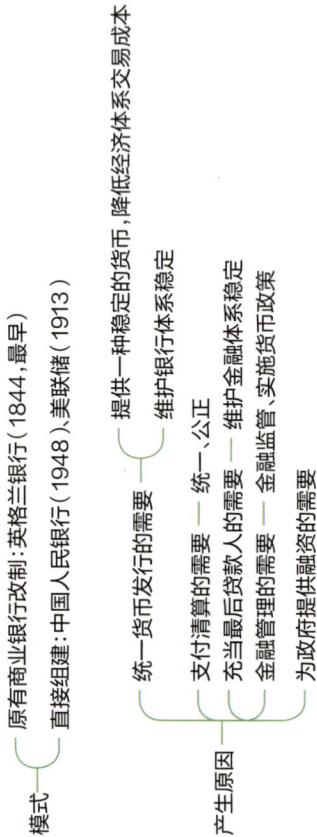

② 中央银行的职能

- 发行的银行 —— 中央银行垄断货币发行权（最基本的标志）—— 现金发行流程：中央银行的发行库→商业银行业务库→市场 M0
- 银行的银行 —— 集中存款准备金、充当最后贷款人（最能体现"银行的银行"职能）、组织参与全国清算
- 政府的银行 —— 代理国库、代理国债发行、为政府融通资金、替政府管理国际储备

第五讲 中央银行

③ 中央银行的业务

资产业务

- 国外资产（自有国际储备）—— 货币性黄金、外汇储备、在IMF储备头寸、SDR
- 国内资产
  - 对本国政府债权 —— 国债、地方债
  - 对本国金融机构债权 —— 金融债、再贷款、再贴现

负债业务

- 基础货币（高能货币）
  - 含义：整个货币供应量的基础，和整个货币供应量之间存在倍数关系（货币乘数）
  - 构成：流通中的现金 + 商业银行准备金 = 现金发行 + 商业银行存款准备金
  - 影响因素
    - 国外资产（+）
    - 国内资产（+）
    - 财政存款（-）
    - 央票（-）
  - 判断方法：资产负债表两侧恒等 or 现实交易
- 政府存款 —— 中央银行能控制基础货币总量（通过公开市场操作等），但是不能控制基础货币结构（现金和准备金的比例）
- 中央银行票据 —— 政府部门在中央银行的存款

补充：中国人民银行资产负债表

- 资产方
  - 静态来看，规模最大是外汇资产，第二的是对其他存款性公司债权
  - 动态来看，外汇资产占比先上升（1994—2014）后下降（2014—）；对其他存款性公司债权占比先下降（1994—2014）后上升（2014—）
    - 驱动力：我国国际收支从双顺差到基本平衡；人民银行创新的货币政策工具（MLF/PSL）
    - 影响：基础货币投放方式的重构
- 负债方
  - 中央银行向商业银行发行的短期债务凭证，实质是中央银行债券
  - 储备货币（等于基础货币），包括货币发行（>M0），其他存款性公司存款，非金融机构存款（第三方支付机构备付金存款）

④ 中央银行的独立性

- 含义：央行在公布目标以及运用工具实现目标时的不受政府的干预，央行和政府在资金和管理上是独立的。
- 支持独立性的理由
  - 政府往往短视，存在政治商业周期，放大经济波动性，进而带来更高的福利成本
  - 货币政策调控的专业性
  - 防止地方政府干预
- 反对独立性的理由
  - 金融系统隶属于整个经济系统
  - 货币政策应与其他政策配合
  - 特殊时期，中央银行需完全服从政府
- 各国的独立性
  - 强：美联储、欧央行；
  - 中：英格兰银行、日本银行；
  - 弱：发展中国家央行。我国人民银行接受受国务院领导

央行和政府在资金和管理上是独立的。核心是相对于政府的独立性

处理与政府矛盾时采用公开透明的程度，

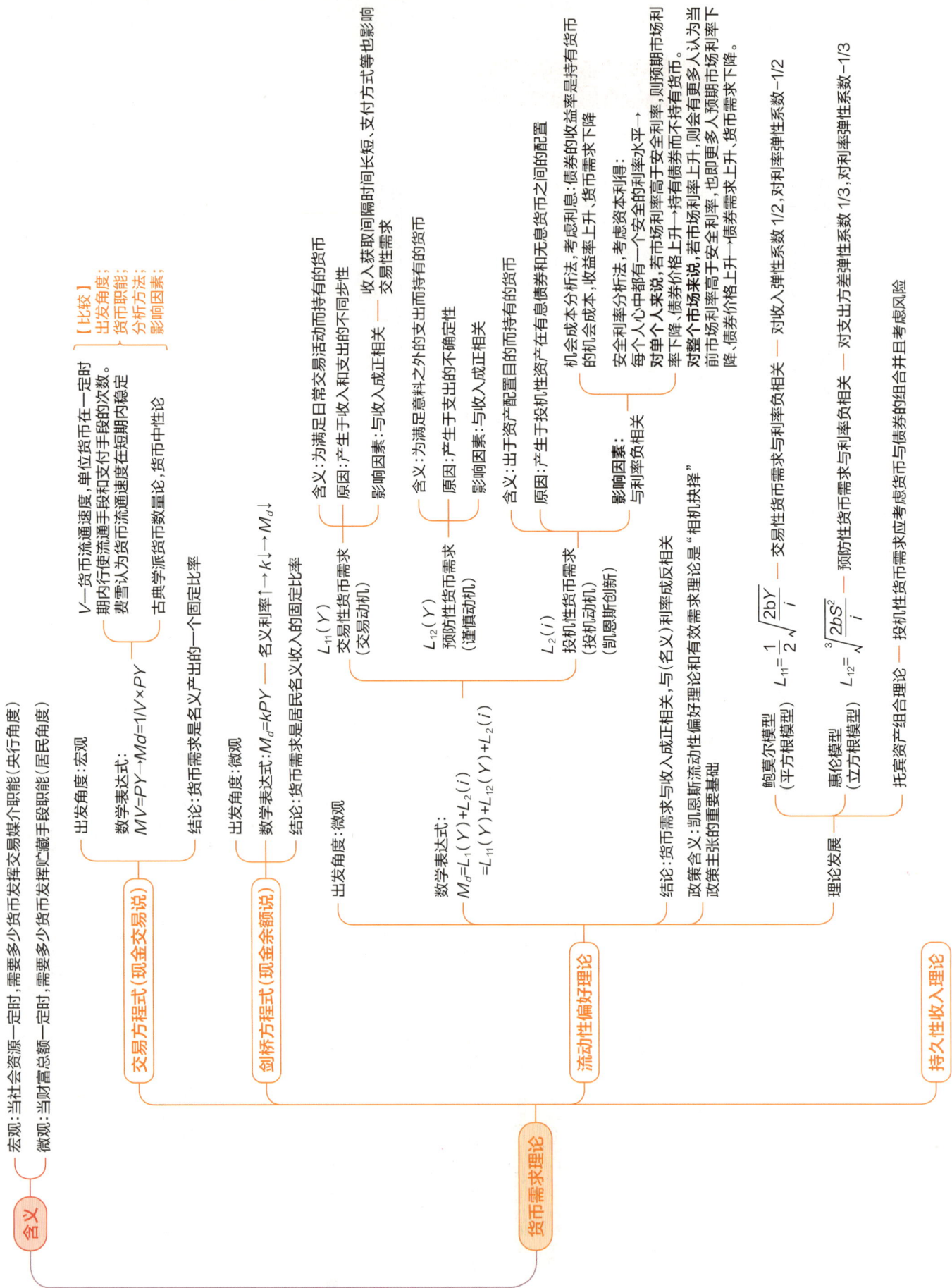

第六讲 货币需求和货币供给

① 货币需求

含义
- 宏观：当社会资源一定时，需要多少货币发挥交易媒介职能（央行角度）
- 微观：当财富总额一定时，需要多少货币发挥贮藏手段职能（居民角度）

交易方程式（现金交易说）
- 出发角度：宏观
- 数学表达式：$MV=PY\rightarrow Md=1/V\times PY$
- 结论：货币需求是名义产出的一个固定比率
  - V—货币流通速度，单位货币在一定交易时发生交易媒介的次数。
  - 费雪认为流通手段和支付手段在短期内稳定
  - 古典派货币数量论，货币中性论

剑桥方程式（现金余额说）
- 出发角度：微观
- 数学表达式：$Md=kPY$—名义利率$\uparrow\rightarrow k\downarrow\rightarrow Md\downarrow$
- 结论：货币需求是居民名义收入的固定比率

【比较】
出发角度；
货币职能；
分析方法；
影响因素；

货币需求理论

流动性偏好理论
- 出发角度：微观
- 数学表达式：$M_d=L_1(Y)+L_2(i)=L_{11}(Y)+L_{12}(Y)+L_2(i)$
  - $L_{11}(Y)$ 交易性货币需求（交易动机）
    - 含义：为满足日常交易活动而持有的货币
    - 原因：产生于收入和支出的不同步性
    - 影响因素：与收入成正相关 — 收入获取间隔时间长短、支付方式等也影响 — 交易性需求
  - $L_{12}(Y)$ 预防性货币需求（谨慎动机）
    - 含义：为满足意料之外的支出而持有的货币
    - 原因：产生于支出的不确定性
    - 影响因素：与收入成正相关
  - $L_2(i)$ 投机性货币需求（投机动机）（凯恩斯创新）
    - 含义：出于资产配置目的而持有的货币
    - 原因：产生于投机性资产在有息债券和无息货币之间的配置
    - 影响因素：与利率负相关
      - 机会成本分析法，考虑利息：债券的收益率是持有货币的机会成本，收益率上升，货币需求下降
      - 安全利率分析法，考虑资本利得：每个人心中都有一个安全的利率水平→对单个人来说，若市场利率高于安全利率，则预期市场利率下降，债券价格上升，则会有更多人持有债券而不持有货币；对整个市场来说，若市场利率上升，也即更多人预期市场利率下前市场利率高于安全利率，债券价格上升，债券需求上升，货币需求下降。
- 结论：货币需求与收入成正相关，与（名义）利率成反相关
- 政策含义：凯恩斯流动性偏好理论和有效需求理论是"相机抉择"政策主张的重要基础
- 理论发展
  - 鲍莫尔模型（平方根模型）：$L_{11}=\dfrac{1}{2}\sqrt{\dfrac{2bY}{i}}$ — 交易性货币需求与利率负相关 — 对收入弹性系数1/2，对利率弹性系数-1/2
  - 惠伦模型（立方根模型）：$L_{12}=\sqrt[3]{\dfrac{2bS^2}{N}\cdot\dfrac{1}{i}}$ — 预防性货币需求与利率负相关 — 对收入弹性系数1/3，对利率弹性系数-1/3
  - 托宾资产组合理论 — 投机性货币需求应考虑货币与债券的组合并且考虑风险

持久性收入理论

第六讲 货币需求和货币供给

（一）货币需求

货币需求理论

- 出发角度：微观
- 数学表达式：$\dfrac{M_d}{P}=f\left(Y,W;r_m,r_b,r_e,\dfrac{1}{P}\dfrac{dP^e}{dt};u\right)$
  - 规模变量
    - Y：持久性收入，预期未来多期收入的平均值，货币需求与之成正相关
    - W：非人力财富占总财富的比重，货币需求与之成正相关
  - 机会成本变量
    - r_m：货币收益率，货币需求与之成正相关（敏感性分析）
    - $r_b,r_e,1/P\times dP^e/dt$：债券、股票和实物资产的收益率，货币需求与之成负相关（敏感性分析）
      - 情景分析：货币需求对利率（其他资产收益率）变动不敏感，无套利思想 + 相对收益率
  - 随机扰动项
    - u：人们的流动性偏好，其他资产的风险等
- 结论：货币需求主要受持久性收入的影响，与持久性收入成正相关
- 政策含义：货币政策调控应遵循"单一规则"，根据潜在产出的增长率确定固定的货币供给的增长率

持久性收入理论

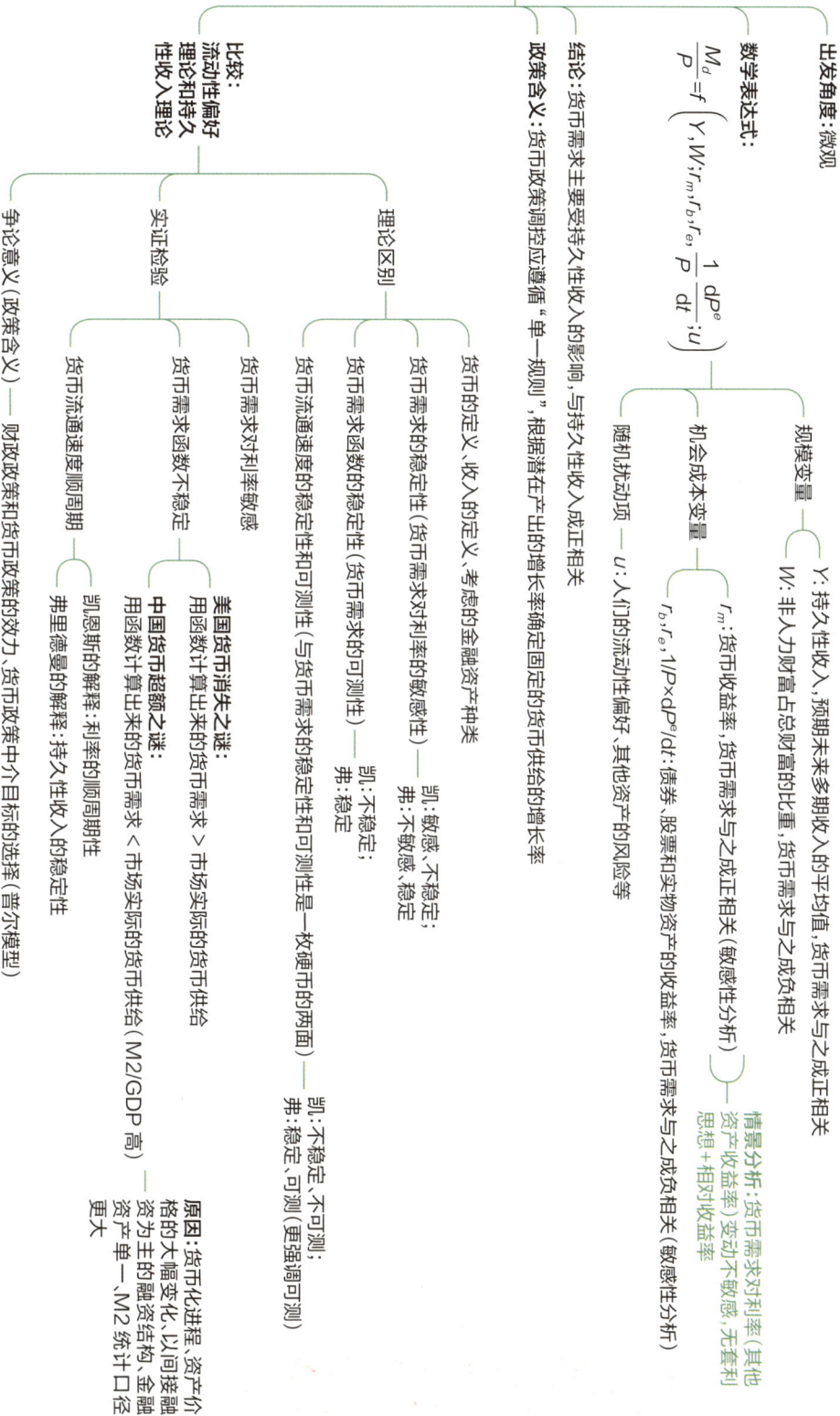

- 比较：
  - 流动性偏好理论和持久性收入理论
    - 理论区别
      - 货币的定义，收入的定义，考虑的金融资产种类
      - 货币需求的稳定性（货币需求对利率的敏感性）——凯：敏感，不稳定；弗：不敏感，稳定
      - 货币需求函数不稳定
      - 货币需求函数的稳定性（货币需求的可测性）——凯：不稳定；弗：稳定
      - 货币流通速度的稳定性和可测性（与货币需求的两面）——凯：不稳定，不可测；弗：稳定，可测（更强调可测）
      - 货币需求对利率敏感
    - 实证检验
      - 美国货币消失之谜：用函数计算出来的货币需求 > 市场实际的货币供给
        - 中国货币超额之谜：用函数计算出来的货币需求 < 市场实际的货币供给（M2/GDP 高）——原因：货币化进程，资产价格的大幅变化，以间接融资为主的融资结构，金融资产单一，M2 统计口径更大
      - 货币需求函数不稳定
      - 货币流通速度顺周期
        - 凯恩斯的解释：利率的顺周期性
        - 弗里德曼的解释：持久性收入的稳定性
    - 争论意义（政策含义）——财政政策和货币政策的效力，货币政策中介目标的选择（普尔模型）

第六讲 货币需求和货币供给

② 货币供给

含义
一个时点上一国的货币存量,是整个银行体系的负债

双层次货币创造机制
- **含义** — 中央银行和商业银行两个层次
- **前提** — 部分准备金制度,部分现金漏损(非现金结算,银行清算体系形成)
- **常用概念**
  - 来源于中央银行 / 在计算中等于**基础货币**
  - 原始存款:商业银行最初形成的第一笔存款
  - 派生存款:通过商业银行的资产业务(如贷款、贴现等)创造出来的存款 — 总存款=原始存款+派生存款
  - 存款乘数=总存款 / 原始存款 — 从商业银行角度观察,吸收一单位的原始存款能够创造多少单位的总存款
  - 货币乘数=货币供应量/基础货币 — 从中央银行角度观察,投放一单位的基础货币能够创造多少单位的货币供应量
- **举例:只考虑法定存款准备金率** — 吸收存款,形成存款准备金→发放贷款,创造派生存款→存款转移
- **一般化的存款乘数和货币乘数表达式** — 资产负债表三阶段变化:
  - 存款乘数
    - 活期存款乘数(默认) — $1/(c+r_d+e+tr_t)$
    - 定期存款乘数 — $t/(c+r_d+e+tr_t)$
    - 总存款乘数 — $(1+t)/(c+r_d+e+tr_t)$
  - 货币乘数
    - m_1乘数(默认) — $(1+c)/(c+r_d+e+tr_t)$
    - m_2乘数 — $(1+c+t)/(c+r_d+e+tr_t)$
- **评价** — 凡是出现在货币乘数中的变量,货币乘数均与其呈反相关

影响货币供应量的因素
双层次的、连接微观金融与宏观金融的关节点,是最节约的货币制度

- **基础货币** — 调节依据:市场流动性状况和经济周期
- **中央银行:r_d, r_t**
- **商业银行:e** 意愿持有的超额准备金:

$$\sqrt[3]{\frac{2bS^2}{i}}$$
鲍莫尔模型,惠伦模型
  - i—资产方其他资产收益率(−) — 成本收益动机
  - b—短缺成本(+)—负债管理能力(−) — 风险规避动机
  - S^2—预期存款净流出量方差(不确定性系数)(+)
  - 预期存款净流出量绝对值(+)
  - 意愿持有的超额准备金:贷款供应充足流动性缓冲中
  - 非意愿持有的超额准备金:贷款供应两难,银行被迫持有的超额准备金

- **货币乘数**
  - 需求侧:居民、企业贷款需求,背后又是 消费需求对投资需求(资产负债表衰退)
  - 供给侧:银行惜贷、资本充足率的约束

- **公众:c, t** — 分析c,考虑资产配置
  - 财富总额(−),存款收益率(−),银行倒闭的风险(−)
  - 流动性:人均旅行(+),零售交易占总交易比重(+),地下经济规模(+)

货币供给的外生论和内生论
- **含义**
  - 外生论:货币供给是经济中的外生变量,由某个外部机构(如中央银行)决定
  - 内生论:货币供给是经济中的内生变量,由货币需求决定,货币需求又是由收入、消费、投资等变量决定
- **理论**
  - 多数情况下外生 — 根据弗里德曼和施瓦茨的研究,高能货币的变化是广义货币的长期变化和主要周期性变化的主要因素,能够解释广义货币的长期变化的90%
  - 某些情况下可能呈现出内生性 — 根据卡甘的研究,长期来看,高能货币的变化能够解释广义货币的性质
  - 在金融危机条件下,DIR和D/C的变化对广义货币变动起决定性的影响 从周期波动来看,C/Ms能够解释约50%的货币变化,H/RID 则解释25%
- **实践:从人民银行调控来看**
  - 当经济过热,中央银行紧缩的,呈现出外生性
  - 当经济衰退,中央银行扩张时,呈现出内生性,宽货币无法传导到信用

影响:使Ms呈现出内生性,削弱货币政策效力

第七讲 通货膨胀和通货紧缩

① 通货膨胀

通货膨胀的基础知识

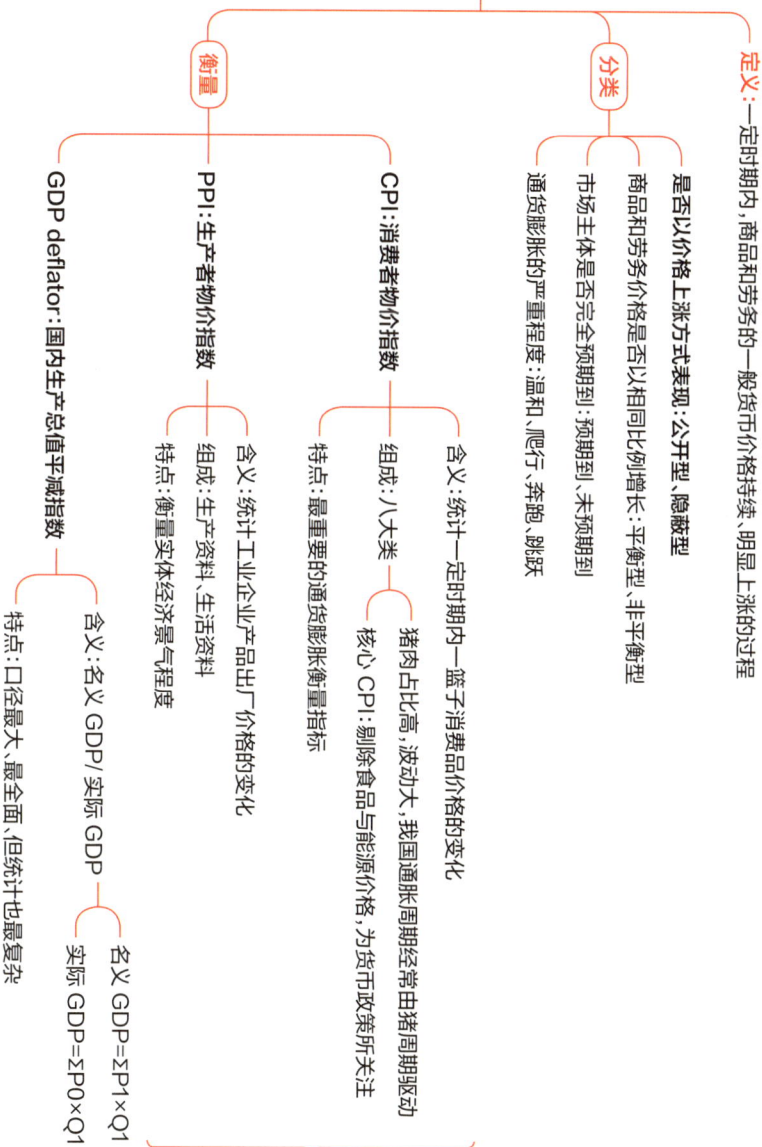

定义：一定时期内，商品和劳务的一般货币价格持续、明显上涨的过程

分类
- 是否以价格上涨方式表现：公开型、隐蔽型
- 商品和劳务价格是否以相同比例增长：平衡型、非平衡型
- 市场主体是否完全预期到：预期到、未预期到
- 通货膨胀的严重程度：温和、爬行、奔跑、跳跃

衡量

CPI：消费者物价指数
- 含义：统计一定时期内一篮子消费品价格的变化
- 组成：八大类
  - 猪肉占比高，波动大，我国通胀周期经常由猪周期驱动
  - 核心CPI：剔除食品与能源价格，为货币政策所关注
- 特点：最重要的通货膨胀衡量指标

PPI：生产者物价指数
- 含义：统计工业企业产品出厂价格的变化
- 组成：生产资料、生活资料
- 特点：衡量实体经济景气程度

GDP deflator：国内生产总值平减指数
- 含义：名义GDP/实际GDP
  - 名义GDP=ΣP1×Q1
  - 实际GDP=ΣP0×Q1
- 特点：口径最大、最全面，但统计也最复杂

【比较】
- 绝对值：两者未必谁大谁小；
- 波动率：PPI更高；
- 联系：PPI通过上下游产业链渠道影响CPI

第七讲 通货膨胀和通货紧缩

① 通货膨胀

通货膨胀的影响

宏观：通货膨胀与经济增长

对产出的影响

- 凯恩斯学派：名义工资刚性理论；货币学派：不完备信息模型；第一代新古典学派：预期错误模型；新凯恩斯学派：黏性工资价格理论
  - 促进论：通货膨胀能促进产出上升（AS曲线右上倾斜）
  - 促退论：通货膨胀会造成微观效率的损失
  - 中性论："古典二分法"，实体部门与金融部门的分离
- 实证：温和通货膨胀促进，中长期中性恶性通货膨胀促退

对就业的影响：菲利普斯曲线

- 1958年，菲利普斯曲线提出
  - 特点：用通货膨胀率代替工资增长率
  - 公式：$w=-\alpha u$，工资增长率与失业率负相关
- 1960年，简单（传统）菲利普斯曲线
  - 特点：$\pi=-\alpha u$，通货膨胀率与失业率负相关
  - 政策含义：货币政策（需求管理型政策）的有效性 —— 央行可以通过发行货币制造通货膨胀的方式降低失业
  - 实证：1947~1970年，拟合效果较好；20世纪70年代滞胀，拟合效果差
    - 滞胀：通货膨胀的同时伴随经济停滞，产出下降
- 1968年，附加预期（现代）菲利普斯曲线
  - 特点：引入通货膨胀预期
  - 公式：$\pi-\pi^e=-\alpha(u-u^*)+v$
    - u^* 自然失业率
      - 含义：在没有货币因素的干扰下，由劳动力市场供求的随机变化等实际因素形成的失业率
      - 构成：摩擦性失业+结构性失业
      - 特点：经济体在长期内达到的稳定的失业率
  - 政策含义（需求管理型政策）
    - 货币政策：短期有效，长期无效
      - 短期存在错误预期 - 货币预期来降低失业，货币政策有效
      - 长期预期可以灵活调整，不存在错误预期，通货膨胀预期等于实际通货膨胀，失业率稳定在自然失业率水平，货币政策无效
    - 强调通货膨胀预期管理的重要性，通货膨胀预期是推动通货膨胀的重要因素
      - 含义
        - 适应性预期：人们在预测未来时只使用历史的信息
        - 理性预期：人们在预测未来时会最优地使用所有可得到的信息，对新信息的反应更加迅速，通货膨胀预期是实际通货膨胀的无偏估计
      - 政策含义：在理性预期下人们纠错速度更快，短期更短，货币政策更无效
  - 发展：1974年，卢卡斯将理性预期的观点引入
- 补充：菲利普斯曲线的偏平化
  - 含义：失业率的下降没有在很大程度上带来通货膨胀率的上升
  - 原因：通货膨胀目标制降低了市场通货膨胀预期，通货膨胀和失业的测度不够准确 —— 经济全球化 —— 提高了产品生产效率等

微观：社会经济效应

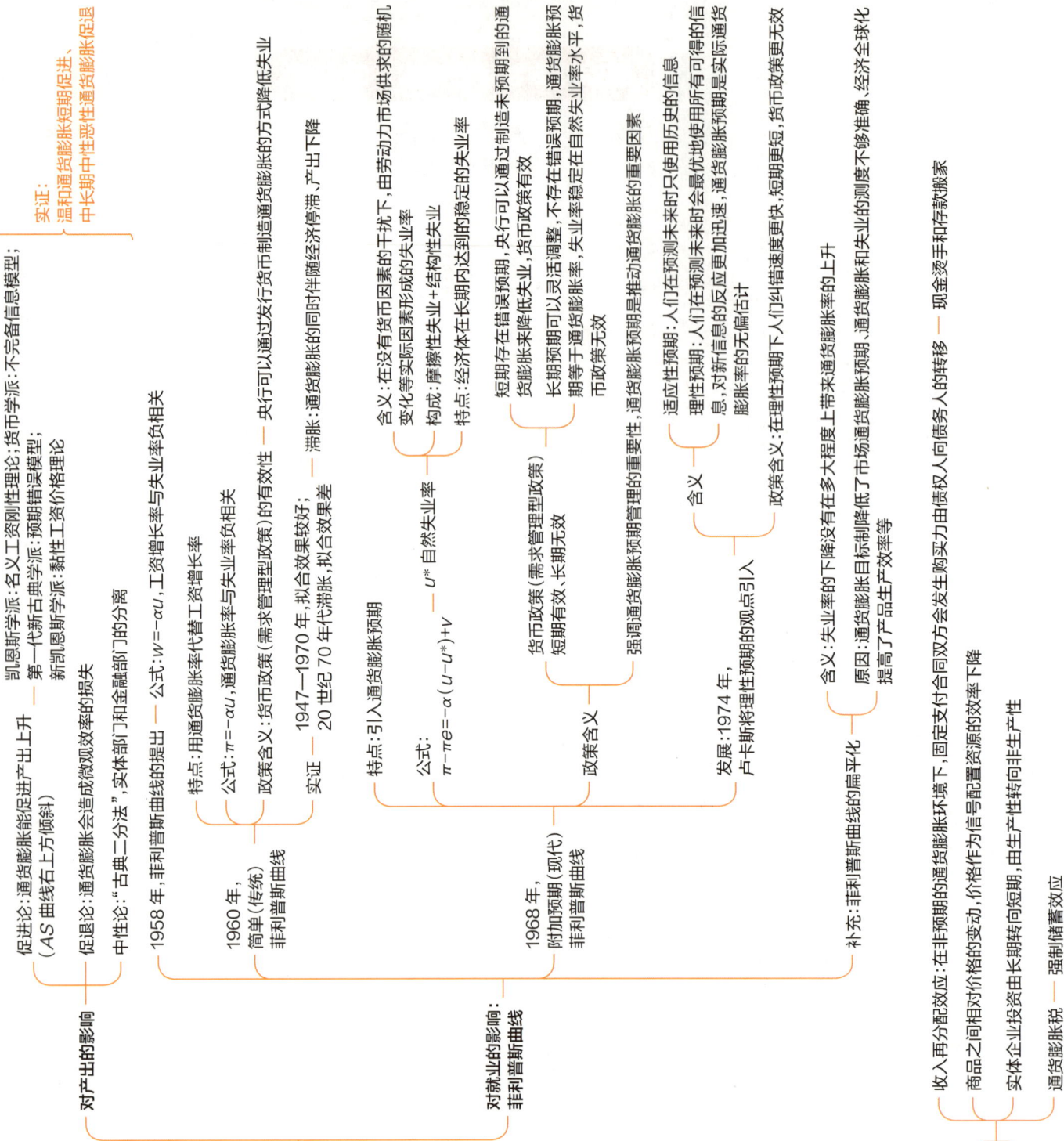

- 收入再分配效应：在非预期的通货膨胀环境下，固定支付合同双方会发生购买力由债权人向债务人的转移 —— 现金烫手和存款搬家
- 商品之间相对价格的变动，价格作为信号配置资源的效率下降
- 实体企业投资由长期转向短期，由生产性转向非生产性
- 通货膨胀税 —— 强制储蓄效应

第七讲 通货膨胀和通货紧缩

① 通货膨胀

通货膨胀的成因

- **需求拉上型**
  - 含义：因社会总需求过度增长，超过了社会总供给的增长幅度而导致的通货膨胀——通俗说法为"过多的货币追逐过少的商品"
  - 理论分析：AD曲线外移
    - 外移的原因：实际因素（自主性支出，财政政策）和货币因素（货币政策）
    - 外移是否一定导致价格上升：凯恩斯三段论，前提是不存在闲置资源（或充分就业）

- **成本推动型**
  - 含义：在没有超额需求的情况下，因供给成本的提高而引起的通货膨胀——成本的提高又是劳动力市场的不完全或产品市场的不完全造成的
  - 分类
    - 工资推动型——工资增长快过劳动生产率——工资—物价螺旋：工资↑→物价↑（成本加成定价）→工资↑（工人生活成本）
      - 鲍莫尔的不平衡增长模型：工业部门工资的刚性，产品价格无法下降；新部门不和旧部门需求上升，价格
      - 希克斯-托宾的劳动供给结构理论：扩展部门开口和非扩展部门
      - 斯堪的纳维亚模型：开放部门和非开放部门
    - 利润推动型——厂商（尤其是大宗商品的生产厂商垄断）利用价格上涨或成本的贬值推动物价的上涨——进口成本推动型——进口商品本身价格上涨（进口商品价格上涨或成本下降），也即"滴胀"

- **结构型**
  - 含义：在供求总量基本相同的情况下，某些结构性因素（如本国产业结构不合理）等造成的通胀
  - 理论分析：AS曲线内移——特点：价格上升的同时产出下降
  - 西奥多·舒尔茨的需求移动论——需求大规模地由旧部门特移至新部门，旧部门生产要素无法转移至新部门
  - 两部门模型——不同部门的劳动生产率增速不同，劳动生产率增速慢的部门也要提高工资，导致物价上升；攀比效应的存在，劳动生产率增速慢的部门也要求提高工资，导致物价上升

- **通货膨胀惯性**
  - 含义：当期的高通货膨胀率带来高的通货膨胀率预期，进而带来下期的高通货膨胀率

通货膨胀的治理

- **需求拉上型**
  - 治理方法：紧缩的财政政策和紧缩的货币政策
  - 弊端：产生惯性比率，实际产出下降——牺牲比率

- **成本推动型**
  - 治理方法：收入政策的实施和制定反垄断法，以降低成本，改善供给
  - 弊端：温和的政策收效甚微，严厉的政策降低资源配置效率

- **通货膨胀惯性**
  - 治理方法：预期管理
  - 产生原因：附加预期菲利普斯曲线，通货膨胀率下降不会立刻带来通货膨胀预期的无分下降，从而导致失业率上升，产出下降
  - 实证检验：大小取决于人们的理性预期程度，政策因素和制度因素
  - 问题：中央银行存在的间不一致性——中央银行在承诺期和操作期有不同的最优举措，从而使得其承诺不可置信
  - 制度性安排：增加货币政策规则性和透明度，保证中央银行独立性，减少政府赤字

- **与通货膨胀和平相处：收入指数化政策**
  - 内容：将各种名义收入（如工资，利息等）与物价指数挂钩，随物价指数的调整而调整，从而保证实际收入稳定
  - 优劣势分析
    - 优势：减轻收入再分配的影响，降低牺牲比率，减少政府的通货膨胀倾向
    - 劣势：强化了工资—物价螺旋机制，可能造成更大的不公平，工资、物价调整不一定及时、准确

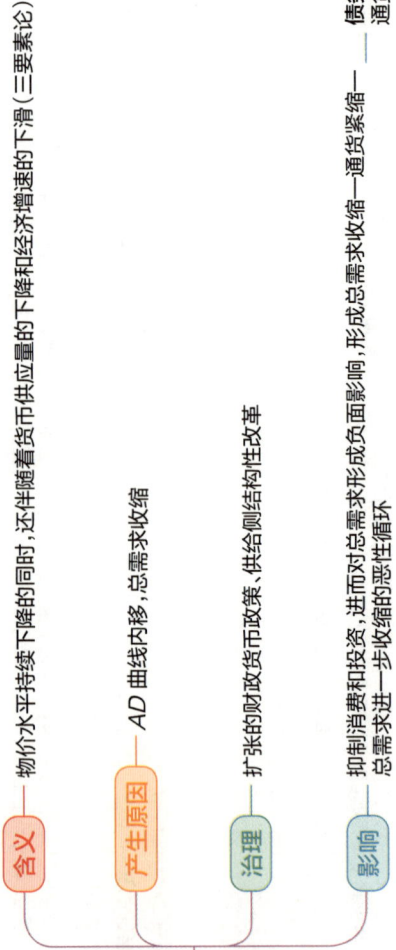

第七讲　通货膨胀和通货紧缩

② 通货紧缩

含义 —— 物价水平持续下降的同时，还伴随着货币供应量的下降和经济增速的下滑（三要素论）

产生原因 —— AD 曲线内移，总需求收缩

治理 —— 扩张的财政货币政策，供给侧结构性改革

影响 —— 抑制消费和投资，进而对总需求形成负面影响，形成总需求收缩—通货紧缩—总需求进一步收缩的恶性循环

债务—通缩循环（费雪）：
通货紧缩→实际利率上升→企业债务负担加重→减少投资→加剧通货紧缩

第八讲 货币政策

① 货币政策的基础知识

- **含义**：一国货币当局为实现特定的经济目标而采取的一系列控制和调节货币信贷及利率等变量的方针和措施的总和
- **框架**：目标体系、工具体系、传导机制 —— 货币政策是货币当局使用政策工具，借助传导机制实现调控目标的过程
- **内容**
  - 市值稳定 —— 含义：既不发生通货膨胀，也不发生通货紧缩；实践：（核心）CPI
  - 充分就业 —— 含义：失业率等于自然失业率；实践：城镇调查失业率
  - 经济增长 —— 含义：实际产出或产能力的上升；实践：实际 GDP 增速
  - 国际收支平衡 —— 含义：自主性交易的平衡；实践：综合账户差额
  - 维护金融体系稳定 —— 含义：在压力环境下，金融体系仍能正常发挥主要功能；实践：金融部门的杠杆率，流动性和期限错配，资产价格，非金融部门债务
- **相关关系**
  - 经济增长
    - 充分就业 —— 奥肯定律
    - 国际收支平衡 —— 国际收支逆差
  - 物价稳定
    - 经济增长 —— 促进论、促退论、中性论
    - 充分就业 —— 菲利普斯曲线
  - 金融体系稳定
- **选择**
  - 多重目标制 —— 含义：货币政策应关注多重目标
    - 理论基础 —— 简单菲利普斯曲线理论，货币政策应当以无分就业为目标
  - 单一目标制（通胀目标制）—— 含义：将通货膨胀作为首要或唯一的最终目标，该目标具有无可争议的优先权
    - 理论基础 —— 凯恩斯名义工资刚性理论，滞胀和现代菲利普斯曲线理论
    - 优势 —— 强调货币政策规则性和透明度；更好引导市场预期，为经济增长创造更加稳定的货币环境
    - 缺陷 —— 忽视金融市场资产价格
  - 主要经济体的选择
    - 我国 —— 根据《中华人民共和国中国人民银行法》，货币政策目标是保持货币币值的稳定，并以此促进经济增长，从现实情况来看，为多重目标制
    - 美国 —— 双重目标制
    - 欧元区、英国 —— 单一目标制

② 货币政策目标体系

- 最终目标

第八讲 货币政策

②货币政策目标体系

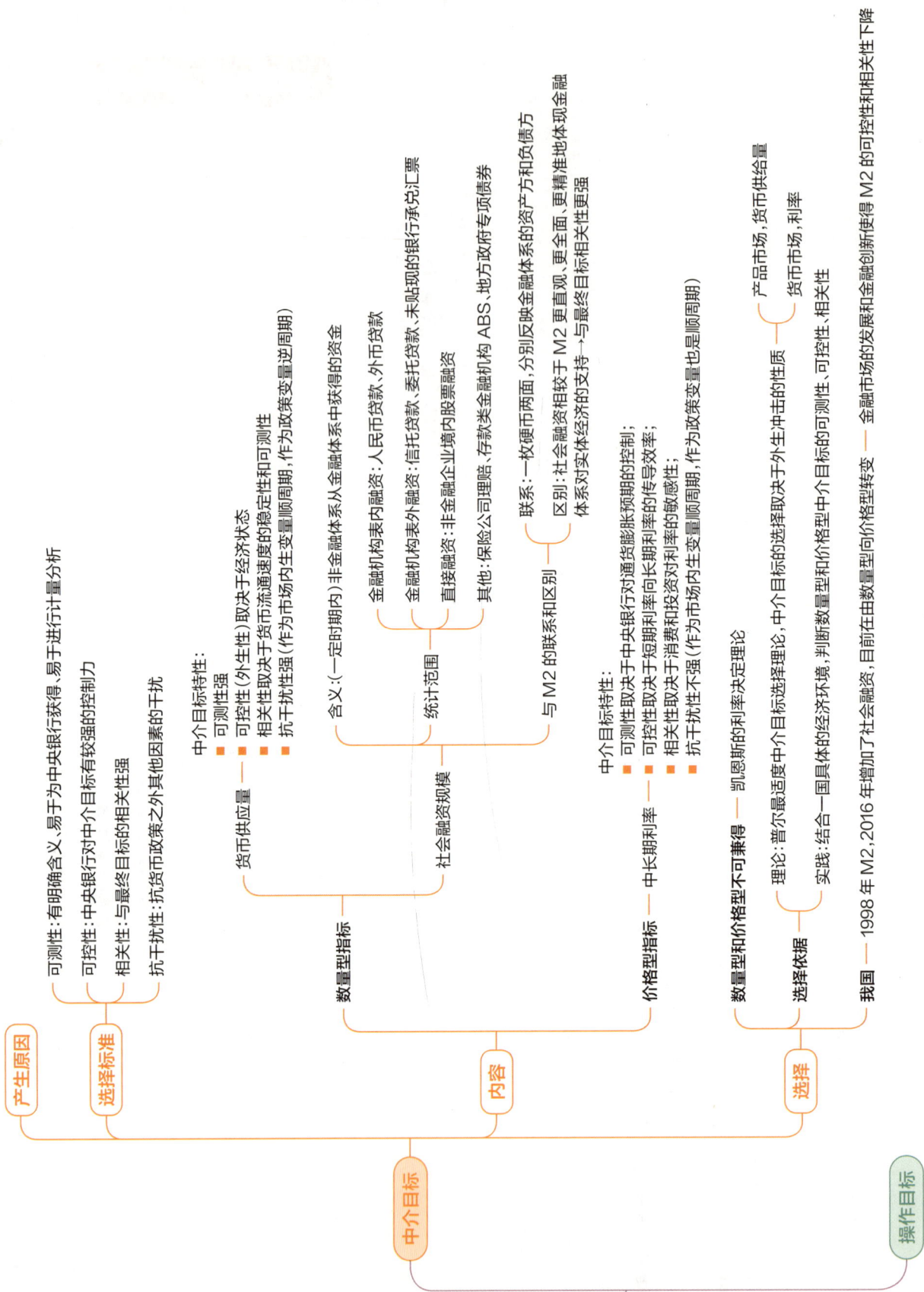

中介目标

产生原因
- 可测性：有明确含义，易于为中央银行获得，易于进行计量分析
- 可控性：中央银行对中介目标有较强的控制力
- 相关性：与最终目标的相关性强
- 抗干扰性：抗货币政策之外其他因素的干扰

选择标准
- 中介目标特性：
  - 可测性强
  - 可控性（外生性）取决于经济状态
  - 相关性取决于货币流通速度的稳定性和可测性
  - 抗干扰性强（作为市场内生变量顺周期，作为政策变量逆周期）

内容
- 数量型指标
  - 货币供应量
  - 社会融资规模
    - 含义：（一定时期内）非金融体系从金融体系中获得的资金
    - 统计范围
      - 金融机构表内融资：人民币贷款、外币贷款
      - 金融机构表外融资：信托贷款、委托贷款、未贴现的银行承兑汇票
      - 直接融资：非金融企业境内股票融资
      - 其他：保险公司理赔、存款类金融机构 ABS、地方政府专项债券
    - 与 M2 的联系和区别
      - 联系：一枚硬币两面，分别反映金融体系的资产方和负债方
      - 区别：社会融资相较于 M2 更直观、更全面、更精准地体现金融体系对实体经济的支持→与最终目标相关性更强
- 价格型指标
  - 中长期利率
    - 中介目标特性：
      - 可测性取决于中央银行对通货膨胀预期的控制；
      - 可控性取决于短期利率向长期利率的传导效率；
      - 相关性取决于消费和投资对利率的敏感性；
      - 抗干扰性不强（作为市场内生变量顺周期，作为政策变量也是顺周期）

选择
- 数量型和价格型不可兼得 —— 凯恩斯的利率决定理论
- 选择依据
  - 理论：普尔最适度中介目标选择理论，中介目标的选择取决于外生冲击的性质
  - 实践：结合一国具体的经济环境，判断数量型和价格型中介目标的可测性、可控性、相关性
- 我国 —— 1998 年 M2，2016 年增加了社会融资，目前在由数量型向价格型转变 —— 金融市场的发展和金融创新使得 M2 的可控性和相关性下降

操作目标
- 产品市场，货币供给量
- 货币市场，利率

第八讲 货币政策

③ 货币政策工具体系

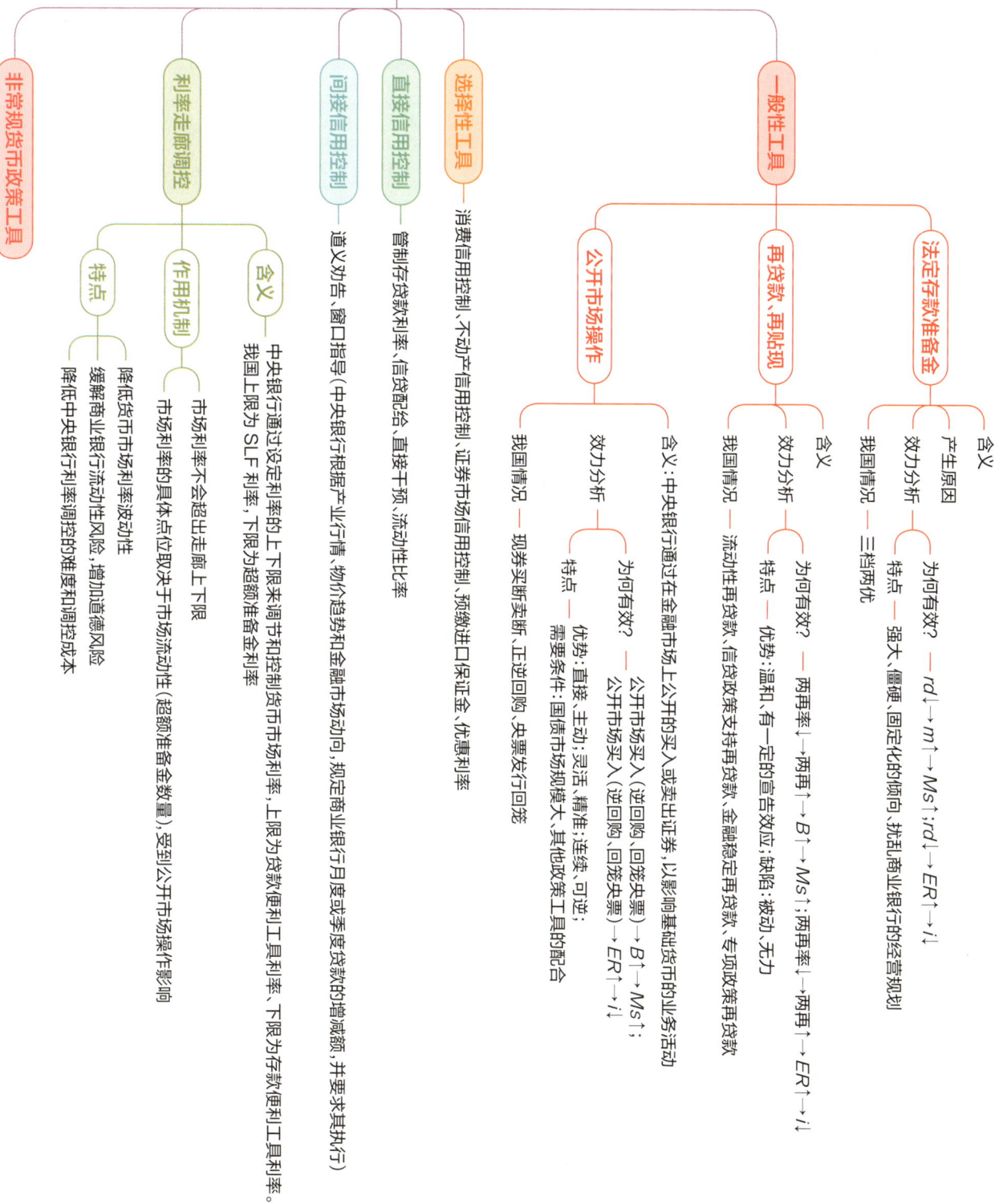

一般性工具

法定存款准备金
- 含义
- 产生原因
- 效力分析
  - 为何有效？—— $rd\downarrow\to m\uparrow\to Ms\uparrow$;$rd\uparrow\to ER\uparrow\to i\downarrow$
  - 特点 —— 强大,僵硬,固定化的倾向,扰乱商业银行的经营规划
- 我国情况 —— 三档两优

再贷款、再贴现
- 含义
- 效力分析
  - 为何有效？—— 两再率↓→两再↑→$B\uparrow\to Ms\uparrow\to ER\uparrow\to i\downarrow$;两再率↑→两再↑→$ER\uparrow\to i\downarrow$
  - 特点 —— 优势:温和,有一定的宣告效应;缺陷:被动,无力
- 我国情况 —— 流动性再贷款,信贷政策支持再贷款,金融稳定再贷款,专项政策再贷款

公开市场操作
- 含义:中央银行通过在金融市场上公开的买入或卖出证券,以影响基础货币的业务活动
- 效力分析
  - 为何有效？—— 公开市场买入(逆回购,回笼央票)→$B\uparrow\to Ms\uparrow$;公开市场买入(逆回购,回笼央票)→$ER\uparrow\to i\downarrow$
  - 特点
    - 优势:直接,主动;灵活,精准;连续,可逆;
    - 需要条件:国债市场规模大,其他政策工具的配合
- 我国情况 —— 现券买断卖断,正逆回购,央票发行回笼

选择性工具
—— 消费信用控制,不动产信用控制,证券市场信用控制,预缴进口保证金,优惠利率

直接信用控制
—— 管制存贷款利率,信贷配给,直接干预,流动性比率

间接信用控制
—— 道义劝告,窗口指导(中央银行根据产业行情,物价趋势和金融市场动向,规定商业银行月度或季度贷款增减额,并要求其执行。

利率走廊调控
- 含义 —— 中央银行通过设定利率的上下限来调节利率,上限为贷款便利工具利率,下限为存款便利工具利率
- 作用机制 —— 我国上限为SLF利率,下限为超额准备金利率
  - 市场利率不会超出走廊上下限
  - 市场利率的具体点位取决于市场流动性(超额准备金数量),受到公开市场操作影响
- 特点
  - 降低货币市场利率波动性
  - 缓解商业银行流动性风险,增加道德风险
  - 降低中央银行利率调控的难度和调控成本

非常规货币政策工具

第八讲 货币政策

④货币政策传导机制

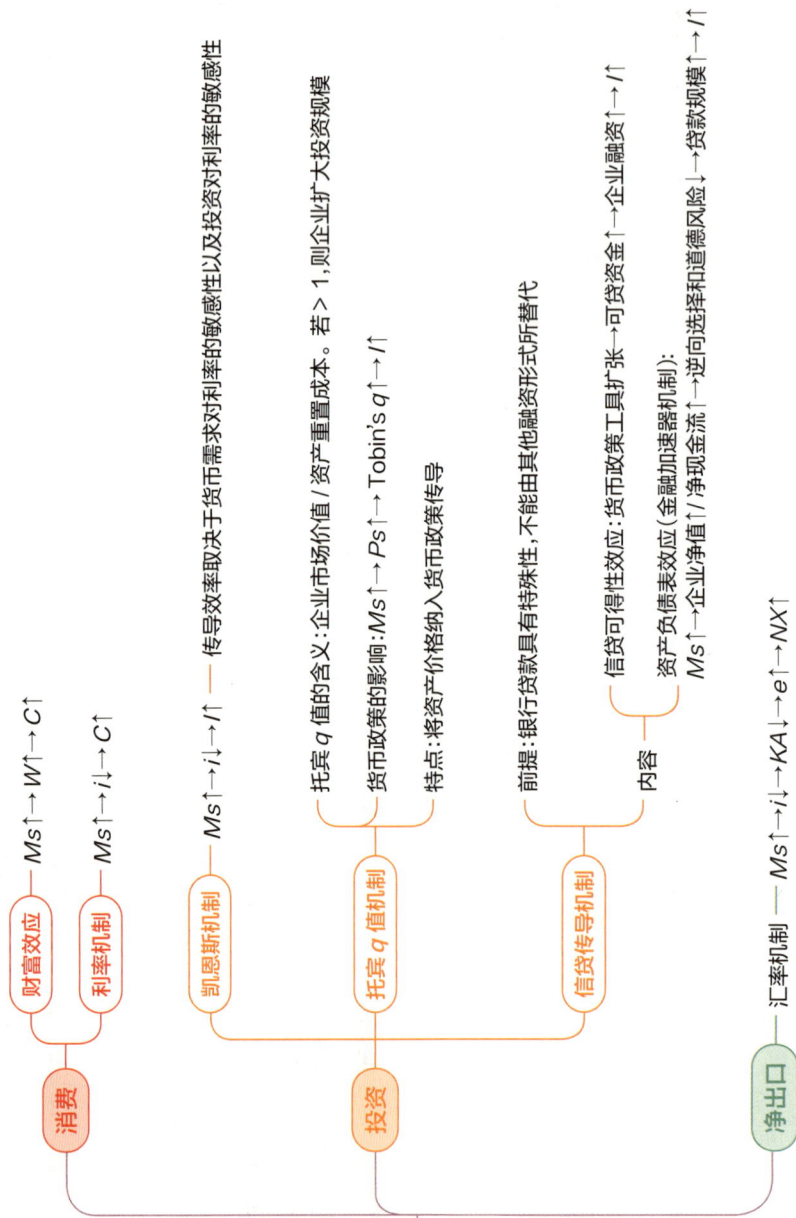

消费

- **财富效应** —— $Ms\uparrow \to W\uparrow \to C\uparrow$
- **利率机制** —— $Ms\uparrow \to i\downarrow \to C\uparrow$

投资

- **凯恩斯机制** —— $Ms\uparrow \to i\downarrow \to I\uparrow$ —— 传导效率取决于货币需求对利率的敏感性以及投资对利率的敏感性

- **托宾 q 值机制**
  - 托宾 q 值的含义：企业市场价值／资产重置成本。若 > 1，则企业扩大投资规模
  - 货币政策的影响：$Ms\uparrow \to Ps\uparrow \to$ Tobin's $q\uparrow \to I\uparrow$
  - 特点：将资产价格纳入货币政策传导

- **信贷传导机制**
  - 前提：银行贷款具有特殊性，不能由其他融资形式所替代
  - 内容
    - 信贷可得性效应：货币政策工具扩张→可贷资金↑→企业融资↑→$I\uparrow$
    - 资产负债表效应（金融加速器机制）：
      $Ms\uparrow\to$企业净值↑／净现金流↑→逆向选择和道德风险↓→贷款规模↑→$I\uparrow$

净出口

- **汇率机制** —— $Ms\uparrow \to i\downarrow \to KA\downarrow \to e\uparrow \to NX\uparrow$

第八讲 货币政策

⑤ 货币政策调控中的若干问题

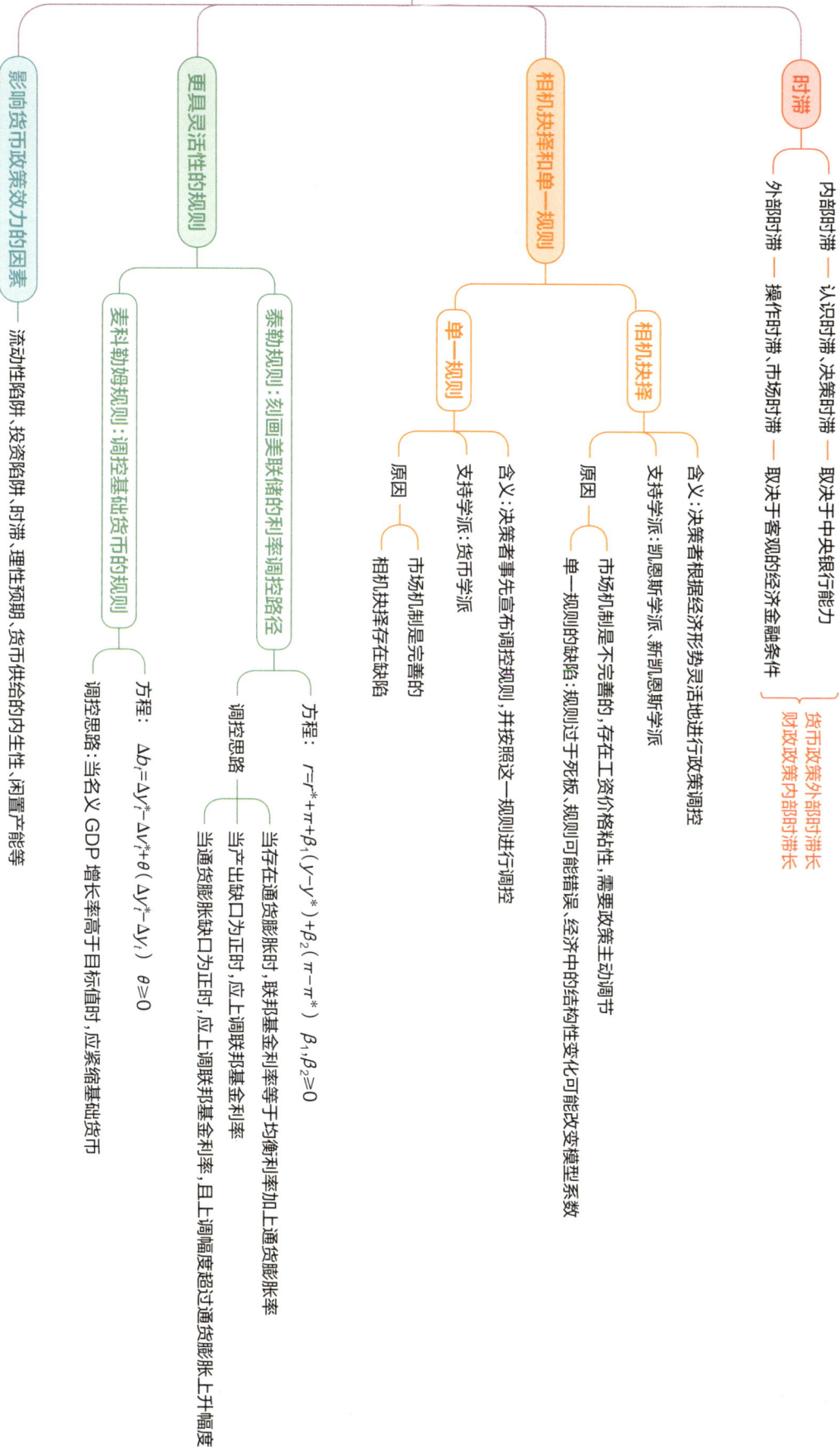

时滞

- 内部时滞 —— 认识时滞、决策时滞 —— 取决于中央银行能力
  - 货币政策外部的滞长
  - 财政政策内部的滞长
- 外部时滞 —— 操作时滞、市场时滞 —— 取决于客观的经济金融条件

相机抉择和单一规则

- 相机抉择
  - 含义：决策者根据经济形势灵活地进行政策调控
  - 支持学派：凯恩斯学派、新凯恩斯学派
  - 原因 —— 市场机制是不完善的，存在工资价格粘性，需要政策主动调节
    - 单一规则的缺陷：规则过于死板，规则可能错误，经济中的结构性变化可能改变模型系数
- 单一规则
  - 含义：决策者事先宣布调控规则，并按照这一规则进行调控
  - 支持学派：货币学派
  - 原因 ——
    - 市场机制是完善的
    - 相机抉择存在缺陷

更具灵活性的规则

- 泰勒规则：刻画美联储（利率）调控路径
  - 方程：$r = r^* + \pi + \beta_1(y - y^*) + \beta_2(\pi - \pi^*)$，$\beta_1, \beta_2 \geq 0$
  - 调控思路
    - 当存在通货膨胀时，联邦基金利率等于均衡利率加上通货膨胀率
    - 当产出缺口为正时，应上调联邦基金利率
    - 当通货膨胀缺口为正时，应上调联邦基金利率，且上调幅度超过通货膨胀上升幅度
- 麦科勒姆规则：调控基础货币的规则
  - 方程：$\Delta b_t = \Delta x^* - \Delta v_t^* + \theta(\Delta x_t^* - \Delta x_t)$，$\theta \geq 0$
  - 调控思路：当名义 GDP 增长率高于目标值时，应紧缩基础货币

影响货币政策效力的因素

- 流动性陷阱、投资陷阱、时滞、理性预期、货币供给的内生性、闲置产能等

下篇 国际金融学

第九讲 国际收支

定义：一定时期内，一国居民与非居民之间所发生的全部经济交易的货币价值总和

① 国际收支平衡表

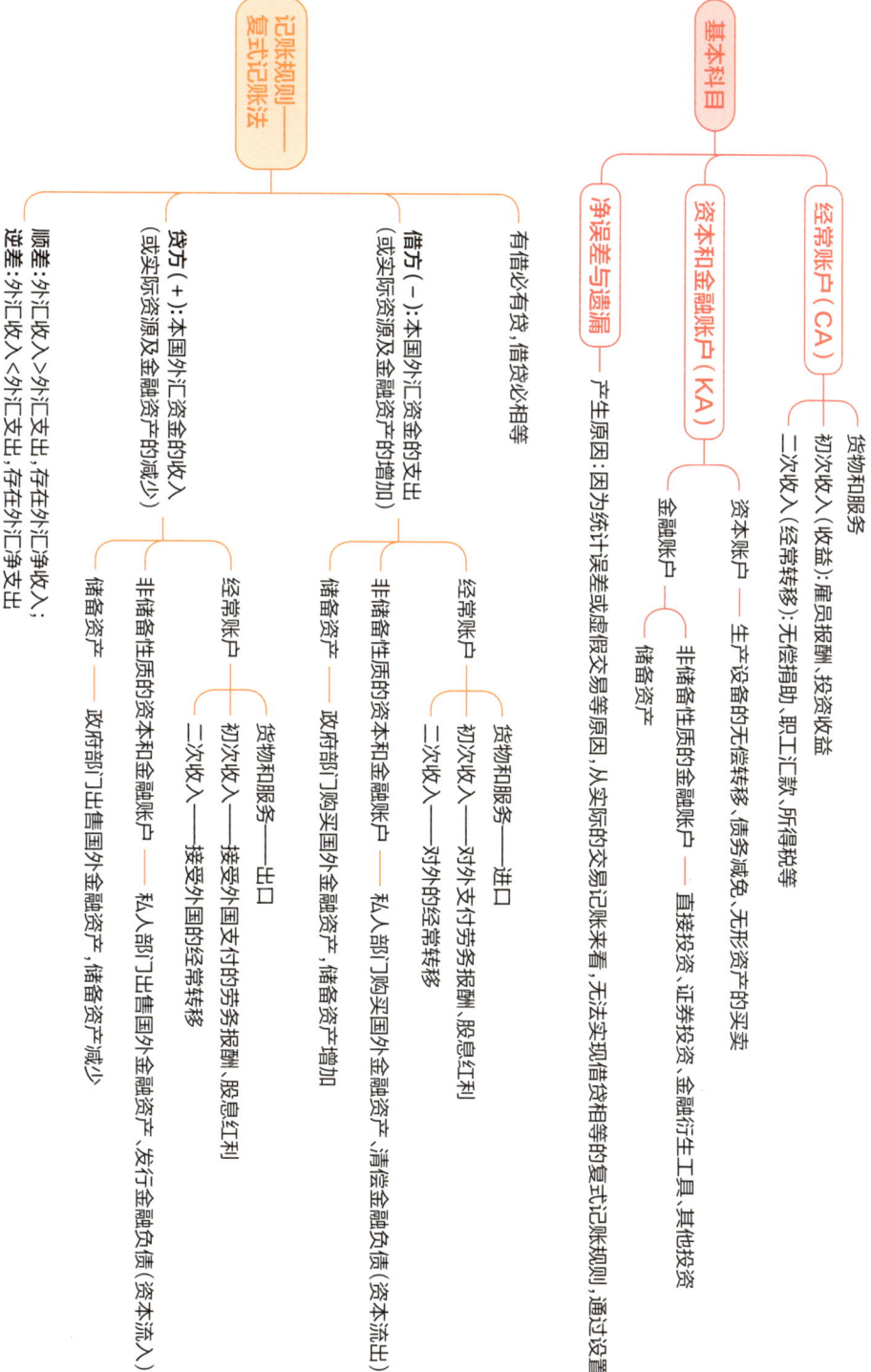

定义：按照复式记账原理，对国际收支情况进行记录的报表

基本科目

经常账户（CA）
- 货物和服务
- 初次收入（收益）：雇员报酬、投资收益
- 二次收入（经常转移）：无偿捐助、职工汇款、所得税等

资本和金融账户（KA）
- 资本账户 —— 生产设备的无偿转移、债务减免、无形资产的买卖
- 金融账户
  - 非储备性质的金融账户 —— 直接投资、证券投资、金融衍生工具、其他投资
  - 储备资产

净误差与遗漏 —— 产生原因：因为统计误差或虚假交易等原因，从实际的支出记账来看，无法实现借贷相等的复式记账规则，通过设置错漏账户实现借贷平衡。

记账规则 —— 复式记账法

- 借方（－）：本国外汇资金的支出（或实际资源及金融资产的增加）
  - 经常账户
    - 货物和服务 —— 进口
    - 初次收入 —— 对外支付的劳务报酬、股息红利
    - 二次收入 —— 对外的经常转移
  - 非储备性质的资本和金融账户 —— 私人部门购买国外金融资产、清偿金融负债（资本流出）
  - 储备资产 —— 政府部门购买国外金融资产、储备资产增加

- 贷方（＋）：本国外汇资金的收入（或实际资源及金融资产的减少）
  - 经常账户
    - 货物和服务 —— 出口
    - 初次收入 —— 接受外国支付的劳务报酬、股息红利
    - 二次收入 —— 接受外国的经常转移
  - 非储备性质的资本和金融账户 —— 私人部门出售国外金融资产、发行金融负债（资本流入）
  - 储备资产 —— 政府部门出售国外金融资产、储备资产减少

- 有借必有贷，借贷必相等

- 顺差：外汇收入＞外汇支出，存在外汇净收入；
- 逆差：外汇收入＜外汇支出，存在外汇净支出

第九讲 国际收支

① 国际收支平衡表

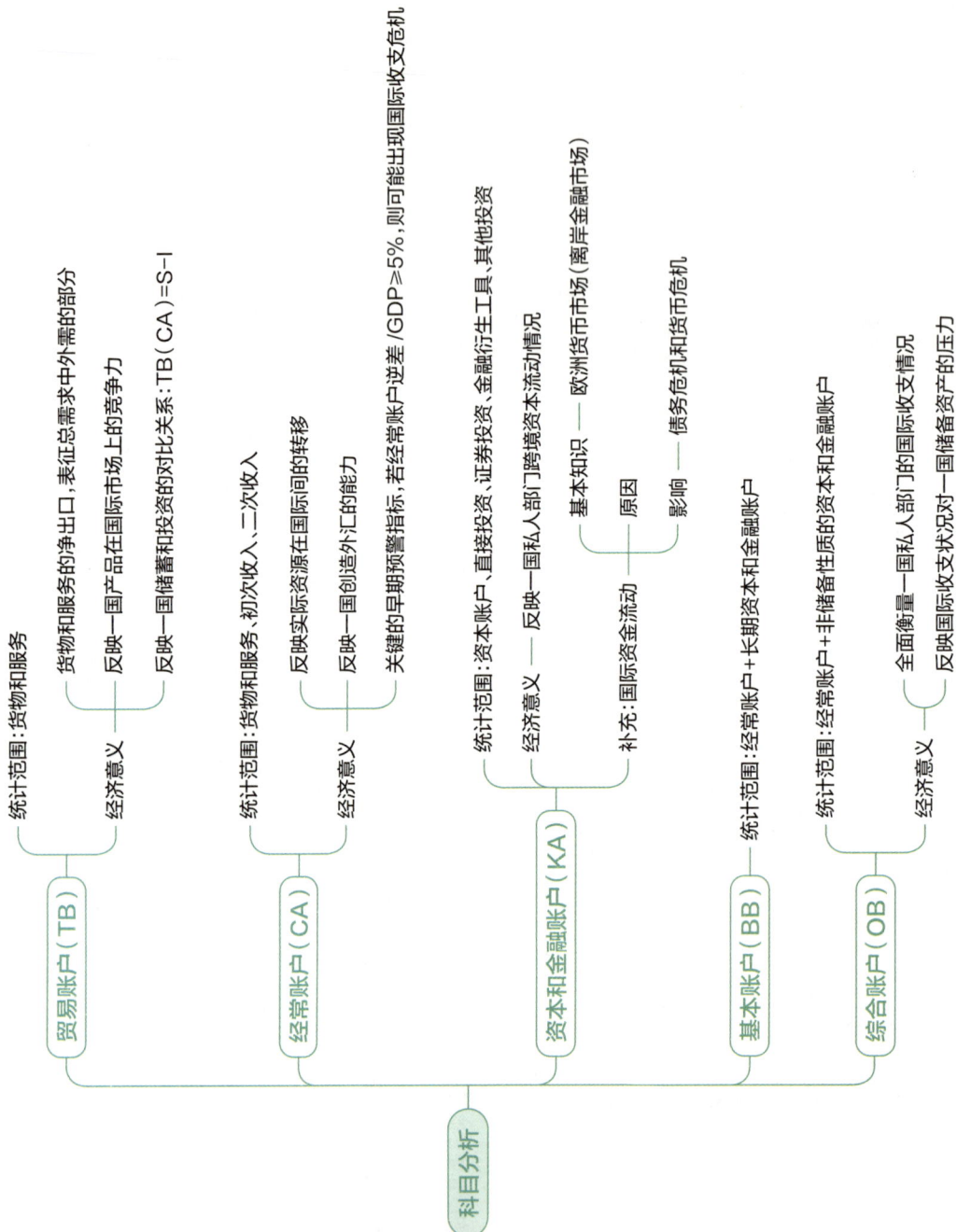

科目分析

贸易账户（TB）
- 统计范围：货物和服务
- 经济意义
  - 货物和服务的净出口，表征总需求中外需的部分
  - 反映一国产品在国际市场上的竞争力
  - 反映一国储蓄和投资的对比关系：TB（CA）=S-I

经常账户（CA）
- 统计范围：货物和服务，初次收入、二次收入
- 经济意义
  - 反映实际资源在国际间的转移
  - 反映一国创造外汇的能力
  - 关键的早期预警指标，若经常账户逆差/GDP≥5%，则可能出现国际收支危机

资本和金融账户（KA）
- 统计范围：资本账户、直接投资、证券投资、金融衍生工具、其他投资
- 经济意义 —— 反映一国私人部门跨境资本流动情况
- 补充：国际资金流动
  - 基本知识 —— 欧洲货币市场（离岸金融市场）
    - 原因
    - 影响 —— 债务危机和货币危机

基本账户（BB）
- 统计范围：经常账户+长期资本和金融账户

综合账户（OB）
- 统计范围：经常账户+非储备性质的资本和金融账户
- 经济意义
  - 全面衡量一国私人部门的国际收支情况
  - 反映国际收支状况对一国储备资产的压力

第九讲 国际收支

② 国际收支失衡的基础知识

- **含义**：私人部门自主性交易的失衡（或线上交易的失衡）；衡量：综合账户余额

- **影响**
  - **顺差**
    - 积极影响
      - 储备资产增加，对外支付能力增强
      - 拉动本国总需求，就业和产出
    - 消极影响
      - 本币升值趋势
        - 固定汇率制下，央行买入外汇，投放本币，增加资产价格泡沫和通货膨胀风险
        - 浮动汇率制下，本币升值削弱本国出口企业竞争力
      - 本国经济增长过度依赖外部市场，加大本国经济波动的风险
      - 国际摩擦
  - **逆差** —— 贬值趋势
    - 固定汇率制下，央行抛出外汇，回笼本币。
      - 一方面，储备资产下降，容易引发国际收支危机；
      - 另一方面，基础货币和货币供应量下降，冲击国内部均衡
    - 浮动汇率制下，贬值和贬值预期带来资本外流，冲击国内资产价格和实体经济

- **成因**
  - **临时性失衡**
    - 含义：季节性因素、偶然性因素造成的失衡
  - **周期性失衡**
    - 含义：经济周期性波动引起的失衡
    - 传导机制
      - 收入机制：$Y\uparrow \to M\uparrow \to CA\downarrow$
      - 利率机制：$Y\uparrow \to i\uparrow \to KA\uparrow$
  - **收入性失衡**
    - 含义：本国收入增长过快而导致的失衡
  - **货币性失衡**
    - 含义：货币因素导致的失衡
    - 传导机制
      - 收入机制：$M_S\uparrow \to Y\uparrow \to M\uparrow \to CA\downarrow$
      - 利率机制：$M_S\uparrow \to i\downarrow \to KA\downarrow$
  - **结构性失衡**
    - 含义：本国产业结构单一、老化，落后引起的失衡

③ 国际收支失衡的自动调节机制

- **含义**：国际收支失衡导致的国内经济变量变化会反作用于国际收支失衡，使之重新趋于均衡

- **具体机制**
  - **金本位制**
    - 物价—现金流动机制 —— 逆差→本国黄金外流→$M_S\downarrow \to P\downarrow \to q\uparrow \to$ 顺差
  - **纸币本位制**
    - 固定汇率制 —— 逆差→贬值趋势→央行抛出外汇，回笼本币
      - →$q\uparrow \to$ 本国产品相对价格↓→$M_S\downarrow \to Y\downarrow \to M\downarrow \to CA$ 顺（收入机制）
      - →$i\uparrow \to KA$ 顺（利率机制）
      - →$P\downarrow \to q\uparrow \to CA$ 顺（货币-价格机制）
    - 浮动汇率制
      - 逆差→贬值趋势→贬值→本国资产相对价格↓→CA 顺（名义汇率机制）
      - →升值预期→KA 顺（预期机制）（从现实情况来看，未必有升值预期）
      - 汇率的自动稳定器机制：通过汇率变动自动稳定国际收支，缓解外部失衡对内部均衡的冲击

第九讲 国际收支

④ 国际收支失衡的政策调节机制

含义：当发生国际收支失衡时，政府在理论的指导下，主动运用政策工具进行调节使之趋于均衡

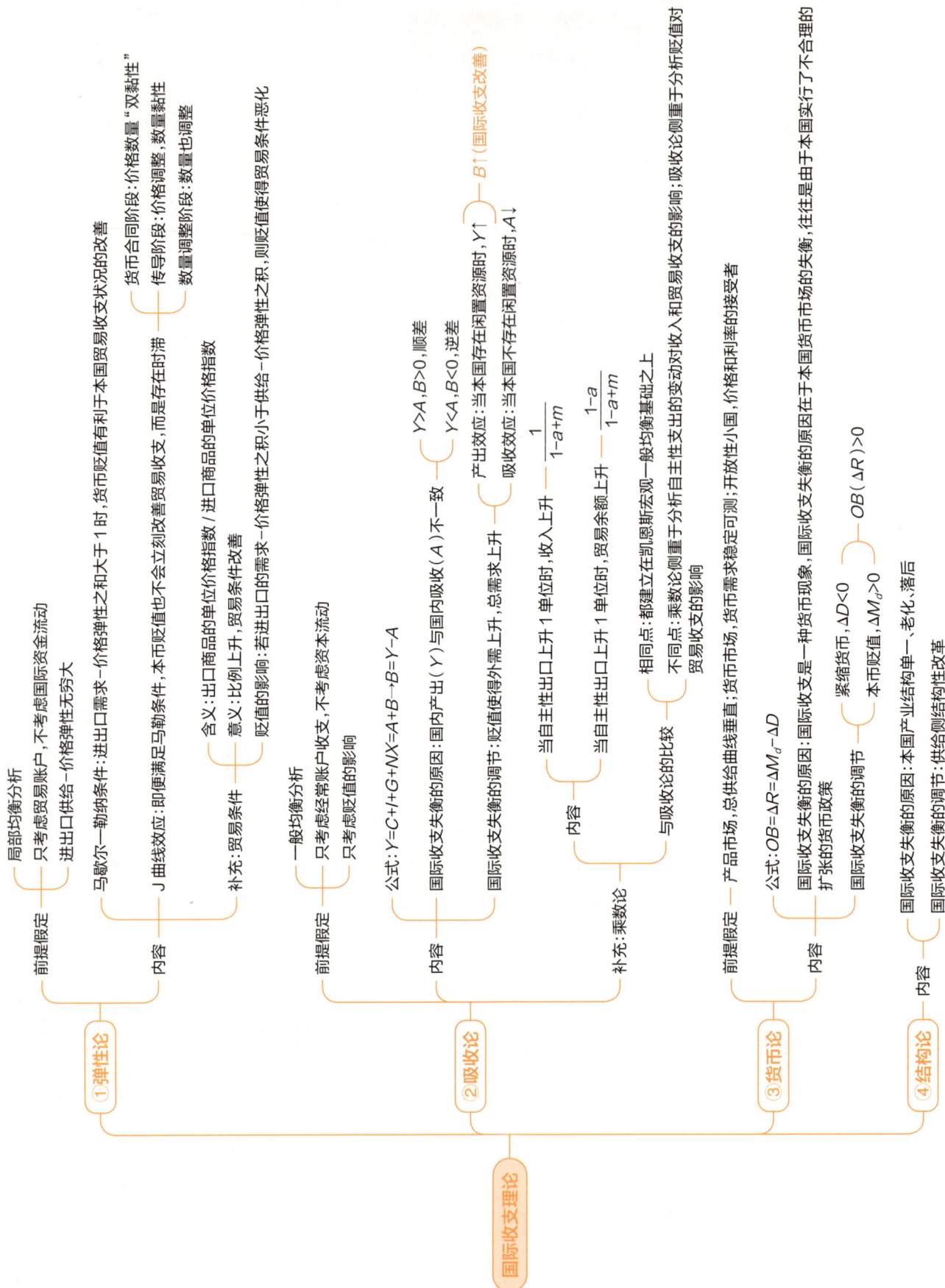

国际收支理论

① 弹性论

- 前提假定
  - 局部均衡分析
  - 只考虑贸易账户，不考虑国际资金流动
  - 进出口供给-价格弹性无穷大
- 内容
  - 马歇尔-勒纳条件：进出口需求-价格弹性之和大于1时，货币贬值有利于本国贸易收支状况的改善
  - J曲线效应：即便满足马歇尔条件，本币贬值也不会立刻改善贸易收支，而是存在时滞
    - 货币合同阶段：价格数量"双黏性"
    - 传导阶段：价格调整，数量黏性
    - 数量调整阶段：数量也调整
  - 补充：贸易条件
    - 含义：出口商品的单位价格指数/进口商品的单位价格指数
    - 意义：比例上升，贸易条件改善
    - 贬值的影响：若进出口需求-价格弹性之积小于供给-价格弹性之积，则贬值使得贸易条件恶化

② 吸收论

- 前提假定
  - 一般均衡分析
  - 只考虑经常账户收支，不考虑资本流动
  - 只考虑贬值的影响
- 内容
  - 公式：$Y=C+I+G+NX=A+B \rightarrow B=Y-A$
    - $Y>A, B>0$，顺差
    - $Y<A, B<0$，逆差
  - 国际收支失衡的原因：国内产出（Y）与国内吸收（A）不一致
  - 国际收支失衡的调节：贬值使得外需上升，总需求上升
    - 产出效应：当本国存在闲置资源时，$Y\uparrow$
    - 吸收效应：当本国不存在闲置资源时，$A\downarrow$
  - 补充：乘数论
    - 当自主性出口上升1单位时，收入上升 —— $\dfrac{1}{1-a+m}$
    - 当自主性出口上升1单位时，贸易余额上升 —— $\dfrac{1-a}{1-a+m}$
    - 与吸收论的比较
      - 相同点：都建立在凯恩斯宏观一般均衡基础之上
      - 不同点：乘数论侧重于分析自主性支出的变动对收入和贸易收支的影响；吸收论则侧重于分析贬值对收入和贸易收支的影响 —— $B\uparrow$（国际收支改善）

③ 货币论

- 前提假定
  - 产品市场，总供给曲线垂直；货币市场，货币需求稳定可测；开放性小国，价格和利率的接受者
- 内容
  - 公式：$OB=\Delta R=\Delta M_d-\Delta D$
  - 国际收支失衡的原因：国际收支是一种货币现象，国际收支失衡的原因在于本国货币市场的失衡，往往是由于本国实行了不合理的扩张的货币政策
  - 国际收支失衡的调节
    - 紧缩货币，$\Delta D<0$
    - 本币贬值，$\Delta M_d>0$ —— $OB(\Delta R)>0$

④ 结构论

- 内容
  - 国际收支失衡的原因：本国产业结构单一、老化、落后
  - 国际收支失衡的调节：供给则结构改革

政策搭配理论

17

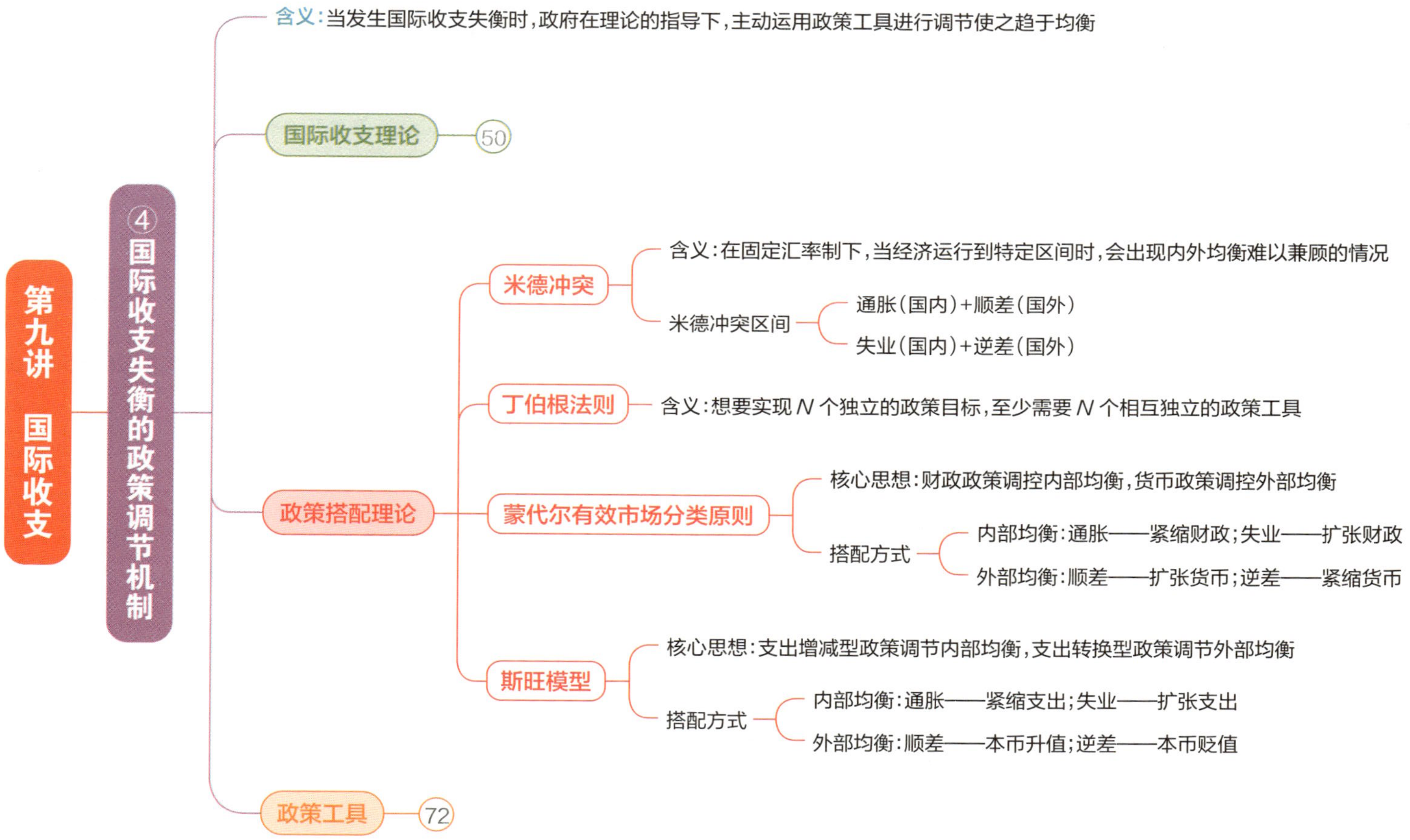
第九讲 国际收支
④国际收支失衡的政策调节机制
含义：当发生国际收支失衡时，政府在理论的指导下，主动运用政策工具进行调节使之趋于均衡
国际收支理论
50
政策搭配理论
米德冲突
含义：在固定汇率制下，当经济运行到特定区间时，会出现内外均衡难以兼顾的情况
米德冲突区间
通胀（国内）+顺差（国外）
失业（国内）+逆差（国外）
丁伯根法则
含义：想要实现 N 个独立的政策目标，至少需要 N 个相互独立的政策工具
蒙代尔有效市场分类原则
核心思想：财政政策调控内部均衡，货币政策调控外部均衡
搭配方式
内部均衡：通胀——紧缩财政；失业——扩张财政
外部均衡：顺差——扩张货币；逆差——紧缩货币
斯旺模型
核心思想：支出增减型政策调节内部均衡，支出转换型政策调节外部均衡
搭配方式
内部均衡：通胀——紧缩支出；失业——扩张支出
外部均衡：顺差——本币升值；逆差——本币贬值
政策工具
72

第九讲 国际收支

④ 国际收支失衡的政策调节机制

含义：当发生国际收支失衡时，政府在理论的指导下，主动运用政策工具进行调节使之趋于均衡

- **国际收支理论** 50
- **政策搭配理论** 17

政策工具

外汇缓冲政策
含义：当出现国际收支失衡时，政府通过买卖外汇来消除由失衡带来的外汇供求缺口，从而减少失衡对本国汇率以及其他经济政策的冲击

国际储备
- 定义：一国政府持有的可以随时用来清算国际收支差额、干预外汇市场以及稳定本币信心的外币资产
- 特征：可得性、流动性、普遍接受性
- 构成：广义的国际储备（国际清偿力）= 自有储备（狭义的国际储备）+ 借入储备
- 来源：国内市场购买黄金、综合账户顺差、IMF 的分配、从 IMF 或其他国家借入
- 管理
  - 数量管理 — 进口规模、国际收支差额波动幅度、本国汇率政策、自动调节机制效力、国际货币合作状况、金融市场发育程度、持有储备的机会成本
  - 结构管理 — 安全性、流动性、保值性

  - 自有储备：货币性黄金、外汇储备、在 IMF 的储备头寸、SDR
  - 补充：SDR
    - 含义：补充性国际储备资产（记账单位）
    - 构成：5 种货币，美、欧、中、日、英
    - 来源：IMF 无偿分配
    - 使用：价值尺度、支付手段、贮藏手段
  - 借入储备：备用信贷、互惠信贷和支付协议

支出增减型政策 — 财政政策、货币政策

支出转换型政策

汇率政策

外汇市场干预
- 含义：中央银行通过买卖外汇（或其他方式）影响汇率，将汇率控制到目标水平
- 分类
  - 根据干预手段不同
    - 直接干预 — 买卖外汇、掉期交易、逆周期因子
    - 间接干预 — 调整外汇存款准备金率、调整利率等
  - 根据干预是否引起货币供应量变动
    - 冲销干预 — 通过反向货币政策操作使货币供应量不变
    - 非冲销干预 — 不采取反向操作，货币供应量发生变化

汇率制度变更
- 固定汇率制
  - 含义：政府选择某一参照物（黄金或其他国家货币，如美元），确定并维持本国货币对该参照物的固定比价
  - 具体种类 — 美元化、货币局制（联系汇率制）、钉住汇率制、爬行钉住汇率制、汇率目标区制
- 浮动汇率制
  - 含义：政府不限制汇率的波动，让汇率随市场供求的变动而浮动
  - 具体种类 — 管理浮动汇率制、清洁浮动汇率制
- 优劣比较
  - 自动调节机制的效率 — 单一性、自发性、微调性、稳定性
  - 政策利益 — 政策自主性、政策纪律性、政策放大性
  - 国际经济关系 — 国际贸易、国际政策协调、国际通胀传播

第九讲 国际收支

④ 国际收支失衡的政策调节机制

政策工具

- **支出转换型政策**
  - **汇率政策**
    - **汇率制度变更**
      - **IS-LM-BP 模型（不同汇率制度下财政货币政策效力）**
        - **BP 曲线的基础知识**
          - 含义：外汇市场均衡（国际收支平衡）
          - 方程 —— $(ae-bY)+w(i-i^*)=0$
          - **斜率 & 位置**
            - 斜率：取决于本国资本金融账户开放程度
              - 不开放——BP 曲线垂直
              - 部分开放——BP 曲线右上方倾斜
              - 完全开放——BP 曲线水平
            - 位置：取决于本国利率以及外国利率
              - 本币贬值—外移
              - 外国利率上升—上移
        - **政策效力**
          - 本国 KA 账户开放程度
            - 高
              - $i\uparrow \to KA$ 顺
              - OB 顺 $\to e\downarrow$ 趋势
            - 低
              - $i\uparrow \to KA$ 逆
              - OB 逆 $\to e\uparrow$ 趋势
          - 本国汇率制度
            - 固定
              - $B\uparrow M_s\uparrow \to LM$ 外移 $\to$ 效力增强
            - 浮动
              - $e\downarrow NX\downarrow \to IS$ 内移 $\to$ 效力减弱
          - $G\uparrow \to IS$ 外移
            - $Y\uparrow \to CA$ 逆
            - 固定
              - $B\downarrow M_s\downarrow \to LM$ 内移 $\to$ 效力减弱
            - 浮动
              - $e\uparrow NX\uparrow \to IS$ 外移 $\to$ 效力增强
          - $M_s\uparrow \to LM$ 外移
            - $i\downarrow \to KA$ 逆
            - $Y\uparrow \to CA$ 逆
            - OB 逆 $\to e\uparrow$ 趋势
        - **推论：三元悖论**
          - 含义：任何一个国家不能同时实现独立的货币政策、资本自由流动和固定汇率制
          - 发展：可能存在中间制度的情况（我国）；可能退化为二元悖论（任何一个国家不能同时实现独立的货币政策和资本自由流动，无论其汇率制度如何）
  - **汇率制度选择** —— 本国经济结构特征、特定的政策目的、地区间经济合作状况、国际国内经济条件制约
- **结构型政策** —— 产业政策、科技政策等

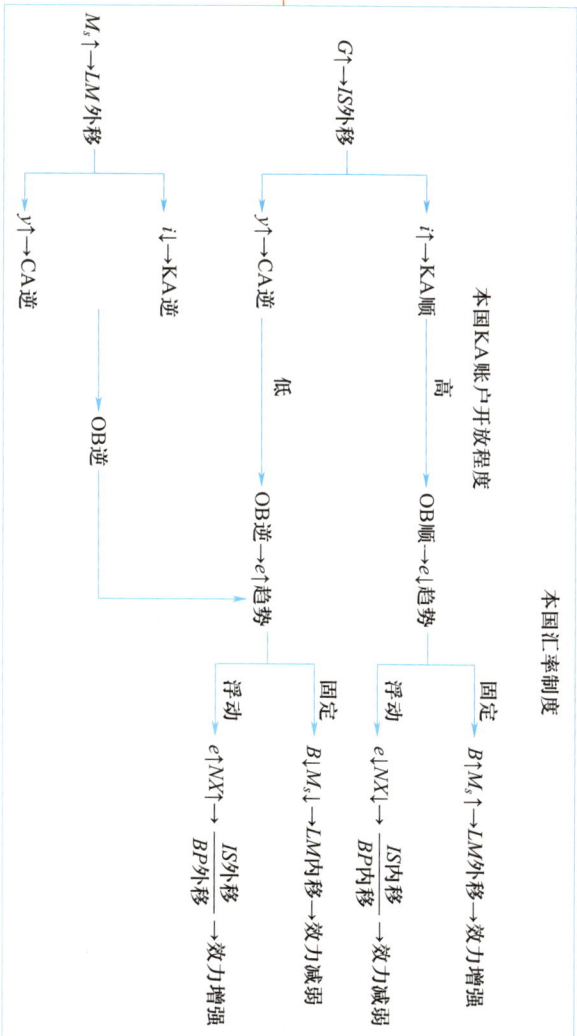

第十讲 汇率

① 汇率的基础知识

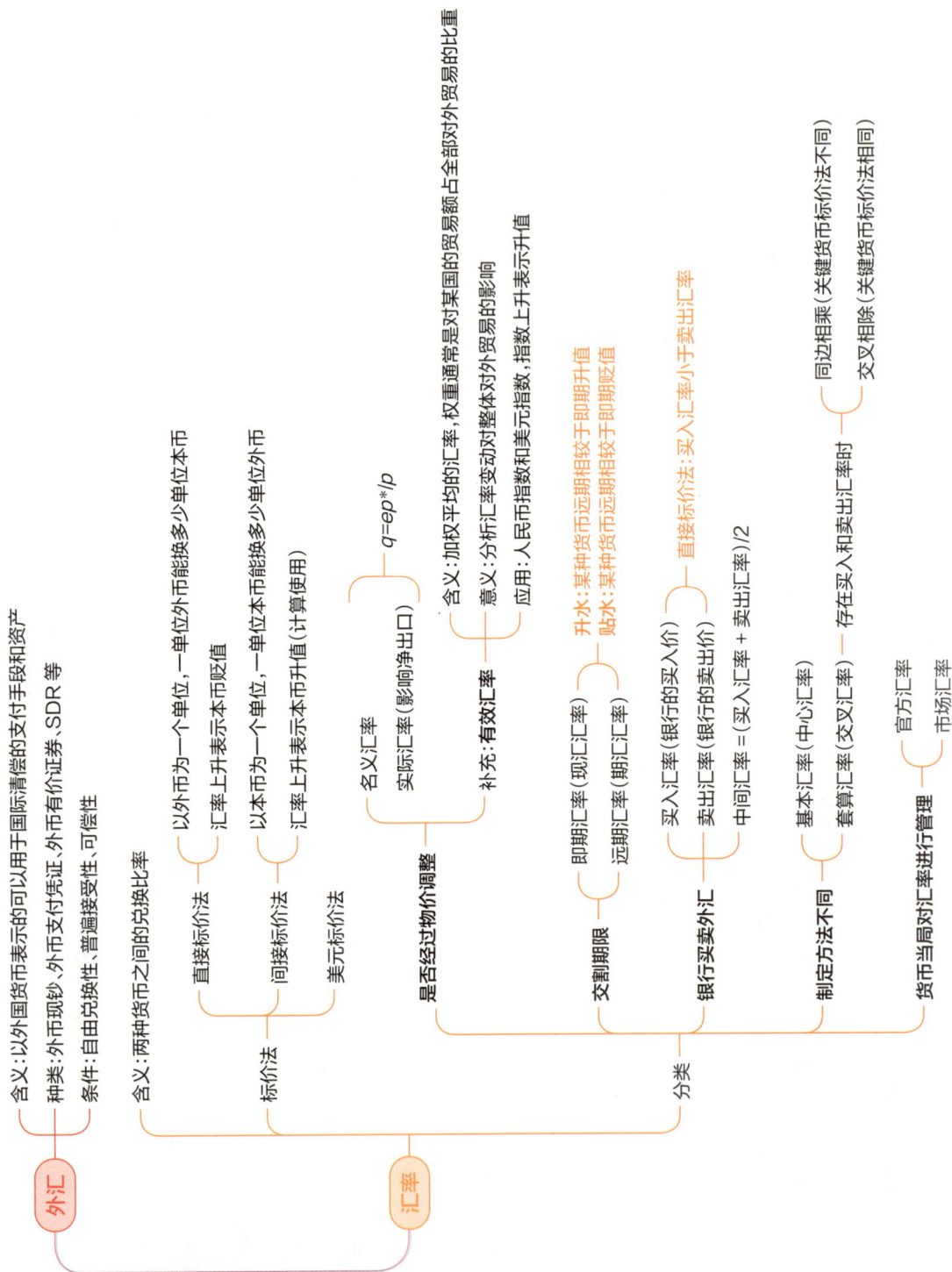

外汇

- **含义**：以外国货币表示的可以用于国际清偿的支付手段和资产
- **种类**：外币现钞、外币支付凭证、外币有价证券、SDR等
- **条件**：自由兑换性，普遍接受性，可偿性

汇率

- **含义**：两种货币之间的兑换比率
- **标价法**
  - 直接标价法 ── 以外币为一个单位，一单位外币能换多少单位本币 ── 汇率上升表示本币贬值
  - 间接标价法 ── 以本币为一个单位，一单位本币能换多少单位外币 ── 汇率上升表示本币升值（计算使用）
  - 美元标价法

- **分类**
  - 是否经过物价调整
    - 名义汇率
    - 实际汇率（影响净出口） ── $q=ep^*/p$
    - 补充：**有效汇率**
      - 含义：加权平均的汇率，权重通常是对某国的贸易额占全部对外贸易额的比重
      - 意义：分析汇率变动对整体对外贸易的影响
      - 应用：人民币指数和美元指数，指数上升表示升值
  - 交割期限
    - 即期汇率（现汇率）
    - 远期汇率（期汇率）
      - **升水**：某种货币远期相较于即期升值
      - **贴水**：某种货币远期相较于即期贬值
  - 银行买卖外汇
    - 买入汇率（银行的买入价）
    - 卖出汇率（银行的卖出价） ── 直接标价法：买入汇率小于卖出汇率
    - 中间汇率＝（买入汇率＋卖出汇率）/2
  - 制定方法不同
    - 基本汇率（中心汇率）
    - 套算汇率（交叉汇率） ── 存在买入和卖出汇率时
      - 同边相乘（关键货币标价法不同）
      - 交叉相除（关键货币标价法相同）
  - 货币当局对汇率进行管理
    - 官方汇率
    - 市场汇率

金本位制

- 金块、金汇兑本位制:
  - 无黄金输送点限制
- 铸币平价 + 黄金输送点:
  - 铸币平价:均衡汇率取决于两种金属铸币含金量之比
    - 升值:黄金输入点(平价−费用)
    - 贬值:黄金输出点(平价+费用)
  - 黄金输送点:因汇率波动而引起的黄金从一国输出或输入的界限
- 法定平价:
  - 法定平价:均衡汇率取决于两国银行券所代表的含金量之比

纸币本位制

购买力平价理论

- 前提假定:
  - 一价定律对可贸易商品成立
    - 含义:同一种商品在不同地区应当具有相同的价格
    - 条件:商品同质、套利无成本、价格无粘性
  - 各国可贸易商品篮子中包含相同种类和权重的可贸易商品
  - 不考虑国际资金流动
- 内容:
  - 绝对购买力平价(APPP)
    - 结论:$e=\dfrac{P}{P^*},\ q=1$
    - 政策含义:货币中性
  - 相对购买力平价(RPPP)
    - 特点:放松了前提假定
    - 结论:$e_t=e_0\left(\dfrac{1+\pi}{1+\pi^*}\right)^t,\ q_t=q_0$
- 优劣评价:
  - 缺陷 —— 内生性,实证检验的困难,不可贸易品的存在

> APPP 考虑一个时点汇率的决定
> RPPP 考虑一段时间汇率的变动
> APPP 成立,RPPP 必然成立,反之则不然

利率平价理论

- 前提假定:
  - 资金自由流动
- 内容:
  - 套补利率平价(CIP)
    - 结论:汇差=利差
    - 比较静态分析:高利率货币远期有贬值趋势
    - $f=e\left(\dfrac{1+i}{1+i^*}\right)$
  - 非套补利率平价(UIP)
    - 结论:$Ee_{t}=e\left(\dfrac{1+i}{1+i^*}\right)^t$
- 优劣评价:
  - 缺陷 —— 内生性,UIP 往往不能通过实证检验(远期溢价之谜)

> 引入无偏性假定,CIP 和 UIP 可以统一

国际收支说

- 内容 —— $e=F(Y,Y^*,P,P^*,i,i^*,Ee_r)$
  - $Y\uparrow(或\ Y^*\downarrow)\rightarrow CA\ 逆\rightarrow 贬值$
  - $P\uparrow(或\ P^*\downarrow)\rightarrow CA\ 逆\rightarrow 贬值$
  - $i\uparrow(或\ i^*\downarrow)\rightarrow KA\ 顺\rightarrow 升值$
  - $Ee_r\uparrow\rightarrow KA\ 逆\rightarrow 升值$
- 补充:阿夫塔里昂:汇兑心理说

弹性价格货币分析法

- 前提假定:
  - 产品市场:短期价格弹性(AS 曲线垂直)
  - 货币市场:货币市场均衡,货币需求稳定可测
  - 外汇市场:RPPP 短期成立,UIP 成立
- 内容 —— $\dfrac{\Delta e}{e}=\left(\dfrac{\Delta M_s}{M_s}-\dfrac{\Delta M_s^*}{M_s^*}\right)-\alpha\left(\dfrac{\Delta Y}{Y}-\dfrac{\Delta Y^*}{Y^*}\right)+\beta(\Delta i-\Delta i^*)$
  - $M_s\uparrow(或\ M_s^*\downarrow)\rightarrow 贬值$
  - $Y\uparrow(或\ Y^*\downarrow)\rightarrow 升值$
  - $i\uparrow(或\ i^*\downarrow)\rightarrow 贬值$

黏性价格货币分析法

- 前提假定:
  - 产品市场:短期价格黏性,长期价格弹性
  - 货币市场:货币市场均衡,长期需求稳定
  - 外汇市场:RPPP 短期不成立,长期才成立,UIP 短期成立
- 内容:汇率超调
  - 补充:超调指外生冲击下,变量的短期调整幅度超过了长期均衡的调整幅度
  - 短期价格黏性,名义货币扩张使得实际货币余额上升,利率下降,汇率超调

资产组合分析法

- 前提假定:
  - 投资者风险厌恶
  - 本国居民持有三种资产,本国货币,本币债券,外币资产
- 内容:
  - MM-BB-FF 曲线
  - 比较静态分析

第十讲 汇率

③ 影响汇率的一般因素

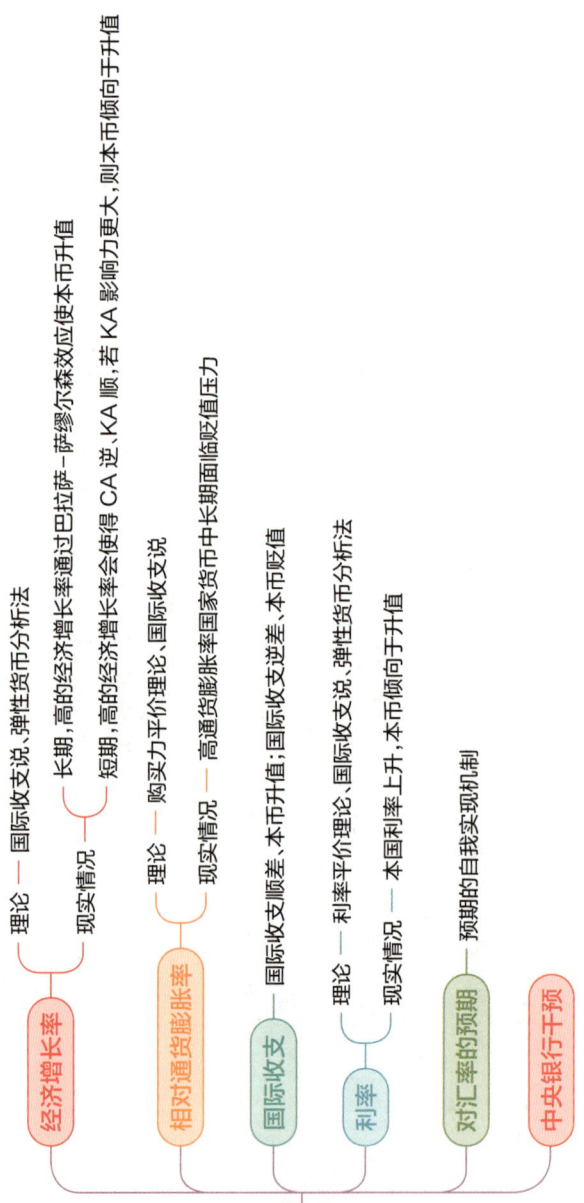

- **经济增长率**
  - 理论——国际收支说、弹性货币分析法
  - 现实情况
    - 长期,高的经济增长率通过巴拉萨-萨缪尔森效应使本币升值
    - 短期,高的经济增长率会使得CA逆、KA顺,若KA影响力更大,则本币倾向于升值
- **相对通货膨胀率**
  - 理论——购买力平价理论、国际收支说
  - 现实情况——高通货膨胀率国家货币中长期面临贬值压力
- **国际收支**
  - 国际收支顺差,本币升值;国际收支逆差,本币贬值
- **利率**
  - 理论——利率平价理论、国际收支说、弹性货币分析法
  - 现实情况——本国利率上升,本币倾向于升值
- **对汇率的预期**——预期的自我实现机制
- **中央银行干预**

④ 汇率变动对经济的影响

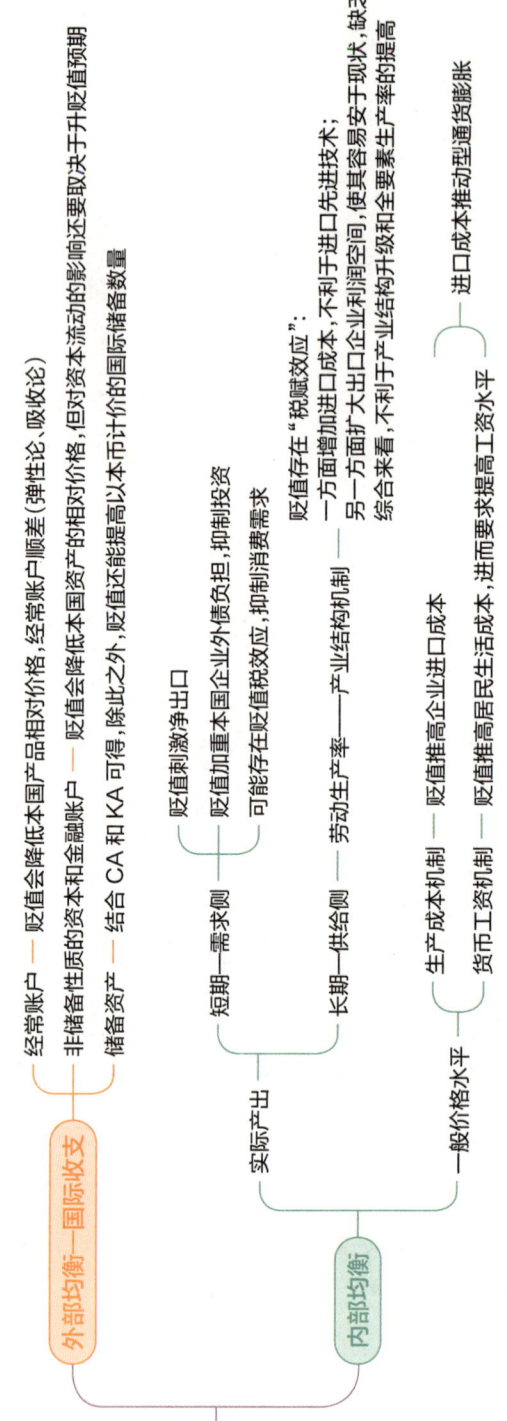

- **外部均衡——国际收支**
  - 经常账户——贬值会降低本国产品相对价格,经常账户顺差(弹性论、吸收论)
  - 非储备性质的资本和金融账户——贬值会降低本国资产的相对价格,但对资本流动的影响还要取决于升贬值预期
  - 储备资产——结合CA、KA可得,除此之外,贬值还能提高以本币计价的国际储备数量
- **内部均衡**
  - 实际产出
    - 短期——需求侧——贬值刺激净出口
    - 长期——供给侧——劳动生产率——产业结构机制
      - 贬值加重本国企业外债负担,抑制投资
      - 可能存在贬值税收效应,抑制消费需求
      - 贬值存在"税赋效应":
        - 一方面增加进口成本,不利于进口先进技术;
        - 另一方面扩大出口利润空间,使其容易安于现状,缺乏创新动力;
        - 综合来看,不利于产业结构升级和全要素生产率的提高
  - 一般价格水平
    - 生产成本机制——贬值推高企业进口成本
    - 货币工资机制——贬值推高居民生活成本,进而要求提高工资水平
    - 进口成本推动型通货膨胀